'대한민국', 재건의 시대(1948~1968)

'대한민국', 재건의 시대 (1948~1968)

플롯으로 읽는 한국현대사

| 이하나 지음 |

푸른역사

머리말

"영화가 과연 역사 연구의 재료가 될 수 있을까?" 이것은 영화와 역사의 밀접한 관계가 널리 인정되고 있는 최근까지도 한국사 연구자들로부터 종종 들을 수 있는 숨겨진 목소리이다. 이 질문의 속마음이 실은 "기껏 영화 몇 편 보고 역사를 어찌 알아?"에 가깝다는 것은 영화와 역사를 동시에 사랑하는 한 사람으로서 몹시 서운한 일이다. 이것이 영화라는 서사적 시각적 텍스트를 어떻게 역사 연구에 활용해야 할까 하는 학문적 고민이라기보다는 영화라는 대중적 생산물에 대한 비하와 오해를 담고 있는 경우가 많기 때문이다. 표면적으로는 많은 역사 연구자들이 영화, 나아가 문화에 흥미를 갖고 있음에도 불구하고 실제로는 대체로 이러한 의심을 품고 있다는 것이야말로 역사 연구자들이 영화 텍스트를 연구의 주요 대상으로 하지 않는 진짜 이유이기도 하다. 그러나 역사 연구에 사료의 제한이란 있을 수 없으며, 더구나 사진이나 영화가 발명된 근대 이후의 역사에서 영화를 비롯한 시각자료는 적극적으로 활용되어야 한다는 것에 원칙적으로 반대할 연구자 역시 없을 것이다. 재미있는 것은 내가 이 문제를 제일 첫 장으로 쓰려고 한다는 것을 알게 된 나의 동료 인문학자들(대개 국문학

전공자들)은 한결같이 뭘 그런 당연한 걸 쓰느냐는 심드렁한 반응을 보였다는 사실이다. 이러한 양 극단의 반응이야말로 이 책의 서두를 장황하게 시작하게 된 변명이기도 하다.

그러나 이 책의 핵심은 영화가 사료가 될 수 있다는 것을 강변하는 데에 있지는 않다. 그보다 이 책은 한 시대는 그 시대를 살아가는 인간들의 감수성이 녹아있는 특정한 플롯을 낳는다는 것을 한국적 맥락에서 드러내고, 그러한 플롯이 표상하는 시대의 의미를 추적하는 데 관심을 둔다. 곧 시대의 플롯을 드러내는 대중적 매체로서의 영화가 대중의 정서와 감수성을 어떻게 표현해 왔는지에 주목하면서 이를 통해 오늘날의 한국 사회에 대한 우리의 생각과 마음의 기원을 알고자 하는 것이 이 책의 목적이다. 한국 현대사를 연구하면서 느끼는 자괴감 중의 하나는 무슨 이야기를 해도 결과적으로는 그다지 새로울 게 없어 보인다는 것이다. 우리가 살고 있는 시대에 관해 우리가 잘 알고 있을 것이라는 흔한 오해는 현대사 연구들을 기시감에 빠뜨리고는 한다. 더구나 대중 상업영화란 그야말로 너무나 대중적이어서 인터넷의 수많은 리뷰를 보고 있노라면 영화에 대한 역사적 접근이라는 것이 과연 얼마나 전문성과 신선함을 담보할 수 있을지 하는 의심이 저절로 일어난다. 이 책은 이러한 의심을 불식하려는 과욕을 부리는 대신, 영화를 대중의 생각과 정서가 다층적으로 투영된 매개체이자 시대와 사회의 징후를 읽을 수 있는 도구로 사용하는 데 중점을 둔다. 이 때문에 이 책에서 주목하는 것은 역사적 사건이나 사실이나 사상이 아니라 당대 대중들의 생각과 정서와 감수성이다. 사람들의 의식과 생각과 마음속에서 일어나는 일들 역시 중요하게 다루어져야 하며 역사적으로 이해될 필요가 있다는 것을 인정할 때에 영화의 사료적 가치도 정당한 평가를 받을 것이다. '대한민국'이 만들어진 정부수립 이후부터 1960년대에 이르기까지의 시기(1948~1968)에, 영화가 국가를 표상하고 구현하는 방식을 통해 현재 우리 마음속에 존재하는 '대한민국'에 대한 상像이 어떠한 역사적 연원을 갖고 형성되고 변화되어 왔는지를 밝히는 데 이 책의 관심은 놓여 있다.

박사학위 논문을 마친 지 어느덧 4년 반이라는 시간이 흘렀고, "역사의 플롯"이라는 제목으로 초고를 쓴 지도 2년을 훌쩍 넘겨서야 책이 나오게 되었다. 그간 제목도 바뀌고 여러 우여곡절을 거치면서 책도, 영화도, 사람도, 다 때가 있고 임자가 있음을 다시 한 번 느끼게 된다. 책을 내기까지 여러 선생님들과 선후배 동료들의 지도와 격려와 지지가 큰 힘이 되었다. 우선, 좋은 선배요 스승인 김성보 선생님과 사회인문학이라는 더 넓은 세계로 인도해 주시고 학문적 실천의 새로운 모범을 보여주신 백영서 선생님, 그리고 학위논문을 꼼꼼하게 읽어주시고 책으로 만들어 나갈 때의 보완할 점에 대해 조언과 지지를 아끼지 않으신 박명림 선생님께 특별한 감사를 드린다. 서로 다른 학문 영역의 경계를 넘어 연구자 간의 유대와 친밀성이 어떻게 연구를 고양시킬 수 있는지 체험할 수 있게 해주신 연세대학교 국학연구원 HK사업단의 여러 선생님들께도 늘 감사한 마음뿐이다. 특히 감성을 키워드로 한 역사연구에 든든한 동반자이자 지원군이 되어준 최기숙·소영현 두 선생님들의 사려 깊은 우정에 깊은 감사를 드린다. 인생의 선배로서 연구자로서 늘 귀감이 되어주시는 대림대학교의 이지원 선생님을 비롯한 해당화 동지들과, 세계와 소통할 수 있도록 늘 용기를 주시는 일본 릿쿄立敎 대학교의 이향진 선생님, 홍콩 대학교University of Hong Kong의 애론 박Aaron Magnan-Park 동학, 연세대학교 언더우드국제대학UIC의 하워드 캄Howard Kahm 동학께도 고마운 마음을 전하고 싶다. 또한 영화연구자들과의 교류의 장이 되어줘 외로움을 달랠 수 있었고 많은 영화를 직접 볼 수 있었던 한국영상자료원과 부설 영화사 연구소의 존재는 늘 큰 힘이 되었다. 직접 친분을 쌓고 교류하지는 못했더라도 항상 나에게는 흠모의 대상이었던 한국근현대사의 실천적인 연구자들, 그리고 한국영화와 한국문화에 관한 연구를 선구적으로 일궈 오신 여러 연구자들께 머리 숙여 존경과 감사를 드린다.

마지막으로, 추상같이 엄격하셨으나 내게만은 늘 자애로우셨던 김용섭 선생님과 역사연구에 있어서 '발랄한 발상'의 중요성을 강조하셨던 고故 방기중 선생님 두 분의 은혜를 언급하지 않을 수 없다. 두 분의 과분한 칭찬과 격려가 아니었더라면 나는 학문의 무게를 견디지 못하고 항상 멀리서 이 세계를 동경하고 경원시하며 지냈을 것이다. 이 책이 두 분의 가르침에 누가 되지 않았으면 하는 마음뿐이다.

이렇게도 부족한 책을 세상에 내놓자니 설렘과 두려움, 무엇보다 부끄러움이 밀려온다. 그러나 이 책의 거칠고 무모함에도 세상을 향해 나아가는 첫 발걸음에 용기를 실어준 많은 분들을 생각하면서 정진하고자 한다. 그 발걸음을 떼기까지 부모님과 가족들의 이해와 사랑이 없었다면 아마 두 발로 서는 것조차 힘들었을 것이다. 이 책이 그분들께 조금이나마 위안이 되었으면 한다. 보기 좋은 책으로 만들어주신 출판사 대표님과 관계자 여러분께도 깊은 감사를 드린다.

2013년 8월
이하나

차례

머리말 4

글을 시작하며: 감수성의 역사 12

1. 플롯: 역사와 영화 26

역사에도 플롯이 있다? 28
역사와 이야기 | 플롯의 요소들 | 시대의 플롯과 영화의 플롯

영화가 말해주는 것들 43
미디어로서의 역사 | 영화는 사료인가?

2. 재건: '우리'라는 질문 56

정체성 문제 58
아이덴티티라는 곤경 | 아이덴티티, 상상력과 공감의 정치학

재건의 키워드 70
일―민족 이二국가의 탄생 | 국가의 재구성 | 정체성의 질문들

영화와 문화재건 91
문화재건에서 영화의 위상 | 영화 재건의 방향

3. 민족: 우리는 누구인가? 106

역사극과 항일 전기영화 108
'민족' 의 재구성과 전기영화 | 전기영화의 주인공이 되려면 | 유관순 영화의 역사인식 | 유관순은 어떻게 건국영웅이 되었나? | 민족 통합의 완벽한 텍스트, 유관순

건국신화의 아이콘들 131
구국의 유일한 대안으로서의 이승만 | 애국의 상징으로서의 김구

민중영웅 이야기의 국가담론 142
민중영웅의 귀환—정의란 무엇인가 | 민중영웅 담론의 양면성 | 국가의 틀을 넘지 못한 영웅들

'민족사' 의 공간과 스펙터클한 고대 154
스펙터클로서의 역사 공간 | 멜로로 완성되는 내셔널리즘의 이상 | 국가재건의 연원, 화랑도 | 전통의 발견과 발명 | 역사극의 국가담론

현재를 패러디하는 과거— '민족' 과 '반공' 의 결합 172

4. 반공: 우리가 아닌 것은 누구인가? 178

반공주의와 '반공영화' 180
'반공영화' 의 범주 | 반공담론의 변화와 '반공영화' 의 진화

전쟁의 플롯과 전쟁영화의 플롯 193
전쟁이라는 스펙터클 | 한국 전쟁영화의 플롯들

전쟁영화의 감수성 206
적개심의 기원 | '반공영화' 의 주인공들 | '반공' 과 반전 사이 | '반공영화' 의 '민족' 감수성 | 반공의 예각화, 반북

간첩/첩보영화에서의 국가와 민족 250
끝나지 않은 전쟁 | 간첩/첩보영화의 국가담론 | '반공' 도 오락적으로

반공영화의 패러독스— '반공' 과 '민족' 의 갈등 265

5. 자본주의 근대화: 우리는 무엇을 하고 싶은가? 274

풍속극과 자본주의적 일상 276
'자본주의'에 대한 태도 | 근대와 민주주의를 전취하려면 | 중산층이라는 욕망의 판타지 | 욕망의 대변인—풍속극 주인공들

빈곤에 대처하는 우리의 자세 302
가난/빈곤에 대한 태도 | 절망의 본질, 빈곤 | 빈곤의 기원과 해결책

'돈'의 물신성과 배금주의 비판 314
'돈'의 서사 | 부자에 대한 반감 | '돈'에 대한 서민 판타지 | 여성—물신주의의 신봉자?

계급상승의 꿈과 좌절 337
로맨스—계급갈등의 최전선 | 도달할 수 없는 꿈 | 계급상승의 방법론 | 좌절하는 여성들

현실 부정의 변증법—윤리와 욕망, 자유와 평등의 갈등 358

6. 국민: 우리는 무엇이 되고 싶은가? 368

계몽영화와 재건의 서사 370
계몽의 플롯 | 전후재건—전쟁의 상처를 딛고 | 농촌재건—재건의 시작은 고향에서

세대교체와 공동체의 재건 387
변화의 징후—세대갈등 | 공동체재건—가족·마을·국가

주체의 재건과 이상적 국민상 406
국민이 되는 방법 1—'도의재건' | 국민이 되는 방법 2—'인간개조' | 근대화의 주역—청년 | 근대화의 조력자—여성 | '작은 국민'—어린이 | 이상화된 국민들

부적응하는 시민군상 439
가정으로 돌아가지 않는 여성들 | 방황하는 남성들

표류하는 정체성—또 다른 열망 452

글을 마치며: 감정의 구조와 네이션의 탄생 459

주석 474
참고문헌 543
찾아보기 561

글을 시작하며
: 감수성의 역사

2012년 대선이 치러지던 날 저녁, 텔레비전 화면에는 당선자의 자택 앞에 모여든 많은 지지자들이 비춰졌다. 어떤 이들에게는 안도와 환희를, 또 다른 이들에게는 좌절과 절망을 안겨준 이 장면에서 유독 내 눈에 띈 것은 그들이 들고 있는 태극기였다. 승리한 쪽은 이 선거에서의 승리가 이 나라의 안전과 위엄을 지켜낸 대가라고 말하듯이 자랑스레 태극기를 흔들고 있었다. 패배한 쪽 역시 이길 때를 대비해 태극기를 준비하고 있었을 것임은 물론이다. 그러나 그 태극기가 결코 같은 태극기를 의미하지 않는다는 것은 이미 많은 이들이 은연중에 지적하고 있다. 생각해보면 태극기는 4·19혁명이나 5·18민주화 항쟁 때에도, 6·10민주화 운동 시절에도 시위대의 맨 앞을 장식했지만, 5·16군사정변 당시 계엄군의 지프차 앞에도 달려 있었으며 이후 권위주의 정권들의 공식 행사에서도 그들의 상징으로 어김없이 존재해왔다. 이들 태극기가 과연 다 같은 태극기일까?

이 물음의 시작은 따지고 보면 제법 오랜 세월을 거슬러 올라간다. 아마도 내가 국민학교 4~5학년 때인 1970년대 후반 무렵이었던 것으로 기억된다. 학교에서 처음으로 내준 태극기 그리기 숙제를 망친 나는 태극기에 오만 정이 다 떨어진 상태였다. 미술을 좋아하던 나는 처음에는 멋모르고 재미있을 것이라고 생각했지만 태극기 그리기는 미술과는 거의 관련이 없었다. 더구나 그 복잡한 수식과 정밀한 도안은 생각만 해도 머리를 아프게 했다. 동양철학의 응집체인 태극기의 디자인은 어린 내 눈엔 촌스럽기 그지없었고, 차라리 줄무늬와 별무늬가 멋져 보이는 성조기의 디자인에 매료되는 편이 좀 더 세련된 취향이라고 생각했다. 그것이 '아름다운 나라' 미국에 대한 '아름답지 못한 나라' 한국 국민의 열등감의 발로였다고 해도 할 말은 없다. 이후 대학생 시절에 태극기의 디자인이 식민지와 분단보다 훨씬 오래된 연원을 갖고 있다는 것을 알게 되었지만, 그렇다고 태극기에 대한 나의 정치적 미학적 관점이 바뀐 것은 아니었다. 더구나 1980년대의 평범한 대학생들과 다름없이 민주화와 통일을 열망하던 나는 어차피 통일이 되면 국기도 한반도기와 같은 남북한을 통합하는 상징물로 바뀔 것이라고 생각해 태극기에 별 애착이 없다는 것이 오히려 당연히 여겨졌다.

그런 내게 2002년 월드컵 시즌의 응원 열기 속에서 보였던 태극기의 물결은 매우 어색하고 당황스러운 풍경이었다. 경제개발이 한창이던 1960년대에 태어나 청소년기를 독재정권 하에서 보내다가 1980년대 최루탄 연기 가득한 캠퍼스에서 대학시절을 보낸 우리 세대의 사람들에게 당시 '대한민국'이라는 국호는 그리 친근한 것이 아니었다. 국호에 큰 대大자가 들어간 것이 어쩐지 좀 후진적 발상이라는 생각이 들었고, 무엇보다 현실의 한국에 뭐 그리 자랑스러운 정통성이 있다고 생각하지 않았기 때문이었다. 그런데 독재정권을 체험하지 못하고 풍요를 누리며 자라다가 민주화를 맞은 더 젊은 세대에게 '대한민국'은 그토록 자랑스러운 것이었을까? 같은 옷을 입고 일사불란하게 움직이며 국호를 연호하는 군중들의 모습이란 낯설고 또 낯선 것이었다. 더구나 과거 민주화 운동 당시에 태극기는 시위대의 선봉에만 있었을 뿐, 도청 앞에, 그리고 시청 앞에 빼곡히 들어찬 학생과 시민들 사이에서 거의 눈에 띄지 않았었다. 대신 민주화 구호가 적힌 깃발이나 열사를 추모하는 만장만이 나부꼈을 뿐이다. 이것은 태극기가 자발적으로 개인적으로 준비된 것이 아닌 어떤 공식성/형식성을 띤 것일 뿐이라는 의미이다. 그런데 2002년 월드컵 이후 태극기는 매우 개인적인 물품이 되고 패션이 되고 친근한 것이 된 것 같았다. 그때까지의 태극기란 '우리나라'의 절반인 '대한민국'을 상징하는 것이었다면, 2002년 월드컵 이후의 태극기는 온전히 '우리나라'인 '대한민국'을 상징하고 있었던 것이다. 또한 그 전엔 일상 대화에서 거의 쓰이지 않던 '대한민국'이라는 국호는 그 이후 일상 속에서 '한국'과 비등하게 자주 쓰이는 친근한 용어가 되었다. 그런데 이 경우에도 '대한민국'이나 태극기가 표상하는 의미가 단일하거나 균일한 것은 아니었다고 생각한다. 많은 논자들이 주의 깊게 언급하고 있는 '시청 앞을 가득 메운 태극기의 물결'은 내게는 단일한 모습의 종족주의, 민족주의의 표출이 아니라 오히려 우리 마음속에 태극기, 곧 '우리나라'가 얼마나 다양한 층위와 모습으로 존재해 왔는지를 반증하는 풍경이었다.

    이후 미군 장갑차에 희생된 두 여중생의 추모 집회, 미국산 쇠고기 수입 반대 집회, 고 노무현 대통령 추모식 등에서 나타난 촛불의 물결과 그 속에서 등장한 〈대한민국 헌법 제1조〉라는 노래 등에서 느껴지는 어떤 열기는 '민족주의'나 '애국심', '민주주의에 대한 열망'이라고만 하기에는 뭔가 부족한 심성의 풍경을 떠올리게 했다. 그 풍경은 한국인들의 '국가에 대한 생각과 정서'에 연동되어 있었고, 이는 왜 한국인의 그것이 미국인이나 일본인이 보여주는 그것과는 분명한 차이가 있는지 하는 물음에 해답의 실마리를 제공해 주는 것이었다. 미국인과 한국인은 모두 자신의 나라에 대한 충성심이 높지만, 미국인들이 그들의 정부government에 충성royalty을 표하는 반면, 한국인들이 충성을 표하는 대상은 항상 '우리'라는 공동체community이다. 그렇기 때문에 한국인의 마음속에 '우리나라', 혹은 '대한민국'은 통합되고 일치된 형태로 존재하는 것이 아니라 서로 갈등하고 교섭하는 복수의 상이한 공동체적 네이션nation으로서 존재한다는 것이다.[1]

이 복수의 네이션은 경우에 따라, 또 상상력의 폭과 한계에 따라 여러 층위로 존재한다. 우리가 보통 '우리나라'라고 부를 때, 이 '우리나라'는 남한= '대한민국'이라는 국가만을 지칭할 때도 있고 남한과 북한을 통합한 민족 공동체를 지칭하는 경우도 있다. 우리가 상상하고 있는 네이션에는 '대한민국' 출범의 정통성을 인정하면서 그것을 북한과 대립되는 고정된 실체로 생각하는 네이션도 있고, '대한민국'의 출범에 비판적 의문을 가지면서 분단의 내면화를 강요한 억압적 정권에 저항해 온 네이션도 있다. 또한 '대한민국' 제헌 헌법이 가졌던 이상을 긍정하면서도 이를 편의적으로 수정하거나 왜곡하려는 현실의 권력층에 비판적 시각을 견지하는 네이션도 있다. 이것은 때때로 이승만―박정희―전두환으로 이어지는 권위주의적 국가주의적 네이션과, 4·19―5·18―6·10으로 이어지는 저항적 공동체적 네이션의 대결 양상 속에서 그 모습의 일단을 드러내기도 한다.² 대중의 심성에 은밀히 내재한 이들 네이션들은 반드시 서로 정합적으로 포개어지거나 이분법적으로 양분되어 대립적으로만 존재하는 것이 아니라 경우에 따라 어긋나고 혼재되어 있으며, 심지어는 개인의 마음속에서도 결합과 갈등과 분리를 반복하며 역동적으로 존재한다. '국가'나 '민족'과는 또다른 결을 보여주는 이러한 복수의 네이션을 인정하지 않고서는 한국 민족주의의 성격이나 근현대사의 여러 단면들, 그리고 남남갈등을 비롯하여 오늘날 우리가 직면한 여러 문제들을 제대로 규명하기 어려울 것 같았다.³ 대중들의 심성에 자리하고 있는 이들 네이션의 분열과 투쟁 과정이야말로 분단 이후 남한의 역사를 재구성하는 데에 중요한 열쇠가 될지도 모를 일이었다. 내게 있어서 남한 역사에 대한 탐구를 이러한 심상적 네이션을 구성하는 정체성 문제에서 시작하는 것은 그 열쇠를 주조하는 거푸집을 만드는 것과도 같았다.

'정체성identity'은 지난 세기 후반부터 서구의 학문 세계에서 가장 많은 빈도 수를 차지한 용어 중 하나일 것이다. 원래 심리학 용어였던 이 단어가 정치학이나 사회학을 비롯한 인문학 각 영역에서 각광을 받게 된 것은 이것이 개인적 차원만이 아니라 더 확장된 크고 작은 사회적 차원에서도 충분히 논란이 될 만큼 문제적이라는 의미일 것이다. 각종 포스트post주의들이 대두하기 시작한 1960년대 후반 이래 정체성에 관한 문제는 국가, 환경, 지역, 문화, 젠더, 탈식민 등의 화두와 함께 연구의 중심 테마가 되었다.⁴ 정체성 문제가 서구 역사학에서 주요 이슈로 떠오른 학문적 배경에는 크게 두 가지의 흐름이 존재한다. 그 하나는 문화사적 흐름이다. 본래 서구에서 전통적인 의미의 문화사는 정치, 경제, 사회, 문화 등 각 부문으로서의 문화사, 곧 문화예술사라는 의미와, 인간 활동의 총체적 산물이라는 의미의 문화사, 곧 전체사로서의 문화사 혹은 문화의 관점에서 본 전체사 두 가지를 모두 의미한다. 특히 후자의 관점에서 보면 역사는 문화사가 아닌 것이 없다고 해도 과언이 아니다. 서구에서 고전적인 의미의 문화사는 1960년대에는 사회사와 민중문화사로 이어지며, 1970년대 미시사와 역사인류학의 성과를 이어받아 1980년대에는 새로운 형태의 문화사가 등장한다.[5]

이러한 문화사의 흐름에서 정체성의 문제가 주요한 이슈로 제기된 것은 바로 두 번째 흐름, 곧 구성주의 및 탈식민주의의 흐름과 만났기 때문이다. 구성주의는 과거의 역사나 전통을 일종의 구성물로 보는 견해로, 대표적 학자들인 에릭 홉스봄Eric Hobsbom과 베네딕트 앤더슨Benedict Enderson, 그리고 헤이든 화이트Hayden White는 민족이나 전통, 심지어는 역사 그 자체까지도 특정 시기의 필요에 의해 구성된 역사적 산물이라는 점을 지적함으로써 역사의 절대적 객관주의를 비판했다. 또한 에드워드 사이드Edward W. Said(1935~2003)로부터 비롯된 탈식민주의post-colonialism는 정체성 역시 사회적 구성물일 뿐만 아니라 그것을 구성하는 주체의 전략적 산물임을 지적함으로써 그 전략의 허구성과 식민성을 폭로했다. 후기 마르크스주의Late Marxism와 후기 구조주의post-structuralism의 영향을 받은 탈식민주의는 서구에서 비판적 지성의 주요 이념적 지표가 되었고, 특히 문화연구Cultural Studies의 문제의식과 결합해 문화사에도 영향을 미쳤다. 이처럼 1990년대까지 서구 역사학계의 주류였던 문화사는 최근에는 역사학의 방법론에 혼란을 가져왔다는 비판이 제기되면서 변화를 모색하고 있다.

그러나 정체성 문제에 관한 한 역사학계의 관심은 사그라지지 않고 있는데, 특히 문화정체성과 관련해서는 인문학과 사회과학 분야에서 수많은 연구들이 생산되고 있다.[6] 한국사 학계에 국한해 본다면 '민족'이 근대적 담론과 문화적 요소로 구성되었다는 것을 지적한 베네딕트 앤더슨의 연구를 한국사에 적용한 앙드레 슈미드Andre Schumid의 연구와 한국사를 탈식민주의적 관점에서 바라보고자 했던 신기욱Shin, Giwook의 연구는 이 분야의 성과와 한계를 동시에 보여주고 있다.[7] 또한 한국사학계에도 대한민국의 정체성 문제를 표상/기억과 관련해 규명한 연구들이 등장했다. 대한민국의 건국과 관련해 국가의 정체성 및 국민형성의 문제에 천착하는 연구와 이를 문자자료만이 아니라 사진 등의 시각자료에 나타난 재현과 표상을 통해 고찰하는 연구들이 그것이다.[8] 남한 사회의 여러 문제들을 민족과 국민이라는 정체성의 문제로 설명한 연구들도 나오고 있으며,[9] 최근에는 이러한 정체성의 문제들을 감성affects의 차원에서 규명하려는 연구들도 새롭게 선보이고 있다.[10]

사실 한국사학계에서 현대사를 본격적으로 연구하기 시작한 것은 그리 오래된 일이 아니다. 1980년대 말 '과학적 실천적 역사학'의 기치를 내걸고 학문적 실천을 고민했던 소장학자들이 대학에 자리잡기 시작한 1990년대 중후반부터 현대사 연구가 본격화되었다. 이후 현대사 연구는 괄목할만한 성장을 이루어냈지만 현재와의 연속성이 강한 연구의 특성상 연구자의 시각에 따라 연구 주제마다 상이한 입장이 나타나고 있다. 해마다 쏟아져 나오는 현대사 연구는 역사학뿐만 아니라 사회과학과 다른 인문학 분야에서의 연구까지 가세하고 있으며, 현대사 자료의 방대함과 다채로움은 현대사 연구를 더욱 어렵고도 오히려 파편화시키는 감이 없지 않지만, 십여 년전부터 강조되어온 학제 간 연구에 힘입어 더욱 다양하고 의미 있는 문제의식을 갖춘 연구들이 속속 등장하고 있다. 특히 문화사 분야에서는 역사학 보다는 인접 인문학과 사회과학 전공자들의 관심 속에서 날로 다양한 연구들이 나오고 있다.[11] 1990년대 한국영상자료원이 출범한 이래 큰 성과를 거두고 있는 영화사 분야 역시 한국영화 뿐만 아니라 한국 근현대 문화에 대한 이해에 깊이와 넓이를 더하고 있다. 이 책은 일일이 거론하기도 어려울 정도로 많은 선배 동료 연구자들의 현대사 연구와 영화사 연구, 그리고 문화연구 등에 크게 빚지고 있다.

최근 역사학이 문화사로 시야를 넓히고 있는 것은 사실이지만,[12] 아직 한국사학계에서는 '문화'를 역사학의 영역이 아닌 국문학, 사회학, 문화인류학 등의 인접 학문이나 미술, 음악, 영화 등 개별 분야의 영역으로 생각하거나, 그 연구의 필요성을 인정하더라도 정치, 경제, 사회 등 다른 분야의 연구가 충분히 숙성되었을 때 '비로소' 문화의 영역을 논할 수 있다는 사고방식이 존재한다. 역사에서 문화를 연구한다는 것은 문화에 대한 연구와 더불어 문화의 시각으로 역사를 보는 것을 포함한다. 문화는 연구의 대상이기도 하지만 연구의 시각이기도 하다는 것이다. 특히 문화의 영역이 점점 커지고 문화와 정치와 경제가 불가분의 관계에 있는 근현대사를 더욱 깊이 있고 다면적으로 이해하기 위해서도 역사학적 문화연구, 문화적 역사 연구는 필수적이다. 문화사관, 문화주의, 문화적 민족주의, 문화제국주의 등의 용례를 통해 '문화'라는 말에 적지 않은 거부감을 느끼는 역사학자들이 다시 문화의 문제로 돌아오기 위해서는 보다 적극적인 방법론과 시각의 변화가 있어야 할 것이다.[13] 시대와 호흡하는 영화사 서술이나 영화를 통한 시대 독해 등은 이미 새로울 것도 없는 발상이지만, 구체적으로 한국 근현대사와 영화를 연관시킨 역사학적 연구를 막상 찾아보기 어려운 것은 이 때문이다.

현대사 중에서도 4·19혁명과 5·16군사정변으로 양분되는 1950~60년대에 대한 연구는 현대사 연구자들뿐만 아니라 여러 인문 사회과학자들에 의해 관심의 대상이 되어 왔지만 10년을 단위로 하는 연구의 관행과 양 시기를 질적으로 다른 시기로 파악하려는 이해 방식 때문에 통시적으로 이루어지지 못했다. 대체로 1950년대를 무정책의 시기로, 1960년대를 근대화가 본격적으로 시작되는 시기로 양분해 이해하는 경향이 있었다.[14] 이러한 시각은 1960년대를 비판적으로 바라보려는 저자들의 의도와는 상관없이 1950년대를 폄하하고 1960년대에 과도한 의미부여를 하게 만드는 원인이 된다. 1960년대가 우리가 살고 있는 사회의 직접적인 원류가 되는 시대, 현시점과 동시대의 contemporary 시간대에 속해 있다는 것에 대해 어떤 의미에서는 대체로 동의하지만, 이를 지나치게 부각하다 보면 1950년대와 1960년대를 단절적으로만 이해함으로써 두 시기의 계기적 파악을 어렵게 하기도 한다.[15] 이 책은 1950년대와 1960년대의 연속성과 변화 양상을 국가의 정체성에 대한 대중의 심상과 관련해 살펴보기 위해 두 시기를 함께 시야에 넣고 있다. 특히 대중들의 심성에 네이션이 처음부터 일치된 형태로 존재했던 것이 아니라는 것을 드러내는 데에 이 두 시기의 비교는 매우 필요한 작업이다.

이 책은 또한 역사와 서사, 역사와 영화의 관계에 대한 서구학계의 선구적 연구들로부터 많은 시사를 얻었으며,[16] 무엇보다 사적유물론의 비판적 수용에 기반한 한국 사회경제사와 사상사의 전통으로부터 큰 영향을 받았다. 한국 근현대사 분야의 여러 스승, 선배 연구자들에게서 배운 가장 소중한 교훈은 역사가 엘리트들만의 전유물은 아니라는 것, 그리고 한 사회에서 아무리 작은 부분을 차지하는 징후적 요소라도 그것이 민중의 삶과 연결되고 대중의 감성과 열망이 반영된 것이라면 그것은 충분히 적극적으로 탐색해야 할 가치가 있다는 것이다. 황무지 아래 움트고 있는 작은 씨앗을 발견해 내고 그 가치를 제대로 평가할 수 있을 때, 역사는 바로 현재의 황무지를 보는 것이 아니라 미래의 숲을 볼 수 있는 상상력과 혜안을 제공할 것이기 때문이다.

대중문화를 역사적으로 조명해야 하는 이유도 바로 여기에 있다. 한국 근현대사에 있어서 '대중'에 대한 적극적인 해석과 의미 부여는 종래 '민중'을 발견한 것 못지않은 현재적 의의가 있다. 언제나 옳다고 여겨지는 '민중'에 비해 '대중'은 지배층에 의해 쉽게 프로파간다의 대상이 되며 때로는 격정에 휩쓸리고 그릇된 선택도 하는 존재로서 그 용어 안에 이미 부정적인 의미를 내포하고 있다. 현재 한국사학계에서 '민중'과 '대중'은 양립할 수 없는 용어로 여겨지는 경향이 있으나 근현대사에서 이들의 실체는 결국 같다고 보았을 때 '대중'의 재발견은 역사에 대한 새로운 안목을 가져올 수 있다. 근대 이후 등장한 대중과 대중문화의 존재는 엘리트 중심적, 이성 중심적인 논리로는 미처 말하지 못하는 감성의 영역에 대해서도 이러한 조명이 필요하다는 것을 깨우치게 한다.

이 책에서 논하는 정체성의 네 가지 키워드들은 종래 '~주의'라고 이름 붙여진 이성/논리/이데올로기 차원에서만 다루어져 왔다. 한국에서 지식인 및 대중들이 이들 키워드들을 어떻게 '감성적으로' 이해하고 나름의 운동성을 부여했는지에 대해서는 관심의 대상이 된 바도 거의 없다. 이 책에서 역사를 감성/감수성/정서의 측면에서 바라보고자 할 때, 이는 개인적 차원의 감정이 아니라 집단적·공공적 차원의 감정/감성이다. 여기서 영화라는 매체는 대중의 심성이 구체적으로 발현되고 생산되는 '장소'로서의 공공적 매체로서 의미화된다. 대중이 '미처' 혹은 '차마' 말하지 못하는 숨겨진 정서를 끄집어내어 공감대를 형성identify하며, 이러한 공감대가 함께 영화를 보는 관객들을 심리적으로 통합integrate하게 하는 것은 영화의 매우 중요한 기능이다. 곧 '공동의 바라봄'이 공동의 시선/시각을 발생시키고 나아가 공감의 정서를 창출하는 것이다. 이는 레이몬드 윌리엄스가 짚어낸 대로 생각thought과 상반되는 개념의 감정feeling이 아니라, '느껴진 생각thought as felt'이고 '생각된 느낌feeling as thought'이다.[17] 이러한 정서적 통합이야말로 바로 정체성 형성의 기본 조건이다.

　이처럼 대중문화는 같은 문화를 공유하는 대중들 사이에 공동의 정서를 형성함으로써 동질감과 유대관계를 발생시킨다. 이러한 유대관계는 국가 혹은 지배층의 이데올로기 공세에 의해서도 형성되지만, 이와 반드시 일치하지는 않는 대중들의 전통적이고도 역동적인 감수성과도 관련이 있다. 지배 이데올로기에 부합하는 듯하다가도 어느새 대중들의 마음속에 자연스럽게 그와는 다른 결의 감성을 드러내는 것이 대중문화의 속성이다. 영화는 이러한 대중의 감수성이 잘 녹아 있는 시대정신의 산물이자, 이러한 감성의 영역이 공공적으로 드러나는 매체라고 할 수 있다. 그러므로 영화를 사료로 재구성하는 감성의 문화사를 서술하는 것이 전혀 얼토당토않은 이야기만은 아닐 것이다.

우리 사회의 정체성과 감정의 구조the structure of feelings,[18] 그리고 감수성의 역사를 설명하는 데 영화는 매우 훌륭한 텍스트이다.

이처럼 '대한한국'이라는 국가의 정체성 형성을 감성적 차원에서 다루어본다는 나의 야심(!) 앞에는 몇 가지 넘어야 할 산이 있다. 첫째는 정치학적 사회심리학적 용어인 정체성을 역사적 차원에서, 그리고 한국사의 맥락에서 어떻게 서술할까 하는 것이었고, 둘째는 감성의 영역을 역사학의 연구 대상으로서 어떻게 가시화할 것인가 하는 것, 셋째는 이를 위해 영화라는 영상자료를 역사적으로 유의미한 사료 historical material로서 자리매김하기 위한 방법론은 무엇인가 하는 것이었다. 그리고 마지막으로 오늘날의 대한민국을 이해하기 위한 하나의 통로로서 국가와는 다른 차원의 감성적 공동체의 존재, 또 하나의 네이션을 어떻게 논증할 것인가 하는 것이었다. 이 책이 이 모든 산을 넘을 수 있다고 자신할 수는 없다. 다만 이러한 질문들을 던져보는 것으로 입산의 첫걸음을 떼었다고 보는 편이 타당할 것이다.

이 책은 이러한 문제의식에서 출발한 첫 번째 작업으로서, 나의 박사학위 논문 〈1950~60년대 '대한민국'의 문화재건과 영화 서사〉(2009)의 뒷부분을 바탕으로 수정·보완해 다시 지은 책이다. 보다 전통적인 역사학 논문에 가까운 이 글의 앞부분은 이미 몇몇 학술지에 개별 논문으로 수정 발표되었으며, 이를 묶은 것이 《국가와 영화: 1950~60년대 '대한민국'의 문화재건과 영화》(혜안, 2013)라는 단행본이다. 이 책에서는 《국가와 영화》에서 다루고 있는 내용의 일부가 요약되어 2장 뒷부분에 약술되어 있다. 이 책에서 다루고 있는 것은 영화 자체에 대한 역사는 아니다. 만일 이 책을 '1950~60년대 한국영화사'라고 이해한다면 영화학도들이나 영화를 사랑하는 애호가들, 무엇보다 신실한 영화사가들은 실망할 것이다. 그렇다고 이 책이 '영화를 통해 본 역사이야기'처럼 저자의 관심 영역을 독자에게 더 효과적으로 밀착시키기 위한 도구로서 영화를 화두로 삼은 책이라고도 볼 수 없다. 이 책은 영화를 사료의 관점에서 바라보며 이를 통해 그 시대 대중들의 심성을 이해하고 이러한 이해를 바탕으로 오늘날 한국사회의 연원과 자화상을 성찰하려는 하나의 시도이다.

이 책에서 인용하거나 분석하고 있는 영화들은 한국영상자료원에 있는 필름이나 디지털 매체로 보관되어 있는 자료들이다. 그런데 1950~60년대 영화 중에는 관리 소홀로 유실된 영화들이 매우 많기 때문에 이 경우에는 부득이하게 시나리오를 이용했다. 현재 남아 있는 시나리오에는 오리지널 시나리오, 촬영대본, 심의대본, 녹음대본, 이렇게 네 가지 종류가 있다. 오리지널 시나리오란 시나리오 작가, 혹은 감독이 쓴 시나리오 원본을 말한다. 촬영대본은 흔히 시나리오 완고라고 불리기도 하며 콘티를 만들기 위해 최종적으로 완성한 시나리오이다. 심의대본은 심의를 받기 위해, 곧 검열이나 등급 판정 등을 위해 해당 기관에 제출하는 시나리오이다. 녹음대본은 촬영을 모두 마치고 편집을 완료한 후, 배우들이 스튜디오에서 영화의 대사를 후시녹음하기 위해 정리한 것이다. 그러므로 이 네 가지 중에서 영화의 완성본과 가장 유사한 형태의 시나리오는 녹음대본이라고 할 수 있다. 이 네 가지 대본을 비교해 보면 영화의 검열 전과 후의 변화라든지, 편집과정에서의 변화 등을 알 수 있어 흥미롭다. 현재 영상자료원에서 보관중인 시나리오는 심의대본과 녹음대본이 가장 많으며 두가지가 다 남아있는 경우도 있다. 이 책에서는 영화와 가장 가까운 녹음대본을 많이 참고했으며 필요한 경우 심의대본과 오리지널 시나리오도 이용했다.

    책 전체의 서론 격인 1장과 2장에서는 본격적인 이야기에 앞서 생각해 보아야 할 몇 가지 문제들을 정리했는데, 여기에는 역사와 영화의 관계에 대해 평소에 흔히 받는 질문들과 강의에서 다룬 내용들이 포함되어 있다. 3~6장부터는 박사학위논문의 일부를 기본으로 하되 대폭 수정 보완했다. 각 장의 끝에는 소결에 해당하는 짧은 절을 독립적으로 덧붙였다. 마지막 장은 이 책 전체의 결론으로서 민족과 국가와 공동체가 서로 다른 층위에서 의미화되는 대한민국의 독특한 네이션 풍경이 그려질 것이다. 이 책은 1950~60년대 영화들을 소화하고 소개해 그것들이 시대의 전체상을 그리는 데에 기여할 수 있도록 하는 것에 많은 부분을 할애하고 있다. 그러나 영화를 생산한 감독, 제작자의 목소리라든지 영화를 수용하는 대중들의 태도와 이해 같은 것을 직접적, 입체적으로 다루지는 못했다. 자료의 한계도 있었지만 무엇보다도 이러한 것들을 종합적으로 다룰 수 있는 역량과 시야가 아직은 좁고 부족하기 때문이리라. 각론을 다루기 전에 총론부터 다루게 된 탓이 크지만, 이는 훗날의 과제로 남겨둔다.

p.28
역사에도 플롯이 있다?

1960년대 국제극장 앞

p.43
영화가
말해주는 것들

1
플롯
:역사와 영화

역사에도 플롯이 있다?

역사와 이야기

"역사가는 실제로 일어난 것을 말하고 시인은 일어날지도 모르는 것을 말한다. 역사는 특수한 것을 말하는 반면, 문학은 보편적인 것을 말한다. 따라서 문학은 역사보다 중요하다."[1] 아리스토텔레스의 이 유명한 말은 종종 신실한 사학도들의 심기를 불편하게 한다. 진실은 사실을 통해서만이 아니라 허구를 통해서도 드러날 수 있다는 문학의 정신은 엄밀한 사실을 탐구하는 역사의 기본 전제와 배치되는 것으로 이해될 수 있기 때문이다. 오히려 예술은 허구이고 그런 만큼 현실보다 열등하다는 플라톤의 예술관이 역사가들의 구미에는 더 맞을 것이다. 그러나 허구를 다루는 문학을 비롯한 문화 예술 역시 당대 현실의 표현이기 때문에 그 자체가 역사연구의 소재와 대상이 된다는 것은 의심할 여지도 없다.

이 책은 역사와 내러티브narrative(서사)의 관계에 대한 책이다. 문학하는 사람들에게 이 둘의 관계는 이미 사물과 그림자의 관계만큼이나 밀접하고 자명한 것이다. 그러나 역사하는 사람들(특히 한국에서 한국사를 연구하는 연구자들)에게 이 둘의 관계는 아직 낯설고 의심스러운 무엇이다. 문학과 역사가 명백히 분리되지 않았던 전근대는 물론이고 근대 역사학[2]의 태동 이후에도 역사와 문학의 심리적 거리는 그리 멀지 않았다. 역사가 문학과 완전히 결별하게 된 것은 오히려 역사가 문학보다는 과학에 가깝다는 신념이 널리 공유되면서부터이다. 그러나 지금 역사는 서툴고 느리지만 다양한 형태로 문학과 소통을 시도하고 있다. 여기에는 근대 분과적 학문 체계에 대한 반성, 본질주의를 거부하는 세계 지성사의 흐름, 그리고 무엇보다도 다양하고 역동적인 현실 사회의 변화와 요구 등이 영향을 미쳤을 것이다. 그러나 역사를 내러티브의 일종으로 본다든지, 내러티브를 역사의 구성물로 본다든지 하는 것은 아직 한국 역사학계에서 익숙한 테마라고 볼 수는 없다. 아직까지 이야기란 역사를 서술하고 표현하는 방식의 하나일 뿐이라고 받아들여진다.

역사를 이야기로서 이해하고 이야기하는 방식으로 표현하는 것을 보다 자연스럽게 받아들이게 된 데에는 적어도 두 가지 맥락이 있다. 첫째는 1980년대 과학적 실천적 역사학을 기치로 내건 진보적 소장학자들이 1990년대 이후 역사를 보다 친숙하게 대중에게 전달하기 위해 이른바 '역사대중화'를 모색하기 시작했다는 것이고, 둘째는 2000년대 이후 영화나 드라마 등 대중문화의 사회적 영향력이 그 어느 때보다 막강해지면서 학자들 역시 이러한 문화산업의 존재와 위력을 어떤 의미에서든 의식하게 되었기 때문이다. 그러나 여기서 말하고자 하는 역사와 이야기의 관계에 대한 재고찰은 단지 '역사대중화'의 차원에서 논의되는 '이야기로서의 역사'나, '문화콘텐츠'의 차원에서 운위되는 '이야기거리로서의 역사'가 아니라, 역사 자체에 내재해 있는 이야기적 성격을 인정해야 한다는 의미이다. 이 책에서 말하는 '역사와 내러티브의 관계'란 곧 '역사적 산물로서의 내러티브'와 그 '내러티브를 사료로 삼은 역사'이다. 한 시대에는 그 시대의 조건과 정서가 낳은 독특한 내러티브가 있다는 것이며, 따라서 시대의 산물로서의 내러티브를 연구한다는 것은 곧 시대의 조건과 정서를 더 깊이 있게 이해하고자 하는 것과 다르지 않다. 또한 역사를 내러티브의 일종으로 파악함으로써 역사 자체가 역사가와 시대의 산물임을 더 적극적으로 드러내고자 하는 것이다. 내러티브에 생산의 주체가 있듯이 역사에도 생산의 주체가 있다.

내러티브란 이야기를 뜻한다. 흔히 '이야기'라고 하면 허구적인 것을 뜻하는 경우가 많다. 반면에 역사가 진리를 지향한다는 것은 의심할 여지가 없다. 때문에 '역사와 내러티브의 관계'라고 했을 때, 전통적인 역사학자들은 역사는 허구가 아닌 사실史實이기 때문에 허구를 다루는 이야기와는 구별되어야 한다는 인식 속에서 거부감을 가질 수도 있을 것이다. 그러나 이야기가 허구적인 것만을 이르는 말은 아니다. 오히려 어떤 인과관계에 의해 일어난 일련의 사건이나 정황들은 모두 시작과 중간과 끝이 있는 이야기로 볼 수 있다. 이야기의 차원에서 말하자면 그것이 실재인지 보다는 진실과 진리를 담고 있는지가 더 중요하다. 심지어 허구조차도 얼마든지 진실을 말할 수 있다. 다만 진실 자체가 아닐 뿐이다.

'이야기'의 번역어에는 대체로 세 가지가 있다. 첫째는 표면적인 이야기를 뜻하는 스토리story로서, 우리가 줄거리라고도 부르는 것이며 대개 시간 순서대로 되어 있다. 둘째는 구성적 측면의 이야기, 플롯plot이다. 사건을 시간 순서보다는 인과관계에 기반한 묘사의 순서에 따라 배치하기 때문에, 같은 스토리라도 어떻게 구성하느냐에 따라 이야기의 주제가 풍성해질 수도 있고, 심지어는 달라질 수도 있다.[3] 마지막으로 내러티브는 위 두 가지를 종합하고 여기에 작가 내면의 흐름과 미학적 고려까지 덧붙인 개념이다. 거칠게 말해 심층적 이야기라고 해두자. 이 세 가지 용어는 때때로 혼용되기도 한다. 이에 대한 상세한 설명은 이 책의 범위를 벗어나는 것이 될 것이다.[4] 그럼에도 불구하고 이 세 가지 용어를 굳이 구분해 소개하는 것은 '플롯'의 중요성을 부각시키기 위해서이다.

이 책에서는 이야기를 주로 '플롯', 곧 구성의 측면에서 본다. 스토리와 플롯의 차이를 보여주는 두 가지 예를 들어보자. 영화 〈메멘토 Memento〉(2000, 크리스토퍼 놀란)는 아내를 잃은 충격으로 10분 이상을 기억하지 못하는 단기 기억상실증을 앓고 있는 전직 보험수사관 레너드가 사진기와 문신을 이용한 메모를 단서로 아내를 죽인 범인을 찾아다니며 복수한다는 이야기이다. 이것은 사건이 일어난 순서에 기반한 스토리이다. 만일 이 영화를 사건이 일어난 시간 순서대로 편집했다면 우리가 알고 있는 걸작 〈메멘토〉는 만들어지지 않았을 것이다. 그런데 감독은 다소 평범한 스토리의 스릴러를 구성의 힘으로 뒤집음으로써 전혀 다른 의미를 창출한다. 예컨대 실제 사건이 일어난 순서를 1-2-3-4-5-6-7-8-9-10-11이라고 해보자. 영화 러닝타임 상의 순서는 11-1-10-2-9-3-8-4-7-5-6으로 되어 있다. 혼동을 피하기 위해 1~5는 흑백화면이고, 6~10은 컬러화면으로 연출되었는데, 5와 6에 이르면 화면이 자연스럽게 흑백에서 컬러로 변하면서 마침내 진실이 밝혀진다. 이 영화의 플롯은 모든 기억을 메모에 의지하는 단기 기억상실증을 앓는 한 사내가 자신이 믿고 싶지 않은 것을 의도적으로 잘못 기록함으로써 아내를 죽인 범인이라고 생각되는 사람들을 끊임없이 죽이고 다니는 이야기이다. 구성을 바꿨을 뿐이지만 이야기의 핵심이 달라짐으로써 영화는 관객을 흥미진진한 미스터리의 세계로 이끈다. 이처럼 같은 스토리라도 어떠한 플롯을 갖느냐에 따라 평범할 수도 있는 이야기가 특별하고 매력적이며 주제가 명확한 이야기가 된다. 우리가 주목하는 것은 플롯에 의해 주제와 정서가 바뀐다는 바로 그 점이다.

영화 〈올드보이〉(2003, 박찬욱)에서 실제 사건이 일어난 순서는 다음과 같다. 학창시절 대수와 우진은 친구였다. 대수는 친남매 간이지만 서로 사랑했던 우진과 누나의 관계를 우연히 알게 되었고 그 비밀을 별 생각없이 누설하는 바람에 우진의 누나는 자살하고 만다. 이에 우진은 오랜 시간 대수에 대한 복수를 계획하고, 그를 15년간이나 사설 감옥에 가둔다. 대수는 풀려나자 우진을 만나게 되고, 복수의 내용이 자신의 딸과 관련 있음을 알고 경악한다. 결국 수년 전 한 번의 말실수가 모든 화의 근원이었다는 것을 안 대수는 자신의 혀를 자르고, 복수를 통해 단 하나 남은 삶의 의미가 없어진 우진은 자살한다. 이를 영화상의 시간으로 다시 정리하면 다음과 같다. 영문도 모르고 납치되어 사설 감옥에서 감금된 채 지내온 대수는 15년이 지난 어느 날 풀려난다. 대수는 자신을 납치한 자에 대한 단서를 찾다가 미도라는 젊은 여성을 만나 사랑을 나눈다. 마침내 우진을 대면한 대수는 이 모든 것이 수년 전 말실수로 우진의 누나를 죽게 한 자신에 대한 우진의 복수라는 사실과, 그 복수의 내용이 15년의 감금이 아니라 근친상간의 아픔이라는 사실을 알게 된다. 이러한 구성은 이 영화를 단순한 복수극에서 등장인물의 심리와 상처의 비밀을 풀어나가는 미스터리 드라마로 전환시킨다.

플롯을 짜는 것을 시나리오 작법에서는 플로팅plotting이라고 한다. 작가들이 수년간의 습작기를 거치면서 훈련하고 연습하는 것이 바로 이 플로팅이다. 그런데 플롯은 단지 작가들만의 전유물은 아니다. 역사가들 역시 역사서술을 할 때 플롯을 이용한다. 헤이든 화이트는 역사가들이 자신이 상정해 놓은 일정한 플롯에 따라 연대기에서 의미 있는 사건들을 취사, 선택, 배제, 배열하는 방법으로 일관된 이야기를 재구성한다고 하면서 이를 플롯화emplotment라고 했다. 시나리오 작가나 소설가는 이야기를 만들어내지만invent 역사가들은 이야기를 발견find한다는 것이 차이일 뿐, 이야기를 구성한다는 점에서는 같다는 것이다.[5]

역사가가 역사를 서술할 때 플롯을 활용한다는 것은 언뜻 역사가와 소설가나 시나리오작가 사이의 차이를 무화시키는 것으로 보이기도 한다. 역사를 쓰는 것과 이야기를 쓰는 것은 진리를 추구한다는 점에서는 같으며,[6] 역사가들은 그 출발에 있어서나 본질에 있어서 이야기꾼이다. 이야기꾼으로서의 역사가는 자신의 이야기를 대중에게 더 효과적으로 전달하기 위해 설득력 있고 매력적인 플롯을 연구하지 않으면 안 된다. 이러한 의미에서도 역사가는 그 자체가 미디어이며 메시지이다. 같은 스토리라도 어떠한 플롯을 갖느냐에 따라 그것이 담을 수 있는 담론과 인식체계는 달라진다. 달리 말하면 역사가가 가진 담론과 문제틀에 따라 역사가는 다른 플롯을 선택한다. 그런데 역사가가 자신의 플롯에 따라 역사를 서술한다는 의미가 역사적 사실에 대한 엄밀성이나 학자적 양심을 잃지 않고 사료에 객관적으로 접근해 역사적 사실을 규명하려는 노력과 배치되는 것은 아니다. 역사를 플롯화한다는 것은 역사가가 이미 정해진 틀로 역사를 재단하고 견강부회牽强附會를 일삼는다는 의미가 아님은 물론이다. 역사의 플롯화는 자칫 역사를 지나치게 상대화한다는 비판으로 전화되고는 한다. 그러나 역사의 플롯화를 드러내는 것은 역사서술이 가지는 정치적 함의를 객관화시키기 위한 도구가 될 수 있다.

역사가가 역사적 사실을 플롯화하는 가장 중요한 이유는 자신이 그려놓은 역사적 세계와 그 시대의 상像을 독자에게 설득력 있고 효과적으로 전달하기 위해서이다.[7] 역사가 만들어내는 다양한 내러티브는 반드시 시간 순서대로 기억된다기보다는 기억하고 싶은 대로, 믿고 싶은 대로 기억되며 그것이 드라마틱하면 할수록 더 잘 기억되고 기념된다. 우리가 역사를 이야기로서 여길 때 여기에는 반드시 흥미진진한 플롯이 있다는 것은 우연이 아니다.

플롯의 요소들

역사 서술을 플롯의 일종으로 보는 것이 가지는 의미 있는 효과는 그것이 절대적 객관성의 범주에 속하는 것이 아니라 주체의 전략에 따라 끊임없이 재해석되고 재서술되는 불완전한 이야기라는 것을 가장 극단적으로 표현하고 있다는 데에 있다. 플롯에 가장 중요한 영향을 미치는 세 가지 조건이 있다. 역사의 플롯이 재해석되는 것 역시 이 세 가지 조건 각각의 또는 서로의 재조합과 재배치와 재평가에 의해 행해진다. 플롯에 가장 결정적인 요소는 설정setting, 인물charather, 그리고 결말ending이다.

설정은 시대적·공간적 배경과 상황이다. 같은 스토리라도 시간과 공간 상의 맥락에 따라 그것이 전달하는 정서와 의미가 달라질 수 있다. 희대의 바람둥이가 순진하고 정숙한 한 여성을 내기의 상대로 삼았다가 진짜 사랑에 빠지는 이야기인 프랑스 소설 《위험한 관계Les Laiasions Dangerueses》(1782, 쇼데를로 드 라클로)는 프랑스에서는 〈위험한 관계〉(1959, 로제 바뎅)와 〈발몽Valmont〉(1989, 밀로스 포먼)으로, 미국에서는 〈위험한 관계Dangerous Liason〉(1989, 스티븐 프리어즈)와 〈사랑보다 아름다운 유혹Cruel Intentions〉(1999, 로저 캠블)으로 영화화되었다. 이 중에서 1959년작과 1999년작은 18세기의 프랑스 상류층의 풍속을 그린 원작의 배경을 각각 1960년대 직전의 파리와 2000년대 직전의 뉴욕 맨해튼으로 옮겨놓았다. 한국에서 리메이크된 〈스캔들―조선남녀상열지사〉(2003, 이재용)는 조선시대 사대부 집안을 배경으로 했고, 중국과 한국의 합작으로 만들어진 〈위험한 관계〉(2012, 허진호)에서는 1930년대 상하이上海가 배경이 되었다. 이들은 모두 각 사회 상류층의 성윤리와 허위의식, 진정한 사랑의 문제 등을 다루고 있지만 시공간적 배경에 따라 강조점이나 정서, 그리고 주제의식을 조금씩 달리함으로써 관객에게 매번 다른 재미와 감동을 선사한다.

　　인물은 그 플롯의 주인공, 혹은 화자話者를 누구로 설정하느냐의 문제이다. 주인공이란 어떤 이야기의 플롯을 이끄는 존재, 곧 이야기를 앞으로 전진시키는 인물protagonist이며 방해자antagonist와 대립하는 위치에 있다. 같은 이야기라도 주인공이 달라지면 이야기를 보는 시점이 달라지기 때문에 전혀 다른 해석이 창출된다. 이를 가장 잘 보여주는 영화로는 〈라쇼몽羅生門〉(1950, 구로자와 아키라)을 꼽을 수 있다. 일본 헤이안平安(794~1185) 시대, 숲을 지나던 사무라이와 그 아내는 산적을 만나 사무라이는 포박당하고 아내는 겁탈당한다. 우연히 숲속에 들어선 나무꾼은 사무라이의 가슴에 칼이 꽂혀 있는 것을 발견해 관청에 신고하고, 관청에서는 이 사건에 대한 심문이 벌어진다. 산적과 사무라이의 아내, 무당의 힘을 빌려 나타난 죽은 사무라이, 그리고 나무꾼은 각자 자신의 입장과 이해관계에 따라 서로 엇갈린 진술을 내놓는다. 사건의 주인공protagonist과 화자narrator에 따라 이야기의 플롯과 메시지가 달라지는 것이다. 우리나라에서도 〈오! 수정〉(2000, 홍상수)이나 〈내 여자의 남자친구〉(2006, 박성범) 등의 영화에서 같은 상황을 두고 주인공과 화자를 바꾸자 전혀 다른 의미로 재해석되는 아이러니를 그리고 있다. 또한 〈춘향전〉을 방자의 시점에서 다룬 〈방자전〉(2010, 김대우)이 있다. 이 영화는 성춘향과 이몽룡이라는 청춘 남녀의 사랑을 그린 〈춘향전〉이라는 원작을 이몽룡의 몸종인 방자의 시각으로 다시 풀어내면서 〈춘향전〉이 탄생하게 된 배경에 대해 해설하는 메타 텍스트적 접근 방식을 취하고 있다.

    결말은 관객에게 영화의 주제를 전달함과 동시에 정서적 여운을 남긴다는 점에서 매우 중요하다. 〈휴일〉(1968, 이만희)은 제작 당시 검열에 걸려 개봉되지 못하다가 2005년 부산국제영화제에서 이만희 회고전을 통해 세상에 모습을 드러냈다. 영화의 줄거리는 주인공이 여자친구의 낙태 비용을 구하려고 거리를 헤매다 돌아와보니 이미 여자친구는 수술 중에 죽은 후였다는 이야기로서, 황망하고 허탈한 표정으로 거리를 걸어가는 주인공의 모습이 긴 여운을 남긴다. 제작 당시 검열 당국은 영화가 너무 어둡고 결말이 암울하다는 이유로 주인공이 머리 깎고 군대에 입대하는 장면으로 교체할 것을 요구했다. 그러나 제작진은 결말을 이처럼 바꿀 경우 영화의 주제 의식이 달라지고 작품성이 떨어질 것을 우려해 검열 당국의 요구를 거절했고, 결국 상영은 좌절되었다. 그런데 시나리오 상에는 익사체로 발견된 주인공(시체)의 입을 통해 이야기를 시작하고 끝맺는 것으로 되어 있었다고 한다.[8] 만일 원안대로 영화화되었다면 이 영화의 비극성은 더욱 배가되었을 것이다. 이처럼 결말을 어떻게 맺느냐는 플롯 구성의 가장 중요한 요소의 하나이다.

또한 영화의 플롯에는 메인 플롯main plot과 서브 플롯sub plot이 있다. 단순하게 말하자면 메인 플롯은 이야기를 이끌어가는 주인공이 하고자 하는 행동의 플롯이며 영화의 지배적인 플롯이다. 반면 서브 플롯은 조연들의 플롯이기 때문에 하나의 영화에도 여러 개가 존재할 수 있다. 예를 들어 〈스파이더맨〉(2002, 샘 레이미)의 메인 플롯은 가난하고 수줍음 많이 타는 왕따 고등학생 피터 파커가 슈퍼 거미에 물린 후 갖게 된 초능력을 이용해 악당을 물리치는 이야기다. 이 영화에는 몇 개의 서브 플롯이 있는데 가장 대표적인 것은 악당으로 등장하는 고블린의 플롯이다. 그는 피터의 친구 해리의 아버지인데 정부 의뢰로 신무기 만드는 일을 하다 괴물로 변하자 자신을 무시하던 정부 관료들을 처단하고 도시를 파괴하려 한다. 이처럼 하나의 영화에는 복수의 플롯이 존재하며 지배적인 플롯을 중심으로 종속적, 혹은 주변적 플롯이 포진하고 있다.

그렇다면 역사서술에서도 이러한 조건이 유효할까? 역사가는 자신의 주제를 명확하게 드러내기 위해 특정한 시대적 공간적 배경(세팅) 하에 놓인 주인공(인물)을 설정하고 그의 생애와 사상을 조명하며 그 역사적 의의(결말)를 평가한다. 역사가가 누구의 편에 서서 어떠한 관점을 가지고 서술하느냐에 따라[9] 주인공은 영웅이 되기도 하고 테러리스트가 되기도 한다. 또한 시대의 선각자가 되기도 하고 친일파가 되기도 하며, 건국의 아버지가 되기도 하고 분단의 원흉이 되기도 한다. 이는 어떤 역사적 사건이나 사실史實들을 다룰 때에도 마찬가지이다. 그 사건의 배경과 사건을 일으킨 사람들, 그리고 사건의 결말과 평가가 서술된다. 이 역시 누구의 편에서 어떠한 시각으로 이 사건을 바라보느냐에 따라 전혀 다른 결과를 낳게 된다. 그래서 어떤 사건이 민란인지 전쟁인지, 혹은 혁명인지 쿠데타인지를 밝히기 위해서는 어떠한 배경에서 어떠한 사람들이 왜 그 사건을 일으켰으며 그 결론은 무엇이고 의의는 무엇인지가 평가된다. 여기서 간과할 수 없는 것은 누구를 위한 역사인가도 중요하지만 역사서술의 주체가 누구이며 어떠한 정체성을 가진 역사가인가가 더 중요하다는 점이다. 역사가의 시선은 그 역사가의 학문적 정체성에 의해 규정되며 이것이 역사서술의 플롯을 달라지게 하는 결정적 요인임은 두말할 필요도 없다. 또한 역사서술에서도 지배적인 플롯과 주변적인 플롯이 얼마든지 존재할 수 있는데, 어떤 것을 지배적인 플롯으로 설정하느냐 역시 역사가의 정체성과 관련되어 있다. 영화의 플롯이 단일하지 않고 복수이듯이 시대가 생산해내는 플롯도 다수이며, 역사의 주체를 누구로 설정하느냐 어떤 시각에서 역사를 보느냐에 따라 어떤 플롯은 더 지배적으로 보이고 어떤 플롯은 주변적이거나 부차적으로 보이기도 한다. 그러나 여기서 주변적이라는 것이 지배적인 것에 비해 근본적으로 덜 중요하다는 의미는 아니다. 어떤 역사가에게는 부차적으로 여겨졌던 플롯이 다른 역사가에게는 매우 중요한 플롯으로 등극하기도 하며, 한 시대에 A라는 플롯을 더 지배적으로 보았다면 다른 시대에는 B라는 플롯의 중요성이 더욱 부각되기도 하기 때문이다.

시대의 플롯과 영화의 플롯

역사가보다 더 근본적으로 역사의 플롯에 영향을 미치는 것은 바로 그 역사가가 속해 있는 시대의 맥락이다. 이러한 의미에서 역사의 플롯은 곧 시대의 정신과 욕망이 관통하는 시대의 플롯이다. 시대가 어떤 이야기들을 만들어냈고 그 이야기들이 얼마만큼의 공감을 불러일으켰느냐 하는 것은 시대상을 구성하는 중요한 일부분이다. 시대가 만들어낸 이야기들은 시대의 반영물이자 생산물로서 때로는 역사를 대체하기도 한다. 그런 점에서도 역사는 일종의 이야기이다. 이 이야기들은 생산의 주체에 따라 같은 사실에 대해 다른 방식으로 이해하고 기억하기 때문에 이들은 서로 경합하고 투쟁하며, 이때 승리한 이야기가 지배적 이야기로 등극함으로써 역사화된다. 역사의 전환기마다 새로운 역사서술이 필요했던 이유 역시 지배계급의 정통성과 정당성 확보에 유리한 이야기들을 자기 시대의 지배적 역사로 확립해야 했기 때문이었다. 근대 이후 역사학이 일개 분과학문으로서 체계화되고 정립되며, 이야기의 생산, 유통, 소비가 대량으로 이루어지기 시작하면서 역사와 이야기는 분리되었지만, 그 본질은 같은 것이다. 소설이나 영화, 드라마와 같은 대중 서사는 그것이 비록 작가의 상상력에 기반한 허구일지라도 대중이 당대의 감수성에 근거해 역사와 현실을 이해하고 소비하는 하나의 방식을 제시한다.

    이러한 시대의 플롯을 가장 잘 드러내는 매체의 하나가 바로 영화이다. 영화는 근대 이후 가장 대중적인 이야기 형식의 하나일 뿐만 아니라 이야기를 가장 효과적으로 전달하는 매체이기 때문이다. 특히 TV라는 더욱 대중적인 매체가 등장해 전국적 네트워크를 갖기 전인 1950~60년대에 영화는 당대 대중의 감수성을 가장 명확하게 보여주는 매체로서 그 대중적 영향력은 실로 대단한 것이었다. 따라서 같은 시대에 생산된 영화들의 플롯이나 주제가 상반되는 경우가 많다는 것은 생산자의 가치관에 좌우되기도 하지만 무엇보다 당시 대중들의 가치관과 정서가 균질적이지 않다는 것을 보여준다. 영화라는 이야기

형식에는 소설 등 다른 이야기와 생산방식의 차이에서 오는 특수성이 존재한다. 영화가 기획되고 투자되는 과정, 그리고 제작되고 배급되며 상영되는 전 과정에서 몇 단계의 의사소통과 합의 및 검증 작업을 거침으로써 소비주체들의 의식과 정서가 이미 개입된다. 생산의 주체가 생산단계부터 이미 대중과 호흡함으로써 스스로 대중성을 높이는 노력을 기울인다는 점에서 영화는 감독이나 제작자의 예술적, 혹은 지적 관심의 투영으로만 해석될 수 있는 것이 아니라 오히려 이러한 예술적, 지적 관심이 대중과 의사소통하는 메커니즘으로서 해석되어야 한다. 대중예술이 이른바 순수예술에 비해 훨씬 복잡한 공정과 많은 사람들의 의사가 반영된 분야라는 점을 이해할 때 비로소 영화가 대중의 생각과 정서를 반영하고 있다는 것의 의미를 깨닫게 된다. 근현대사 연구에 있어서 대중문화 연구는 대중매체라는 프리즘을 통과한 대중의 생각과 정서를 이해하고 시대정신을 읽어내는 데 핵심적인 관문이다.

영화를 둘러싼 서사는 비단 영화의 내용 자체에 한정된 것은 아니다. 영화의 이야기와 미장센에서 비롯되는 서사뿐만 아니라 영화의 생산–유통–소비의 전 과정에 걸쳐 발생하는 정치적, 경제적, 사회적, 문화적, 심성적 차원의 다양한 서사들도 존재할 수 있기 때문이다. 이를 편의상 영화의 내적 서사와 외적 서사로 구분해 부를 수도 있겠다. 전자가 영화 자체의 플롯이라면 후자는 영화에 대한, 혹은 영화를 둘러싼 사건과 담론의 플롯으로서, 이들 영화 서사는 한 시대의 특징을 드러내는 시대의 플롯을 구성한다.

영화는 당대에 요구되는 일정한 플롯에 영향을 받으면서 동시에 이러한 플롯을 생산하는 데 기여한다. 따라서 역사상의 어떤 특정한 장소와 시대에는 그 시대만의 독특한 이야기/플롯이 존재한다. 물론 시대와 장소를 초월해 존재하는 보편적인 이야기/플롯 역시 존재한다. 그러나 이러한 보편성을 띤 이야기는 시대와 장소에 따라 변주되기 마련이고 그러한 변주를 가능하게 하는 요인, 그리고 그러한 변주의 양상과 효과에 따라 그 이야기의 메시지와 정서는 시대에 맞게 첨삭되고 윤색되어 변형된 형태로 대중에게 전달된다.

예를 들어 본래 권선징악의 주제를 갖고 있었던 신데렐라 이야기는 결혼을 통해 계급상승을 (꾀)하는 여성의 이야기로 굳어졌는데, 결혼을 통한 계급상승이라는 테마는 어느 시대 어느 지역에나 존재해 왔다.[10] 한국의 설화인 〈콩쥐와 팥쥐〉는 원래 착한 콩쥐에게 복이 오고 팥쥐와 계모는 벌을 받는다는 정도의 이야기였지만 서구의 신데렐라 이야기와 결합해 전형적인 신데렐라 이야기의 하나로 소비되고 있다. 1980년대 한국 소녀들의 마음을 흔들어 놓은 일본 만화 《캔디 캔디キャンディ キャンディ》(1975, 미즈키 쿄코)는 이러한 신데렐라 이야기의 현대판이라 할 수 있는데, 기존의 신데렐라 캐릭터에 캔디라는 '역경을 이겨내는 명랑한 소녀' 캐릭터가 결합해 새로운 여성상이 창출되었다. 이 여성상은 전근대적이고 순종적인 여성이 아니라 자신의 운명을 개척하는 적극적인 성격으로 보다 자본주의에 최적화된 인물이라 할 수 있다. 그리고 캔디를 사랑하는 네 명의 남성들은 여성들의 이상형이 분화되고 변주되어 탄생한 남성 캐릭터로서 전통적인 가부장적 인물들과는 다소 거리가 있다. 이러한 캔디 캐릭터는 비록 가난하지만 아름답고 긍정적인 성격의 여성으로서 오랫동안 드라마와 영화 등에서 사랑받았다. 1990년대 이후 한국 트렌디 드라마의 여주인공들은 여기에 현대 여성에게 요구되는 덕목 또 하나가 추가된 미모

에 인간미는 물론 능력까지 갖춘 여성들이었다. 전형적인 신데렐라 이야기에 식상한 관객들은 새롭게 변형된 형태의 신데렐라 이야기를 계속 생산하도록 추동하는데, 이 새로운 신데렐라들은 단순히 상류계급 남성과의 결혼이 인생의 목적인 것처럼 굴지 않으며 자신의 주체적 욕망에 보다 충실한 인물들로 묘사된다. 이는 변화하는 여성들의 (그리고 여성들에 대한) 가치관과 함께 속물주의와 순수에의 열망, 낭만적 사랑과 연애에 대한 판타지 그리고 이상화된 여성상과 남성상의 표출 등이 어떤 식으로 시대성을 반영하며 변주되는지를 잘 보여준다. 이처럼 시대 속에서 규정되고 시대를 재정의하는 윤색과 변형의 결이 바로 시대의 플롯이라 할 수 있다.

시대의 플롯에는 그 시대의 가치관과 감수성이 녹아 있으며, 이를 시대의 마음/정서/감성이라고 불러도 다르지 않을 것이다. 이 책에서 이야기될 네 개의 키워드는 거대 담론을 바탕으로 한 논리의 키워드이기도 하지만 감수성의 키워드라고도 할 수 있다. 논리와 사상은 이성적으로 설명되고 학술적으로 정리되며 주로 지식인 사이에서 통용되는 문법이다. 반면에 감성과 마음은 이성적으로 설명되기는 어려울지 모르나 당대 대중들의 심성과 감각을 구성하고 있어 평소에는 잠재되어 있을지라도 역사의 격변기에 폭발적으로 분출되기도 한다. 논리와 감성, 이 두 가지는 항상 대립적이거나 이분법적으로 구별될 수 있는 것이 아니라, 오히려 이것들의 상호 교섭과 갈등 관계가 종합되어 시대의 마음이 된다고 보아야 할 것이다. 분명한 것은 눈에 보이는 실제로 일어난 일이나 지식인의 사상/정책만이 역사학의 탐구 영역이 아니라 눈에 보이지 않는 심성, 욕망, 꿈, 감수성, 상상력까지도 역사학의 영역이 될 수 있어야 한다는 것이다.

그러나 사료에 크게 제약받는 역사학의 특성상 그러한 욕망과 상상력을 어떻게 탐구할 수 있을 것인가? 우선 이를 탐구하기 위해서는 문자text만이 아니라 이미지image를 비롯해 텍스트성textuality이 있는 모든 것들이 역사의 사료로서 중요한 일부를 차지한다는 점에 동의해야 할 것이다. 그렇다고 하더라도 허구, 혹은 연출된 이미지를 다루는 영화가 어떻게 역사의 사료가 될 수 있을 것인가? 영화를 사료로 취한다는 것은 영화라는 매체에 대한 전반적인 이해를 기반으로 해야 함은 물론이지만, 무엇보다도 한 사회/시대가 만들어낸 허구 역시 그 사회/시대가 산출한 실재라는 사실을 인정하는 것으로부터 출발한다.

영화가 말해주는 것들

미디어로서의 역사

"영화를 통해 알 수 있는 것은 대중의 생각이 아니라 감독의 생각일 뿐이야." 존경하는 한 선배 역사학자는 내게 이렇게 말했다. 어떤 사상가의 글을 사료로 활용해 그 사상가의 사상을 탐구해온 역사학자로서는 당연한 생각일 수 있다. 영화가 '감독의 예술'로 알려진 만큼 영화에서 재현되거나 표현되고 있는 이미지나 메시지는 감독이 말하고자/보여주고자 하는 것이라는 생각이다. 이러한 견해는 어떤 면에서는 타당할 것이다. 그러나 또 다른 면에서는 그렇지 않다. 영화는 사상가의 글과는 매우 다른 매체적 속성과 사회적 맥락을 갖고 있기 때문이다. 그것은 글과 영상이라는 시각적 의미론적 차이 때문만이 아니라 그 생산 방식의 차이때문에 발생한다. 그러나 문자로 된 기록인 글과 이미지로 된 기록인 영화는 다 같은 사료라는 점에서는 매우 유사한 매체적 위치와 맥락을 갖고 있다.

앞에서 살펴본 것처럼 한 사회/시대가 만들어낸 실재로서의 허구=이야기는 우리와 그 사회/시대를 이어주는 매개체로서의 역할을 수행한다. 그러므로 영화는 일종의 역사적 매체성을 갖고 있다고 할 수 있다. 그렇다면 역사 자체도 그러한가? 서구에서 역사history는 '일어난 일 자체'와 '일어난 일에 대한 기록'이라는 이중적인 의미를 가지고 있다. 역사와 역사학이 같은 이름[history]인 것은 과거의 시간에 객관적으로 존재했던 실재實在로서의 역사는, 그것을 기록한 사료의 생산자나 그 사료를 분석하는 역사가가 그것을 해석한 언어를 통해서만 인식할 수 있다는 것을 시사한다. 곧 역사는 객관적 실재로서보다는 그것을 주관적으로 해석한 역사가의 산물이자, 역사가가 우리에게 들려주는 일종의 이야기로서 존재한다.

〈그림 1〉

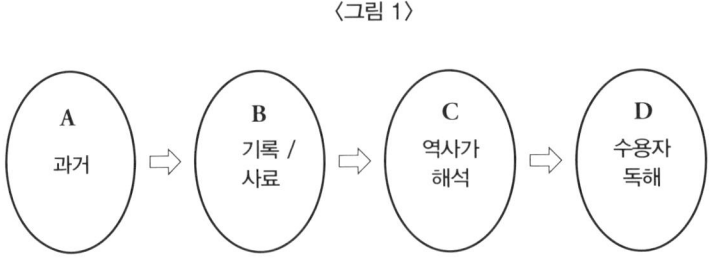

〈그림 1〉에서 A, B, C는 모두 역사라고 할 수 있는데, B와 C의 구

별은 때로는 불명확하다. 예를 들어 우리는 《삼국사기三國史記》를 사료라고 부르지만 저자인 김부식金富軾(1075~1151)의 입장에서는 역사가로서 그때까지의 사료들을 자신의 일정한 사관史觀에 입각해 취합하고 정리한 '역사서술'이기 때문이다. 경우에 따라서는 역사history와 역사서술historiography을 구별하기도 한다. 여기서 B와 C는 A와 D를 매개하고 있는 일종의 매개체media로서, 그 자체가 이미 메시지이다.[11] B와 이에 대한 C를 생산한 주체의 사관이나 철학, 입장에 따라 A는 재구성되는데, 이때 C는 B를 사료로 이용하는 것이 타당한 것인지 알기 위해 B에 대한 사료비판을 행한다. D는 전문 연구자가 아니기 때문에 항상 C를 통해서만 A를 알 수 있다. 그렇다면 D는 어떻게 C의 해석이 타당한지 여부를 알 수 있을까? "역사를 연구하기 전에 먼저 역사가를 연구하고, 역사가를 연구하기 전에 먼저 그의 역사적 사회적 환경을 연구하라"[12]는 카E. H. Carr의 조언은 이때 유용한 지침을 제공한다. D가 현명한 수용자가 되려면 특정 C가 놓인 사회적 역사적 맥락context을 이해해야 하며 C가 어떤 계보와 입장과 태도를 갖고 있는지 파악하는 것이 필요하기 때문이다.

앞의 〈그림 1〉이 우리에게 주는 한 가지 실망스러운 사실은 어떠한 경우에도 D가 A를 직접 경험하거나 알 수는 없다는 것이다. 설사 D가 타임머신을 타고 그 시대로 날아간다고 하더라도 동시대에 있다는 것만으로 어떠한 사건의 전말을 다 알 수는 없으며 그것은 설사 그가 현장에 있더라도 마찬가지이다. 한국전쟁(1950~1953)을 겪었다고 해서 한국전쟁의 모든 것을 다 알 수는 없으며, 대구 지하철 화재 사건(2003)의 현장에서 구사일생으로 살아났다고 해도 그 경험 자체만으로는 그 사건이 가진 사회경제적 메타포를 다 읽어내지는 못할 것이다. 결국 우리가 어떠한 과거의 사실을 전체적으로 인지하거나 본질적으로 파악하려면 기록과 해석과 독해가 따라야 한다.

이러한 관계를 그대로 영화에 적용해 보자. 다음 〈그림 2〉는 영화가 관객에게 전달되기까지의 과정을 단순화한 것이다.

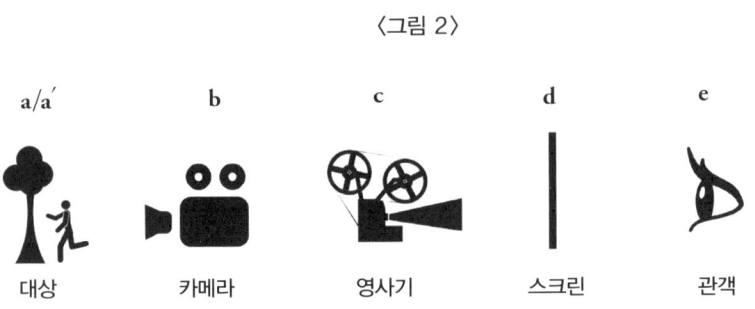

〈그림 2〉

여기서 영화의 소재가 되는 a가 e와 같은 시공간에 있지 않는 한, e는 a를 직접 인지할 수 없다. 그렇다면 a와 e 사이를 매개하고 있는 매개체media인 b, c, d는 a를 그대로 복제하거나 재현할 수 있을까? 우선 a를 카메라에 담는 과정에서 그 운용 주체인 연출자 및 제작진(b)의 가치관에 따라 a는 얼마든지 다르게 찍힐 수 있다. 흔히 사실을 조작하지 않고 그대로 카메라에 옮긴다고 여겨지는 다큐멘터리조차도 제작주체(b)의 가치관과 주관에 크게 의존한다. 여기서 b는 자신의 연출 의도에 따라 화면의 크기size와 대상을 보는 시선의 각도angle, 그리고 전체적인 화면의 구성mise-en-scène을 결정하기 때문에, b에 담기는 a는 대상 자체가 아니라 b의 가치관이 녹아 있는 a이다. 곧 b의 가치관에는 그들이 속해 있는 사회의 조건이나 맥락이 이미 포함되어 있으므로, b에 찍힌 a는 b가 바라보는 관점에 의해 규정된 a라고 할 수 있다. 영화라면 a는 사실 있는 그대로의 a라고 할 수도 없다. 영화를 생산하는 주체들은 a를 그대로 카메라에 담는 것이 아니라 여기에 가공을 더해 촬영하기 때문이다. 이 경우 a는 이미 시공간과 인물에 대한 변형과 조작이 끝난 a′라고 할 수 있다.

그럼 b와 c 사이에는 어떤 일이 일어날까? 여기에서도 주체의 연출 의도에 따라 편집을 하고 음악과 사운드를 입히며 때로는 컴퓨터 그래픽을 통해 없던 것을 창조하거나 효과를 극대화하기도 한다. 이 과정에서 a는 매우 가공된 형태로 전달되게 된다. 그렇다면 이제 모든 제작이 끝나 c와 d의 단계로 가면 우리는 그제서야 a를 제대로 볼 수 있게 될 것인가? 실은 그렇지도 못하다. a~c가 제작(생산)단계라면 c~d는 이른바 배급과 상영이라는 영화산업의 유통단계이며, d~e는 영화의 소비단계이다. 여기에는 그 사회가 영화를 유통하고 소비하는 방식을 규정하는 정치적 경제적 사회적 체제와 규범이 존재한다. 이 과정에서 검열이나 등급 매김이 일어나고 어떤 규모로 상영할지, 어느 시기에 어떤 시간대에 며칠간이나 상영할지 뿐만 아니라 이를 e에게 알리기 위한 마케팅 활동도 일어난다. 1950~60년대의 경우 c와 d의 분포와 규모를 결정하는 지방 배급업자가 기획에 관여했고 이들의 최대 목표는 당시 e의 관심을 끄는 것이었으므로, 결국 a의 가공에는 b~e가 모두 영향을 미친다고 할 수 있다. 또한 e에는 정부나 국가기관도 포함되어 있기 때문에 이들이 기획자가 되는 경우에는 더욱 막강한 영향력으로 a~d를 규정할 수 있었다.

이처럼 영화 소재로서의 실재인 a가 e에게 전달되기까지는 많은 과정을 거치는데, 이는 해당 산업에 종사하는 매우 다양한 사람들의 이해관계와 의견이 종합적으로 반영되며 그 산업을 규정하는 전체 시스템의 성격에 의해 좌우된다. 따라서 b에서 d에 이르는 미디어에는 그 미디어가 속하는 사회의 맥락과 시스템이 반영되어 있다. 그러므로 소비자인 e가 a를 객관적으로 인식하기란 거의 불가능하다. 가공되고 조작된 형태의 a만이 e에게 전달되는 것이 영화를 비롯한 영상매체라고 했을 때 이것은 과거의 사실을 역사(가)를 통해 독자들이 이해하는 방식보다 훨씬 복잡한 양상을 띠게 된다. 바로 수용자인 e의 감수성이 다시 또다른 a에 영향을 미치기도 한다는 사실이다. 영화는 그 기획과 제작과정에서 동시대 관객의 정서와 호흡하기 때문에 관객은 영화의 선택/거부나 평가에 의해 영화의 재생산에 참여하는 주체의 일원이라고 볼 수 있다. 만일 이렇게 생산된 영화를 후대의 연구자가 다시 보게 되는 경우, 아마도 〈그림 3〉과 같은 관계도를 그릴 수 있을 것이다.

〈그림 3〉

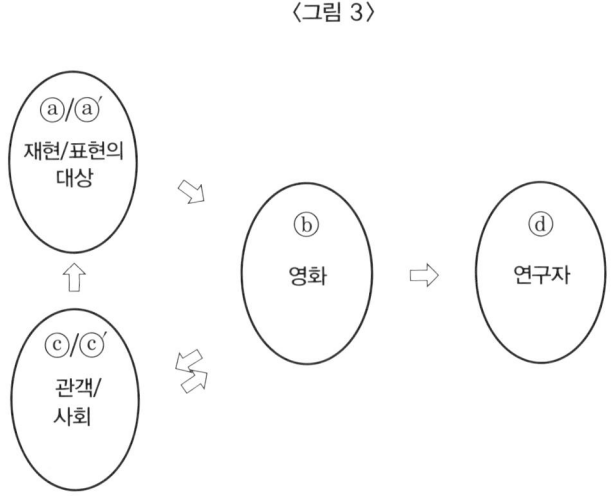

이 관계도에서 ⓐ는 영화가 만들어지는 시기와 동시대의 현실일

수도 있지만, 과거(사극)이거나 심지어 미래(SF)일 수도 있다. 그렇다고 하더라도 그것이 과거나 미래 그 자체가 아니라 ⓑ가 속해 있는 시대의 정신과 감수성이 반영된 ⓐ이므로 〈그림 3〉에서 ⓐ, ⓑ, ⓒ는 결국 동시대의 것이다. 반면에 ⓓ는 전혀 다른 시대에 속해있을 수 있다. 이 때문에 ⓓ는 앞에서 역사학자가 사료를 대하는 태도와 같은 태도를 ⓑ에 대해서도 취할 수 있다. 여기서 ⓑ는 ⓐ 자체가 아닌 ⓒ가 투영된 ⓐ'를 반영한 것이다. 예컨대 ⓐ가 조선시대라고 할지라도 ⓑ가 반영하고 있는 것은 실은 조선시대가 아닐 가능성이 높다. 오히려 ⓑ가 보여주고 반영하고 있는 것은 ⓐ를 구현하는 동시대 ⓒ의 현실이며 ⓒ의 시대가 ⓐ를 사유하는 방식인 것이다. 곧 ⓑ는 ⓒ가 속해 있는 특정 시대가 낳은 생산물이자 그 시대를 반영하는 매개체이다.[13]

이때 ⓑ가 속한 시대와 ⓒ가 속한 시대가 반드시 같지는 않다. 영화는 제작이 마무리되면 바로 개봉하는 것이 상례이지만 경우에 따라 예외도 있기 때문이다. 예를 들어 이만희 감독의 〈휴일〉(1968)은 검열로 인해 상영불가 판정을 받았고 한참 후에야(2005) 관객들에게 선을 보일 수 있었다. 또한 〈오발탄〉(1961)의 경우처럼 만들어진 당시보다 후대의 관객들에게 새롭게 평가받는 경우도 있다. 그렇다면 ⓓ는 ⓑ를 통해 영화가 만들어진 ⓒ 연구할 수 있음과 동시에 이 영화가 수용되는 다른 시간대의 ⓒ' 속에서도 영화를 연구할 수 있을 것이다. 따라서 ⓓ는 ⓑ를 통해 관객과 관객이 속한 여러 사회와 시대(ⓒ/ⓒ')를 연구할 수 있으며, 이때 ⓑ는 ⓓ에게 일종의 사료이다.

영화는 사료인가?

그렇다면 영화와 같은 이미지, 혹은 영상매체가 정말 사료가 될 수 있을까? 지성사가이며 문화사가인 피터 버크Peter Burke는 이에 대해 "역사가들은 엄격한 의미의 물적 증거를 의미할 때에 이미지를 증거로 사용해서는 안 된다"고 말한다. 이미지는 문서자료가 지나쳐 버리는 사회적 현실의 단면들에 대한 증거를 제공하기 때문에 한편으로는 유용하지만, 사회현실을 반영하기보다는 왜곡하기 때문에 항상 주의해야 한다는 것이다. 그럼에도 불구하고 이러한 왜곡의 과정 자체가 현상들의 증거라는 점에서 이미지는 그 활용 방식에 따라 유용한 사료가 되기도 한다고 주장한다. 그의 말에 따르면 이미지는 그 시대를 살던 사람들이 세계를 바라보던 관점을 보여주는데, 이미지를 제작하는 사람들은 자신들이 묘사하는 세계를 이상화하거나 거꾸로 풍자한다는 점을 기억해야 한다. 또 이미지들이 제공하는 증언은 문화적, 정치적, 물질적 여러 상황들 속에서 판단해야 하며, 같은 의미에서 개별적인 이미지보다는 일련의 이미지들이 제시하는 증언이 훨씬 신뢰할 만하다. 또한 역사가는 문자사료의 경우에도 그러하듯이 이미지들 사이의 행간의 의미나 묘사되지 않은 것들의 의미에 대해서도 주의를 기울여야 한다.[14] 따라서 영화는 이러한 고려 속에서라면 얼마든지 사료가 될 수 있다.

실은 한 사회의 생산물은 그 자체가 모두 사료라고 할 수 있다. 문자가 발명되기 전 선사시대에는 유적이나 유물이 주요 사료였으며, 문자를 사용하기 시작한 역사시대 이후에는 문자 텍스트가 주요 사료이고, 사진과 영화가 발명된 19세기 후반 이후에는 이들 영상매체가 그 시대의 주요한 사료의 하나가 된다. 미래에는 아마도 지금은 상상도 하지 못하는 새로운 형식과 매체성을 띤 사료가 나타날 것이다. 그럼에도 불구하고 근현대사에서 영화가 사료의 하나로 인정받기 시작한 것은 그리 오래된 일이 아니다.

　그렇다면 영화가 사료의 일종이라는 것이 위의 〈그림 3〉에서 ⓑ를 통해 ⓐ와 그것이 속한 ⓒ를 연구할 수 있다는 것을 의미할까? 이것은 많은 경우에 타당하지 않을 뿐만 아니라 가능하지도 않을 것이다. 1960년대에 만들어진 조선시대 궁중사극을 보고 조선시대를 연구할 수는 없다. ⓓ가 알 수 있는 것은 1960년대 사람들이 생각하는 조선시대에 대한 상像, 혹은 조선시대라는 옷을 입은 1960년대의 상像일 것이다. 이러한 의미에서 ⓑ는 ⓐ 자체를 알 수 있는 사료가 아니라 그것이 반영/표현하고 있는 사회와 시대(ⓒ)를 알 수 있는 사료이다.[15] 예컨대 동학의 2대 교주인 해월 최시형崔時亨(1827~1898)의 삶을 그린 영화 〈개벽〉(1991, 임권택)은 갑오농민전쟁 당시의 19세기 조선에 대해 말하고 있지만, 동시에 1991년이라는 세계사적 격동기이자 노태우 정권의 유화국면을 맞은 남한 사회의 진보세력에 대한 보수세력의 입장과 시각을 더 많이 반영하고 있다. 따라서 이 영화를 19세기 말의 조선을 연구하는 사료로 쓸 수는 없지만 1990년대 초 한국 대중들의 역사와 사회 변동에 대한 생각과 정서를 읽는 데에는 어느 정도 유효한 시사점을 줄 것이다. 그나마 한국에서 역사영화[16]라 부를 수 있는 몇 안 되는 영화인 〈개벽〉이 그러하다면 보다 오락적인 다른 역사극의 경우에는 더 말할 나위도 없을 것이다.

　마찬가지로 한국전쟁 시기를 배경으로 한 〈웰컴 투 동막골〉(2005, 박광현)을 보고 한국전쟁을 연구할 수는 없다. 이 영화는 한국전쟁 당시 북한군과 남한군과 미군 병사가 우연히 동막골이라는 강원도 오지의 산골 마을에 숨어들어오면서 벌어지는 이야기이다. 이들은 처음에는 반목과 불신 속에 서로 대립하지만 순박한 마을 사람들과 융화되며 점차 동질감과 우정을 느끼고 급기야 힘을 합쳐 살신성인함으로써 함께 마을을 구한다. 이 영화는 민족을 하나의 '순결무구한' 공동체로서 이해하고 외부의 가해자들에게 피해를 당하는 순진한 백성들이라는 민족 판타지를 강화한다. 따라서 이 영화는 한국전쟁에 대한 우리의 이해를 높이는 데 기여하기보다는 2000년대 중반의 남한사람들이 남북관계에 어떠한 희망을 품고 있는지를 보여준다고 하는 편이 타당할 것이다. 동시에 남북의 이데올로기 대립은 민족의 시원적 동질성 앞에 무화되고 그 극복과 화해를 도모하는 진보적 메시지는 어쩌면 판타지에서나 가능할지 모른다는 정서가 역설적으로 드러나고 있다. 그렇다면 보다 사실적인 영화인 〈태극기 휘날리며〉(2004, 강제규)는 어떠한가? 이 영화는 한국전쟁을 배경으로 주인공 형제의 사랑과 갈등, 그리고 화해를 다루고 있다. 영화 속 주인공들의 스토리는 허구이지만 그 이외에 전쟁의 진행 과정에서 드러나는 동선이나 사건, 전투 묘사 등은 모두 사실을 기반으로 했다. 그럼에도 불구하고 이 영화의 사료적 성격은 이 영화가 한국전쟁을 바라보는, 혹은 분단 문제를 바라보는 2000년대 남한사람들의 시각과 문제의식의 현 단계를 더 잘 드러낸다는 점에 있다.

이번에는 철학적인 영화들을 주로 연출해 온 장 자크 아노Jean-Jacques Annaud 감독의 〈불을 찾아서Quest For Fire〉(1981)를 보자. 이 영화는 프랑스의 공상과학 소설가 로스니J. H. Rosny의 1909년작 동명 소설을 원작으로 해 8만 년 전 호모 사피엔스 종족이 불씨를 찾아 나서는 여정을 그린 일종의 역사영화로 많은 역사 및 인류학 강좌에서 교재로 사용될 정도로 사실적이다. 이 영화는 《털없는 원숭이The Naked Ape》로 잘 알려진 동물학자 데스몬드 모리스Desmond Morris가

고증에 참여해 원시 인류의 동물적 행동 습관에 대해 연출적 조언을 주었으며, 원시시대 인류의 진화에 획기적 전기를 가져다 준 불과 도구의 사용에 대한 기원을 그리고 있다. 그런데 이 영화를 이해하기 위해서는 몇 가지 고려가 필요하다. 만일 이 영화를 통해 8만 년 전 인류의 모습과 생활상에 대해 이해하도록 하는 교육적 기능을 도모하려 한다면 다음의 두 가지 층위의 이해가 뒷받침되지 않는 한 교육적으로 위험하다는 것을 반드시 고려해야 한다. 하나는 이 영화가 생산된 1980년대 초반 현재 시점의 인류학과 동물학의 연구 수준을 보여주고 있다는 점이며, 또 하나는 이 영화가 20세기 초반의 학문적 세계사적 분위기의 산물로서 원작이 가지고 있는 성과와 한계를 일정 정도 반영한다는 점이다. 곧 이 영화에는 1980년대 초 구미 역사학계에 불어닥친 인류학적 테마의 부상과 더불어 20세기 초를 풍미했던 사회진화론과 진보사관에 대한 한없는 신뢰, 그리고 그에 대한 1980년대의 평가가 동시에 존재한다고 보아야 한다. 이 영화가 말하고 있는 동물과 구별되는 '인간다움'이라는 것에 대한 이해는 이러한 여러 가지 고려와 더불어 종합적으로 이해될 필요가 있다.

    영화가 그것이 제작된 시기의 대중정서를 반영하고 있다는 것은 대중영화 자체의 본질에 기인한다. 곧 영화를 생산해낸 영화인들은 스스로 대중의 일원이자 동시에 대중을 객체화하면서 그들을 관찰하고[17] 그들의 마음을 얻기 위해 노력하는데, 이는 영화가 기획되어 제작, 배급, 상영되고 수용되는 전 과정에서 대중의 감수성과 '마음의 향배'가 항상 고려되지 않을 수 없는 영화의 상업적, 산업적 성격을 규정한다. 이처럼 대중과 지식 엘리트 사이에 존재하는 영화인에 대한 이해는 영화 매체를 이해하는 데에 결정적 위치를 점한다. 영화인들이 자신의 사상을 전파하거나 대중을 계몽하려는 의도로 영화를 만들었다고 해도 그것은 어디까지나 대중의 심성mentalite에 이미 그것을 받아들일 수 있는 요소가 내재하고 있기 때문에 만들어졌다고 볼 수 있다. 따라서 영화가 어떻게 수용되었는지, 관객들에게 어떤 반응을 이끌어냈는지는 매우 중요한 변수이지만, 그렇다고 흥행에 성공하지 못한 영화가 흥행에 성공한 영화에 비해 항상 덜 중요한 것은 아니다. 그러한 영화가 생산되었다는 사실 자체만으로도 일정한 의미를 가지기 때문이다. 그러한 의미에서 영화는 한 시대를 연구할 수 있는 수많은 주제들이 내재된 중요한 텍스트이다.

이처럼 영화를 역사의 대상, 혹은 사료로 보고 영화를 통해 시대상을 드러내는 작업은 특히 영화사 연구 분야에서 활발히 진행되고 있다. 영화의 역사에 대한 연구는 크게 텍스트적인 연구와 컨텍스트적인 연구로 대별되는데, 텍스트 분석은 영화 텍스트 자체의 미학과 스타일, 서사구조 등의 변화를 역사적으로 고찰하는 것film history이고, 컨텍스트 분석은 영화를 사회문화적 컨텍스트의 산물로 보아 영화와 사회와의 관계의 역사를 서술하는 것history of cinema이다.[18] 한국영화사 연구자들 상당수가 후자의 관점에서 영화사를 서술하고 있으며, 이들은 영화의 의미를 역사적 맥락 속에서 찾고자 영화를 둘러싼 역사적 배경에 대한 탐구를 게을리하지 않는다. 곧 자신들의 연구를 문화사 연구의 한 형태로서 위치지으면서 영화분석이 중심이 된 역사 쓰기를 지향하고 있는 것이다.[19] 이들 컨텍스트적인 영화사 연구는 아직까지 시대가 영화에 미친 영향에 집중하고 있다는 점이 특징이다. 그러나 영화를 사료의 일종으로 간주한다는 차원에서 보았을 때, 그 사료가 그 시대에 왜 나왔는지를 넘어서서 그 사료가 시대를 어떻게 보여주고 있으며 시대에 미친 영향은 무엇인가에 좀 더 주력해야 할 것으로 보인다. 곧 사회가 영화에 미친 영향에 대한 연구에서 영화가 사회 정서 구성에 미친 영향에 대한 연구로 전환하는 것이 필요하다. 이러한 점에서 우리가 보는 것은 이미지로 표현된 의견이며, 이는 이데올로기적인 의미와 시각적 의미를 모두 포괄하는 '사회관views of society'이라고 한 피터 버크의 말을 되새겨 볼 만하다. 곧 영화를 통해 본 역사를 미처 말해지지 않은 이미지로 표현된 지성사, 대중의 감수성이 가장 잘 녹아 있는 감성사, 그리고 시대의 마음이 비추어진 심성사로서 바라보아야 할 필요성 말이다. 이러한 인식을 바탕으로 할 때 정체성의 문제를 영화라는 매체를 통해 이해하는 것이 가능해진다.

p.58
정체성 문제

1948년 8월 15일 대한민국 정부 수립 선포식

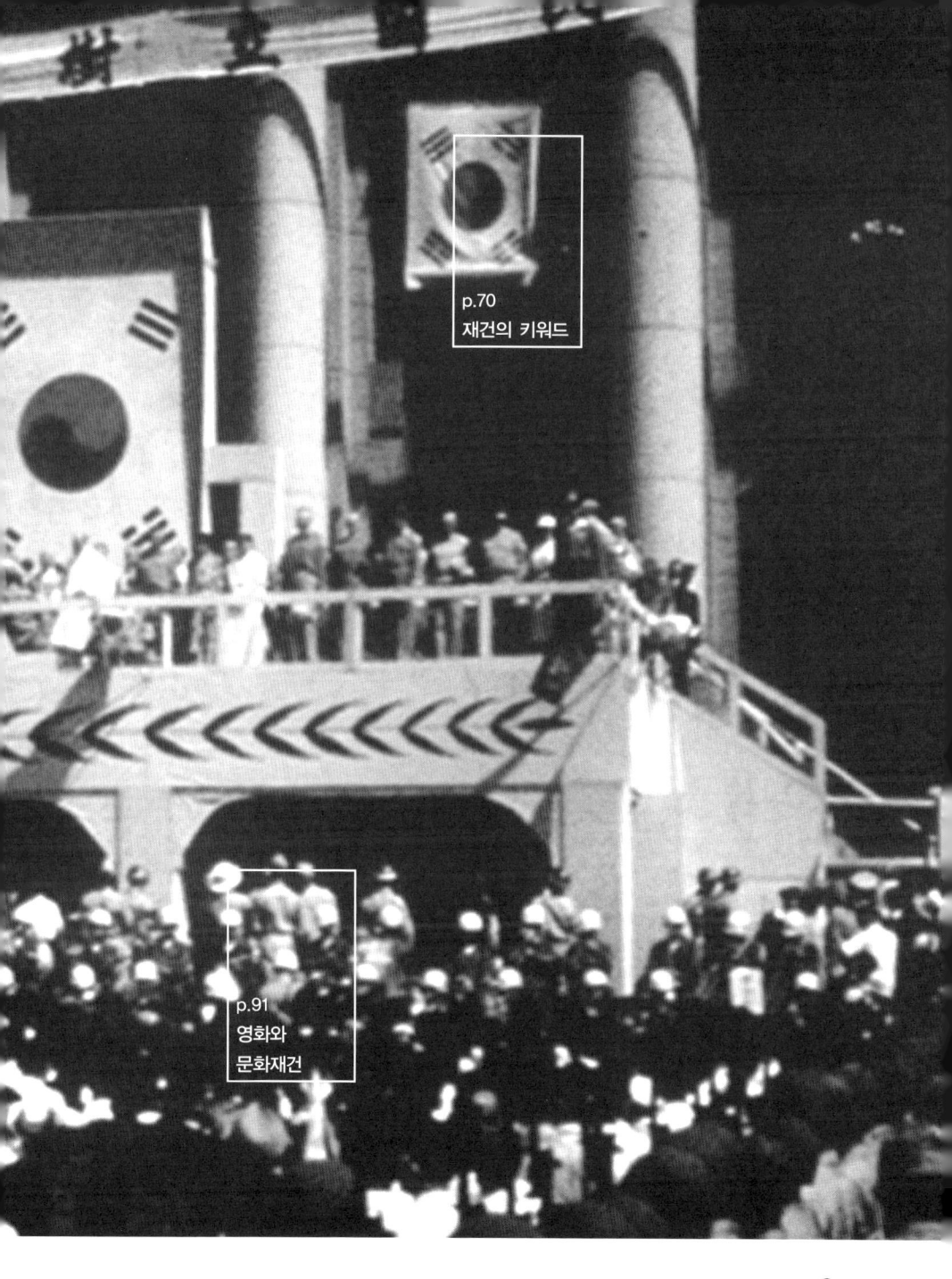

p.70
재건의 키워드

p.91
영화와
문화재건

2
재건
: '우리'라는 질문

정체성 문제

아이덴티티라는 곤경

우리 사회에서 어린아이가 어른으로부터 가장 많이 받는 질문은 아마 첫 번째가 "엄마가 좋아, 아빠가 좋아?"이고, 두 번째는 "커서 뭐가 되고 싶니?"일 것이다. 첫 번째 질문에 아이가 선뜻 답하기 어려운 것은 반드시 엄마 아빠가 우열을 가릴 수 없을 정도로 똑같이 좋기 때문만은 아니다. 만일 이 질문이 부모와 함께 있는 자리에서 이루어진다면 이는 단순히 답하기 어려운 것을 넘어서서 일종의 압력이 될 수도 있다. 어느 쪽을 답하든 나머지 한쪽의 실망과 질투 어린 눈빛을 받아야 할 것이고, 이는 어쩌면 호명되지 않은 쪽 부모로부터 무언의 불이익을 받을지 모른다는 불안과 공포를 유발하는 것이기 때문이다. 이때 영리한 아이들은 대개 '둘 다'라고 하지 않으면 엄마라고 답하는데 이는 엄마가 일반적으로 아빠보다 더 많은 시간과 정성을 아이에게 쏟기 때문에 엄마와 정서적으로 더 밀착되어 있어서이기도 하지만, 그렇게 대답하지 않을 경우 엄마로부터 받을 수 있는 애정과 혜택이 줄어들지도 모른다고 생각해서라고 한다. 이때 아이는 명백히 어떤 정치적 선택의 기로에 놓여 있다.

　두 번째 질문에 답하기 위해서는 좀 더 복잡한 정치적 고려가 필요하다. 아이는 자신에게보다는 부모에게, 또 그 질문을 던지는 이웃이나 부모의 지인의 관점에서 가장 그럴 듯한 대답을 해야 할 의무가 있다. 1980년대까지만 해도 이 질문에 대한 가장 '그럴 듯한 대답'은 대통령이나 장군, 과학자, 혹은 미스코리아 등이었다. 1990년대에는 이 대답이 좀 더 현실적이 되어 의사, 판사, 교수 등 이른바 전문직으로 바뀐다. 2000년대에는 어린이들의 장래희망에도 글로벌화와 계급 분화가 일어나 글로벌 기업간부나 한류스타 등이 꿈의 목록에 오른다. 그런데 어린아이들에게 꿈이란 그저 한때의 동경에 불과하지만 그 대답에 따라 그 아이가 속한 집안의 계급과 부모의 교육 정도, 심지어 경우에 따라서는 거주하는 지역까지도 드러난다. 이 때문에 아이는 부모의 기대에 부응해서, 또는 부모에 대한 타인의 눈을 의식해서 대답을 하지 않으면 안 되는 곤란한 지경에 처하게 된다.

이 두 질문은 모두 정체성identity과 관련이 있다. 앞의 사례에서 보았듯이 정체성은 주체 스스로의 자연발생적인 노력으로 형성되는 것이 아니라 수많은 외부적 환경과 선택에 대한 책임 등을 고려해 형성되는 과정을 거친다. 중요한 것은 정체성이란 타인과의 관계, 특히 공동체와의 관계 속에서 형성된다는 점이다. 정체성을 갖기 위해서는 반드시 주체와 동일시되거나 비교되거나 경쟁하거나 적대시되는 타자의 존재가 필요하다. 아이가 처음에 거울을 보고 그것이 자기의 모습인지를 아는 순간부터, 자신이 엄마 혹은 아빠와 같은 생식기를 가졌다는 것을 인식하는 시점을 지나, 내가 우리 반에서 몇 등인지를 신경쓰는 나이도 지나고 내가 어느 지역 출신인지, 어느 직장에 다니는지, 배우자의 집안과 직업은 어떤지 등등을 따지는 나이가 될 때까지 정체성은 대개 유년기에서 청년기 사이에 형성되어 그 사람의 인생 목표와 사회적 역할, 행동 규범, 인간관계 등 거의 모든 것을 규정하는 데 큰 영향을 미친다.

정체성의 형성은 결국 '나는 누구인가?'라는 물음에 답하는 과정이다. 그러나 이것만으로는 충분하지 않다. '나'는 결국 내가 아닌 것에 의해 재규정되기 때문이다. 때로는 '나는 누구인가'로 보다는 '내가 아닌 것은 누구인가?'라는 질문이 정체성을 설명하는 데 더 유용하기도 하다. "나는 여성이고 한국사람이고 서울에서 태어나 역사학을 전공했다"는 것은 곧 "나는 남성이 아니고 일본사람이 아니며 제주도에서 태어나지 않았고 컴퓨터공학을 전공하지 않았다"는 것을 의미한다. 여성으로서의 나의 정체성은 내가 남성이 아님을 끊임없이 환기시키는 사회 환경에 의해 규정되어 왔으며, 한국사람으로서의 나의 정체성이 강하게 확인되는 거의 유일한 순간은 축구 한일전이 열리는 순간이다. 곧 '나'는 '나의 부정'을 통해 설명된다. 결국 '나는 누구인가'와 '내가 아닌 것은 누구인가'라는 두 가지 질문은 밀접히 연관되어 있는 정체성의 양면을 보여준다고 할 수 있다.

그런데 정체성이란 완성태가 아니라 진행형이며 미래형이라는 점에 유의할 필요가 있다. 이미 태어날 때 상당 부분의 정체성이 결정된다고 생각할 수도 있다. 우리는 부모나 국가를 선택해 태어나지 않았고 성적 정체성 역시 내가 인위적으로 바꿀 수 있는 것이 아니다. 그러나 내가 어떤 모습으로 살고 싶은지, 내가 어떤 사람이기를 원하는지에 따라 정체성은 달라질 수 있다. 바로 이 점에서 정체성을 구성하는 또다른 요소가 상정된다. 바로 '나는 무엇을 하고 싶은가?'와 '나는 무엇이 되고 싶은가?'라는 질문이 그것이다. '하고 싶은 것'과 '되고 싶은 것'의 차이는 그것이 현재의 내가 머릿속으로 그리고 있는 나의 모습과 연결되어 있는지, 아니면 미래의 나의 모습과 연결되어 있는지의 차이이다. 영화 〈반칙왕〉(2000, 김지운)에는 퇴근 후 레슬러로 변신하는 은행원이 등장한다. 이 은행원은 프로레슬링에 전혀 관심이 없는 다른 은행원들과는 정체성이 다르다고 할 수 있다. 또한 같은 초등학생이라도 가수가 되고 싶은 어린이와 화가가 되고 싶은 어린이는 정체성이 다르다고 말할 수 있다. 아직 도달하지 않은 미래의 어떤 상image은 현실과는 다소 거리가 있을 수도 있다. 이것은 꿈이고 열망이며 욕망의 영역이지만 정체성 형성에서 매우 중요한 위치를 차지한다. 정체성은 때때로 현실 자체보다는 현실과 이미지 사이에서 규정되곤 한다. 존재가 의식을 규정하기도 하지만 의식이 존재를 재규정하기도 한다.

이처럼 개인에게 있어서 정체성은 흔히 자아가 생기기 시작하는 무렵부터 형성되기 시작하는 자기 본질에 대한 자존감과 독자성을 의미한다. 그렇다면 이것을 집단이나 사회, 국가, 지역 차원으로 확장시켜 생각해도 마찬가지일까? 물론이다. 개인의 정체성이 그 개인의 실존뿐만 아니라 미래의 가능태를 염두에 둔 현실의 행동 규범에까지 영향을 미치는 것처럼 어떤 집단의 정체성은 그 구성원 개개인 및 집단 자체의 현재와 미래를 모두 규정하는 측면이 있다. 한국전쟁 때 어느 마을은 낮에는 대한민국 국민으로, 밤에는 인민공화국의 인민으로 살 것을 강요받았다. 이 마을에게 어떠한 정체성을 갖느냐는 곧 생존과도 직결된 문제였다. '우리는 누구인가?' 와 '우리가 아닌 것은 누구인가?' 는 정체성의 가장 근원적인 질문이면서 동시에 정치적으로 위험한 선택의 기로에 처하게 하는 난처함을 안겨준다. 결국 '내가 이런 사람이므로 이쪽에 속한다' 가 아니라 '이쪽에 속하는 걸 보니 나는 이런 사람이다' 가 정체성의 본질일 수도 있다. 여기서 더 나아가 이 마을의 경우처럼 '이쪽에 속하지 않으면 생존을 위협받을 수 있으므로 나는 이런 사람이어야 한다'라는 원인과 결과의 전도가 일어난다.

이렇게 보았을 때, '우리는 누구인가?', 혹은 '우리가 아닌 것은 누구인가?'라는 질문 역시 실은 '우리는 누구이고 싶은가?', 또는 '우리는 누구가 아니어야 하는가?'로 바꾸어 물을 수 있다. 결국 정체성을 구성하는 네 가지 질문, '우리는 누구인가?', '우리가 아닌 것은 누구인가?', '우리는 무엇을 하고 싶은가?', '우리는 무엇이 되고 싶은가?'는 모두 '~고 싶다'라는 의지와 지향의 문제인 것이다. 이는 정체성이란 '우리는 어디에서 왔는가?'보다는 '우리는 어디로 가고 있는가?'에 가깝다는 것을 의미하며, 나아가 '우리는 어떻게 표현되는가?', 혹은 '우리는 어떻게 우리가 될지도 모르는 모습으로 표현되는가?'와 관련이 있음을 시사한다. 이처럼 정체성은 주체의 '재개념화 reconceptualization'를 통해 얻어지는 일종의 전략이다.[1] 곧 정체성은 묘사와 표상의 문제이며, 전통 자체보다는 전통의 발견 및 발명 과정과 관련이 있다.[2] 다시 말해 정체성은 상당 부분 기획에 의해 만들어질 수 있다. 이 때문에 우리는 현실이 표현되고 묘사되는 측면만이 아니라 표현되고 묘사되는 것이 현실을 추동하는 측면을 더욱 주의 깊게 살펴야 한다.

정체성이 일종의 기획의 문제일 수 있음은 이것이 상당부분 근대의 산물임을 보여준다.[3] 근대 이전에는 자신의 정체성을 스스로 선택하거나 굳이 설명해야 하는 요구에 직면할 일이 거의 없었다. 상업적으로나 정치적으로 국내외의 왕래가 활발해지고 유동 인구와 이주민들이 지속적으로 발생해 자신을 타인으로부터 구별하거나 동족과 동일시할 필요가 항시적으로 생기게 된 것은 근대에 이르러서이다. 유사 이래 최초로 자신을 객관적 존재로 인식하고 역사의 흐름 속에 놓인 자신의 위치를 의식할 수 있었던 근대인들은 자신의 삶의 조건과 내용을 스스로 기획할 수 있는 최초의 인간이기도 했다. 16세기 프랑스 농민의 생활을 생생하게 묘사하고 있는 영화 〈마르탱 게르의 귀향 The Return Of Martin Guerre〉(1992, 다니엘 비뉴)에서 가짜 마르탱은 자신이 마르탱임을 증명하기 위해 스스로를 변론해야 한다. 그러나 이 가짜 마르탱이 스스로를 입증할 수 있는 방법은 어릴 때부터 함께 지내온 공동체의 구성원들을 식별해 내는 것뿐이며, 실제로 진짜임을 입증하는 것 역시 공동체 구성원들의 증언에 의해서이다. 아내는 역설적이게도 그가 과거의 마르탱보다 훨씬 더 나은 사람이 되었다는 것을 증언함으로써 그가 마르탱임을 증명하려 한다. 결정적으로 진짜 마르탱이 나타날 때까지 가짜는 진짜가 될 수 있었다. 이 영화에서 진짜 행세를 한 아르노가 모방한 것은 실제의 마르탱이라기보다는 자신이 되고 싶은 이상적인 마르탱의 모습이었다. 자기 자신을 기획하고 디자인한 아르노는 근대로 가는 길목에서 자신의 정체성을 스스로 공표해야 하는 과도기적 곤경에 빠진 한 개인을 보여준다.

　반면에 무대를 19세기의 미국으로 옮겨 남북전쟁을 배경으로 〈마르탱 게르의 귀향〉을 리메이크한 영화 〈써머스비 Sommersby〉(1993, 존 아미엘)에 등장하는 가짜 써머스비는 역시 공동체의 구성원들이 둘러싼 법정에서 자신이 왜 써머스비인지 증명해야 하지만 이를 위해서는 진짜 써머스비가 저지른 살인죄를 뒤집어 써야 하는 딜레마에 처한다. 그를 사랑했던 아내는 교수형을 면하게 하기 위해 비난을 무릅쓰고 그가 가짜라고 증언하지만, 그는 진짜 써머스비가 아니면 할 수 없는 행동을 함으로써 분명하게 자신의 정체성을 증명해낸다. 곧 스스로 진짜 써머스비가 되어 교수형을 당하는 것이다. 이러한 점에서 그는 진정한 근대인이다. 가짜 마르탱과 가짜 써머스비가 놓인 300년이라는 시간적 간극은 왜 가짜 마르탱이 못하던 것을 가짜 써머스비는 할 수 있었는지를 보여준다. 정체성이란 이성적인 존재인 주체가 합리적으로 자신을 설명해낼 수 있다는 근대적 관념의 산물인 것이다.

아이덴티티, 상상력과 공감의 정치학

정체성을 국가의 차원으로 확대시켜 보았을 때, 고대국가나 중세국가에 비해 근대국가는 보다 뚜렷한 영토와 국민들을 갖고 있기 때문에 더욱 확실한 정체성을 가질 것을 요구받는다. 국가/국민의 형성은 곧 국가/국민이 명확한 정체성을 가지게 되는 것을 의미한다. 근대는 민족/국민국가라는 구체적인 실행 주체를 갖게 되면서 더욱 프로젝트화되었다. 베네딕트 앤더슨이 민족을 근대의 구성물로 파악하고 '상상의 공동체'라 명명한 이래 많은 학자들이 민족을 역사적 실체로 보는 민족주의의 허구성을 폭로하는 데 열중해왔다. 앤더슨에 의하면 민족주의는 그 출발점에서는 혈연, 언어, 인종 따위와는 아무 상관도 없는 발명품일 뿐이었다. 민족주의 발흥의 출발점이 된 라틴아메리카 지역의 유럽 이민자 출신 지배층들이 유럽의 본국과 같은 언어를 사용하고 같은 교육을 받았음에도 식민지에서 왔다는 이유로 본국에서 차별을 받는 현실에 반발해 라틴아메리카 독립운동에 나서게 되는데 이것이 민족주의운동의 시초라는 것이다. 그러나 일단 발명된 '민족'이나 '민족주의'라는 개념은 이후 세계 여러 나라의 상황에 맞게 수용되면서, 유럽의 소수인종들이 그들의 주권을 주장하는 근거로 사용되고, 유럽 왕조국가들이 제국의 분열을 막기 위해 이용하는 관 주도 민족주의로 변형되며, 20세기에는 제국주의의 식민지였던 지역들에서 독립을 위한 저항적인 민족주의가 만개하게 된다.[4] 이처럼 정체성이란 다분히 현실적 필요에 의해 형성되는 구성체이다.

물론 오랜 시간 같은 장소에서 동질적인 문화를 유지하며 살아온 한민족의 경우에 서구의 민족주의에 대한 시각을 똑같이 적용할 수는 없을 것이다. 한국의 경우 근대에서야 비로소 민족이 성립된 것은 아니며 근대적인 '민족'과 전근대적인 '민족체'를 구분해서 보아야 한다는 견해가 제기된 것도 이 때문이다. 그러나 민족을 절대적이고 선험적으로 보지 않고 역사적 구성물로 본다는 점과, 따라서 민족주의 역시 객관화해야 한다는 점에 대해서는 많은 학자들이 동의하고 있다. 이러한 맥락에서 본다면 한국의 민족주의 역시 중화주의적 국제질서로부터 탈피해 서구 열강 중심의 새로운 국제질서에 대응하고 적응하며 저항하는 과정에서 스스로를 재규정할 필요에 의해 촉발되었다고 볼 수 있다. 이처럼 정체성은 경쟁과 투쟁의 과정을 수반하고서야 그 모습을 드러낸다.

정체성이 현실의 문제를 해결하기 위한 어떤 '상상'에서 비롯되며 현실보다는 이상을 반영한다는 사실로부터 우리는 정체성이 만들어지고 작동하는 원리에 몇 가지 다른 층위들이 있음을 발견할 수 있다. 첫 번째는 현실reality이라는 층위이다. 이는 국가/국민이 현재 처해진 객관적 현실로서 국내적 국제적 관계, 사회경제적 조건, 문화적 배경과 토양 등을 말한다. 두 번째 층위인 이미지image는 현실이 반영되고 추상화된 것으로 반드시 현실과 일치하지는 않으며, 이미지[像]를 생각해낸다[想]는 의미의 '상상想像'이라는 활동을 통해 만들어진다. 세 번째는 정체성의 층위인데 이는 현실과 이미지와의 긴장과 경쟁 관계 속에서 만들어진다. 정체성은 현실에서 출발하지만 더불어 이상을 향한 부단한 노력의 과정에서 만들어지며 여기에 이미지라는 표상이 결부되면서 형성된다. 정체성이 현실과 이미지에 영향을 받는 만큼 거꾸로 현실과 이미지에 영향을 주기도 한다. 곧 이 세 가지는 서로 영향을 주고받는 상호 인과관계에 놓여있다고 할 수 있다. 요컨대 정체성은 '현재의 우리what we are'와 '미래의 우리what we might become', 그리고 '보여지는 우리what we are to be seen' 사이의 긴장 관계이며, 오히려 후자로 갈수록 정체성의 본질에 가깝다.

〈그림 4〉

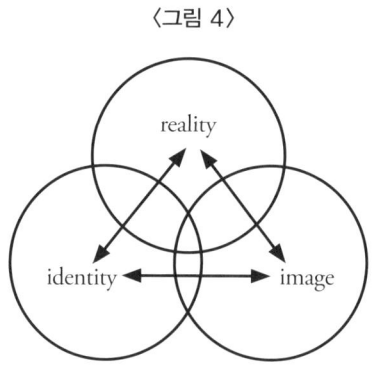

국가의 정체성 역시 기획의 문제이며 '되고자 하는 이미지'가 결국 현실을 추동하는 요인이 된다는 것을 일본의 예에서 볼 수 있다. 메이지유신 이후 근대국가로 발돋움한 일본은 탈아입구脫亞入歐를 통해 강력한 근대화를 실행해 나갔다. 러일전쟁에서의 승리를 기점으로 급속히 제국주의국가로 전화한 일본은 서구 세계와 어깨를 나란히 할 수 있는 문명국이라는 자부심 속에 아시아의 다른 나라들을 문명의

길로 이끄는 역할을 자임하며 침략을 정당화했다. 15년 전쟁[5] 시기 스스로를 아시아의 일원이자 동시에 서양 문명에 대적해 아시아를 결속할 맹주로 자처했지만, 이는 서양과 경쟁하기 위한 전쟁 합리화의 언술에 지나지 않았다. 패전은 군국주의 일본을 지움과 동시에 서양인과의 동일시가 아니라 일본인만의 독특한 문화와 전통을 재발견해야 한다는 깨달음을 주었으나, 이후 한국전쟁과 도쿄올림픽(1964)을 계기로 급성장한 경제발전에 힘입어 경제강국이 되면서 일본인들의 잠재의식 속에 여전히 일본이 아시아보다는 서구와 가깝다는 의식이 살아남았다. 최근 일본에서도 '동아시아'라는 문제의식이 공유되고 있지만 이는 일부 학계나 시민단체에 국한되어 있고 오히려 전체적으로는 '지난 시절'을 그리워하는 우경화의 길을 걷고 있는 것처럼 보인다. 자신을 아시아보다는 서구와 동일시하는 일본인들의 감각과 정서는 동아시아 지역 공동의 문제를 풀어나갈 때 걸림돌이 된다. 이때 일본과 일본인의 정체성은 일본(인)의 현실이라기보다는 완성되지 않은 이상을 반영하며, 서양을 추종하면서도 서양과는 대비되는 자신의 이미지를 만들어가는 과정에서 성립된 것이다.[6]

또한 스위스하면 알프스, 시계, 은행 등의 이미지가 떠오르는데, 가장 대표적인 스위스의 이미지는 영세중립국이라는 평화의 이미지이다. 그러나 이러한 평화의 이미지는 오스트리아, 프랑스 등 강대국에 둘러싸여 침략과 전쟁이 끊이지 않았던 스위스가 스스로 강한 군대로 무장하고 국경선을 지켜낸 결과이다. 스위스는 유럽의 자유주의와 민족주의 운동에 대한 반동체제인 빈체제를 수립한 빈회의(1815)에서 영세중립국임을 인정받았다. 하지만 이 체제가 무너진 1848년 이래 일련의 민족주의적 혁명운동의 연장선상에서 오스트리아—프로

이센 세력을 무력으로 축출하고 통일을 이룩함으로써 오늘날의 스위스가 된다. 이후 스위스는 프로이센—프랑스전쟁이나 1, 2차 세계대전을 거치면서도 중립국의 정체성을 지켜냈다. 똑같이 중립국을 표방했지만 전쟁의 참화에서 비켜가지 못했던 벨기에 등과 비교할 때, 정체성이 의지와 지향의 문제뿐만 아니라 그것을 실현시킬 수 있는 현실적 능력과도 밀접한 관련이 있다는 것을 알 수 있다.

그렇다면 다민족 다문화 국가의 경우는 어떠할까? 동남아시아의 연방제 국가인 말레이시아의 경우, 한반도의 약 1.5배에 달하는 두 개의 큰 섬과 주변 수백 개의 섬으로 이루어진 영토에서 말레이인, 중국인, 인도인 등 다양한 인종들이 자신들의 문화를 지속시키며 살고 있다. 1957년 영국으로부터 독립한 이래 말레이시아는 9개 주의 술탄 Sultan이 5년을 주기로 교대로 국왕의 지위에 오르는데, 국민이 직접 의회와 총리를 선출하는 입헌군주국이다. 이들의 헌법에서 '말레이인'이란 두 가지 의미로 쓰이는데 하나는 말레이족을 의미하고, 다른 하나는 말레이시아에 거주하는 모든 국민들을 의미한다. 이 때문에 전체 국민의 60%를 차지하는 말레이인에게는 이슬람교만이 허락되는 반면, 비말레이인에게는 기독교와 불교 등의 종교의 자유가 허락되는 말레이 헌법은 갈등의 씨앗이 되었다. 종교의 자유를 확대하고 다문화 국가로서의 정체성을 지키려는 측과 말레이시아 전체를 이슬람국가로 만들고자 하는 측 모두 말레이시아라는 공통의 정체성을 어떻게 만들어갈 것이냐를 두고 갈등하고 있는 것이다.

여기서 우리는 근대의 공동체가 상상에 의해 비롯되었다는 앤더슨의 명제를 그의 의도와 상관없이 다음과 같이 표현할 수도 있을 것이다. 곧 어떤 정체성을 만들어내기 위해서는 상상력이 필요하다는 것이다. 상상imagination은 마음속에 어떤 상image을 떠올리며 그 이미지를 만들어내는imaginate 것을 말한다. 이 때문에 상상으로 만들어진 어떤 가공의 이미지에 대해 영원성을 부여하거나 그것을 도그마화하는 것은 억압과 폭력을 유발할 수 있으므로 경계해야 할 것이다. 이러한 점에서 근대의 산물인 정체성의 억압성을 비판하기 위해 개념의 해체를 주장하는 탈구조주의자들의 전략은 타당하다. 그러나 특정 시기에 나타난 역사적 상상력을 역사적으로 전혀 의미가 없었던 것으로 폄하할 수는 없다. 상상력 역시 그 시대가 요구하는 시대의 산물이며, 동시에 어떠한 상상력이 끊임없이 발현되는 것은 반드시 그러한 상상력을 필요로 하는 현실이 있기 때문이다. 낡은 상상력으로 현실을 변화시킬 수 없듯이, 현실의 요구에서 나온 상상력을 오래된 것이라 하여 무조건 낡은 것으로 치부할 수도 없다. 오히려 시대에 규정되는 상상력과 정체성의 가변성을 인정하고, 특정 시기에 발휘되는 특정한 상상력과 이미지들이 갖는 역사적 의미를 포착하는 편이 훨씬 더 유효할 것이다. 다만 우리가 거부하는 것은 정체성에 대한 본질주의적 접근이며 이를 전유하려는 이데올로기적 독점욕인 것이다.

　이처럼 정체성은 그 형성 과정의 방법 여하에 따라 폭압적일 수도, 미래의 새로운 가능성을 열어주는 것이 될 수도 있다. 국가 권력이 일방적으로 국민에게 강요하는 형태로 진행되기도 하지만 특정 계급이 스스로의 한계와 역사성을 인식하는 과정에서 자연발생적으로 생기기도 한다. 정체성은 단일한 것이 아니라 항상 중층적인 것으로서, 특정한 장소의 역사적 맥락 속에서 형성되었다는 점에서 장소성과 역사성이 있다고 할 수 있다. 정체성은 반드시 이성의 영역에서만 작동되는 것은 아니다. 동시에 감성의 문제이기도 하다. 'identity(정체성)'의 동사형인 'identify'는 다른 사람과 동일시하다, 곧 공감하다의 의미이다. 다른 사람과 나를 동일시하기 위해서는 그와 나 사이에 어떤 공감대가 필요하다. 이 때문에 정체성 형성의 역사를 사회적 공감대 형성의 역사와 동일시하는 것도 가능할 것이다. 그러나 대한민국이라는 국민국가가 정체성을 형성하는 과정이란 국가 중심의 억압적 과정이었고, 따라서 사회 구성원 간의 공감대 형성이라는 것은 다양한 층위로 진행된 지난한 역사의 과정을 거쳐야 하는 것이었다. 오늘날까지도 지속되고 오히려 점점 강화되고 있는 국민들 사이의 갈등은 서로 다른 정체성을 가진 국가를 상상하고 지향해 온 역사적 과정을 성찰하지 않고서는 결코 평행선에서 벗어날 수 없을 것이다.

재건의 키워드

일─민족 이=국가의 탄생

이 책은 한국의 현대, 그중에서도 1950~60년대에 이르는 시기에 한국영화가 어떻게 '대한민국'을 표상하고 있는지, 한국영화의 플롯이 어떻게 '대한민국'의 정체성을 만들어 나가는 데에 기여하는지에 대한 이야기이다. 그런데 하필이면 왜 1950~60년대에 주목해야 할까? 이 책이 시야에 넣고 있는 시기는 정확히 말해 1945년 해방 후에서 1960년대 후반, 구체적으로는 1948년 정부수립부터 1968년을 전후

한 시기까지이다. 이 시기가 중요한 이유는 미처 한 세대도 되지 않는 20여 년에 불과한 시간이지만 이 시기 한반도에서는 현재 우리의 삶을 직접적으로 규정하고 있는 모든 요소와 조건들이 만들어졌기 때문이다. 한반도의 오랜 주민들을 편의상 한민족이라고 부를 때, 이들이 제한된 조건에서나마 자기 정체성을 스스로의 내면적 동기에 의해 만들어 나가고 기획할 수 있는 조건을 갖게 되었던 본격적인 시기가 바로 1945년 이후라고 할 수 있다. 곧 대한제국기 이래의 오랜 꿈이었던 자주적이고 민주적인 근대적 국민국가의 건설이 드디어 실현될 수 있었던 시기였던 것이다.

19세기에서 20세기 초반에 걸친 국민국가의 건설과 민족주의의 발흥이라는 세계사적인 흐름은 동아시아의 작은 나라 조선도 피해갈 수 없는 역사의 물결이자 시대정신이었다. 그러나 근대국가로 전화하기 위해 필요했던 강력한 왕권의 수립과 이를 지지하는 새로운 지배계급의 수립이라는 조건이 조선에서는 미약했던 것이 근대국가로의 이행에 결정적 걸림돌의 하나가 되었다. 곧 왕권과 신권 사이의 긴장과 균형이 깨지고 세습적 봉건 지배계급의 강고한 연대가 전사회적으로 강화되면서, 새로운 시대를 준비하는 각종 개혁적 조치들을 주도적으로 해나갈 수 있는 절대 왕권의 입지가 약화되었다. 정조의 개혁적 시도들이 좌절된 1800년 이후 약 100년간의 조선은 척박한 삶의 조건과 성장하는 의식 사이에서 괴리된 삶을 살았던 민民과, 중국과 일본을 포함해서 서구 열강들이 주도하는 세계사적 조류를 등한시하고 급기야 시대를 추동하는 민民의 요구에 귀를 기울이기보다는 오히려 그 토벌을 위해 외세를 끌어들인 봉건지배층 간의 반목과 갈등의 연속이었다. 마침내 그 100년이 다할 무렵 시도된 '대한제국'은 옛것을 근본으로 하면서도 새로운 근대적 제도와 문물을 받아들이려고 했던 위로부터의 기획이었지만 이미 허물어져가는 모래성을 추스르기에는 세계사의 파도가 너무 크고 높았다.

그런데 조선이라는 전근대국가가 그 명운을 다하고 있었음에도 불구하고 조선왕조를 무너뜨리고 새로운 근대국가를 건설하거나 하다못해 새로운 왕조로 교체하고자 하는 움직임은 그리 활발하지 못했다. 비록 외세 의존적이라는 한계는 있지만 유일하게 세계와 소통이 되는 근대적 지식인이라 할 수 있는 독립협회의 구성원들이나, 조선 후기의 모순을 온몸으로 뚫고 나가 봉기한 1894년의 농민들도 조선이라는 나라 자체를 무너뜨리기보다는 왕의 존재를 인정한 채 근대적 법체제를 도입하거나 토지와 세금을 둘러싼 각종 정책을 개선하고자 하는 요구에 머물렀다. 일제가 조선을 병탄한 1910년까지도 왕조복권운동이나 입헌군주제운동은 있었지만 공화제에 대한 논의가 본격화되지는 않았다. 조선인들이 완전히 왕의 존재를 잊은 때는 바로 3·1운동의 디데이가 되었던 고종의 장례식이었다. 이 장례식은 고종황제 개인의 장례식임을 넘어서 유사 이래 수천 년을 이어온 봉건군주제 자체의 장례식이기도 했다. 이후 민족해방운동의 진영에서는 완전히 공화주의가 자리를 잡게 되었다. 이제 독립 후 건설될 국가가 공화제를 표방할 것임은 어느 계열에서나 공통의 합의점이었다. 다만 일제에 의탁하는 길만이 약육강식의 세상에서 한민족이 그나마 살 수 있는 길이라 여겼던 친일파들만이 봉건군주를 대체한 입헌군주 천황에게 충성을 맹세할 수 있었다.

한국의 식민지화는 사회진화론이라는 허울 좋은 구실을 내세워 힘없는 나라를 유린했던 서구 열강과 그 대열에 발빠르고 영리하게 합류한 일본 제국주의의 합작품이다. 그러나 한국의 입장에서 보았을 때 이는 세계사적인 자본주의화와 근대로의 전환이라는 역사의 격변 속에서 스스로의 선택과 진화에 의해 근대화를 추진하지 못한 가혹한 대가이기도 했다. 이 과정에서 한국은 과거에 세계의 중심이었으나 제국주의 열강 앞에 무기력해진 중국과 과거 변방의 작은 섬나라에서 제국으로 전화한 일본 사이에서 자신의 정체성을 새롭게 발견하고 정립해 나가야만 했다.[7] 이러한 새로운 정체성을 바탕으로 근대 민족국가로의 자연스러운 이행을 스스로 이루어내지 못하고 일본 제국주의의 신민臣民이 될 것을 강요받은 한국인들이지만, 식민지라는 조건은 국가 없는 민족으로서 자기 정체성을 강화할 수 있는 계기가 되기도 했다. 일제강점이라는 현실을 극복하기 위한 방안으로서 민족이 단위가 되는 근대 민족국가/국민국가 건설에 대한 꿈을 꾸기 시작한 것이다. 이 꿈은 원하는 국가의 상에 대한 민족 구성원 공통의 합의가 일정 기간 지속되면서 이를 실현하기 위한 실질적인 노력이 수반될 때 현실화될 수 있다. 그러나 불행히도 독립 후 건설할 국가의 상에 대한 민족 구성원 전체의 합의는 이루어지지 못했다. 국가 건설의 꿈은 민족해방운동의 노선과 방법의 차이에 의해 일치되지 못했고, 이러한 불일치가 결국 해방 후 냉전적 세계질서 속에서 자주적인 통일민주국가 수립에 실패하고 분단으로 귀결되는 기원과 요인이 되었다.[8]

여기에는 냉전체제의 양극인 미국과 소련이라는 막강한 규정력이 작용했음은 물론이다. 한반도에 어떠한 국가가 성립되느냐는 이미 한민족의 문제만은 아니었다. 2차 세계대전 후 전후 처리의 명목으로 행해진 한반도 문제는 곧 두 패권국가의 자존심 대결이 되었다. 미국은 일본을 포함한 태평양 지역을 자국의 영향력 아래 두기 위해 북으로 소련과 중국이라는 강대국을 이고 있는 한반도의 적어도 반쪽에 대해 영향력을 행사할 수 있기를 원했다. 만일 남한마저 소련의 영향력 아래 넘어간다면 태평양의 보루인 일본도 안전할 수 없을 것이기 때문이었다. 한편 표면적으로는 대미 협조노선을 걸었지만 실리를 놓칠 리 없는 소련 역시 한반도를 완전히 미국의 손에 넘겨줄 수는 없었다. 그런 점에서 한반도의 분단은 미소의 분할 점령 시에 이미 예견된 것이나 다름없었다. 그러나 그렇다고 하더라도 만일 한반도의 주민들이 강력히 일치된 의견과 주장으로 그들의 단일한 정부를 세우고자 했다면 분단이라는 극단적 결과는 초래되지 않았을지도 모른다. 분단의 원인을 두고, 한민족 내부의 분열과 갈등이 이러한 국제 정세를 등에 업고 극대화된 것인지, 아니면 미소 강대국이 한민족의 분열을 조장하고 이용해서 분단을 종용한 것인지, 어느 쪽이 더 근본적인 규정력인지에 대해서는 이견이 있다. 그러나 한민족 내부에 새로운 국가의 상에 대한 합의가 미처 이루어지지 못한 자기 정체성의 모호함 속에 분단이 진행되었던 것만은 분명해 보인다.

 이제 한반도의 주민들은 이전에는 전혀 생각도 해보지 않은 일민족 이국가의 수립이라는 새로운 조건에서 자기 정체성을 다시 만들어 나가야 하는 상황에 직면했다. 분단이 현실화되자 남북한은 서로에 대한 부정을 통해서만 자기 체제의 정당성이 증명되는 대결구도 속에서 각기 다른 방식으로 국민국가를 건설하고 경쟁적으로 근대화를 달성해야 했다. 근대화의 노선은 남북한이 달랐지만 자본주의건설과 사회주의건설에서 모두 국가주도적 성격을 띠었던 것은 이러한 경쟁 구도에서 비롯되었다. 남북한이 모두 표면적으로는 통일을 외쳤지만 실제로는 서로의 체제에 대한 견제, 경쟁, 배제의 전략을 통해 국민/인민을 동원하면서 각자 국가의 정체성을 구축해 나갔다.[9] 어떻게 북한과는 다른 정체성을 가진 국가 체제를 구축하고 남한의 국민들을 단일한 국가공동체의 국민으로 자리매김하는가의 문제가 대한민국의 절대과제가 되었다.

국가의 재구성

남한 정부가 수립되고 대한민국이 출범했을 때만 해도 분단이 향후 60여 년 이상 지속되리라고 예측한 사람은 별로 없었다. 그러나 전쟁 이후 1960년대까지 일련의 재건 과정에서 분단은 고착화되었을 뿐만 아니라 한반도의 남쪽만을 실질적인 국토로 하는 근대자본주의국가 대한민국의 상이 서서히 만들어졌다. 국가는 이미 건설되었지만 이것을 재건이라는 이름으로 다시 축조하는 과정을 통해 대한민국은 정체성과 정통성을 확립함으로써 자신의 지향과 목표를 분명히 할 필요가 있었다. 일제강점 전까지 오랜 세월 동안 단일한 국가를 이루고 살았던 한민족에게 20세기 중반에 성립된 두 개의 국가는 낯선 것이었다. 남한 지역만을 국토로 하고 남한의 민중만을 국민으로 하는 현실의 '대한민국'과, 한반도에서 유일한 합법정부로서 한반도 전체를 국토로 하고 한반도 내의 민족 전체를 국민으로 하는 이상으로서의 '대한민국'의 괴리가 대한민국이라는 국가의 정체성과 정당성 획득에 결정적 난제가 되었다.

더구나 단독선거와 정부수립을 전후해 일어난 일련의 저항운동[10]은 대한민국의 정통성에 대한 문제제기로서 정부가 서둘러 국가의 정체성을 확립하고 국민을 통합하지 않으면 안 되는 과제에 직면했음을 보여주었다. 이러한 맥락에서 한국전쟁은 대한민국의 정체성 확립에 결정적 계기를 제공했다. 한국전쟁은 한반도 안에서 국제적 냉전이 극대화된 결과로도 일어난 것이지만 일제강점기부터 존재했던 신국가건설론의 두 흐름이 첨예하게 부딪힌 내전의 성격도 가지고 있었고,[11] 이는 왜 상대를 부정해야 하는가에 정당성을 부여해 주었다. 그러나 전쟁은 한반도의 물적 기반을 완전히 무너뜨림은 물론 전통적 공동체 질서의 붕괴와 더불어 한국인의 심성에 지울 수 없는 집단적 상처를 남겼다. 전후 정부와 지식인들의 재건론은 바로 이러한 물적 경제적 재건뿐만 아니라 심성적 문화적 재건까지도 아우르는 것이었다. 이는 전후 복구의 소극적인 의미가 아니라 어떻게 국가를 만들어나갈 것이냐의 문제, 곧 '대한민국'을 새롭게 정의내리는 문제였다.

'재건reconstruction'은 해방 직후부터 1960년대까지 정부와 지식인들이 가장 많이 사용한 용어 중 하나로서, 이 시기 남한사회를 관통한 구호이자 담론이었다. 지금까지는 별반 주목을 받지 못하고 의례적으로 쓰여왔는데, 이는 이 용어를 고유명사가 아닌 보통명사로만 여겨왔기 때문이다. 또한 '재건'이라는 용어는 오랫동안 '국가재건최고회의'나 '재건국민운동'의 용례와 같은 박정희 정권의 전유물로 여겨져 그 역사적 의미와 풍부한 함의가 축소되어 이해되었다.[12] 그러나 '재건'은 다시 건설한다는 일반적 의미 외에 특정한 역사적 시기에 특정한 역할을 하는 담론으로서 기능했으며, 이는 대한민국이라는 국가의 정체성을 어떻게 만들어 갈 것인가의 문제와 밀접히 관련되었다. 재건이란 글자 그대로 '이미 건설된 것을 다시 건설한다'는 의미로서, 여기에는 이미 건설된 현실에 대한 진단과 부정, 그리고 앞으로 어떠한 방향으로 어떻게 건설할 것인지에 관한 미래지향적 상상력이 내포되어 있다. 곧 이미 건설된 국가를 다시 '수립'한다는 의미로 국가의 재건을 논한 것이었다.[13]

일제 총독부 권력과 미군정이라는 유사 국가권력의 경험 속에서 남한의 지식인들이 꿈꾼 새로운 국가 건설을 위한 실천 전략이 재건론, 곧 국가재건론이라고 했을 때 재건은 단지 정부를 수립한다고 해서 완성되는 것은 아니었다. 한국전쟁은 국가를 다시 수립하는 데 결정적인 계기가 되었다. 전쟁을 통해 이데올로기 지형이 분명해지면서 이제 더 이상 남한 내에 공산주의자는 존재하지 않을 것이었고, 공산주의에 대한 반대와 북한에 대한 반대는 점차 동의어가 되어갔다. 전쟁은 이전 시기 다소 모호했다고 여겨지는 국가의 지향을 더욱 정치精緻하게 가다듬을 것을 요구한 사건이었다. 이때 정부수립 초기에 확립된 헌법의 체계와 국가의 틀을 근본적으로 다시 고민하면서 대한민국의 정체성을 새롭게 재규정해 나가는 일련의 과정이 곧 '재건'이었다. 이전 시기의 부정을 통해 새로운 시기의 정체성을 재확립하려는 재건론의 특성은 이것이 항상 당대의 가장 첨예한 과제와 맞물려 있음을 보여준다.[14] 1950년대의 재건론이 항상 '민족'과 '반공'의 긴장관계 속에서 '국민'을 규정해 나가려고 한 것은 이러한 맥락이었다.

재건이라는 용어가 당대의 과제와 맞물린 일종의 시대정신을 표현하는 것으로 이해되었다는 것은 1960년대의 서막을 알린 4·19혁명이 "해방운동이 아니고 재건혁명"으로 인식되었다는 사실에서도 알 수 있다.[15] 1950년대식 재건과 그것을 실현하는 방식의 부도덕성에 대한 전면적 비판으로 제기된 4·19혁명은 '민주주의'라는 중요한 키

서울로 들어서고 있는
쿠데타군(1961.5.16)

워드를 중심으로 재건담론을 재편성해볼 수 있는 절호의 기회를 제공했으나[16] 이러한 기회는 너무 빨리 좌절되고 말았다. 불과 1년 뒤의 5·16 군사정변은 자신들의 '거사' 야말로 '재건혁명'임을 부르짖고 나섬으로써 '재건'이라는 단어를 전유하고자 했다. 이때 그들의 '재건'을 단지 쿠데타 정당화의 언술일 뿐이라고 치부하고 말 것인지에 대한 문제가 제기된다. 이들은 자신들의 '재건'이 제1, 2공화국의 '재건'과는 다르다는 점을 내세우며 등장했다.

1960년대 재건의 의미는 이전 시기를 모두 부정하는 논리로 활용된 측면이 컸다. 특히 박정희 정권에게 '재건'이란 제1공화국과 제2공화국의 '구태'를 벗어버리는 새로운 축조를 의미했으며 구세대와 완전히 결별하는 새로운 세대의 출발을 의미하는 것이기도 했다.[17] '새로운 국가의 재건', 이것은 군사정권이 재건하려는 국가의 상이 과거의 그것과는 다르다는 것을 의미했다. 곧 제1, 2공화국 시절에는 대한민국의 정체성이 제대로 확립되지 못했다고 보는 것이다. 군사정권이 보기에 정부수립 후는 물론, 한국전쟁 후에도 남한의 정체성은 모호했다. 중간파가 여전히 존재할 뿐만 아니라 대중의 인기와 지지를 누렸던 1950년대의 현실은 군사정권의 입장에서는 불철저한 '반공'에서 나온 것이었고 보다 확실히 '자본주의'를 추구하지 못하는 경제체제에서 나온 것이기도 했다. 군사정권이 추진한 재건국민운동은 이러한 국가의 '환골탈태'를 국민운동의 차원에서 전개한다는 야심찬 계획이었다. 정권은 '반공'과 '자본주의 근대화'를 내세워 스스로 '민족적' 사명을 띤 정권으로 규정하면서 보다 '국민'에 밀착된 사업을 전개하고자 했던 것이다. 이처럼 1960년대의 재건은 1950년대의 그것에 비해 국민 만들기의 구체적 실천 전략이 매우 뚜렷했

경제개발 5개년계획 홍보관
선전탑과 내부 전경(1966.3)

다. 1960년대 초 재건이라는 단어의 유행은 쿠데타세력의 구호가 어떻게 대중적인 확산에 성공했는지를 보여준다.[18] 그럼에도 불구하고 이전 시기 정부 관료뿐만 아니라 지식인들이 함께 고민하고 동참했던 재건의 문제는 민주주의의 유보와 함께 점차 정부의 전유물이 되어갔다.[19]

정체성의 질문들

여기서 앞에서 살펴본 정체성의 네 가지 질문이 재건의 과정에서 핵심적으로 작용한 주요한 키워드들에 상응한다는 것에 주목할 필요가 있다. 국가의 정체성을 확립하기 위한 실천 의지가 담긴 재건 담론은

'우리는 누구인가?'라는 질문을 기본으로 하면서도, '우리가 아닌 것은 누구인가?'라는 부정과 배제의 논리가 결합되어 있었으며, 여기에 또한 '우리가 하고 싶은 것은 무엇인가?'와 '우리가 되고 싶은 것은 무엇인가?'라는 현재의 전략과 미래 지향이 표출되어 있다. 그런데 1950~60년대를 지나는 동안 이것은 점차 다음과 같은 억압적 질문으로 전환되었다. '우리는 어디서 왔으며, 누구이면 좋겠는가?', '우리는 누구여서는 안 되는가?', '우리가 해야 할 것은 무엇인가?', '우리는 무엇이 되어야 하는가?' 이 네 가지 질문은 각각 '민족', '반공', '자본주의 근대화', '국민'이라는 네 가지 키워드에 조응한다. 이들은 서로 결합하기도 하고 때로는 갈등을 일으키기도 하면서 국가의 정체성을 이루는 주요한 원소가 되면서 재건의 실질적인 내용을 이루었다. 이들은 그 자체가 각각 이 시기의 주요한 거대 담론들master narratives이지만 이것들은 항상 시대의 상황에 따라 상대적인 의미를 가지고 있었으며 서로 밀접히 연관되어 상호 영향을 주고받았다. 이 중에서도 '국민'이라는 키워드는 나머지 세 키워드들의 종합완결편이라고 할 만큼 독자적이기보다 상호관련성이 높다고 볼 수 있다. 이러한 키워드들의 교호작용을 생각할 때 이 시기를 '민족주의'나 '반공주의'와 같은 단일한 이데올로기로 설명하는 것은 지나친 단순화이다.[20] 재건 담론의 구성요소와 정체성 형성을 위한 질문, 그리고 국가의 요구와 키워드들 사이의 전략적 관계를 〈그림 5〉와 같이 도표화할 수도 있을 것이다.

〈표 1〉 정체성의 질문과 재건 담론의 키워드

재건	정체성	국가의 요구	키워드
과거에 대한 이해	우리는 누구인가?	우리는 어디서 왔으며, 누구이고 싶은가?	민족
현재에 대한 비판	우리가 아닌 것은 누구인가?	우리는 누구여서는 안 되는가?	반공
현재 해야 할 것	우리는 무엇을 하고 싶은가?	우리는 무엇을 해야 하는가?	자본주의 근대화
미래에 되고 싶은 것	우리는 무엇이 되고 싶은가?	우리는 무엇이 되어야 하는가?	국민

이 키워드들은 일종의 정치적 '구호'로서 작동했지만 단지 '구호'에 그치는 것만은 아니었다. 이들의 관계는 단어 자체의 함의에서도 그렇지만 시기에 따라, 발화의 주체에 따라 서로 결합관계에 있기도 하고 갈등관계에 있기도 하다. 이 키워드들은 이를 주된 담론 구성으로 하는 이데올로기와 동일한 의미는 아니다. 곧 '민족'은 '민족주의' 자체는 아니며, '반공' 역시 '반공주의'와 반드시 등치되지는 않는다. 이데올로기 연구의 어려움은 그 언술과 수사 자체를 그대로 받아들일 수 없다는 데에 있다. 수사와 본질을 혼동하는 경향은 우리 사회의 '옛 시절'에 대한 총체적 향수병 속에서 더욱 기승을 부리고 있다. 그렇다면 수사는 무시되어도 좋은 것인가? 수사는 이데올로기와 전혀 무관한 것인가? 그렇지 않다는 것이 이 책의 견해이다. 특정 이데올로기를 정립하기 위해 논자들이 구사하는 수사와 언술은 결국 그 특정 이데올로기를 위해 복무하도록 전유되고 남용되기 때문이다.

한국 현대 지성사에서 특이한 점은 '민족주의'를 '민족주의'로 비

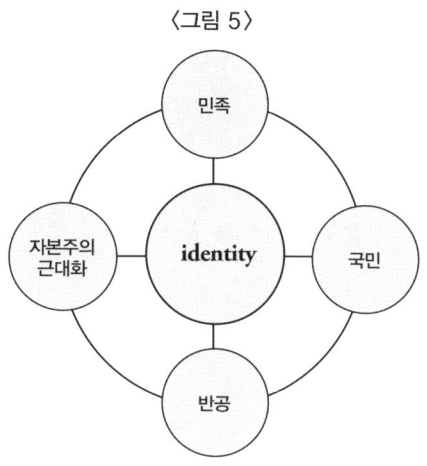

〈그림 5〉

판하고, '반공주의'를 '반공주의'로 비판하며, '근대주의'를 또 다른 '근대주의'로 비판하곤 했다는 점이다. 지배 담론/이데올로기로서의 '민족주의', '반공주의', '근대주의' 등과 저항 담론/이데올로기로서의 그것들은 대체 어떤 관계에 있는 것일까? 그것은 같은 뿌리에서 나온 다른 현상인가? 아니면 특정 목적을 위해 잠시 빌려온 개념에 불과한 것인가? 이 질문들에 답하려면 이것들 각각에 대한 더 정치한 고민과 연구가 따라야 할 것이다. 이 책에서는 이러한 문제의식 속에서 그러한 용어/개념이 어떻게 현실의 문화 속에서 키워드로 작동하고 있는지에 주목했다. 곧 여기서 이 키워드들은 이념이나 사상이 아니라 이 단어들을 둘러싼 개념투쟁이자 정서의 일부로서 사용되고 있다.

재건 담론의 전개 과정은 이러한 재건의 키워드들을 전유하기 위한 투쟁의 과정이었다고 해도 과언이 아니다.[21] 예컨대 '민족'과 '반공'이라는 키워드의 관계도 그러하다. 한국 현대사에서 '민족'은 두 가지 의미로 쓰였다. 하나는 한민족 전체를 가리키는 것이고, 다른 하나는 남한 국가만을 지칭하는 것이다. 전자가 일반적인 대중의 감수성 레벨에서의 '민족'이라면 후자는 일민주의 등으로 대표되는 전체주의적 민족주의가 종종 함의하고 있는 바, 곧 남한 민족주의=반공주의를 말한다. 전자의 '민족'은 한반도를 중심으로 한 거주민들 전체의 역사와 문화를 전통으로 하는 공동체를 이르기 때문에[22] 북한의 인민이 배제되지 않는다. 그러나 후자의 '민족' 개념을 바탕에 깔고 '반공'을 구호로 할 때는 북한의 인민은 포함되지 않는다. 전자의 경우 '민족'과 '반공'이라는 두 개의 구호는 논리상 모순된다. 그러나 이것이 결합되는 후자의 경우, 두 키워드 사이에는 어떠한 모순도 존재하지 않는다. 태생부터 저항 담론이었던 '민족'을 국가가 전유하면서 체제유지 담론인 '반공'과 결속시키는 이 기묘한 결합은 바로 '민족'의 범주에 북한을 넣지 않음으로써 가능하다. 그리고 이는 북한이 '반민족적'이라는 근거를 제시함으로써 증명의 절차를 밟는다. 해방 공간에서 좌익은 또 다른 식민 지배를 뜻하는 것으로 보였던 모스크바 삼상회의의 신탁통치안에 돌연 찬성해 민족의 분열을 초래했고, 이들이 주축이 된 북한은 소련을 '조국'이라 부르며 그 사주를 받아 동족상잔의 비극인 한국전쟁을 일으켰으므로 민족을 배신한 반민족적 괴뢰정권에 불과하다는 것이다. 언론의 오보로 시작된 삼상회의 결과에 대한 오해와 그에 대한 좌우익의 입장 차이는 오랜 세월 더욱 공고해져 북한이 얼마나 '반민족적'인지에 대한 명백한 증거로 즐겨 인용되었다.

    이러한 '명백한' 증거는 남한에서 '반공'과 '반북'의 경계를 오히려 모호하게 만들기도 한다. 곧 남한에서 '반공'이란 진정한 의미의 반反공산주의나 반反사회주의라기보다는 반反북한, 혹은 북한의 지배 권력에 대한 반대를 뜻한다. 그런데 '반북'에도 북한 권력에 대한 반대라는 의미와 정권뿐만 아니라 북한 인민 전체에 대한 반대라는 의미가 중첩되어 있으며, 현 시점과 가까워질수록 후자의 의미에 더욱 가깝게 된다. 공산주의의 반대말이 민주주의라는 남한 사회의 흔한 오해는 '공산주의=독재'라는 논리선상에서 '반공=민주주의'라는 논리가 성립되었기 때문이었다. '민족'과 '국민' 역시 마찬가지이다. 대한민국 헌법에서 '국민'의 정의는 '한반도와 그 부속 도서로 이루어진 영토에 거주하는 주민들'이다. 그러나 현실에서의 '국민'이란 당연히 휴전선 이남 지역에 거주하는 '대한민국'의 국민이다. 이 때문에 '민족'과 '국민'은 일치하지 않는다. 그러나 이러한 모순은 민족에서 북한을 배제함으로써 자연스레 해결된다. 곧 대한민국 '국민'이야말로 한민족의 문화와 정통성을 이어받은 민족의 적자라는 것이다.

그렇다면 '반공'과 '자본주의 근대화'의 관계는 어떠할까? 반공은 공산주의를 반대하는 것이기 때문에 공산주의의 반대말인 자본주의와 자연스럽게 결합되는 것으로 보인다. 그러나 '자본주의'가 한국인들에게 아주 익숙한 것은 아니었다. 비록 미국의 지지 속에 수립된 남한 정부였지만 남한이 처음부터 자본주의를 선택했는지는 의문의 여지가 있다.[23] 정부수립 초기는 물론이고 1950년대 중반까지만 해도 지식인들은 자본주의를 절대적으로 여기지 않았을 뿐만 아니라 그리 우호적이지도 않았다. 자본주의는 유물론에 기반한 공산주의에 반대되는 유심론으로서 공산주의와 똑같이 배격되어야 할 것이었다. 이들은 공산주의의 반대말은 민주주의이지 자본주의는 아니라고 생각했고 이러한 반자본주의적 정서는 1960년대 초반까지도 지속되었다. 곧 반공주의와 반자본주의는 전혀 모순관계가 아니었다. 심지어 이승만은 '반공전선의 투사'이자 동시에 '자본주의와 대결하는' 이미지로 대중에게 선전되었고,[24] 5·16군사정변 당시 버거Samuel David Berger 주미대사는 쿠데타 주도세력의 파시즘적 경향을 일컬어 "반공주의자이자 반자본주의자"라고 묘사하기도 했다.[25]

세계사적으로 자본주의의 모순을 극복하기 위해 제기된 사상은 사회주의만이 아니었다. 파시즘Fascism의 슬로건 역시 자본주의의 모순 타파였다. 1950년대 남한에서도 한편으로는 사회민주주의적인 방식을 통해 자본주의의 모순과 불평등을 극복하고자 하는 경향이 있었는가 하면, 다른 한편으로는 일민주의의 경우처럼 자본주의의 모순을 국가적, 민족적 입장에서 극복해야 한다는 파시즘적인 사고방식도 있었다.[26] 외형적으로는 사회주의적 노선을 배척하고 자본주의 근대화의 길을 가고 있는 것이 명백했지만 의식적으로는 서구식 자본주의가 아닌 그 무엇이 있다고 하는 생각은 상대적으로 다양한 사상적 가능성을 열어두고 있었다. 결과적으로 좌절되기는 했지만 중도 노선이 제기되고 많은 지지를 받았던 것도 그 때문이다. 또한 입 밖에 내지는 못할지라도 언젠가는 이루어야 할 통일을 생각할 때 완전한 자본주의보다는 사회주의 북한과의 교집합을 어느 정도 상정하는 것이 은연중 고려되었을 수도 있다. 자본주의는 때로 배금주의, 물질만능주의와 동일시되었고, 미국화와 등치되었으며, 때로는 서구문화 자체를 의미하기도 했다. 결국 대한민국은 정부수립과 동시에 자본주의를 채택했다기보다는 재건의 과정에서 점차 자본주의를 선택해 나간 것이라고 볼 수 있다. 중간파의 사회민주주의적 색채를 배제하는 가운데 국가주의적 사고방식이 강하게 자리잡아 가면서 성장을 우선으로 하는 경제재건의 방략으로서 개발계획론이 우세를 점한 것이다.[27] 이렇게 보앉을 때 사회주의적 근대화를 표방한 북한을 반대한다는 의미에서 '반공'과 '자본주의적 근대화'는 완벽히 결합될 수 있을 것 같지만, 1948년 제헌헌법에 단초가 보이고 1950년대 남한에서 제기되었던 사회민주주의적 노선은 '자본주의'와 '반공'을 동시에 지양하는 대안이자 양자의 한계를 일부 품고 있는 중간적 전략으로서 이 양자의 관계가 그리 단순하지는 않다는 것을 보여준다.

'반공'과 '자본주의 근대화'의 관계는 로스토우Walt Whiteman Rostow의 근대화론에 이론적 기반을 둔 1960년대 경제개발계획에 이르러 밀접하게 결합된다. 5·16군사정변 이후 군사정권은 '선건설 후통일'이라는 구호로 민중들의 통일 열망을 억제시키고 우선적으로 경제 재건을 추진해 나가는데,[28] 이때의 경제재건은 당시의 과제였던 자립경제 확립에 중점이 있다기보다는 자유민주주의의 우월성 입증에 우선적 목표를 두고 아시아에서 자유경제의 성장 실례를 통해 제3세계의 사회주의화를 막기 위한 로스토우의 전략을 반영한 것이었다.[29] 1950년대에 모호한 관계에 있던 '자본주의'와 '반공'의 관계가 1960년대에는 정합적으로 결합된 것이다. "가난은 반공에 있어서 최대의 적"[30]이므로 가난을 극복하지 않으면 공산주의가 침투하기 쉽기 때문에 '반공'을 위해서는 근대화가 선행되어야 한다는 논리이다. 박정희가 강조했던 '승공勝共'은 근대화를 통해 단순히 공산주의에 반대하는 것을 넘어서서 공산주의를 이겨야 한다는 경쟁의 논리가 극대화된 것이다. 공산주의를 이기기 위해 근대화에 박차를 가해야 하고, 이를 반대하거나 중립적인 태도를 취하는 자들은 모두 '용공'이라는 논리는 키워드 간의 결합이 어떻게 국가논리의 공고화에 기여할 수 있는지를 잘 보여준다. 그런데 '반공'과 '자본주의 근대화'의 결합은 사실 정부의 논리만이 아니라 당시의 많은 실천적 지식인들 역시 공유하고 있는 것이었다. 곧 그들은 반공주의자면서 동시에 근대화를 열렬히 지지했는데, 이러한 논리는 많은 지식인들이 초기 군사정권에 협조하는 결과를 낳았다.

또한 1960년대 경제개발계획론을 보면 '민족'과 '자본주의 근대화' 역시 밀접하게 관련되어 있다는 것을 알 수 있다. 후발 산업화 국가가 선진 산업화 국가를 추격하기 위해 빠른 경제개발을 추진하면서 강력한 민족주의가 동원되는 것은 보편적인 현상이었고, 남한 역시 예외는 아니었다.[31] 박정희 정권이 경제개발과 산업화를 추진하면서 내세웠던 것 역시 민족주의였다. 그러나 박정희 정권이 내세운 민족주의는 외세에의 예속을 경계했던 제3세계 민족주의와 달리 한일기본조약 체결이나 베트남전 파병 등을 추진하는 원리로 기능했고, 이는 박정희 정권의 정책이 매판적 반민족적 자본을 후원하는 것이라는 저항적 민족주의의 비판에 직면하게 된 계기가 되었다.[32] 박정권의 민족주의는 급기야 근대화론으로부터 자유주의를 분리하고 서구식 민주주의와 자유주의, 개인주의를 부정했다.[33] '민족'과 '자본주의 근대화'의 강고한 결합은 억압적인 지배 이데올로기의 대표적 키워드가 되었다.[34] 한편 저항적 민족주의는 '자본주의 근대화'를 전면적으로 부정한 것이 아니라 민족자본을 중심으로 하는 근대화를 주장하는 것이었고 무엇보다 정권이 부정한 자유주의와 민주주의를 담론의 토대로 삼았다는 점에서 근본적으로 정권과 대립했다. 이렇게 보았을 때 지배담론과 저항담론은 '민족'과 '자본주의 근대화'라는—심지어는 '반공'까지 포함해—같은 키워드를 가지면서도 서로 다른 길을 걸었다고 할 수 있다. '민족주의'를 '민족주의'로, '반공주의'를 '반공주의'로, '민주주의'를 '민주주의'로 비판하는 한국 사회의 독특한 담론 지형을 여기에서도 엿볼 수 있다. 결국 누가 재건의 키워드를 선점하고 전유하느냐에 따라 그 내용은 달라질 수 있었던 것이다.

  '자본주의 근대화'와 '국민'의 관계는 1960년대에 뚜렷이 드러난다. 과거의 부정으로서 1960년대의 재건은 '국민'을 보다 반공적이고 자본주의적이면서도 공동체 지향적인 새로운 인간형으로 개조하는 것을 매우 중시했다. 재건국민운동은 바로 이러한 새로운 국민의 창출을 위한 운동이었다. 여기서 제시된 새로운 국민상에는 두가지 모습이 중첩되어 있는데 하나는 공동체 내부의 '협동'을 전통으로 간직한 인간형이고, 다른 하나는 '자본주의 근대화'에 잘 적응하는 인간형이다. 전자는 전통사회의 공동체 질서인 '협동'을 자본주의 사회의 분업적 기반 위에서 '협업'으로 전환시키는 것인데, 이는 실은 전통적 한국 사회의 협동정신이라기보다는 일제의 군국주의적 공동체, 곧 천황을 정점으로 하는 가족주의적 공동체 질서와 흡사하다. 후자는 고전적 의미의 자본주의가 아니라 국가에 의해 통제되고 조정되며 계획되는 자본주의를 의미한다. 따라서 '국민'은 '자본주의 근대화'와 자연스레 결합되며 전근대와 결별한 새로운 근대적 인간형이 이상적이고 바람직한 국민상으로 제시되었다. 그러나 근대를 구성하는 '자유롭고 각성된 개인'은 필연적으로 '시민'의 성장을 촉발시킨다. 이러한 '시민'은 당시 국가가 원하는 모범적인 '국민'과는 거리가 있는 것이었다.

  그런데 여기서 한 가지 의문이 발생한다. 재건의 키워드는 단지 위의 네 가지 뿐일까? 예컨대 '민주주의', '자유', '평등' 따위는 대한민국의 국가 형성 논리에서 완전히 배제되었다는 것인가? 한국 현대사는 '민족', '반공', '자본주의 근대화', '국민'이라는 키워드가 아니라 '민주주의', '자유', '평등' 등의 키워드로 쓰여질 수도 있었을 것이다. 그러나 불행하게도 국가의 정통성을 세우려는 국가담론에서 전자가 후자를 압도했음은 분명해 보인다. 이 책에서 다루고 있는 1950~60년대 '재건'에는 '민주주의', '자유', '평등' 따위의 개념들이 전면화되기보다는 심성의 밑바탕에 깔려 있었다고 생각된다. 4·19혁명은 '민주주의'가 전면화될 수 있는 계기를 마련했지만 곧 이은 군사정권의 등장은 적어도 국가 차원에서 위로부터 제도적으로 추구되는 민주주의의 달성 노력은 실질적인 의미에서 이루어지지 않았다. 그렇다고 하더라도 4·19혁명이 가능했던 1950년대 대중들의 민주주의에 대한 열망, 정권과 진보적 지식인들이 결별하기 시작한 1960년대 중반 이후 민주화 운동의 열기 등은 '민주주의'가 애초부터 중요한 전제를 이루고 있음을 보여준다.

사실 '민주주의'는 근대 이후 한국의 자주 독립과 신국가 건설을 꾀하는 이들이라면 누구나 전제로 하고 있는 메타적인 개념에 가깝다. 입헌군주국으로서의 대한제국의 실패와 고종의 승하를 기점으로 분출된 3·1운동 이후 지속된 '공화주의' 역시 마찬가지이다. 남한=대한민국Republic of Korea과 북한=조선민주주의인민공화국Democratic People's Republic of Korea은 모두 공화주의와 민주주의가 이미 국호에 드러나 있다. 그럼에도 불구하고 남한과 북한 모두 그것을 오랫동안 실현시키지 못했다. 그러나 남한 민주화 운동의 역사와 전통을 생각할 때 1950~60년대에 '민주주의'는 지식인과 대중들의 심성에 깊숙이 자리하고 있음이 명백하다. 그 본격적인 논의는 '민주주의'라는 키워드가 보다 전면화되는 1970~80년대를 다룰 훗날로 미루고 이 책에서는 그것이 명시적으로 드러나는 영화들에 대해서만 부분적으로 언급했다.

　　재건의 키워드들은 국가가 스스로의 정체성을 설명하고 만들어 가는 과정에서 자연스럽게 서로 관계를 맺고 발현되었다. 그리고 이러한 키워드들은 문화면에서도 자연스럽게 드러났다. 특히 대중영화는 재건의 키워드가 관객들에게 전달되는 주요 통로였다. 영화인들은 국가가 제시한 시대적 과제에 부응하면서도 대중들의 흥미를 유발할 수 있는 적정한 선을 찾아야만 했다. 따라서 영화는 재건의 키워드들을 정서적인 차원에서 드러내 더욱 강화시킬 뿐만 아니라 대중들의 감수성이 결합된 형태로 변형, 왜곡시키기도 한다. 국가의 지배블록은 재건의 과정에서 영화를 계몽과 선전의 효과적인 수단으로 장려하고 육성했지만 대중들은 영화를 통해 나름대로 시대를 호흡하며 자신들의 '재건'을 해내고 있었다.

영화와 문화재건

문화재건에서 영화의 위상

우리는 앞에서 '재건'이 시대를 대표하는 언어로서 담론의 기초를 구성하고 있으며, 그것이 서로 상이하면서도 밀접한 관계에 있는 매우 포괄적이고도 모호한 몇 가지 키워드들로 구성되어 있음을 보았다. 그런데 재건으로 표현되는 국가의 정체성 형성과 국민의 재구성 방식은 시각적 상징물·영상물 등을 통한 상징화 과정을 포함하며, 이는 곧 국가/국민을 이미지로 표상한다는 점에서 매우 시사적이다. 곧 '실제의 대한민국' 보다 '보이는 대한민국'이 더 중요하게 작용해 왔다는 것이다. 실제와 이미지 사이의 이러한 괴리는 왜 국가의 재건에 '문화'가 그리도 중요한지에 대한 단초를 제공한다.

국가를 어떻게 재건할 것인가를 고민했던 지식인들은 정치적 경제적 재건 못지않게 정신의 재건, 곧 문화의 재건이 매우 중요하다고 보았다. '문화재건'이란 이러한 국가의 재건을 위해 문화 부문이 "어떻게 기여할 것인가"와 함께 "어떻게 보이고 싶은가", "어떻게 보여야 하는가" 하는 표상의 문제와 연관되어 있다. 문화재건은 국가재건을 문화면에서 지지하는 것을 의미하기도 하고, 문화를 생산하는 구조 및 내용을 재건축한다는 의미도 있다. 잘 알려진 대로 '문화'라는 개념은 그 태생부터 민족, 혹은 국가와 불가분의 관계에 있었다. '문화' 개념의 대두는 민족주의의 강화와 궤를 같이 하면서 문화의 생산 주체이자 단위로서의 민족, 민족의 구체적 현현顯現으로서의 문화 개념을 정착시키게 된다.[35]

민족과 국가 사이에 모순과 대립이 있었던 식민지 시기를 벗어나자 이제 문화 논의는 본격적으로 민족국가 건설의 맥락에서 '민족문화' 건설을 지향하게 된다. 그러나 통일된 민족국가 수립이 좌절되자 분단은 민족과 국가 사이에 다시 모순 상황을 발생시켰다. 이는 남북한 모두 더욱 통합적이고 강력한 국가 이념을 필요로 함을 의미했다. 곧 서로 자기 체제에 정통성과 정당성을 부여하기 위해 상대방을 외세의 주구走狗로 규정하고 자신을 민족의 적자요 민족문화의 온당한 계승자임을 주장하는 과정에서 '민족문화'는 '민족주의적 문화'로 변모되었다. 특히 민족문화의 담지자로서 기층 민중을 중심으로 하는 계급성을 강조한 북한과 달리 남한에서의 민족문화의 담지자는 북한을 배제한 민족 전체가 됨으로써 민족 개념을 더욱 추상화시키는 결과를 낳았다.[36] 그러나 1950년대까지만 해도 문화재건 담론이 모두 '민족주의 문화' 수립을 주장한 것은 아니었다. 오히려 외래 문화의 범람 속에서 고유성을 지키면서도 세계 문화에 기여할 수 있는 문화를 지향했다. 그러나 1960년대에 '민족문화'는 점차 '민족주의적'이 되어가고 급기야 후반으로 갈수록 국가주의적 성향이 농후해진다.

1950~60년대 문화재건은 세 방향으로 이루어졌다고 볼 수 있다. 첫째, 외래 문화의 수용과 고유문화의 관계 속에서 문화재건의 방향을 설정하는 것으로서 여기에는 두 가지 경향이 존재했다. 하나는 전통에 기반한 고유문화를 재건한 후에 외래 문화를 받아들여야 한다는 주장이다.[37] 다른 하나는 민족문화의 개념 자체에 대해 민족주의, 혹은 국가주의와 결별하고 세계와 인류라는 큰 틀에서 사유할 것을 주장하는 경향이다.[38] 둘째, 북한과 구별되고 북한에 대적할 수 있는 남한만의 문화를 이룩해야 한다는 것이다.[39] 셋째, 세계문화에 기여하는 한국문화가 되기 위해서는 문화의 근대화, 곧 자본주의 근대화에 발맞춘 문화재건이 필수적이라는 것이다. 이러한 문화재건의 세 방향은 결국 '민족문화'=국민문화를 수립하기 위한 하나의 방향으로 수렴되는 것이었다. 곧 문화재건은 외래 문화의 범람 속에서 어떻게 고유의 문화를 계승 발전시키며, 북한과는 뚜렷이 구별되면서도 세계문화에 기여하는 근대적 문화로서의 '민족문화'=국민문화를 수립할 것이냐로 요약되었다. 말하자면 남한의 국민으로 하여금 '대한국민'으로서의 정체성과 문화의식을 가지도록 하는 것이 정부수립 후 '문화재건'

의 가장 큰 과제이자 목표였던 것이다.⁴⁰

그런데 '국민문화'의 관점에서 영화나 연극 등의 대중문화에는 특별한 임무가 부여되었다. 바로 국민들이 하루빨리 대한민국 국민이라고 자각하고 지금 무엇을 해야 하는지 알 수 있도록 유도하고 격려해야 하는 것이다. 이는 대중문화가 가진 속성을 잘 활용해야 한다는 것을 의미했다. 여기서 대중문화의 속성이란 무엇을 의미할까? 한국에서 '대중문화'의 출현을 언제부터로 보아야 하는지에 대해서는 아직 풍부한 연구가 진행되지 않았으나 대략 한글로 된 신문과 잡지, 대중소설이 발달하고 만민공동회 등 근대적 형태의 대중집회가 나타나기 시작한 1890~1900년대 무렵부터라고 볼 수 있다.⁴¹ 특히 이 시기에는 전통적 연희가 연극의 형태로 전화되고 영화라는 근대 기술의 총아가 전래되는 등 순수하게 무엇인가를 본다는 행위를 공유하는 대중의 존재를 잉태시켰다.⁴² 일제의 조선 강점 이후 본격적으로 식민지적 자본주의, 식민지적 근대가 이식되는 과정에서 특히 영화의 두 가지 기능은 대중문화의 양면성을 보여준다.

첫째는 일제가 제국주의 이데올로기를 식민지에 이식하기 위한 계몽과 선전 도구로서의 기능이었다. 영화는 탄생 초기에는 다큐멘터리적 특성을 지니고 있었는데 그렇다고 해서 그 기능이 중립적이라고 볼 수는 없었다. 영화는 사실성reality과 환영성fantasy을 기초로 하는 독특한 시각문화이고, 이러한 두 가지 특성은 리얼리즘과 표현주의라고 하는 영화 사조의 두 흐름의 근간을 형성한다. 바로 이 점이 영화를 선전효과가 매우 뛰어난 매체로 등극시키는 조건이기도 했다. 영화가 발명된 후 유럽에서 일본과 중국으로, 또한 식민지 여러 나라로 파견된 촬영기사 및 영사기사들은 근대화된 선진국의 모습을 식민지에 과시하거나 이국적인 식민지의 풍물을 모국의 대중들에게 오락거리로 제공함으로써 시각문화의 교류에 크게 이바지했다. 같은 맥락에서 일본의 근대화된 모습이 식민지 조선에 전시되었고, 조선의 풍물은 일본 대중들의 우월감과 이국 취향을 충족시켜 주었다. 말하자면 외국의 풍경과 삶의 모습이 아무리 사실적일지라도 먼 곳의 관객들의 입장에서는 그 자체가 일종의 판타지였으며, 이는 심리적 선전효과를 가져오기에 충분했다.

일제강점기 영화가 상영되는 극장은 근대성을 조선의 관객들에게 계몽/이식하는 장이었으며, 총독부는 식민정책과 관련한 제반사항을 조선인들에게 주입하기 위해 직접 영화를 제작해 지방 순회 상영회를 개최하기도 했다. 남녀노소는 물론이고 신분과 계급을 초월한 불특정 다수인 관객 대중들은 이 신기한 볼거리를 구경한다는 사실 자체를 즐겼으며, 이러한 근대적 문화행위는 영화와 노래와 연극이 어우러진 극장의 종합적 프로그램으로 더욱 풍성해졌다. 이를 통해 한편으로는 근대를 학습하고 다른 한편으로는 근대의 규율을 내면화하는 영화 매체의 근대성과 영화 보기의 근대성이 달성되었다. 폭발적인 관객 수의 증가는 식민 정책의 담당자들이 영화의 도구성을 활용할 수 있는 충분한 전제 조건이 되어 주었다. 1910년대 말 영화 관객은 이미 연 100만 명에 육박했으며, 1920년대 초반에 경성 주민은 1인당 연 평균 4일 동안 영화를 관람할 정도가 되었다.[43] 선전도구로서의 영화의 효율성이 크게 부각된 시기는 바로 전쟁기였다. 제1차 세계대전 시기 영국과 미국의 선전영화를 필두로 1930년대 나치의 선전영화와 일본 군국주의 영화들은 모두 전쟁기의 영화가 말 그대로 '제2의 총탄'이 될 수 있음을 보여주고 있다. 특히 태평양전쟁기 조선영화인들이 만든 친일영화들은 천황제 이데올로기의 직접적 구현으로서 영화가 식민지 대중들을 포섭하는 방식을 잘 보여주고 있다.

둘째는 반대로 조선인들이 식민지 상황에 대한 인식을 새로이 하고 민족의식과 계급의식을 고취시키거나 자각할 수 있도록 하는 민족통합의 기능이었다. 예컨대 나운규羅雲奎(1902~1937)의 걸작 〈아리랑〉(1926)이 조선의 관객 대중에게 전달하는 감회는 남다른 것이었다. 이 영화의 장기간 흥행은 조선에서 이 영화가 단순한 오락거리가 아니라 하나의 신드롬을 이루었음을 보여준다. 이 영화가 민족영화냐 아니냐를 두고 학계에서 논쟁이 벌어지기도 했으나 중요한 것은 이 영화에 많은 조선인들이 공명하고 있었다는 사실이다. 이 영화의 주제곡으로 사용된 '아리랑'은 영화의 인기몰이에 견인차 역할을 했으며 이로 인해 '아리랑'은 민족의 노래로 확실하게 자리매김되었다. '아리랑'이 인구에 회자되면서 이를 부르는 조선인들 사이에는 굳이 말하지 않아도 알 수 있는 민족통합의 감정이 생성되었으리라는 것을 짐작할 수 있다. 이는 만든 사람의 의도보다는 어떻게 대중에게 받아들여지느냐가 더욱 중요한 대중예술, 대중문화의 특성을 잘 보여준다. 더구나 극장에서 집단적으로 감상하게 되는 영화의 특성상 밀폐된 공간에서 옆 사람의 온기를 느끼며 함께 무엇인가를 본다는 것은 공감대 형성의 중요한 조건을 제공한다. 〈아리랑〉은 무성영화이지만 영화 속의 아리랑 노래는 악단에 의해 변사에 의해 연주되고 불렀을 것이며 또한 영화에 공감한 관객들은 눈물을 흘리며 이를 따라 불렀을 것이다.

이처럼 영화라는 매체가 매우 유용한 선전도구가 될 수 있을 뿐만 아니라 관객 사이의 정서적 통합 효과를 일으킬 수 있음은 영화를 생산한 주체의 정체성과 이데올로기에 대중이 큰 영향을 받을 수 있

영화 아리랑 리플렛
(1957.4.3)

음을 의미한다. 특히 문맹률이 높고 이를 계몽할 수 있는 지식인층이 두텁지 못 할 경우 대중들은 이러한 이데올로기 공세에 무방비 상태로 노출될 가능성이 크다. 더구나 영화라는 대중문화는 반드시 선전도구로 기능하지 않더라도 그 오락성으로 인해 대중들의 현실적 판단이나 계급의식 형성을 저해할 수 있다. 이러한 점에서 대중문화가 대중들의 비판의식을 흐리게 해서 지배층의 이데올로기적 지배를 더욱 용이하게 한다는 고전적 비판이론이 이 대목에서는 전적으로 옳다고 할 수 있다.[44] 문제는 영화의 통합적 기능이 반드시 지배층에게 유리하게만 작용하지는 않는다는 것이다. 영화의 생산 주체가 명확하게 저항적 입장에서 영화를 만드는 경우는 물론이고 생산자가 미처 의식하지 못하는 경우에도 영화는 당대의 대중들이 품고 있는 일말의 반감과 같은 섬세한 생각과 감정까지도 모두 반영하기 때문이다. 이 때문에 영화는 때로는 지배 이데올로기에 완전히 동의하지 않음으로써 미세한 균열을 가하며 비판과 저항의 감정을 싹 틔우는 불온한 공간이기도 하다. 더욱 흥미로운 것은 이러한 불일치와 불찬성의 맥락이 겉으로는 좀처럼 드러나지 않는다는 것이다. 이로써 대중들은 한편으로는 기존의 지배 이데올로기에 무비판적으로 흡수되지만 또 한편으로는 대항적이며 대안적인 새로운 헤게모니를 창출하는 시간적 여유를 마련하고는 한다. 지배층이 미처 의식하지 못하는 사이 대중들은 어느새 분화, 성장해 지배층을 위협하는 것이다.

해방 후에서 1960년대에 이르는 시기 영화는 남한에서 가장 오락적이며 선진적인 대중문화의 총아였다. 1927년 첫 방송을 시작한 라디오는 1950년대 후반이 되어서야 대표적인 오락거리로 떠올랐고, 라디오 드라마의 인기에도 불구하고 영화의 스펙터클이 주는 쾌감을 대신하지는 못했다. 1956년 첫 방송을 송출한 TV 역시 5·16군사정변 이후 이른바 '혁명정부의 문화시책에 있어서 빛나는 실적'으로 불리면서 정권 차원의 육성책을 편 결과 1960년대 말이 되어서야 영화 관객들을 브라운관 앞으로 끌어들이는 데 성공하기 시작했다.[45] 곧 1960년대 후반까지 영화는 대중문화의 여왕으로 군림했고 특히 '고무신 관객'으로 불린 여성 관객들의 절대적 지지를 받았다.[46] 영화가 국가재건을 주도하는 정권 차원에서도 주요한 계몽과 선전의 도구로서 각광받을 수 있었던 이유는 역설적이게도 그 대중성과 오락성 때문이었다.

영화 재건의 방향

같은 이유로 영화는 국가의 재건을 감성의 차원에서 지지하는 문화재건의 핵심 역량이기도 했다. 국가재건과 조응하는 영화를 둘러싼 재건의 방향은 크게 두 가지라고 할 수 있다. 첫째는 영화산업의 재건이고, 둘째는 영화 서사의 재건이다. 우선 영화의 산업적 재건, 곧 영화산업의 구조를 재축조하는 일은 외국문화의 수용 과정에서 어떻게 민족문화를 지켜낼 것인지와 자본주의 근대화의 맥락에서 영화를 어떻게 근대적 산업으로 탈바꿈시킬 수 있을 것인지에 대한 문제를 정책적으로 해결하는 것이었다. 영화 서사의 재건을 위한 정책에는 감시와 처벌 기제로서의 검열 정책과 선택과 보상 기제로서의 '우수영화' 시상제도를 들 수 있다. 이들 영화정책은 문화재건의 세 방향과도 정확히 일치하는데, 이를 재건의 키워드와 연관해 도식화하면 다음과 같다.[47]

〈표 2〉 재건의 키워드로 분류한 해방 이후 한국영화의 방향

재건의 키워드	문화재건의 방향	영화 정책	영화재건의 제도적 방향
민족	외래 문화로부터 민족문화를 보호 육성	외화 수입 정책 및 국산영화 육성책	산업의 재건
근대화	문화의 근대화, 세계화	영화 산업화 정책	
반공	북한과 구별되고 대적하는 문화	검열 정책	서사의 재건
국민	민족문화=국민문화의 재건	'우수영화' 정책	

영화의 재건에 있어서 해방 후부터 가장 먼저 문제가 되었던 것이 미군정기 시절부터 시작된 외화의 지나친 범람이었다. 외화의 범람은 전쟁이 끝나도 계속되었으며 이것이 가져오는 산업적 문화적 우려는 외국영화 수입에 대한 제한 정책을 실시하는 데 전제가 되었다. 미군정기 영화 배급의 독점권을 휘두르던 중앙영화배급주식회사(중배)가 물러나고[48] 정부가 수립된 후 3년이 지난 1951년에야 대한영화배급협회(배협)가 출범하자, 배협은 영화 배급을 상행위라기보다는 영화배급의 주권을 되찾은 문화적 행위로서 강조했다.

이승만은 때때로 담화나 각의에서의 지시를 통해 직접 영화나 극장에 관한 관심을 표명했으며,[49] 국산영화 육성에 대해 특별한 지시를 내리곤 했다.[50] 이에 1954년 반포된 '국산영화' 면세조치를 시작으로 1958년 '국산영화 제작장려 및 영화오락순화를 위한 보상특혜조치'에 이르기까지 일련의 국산영화 보호 육성책이 실시되었다. 이러한 육성책에 힘입어 1950년대 초 제작 편수가 5~6편에 불과하던 한국영화는 1955년 〈춘향전〉(이규환)과 1956년 〈자유부인〉(한형모)의 흥행

성공을 시작으로 기하급수적으로 수가 늘어 1950년대 말에는 급기야 한 해 제작 편수가 100편을 상회하게 되었다.[51]

그럼에도 불구하고 한국영화는 영세함을 벗어날 수 없었다. 한국영화의 제작과 배급 시스템의 불합리성과 영세성은 일제강점기부터 문제가 되어왔고, 그 돌파구는 영화의 기업화, 곧 영화기업의 근대화·산업화였다. 영화의 기업화란 영화의 생산과 유통 체계의 합리화를 통해 자본의 선순환구조를 수립하고 영화 산업의 양적 질적 성장이 가능한 체계를 구축하는 것을 의미했다. 영화 제작이 삶의 유일한 수단이자 목표였던 영화인들에게 영화의 산업화는 생존의 문제가 걸린 절실한 것이었고, 그만큼 정치적으로 위태로운 것이기도 했다. 영화기업화론이 가장 활발히 제론되었던 1930년대 중반과 1950년대 후반에 이어 일제의 영화통제책과 군사정부의 영화법 제정이 이어졌다는 것은 그러한 정치적 위태로움이 초래한 결과가 두 시기의 명백한 차이에도 불구하고 비슷한 궤적을 그릴 수 있다는 것을 보여준다.[52]

1950년대 한국영화의 양적 질적 성장에도 불구하고 여전히 한 회사가 영화 한 작품을 하고 나면 사라지는 '일사일작一社一作'이 계속되고 있었으며, 정권과 밀착된 스튜디오의 건립과 대규모 제작사의 출현도 그리 오래 가지는 못했다.[53] 1960년대 군사정권 하에서 실시된 영화법은 한국형 스튜디오의 출현을 도모하면서 대기업 위주의 영화기업화를 꾀했지만 이는 한국영화계의 현실에 맞지 않는 지나치게 엄격한 조건을 내세움으로써 소수의 특정 기업에 대한 특혜 논란과 영화법 폐지 논란을 불러일으켰다. 이때 영화법 폐지론자들은 한국영화계를 중소기업 위주로 재편할 것을 주장하기도 했으나 1960년대까지 영화계는 대기업 위주로 영화 생산이 이어졌다. 그러나 조건에 부합하는 기업이 얼마 되지 않았기 때문에 명의를 빌려 제작하는 '대명代名제작'이 성행했으므로 실제로 영화계의 영세성은 크게 나아지지 않았다.

그러나 이러한 영화 산업의 구조적 재건이 국가의 재건을 문화적으로 떠받치는 문화재건의 일환으로 실시되었다는 점을 상기할 때 1950~60년대 영화정책은 어느 정도 목적을 달성하고 있다고 보아도 좋을 것이다. 이러한 산업 조건아래에 놓인 영화인들은 국가의 요구를 우선적으로 고려하지 않을 수 없었기 때문이다. 이 시기 영화는 양적 증가는 물론이고 질적으로도 큰 변화를 가져왔다. 1960년대 초 컬러 시네마스코프 영화의 개막과 함께 급물살을 탄 영화 기술의 발전이나 1950년대 후반부터 시작되어 1960년대에 붐을 이룬 장르영화[54]의 성행은 한국영화의 대중적 인기를 추동했다. 그러나 영화문화의 재건은 영화산업의 재건만으로 달성되는 것은 아니었다. 영화의 대중적 영향력이 거의 국민교육의 수준에 육박한다는 것을 인식하고 있는 정부는 영화의 서사 역시 문화재건의 일익을 담당하기를 원했다.

영화 서사의 재건을 위해 정부는 크게 두 가지의 제도적 장치를 마련했다. 곧 국가의 입장에서 보아서는 안 될 영화에 대한 감시와 처벌 기제로서의 검열정책이 그 하나이고, 국가가 국민에게 보여주고 싶은 영화들을 많이 제작하도록 장려하는 선택과 보상 기제로서의 '우수영화' 포상정책이 다른 하나이다. 보여주어야 할 것에 대한 장려와 보상, 보여주면 안 될 것에 대한 감시와 처벌은 문화재건을 추구하는 국가가 영화와 관계를 맺는 방식이었다. 영화 서사의 재건은 영화가 재건의 방향과 조응하도록 추동하는 것이었으며, 검열은 그 도구이자 창구였다. 검열은 영화의 내용을 직접적으로 감시하고 그것이 국가재건에 역행하거나 국민의 도의道義와 정서에 위해가 된다고 판단했을 때에는 언제든지 처벌할 수 있는 법적 근거가 되었다. 영화인들은 검열에 통과하기 위해 상당한 수준의 자기 검열을 행할 수밖에 없었고, 이는 결과적으로 대중의 솔직한 심성과 정서를 온전히 전달하기 어려운 결과를 가져왔다. 국가가 허용하는 범위 내에서만 표현이 가능했기 때문이었다. 이러한 검열을 통해서 국가가 '보여주어야 할 것'과 '보여주면 안 될 것'의 기준이 결국 현실의 대한민국을 긍정적으로 보고 국가의 재건에 도움이 되는 방향을 제시한 것이냐, 아니면 국가를 부정적으로 묘사하고 국민의 도의와 풍속을 문란하게 하는 것이냐에 달려 있음이 증명되었다.[55] 이 시기 대한민국에서 생산되어 검열을 통과한 영화들은 모두 국가의 재건 담론과 영향을 주고받으며 직간접적인 관련을 맺고 있다.

그런데 영화 서사의 재건을 살펴볼 때에 더욱 문제적인 것은 하지 말아야 할 것을 규정하는 검열보다는 해야 할 것을 권장하는 '우수영화'에 대한 포상이었다. 1950년대 우수영화상과 1960년대 대종상으로 이어지는 '우수영화'에 대한 포상의 내용은 당시 큰 이권으로 여겨졌던 외화수입권이었는데, 이밖에도 '우수영화'로 선정되면 해외영화제에 출품하는 데에도 유리했다. 그런데 1950년대 정부가 선정한 '우수영화'를 둘러싸고 벌어진 논쟁은 영화의 '우수함'은 결코 영화 미학적인 '우수함'으로 완성되는 것이 아니라 그 내용과 주제의 '우수함'에 더 좌우되었다는 것을 보여준다.[56] 이때 영화 내용의 '우수함'은 두말할 것도 없이 영화가 문화재건의 방향과 일치하는지, 곧 국가재건의 키워드들을 담고 있는지의 여부였다. 장르영화가 발전하면서 상업영화=대중영화로서 이들 장르영화들은 본연의 상업적 목적에 더해 국가재건의 지향을 은연중에 내포하고 있었다. 이는 국가 재건의 키워드들이 단지 정부의 일방적 강요에 의해 영화의 주제로 심어졌다는 것을 의미하지는 않는다. 오히려 대중의 정서 또한 시대의 분위기와 담론의 영향을 직간접적으로 받고 있었기 때문에 재건이라는 정체성의 형성 과정은 대중의 정서와 더욱 밀접하게 연관되어 있음을 의미한다.

이 책에서는 우수영화상이나 대종상을 수상한 영화들에 국한되지 않고 1950~60년대 대중영화 전반을 대상으로 삼아 재건의 키워드와 영화 서사의 관련성을 추적했다. 우리는 재건의 키워드들을 대중영화의 몇몇 유형들에 대입해 봄으로써 재건의 키워드들이 어떻게 대중의 정서적 측면에 침투하고 융합되면서 서로 미세한 균열과 타협을 이루는지를 구체적으로 살펴볼 수 있게 된다.

〈표 3〉 재건의 키워드로 살펴보는 대중영화의 유형

재건의 키워드	정체성	대중영화의 유형	하위 장르
민족	우리는 누구인가?	역사극	전기영화, (액션) 영웅담
반공	우리가 아닌 것은 누구인가?	반공영화	전쟁영화, 간첩/첩보영화
자본주의 근대화	우리는 무엇을 하고 싶은가?	풍속극	코미디, (멜로)드라마
국민	우리는 무엇이 되고 싶은가?	계몽영화	아동극, 선전영화

〈표 3〉에서 대중영화의 유형에 제시된 역사극, 반공영화, 풍속극, 계몽영화는 각각 서로 겹치기도 하는 몇 개의 하위 장르를 가지고 있지만, 재건의 키워드는 이 하위 장르보다는 이들 대중영화의 유형에

조응하는 것으로 보인다. 이제부터 영화가 어떻게 국가의 재건 논리를 반영하고 또 한편으로는 배반함으로써 대중들의 감수성을 지배하거나, 혹은 거꾸로 대중들의 열망을 표출함으로써 국가와 지배블록을 흡족케 혹은 당황케 했는지, 그리고 그 속에서 '우리'라는 정체성을 어떻게 재구성re-construction해 나갔는지 네 개의 키워드와 이를 가장 잘 반영하고 있는 대중영화들을 중심으로 살펴보기로 한다.

p.108
역사극과 항일 전기영화

p.131
건국신화의 아이콘들

1945년 11월 임시정부 김구 일행

p.142
민중영웅
이야기의
국가담론

p.154
'민족사'의
공간과
스펙터클한 고대

p.172
현재를 패러디
하는 과거

3
민족
: 우리는 누구인가?

역사극과 항일 전기영화

'민족'의 재구성과 전기영화

국민 국가의 정체성을 구성하는 네 개의 키워드 중에서도 가장 기본적이고 본질적인 물음은 "우리는 누구인가?"이다. 이는 "우리는 어디에서 왔는가?"에 대한 탐구로서 자국의 역사가 어디에서부터 비롯되었고 어떤 뿌리를 가지고 지금까지 이어져왔는지를 살피는 일, 곧 '민족사'로서의 자국사의 확립이다. 자국사의 확립을 통해 국민은 단일하고 지속적인 역사 공동체의 일원으로 통합된다. 특히 자기 정당성을 주장하는 권력층은 역사를 전유함으로써 정통성을 입증하고 국민 통합을 이루고자 하는데, 이는 역사의 전환기 어느 나라 어느 시기에나 존재해 왔다. 또한 위기의 순간마다 제일 먼저 역사를 돌아본 것도 위기를 극복하는 힘의 원천을 역사에서 찾으려는 노력의 일환이었다. 대한제국기 민족주의자들이 제일 먼저 민족사를 정립하려 했던 것이나 1930년대 민족주의자들이 조선사를 연구한 것도 같은 맥락이었다.

그런데 역사의 전유는 1948년 정부수립 이후 현재에 이르기까지 교과서 등의 공식 역사 편찬을 통해서뿐만 아니라 소설이나 영화와 같은 대중문화를 통해서도 일어났다. 위기와 전환의 시대를 맞을 때마다 지식인을 포함한 지배층은 항상 역사를 재정리하고 이를 당대의 가장 보편적이고 대중적인 매체를 통해 대중에게 유포시키고자 하기 때문이다. 영화는 교과서보다 덜 공식적이고 소설보다 더 대중적이어서 정확한 사실史實과는 거리가 있지만 실상은 당대의 대중들이 역사를 생산하고 소비하는 방식을 가장 잘 보여주는 매체이다. 역사를 소재로 한 역사극[1]은 그것이 생산된 당대의 일반적 역사인식을 가장 잘 보여주는 장르로서, 관객 대중이 민족과 국가의 정체성을 자각할 수 있게 하는 하나의 방법이었다. 해방 후에서 한국전쟁기까지 제작 발표된 영화들 중에서 역사물은 15%를 차지하는데[2], 이들 역사극은 과거(역사)를 어떻게 평가하고 현재의 우리를 과거와 어떻게 연결시킬 것인가 하는 문제, 곧 '우리는 과연 누구인가'라는 물음이 이 시기에 가장 중요한 문화재건의 이슈 중 하나였다는 것을 보여준다.[3]

식민지를 경험하고 이제 막 해방된 민중들에게는 민족의 역사를 기억해냄으로써 자긍심을 회복해 자기 정체성을 찾는 것이 무엇보다 시급한 일이었다. 민족의 역사를 기억하는 가장 효과적인 방법은 민족정신을 떨친 선열들을 민족의 영웅으로 부활시켜 선양하는 것이었으며, 이때 영화는 이를 구현하는 가장 효과적이고 대중적인 매체였다.[4] 전기영화, 그중에서도 항일 전기영화가 각광을 받은 시기는 해방 직후, 1950년대 말, 1960년대 후반인데, 이는 이 시기에 역사에 대한 대중적 수요가 높았음을 의미한다. 곧 정치적 격변기와 역사극의 수요는 정비례한다고 볼 수 있다. 이 시기 누가 어떤 인물을 전유하느냐 하는 것은 그 주체의 정치적 이데올로기적 기원을 드러내는 것이기 때문이다.

해방 후 일제강점기의 항일 투사들을 소재로 한 영화들이 쏟아져 나온 것은 바로 이러한 맥락에서였다.[5] 〈안중근 사기〉(1946, 이구영), 〈불멸의 밀사〉(1947, 김영순)[6], 〈삼일혁명기〉(1947, 이구영), 〈윤봉길의사〉(1947, 윤봉춘), 〈유관순〉(1948, 윤봉춘), 〈죄없는 죄인〉(1948, 최인규)[7] 등

실화나 실존인물을 바탕으로 한 전기영화를 비롯해, 이른바 '광복영화의 효시'[8]라고 불리는 〈자유만세〉(1946, 최인규)와 같이 특정한 실존 인물을 소재로 한 것은 아니지만 어느 독립투사의 실화라고 여기기에 충분한 이야기, 혹은 항일투사의 민족애와 해방의 소중함을 그린 영화들이 그것이다. 또한 한국 최초의 비행사 안창남의 일대기를 그린 〈안창남 비행사〉(1949, 노필)도 민족의 자긍심 회복이라는 점에서 중요한 전기영화이며, 역사극은 아니지만 독립투사의 아들을 그린 〈애국자의 아들〉(1949, 윤봉춘)도 같은 주제를 갖고 있다고 할 수 있다. 김좌진 장군과 독립운동가 김상옥을 소재로 한 영화가 기획되기도 했으나 실제로 제작에 들어가지는 못했다.[9]

전쟁과 전후를 거치는 동안 주춤했던 항일 전기영화가 다시 등장한 것은 1950년대 말이다.[10] 1950년대 말은 이승만의 장기집권 야욕을 현실화시키기 위한 여러 가지 무리수가 나타난 시기이며, 이와 더불어 4·19혁명을 예비하는 민의民意의 성장 또한 함께 이루어지던 시기였다. 안중근이나 유관순처럼 해방공간에서 이미 다루어진 인물들도 이 시기 다시 등장했다. 여기에 민영환과 이승만, 그리고 김구가 추가되었다.[11] 〈고종황제와 의사 안중근〉(1959, 전창근), 〈유관순〉(1959, 윤봉춘), 〈한말 풍운과 민충정공〉(1959, 윤봉춘·남홍일), 〈독립협회와 청년 이승만〉(1959, 신상옥), 〈아아 백범 김구 선생〉(1960, 전창근) 등이 그것이다. 전기영화는 아니지만 3·1운동을 극화한 〈3·1독립운동〉(1959, 전창근)이나 1929년 광주학생운동을 소재로 한 〈이름 없는 별들〉(1959, 김강윤)도 항일투쟁을 주제로 한다는 점에서 같은 맥락의 영화들이다. 특히 제4대 대통령 선거를 의식해 제작된 〈독립협회와 청년 이승만〉이나, 4·19혁명 이후에야 비로소 영화의 소재로 등장할 수 있었던 김구의 전기영화인 〈아아 백범 김구 선생〉 등은 특정 시기에 어떤 인물이 어떤 방식으로 영화화되고, 이를 통해서 선양되고 기념되며 기억되는가 하는 것이 그 시대를 읽는 중요한 요소임을 웅변해 주고 있다.

1960년대 후반이 되면 다시 항일 전기영화가 나오기 시작한다. 〈유관순〉(1966, 윤봉춘), 〈일본제국과 폭탄의사〉(1967, 이용민),[12] 〈춘원 이광수〉(1969, 최인현), 〈상해 임시정부와 김구 선생〉(1969, 조긍하) 등이 그것이다. 이전 시기에도 영화의 소재가 되었던 유관순과 윤봉길이 다시 등장하며, 김구 역시 재등장했다. 이봉창과 이광수가 새롭게 등장했는데 이봉창은 윤봉길과 함께 다룬 것이어서 엄밀히 말하면 새로운 소재는 이광수뿐이다. 1960년대 후반은 박정희가 '민족'에 대한 언설을 독점하고 관제화하는 시기이다. 한일회담과 베트남 파병을 둘러싸고 저항적 지식인들이 박정희를 '반민족적'이라며 비판하자 박정희는 '민족'을 다시 전유하기 위해 '민족문화'를 선양하는 여러 정책을 펴나갔다. 이 시기는 박정희가 장기집권을 위한 체계적인 준비를 해나가는 시기로서 영화와 관련되어서는 문화부와 공보부의 기능을 합한 문화공보부가 출범(1968)하면서 문화가 공보의 하위 개념이 되어가는 시기라고 볼 수 있다. 이후 1970년대에는 관제화된 민족극으로서의 항일 전기영화인 〈광복 20년과 백범 김구〉(1973, 조긍하), 〈유관순〉(1974, 김기덕), 〈저 높은 곳을 향해〉(1977, 임원식) 등이 만들어졌다.

전기영화의 주인공이 되려면

그런데 여기서 한 가지 유의할 점은 항일 독립투사라고 해서 모두 전기영화의 주인공이 될 수는 없었다는 것이다. 누가 전기영화의 주인 공으로 발탁되느냐는 철저하게 그 시대에 누구를 기념하는 것이 덜 위험한가, 혹은 누구를 기념해야 '우리'의 정체성이 제대로 드러날 것인가와 관련되기 때문이다. 그 최초의 예는 해방 직후에 일어났다. 국산 극영화라고 할 수는 없지만 김원봉金元鳳(1898~1958) 장군과 그 휘하 조선의용대의 활약을 그린 기록영화 〈조선의용대〉(중국전영제작 소 제작)가 미군정에 의해 상영 불허가 판정을 받은 일이 그것이다.[13] 이에 자체 감수를 마치고 검열을 신청한 조선영화동맹에서는 검열 철 폐와 영화 상영의 자유를 강력히 주장했으나 끝내 이 영화는 빛을 보지 못하고 말았다.[14] 여기서 미군정이 "김원봉의 분야가 확실치 않다"는 이유를 들어 상영을 허가하지 않은 이유가 의열단과 조선민족혁명당을 이끌었고 광복군과 대한민국임시정부의 요직을 거친 그의 이력이, 그가 친미 쪽에 설 수 있는 인사라는 확신을 주지 않으며 오히려 공산주의자에 가깝다는 판단을 했기 때문이었으리라는 것은 쉽게 짐작할 수 있다.[15] 곧 정부 수립 이후는 말할 것도 없고 미군정 시기에도 항일 투사라고 하더라도 사회주의 계열의 인물들을 기리거나 추앙하는 것은 가능하지 않았다. 어떤 인물이 기억되고 어떤 인물이 잊혀지는가는 철저히 당대의 지배 이데올로기에 좌우되었다. 이런 의미에서 전기영화의 주인공들은 주인공이 되지 못한 다른 인물들과의 경합을 통해 선택된 인물들이었다.

이처럼 해방 후에서 정부수립 전후에 이르는 시기에 남한에서 영화화된 인물들은 모두 미군정이 허용할 수 있는 범위 내에 있거나 대한민국의 정통성을 입증하는 데 유리한 인물들이며, 이러한 인물들을 발빠르게 선양하는 것은 일종의 정통성 선점 효과라고 볼 수 있다. 어느 시대나 영화를 통해 이윤을 추구하고 재생산의 토대를 마련해야 하는 영화인들은 영화의 소재를 찾는 데 있어서 항상 가장 대중적이며 이데올로기적으로 문제가 덜 되는 것을 찾기 마련이고, 이러한 영화인의 수요와 시대의 분위기가 만나 영화는 기획된다. 이런 의미에서 영화인들은 의도했건 아니건 간에 국가와 자본이 원하는 방향에 일정부분 부응하며 영화를 제작하지 않을 수 없다.

그렇다면 남한에서 즐겨 영화화된 항일 인물로는 누가 있을까? 해방 후부터 1970년대까지 두 번 이상 영화화된 인물은 안중근, 윤봉길, 유관순, 김구, 주기철[16] 등으로서, 이 중에서도 유관순柳寬順(1902~1920)은 전 시기에 걸쳐 네 번이나 반복되어 만들어졌다.

〈표 4〉에서도 보이듯이 여러 가지 수식어가 붙는 다른 인물들에 비해 유관순은 항상 〈유관순〉이라는 제목이다. 별다른 수식어가 필요 없을 정도인 순국선열의 대명사 유관순은 같은 감독에 의해 세 번이나 만들어졌다.[17] 당시의 영화평들은 〈유관순〉을 보고 "관객이 감격해 우는 것은 영화가 훌륭해서가 아니라 유관순이라는 소녀가 순국정신에 불타는 모습에 감동을 받은 것일 뿐"이라며 이렇게 "조악한 영화를 보고 있을 유관순의 넋이 오히려 서럽다"는 식으로 영화의 엉성한 만듦새를 강도 높게 비판했다.[18] 이러한 비판에도 불구하고 많은 관객들이 이 영화를 보았다는 것이야말로 유관순이라는 소재 자체의 흥행성을 보여주는 증거이다. 항일 인물 중에서도 유독 '유관순'이라는 소재는 관객의 감동을 자아내는 흥행력을 갖고 있었던 것이 틀림없다. 시기에 따라 평가가 다른 이승만이나 김구에 비해 유관순은 남한 정부수립 이후 지속적으로 선양되었으며, 순국선열 중에서 유일하게 부각된 여성이라는 점도 영화적 소재로서나 국민적 관심사 면에서

〈표 4〉 항일인물 전기영화(1948~1979)

인물명	연도	작품명	감독	주연배우	제작사
안중근	1946	안중근 사기	이구영	양백명	계몽영화협회
	1959	고종황제와 의사 안중근	전창근	전창근	태백영화사
	1972	의사 안중근	주동진	김진규	연방영화사
윤봉길	1947	윤봉길 의사	윤봉춘	이경선	계몽영화협회
	1967	일본제국과 폭탄의사	이용민	김진규	한국영화사
유관순	1948	유관순(傳)	윤봉춘	고춘희	계몽영화협회
	1959	유관순	윤봉춘	도금봉	동보영화사
	1966	유관순	윤봉춘	엄앵란	아성영화사
	1974	유관순	김기덕	문지현	합동영화사
김구	1960	아아 백범 김구 선생	전창근	전창근	중앙문화영화사
	1969	상해 임시정부와 김구 선생	조긍하	정민	대양영화사
	1973	광복 20년과 백범 김구	조긍하	박암	한립물산
주기철	1948	죄없는 죄인	최인규	황재경	고려영화사
	1977	저 높은 곳을 향해	임원식	신영균	합동영화사

자료: 한국영화진흥조합, 앞의 책에서 작성.

장점으로 작용했다.

　그런데 유관순은 실은 해방 후에야 비로소 그 존재가 알려지기 시작한 인물이었다.[19] 따라서 유관순의 영화 소재로서의 장점은 영화화 이전에 미리 부각되었다기보다는 영화화 자체가 유관순 알리기에 기여했다고 보아야 한다. 일단 알려지기 시작하자 유달리 대중적인 파급력을 가진 유관순에 대한 영화는 그 제작 시기에 따라 약간씩 맥락을 달리했다. 유관순 영화는 정부수립 직전, 1950년대 말, 1960년대 후반, 1970년대 초,[20] 전기영화의 전성기라 불리우던 시기에 각 한 편씩 만들어졌다. 역사극에서 다루는 인물은 같은 인물이라고 하더라도 그 영화가 제작된 시기에 따라 인물에 대한 해석이 달라질 수밖에 없다. 이 때문에 역사극을 통해서 우리가 알 수 있는 것은 그 영화의 소재가 되는 사실史實이나 역사적 인물 자체라기보다는 그 인물이나 사건을 다루는 제작시기 당대의 관점이며 태도이다.

유관순 영화의 역사인식

유관순 영화 중 필름이 남아 있는 것은 1959년작과 1974년작뿐이다. 그러나 윤봉춘이 쓰고 이구영이 각색한 1948년작 시나리오와 역시 윤봉춘 감독이 각본을 쓴 1966년작 시나리오가 남아 있어 네 편을 비교해 볼 수 있다. 〈유관순〉은 다른 전기영화와 다르게 프롤로그에 상당히 긴 길이로 3·1운동이 일어난 배경에 대해서 설명하고 있는데, 영화마다 이 프롤로그의 설명이 조금씩 차이를 보이고 있다. 우선 1948년작 〈유관순〉의 프롤로그를 장면별로 정리해 보면 다음과 같다.

S#1. 독립문 경희루 고궁전 창의문 성벽이 순차로 보인다.

독립문이 보이면서부터 해설 시작.

해설: 왜적은…… 빛나는 반만 년 역사를 간직한 한국을 완전히 병탐코 저…… 일본의 흉적 이등방문과 우리 민족의 반역자 이완용…… 등의 흉계 로…… 치욕의 5조약이 체결되었다. 1907년 고종 황제폐하를 강제로 퇴위…… 융희 4년 8월 29일 한일합병으로 인해 삼천리 금수강산은 드디어 일본에 예속되었다. 이등박문[이토 히로부미]과 역적 이완용 무리의 흉계로 인해 1919년 고종 황제폐하 돌연 승하하셨다.…… 2000만 동포들은 삼천 리 방방곡곡에서 애통을 금치 못했다. 서울 대한문 앞에는 수많은 백성들이 불철주야하고 망국의 구슬픈 소리는…….

S#2. 대한문 앞
수많은 남녀노소 망곡한다.

S#3. 국장일 실황
오늘은 고종 황제폐하의 옥구를 모시는 날이다.…… 방방곡곡에서 운집한 백성들은 서울 장안에 수십만에 달했다. 옥구는 종로를 지나…… 동대문을 향해…… 거리거리에 모여든 동포들은 애도에 구슬픈 울음소리 비분함을 금할 길 없었고…… 우리의 가슴 속에는 원한의 왜적에게 적개심은 더 한층 용솟음쳤던 것이다.

S#4. 신문지
해설: 윌슨 미 대통령은 파리강화조약에서 14조 원칙을 발표, 약소민족국가의 해방을 주장…… 민족자결주의를 부르짖었다.

S#5. 독립운동의 각종 협회
해설: 국권마저 빼앗긴 우리 민족은 각종 협회를 조직해 민족의 단결을 도모하고 여러 지사들은 중국 미국 등지로 망명하고…… 독립운동의 자막과 더불어 언론, 종교, 교육 등의 활동. 흥사단, 의사단, 신간회, 건우회의 자막과 더불어 국내 인물들의 운동을 노출.

S#6. 인서트
50여 세의 장년 큰 횃불을 들고 산언덕 밑 길에서 점점 가까이 C.U.

S#7. 남대문
큰 자물쇠로 잠겨진 남대문, 보신각종…… 종은 살라지고 남대문 문이 왈칵 열리며 문 안에서 자막 '기미년 3월 1일'이 튀어나온다.
해설: 고종 황제폐하의 국장으로 인해 모여든 기회를 이용해 기미년 3월 1일 우리 배달민족의 울분은 드디어 터졌다.

S#8. 파고다 공원
파고다 공원 팔각정에서 대한독립선언서를 낭독한다. 손병희 선생을 비롯한 33인의 성명이 더블되며 수많은 군중들의 대한독립만세를 부르는 장쾌한 모습…….[21]

  이 프롤로그에서는 3·1운동의 배경 설명을 제2차 한일협약(이하 을사조약) 체결에서 시작하고 있다. 대한제국의 멸망과 동포 민족의 울분을 고종 퇴위와 한일병합, 고종의 승하 순으로 짚어가며 고종의 장례식이라는 절정을 향해 감성적으로 치닫고 있다. 비운과 고난의

유관순(1959) 포스터

역사를 강조하기 위해 고종을 중심으로 역사를 서술하고 있는 것이다.[22] 이러한 전근대적인 왕조 중심의 역사관은 민중들을 백성이라 지칭하는 데에서도 드러난다. 파고다공원에서 민족대표 33인이 직접 성명서를 발표한 것처럼 처리된다든지, 윌슨Thomas Woodrow Wilson이 파리강화조약에서 마치 모든 약소민족국가의 해방을 직접적으로 주장한 듯한 어감을 준 것 등 일부의 오류는 있으나 최대한 사실에 근접하면서도 관객의 감정을 고조시키는 작법을 구사하고 있다. 이 프롤로그에서 느껴지는 인상처럼 1948년작 〈유관순〉은 전체적으로 반외세의 정서에 기초해 분노와 각성을 통한 민족의식의 호소에 중점을 두고 있다.

1959년작 도금봉 주연의 〈유관순〉은 고적을 찾아가는 여학생들과 배구코트에서 운동하는 여학생들의 발랄한 모습을 먼저 보여준다.

유관순(1966) 신문 광고(1965.12.20)

그 후에 일제가 러일전쟁으로 급속히 힘을 얻어 조선을 병합하는 과정이 비분강개형의 내레이션과 자료화면으로 설명된다. 순수한 여학생들의 모습과 조선을 강탈하려는 일제의 야욕이 대비되면서 보여짐으로써 이후 순진무구한 여학생 중 하나인 유관순이 간악한 일제에 의해 짓밟히는 극적인 효과를 극대화하고 있다. 이어 일진회의 회의 장면과 을사조약에 서명을 강요하는 어전회의 장면과 함께 "그것은 실로 불과 몇 놈의 농간이었다. 그 몇 놈의 농간이 이제부터 36년간 이 땅과 이 겨레에 얼마나 많은 비극을 가져 올 것인가?"라는 내레이션으로 프롤로그를 끝낸다. 이처럼 한일병합을 몇몇 친일파의 '농간'으로만 파악해 결과적으로 일제의 침략상이나 당시의 국제정세를 명확히 보여주지 못하는 서술의 한계는 역설적으로 식민사관을 완전히 극복하지 못한 역사인식의 표출이라 볼 수 있다.[23] 한편 영화 초반에 경주의 모습이 그려지는 것은 민족의 문화적 유산과 민족의 아이콘으로서의 유관순을 연결시키려는 의도에서 비롯된 것으로 보인다. 고대의 유산, 특히 신라의 문화는 1950~60년대 민족의 정체성을 설명하는 데 특별한 의미를 가진다. '극악무도한 외세'와 '순진무구한 여학생'의 극단적 대비야말로 유관순 영화를 관통하는 핵심 정서의 근간을 이룬다. 곧 이때의 '민족'은 외세의 대립항으로서의 의미가 강하며 여기에서 몇몇 친일파를 제외한 민족 전체는 단일하고 통합된 실체로서 지목된다.

　　1966년작 엄앵란 주연의 〈유관순〉 시나리오는 또 다른 프롤로그를 보여준다.

S#1. 러일전쟁 후 러일 대표가 손잡는 장면

S#2. 유관순의 탄생

S#3. 타이틀백
1) 헤이그밀사사건 보도 신문
2) 이휴, 이상설, 이위종 등 밀사사건
3) 고종황제 신임장
4) 미국 오클랜드역에서 저격 피살된 친일 미국인 스티븐의 사진이 실린 영자신문
5) 하얼빈역에서 암살된 이등박문의 현장 사진이 실린 신문
6) 안중근 의사의 최후 광경
7) 도처에 봉기한 의병들 사진

8) 한일병합 보도 신문

9) 서대문, 독립문, 대한문 앞에서 통곡하는 백립 쓴 시민들

S#4. 1919년 3월 1일 파고다 공원에서 독립선언서 낭독하는 학생들……

S#5. 시민의 성난 물결

　　우선 3·1운동의 배경으로서 일제가 한일병합을 하는 과정에 유관순의 탄생을 언급함으로써[24] 전기영화로서의 성격을 강조하고 고난의 시대에 태어난 영웅의 탄생을 더욱 신비화하는 효과를 거두고 있다. 또한 헤이그밀사사건이나 친일 미국인 저격사건, 안중근 의사의 이토 히로부미 암살, 의병의 봉기 등을 차례로 보여줘 3·1운동 이전에도 독립을 위한 투쟁이 계속되어 왔음을 강조하고 있다. 곧 1948년작에서는 고종의 퇴위나 승하를 강조함으로써 봉건 군주의 죽음이 3·1운동의 계기가 되고 있는 것에 반해 1959년작에서는 고종 중심의 서술에서 탈피했으며 1966년작은 3·1운동 이전의 민족해방운동의 유형 및 계보를 서술하고 있다는 점에서 진일보한 역사인식을 보여주고 있다. 특이한 점은 3월 1일 독립선언서 낭독 장면에서 민족대표 33인의 모습이 빠지고 파고다 공원에서 낭독하는 학생들이 보이는 것이다. 이는 사실의 고증을 충실히 했다는 의미도 있으나 3·1운동에서 민족대표 33인이 가지는 의의를 약화시킴으로써 상대적으로 3·1운동에서 '시민'의 역할을 강조하고 있다는 점에서 주목된다. 1948년작에서 고종의 승하로 대한문 앞에서 통곡하던 '백성'들이 1966년작에서는 한일병합이 보도된 신문을 보고 대한문 앞에서 통곡하는 '시민'

들이 된 것이다. 4·19혁명 이후 1960년대 지식인 사이에서 관심의 대상이 되었던 '시민'에 관한 담론이 영화인들에게도 자연스럽게 공유되고 있음을 보여준다.[25]

주목할 것은 1959년작 〈유관순〉부터는 1948년작에는 없는 러일전쟁에 관한 설명이 나온다는 점이다. 3·1운동의 배경과 한일병합의 과정을 외적인 요인, 곧 세계사적 시각에서 바라보고 있는 것이다. 그런데 일제가 러일전쟁에서 승리해 제국주의 국가로 전화함으로써 조선을 식민지화했다는 것이 초점이 아니라 일본과 러시아가 손을 잡고 조선을 식민지화했음을 강조하고 있다. 곧 러시아가 패전의 대가로 조선과 남만주에 대한 권한을 일본에 양도한 사실에 대해 러시아가 일본과 모의해 조선을 일본의 식민지로 만들었다는 뉘앙스를 풍기고 있다. 조선 식민지화의 책임을 일본뿐만 아니라 러시아에도 지우고 있는 것이다. 1974년작 〈유관순〉의 프롤로그를 참고해 보면 그 의도가 더욱 명확해진다.

S#1. 격전지. 개미떼처럼 일본군이 몰려가고 전투. 러시아군의 탱크
해설: 자유와 평화를 사랑하는 우리 민족의 동학난을 계기로 일본은 1894년 청국세력을 몰아내고 눈에 가시 같은 러시아의 가슴에 총칼을 들이댔다. 일러전쟁의 발발.

S#2. 일진회 모의 장면
해설 : 일진회의 송병준, 박용구, 이완용 일당이 일본군 장교와 모의.

S#3. 포츠머스 강화조약

해설 : 1905년 9월, 을사조약 1조. '대한제국에 있어서 일본의 우월한 지위를 인정.'

S#4. 일본군의 군화 행렬

  3·1운동의 배경을 설명하는 데 그 연원을 멀리 '동학난' 까지 거슬러 올라가고 있으며 일본이 러일전쟁에서 승리한 결과 맺어진 포츠머스 강화조약과 친일파의 매국행위가 결국 을사조약을 초래했다고 보고, 이것을 조선이 식민지화된 실질적인 조약으로 인식하고 있다. 이러한 역사인식은 기본적으로는 당대 역사학계의 학문적 성과에 기반하고 있다고 할 수 있다. 그런데 첫 씬의 해설에서 전쟁의 명칭도 '일러전쟁' 으로 부르고 있는 데다가 "일본은 청국세력을 몰아내고 눈에 가시 같은 러시아의 가슴에 총칼을 들이댔다"는 문구만 보면 마치 이 영화가 당시의 일본을 옹호하고 있는 듯이 보일 정도이다. 러시아를 설명할 때 '눈엣가시 같은' 이라는 수식어를 쓴 것은 러일전쟁 당시에 조선에게 러시아가 '유독 눈엣가시 같았다' 라기보다는 이 영화가 생산된 시대에 그러했다고 해석된다. 1948년작에는 없던 러일전쟁에 대한 설명이 1959년작부터 삽입되어 러시아가 조선의 식민지화에 간접 책임이 있다는 느낌을 주었고, 1966년작에는 러시아가 일본의 한국 침탈을 도왔다는 뉘앙스로 발전하며, 1974년작에서는 아예 러일전쟁 당시에는 없던 탱크까지 동원해 러시아에 대한 극도의 적개심까지 보여주고 있다.

  3·1운동의 배경으로서 일제의 조선 강점과, 더 거슬러 올라가 일본이 제국주의 국가로 변모한 계기가 되는 러일전쟁이 언급되고 있는

것은 어찌보면 자연스러운 일이다. 그러나 그 초점이 일제의 변모에 있는 것이 아니라 러시아의 제국주의적 속성을 강조하기 위한 것이라는 점에 주목할 필요가 있다. 곧 조선을 사이에 두고 러시아와 일본이 경쟁을 벌였으므로 조선은 일본의 식민지가 되지 않았으면 러시아의 식민지가 되었을 것이라는 사실이 은연중에 강조되고 있는 것이다. 이러한 반反러시아 정서는 1959년작 〈독립협회와 청년 이승만〉(신상옥)에서도 확인할 수 있다.[26] 이 영화에서 청년 시절의 이승만이 러시아의 팽창에 맞서기 위해 미국과 협력해야 한다고 주장하는 장면이 매우 강조되고 있는데, 이는 대한제국기 이승만의 시각이기도 하지만 이 영화가 생산된 1950년대 말 당시 이승만의 시각, 나아가 이 시기 남한 사회의 지배적인 시각이기도 하다.[27] 조선을 합방한 일본보다 러시아가 더 미운 이러한 정서는 바로 러시아가 소련의 전신이고 소련은 북한을 공산화시킨 공산주의 종주국이라는 인식에 기반한다. 극단적인 반공주의의 표출이 느닷없이 항일 전기영화 〈유관순〉에 삽입된 것이다.[28]

영화에서도 드러나듯이 1950년대 민족담론에서 '반反외세'의 의미가 강했으며, 반공주의가 소련이라는 또 다른 외세와 결탁한 북한의 '반反민족성' 폭로에 상당 부분 호소하고 있다는 것을 상기해 보면, 항일 전기영화에 그 제작 시기의 민족 정서와 반공 정서가 결합되어 나타나고 있는 것은 우연이 아니다. 오히려 유관순 영화로 대표되는 항일 전기영화야말로 이러한 민족담론과 반공담론이 가장 공고히 결합될 수 있는 대중 서사의 한 형태였다고 할 수 있다.[29]

유관순은 어떻게 건국영웅이 되었나?

그렇다면 유관순 영화들은 왜 한결같이 3·1운동에 이르기까지의 역사를 프롤로그에 길게 할애하고 있는 것일까?[30] 단지 3·1운동의 상징으로서 유관순의 일대기를 보여주기 위해서라고 하기에는 뭔가 거창한 느낌이다. 마치 3·1운동을 정신적 연원으로 삼고 있는 대한민국을 정점으로 그 이전의 모든 역사가 달려왔다는 이미지와 메시지를 전달하려는 듯하다. 유관순 영화들에서 유관순은 독립의 상징보다는 대한민국 건국의 영웅에 가깝다. 유관순의 건국영웅화는 다음과 같은 일화에서 잘 드러난다. 유관순이 친구들과 언덕에서 나물을 캐면서 잔다르크 이야기를 해주는 장면으로서 재연 화면 위로 관순의 내레이션이 흐르도록 설정되어 있다.

옛날 오랜 옛날에 불란서는 포악무도한 영국의 침략을 받아 80여 년 동안…… 도탄에 빠졌드란다.…… 촌에서 성장한 16세 소녀 잔다르크는 허물어져가는 조국을 위해…… 오직 조국만이 눈앞에 어릴 뿐 자기 자신을 잃고 용감히 싸우고 싸워 포악무도한 영군이 점령한 여러 성을 회복했으나, 간신은 명예를 시기해 일부러 잔다르크를 영국군에 잡히게 했드란다.…… 재판정에서 심판을 받을 때 끝까지 조국을 사랑하는 마음으로 죽음을 각오하고 반항해…… (결국 화형을 당해) 이 화염으로 이슬 같이 사라졌으나 그 후 불란서는 당당한 국가로 오늘까지 이룬 것이란다.

유관순의 입을 빌려 이야기하고 있는 이 장면은 명백히 유관순을 한국의 잔다르크로 자리매김하기 위해 삽입한 것임을 쉽게 알 수 있다.[31] 도입부터 15세기의 프랑스와 식민지하의 조선, 프랑스를 위기에 빠뜨리고 잔다르크를 화형시킨 영국과 조선을 식민지화하고 유관순을 죽게 한 제국주의 일본을 동일시하고 있으며, 16세의 소녀 잔다르크가 프랑스 카톨릭의 성녀로 추앙받는 것처럼 18세의 소녀 유관순은 우리 민족의 성녀라는 것을 강조하고 있다.[32] 또한 오늘날의 프랑스가 있기까지는 잔다르크의 역할이 지대했으며, 그녀가 없었던들 오늘과 같은 프랑스 국가는 존재하지 않았으리라고 단언하고 있다.[33] 곧 새로운 국가의 건설은 유관순과 같은 영웅적인 인물의 힘이 뒷받침되어야 한다는 생각이 반영되어 있다. 이 장면은 뒷 시기의 영화나 시나리오에는 모두 빠져 있는데 이 회상 장면을 재연하기에는 당시의 기술과 조건이 열악했기 때문이라고 추측된다. 그렇다면 1948년작 〈유관순〉에도 이 장면은 대화로만 처리되었거나 아예 삭제되었을 가능성이 높다.

영화에 앞서 목사이자 작가 전영택[34]이 쓴 《순국처녀 유관순전》에도 유관순은 한국의 잔다르크로 묘사되어 있다.[35] 그는 머리말에서 이 전기를 유관순의 조카 유제한[36]이 쓴 필사본과 이화여대 교수 김정옥[37]이 정리한 자료에 의거해 썼다고 밝히고 있다. 또한 이 책에는 유관순기념사업회장인 문교부장 오천석의 서문이 실려 있는데 1947년 8월 유관순기념사업회의 발기와 11월 병천 아우내장터 뒷산에서 거행된 기미독립기념비 건립은 1948년작 〈유관순〉 영화의 직접적인 제작 계기가 되었다.[38] 이 서문에서 오천석은 이 전기의 의의를 "청년 학생의 애국심 향상과 순국정신을 기르는 데 많은 도움이 될 것"에 두었으며, 전영택 역시 이 책을 쓴 목적을 "관순의 빛나는 생애를 아는 데까지 전해 건국정신을 힘있게 일으키고자 함"이라고 밝히고 있다.

이 시점은 아직 대한민국 정부 수립 이전일 뿐만 아니라 남한 단독 총선거가 실시되기도 전이다.³⁹ 따라서 여기서의 '애국심'과 '건국정신'이라는 것의 대상이 반드시 분단 정부로서의 대한민국을 가리킨다고 볼 수는 없다. 당시에는 '국가'와 '민족'이 엄격하게 분리되지 않은 개념으로 쓰였기 때문이다.⁴⁰ 1948년작 〈유관순〉의 제작자 방의석은 "동포여, 지금이라도 늦지 않다. 다같이 반성하고 참회해서 선열과 애국지사의 뜻을 받들어 38선을 우리의 손으로 부시고 쓸데없는 고집을 버리고서 한데 뭉치자. 이것이 순국처녀 유관순 영화를 만들려는 뜻"이라는 기획의도를 밝혔다.⁴¹ 윤봉춘 감독 역시 이 영화의 배역에 유관순 정신에 공명하는 분을 모시고 싶다고 말하면서 민족정신을 강조했다.⁴² 이처럼 1948년작 〈유관순〉에서 강조된 민족정신과 민족의 통일은 이후 유관순 영화들에서는 대한민국이라는 국가의 건국 논리로 전화된다.⁴³

더불어 3·1운동은 남한 정부수립의 정신적 연원으로 내세워졌으며 이승만 정권뿐만 아니라 박정희 정권에서도 대한민국 정통성의 근간으로 규정되었다.⁴⁴ 3·1운동의 정수로서의 유관순을 선양하는 것은 곧 대한민국의 건국 정신을 선양하는 것과 다름없었다. 전후 시작된 국민교육을 통해 유관순 이야기는 국민에게 꾸준히 유포되었다.⁴⁵ 유관순이 대한민국의 정체성을 대변하는 인물로 대중들에게 각인되고 급기야 '국민 누나'로 등극한 것에는 유관순이 어린 여학생으로서 3·1운동으로 수감된 인물 중에서 유일하게 고문으로 죽었다는 점 이외에도 다른 항일 인물들이 갖지 못한 미스터리가 있기 때문이었다.

민족 통합의 완벽한 텍스트, 유관순

〈유관순〉 영화에는 유관순에 얽힌 최대의 미스터리가 등장한다. 바로 유관순의 죽음에 얽힌 것으로 1948년작부터 1974년작에 이르기까지 일관되게 관순의 시체가 일곱 토막 나 있는 것으로 묘사된다.[46] 그러나 장례식을 직접 주관했던 이화학당의 월터 학당장이나 오빠 유우석은 시신절단설이 사실이 아니라고 증언했다.[47] 그렇다면 왜 유관순의 죽음이 사실과 다르게 전해지게 되었으며, 이로 인한 효과는 무엇일까? 영화 속에서 관순은 불에 달군 쇠꼬챙이나 매질 등 혹독한 고문을 못 견뎌 죽은 것으로 나오며 죽기 전후에 순사가 칼로 베는 장면까지 묘사하고 있어 잔인함의 극치를 보여준다. 이는 실제 일본 고등경찰의 고문수사를 리얼하게 묘사한 점도 있겠으나 실제 기록보다 과장되어 있는 것은 분명하다. 당시 기록을 종합해 보면 유관순은 모진 매를 맞아 방광 파열로 인해 몸이 썩어들어가 죽었다고 되어 있는데,[48] 1959년 〈유관순〉에는 물고문으로 인한 자궁 파열로 죽은 것으로 나온다. 이 영화에서는 물고문 장면이 비교적 상세하게 묘사되어 있는데, 여성의 성性에 대한 잔혹함은 보는 이로 하여금 더욱 수치심과 적개심을 느끼게 한다. 민족의식의 고취 수단으로 여성성에 대한 학대라는 극단적 방법이 사용되고 있는 것이다. 이때 유관순에 대한 고문은 민족 전체에 대한 모욕과 고문으로 전이된다.

일제강점기 이래로 대중문화에서의 여성은 종종 민족의 알레고리로서 작용해 왔으며, 고난의 여성상이 고난의 민족상으로 대치되는 것은 민족국가 건설 과정의 대중문화에서 매우 빈번히 일어나는 현상이다.[49] 유관순이 모진 고문에도 굴하지 않고 법정에서 당당히 일제를 꾸짖는 장면에서 관객들은 민족적 자존심을 회복하고 자부심을 느끼게 되며, 한 민족으로서의 동질성을 되찾는다. 또한 유관순의 비장한 죽음에서 관객들은 고난의 민족사에 대한 자기 연민과 슬픔의 연대의식을 갖게 된다. 민족 통합의 서사로서 유관순 영화는 다른 어떤 항일 전기영화보다 완벽한 텍스트라고 할 수 있다.

민족 통합의 서사에서 눈에 띄는 것은 친일파에 대한 태도이다. 1948년작 〈유관순〉에는 다음과 같은 장면이 있다.

S#16. 큰 길거리 파출소 앞
군중, 만세를 부르며 몰려온다.
순사 파출소 정문 앞에서 어리둥절하고 서 있는 한인 순사를 본 군중 한 사람 소리친다.
너는 배달민족이 아니야, 이놈아.
이 소리를 들은 한인 순사, 깜짝 놀라 모자와 웃옷을 벗어던지고 군중 쪽을 향해 뛰어오며 대한독립만세를 부른다.

친일파의 말단 지위에 있다고 할 수 있는 순사가 군중의 꾸짖음 하나로 민족의 편으로 돌아서는 다소 낭만적 설정이 연출되고 있다. 여기서 중요한 것은 사실 여부가 아니라 친일파를 보는 시각의 문제이다. 앞에서 말한 것처럼 프롤로그에서 일제의 한일병합에 일조한 대표적인 친일파들을 열거하면서 민족 배신자로 그들을 기억해야 한다는 메시지를 전달한 것에 비해 친일파의 말단인 순사에 대해서는 온정적인 태도를 취하고 있다. 그들은 잠시의 오판으로 일제에 협력했으나 언제든지 민족의 품으로 돌아올 수 있는 근본이 착한 '조선인'인 것이다. 이러한 태도는 이후의 〈유관순〉에도 계속 유지되는

데,⁵⁰ 1974년작 〈유관순〉에는 이전에는 없던 새로운 인물이 등장한다. 바로 어릴 때부터 관순과 함께 자란 이웃의 오빠이다. 그는 일본의 순사로서 누구보다도 앞장서서 3·1운동의 주모자를 잡아들이고 유관순의 집안을 괴롭힌다. 그러나 유관순은 결정적인 순간에 그를 용서하며, "왜놈의 함정에 빠진 불쌍한 사람"이라고 동정한다. 그 후에도 그는 일제의 앞잡이 노릇을 계속하다가 영화의 후반부에야 속죄하는데, 결국 아무리 친일파라고 하더라도 그 속에 민족의 피가 흐르고 있으며 그들이 회개하는 한 우리는 용서해야 한다는 완곡한 메시지가 숨어 있다.⁵¹

유관순이 민족을 대표하는 아이콘으로 부각되는 바로 그 시기에 반민특위가 와해되고 친일파 문제가 유야무야된 것을 상기하면 유관순 영화가 매우 명료하게 이 문제를 정리하고 있는 것이 이와 무관하지 않다는 것을 짐작하게 해준다. 가장 완벽한 항일의 상징인 유관순이 친일파를 용서함으로써 민족-반민족의 대립구도는 이제 민중-친일세력이 아니라 남한-북한으로 대치될 수 있는 바탕을 마련한 것이다. 이처럼 유관순 영화로 대표되는 항일 전기영화는 민족에 대한 재해석과 재구성을 통해 민족과 국가의 정체성을 새롭게 조망하고 있다. 건국신화를 대체하고 있는 항일 전기영화는 단지 '항일'이라는 민족주의의 발로에서 제작된 것이라기보다는 대한민국의 정통성과 정당성을 입증하고자 하는 과정에서 '민족'을 키워드로 하는 정체성의 물음에 대한 대중문화의 화답이었다고 볼 수 있다.

건국신화의 아이콘들

구국의 유일한 대안으로서의 이승만

유관순 영화가 대한민국의 건국신화를 대체하는 서사로서 이견이 없는 데 반해, 정치적 입장과 해석에 따라 그 의의에 대한 평가가 달랐던 이승만과 김구에 대한 영화들은 건국의 영웅으로서 누가 정통성을 가질 것인가에 대한 치열한 정치적 각축장으로서 영화 서사가 기능했음을 보여준다. 그중에서도 가장 논쟁적인 영화는 〈독립협회와 청년 이승만〉(1959, 신상옥)이다. 당시 한국영화계는 〈고종황제와 의사 안중근〉(1959, 전창근)을 필두로 해[52] 〈대원군과 민비〉(1959, 유진식), 〈한말 풍운과 민충정공〉(1959, 윤봉춘) 등 '구한말'을 배경으로 한 스케일이 큰 영화들이 제작되었으며, 〈이름 없는 별들〉(1959, 김강윤)과 같이 민중들의 항일운동을 다룬 영화도 제작되는 등 대체로 규모가 큰 영화들이 많이 제작되고 있었다.

1950년대까지의 유관순 영화들과 마찬가지로 이들 대작영화들은 1950년대 민족담론의 의미가 '반외세'에 있음을 보여주고 있는데, 1960년대가 되면 민족담론이 '반외세'보다는 '자주'나 '자립'의 문제로 초점이 맞춰진다. 이는 같은 시대, 같은 인물을 다루고 있는 1950년대 영화 〈대원군과 민비〉와 1960년대 영화인 〈청일전쟁과 여걸 민비〉(1965, 임원식·나봉한)를 비교해 보아도 알 수 있다. 전자가 대원군을 주인공으로 조선 후기의 정세와 그의 정치역정을 그리고 있다면 후자는 보다 적극적으로 근대화를 꾀했으나 외세를 끌어들였던 민비(명성황후)를 중심으로 이 시기를 보고 있어 '자주'와 '자립'의 문제가 민족문제의 핵심임을 분명히 하고 있다. 이는 이 영화가 만들어지던 무렵 한일회담 등의 정치적 사안에서 '민족'의 의미가 다시 한번 재검토되는 계기가 있었기 때문이었다.

그러나 한편으로는 1950년대 말 '민족'의 문제가 '반공'의 문제와 결합되던 사례를 볼 수 있는데, 항일 민족정신을 주제로 하는 영화들이 만들어지던 와중에 정치적 의도를 은폐하고 마치 유행에 편승한 것처럼 민간제작사의 이름을 빌려 제작한 영화 〈독립협회와 청년 이승만〉이 그것이다. 최태응의 소설[53]을 원작으로 한 이 영화는 곽영주[54]의 아이디어로 경무대가 제작을 직접 결정했으며 반공예술단장이자 한국연예주식회사의 대표 임화수[55]가 제작했는데 실질적인 작업은 대한영화사에서 많은 부분 진행되었다.[56] 임희재와 이정선이 각본을, 이형표가 각색을, 신상옥이 연출을 맡는 등 당시 영화계의 A급 감독과 작가들이 참여했고, 김진규를 비롯해 김승호, 도금봉, 황정순, 최남현, 황해, 엄앵란 등 당대의 스타들이 대거 출연했다. 안양촬영소에서 동시녹음으로 촬영되었고 죄수들이 있는 서대문형무소 안에서도 촬영이 허가되었으며 비원에 보관되어 있는 국보급 마차나 실제 기선도 쉽게 동원되는 등 최고의 촬영조건 속에서 촬영할 수 있었던 것은 권력의 비호가 아니고서는 불가능한 일이었다.[57] 당시 영화 한 편을 제작하는 데 드는 비용은 4~5천만 환이었는데, 〈독립협회와 청년 이승만〉은 그 3배인 1억 5천만 환이 들었다.[58] 4·19혁명 직후 영화제작 당시 공보실이 임화수에게 4천만 환을 부정 지출했다는 논란이 있었고 자유당이 3·15 정부통령 선거대책을 논의하면서 선거용으로 이

영화를 제작하기로 결정하고 임화수에게 4천만 환을 준 것으로 알려졌다.[59] 결국 이 영화는 이승만의 과거와 인간 됨됨이에 대해 보여주고 싶은 것만을 홍보하고, 비춰지고 싶은 이미지를 만들어 선전한 것이므로, 당시 이승만과 최고 권력층이 가진 역사인식을 들여다보는데 유용한 도구이다.

영화는 이승만이 스무 살이 되던 1894년부터 시작해 시종일관 어둡고 암울한 톤으로 시대 분위기를 그리고 있다. 한학을 배우던 청년 이승만(김진규)은 '나라와 겨레를 위해' 신학을 배우려고 배재학당에 입학한다. 영어선생에게 한국말을 가르치며 그 보수로 집안 살림을 돕는 효자이기도 한 이승만은 친러파 정권이 수립되자 나라가 어지러운 것을 걱정해 젊은 동지들을 규합하고 독립협회의 중심인물로서 신문을 발간한다. 이를 통해 그는 민중을 계몽하고 중추원 개설에 앞장선다. 그의 노력에 힘입어 중추원을 개설한 고종은 친러파인 황국협회의 모함에 넘어가 이승만과 독립협회원들을 투옥시킨다. 이승만은 종신형을 언도받고 7년 동안 옥중에서 교육과 집필에 전념한다. 뒤늦게 고종은 특명을 내려 이승만을 미국에 밀사로 보낸다.[60]

이 영화는 제목과는 달리 독립협회의 다른 구성원들에 대한 소개는 이루어지지 않고 이승만을 중심으로 대한제국기의 복잡한 정세와 국권회복운동에 관해 설명하고 있다. 이승만은 정의롭고 효성이 지극하며 나라를 생각하는 충의忠義에 차 있는 인물로 전형적인 구국 영웅, 애국지사의 풍모를 가지고 있다. 청년 이승만은 망해가는 조국을 구할 수 있는 마지막 희망이며 유일한 대안으로 그려진다. 이승만이 고종의 특명을 받고 미국으로 떠나는 마지막 장면은 영화에서 유일하게 희망을 보여주는 장면이다.[61] 관객은 누구나 고종의 노력이 허사로 돌아가고 조선이 일제에게 병합되었다는 것을 알고 있지만, 영화가 끝나는 순간 그래도 이승만이라는 희망을 붙들고 싶은 심정으로 극장을 나오게 된다. 이승만이야말로 시대의 변화와 진실을 읽을 줄 아는 진정한 지도자, 유일한 대통령이라는 느낌을 주는 것이다.

이 영화에서 가장 눈에 띄는 것은 반일과 함께 드러나는 극도의 반反러시아 정서이다. 앞서 1950년대 이후의 3편의 〈유관순〉 영화에서도 이러한 반反러시아 정서가 나타난 것을 보았지만, 실제로 청년 시절의 이승만 자신이 강한 반러의식을 가지고 있었던 만큼 이 영화의 반러의식은 매우 강도가 높다.[62] 이승만은 당시 대한제국의 정세가 친일에서 친러로 바뀌자 '우국憂國의 염念'에 사로잡힌다. 친일정권은 차라리 괜찮고 친러정권은 매우 위험하다는 것이다. 또 수구세력이 만든 황국협회가 독립협회 타도를 부르짖으며 독립협회 간부들을 검거한 배후에 러시아가 있다고 주장하고 있다. 실제로 청년 이승만은 러시아의 팽창에 맞서기 위해서는 미국의 힘을 이용해 협력관계를 맺는 것이 가장 효과적이라고 보았는데, 이 영화에서도 그러한 이승만의 시각이 그대로 관철되고 있다. 이와 같은 '일본보다 러시아가 더 미운' 정서는 〈유관순〉에 이어 똑같이 나타나는데 이것은 단지 대한제국 시기의 역사관과 정서가 드러난 것만은 아니다. 바로 이 영화가 생산된 1959년 현재의 소련에 대한 시각을 담고 있다.

관객은 영화 속의 러시아를 소련과 동일시하며 예나 지금이나 팽창 야욕에 눈이 어두운 공산주의 세력의 종주국으로 극중 러시아를 바라보게 된다. 마치 대한제국기의 이승만이 미래에 공산화될 소련과 북한의 운명을 알고나 있었다는 듯이 그의 탁월한 식견과 선견지명에 감탄하게 됨으로써 영화속 주인공 청년 이승만을 지지하게 되며, 이는 현실의 대통령, 반공의 투사 이승만에 대한 지지로 연결된다. 반일과 반공을 동시에 외치고 있지만 실제로 '일본보다 소련이 더 미운' 이승만은 영화 속에서 민족주의와 반공주의의 담지자로 이미지 메이킹됨으로써 고난의 시대를 타개할 유일한 지도자로 자리매김된다. 당대 뉴스영화, 문화영화에서 그려지는 민족담론과 반공담론의 결합이 〈유관순〉에 이어 〈독립협회와 청년 이승만〉에서도 일관되게 나타나고 있다. 이러한 결합은 민족담론의 핵심인 '반외세'의 의미가 '반일'에서 '반공'으로 내용이 변화하고 있는 1950년대 민족담론의 지형을 보여준다.

애국의 상징으로서의 김구

한편 이승만의 정적 김구를 그린 영화가 4·19혁명 이후 처음으로 제작되었다. 재임 시절에 김구의 장례식 기록영화마저 상영 금지시켰던[63] 이승만이 하야하자 김구가 새롭게 재조명된 것이다. 김구를 소재로 하고 있는 영화는 〈아아 백범 김구 선생〉(1960, 전창근), 〈일본제국과 폭탄의사〉(1967, 이용민), 〈상해 임시정부와 김구 선생〉(1969, 조긍하) 세 편이다. 이 중에서 〈일본제국과 폭탄의사〉는 윤봉길과 이봉창의 거사가 중심 소재이지만 김구 역시 큰 비중을 차지하고 있다. 김구를 선양하는 영화들은 이후 박정희 정권에서 계속 나오는데 이는 박정희가 이승만이 아니라 김구를 높이 평가하고 계승하고 있음을 드러내면서, 김구로 대표되는 대한민국임시정부의 법통을 계승한 대한민국의 정당성을 강조하기 위한 것이었다. 이는 곧 전 시기의 이승만이 철저히 부정되는 1960년대의 시대분위기를 반영하는 것이기도 했다.

특히 〈아아 백범 김구 선생〉은 《백범일지》를 기초로 각색된 것으로 2시간 20여 분의 상영시간에 수백 명의 등장인물들이 등장하는 대작이다.[64] 이 영화의 프롤로그는 김구가 암살당하는 장면으로 시작한다. "나의 소원은 첫째도 독립, 둘째도 독립, 셋째도 독립"이라고 말하는 김구의 목소리와 계단을 올라가는 저격범의 발걸음이 교차된 뒤 머리에 피를 흘리며 쓰러진 김구를 보여준다. 그리고 비가 내리는 장례식에 인산인해를 이룬 추모행렬이 보이는 기록필름이 삽입된다. 영화의 본격적인 시작은 갑오농민전쟁의 접주였던 김창수(전창근)가 일본군에게 쫓겨 만주로 피신했다가 명성황후 시해소식을 듣고 울분에 차 국내로 돌아오면서부터이다. 일본군 중위를 죽이고 감옥에 간 김창수는 사형판결을 받지만 탈옥해 "백성이 눈을 떠야 독립"을 한다며 민중을 계몽하고자 신민회를 조직한다. 이때 이름을 김구로 개명한다. 다시 일경에게 잡혀 17년형을 언도받지만 7년 만에 가출옥되어 중국으로 간다. 그리고 1919년 상하이에서 대한민국 임시정부수립에 참여해 항일투쟁을 벌인다. 그는 가난한 와중에도 동지들을 위해 약혼반지를 빼주고 옷을 벗어주는 따뜻한 인간애를 보인다. 윤봉길의 거사 계획을 지휘하고 광복군을 창설하는 등 독립투쟁에 앞장선 김구는 광복군이 조국땅을 밟기 전에 전쟁이 끝남으로써 남의 힘으로 해방을 맞이하게 된 것을 안타깝게 여기며 조국으로 돌아온다. 마지막 장면에서 비행기 안에서 멀리 조국 땅을 보며 눈물짓는 김구가 보인 후, 김구 묘역으로 끝난다.[65]

이 영화는 갑오농민전쟁부터 해방에 이르기까지 장장 50여 년의 세월을 김구의 행동반경을 따라 움직이며 그가 민족해방운동의 핵심이자 선봉이었다고 말하고 있다. 이는 대한민국임시정부를 민족해방운동의 중심으로 보고 이를 계승하는 대한민국의 정통성을 드러낸다.

인상적인 것은 〈아아 백범 김구 선생〉이 이승만을 하와이 동포의 성금을 빼돌린 사기꾼으로 묘사하고 있는 것이다. 이 영화가 제작된 당시의 이승만에 대한 대중 정서를 읽을 수 있다. 러시아에 대한 반감 같은 것은 아예 나오지도 않으며 시종일관 강한 반일의식이 깔리고 있다. 이 영화에서 오히려 두드러져 보이는 것은 일기에 근거한 덕분에 김구의 가정생활과 인간적인 면모가 매우 큰 비중으로 묘사되고 있다는 점이다. 〈독립협회와 청년 이승만〉에서의 이승만이 효성이 지극한 아들이었다는 것만 언급될 뿐 나머지 사적 영역에 대해서는 거의 나오지 않는 것과 대조적이다. 이승만이 공공성의 담지자로서 결점이라고는 하나도 없는 완벽한 영웅의 모습으로 그려지는 데 반해, 김구는 공적 영역과 사적 영역, 그 사이에서 갈등하는 인간미 넘치는 애국지사로 그려진다. 배가 고픈 이승만은 상상할 수 없었지만 배가 고픈 김구는 거리낌 없이 묘사되고 있는 것이다.

김구의 가정생활을 엿볼 수 있는 것이 어머니 곽낙원 여사와의 에피소드이다. 그녀는 갑오농민전쟁 당시 일본군에 쫓겨 집으로 돌아온 창수에게 너 혼자만 도망왔느냐고 하면서 괘씸한 놈이라고 야단을 치고, 상하이에서는 아이를 낳은 아내에게 미역국도 제대로 먹이지 못하는 못난 놈이라고 회초리를 때리며, 죽어서도 아들의 꿈에 나타나 잘못을 꾸짖는다. 곧 김구의 어머니는 그의 정신적 지주이자 이 땅의 모든 독립투사들의 어머니로서 자애롭기보다는 엄격한 존재이다. 마치 〈유관순〉에서 유관순이 아버지 유중권으로부터 기본적인 삶의 태도와 민족애, 반일의식을 배우는 것처럼, 〈아아 백범 김구 선생〉에서 김구는 어머니로부터 독립투사로서의 모든 에너지와 자양분을 얻는다. 게다가 김구의 아내는 병들어 죽어가면서도 "내 남편이 옳은 일을 하고 있다고 생각하면 마음이 든든"하다며 김구를 지지한다. 이승만이 개인의 비범함을 앞세워 민족을 구원할 선지자와도 같은 모습으로 묘사된 데 반해, 유관순이나 김구의 경우에는 그 개인의 비범함으로 인해 영웅이 된 것이 아니라 가족과 전통과 시대가 만들어낸 산물임을 드러내고 있는 것이다. 이는 그들이 어느날 갑자기 등장한 인물들이 아니라 오랜 역사와 전통 속에서 배태된 인물이며, 이는 역사상의 어려운 고비마다 정의의 편에 서서 고난을 극복해온 민족의 정체성 속에서 탄생한 인물들이라는 느낌을 주고 있다.

여기서 당시 언론이 제기했던 한 가지 의문점을 제기해 볼 수도 있겠다.[66] 영화의 엔딩 장면이 왜 해방 직후 돌아오는 김구에서 곧 김구 묘역으로 이어지며 끝나는가 하는 점이다. 이는 김구가 암살당하는 장면으로부터 시작하는 프롤로그와도 맞지 않는 설정이다. 김구의 인생에서 가장 드라마틱했던 한 순간, 곧 1948년 남한 단독 총선 실시에 반대해 통일정부수립을 위한 남북협상을 제안하고 북한으로 건너갔던 바로 그 순간이 사상되어 버린 것이다. 해방 후 국내에 귀국한 시점부터 암살된 1949년 6월까지 거의 4년의 세월에 걸친 김구의 행적을 삭제한 이유는 무엇이었을까? 그것은 제작상의 어려움도 있었겠으나 통일에 대한 확고한 의지를 내보였던 그의 행적을 따라가다 보면 필연적으로 북한에 대한 묘사와 평가는 물론, 통일에 대한 입장을 드러내지 않을 수 없는 것에 대한 부담감이 아니었을까 추측된다.

이 영화가 제작되고 상영된 제2공화국 시기에는 북한에 대한 입장에서만큼은 철저히 반공주의에 기반하고 있었고 집권당인 민주당의 통일정책 역시 매우 미온적인 것이었다. 오히려 이 시기 분출된 통일에 대한 다양한 논의들을 '용공'으로 밀어붙이고 반공법을 제정해 통일운동을 탄압하려 했다. 분단에 일정 정도 책임이 있는 한국민주당의 후신인 민주당으로서는 '북진통일'만 주장하지 않았을 뿐 이승만 정권 시절의 '반공'의 측면에서 크게 다르지 않았다.[67] 당시에는 남북직접협상을 주장하는 것도 용공으로 치부될 수 있었다. 이렇게 보았을 때 김구를 선양하는 영화에서 '김구'하면 떠오르는 가장 핵심적인 활동의 하나인 남북협상 이야기가 빠진 이유는 자칫하면 남북 직접협상을 지지하는 것으로 비춰질 수 있기 때문은 아니었을까? 따라서 이렇게 보았을 때 제2공화국 시기 북한에 대한 언급은 매우 불편하고 난처한 이슈였을 것임은 쉽게 짐작할 수 있다. 더구나 이승만 정권기와의 차별화를 내세우고 민주주의를 지향하며 무엇보다 김구를 다시 복원시키는 첫 영화에서 북한이라는 뜨거운 감자는 아예 배제하는 것이 상책이었을지도 모른다. 명시적으로 말하고 있는 것에 대해서만 주제를 전달하는 것이 아니라 말해지지 않은 것에 대해서도 메시지가 전달되는 것이 영화이다. '민족'을 화두로 한 〈아아 백범 김구 선생〉에서 북한을 배제하는 것은 '민족'과 '반공'이 전형적으로 결합한 예로 보아 마땅하다.

그런데 분단정부를 원하지 않았던 김구를 보여주는 것은 통일을 위해 노력하지 않고 남한 단독정부수립을 추진한 친미정권에 대한 비판의 의미가 되기도 하며, 이는 단순히 이승만 정권에 대한 부정을 뜻하는 것이 아니라 대한민국의 정통성에 대한 부정을 뜻하기도 한다. 그렇다면 1960년대 내내 김구에 관한 영화가 만들어지지 않다가 1967년에야 이봉창과 윤봉길을 주인공으로 내세워 만들어진 〈일본제국과 폭탄의사〉는 어쩌면 김구를 정면으로 다루지 않기 위한 고육지책인지도 모른다. 이러한 위험성을 피해가기 위해 영화가 선택한 것은 '애국'의 정서이다. 김구의 '나라 사랑'이 독립되고 통일된 이상으로서의 국가에 대한 사랑이 아니라 대한민국이라는 현실의 분단 국가에 대한 사랑으로 치환되고 있는 것이다.

다시 김구를 정면에 내세운 1969년작 〈상해 임시정부와 김구 선생〉에서 이러한 애국적 정서는 오락화와 결합되어 더욱 극대화된다. 1960년대 후반의 오락 사극의 붐, 액션 영화 붐에 힘입어 김구와 임시정부 이야기에 오락적인 요소를 많이 가미한 이 영화는 일제강점기 독립운동가들을 마치 무협소설의 '의로운 무법자'처럼 고독하고 낭만적인 킬러의 이미지로 묘사하고 있으며, 그들의 아지트인 임시정부에서 수장을 맡고 있는 김구는 '정당한 테러리스트'들의 인간미 넘치는 대장으로 묘사된다. 종래의 임시정부 관련 영화들에서 실존 인물의 비중이 절대적으로 컸던 것과 비교해 보면 이 영화에서 마치 국가의 정보요원 같은 이미지로 등장하는 젊은 청년(신성일)은 사실상의 주인공이지만 완전히 허구의 인물이다. 드라마틱한 인물들을 지천에 두고 굳이 허구의 인물을 등장시켜야 할 만큼 흥행을 염두에 두고 제작된 이 영화에서 명시적으로 민족담론보다 국가담론이 우위에 선다는 것은 무엇을 의미하는가? 영화는 "내 나라가 서면 청사의 유리창을 닦게 해달라고 하나님께 빌었습니다"라는 나레이션을 깔고 청사 위에 휘날리는 태극기와 애국가를 계속 강조하고 있다. 1960년작이 상하이 임시정부가 일제하 민족해방운동의 중심이었음을 강조하는 데서 그치고 있는 반면에 1969년에 개봉된 이 영화는 임시정부의 법통을 계승한 '대한민국'이라는 국가의 표상으로서 태극기와 애국가가 등장하는 것이다. 마치 대한민국임시정부의 지향으로서의 '대한민국'이 현실의 '대한민국'과 완전히 일치하는 듯한 착각을 불러일으킨다. 김구는 이제 '애국'의 강력한 아이콘이 되어 현실의 대한민국에 확실한 정통성을 부여한다.

김구의 아내는 임종 직전에 "우리나라가 독립되거든 뼈라도 고국 땅에 묻어달라"고 유언을 남기며, 아내가 죽자 고국으로 돌아가자고 하는 김구에게 어머니는 종아리를 때리며, "헐벗고 굶어도 나라를 도로 찾자는 네 맘 하나 믿고 그것을 낙으로 살아온 이 어미더러 본국으로 가라구!" 하며 꾸짖는다. 1960년작에서 어머니가 가족을 먹이지 못하는 아들을 나무라며 회초리를 때리는 것과는 사뭇 대조적이다. 어머니는 독립운동에 쓰라는 유언과 함께 권총 두 자루를 남기고 죽는데 이때 애국가가 울려퍼진다. 윤봉길이 거사를 치르기 전 체조를 하면서도 애국가를 부른다.[68] 민족보다는 국가를 강조하며 유난히 태극기와 애국가가 자주 등장하는 것이 1969년작의 특징이다.

김구 영화를 통해 일제강점기의 태극기, 애국가의 의미가 1960년대 말의 태극기, 애국가의 의미와 동일시되어 관객들에게 전달된다. 마치 김구와 윤봉길의 독립운동, 나아가 일제강점기 모든 민족해방운동의 목적이 통일된 자주독립국가의 건설이 아니라 단지 한반도 남쪽에 수립된 대한민국 정부를 전제로 한 것처럼 묘사된다. 대한민국은 일제강점기의 다양한 국가건설론 중 하나의 흐름의 귀결인 것이 아니라 유일한 대안이고 역사의 당위였다는 의미가 강하게 전달된다. 이 영화를 보기 전 이미 관객들은 휘날리는 태극기가 나오는 애국가가 울려퍼지는 동안 기립해 국민의례를 마치고 새롭게 재건된 국가를 선전하는 대한뉴스와 문화영화까지 관람했다.[69] '국가재건'의 완성을 선포하고 국가주의를 향한 준비 단계에 접어들었다고 볼 수 있는 1960년대 말의 분위기는 영화의 텍스트를 통해서, 그리고 영화가 상영되고 있는 극장이라는 공간을 통해서 관객에게 고스란히 전달되고 있는 것이다.

민중영웅 이야기의 국가담론

민중영웅의 귀환―정의란 무엇인가

항일 전기영화에 등장하는 구한말에서 일제강점기에 이르는 위인들이 대한민국을 있게 한 건국의 영웅들이라면, 주로 조선 후기를 배경으로 민초들의 험난한 삶 속에 배태된 민중의 영웅들도 있다. 전자가 평범한 사람들의 삶과는 비교도 할 수 없는 비범하고 숭고한 삶을 살았다면 후자는 평범한 사람들의 희노애락을 함께 겪는 보통의 인간들이었다. 1950년대 말부터 시작해서 1960년대에 본격적으로 만들어진 역사극 중에서는 홍길동, 임꺽정, 일지매 등 민중영웅을 주인공으로 한 액션영화들이 많다. 그 주인공들은 ① 정사正史가 아닌 야사野史의 영웅들이거나 ② 이들을 모티브로 해 새롭게 창조한 인물들이었다. 민중영웅 시리즈의 주인공들은 주로 ①에 해당한다. 이 시기 한국의 액션영화는 미국의 서부영화와 갱영화, 홍콩과 일본의 검객영화 등으로부터 많은 영향을 받았기 때문에 이들과 유사한 액션 장면이 들어 있다. 또한 주제면에서도 전통적인 '권선징악'적 주제와 액션영화의 기본적 테마라고 할 수 있는 '정의의 승리와 악의 응징'이라는 주제가 결합해 이 시기 액션역사극에 들어있다.[70] 따라서 이 시기 민중영웅 시리즈에서 정의가 어떻게 귀결되는가를 분석해 보면 국가담론을 추출할 수 있다.

〈표 5〉 갈등별, 주제별 역사극 편수(1946~1969)

시대	가족	국가	계급/체제	정쟁	종교	연적	반일	기타	합계
고대	1	20	3	7	2	5			38
고려		3				1			4
조선	21	11	46	42	2	21	6	6	155
한말		1		9	2		7		19
일제하			1			1	21	1	24
외국	2	1	1	2	3	2		1	12
불명	1		1	1	3				6
합계	25	36	52	61	12	30	34	8	258

자료: 《한국영화총서》, 1972; 한국영화데이터베이스KMDb에서 작성.

이 〈표 5〉에서 보이듯이 역사극을 시대별, 주제별로 분류해 보았을 때 조선시기를 다룬 영화가 월등히 많고, 그중에서도 국가, 계급/체제, 정쟁 등을 다룬 영화가 대다수를 차지한다. 민중영웅들을 다룬 영화들은 대체로 여기에 속한다. 이들 영화에서 정의의 문제는 바로 국가, 계급/체제, 정쟁 등의 문제와 밀접히 연관되어 있음을 알 수 있다.

이 시기 민중영웅들을 소재로 한 영화들은 〈인걸 홍길동〉(1958, 김일해), 〈의적 일지매〉(1961, 장일호), 〈임꺽정〉(1961, 유현목), 〈암행어사 박문수〉(1962, 이규웅), 〈쾌걸흑두건〉(1962, 장일호), 〈마패와 검〉(1963, 유심평), 〈미녀와 도적〉(1964, 이강천), 〈활빈당〉(1965, 강중환), 〈일지매 필사의 검〉(1966, 장일호), 〈암행어사(쌍마패편)〉(1967, 이규웅), 〈일지매 삼검객〉(1967, 장일호), 〈괴도의 검〉(1968, 최경옥), 〈천하장사 임꺽정〉(1968, 이규웅), 〈암행어사와 흑두건〉(1969, 김기풍), 〈의적 홍길동〉(1969, 임원식) 등 15편이다. 이 영화들은 조선 후기를 시대적 배경으로 하고 있는데 그 시대상이 매우 암울하게 그려져 있다. 곧 조정은 붕당정치의 난투극으로 어지럽고 매관매직을 일삼는 관리들의 학정이 횡행해 백성은 도탄에 빠져 있으며, 정의로운 주인공은 모함에 빠져 궁지에 몰려 있다. 그러나 한편으로는 이들 민중영웅들의 존재가 이러한 암울한 시대상에 한줄기 빛처럼 존재하며 일말의 희망을 던져주기도 했는데, 이는 사극이 생산된 당대의 현실에 대한 은유이기도 했다는 점에 유의할 필요가 있다.

일지매 시리즈의 시작인 〈의적 일지매〉(1961, 장일호) 역시 '정의가 땅에 떨어진 암울한' 조선 후기를 배경으로 한다. 탐관오리나 권세가의 집을 신출귀몰하게 넘나들며 재물을 빼돌리는 일지매(신영균)를 잡기 위해 혈안이 된 관가에서는 무고한 사람들에게 고문을 하고 돈을 내게 하기 위해 일부러 돈 있는 자를 잡아넣기도 하는 등 행패가 심하다. 15년 전 김만근(이예춘) 대감의 모함으로 부모를 잃은 박인걸은 일지매라는 것을 숨기고 박흥수라는 가명으로 어릴 때 정혼한 숙향을 찾기 위해 가는 곳마다 매화 표식을 남긴다. 김만근 대감으로부터 영의정을 보호하려는 덕춘(김석훈)은 여동생인 기생 연화(최은희)와 함께 부모의 원수를 갚기 위해 김만근 일당을 노리고 있다. 김만근의 애첩 계향(도금봉)은 박홍수가 바로 일지매인 줄은 꿈에도 모르고 그에게 반해 그가 금부도사 자리를 돈으로 사도록 돕는다. 김만근은 자신을 처치하려던 덕춘과 연화를 잡아다가 고문을 하고 영의정과 모의했다는 자술서를 쓰게 한다. 위기에 처한 남매를 구하기 위해 박인걸은 두건을 벗고 자신이 일지매임을 밝히는데, 이때 연화가 바로 숙향임이 드러난다. 일지매는 자신이 헐벗고 굶주린 이 나라 백성들을 위해 일했지만 도적은 도적이라면서, 사람으로 태어나 아직 사람 대접을 받지 못한 이 겨레를 위해 자신이 싸워야 한다는 편지를 남기고 떠난다.

일지매 이야기에서도 보이듯이 폭정을 가하는 지배층에 대해 가난하고 힘없는 민중들의 목소리를 대변하는 민중영웅 이야기에서 배경이 되는 것은 항상 붕당정치로 시끄러운 조정과 백성들의 고혈을 짜는 탐관오리이다. 민중영웅 탄생 스토리는 항상 나쁜 양반 대 착한 양반, 탐욕스런 관리들 대 순진한 민중들이라는 이분법으로 시작한다. 민중영웅들의 태생은 정쟁에 희생된 몰락한 양반 가문의 일원이다. 때문에 민중영웅들의 지배층에 대한 항거의 동기는 항상 부모에 대한 복수, 몰락한 가문의 부흥, 그리고 잃어버린 혈육이나 정혼자를 찾는 것이다. 본디 정의로운 성품의 주인공은 이렇게 가족과 가문의 재건 부흥을 위해 노력하는 와중에 복수의 일환으로 부패한 관료들의 재물과 곡식을 빼앗아 가난한 사람들에게 나누어준다. 모든 민중영웅 서사에 천편일률적으로 나오는 이러한 이야기의 뼈대는 대개 야사에 기반하는 동시에 조선 후기에 대한 대중들의 역사인식을 반영한다.

이들 민중영웅들은 가난한 기층민중의 편에 서서 싸우지만 동시에 자신의 가문의 복권을 꾀하는 데 그칠 뿐, 계급갈등이나 봉건질서에 대한 근본적인 회의와 저항을 나타내는 것은 아니다. 민중영웅들의 저항과 일탈은 단지 당대의 정치질서에 대한 반발이며 그것을 담는 그릇인 봉건국가의 존재나 봉건권력 자체에 대한 전복을 꾀하는 것은 아니다. 때문에 일지매가 "아무리 굶주린 백성들을 위해 일했어도 도적은 도적이며 죄인은 죄인"이라고 스스로 죄를 인정하는 것은 자신의 정의로운 행동이 국가 전체를 부정할 정도로 합리화될 수 없다는 것을 의미한다. 영화는 이들 민중영웅이 이끄는 민란 등의 저항운동을 높이 평가하기는 하지만 기본적으로는 '범죄행위'로 보고 있으며 봉건국가의 틀에 순응하는 자세를 보이는 것이다. 여기서 우리는 봉건국가 조선에 대한 모순되는 태도를 발견할 수 있다. 하나는 악의 근원인 봉건 지배층이 버티고 있던 극복해야 할 과거로서의 '조선'이고, 다른 하나는 그럼에도 불구하고 민초들의 저항의식이 싹텄던 역동적이고 긍정적인 '조선'이라는 상이었다.

민중영웅 담론의 양면성

많은 역사극의 배경이 되고 있는 조선 후기라는 시대는 식민지로 귀결되는 여러 가지 요인들을 제공한 가장 모순적인 시기이면서 민중들의 저항이 끊이지 않았던 시기로 묘사된다. 1960년대는 역사학계에서도 민중들의 삶의 조건이나 능동성 같은 것에 주목하기 시작하는 시기이다. 식민사학의 '정체성론'과 '타율성론'을 극복하기 위해 한국역사 발전의 원동력을 한국사회 내부의 내적 계기와 요인에서 찾으려는 이른바 '내재적 발전론'이 제기되었다. 실사구시實事求是의 학문으로서의 실학을 재발견한 역사학계의 작업은 문학계에서도 영정조 대를 시작으로 하는 '서민문학'에 대한 연구로 이어졌다.[71] 이처럼 조선 시기를 당쟁으로 얼룩진 부정적 시기에서 서민문화가 꽃핀 긍정적 시기로 인식하기 시작한 1960년대 중반 이후 지식인들의 생각의 전환이 민중영웅을 소재로 한 영화를 가능하게 한 배경이 되었다. 그러나 그 이전에 이미 지식인들의 이러한 생각을 촉발시킨 시대의 '공기'가 퍼져 있었다는 것에 주목해야 한다. 그것은 우선 4·19혁명으로 대표되는 시민의식의 성장이 지식인들로 하여금 역사를 변화시키는 주체로서의 시민/민중을 재발견하도록 추동했다는 사실이다. 1960년대 《사상계》로 대표되는 지식인들이 서구의 '시민'과 '시민사회'의 개념에 주목한 것도 이러한 시대의 공기에 민감하게 반응하고 또 이를 선도한 측면에서 의미가 있다. 1960년대를 거치면서 한일회담과 베트남 파병을 둘러싸고 일어난 지식인, 학생, 시민들의 저항운동은 역사의 주체로서의 민중에 대한 사실적이고도 구체적인 이야기를 필요로 했다. 조선시대는 억압에 맞서 저항하는 민초들의 이야기를 구상하기에 매우 좋은 영화적 상상력을 제공하는 시기였다.

그런데 여기에는 또 다른 측면이 있음을 무시할 수 없다. 바로 민중영웅 이야기의 패배주의적인 서사가 박정희의 저작에서 보이는 조선 후기에 대한 평가와 매우 유사하다는 점이다. 박정희는 조선 후기를 식민지를 초래한 원인이 되는 봉건적이고 당파적인 '그릇된 유산'의 집적체로 묘사했고,[72] 이는 아직 식민주의의 세례에서 완전히 탈피하지 못한 당시 주류 역사학계의 한계를 반영한 것이었다. 그리고 이에 규정받는 국민교육의 영향을 받은 일반 관객들의 역사인식이기도 했다. 그럼에도 박정희가 민중의식 속에 싹튼 새로운 사회에 대한 지향을 높이 평가했던 것은 그의 근대 지상주의자로서의 면모를 보여주는 대목이기도 하다.

박정희는 '동학농민운동'을 '민란'의 연장선상에서 바라보고 "새로운 사회 건설에 대한 지도 세력이 농민 대중 속에서 싹텄으며 한국사회의 재건과 혁명의 본바탕인 주체성을 가진 민중 사상으로 전개되어 우리나라 혁명사상과 새로운 민주주의를 한국에서 실현하는 데 정신적인 원천이 되었다"고 하면서 "3·1운동, 4·19혁명, 5·16군사혁명과 같은 민주혁명의 밑바닥을 흐르는 정신적 요소"라고 높이 평가했다. 그러나 이러한 평가는 스스로 '농민의 아들'임을 자임했던 박정희가 '5·16혁명'의 정당성, 정통성을 확보하기 위해 항상 민중운동의 계보에 자신을 위치지으려는 전략적 언술이기도 했다.[73] 게다가 박정희는 재건국민운동에서도 항상 국민들 개개인의 각성, 특히 젊은이들의 역할을 강조하며 그들의 자발적 능동성과 생산적인 활기를 촉구했다. 민중영웅 이야기의 저변을 흐르는 제작 당대의 시대적 공기는 조선 후기를 근대의 맹아로서 발전적으로 파악하려는 역사학계의 성과를 체제 내로 흡수해 자발적이고 활기찬 국민상을 추동하려는 분위기와 함께, 이러한 활기가 정도를 넘어 정권과 체제에 대한 비판으로 발전하거나 국가의 권위에 도전하는 것으로 귀결되어서는 안 된다는 분위기가 공존하고 있었던 것이 아니었을까?

체제의 모순에 대한 근본적인 성찰이 없는 상태에서 이루어지는 '나쁜 정치'에 대한 비판은 종종 몇몇의 '나쁜 군주'나 '나쁜 관리'들에 대한 비판으로 국한된다.[74] 조선 후기의 '나쁜 정치'의 표상은 아마도 붕당정치가 초래한 '당파싸움'일 것이다. 〈암행어사 박문수〉(1962, 이규웅)는 이러한 붕당정치의 희생양이 된 주인공의 이야기이다. 노론과 소론의 대립이 극심한 가운데 역적으로 몰려 아버지가 죽고 여동생을 잃어버리고 자신은 하인으로 몰락한 소론 가문의 박문수

(김진규)는 어머니를 모시며 원수를 갚을 날을 도모하면서 어릴 때 헤어진 여동생 문숙을 찾는다. 노론의 간신 엄좌수의 맏아들 동석(이예춘)은 백성들을 괴롭히는 엄좌수에게 반항해 집을 나가서 문숙이 대장으로 있는 의적의 무리로 들어간다. 엄좌수의 둘째 아들 동춘(황해)은 사또로 부임해 문숙의 약혼녀인 소향에게 결혼을 요구하지만 소향은 다른 낭군을 섬길 수 없다며 거절한다. 영조의 탕평책으로 소론이 명예를 회복하자 문수는 과거에 장원급제해 암행어사가 되어 내려온다. 문숙이 이끄는 의적들은 관군과 맞서 싸우는데, 이 와중에 문수와 문숙 오누이는 극적으로 상봉하게 된다.

이 영화에는 붕당정치의 희생자인 몰락한 가문과 잃어버린 혈육을 되찾으려고 분투하는 주인공, 여기에 춘향전의 오마주임이 분명한 동춘과 소향의 에피소드가 등장한다. 여성의 정절은 박문수 이야기에서 가족의 재건을 위한 필수적인 요소로 등장한다. 소향은 결혼 전인데도 박문수 가문의 재건을 위해 죽음을 무릅쓰며, 문수를 짝사랑하던 기생 설영도 가족과 가문의 재건을 축복해주며 순순히 물러선다. 그러나 이 이야기의 전제가 되는 것은 봉건국가와 군주의 존재이다. 영조의 탕평책은 모든 갈등과 모순을 일거에 제거하고 주인공과 주인공의 가문을 복권시키는 열쇠이다. 영화는 부패하고 어지러운 세상을 바로잡으려는 군주의 의지를 칭송하고, 이러한 올바른 군주 아래 박문수와 같은 훌륭한 신하가 나온다고 주장하고 있다. 영화의 끝에서 가문을 복권시키지 못한 일지매와 달리 박문수는 제대로 잡힌 정치 체제 속에서 관리가 되어 앞으로(속편에서) 봉건국가의 '착한 관리'로서 소임을 다할 것임을 암시한다. 곧 제대로 된 정치를 하는 의지가 강한 리더가 있는 국가라면 정의 구현은 체제의 틀 안에서도 얼마든지 가능하다는 1960년대식 논리가 이 영화에서도 되풀이되고 있다.

그런데 〈활빈당〉(1965, 강중환)에서의 결말은 조금 다른 지향을 보여준다. 이 영화 역시 내레이션대로 "조선 중종조, 임금은 우매하고 소인배, 간신배 무리들이 횡행해 민심이 흉흉하던 시기"에 일어난 일이다. 홍판서의 서자 길동(황해)은 천비 춘심의 소생이라 제사에도 참여 못하고 불만이 쌓이자 더 이상 못참겠다며 금강산 장운사의 고승을 찾아 집에서 떠나겠다고 하자 어머니는 칼을 아버지의 신표로 건네준다. 길을 떠난 길동은 사또에게 끌려가던 처녀 달래를 구해주고 달래와 5년 후에 다시 만날 것을 약속한 다음 금강산에 들어가 무예를 연마한다. 무술에 통달하게 된 길동은 하산해 활빈당을 조직하고 탐관오리의 집을 털어 백성들에게 재산과 곡식을 나눠준다. 신출귀몰한 길동을 잡기 위해 혈안이 된 조정에서는 길동의 부모를 잡아 옥에 가두고, 길동은 부모를 구하려다 부상을 입고 기생 월향(도금봉)의 도움을 받는다. 월향의 애정공세를 뿌리치고 떠난 길동은 다시 부모를 구하려 하지만 아버지는 이미 죽고 어머니는 옥에 갇혀 있는 상황이었다. 이후 신임 포도대장이 된 병조판서의 아들 승엽(박노식)과 대결해 승리한 길동은 어머니를 구출하고 달래와 어머니와 함께 배를 타고 새로운 나라를 찾아 떠난다.

한국인이라면 누구나 아는 홍길동 이야기[75]에 달래와 월향의 멜로드라마를 섞은 이 영화는 목 없는 몸이 돌아다니고 말을 하는 등 한국식 특수효과와 특수촬영이 볼거리를 제공해 기존의 액션영화와는 또다른 시각적 쾌감을 안겨준다. 길동은 아버지의 원수를 갚고 세상을 바로잡기보다는 아예 새로운 나라를 건설하러 떠난다. 일지매나 박문수와 달리 '서자'라는 홍길동의 출생 배경은 이미 가문의 복권

같은 것은 그에게 별 의미가 없음을 암시한다. 종래의 신분질서를 근본적으로 개혁하지 않는 한 문제는 해결되지 않는다. 일지매나 박문수는 정쟁의 희생자로서 가문이 몰락해 정확하게 원수를 갚아야 할 대상이 존재하지만 길동에게는 원수를 갚을 대상도 없다. 부모님이 잡힌 것도 세상에 반항하는 길동 자신 때문이지 다른 누구의 탓이 아니다. 길동이 새롭게 건설하려는 나라가 어떤 것인지 영화에서는 말해주지 않고 그저 길동이 어디론가 떠나는 것으로 끝을 맺는다.[76] 덕분에 남아 있는 봉건국가 자체는 아무것도 변한 것이 없다. 홍길동 이야기 자체의 진보성에도 불구하고 이 영화는 진보성보다는 체념의 정서가 더 주조를 이룬다. 아무리 그래봐야 바뀔 것이 없으니 떠나겠다는 패배적 정서는 1960년대 말로 갈수록 더 두드러진다.

국가의 틀을 넘지 못한 영웅들

이러한 체념적 패배주의적 정조情操는 민중영웅의 비극적 최후를 보여주는 데 적합한 정서이기도 했다. 〈천하장사 임꺽정〉(1968, 이규웅)은 1960년대 말 강고해진 국가에 대비되는 무기력하고 좌절하는 민중의 존재를 드러낸다. 백정인 임꺽정(신영균)은 누이 연실(윤정희)이 황해목사 남치근(박노식)의 수청을 거부해 옥에 갇히고 아버지마저 잡혀가 고문을 받아 죽자 복수하기 위해 연실과 아들 떰치와 함께 산으로 들어간다. 양주에 다니러 온 남치근은 떰치의 애인이자 양반집 규수인 오목녀를 넘보아 그녀를 무당 집에 가두지만, 검객 차바우가 오목녀를 데리고 도망친다. 차바우는 산적들에 잡혀 연실과 떰치 앞에 끌려가고 연실의 오빠가 임꺽정이라는 것을 알고는 그의 부하가 된다. 꺽정은 기생 옥선을 통해 남치근의 방을 알아내어 공격하다가 도리어 그에게 잡히지만, 한때 양주목사의 딸 숙이를 겁탈 위기에서 구해준 인연으로 그녀의 도움을 받아 도망친다. 남치근은 옥선을 수상히 여겨 주시하고 있고, 연실은 산적들을 치료할 약을 구하기 위해 옥선을 찾아갔다가 붙잡혀 화형을 선고받는다. 숙이는 꺽정에게 자신을 볼모로 잡아 연실을 구하라고 말하고 꺽정은 남치근에게 숙이와 연실을 교환하자고 하지만 남치근은 가차없이 숙이를 죽여버린다. 꺽정은 불길 속에서 연실을 구출하지만 연실은 숨을 거두고, 꺽정과 남치곤 역시 대결 중에 둘 다 목숨을 잃는다.

다른 민중영웅들과는 달리 임꺽정은 기층민중 출신이다. 몰락한 양반이 아니므로 가문을 다시 일으켜 세워야 한다거나 가문을 몰락하게 한 정적에게 복수할 필요는 없다. 대신 악질 탐관오리 때문에 풍비박산이 난 가족의 재건이 그를 움직이는 강력한 동기가 된다. 그런데 이야기의 방향은 주인공이 복수를 하고 가족을 재건하는 것으로 마무리되는 것이 아니라 가족은 물론 본인마저도 비극적인 최후를 맞는 것으로 끝난다. 물론 이는 실제로 임꺽정이라는 인물이 토포사 남치근에게 체포되어 사형당한 역사적 사실史實에 근거한 결론이기도 하다. 그러나 관객에게는 이 이야기가 사실이 그러했으므로 당연히 그가 죽는 것이라고 보기보다는 그가 죽을 수밖에 없었던 여러 가지 시대적 개인적 한계가 강조되어 전달된다. 곧 애초에 그의 저항은 가망이 없는 것이었다. 봉건국가는 일개 의적의 힘으로는 어찌할 수가 없는 강건한 것이다. 체제에 저항해 봐도 돌아오는 것은 비극뿐이다.

이처럼 1960년대 민중영웅 이야기는 성장한 민중의식의 반영이기도 하지만 반면에 절대 넘어설 수 없는 국가의 틀을 다시 한번 확인시켜주기도 했다. 조선 후기의 민중영웅 이야기는 일제하의 항일 인물들의 이야기와 마찬가지로 전근대 혹은 근대 이행기라는 질곡의 시대와 이에 맞서는 영웅적 개인에 대해 말하고 있지만 애석하게도 해피엔딩으로 끝나는 법이 없다. 비극적 최후를 맞거나 아니면 지극히 미약한 희망을 품고 암울한 현실을 떠난다. 이러한 엔딩에서 관객들은 '민족'에 대한 어떤 이미지를 떠올린다. 그것은 고난의 연속이자 악한 제국주의/정치인/관리와 선한 민족/민초들이다. 여기서 악에 대해 항상 선이 승리한다는 판타지는 충족되지 못한다. 그저 선하지만 고통받는 민족이라는 이미지, 그리고 그것을 고통스럽게 견디다 보면 실낱같은 희망 하나가 있을지도 모른다는 이미지가 있을 뿐이다. 1960년대 장르로서의 액션물이 범람하는 가운데 사회적인 약자가 강자와 싸워 이기는 '정의의 승리'라는 도덕의 확인과 대리만족이라는 액션의 정서적 쾌감은 줄어들고 역사의식의 탈각 속에 말초적인 폭력의 쾌감으로 대체되어 갔다. 1960년대 후반으로 갈수록 강해지는 패배주의 정서는 영화의 오락성 강화, 신파성 강화[77]와 함께 사극뿐만 아니라 다른 장르에까지 영향을 주는 것이었고, 이는 국가재건의 완성을 선포한 국가와 달리 국민은 이미 그 국가에서 정서적으로 이탈하고 있었음을 보여주는 반증이라고 할 수 있다. 오락성의 강화와 국가담론의 강화는 언뜻 어울리지 않을 것 같지만 실은 궁합이 잘 맞는 파트너였고 이는 고대라는 새로운 상상력의 영역에서 더욱 만개했다.

'민족사'의 공간과 스펙터클한 고대

스펙터클로서의 역사 공간

역사극이 대상으로 하는 시대가 근대이거나 비교적 가까운 시기일 때에는 현재와의 관계가 직접적으로 눈에 띄기 마련이지만 시대를 거슬러 올라가 전근대, 그것도 고대사로 올라갈수록 역사적 사실이나 역사의식보다는 오락성이 더욱 중요한 요소가 된다. 고대사는 현실과는 한 걸음 떨어져서 민족의 시원이나 순수성, 낭만성을 표현할 수 있다고 여겨지기 때문에 영화의 환상성fantasy이 더욱 부각되며 이때 볼거리spectacle는 영화의 본질이자 목표가 된다. 고대사 배경의 역사극은 시각자료를 포함한 전반적인 자료의 부족으로 건축양식이나 의상, 생활풍습의 재현에 한편으로 어려움도 겪지만 그렇기 때문에 오히려 더 자유롭게 상상력을 발휘할 수 있으므로 민족의 스펙터클을 구상하고 전시하기에는 적당한 소재였다. 스펙터클은 기술적 진보에 의해 뒷받침될 때 효과가 극대화된다. 대형화면과 색채와 입체, 그리고 동시녹음 기술 등이 가져다주는 시청각적 쾌감이야말로 관객이 다른 오락이 아닌 영화를 선택하는 가장 중요한 이유 중 하나이다. 이러한 새로운 영화 기술을 가장 먼저 선보이는 것은 항상 그 사회의 가장 대중적이고 전략적인 장르이고 1950~60년대의 역사극은 바로 그런 점에서 스펙터클의 전위를 담당했다고 보아도 과언이 아니다.[78]

    우선 1950~60년대에 제작된 고대사 소재 역사극을 연도별, 대상

국가별로 정리해 보면 다음과 같다.

⟨표 6⟩ 시기별, 대상 국가별, 고대사 소재 역사극 편수

연도	고조선	고구려	백제	신라(통일신라)	합계
1946 ~ 1953		1			1
1954 ~ 1956		1		2	3
1957 ~ 1960		1	2	4	7
1961 ~ 1963	1	3	2	8	14
1964 ~ 1966		2	3	4	9
1967 ~ 1969				4	4
합계	1	8	7	22	38

자료:《한국영화총서》, 1972; 한국영화데이터베이스KMDb에서 작성.

    1950~60년대에 제작된 고대사를 배경으로 한 역사극 중에서 신라에 관한 영화는 22편, 백제 7편, 고구려 8편, 고조선 1편으로 신라를 배경으로 한 영화의 비중이 월등히 높음을 알 수 있다. 신라를 배경으로 하는 영화가 월등히 많은 까닭은 신라의 옛 영토가 남한 땅이고 남겨진 고적과 유물이 많기 때문에 볼거리가 풍부하다는 이유도 있겠지만, 무엇보다 당시 학계를 중심으로 한 일반의 고대사 인식이 신라중심적이기 때문이었다.[79] 신라사 중심의 고대사 인식은 김부식의《삼국사기三國史記》까지 연원을 거슬러 올라갈 수 있으며, 일제의 식민사관과 식민사관의 잔재를 극복하지 못한 해방 후 남한의 역사학계에서도 확인할 수 있다.[80] 무엇보다도 신라 중심의 역사인식은 이승만의 일민주의에서 강조된 것을 비롯해 박정희의 역사인식에서도 찾을 수 있는 1950~60년대 남한 사회의 보편적인 생각이었다고 볼 수 있다.

그런데 고대사 소재의 역사극 중에서 수가 많은 것은 신라 관련 영화이지만 고조선, 고구려 등 북한 지역에 있었던 나라들을 배경으로 한 영화도 꽤 있는 것이 주목된다. 고조선, 고구려의 공간적 배경을 이루는 곳은 영화가 개봉된 당시에는 가볼 수 없는 곳이며 게다가 한반도에만 국한되지 않은 민족사적 공간을 상상할 수 있는 곳이다. 지금은 볼 수 없는 곳을 보게 해주고 지금은 누릴 수 없는 영광을 누리게 해준다는 역사극의 판타지는 손에 잡힐 듯이 구체적으로 묘사된 스펙터클을 제공해주는 영화의 최고 미덕이었다. 고대사를 역사극의 영역으로 가지고 온다는 것은 '민족사'가 상상할 수 있는 공간의 확대를 의미했다. 이는 단지 역사 공간의 확장만이 아니라 인식의 확장이며 가시화의 확장이기도 했다.

〈표 6〉을 시기별로 보면 1961~1963년 사이가 고대사 소재의 역사극 제작 편수가 많다는 것을 알 수 있다. 이는 이 시기 컬러 시네마스코프의 도입 등 기술상의 진보나 스펙터클한 대작영화가 주를 이루었던 한국영화계의 산업상의 조건이 일차적으로 반영된 것이지만,[81] 공교롭게도 '국가재건'의 이슈가 가장 활발해지는 시기와도 일치한다. 고대사 소재의 영화들이 '국가'의 문제를 어느 정도 비중으로 다루고 있는가를 살펴보기 위해 일반적인 역사극과 고대사 소재의 역사극을 드라마의 주요 갈등별, 주제별로 분류해 보면 〈표 7〉과 같다.

〈표 6〉과 〈표 7〉에서 알 수 있듯이 고대사를 다룬 역사극은 국가와 개인의 갈등이나 국가에 대한 충성을 소재로 한 영화가 월등히 많다. 이는 다른 시대를 소재로 한 영화들과 비교해 보아도 그 확연한 차이를 알 수 있다. 역사극 중 가장 많은 비중을 차지하는 조선시대를 배경으로 한 영화 중에서 국가를 주제로 한 영화의 비율은 7%에 지나

〈표 7〉 갈등별, 주제별 고대사 소재 역사극 편수(1946~1969)

소재	가족	국가	계급	정쟁	종교	연적	합계
고조선		1					1
고구려		5	1	2			8
백제		4				3	7
신라	1	10	2	5	2	2	22
합계	1	20	3	7	2	5	38

자료: 《한국영화총서》, 1972: 한국영화데이터베이스KMDb에서 작성.

지 않는 데 반해 고대사를 배경으로 한 영화 중에서 국가의 문제를 다루고 있는 영화는 53%에 달한다. 고대사 소재 역사극의 주인공들은 《삼국사기》나 《삼국유사三國遺事》에 등장하는 인물들, 주로 왕이나 귀족으로 국가의 탄생과 국가 간의 갈등, 혹은 국가의 대의와 개인의 욕망 사이의 갈등을 그리고 있다.

멜로로 완성되는 내셔널리즘의 이상

고대사 소재 역사극의 국가담론을 구체적으로 알아보기 위해서는 신라와 고구려를 소재로 한 영화들을 분석해 볼 필요가 있다.[82] 1950년대에 제작된 신라, 혹은 고구려를 배경으로 한 영화 중에 위 '국가' 범주에 해당하는 것은 필름이 남아 있지 않아 1960년대 작품만을 대상으로 했다.[83] 그중에서도 〈왕자호동〉(1962, 한형모)은 국가의 이익과 개인의 욕망이 대결하지만 결국 전자의 승리로 끝나고 마는 국가담론의 전형적인 이야기이다. 호동왕자와 낙랑공주라는 잘 알려진 설화에 호동을 흠모하는 남장여인, 낙랑공주를 사랑하는 한나라 장군 등 멜로적인 요소를 첨가했다.[84] 영화의 도입부에는 대규모 전투씬과 함께 다음과 같은 내레이션이 나온다. "지금으로부터 2천여 년전 우리의 조상들은 대륙의 일부에서부터 한반도에 걸쳐서 살고 있었다. 이 땅을 침략한 중국 한무제는 낙랑, 임둔, 진번, 현도의 동방사군을 두어 태수로 하여금 통치하게 했다. 그로부터 침략자의 지배를 벗어나려는 우리 조상들의 슬기로운 항쟁이 시작되었으니 그중에서도 가장 두드러지게 나타난 것이 졸본부여의 고구려였다." 이와 함께 한사군漢四郡의 위치를 알려주는 지도가 화면에 나오는데 낙랑의 위치를 대동강 하류 지역으로 설명하고 있다. 전형적인 식민사관에 의한 한사군 해석으로 당시 고대사 인식의 한계를 보여주는 것이지만, 그 사실 여부를 떠나 이러한 지도와 내레이션은 묘한 감흥을 불러일으킨다. 곧 낙랑은 원래 한민족의 땅이며, 외세에 의해 점령당한 상태라는 것이다. 따라서 낙랑공주는 말할 것도 없고 낙랑태수 최리도 결국은 고구려와 같은 민족으로서의 동질성과 통일에 대한 염원을 갖고 있는 것으로 묘사된다.

그런데 한사군의 하나인 낙랑군과 옥저 근처에 있었던 낙랑국은 별개의 나라이다. 이 영화에서 낙랑국을 낙랑군과 같은 것으로 묘사한 것은 당대 역사학계의 인식이기도 하지만, 한나라의 압제 하에 있는 낙랑의 존재를 부각시키기 위한 것으로 볼 수 있다. 실제로 한사군의 태수나 공주라면 한족韓族이 아니라 한족漢族이었을 가능성이 높지만 영화에서는 이들도 같은 한韓민족으로 본 것이다. 그렇다고 하더라도 당시에 고구려와 낙랑국이 동족이라는 인식은 없었으며, 낙랑국의 왕 최리는 순수한 정치적 목적 때문에 고구려의 왕자 호동과 자신의 딸을 정략결혼시키려 했다는 설이 지배적이다.[85] 영화 초반에 호동 (김진규)은 자명고를 찢는 임무를 띠고 낙랑으로 가기 위해 숲에서 우연을 가장해 최리(박암)를 구함으로써 환심을 산다.[86] 호동은 자신이 고구려의 왕자 호동임을 밝히지만 최리는 경계하기보다는 "화친하라는 하늘의 뜻"이라며 낙랑에서 쉬어갈 것을 권한다. 고구려가 낙랑을 여러번 치려다가 자명고 때문에 실패한 걸 알고 있는 낙랑의 태수가 적국의 왕자를 아무런 조건 없이 그저 "쉬었다 가라"고 한 것은 인질로 잡아두기 위해서였을 수도 있겠지만 영화에서는 그보다는 "동족이니 화친해야 한다"는 논리로 설명하고 있다. 고구려와 낙랑을 동족이면서도 적국이 된 비운의 관계로 설정하고 있는 것이다.

또한 설화에서는 최리가 낙랑공주가 자명고를 찢은 걸 알고 딸을 죽이고 항복하지만, 영화에서는 공주(엄앵란)가 아버지에 의해 죽임을 당하는 것이 아니라 공주를 짝사랑하던 한나라의 안암장군이 호동을 죽이려고 쏜 화살에 대신 맞고 죽는다. 여기서도 최리 역시 같은 민족으로 포용하려는 의도가 엿보인다. 게다가 공주는 "고구려가 이긴 것이 기쁘다, 고구려 땅에 묻어달라, 동족을 배반하지는 않았다" 등의 말을 남기고 죽는다. 호동이 공주와의 사랑에 번민하느라 예정과 달리 한 달 이상을 낙랑에 체류하는 등 다소 우유부단한 모습을 보이는데 반해 여기서 낙랑공주는 적극적으로 사랑도 쟁취하고 동족과의 의리도 지키는 적극적인 여성상을 보여주고 있다. 고구려로 돌아간 호동이 왕비의 모함으로 자결하는 원래의 설화와 달리 영화는 낙랑공주의 죽음으로 끝이 난다. 이는 설화에서처럼 끝이 날 경우 부모에 대한 효성이라는 또다른 주제를 건드리게 되면서 비극성이 그 부분에 집중되어 영화에서 말하고자 하는 주제가 분산되기 때문이다. 곧 영화는 개인적인 감정과 국가의 임무 사이에서 번뇌하는 젊은이들이 결국 국가와 민족이라는 대의에 굴복함으로써 비록 공주는 죽었지만 그 정신

은 '민족'과 함께 영원히 살 것이라는 내셔널리즘의 이상을 보여주고 있다.[87]

〈왕자호동〉에서 관객들은 이제는 갈 수 없는 땅인 북한이나 만주 지역을 떠올리며 민족의 시원으로서의 옛 고구려 땅에 대한 국토 확장의 상상력을 발휘하게 된다. 여기서 침입자는 외세인 한나라로서 관객들은 그것을 쉽게 소련과 일치시킨다. 고구려는 남한을, 낙랑은 북한을 상징하며 낙랑 태수와 공주는 마음은 고구려에 있지만 한나라 때문에 동족과 떨어져 살며 '외세의 꼭두각시로 사는' 북한의 주민들을 대표한다. 민족통일의 대의 앞에 사사로운 감정은 기꺼이 희생되어도 좋은 것이며, 결국 그것이 '옳은 것'으로 미화된다. 〈왕자호동〉의 국가담론은 민족과 반공의 결합이라는 서사전략을 따르고 있지만 다른 영화와는 다르게 북한 땅을 상상하고 북한을 우리의 운명공동체로 파악하게 한다.[88]

국가재건의 연원, 화랑도

고대사를 배경으로 하는 영화가 어떻게 현대의 국가재건 담론에 기여하고 있는지를 잘 보여주는 또다른 예로 〈화랑도〉(1962, 장일호)가 있다. 〈왕자호동〉에서 고구려와 낙랑의 통일을 민족통일(=남북통일)과 등치시키고 그 기수로서 호동왕자를 전면에 배치시킨 것처럼, 〈화랑도〉에서는 신라의 삼국통일이 민족통일(=남북통일)과 등치되고 그 첨병으로서 화랑을 내세운다. 〈왕자호동〉에서 호동이 낙랑공주와의 사랑과 민족통일이라는 국가의 임무 앞에서 갈등하듯이, 〈화랑도〉의 어진랑 역시 적국의 공주에 대한 사랑과 국가의 이익 사이에서 갈등하다가 결국은 '국가의 대업' 완수를 선택한다.

왕자호동(1962)

화랑도(1962)

〈화랑도〉는 신라 화랑인 어진랑(신영균)이 백제에 잡혀간 부모를 구출하고 삼국 통일의 대업을 이루기 위해 백제에 잠입하면서 벌어지는 이야기이다. 백제의 의자왕은 정사는 돌보지 않고 매일 산삼이나 녹용 등 보양식을 먹어가며 주색잡기에 여념이 없으며, 자식이 너무 많아 다 알아보지도 못할 정도이다. 백제의 윤충 장군이 신라 하례성 도덕인 김품석 장군을 사로잡아가자 신라에서는 어전회의가 열린다. 선덕여왕은 백제의 신라 침략에 대응해 고구려와 화친을 맺고 중국의 도움을 요청하자고 주장하는 신하들에게 신라의 젊은이들이 나라를 위해 한마음으로 뭉쳐 있으니 백제와 고구려가 두렵지 않다고 화랑들을 칭송하며 신하들의 주장을 물리친다. 품석의 아들인 어진랑은 의자왕의 목을 베어 부모의 원수를 갚고 삼국통일의 기틀을 다지겠다고 다짐하고, 화랑 무달과 함께 백제에 잠입해 백제 병사들이 신라에서 잡아온 백성들에게 모질게 강제 노역을 시키는 광경을 보게 된다. 마침 사찰에 불공을 드리러 온 의자왕의 딸 반달공주를 산적들로부터 구해준 어진랑은 장터에서 공주를 다시 만나 사랑에 빠진다. 어진랑은 감옥을 습격해 어머니를 구출하지만 어머니는 이미 실성한 상태이고 아버지는 비참한 모습으로 죽어 있다. 국가적 대의와 공주와의 사랑 사이에서 갈등하던 어진랑은 결국 의자왕의 생일잔치 때 의자왕을 죽이기로 결심한다. 한편 어진랑이 죽었다고 생각한 선덕여왕, 김춘추, 김유신은 백제로 진격할 것을 결의한다. 신라는 하례성을 빼앗고 백제로 몰려오지만 탐욕스러운 의자왕은 그 와중에도 연회를 계속 한다. 어진랑의 어머니는 어진랑에게 꼭 원수를 갚으라고 당부하고 죽는다. 어진랑의 암살 기도는 윤충 장군 때문에 실패하고 마침내 둘은 대결을 벌인다. 대결에서 진 윤충은 반드시 통일이 되어야 한다고 말

하고 자결한다. 신라군은 백제 함락을 위해 진격한다.[89]

이 영화에서 어진랑은 부모에 대한 효성이 지극하고 나라에 대한 충성심이 남다른 인물인데 이러한 효孝와 충忠의 동일시는 당시 많은 영화들에서 공통적으로 나타나고 있다. 그런데 눈에 띄는 것은 이러한 영화들이 항상 효보다는 충이 우위에 있음을 강조하고 있다는 점이다. 충은 효의 확장이며 국가는 가족의 확장이다. 부모와 가족을 위하는 것과 국가를 위하는 것은 결국 같은 것임이 강조되지만 둘 중의 하나를 선택해야 할 때는 항상 충의 논리가 더 우선시되었다. "신라의 아녀자는 싸움터에 나간 낭군을 기다리지는 않아도 마음은 변하지 않는다"는 전통적인 부녀자의 도리 역시 개인의 사사로운 감정이나 가족의 가치보다는 국가에 대한 가치가 우선시되고 중시되고 있음을 보여준다. 이 때문에 어진랑의 어머니도 죽으면서까지 삼국통일을 위해 싸우는 아들을 자랑스러워 하며 죽는다. 어진랑은 반달공주에 대해 연정을 품으면서도 그녀가 원수의 딸이라는 이유로 감정을 억누른다. 개인적인 감정은 국가라는 대의 앞에서는 언제든 희생을 해야 하는 부차적인 것이다. 국가의 가치가 다른 무엇보다도 우위에 서야 한다는 국가주의 담론에 화랑도는 어느 것보다도 적합한 소재였다.

백제 의자왕과 신라 선덕여왕의 대비가 선명하게 부각되는 것도 흥미롭다. 포악하고 향락을 즐긴 의자왕과 슬기롭고 자주적인 선덕여왕이라는 극명한 대비 속에서 신라의 삼국통일의 당위성과 필연성을 강조한 것이다. 의자왕에 대한 이러한 평가는 신라중심으로 역사를 서술한《삼국사기》나《삼국유사》의 영향에서 비롯된 당대의 보편적인 역사인식으로, 흔히 '삼천궁녀'로 표현되는 의자왕의 실정失政에 대한 강조는 신라의 삼국통일을 악에 대한 선의 승리로 형상화하기 위해 과장 왜곡된 측면이 있다.[90] 또한 선덕여왕은 신하들과의 대화 속에서 외세의 힘을 빌리지 않고 자주적으로 통일해야 한다고 역설하고 있는데 이는 신라의 삼국통일이 당나라의 힘을 빌려 이루어졌다는 사실史實에 대한 콤플렉스로 읽힌다. 신라의 삼국통일이 반드시 외세의존적인 것이 아니라 화랑이라는 용맹한 '군사조직'이 있어서 가능했다고 주장함으로써 삼국통일을 정당화하고 콤플렉스를 극복하려는 의도가 강하다.

이와 관련해 주목할 것은 이 영화에서 신라는 남한을 백제는 북한을 상징하며 삼국통일은 남북통일을 은유하고 있다는 점이다. 영화에서 백제는 신라를 먼저 침략했고, 신라는 '그 원수를 갚기 위해' 백제로 진격하려고 한다. 마찬가지로 의자왕과 선덕여왕은 각각 북한과 남한의 최고 권력자를 상징한다. 어진랑이 백제에 잠입했을 때 보게 되는 강제노역의 현장은 남한이 북한에 대해 가지고 있는 이미지 중 하나인 강제노동의 실태를 떠올리게 한다. 또한 이 영화에서 당위로 내세우는 것은 '한 민족이므로 통일해야 한다'는 것인데, 삼국시대에 고구려, 백제, 신라가 서로 한 민족이라는 의식이 있었던 것은 아니다. 오히려 민족통일에 관한 이러한 생각은 이 영화가 생산된 1960년대 당대의 시각이라고 보아야 한다.[91] 이 영화에서 충성스런 백제의 신하인 윤충이나 의자왕에게 백성을 위한 국사를 하라고 간하는 반달공주의 존재는 백제의 비극을 안타깝게 하고 어진랑의 캐릭터를 돋보이게 하는 역할을 하고 있는데, 이들은 모두 백제에는 어울리지 않는 '신라적' 인물이다. 이들은 '비록' 백제의 편이기는 하지만 정의의 편에 서 있기 때문이다. 이러한 신라 중심의 시각과 반反백제정서는 '민족정신의 수호자 신라와 반反민족적인 백제'라는 논리로 이어져 반공의 논리와 만나게 된다. 결국 화랑을 반공적인 젊은 청년 군인들로 대치시키고 화랑도를 민족정신이자 반공정신으로 치환시키고 만다.[92] 민족담론과 반공담론이 화랑도를 통해 결합되고 서사화된 것이다.

화랑도는 1950년대 국가의 재건을 위해 국민도의國民道義의 재건을 강조하던 지식인들, 특히 일민주의자들에 의해 높이 평가되었다. 일민주의는 단군의 홍익인간의 가치를 현대의 교육이념이자 일민주의의 기원으로 설명했으며, 한국사중에서 고구려나 백제, 고려와 조선에 대해서는 무시하거나 부정적 태도를 지니고 있었다. 반면 신라에 많은 비중을 할애하며[93] 특히 화랑도 정신에 대해 계승해야 할 민족의 가치로 높이 평가했다.[94] 민족을 국가로부터 분리해냄으로써 식민주의를 부추기는 문명개화론으로부터 벗어나고자 했던 '구한말' 민족주의자들의 전략[95]과 비교했을 때, '민족'을 공간성과 관련해 파악하고 민족을 국가 안으로 전유하려는 1950~60년대 재건론의 특징을 엿볼 수 있다. 또한 화랑도는 이후 1950년대 실존주의 등 서구사상에 경도되어 좌표를 잃고 방황하는 젊은이들에게 "민족적 이상이 되는 건설적인 사상"이자 "국민 전체가 동일한 이상과 목표 아래 모일 수 있도록 하는 가장 효과적인 사상"인 반공주의의 연원으로서 제시되었다.[96]

1960년대의 지식인들도 1950년대와 마찬가지로 '화랑도'와 '화랑정신'을 민족정신의 근간으로 보고 계승·발전시켜야 한다고 보았다. 1950년대에 강조된 화랑도가 서구사상에 경도된 젊은이들에 대한 민족정신의 일깨움이었다면, 1960년대에 논의된 화랑은 오늘날의 군인으로 해석되었다. 화랑도 정신을 창도했다고 일컬어지는 원광법사의 '세속오계' 중 하나인 임전무퇴臨戰無退는 군인정신과 바로 연결되어 마치 화랑이 국군의 역사적 원류인양 인식되었다. 평소에는 사군이충事君以忠, 사친이효事親以孝, 교우이신交友以信, 살생유택殺生有擇하다가 '전쟁에 나아갈 때는 물러섬이 없는 불굴의 정신으로 무장한 군인상'이 제시된 것이다. 군인들은 우리 민족 고유의 화랑도 정신을 계승한 자랑스러운 인재이며, 병영생활을 통해 민족적 교육과 훈련을 받아 민족정기를 바로잡고 인간개조와 생활개선에 기반이 된다는 식이었다.[97] 군인 이외의 일반인들도 화랑정신을 본받아 투철한 국가관을 키워야 한다고 주장되었다.[98] 곧 충과 효를 기반으로 하는 화랑도 정신이 민족정신의 원류이자 국민형성의 이념으로서 제시됨으로써 전근대적 가치가 근대적 가치로 전화되고 근대적 국민은 '민족문화'를 계승하는 '진정한' 국민으로 통합되었다. 이처럼 화랑도는 민족담론과 반공담론이 가장 잘 결합할 수 있는 역사적 근거를 제공했으며, 영화 〈화랑도〉는 전통이 '국가재건' 구호와 결합해 어떻게 재해석되고 재창출되는가를 보여주는 좋은 사례라고 할 수 있다.

전통의 발견과 발명

〈화랑도〉가 사료에 근거한 역사적 사실을 바탕으로 이야기를 전개하고 있는 반면 석굴암이라는 문화재에 얽힌 허구의 이야기를 아예 창조한 사례도 있다. 1960년대 민족문화 재건사업의 중요한 위치를 차지했던 문화재 관리는 특히 역사의 황금기로 설정된 신라·통일신라 시기의 고고학적 발굴을 중시했는데 석굴암 복원사업은 그 효시를 이루었다. 이 석굴암 복원사업이 진행되고 있던 시기에 맞춰 제작된 영화 〈대석굴암〉(1965, 홍성기)은 국가담론의 또 다른 결을 보여준다. 도입부에 영화의 배경을 설명하는 자막은 신라중심주의 사관을 여실히 보여준다.

신라는 일찍이 한 마을 나라에서 출발해 삼국을 통일하고 한민족의 유일한 통일국가로서 그 횃불을 밝혀 슬기로운 신라인의 기상과 국풍을 불러일으켰다. 그러나 건국 이래 근 백 년이 흐르는 동안 태평성대를 노래하던 백성들은 안일과 방탕에 기울고 지진, 홍수, 한발 등 천재지변이 극심해 나라 안이 어지러워진 데다 북으로 발해의 압력이 날로 포악해지고 동으로는 왜국 해적 무리들의 침공이 잦아 살인, 방화, 약탈 등 갖은 만행을 자행하니 민생은 도탄에 빠지게 되고 급기야는 신라 수백 년의 사직이 흔들리게 되었다. 이때에 신라 삼십오대 경덕왕은 부처님의 어지신 복력을 빌려 미증유의 국난을 타개하고자 막대한 국고와 수십만의 인력, 명공, 석장들을 총동원해 석굴암의 대공사를 서두르기에 이르렀다.

　신라 경덕왕 시절, 석굴암 공사가 진행되고 있는 와중에 왜구의 침입이 계속되자 시중(김승호)은 왜적의 침략을 막기 위해 수륙양군의 양성이 시급하다고 주장하고, 상대등(김동원)은 불심으로 국난을 극복해야 한다면서 석굴암 완공을 서둘러야 한다고 주장한다. 왜구가 침입하자 왕은 "불구대천의 원수 왜적을 도륙하라"고 명하고 시중의 아들인 대공(박노식)과 병부령의 아들인 아랑(남궁원), 두 장수는 왜구를 물리치고 돌아온다. 상대등과 시중을 사돈 맺어주자는 왕과 왕비의 바람과 달리 상대등의 딸 목련아기(엄앵란)는 불공을 드리러 갔다가 석불사(석굴암)를 짓는 석장 아비루(신성일)를 만나 사랑하게 된다. 아랑도 아비루의 스승의 딸 별아기를 사랑하게 된다. 국법을 어기고 신분을 뛰어넘는 사랑을 한 죄로 아랑은 발해와의 싸움터로 보내지고 목련아기는 유배된다. 그러나 아비루에게는 사면을 내려 석굴암 완공에 매진하게 한다. 발해군이 쳐들어오자 대공은 아랑을 도와주러 갔다가 전사하고, 아랑은 전쟁에서 승리하고 귀환해 그동안 아랑의 아기를 낳아 기르던 별아기를 만난다. 왜구가 침공해 서라벌이 위기에 처하자 상대등과 시중을 비롯한 신하들은 모두 출사하게 해달라고 읍소하고 끝까지 항전한다. 이때 석굴암이 완성되고, 왜적이 바로 앞까지 들어왔을 때 해가 석굴암에 비치자 보옥에서 빛이 나오면서 왜적은 물러간다. 왕은 이 모든 것이 부처님 덕분이라고 하며 아비루를 진골로 처우하고 목련아기가 있는 곳으로 보내며, 별아기도 아랑의 반려가 될 수 있도록 진골로 처우한다. 신분이 상승한 아비루는 우산성에 유배되어 있던 목련아기에게 찾아간다.

이 이야기는 국난을 극복하기 위한 국가의 노력과 그 대리인으로서의 예술가의 투혼, 장인정신이라는 축에 신분을 뛰어넘는 사랑이라는 멜로드라마를 결합시킨 이른바 '오락사극'이다.[99] 민족사의 요체로서의 신라사와 신라사의 정수로서의 석굴암은 국가를 외세로부터 지켜내는 부처님의 신비로움과 영험함의 표상이다. 〈대석굴암〉에서 신라를 위협하는 것은 왜구만이 아니라 발해 역시 그러한데, 고구려의 유민이 세운 나라 발해를 철저하게 이민족으로 파악하고 있다.[100] 신라는 북쪽의 발해와 남쪽의 왜구, 양쪽의 공격으로 위기에 처해 있다. 이때 개인의 사랑을 가로막는 것은 신분이라는 봉건적인 장벽이지만, 왜적의 침입을 막아야 하는 국가는 그들 개인에게 외세를 막는 임무를 부여함으로써 사랑을 좌절시키려고 한다. 이때 신분적·계급적 모순은 은폐되고 오직 개인의 욕망을 좌절시키는 외세라는 존재만 부각된다. 개인의 욕망과 행복을 좌절시키는 것은 결코 국가 내부의 모순이 아닌 것이다. 게다가 이들 사랑을 이루어지게 하는 것은 왕과 왕비라는 국가의 권력자로서 이들은 외세를 막은 것에 대한 일종의 보상으로서 아비루와 별아기를 진골 귀족으로 신분을 상승시키고 연인을 맺어준다. 국가에 소속된 국민된 도리를 다함으로써 결국 국가는 외세를 막아내고 국민은 사랑을 이룰 수 있는 것이다.

또한 석굴암을 만든 석장 아비루로 상징되는 예술가들은 자신의 예술혼을 다해 석굴암을 건립하지만 이는 국가의 요구에 충실히 부응한 결과이다. 영화는 오늘날 우리가 유리벽 뒤에서나 볼 수 있는 석굴암을 예술가의 고뇌와 노력이라는 살아 있는 인간들의 생산활동의 결과로서 생생히 되살린다. 이와 관련해 이 영화의 제작 배경이 되는 두 가지 사건이 있다. 하나는 일제가 보수한 석굴암을 1964년 한국 전문가들이 다시 보수한 사실이고, 또 하나는 1964년 3월부터 본격화한 한일회담 타결 움직임과 6·3항쟁으로 귀결된 학생·시민들의 반대시위이다. 석굴암 보수는 1950년대 후반부터 신문지상을 오르내리며 논의되었으나 자금과 기술상의 문제로 지지부진하다가 1962년 국가재건최고회의 의장 박정희가 직접 석굴암을 시찰함으로써 박차를 가하게 된다. 석굴암 복원사업은 민족문화를 강조한 박정희가 야심차게 벌인 사업으로서 시작한 지 3년 만인 1964년에 완공을 보게 된다.[101] 그러므로 이 영화에서 통일신라시대의 석굴암 건립이나 석공들의 예술혼은 곧 1964년 석굴암 복원공사에 참여한 기술자들의 노고와 그것을 추진해간 박정희의 민족문화재건사업을 은유하고 있다고 보아도 과언이 아니다.

이 영화를 관통하고 있는 반일적인 정서는 한일협정에 반대하는 국민들의 정서이기도 하지만 거꾸로 굴욕적인 한일협정에 대한 여론을 무마하려는 정부의 의도를 읽은 것일 수도 있다. 이 영화를 만든 감독과 제작자는 국민의 정서도 반영하고 정부의 시책에도 부응하는 일거양득의 영화를 기획했던 것이다. 이 영화에서 한민족은 항상 외세의 침략 앞에 풍전등화와도 같은 위기에 처하지만 모두가 합심해 이를 극복한다. 외세를 극복하는 과정에서 국가 내부의 계급적이거나 개인적 갈등들은 자연히 해결된다. 특이한 것은 이 영화가 시각적 스펙터클 이외에도 발해와 왜, 그리고 우산성(울릉도)이라는 공간적 규모감이 느껴지는 큰 이야기를 하고 있다는 느낌을 준다는 것이다. 고대사의 국제적 스케일은 마치 고대에서도 국민국가를 단위로 이루어진 외교와 정치가 있었다는 착각을 불러일으킨다. 배경은 고대로되 정서는 당대적인 영화들에서 즐겨 이용되는 전통의 창조야말로 역사극이 관객들을 불러모으는 원동력이라 할 수 있다.

역사극의 국가담론

이처럼 고대사에 대한 재현은 관객들에게 민족의 뿌리가 그만큼 깊고 오랜 것이라는 자부심과 함께 현재를 고대에서 이어지는 단선적 시간의 연장선에 위치지우면서 우리가 그 뒤를 잇고 있다는 정통성에 대한 믿음을 안겨준다. 국가의 재건이 이슈가 되는 시기에 고대사가 화려하게 부활하는 것은 이 때문이며 영화는 결코 비굴하지도 초라하지도 않았던 고대의 영광을 관객에게 실감나게 전달해줌으로써 '민족문화'의 원류를 상상하게 해준다. 재건되어야 하는 '민족문화'란 '민족주의 문화'와는 달리 북한을 효과적으로 배제하면서도 세계사적 보편성을 띤 근대적 문화였다. 이런 점에서 고대사 소재의 영화들이 '민족문화'의 건설이라는 기획에 적극 동참하는 서사를 가지고 있는 것은 우연이 아니다. 곧 '민족문화'=자주적인 문화란 외국문화와의 활발한 교류 속에서 자신의 정체성을 잃지 않고 오히려 외국으로부터 인정받을 수 있는 문화를 의미했으며, 세계문화 속의 한국문화라는 차원에서 보았을 때 고대사는 고려나 조선시대와 달리 나라와 나라 사이의 이야기를 자주 다뤄 이국적인 취향이나 국제적인 감각을 보여줄 수 있는 매력적인 소재였다.

1950~60년대 역사극 중에서 배경이 외국이거나 국적 불명의 것들이 18편에 달하는 것도 이러한 국제적인 감각과 무관하지 않다. 또한 1960년대 영화계에서 활발히 진행되었던 해외 합작영화 제작[102]이라든가 아시아영화제 개최[103]와 같은 논의들, 일본영화계와의 교류나 일본영화 수입과 같은 이슈들은 후에 한일회담에 대한 반대 여론으로 묻히고 말았지만 영화인들에게 또 다른 가능성으로 다가왔다. '민족'의 정체성에 관한 시각적 해석을 보여주는 역사극이 대규모 해외합작 프로젝트의 소재로서도 각광받았던 것은 한편으로는 아이러니지만 또 한편으로는 자연스러운 일이다. 정체성이란 항상 타자와의 비교와 대립을 통해 가장 잘 형상화되기 때문이다. 역사극은 상상 속에서 '민족사'의 공간을 확대 혹은 제한시킴으로써 우리를 스펙터클한 고대의 풍경 속으로 안내한다. 그곳은 타국에 의해 식민지가 되지도 굴욕적이지도 않으며 문화적으로 자랑스러운 '민족'이 국경을 넘나들며 살아갔던 갖고 싶은 역사의 공간이었다.

역사극의 국가담론은 비단 국가의 영화제작기관을 통해서나 특별히 정부의 시책에 부응하거나 아첨하려는 의도가 아닌 경우에도, 항상 시대의 정서와 분위기를 잘 읽어내어 기획에 반영하는 것이 고유 업무인 감독과 제작자를 통해서 생산된다. 그리고 이것이 흥행에서 성공할 때는 더욱 확대재생산된다. 이 시기 역사극의 스펙터클을 향한 끝없는 욕망은 국가담론과 만날 때 가장 잘 구현되는데,[104] 역사 스펙터클은 문화재건의 방향이었던 민족문화 건설의 과제 속에서 한국문화의 정체성 확립과 문화의 근대화에 동시에 기여할 수 있는 장르였다. 영화의 근대화란 영화의 제작 시스템의 근대화도 중요하지만 근대화를 보다 가시화시킨 영화기술상의 눈부신 발전을 과시하며 대중에게 시각적 쾌감을 안겨주는 것도 어느 것 못지않게 중요했다. 대중들은 컬러 시네마스코프로 장대한 세트와 대규모 군중씬 등을 즐기며 대한민국의 발전상을 매우 '오락적으로' 간접 체험했던 것이다. 그러나 또한 국가담론과 대중적 정서가 어긋나기 시작하는 지점 역시 이들 시대의 조류에 민감한 영화인들에 의해서 제일 먼저 감지된다고 할 수 있다.

현재를 패러디하는 과거— '민족'과 '반공'의 결합

'우리는 누구이며 어디서부터 왔는가'라는 물음에 대한 대중문화의 화답이 영화 속의 역사재현이다. 과거를 재현함으로써 오늘날의 '우리'가 같은 역사적 시공간의 운명공동체임을 확인하고 그 결속을 다짐하는 것이야말로 국가의 정체성 확립을 위해 가장 필수적인 과정이다. 역사극은 이처럼 '단일한 민족'의 역사와 문화를 어떻게 현재에 받아들이고 계승할 것인지를 묻는다. 아무리 오락영화의 외피를 쓰고 스펙터클과 로맨스와 판타지를 즐기더라도 1950~60년대 역사극은 국민에 대한 역사교육을 대체하는 효과를 지니고 있었다. 오늘날에도 역사극의 과거 재현이 반드시 역사적 사실과 일치한다고 생각하지는 않더라도 역사적 지식의 상당부분을 역사극에서 취하는 관객/시청자들이 많은 것을 생각할 때 당시의 대중들이 역사를 접할 수 있는 가장 손쉬운 통로가 역사를 소재로 한 영화였던 것은 쉽게 짐작할 수 있다.

역사극에서 형상화되는 '민족'이란 1950년대까지는 대개 '반외세'를 의미했다. 건국의 영웅들은 19세기 후반부터 식민지 시기에 민족의 고난을 한몸에 지고 투쟁했던 애국지사들로서 '반외세'의 상징적 존재였다. 1960년대 '민족'의 의미는 '자주'와 '자립'으로 구체화되었고 이를 구현할 수 있는 주체로서의 '국가'가 부각되면서 국가담론화되었다. 그런데 한일회담을 계기로 '자주'와 '자립'으로서의 '민족'의 의미는 발화 주체에 따라 달라지고 분화되었다.[105] 박정희 정권이 내세우는 '민족'이 미국과 일본의 자본과 정신에 기대는 매판적인 것임을 시민과 학생들이 비판하면서 '민족'의 핵심은 정신적 식민지 상태에서 벗어나 보다 철저한 '자주'와 '자립'을 구현하는 것이라고 주장한 것이다. 이로 인해 시민, 학생들에게 '민족'의 주도권을 빼앗긴 정권은 1960년대 말부터 다양한 '민족문화'의 선양 사업을 시작함으로써 '민족'의 문제가 문화의 문제임을 명확히 하고 민족담론의 헤게모니를 되찾고자 했다. 이처럼 '민족'의 의미는 시기별로 조금씩 의미를 달리하는 유동적인 개념이었다.

그런데 왜 많은 역사극은 '민족'의 문제에 슬쩍 '반공'의 문제를 끼워넣지 않으면 안 되었던 것일까? 그것은 분단국가라는 '대한민국'

(위) 한일회담 반대시위
(1964.3.24)
(아래) 한일회담 조인식
(1965.6.22)

의 태생적 한계에서 비롯되었다고 볼 수 있을 것이다. "대한민국의 영토는 한반도와 그 부속 도서로 한다"는 대한민국 헌법 조항이 말해주는 것과 같이 이상으로서의 대한민국과 현실로서의 대한민국 사이의 괴리가 가져오는 혼란은 그리 간단한 문제가 아니었다.[106] 곧 '민족사'의 공간은 '적어도' 한반도 전체를 아우르고 있는데 비해 북한과 대치하고 있는 대한민국이라는 분단국가가 현실의 북한 지역까지 '민족사'의 공간으로 상정하는 것은 매우 불온할 수 있기 때문이다. 역사극은 남한의 관객들이 마음껏 북한 지역을 상상할 수 있는 유일한 장르가 될 수 있었지만 그러기에는 대한민국이 온전한 형태의 민족국가가 아니라는 콤플렉스가 너무 컸다. 분단 이전의 과거를 재현하는 당시의 역사극이 '민족'이라는 통합적 키워드를 부각하기보다는 '반공'이라는 배제 전략을 결합하는 방식으로 생산되었던 이유는 이 때문이었다.

역사극에서 말하는 '민족'은 많은 경우 '국가', 곧 민족국가로서의 대한민국을 뜻하는 경우가 많았다. 왜 '민족'에서 북한이 배제되는가? 그 근거는 두 가지이다. 하나는 북한이 민족을 배신한 '반민족적'인 집단이라는 논리이고 다른 하나는 민족정신의 구체적 현현인 '민족문화'의 정수를 지키고 계승하는 것은 바로 대한민국이라는 논리이다. '민족'이란 문화의 옷을 입고서야 비로소 가시화되는 무엇이고, '민족문화'는 '민족'의 가시화이기 때문이다. 역사극은 우리 민족의 역사가 현재의 대한민국을 목적으로 하여 그것을 자기 동인으로 삼아 진행되어 왔다고 말한다. 남한만이 '민족'의 정당한 계승자이며 대한민국만이 '민족국가'로서의 자격을 갖추고 있다고 주장함으로써 역사극은 민족담론보다는 국가담론에 더 많이 기대고 있다. 이 시기의 역사극은 분단 이전의 역사가 온통 현실의 대한민국을 향해 달려온 것처럼 관객에게 제시됨으로써 대한민국을 명시적으로 지지하며 관객 대중을 '국민'이라는 또다른 이름으로 통합시킨다. 따라서 '민족'의 통합에 관심을 기울여야 할 역사극이야말로 실제로는 '남한 민족주의=반공주의'를 강화하는 데 기여하고 있는 것이다.

1950년대의 '민족'이 대한민국이라는 '국가'와 애매하게 혼용되어 쓰이는 경우가 많았던 반면, 4·19혁명 이후 민주화의 분위기 속에서 가시화된 통일론에서는 '민족'을 명실공히 남북한을 통틀어 지칭하는 개념으로 사용하면서 '민족'의 통합으로서의 통일을 주장했다. '민족주의'를 강하게 내세우며 등장한 군사정권은 이러한 민간의 통일론을 금지시키며 '민족' 담론을 정권의 전유물로 삼고자 했다. 1960년대 중반부터 제기된 반정부적 '민족' 담론에 맞서 '민족'을 다시 국가 중심 논리로 전유하기 위한 조치들이 1960년대 말 이후 민족 문화와 전통에 대한 선양의 형태로 취해졌고, 이는 자연스레 파쇼적 권위주의 정치의 이데올로기적 기반과 연결되었다. 이로써 같은 '민족'이라는 키워드를 두고 한쪽은 통일과 반독재로, 다른 한쪽은 분단과 독재 옹호로 이어질 수 있는 논리적 경계가 정립되었다. 만일 역사극이 '민족'과 '반공'의 결합 서사를 주력해 보여주고 있다면 이것은 이 시기의 역사극이 주류담론에 좀 더 가깝기 때문인가? 많은 경우 그렇다고 볼 수 있다. 그러나 '민중영웅'을 그리는 역사극들은 대중들이 주류담론에 편승하면서도 한편으로는 민초들의 삶의 희노애락을 적극적으로 드러내고자 하는 욕구의 반영이라고 보는 것이 타당할 것이다. 일례로 1959년의 대규모 역사극 제작 붐을 타고 만들어진 〈이름 없는 별들〉(1959, 김강윤) 같은 영화는 민초들의 저항정신을 형상화한 작품으로 이듬해의 4·19혁명이 갑작스럽게 돌출된 것이 아니라 높은 수준의 저항의식 속에 일어난 것임을 엿볼 수 있게 해준다.

　역사극은 엄밀히 말해 과거에 대한 영화가 아니다. 그것은 과거의 옷을 입은 현재이며, 곧 현재의 문제를 과거에 반추해 비추어보는 거울과 같다. 이 때문에 대중영화로서의 역사극은 때로는 실재 역사와는 아무런 관련이 없이 당대 대중들이 보고 싶어 하는 것을 보여주는 판타지물일 가능성도 높다. 그러한 점에서 역사극은 언제나 현재를 패러디한 과거이다. 1950~60년대의 역사극에서 민족/국가담론은 '반일'에서 '반공'으로 중심이 이행하는 가운데 '민족'과 '반공'이 결합한 형태로 나타났다. 그런데 이 시기 모든 영화들이 항상 민족담론과 반공담론을 결합시켜 양자를 더욱 강화하는 논리만 보여주었던 것은 아니다. 때로는 '민족'과 '반공'은 화해할 수 없이 갈등하다가 예상치 못하는 결과를 낳기도 한다. 대중의 정서가 때로는 국가담론과 어긋나기 시작하며 다른 궤적을 그리기도 했던 것이다. 놀랍게도 그 흔적은 가장 '반공'의 목소리가 드높았던 이른바 '반공영화'에서 찾아볼 수 있다.

p.180
반공주의와
'반공영화'

p.193
전쟁의 플롯과
전쟁영화의
플롯

1950년 9월 11일 서울의 한 시민이 호송 중인 북한군을 습격하고 있는 모습

p.206
전쟁영화의
감수성

p.250
간첩/첩보영화에
서 국가와 민족

p.265
반공영화의
패러독스

4
반공
:우리가 아닌 것은 누구인가?

반공주의와 '반공영화'

'반공영화'의 범주

대한민국이라는 국가의 정체성을 형성하는 데 있어서 '우리는 누구인가?'의 질문 못지않게 중요한 것이 '우리가 아닌 것은 누구인가?'라는 네거티브 전략으로서의 정체성 구성이다. 북한의 역상으로서의 '대한민국'이 온전한 민족국가가 되려면 '민족' 개념에서 북한을 배제하는 것이 필요했다. 그러나 민족에서 북한을 완전히 배제하기란 쉬운 일이 아니었다. 무엇보다도 우리가 같은 조상에서 나온 '한 핏줄'이라는 '단일민족'의 신화 속에서[1] 북한은 바로 어제까지 나의 '형제'였으며 오늘도 역시 '형제'임을 부정할 수 없다고 하는 애증의 관계가 깔려 있기 때문이다. 북한이란 처음에는 미소의 한반도 분할 점령이 만들어낸 38선 이북 지역을 말하는 것일 뿐이었지만 남북에 각각 단독정부가 들어서면서부터 상황은 바뀌기 시작했다. 북한은 단지 한반도의 한 지역이 아니라 상상될 수 없는 금기의 땅으로 규정되었고, 이는 현실 속에서뿐만 아니라 대중의 심성 차원에서도 넘을 수 없는 경계를 만들어냈다.[2]

대한민국 정부 수립 후 일어난 제주 4·3항쟁이나 여수순천사건 등은 대한민국의 정통성과 정당성에 명백히 의문을 제기하는 것이었고 이는 대한민국의 정체성 형성 과정에서 '반공'이 차지하는 위치와 역할을 결정적인 것으로 만드는 데 큰 영향을 미쳤다. 더욱 결정적인 계기는 한국전쟁이었다. 이유야 어찌되었든 같은 민족끼리 총질을 해 댔고 수많은 인명이 희생되었다는 점에서 '동족상잔의 비극'이었던 한국전쟁은 남한 입장에서는 민족을 배신한 '반反민족 집단'으로 북한을 규정하기에 좋은 구실과 계기를 제공해 주었다. 분명한 것은 남한이 오랫동안 반공주의를 국가 정체성의 핵심으로 유지할 수 있었던 것은 북한이 전쟁을 '도발해' 이 모든 불행의 원인인 분단을 초래했으며 앞으로 언제 또 같은 일이 일어날지 모른다는 공포와 두려움의 이미지를 정치만이 아니라 사회와 교육, 문화의 전방위에서 반복적으로 재생산했기 때문이었다.[3]

반공주의는 그 자체로 완결적인 철학이나 정합적인 사상이 아니라 무엇에 반대한다는 부정의 논리였기 때문에 그 무엇을 어떻게 파악하고 있느냐에 따라 그 수준이나 정도가 다르고 논리의 스펙트럼이 다를 수 있었다.[4] 그러나 '반공'이 반대하는 공산주의/사회주의에 대한 이해와 연구가 부족한 상황에서 반공주의란 논리적이고 구체적인 실체를 갖기보다는 역사적 맥락에 따라 상반된 논리와 감성을 포함할 수 있었으며 반공에 반대하는 것을 다시 반대함으로써 자신을 재규정하는 모호한 논리체계였다.[5] 이러한 반공주의의 맹점 때문에 이를 이미지로 생산해내는 것 역시 모호하고 모순적인 경우가 많았다.

때문에 반공주의가 남한 사회의 재건론을 구성하는 가장 중요한 담론 중 하나였음은 분명하지만 그렇다고 해도 분단현실을 재현한 영화를 일괄해 '반공영화'로 지칭할 수 있을까 하는 문제는 상당히 논쟁적이다. 장르로 말하면 전쟁영화, 군사영화, 간첩/첩보영화, 계몽영화, 전쟁멜로드라마 등을 비롯해 상당히 다양한 장르를 하위 범주로 둘 수 있으며 주제별로는 '반공영화'의 외피를 쓰긴 했으나 휴머니즘이 강조된 영화들, 전쟁을 배경으로 했지만 멜로드라마나 계몽영화에 가까운 영화들도 존재한다. 이 때문에 기존의 '반공영화'라는 용어 대신에 '분단영화'라고 부르기도 한다.[6] 이 책에서는 '분단영화'라는 용어의 문제의식에 동의하면서도 영화 속에서 그려지는 '반공'의 다양한 수위와 하위 주제에 주목하기 위해서 역설적으로 '반공영화'라는 용어를 쓰고자 한다. 이 글에서 '반공영화'는 '분단영화'로 동등하게 대체할 수 있는 것이 아니라 '분단영화' 중에서도 영화가 만들어진 시기의 생산과 소비의 맥락에서 '반공영화'로 지칭되거나 반공주의의 자장 안에서 만들어진 영화들, 적어도 '반공적'이라고 여겨졌던 영화들을 가리킨다.[7] '반공영화'라는 용어가 사용된 시기는 '반공영화'가 제작되기 시작한 후 수년이 지난 1950년대 중반에 이르러서이다. 최초의 '반공영화'라 일컬어지는 〈전우〉(1949, 홍개명)나 〈성벽을 뚫고〉(1949, 한형모)는 개봉 당시에는 '반공영화'로 지칭되지 않았다. 1950년대 중반에 제작된 몇몇 영화들의 '반공성' 여부를 따지는 논쟁을 통해 '반공영화'라는 용어가 규정되고 범주화가 발생되었던 것이다.[8] 이 책에서는 '반공영화' 중에서도 가장 큰 비중을 차지하는 전쟁영화와 간첩영화에 주목하고자 한다. 전쟁영화는 한국전쟁과 직간접으로 연결된 영화들로 '동족상잔의 비극'인 한국전쟁의 책임이 북한에 있다는 대전제하에 모든 이야기를 풀어나간다. 간첩영화는 겉으로 평온해 보이는 일상의 틈을 공략하는 '간접침략'에 대한 경각심을 불러일으킴으로서 '반공' 정서를 확대 재생산하는 것이 목적이다. 우선 '반공영화'를 연도별 내용별로 세분해 보면 다음과 같다. 단순히 전쟁이나 분단을 배경으로 한 영화는 제외하고 전쟁이나 분단 상황이 플롯과 주제에 심대한 영향을 주는 멜로드라마나 계몽영화까지만 포함했다.

〈표 8〉 시기별 '반공영화'의 내용 분류

연도	전쟁/군사	간첩/첩보	멜로	계몽	문화(기록)	합계
1948~1953	8		1	2	8	19
1954~1956	9	1		2	1	13
1957~1960	2		4	3	8	17
1961~1963	16	8	1	1	6	32
1964~1966	31(9)	19	5	2	10	67
1967~1969	24	18	9	5	13	69
합계	90	46	20	15	46	217

자료: 《한국영화총서》, 1972; 한국영화데이터베이스KMDb에서 작성. 분류의 관점에 따라 오차가 있을 수 있다. 전쟁/군사물 항목의 (9)는 일제시기를 배경으로 한 영화로서 합계에서는 제외했다.

〈표 8〉에서 확인할 수 있듯이 '반공영화'는 한국전쟁 전부터 시작해 전시기에 걸쳐 제작되었다. 분류상으로는 전쟁/군사물이 압도적으로 많지만 1960년대 중반 이후 간첩/첩보물이 급격히 증가했으며, 1960년대 후반에는 전쟁/군사물이 상대적으로 줄어들고 멜로와 계몽 성향의 '반공영화'들이 증가하는 추세였음을 알 수 있다. 이러한 외형상의 변화는 단지 '반공영화'만의 변화는 아니었다. 그것은 '반공'이라는 담론 지형의 변화를 반영하는 것이었다.

반공담론의 변화와 '반공영화'의 진화

'반공'은 정부수립을 즈음해 남한 사회의 정체성을 규정하는 결정적인 요소로서 남한 단독정부를 수립하는 구실이 되었으며, 제헌 헌법과 정부수립 직후의 국가보안법 제정으로 그 법적 근거를 획득했다. 이른바 '신탁통치안'으로 잘못 알려진 모스크바 삼상회의 결정안에 대한 사회주의 진영의 태도가 한민족의 독립국가 건설을 지지하는 이

성벽을 뚫고(1949) 포스터

여수순천사건 당시 호송되고 있는 반군들(1948.10.27)

결정안 전반에 대한 찬성이 아니라 신탁통치에 대한 찬성으로 대중들에게 알려지면서 조장된 '반공'의 정서가 정부 수립과 함께 공식화되기 시작한 것이다. 1948년 정부수립에서 1950년 한국전쟁 발발 전까지의 시기에 '반공영화'가 제작되기 시작했다는 것은 이미 전쟁 전에 남북한의 체제 대결이 시작되고 대치 국면으로 접어들고 있었음을 보여준다. 이 시기 제작된 반공극영화로는 〈전우〉(1949, 홍개명), 〈성벽을 뚫고〉(1949, 한형모), 〈나라를 위해〉(1949, 안종화) 등이 있으며, 〈화랑도〉(1950, 강춘)는 촬영 중 전쟁이 발발해 피난지에서 완성했다고 한다.[9] 〈전우〉는 공산주의로부터 탈출해 자유를 찾아 귀순하는 이야기의 유형을 보여주고 있으며, 〈성벽을 뚫고〉는 여수순천사건을 배경으로 처남 매부지간이라는 가족 간의 이념 대결 속에 '공산주의자는 가족간의 천륜마저 저버린다'는 주제를 전달한다. 이러한 주제는 이후 '반공영화'의 하나의 유형을 형성했다.[10] 이 시기 '반공'은 체제 간의 대결에서 어느 한쪽을 선택하거나 지지하는 행위 규범의 기준이 되는 것을 의미했다. 이는 오히려 '반공'이 선택의 문제일 수도 있었던 당시의 유동적이고 불안한 상황을 역설적으로 반영하고 있다.

전쟁기에는 북한의 대지주가 공산당에 환멸을 느끼고 월남해 국군에 입대한다는 〈내가 넘은 삼팔선〉(1951, 손전)과 전투경찰대의 빨치산 소탕작전을 다룬 〈애정산맥〉(1953, 이만흥) 등이 반공영화의 대표작이다. 전자는 〈전우〉의 뒤를 이은 '탈출과 귀순' 이야기로서 이후 〈길 잃은 사람들〉(1958, 김한일)이나 〈나는 고발한다〉(1959, 김묵), 〈철조망〉(1960, 조긍하)과 같은 영화들로 이어진다. 후자는 한 마을 친구 사이로 한 여자를 좋아하는 빨치산과 경찰대의 삼각 멜로가 깔려 있어 '서로 다른 체제를 상징하는 인물이 한 여자를 사랑한다'는 설정을 가지는 '반공영화'의 또 다른 유형의 효시이기도 하다. 간첩영화의 효시인 〈운명의 손〉(1954, 한형모) 역시 여간첩과 방첩대원과의 사랑이라는 멜로드라마가 짙게 깔린 영화로 한 여성을 진심으로 사랑하는 남쪽 남자와 그녀를 체제의 끄나풀로 이용하려는 북쪽 남자의 대결이 선명히 부각된다.

정부수립기에서 전쟁을 거쳐 휴전에 이르는 시기 '반공영화'는 이 시기 '반공'이란 무엇인가에 하나의 시사점을 던져주고 있다. 곧 전쟁 전 '반공'이란 소련과 그 하수인인 북한의 공산체제와 다른 대한민국의 존재와 정당성을 인정하고 그 우월성을 부각하며 국민들이 어느 쪽에 속할지를 스스로 결정해야 한다는 의미가 강하다. 여수순천사건의 언론보도 과정에서 재현된 공산주의자의 이미지가 국민으로부터 '빨갱이'를 구분하고 색출해내는 계기가 된 것에서도 알 수 있듯이,[11] 이 시기 '반공영화'는 남한에 거주하는 사람들로부터 공산주의자를 배제하고 북한에서 넘어온 '선량한' 사람들을 남한에 포섭해 대한민국 국민으로 통합하는 전략을 어떻게 서사와 이미지로서 지지하고 있는지를 잘 보여준다.

전후에는 전쟁기보다 더 많은 수의 본격적인 전쟁영화들이 제작되었다. 특히 치열한 전투 장면은 나오지 않지만 빨치산 토벌 과정에서 얻은 수기를 바탕으로 빨치산들의 생활과 인간적 고뇌를 그려내 뛰어난 작품성을 인정받은 문제적 영화 〈피아골〉(1955, 이강천)은 이후 유격대원이나 군인들이 고립된 상황에서 겪는 이야기의 원형이 되었다. 군인이 주인공이 되는 보다 전형적인 전쟁영화라고 할 수 있는 〈자유전선〉(1955, 김홍), 〈불사조의 언덕〉(1955, 전창근),[12] 그리고 〈포화 속의 십자가〉(1956, 이용민)는 한국전쟁을 남북 간 대립보다는 공산주의와 그에 맞서는 자유진영의 대립으로 보고 있다는 점에서 1950년대 전쟁영화의 특성을 잘 보여준다. 영화에서 아군은 국군과 유엔군, 특히 미군이며, 아군이 싸우는 대상은 주로 중공군이다. 실화를 영화화한 〈격퇴〉(1956, 이강천)만이 전투의 주체로서 고지를 사수하려는 국군의 분투를 묘사하고 있는 예외적인 경우인데 이 영화에도 인민군은 전혀 나오지 않는다. 미군과의 연대의식이 명시적으로 드러난 〈포화 속의 십자가〉는 1957년 우수국산영화[13] 작품상 수상작으로 아직 전쟁의 충격과 영향에서 벗어나지 못한 시기 전쟁을 바라보는 남한 대중의 시각을 잘 반영하고 있다. 이 시기의 '반공'은 '반反공산진영'의 의미가 강했으며, 남한이 자유진영의 일원이라는 것이 정체성의 주요한 구성 요소였다.

1950년대 중반부터 제작된 일련의 본격 전쟁영화는 1950년대 말이 되면 전쟁에 대한 직접적 묘사보다는 전쟁으로 인한 가족의 고통이나 사랑의 좌절 등 전쟁의 비극성에 초점을 맞추는 것으로 변화된다. 이러한 경향의 영화로는 〈꿈이여 다시 한 번〉(1959, 백호빈)이나 〈비극은 없다〉(1959, 홍성기)와 같이 전쟁의 비극성과 이를 극복하려는 남녀의 사랑이야기가 주를 이루는 멜로드라마나,[14] 〈장마루촌의 이발사〉(1959, 최훈), 〈이 생명 다하도록〉(1960, 신상옥)과 같이 전쟁이라는 비극을 훼손된 육체, 거세된 남성성을 통해 상징적으로 드러내면서 이를 사랑으로 극복하고 재건의 길을 가는 계몽적인 이야기가 많은 수를 차지한다. 이들 영화들을 통해 이 시기의 '반공'이란 전쟁이 초래한 불행이 어디에서 비롯되었는지를 잊지 않고 남한의 체제 내에서 이를 극복하려는 적극적인 모습을 통해 반공주의를 실천하는 데 있었음을 알 수 있다.

1960년대 장르영화의 만개에 따라 새로운 장르의 '반공영화'들이 등장했다. 특히 이 시기의 전쟁영화들은 1950년대의 전쟁물이 주로 기록에 의존한 실화에 바탕을 두었거나 전투상의 작은 에피소드에 국한되어 있었던 것에 반해 대규모 물량을 동원한 본격적인 전쟁/군사물이었다. 그중에서도 〈5인의 해병〉(1961, 김기덕)은 1960년대 많은 전쟁영화의 한 모범을 보여주고 있으며, 이후 〈돌아오지 않는 해병〉(1963, 이만희)이나 〈수색대〉(1964, 정창화), 〈특전대〉(1965, 편거영), 〈해병특공대〉(1965, 강민호) 같은 작품들이 탄생하는 데 선구적 역할을 했다. 1962년에는 본격적으로 간첩을 소재로 한 영화들이 만들어지기 시작하는데 이는 박정희 정권 반공이데올로기의 특징적 구호인 '승공'과 '방첩'이라는 주제가 사회적으로 관심을 받았기 때문이다.

　　이 시기에는 1950년대의 반공이 모호하고 불철저한 것이었음을 비판하면서 보다 철저한 '반공'을 요구했다. 여기서 보다 '철저한 반공'이란 다름 아닌 어디까지 반대할 것인가를 보다 명확히 한다는 의미였다. 이를 위해 5·16군사정변 직후 발효된 반공법은 반공체제의 강화와 더불어 "국가의 안전을 위태롭게 하는 공산계열의 활동을 봉쇄"할 목적으로 제정되었다.[15] 이때 '공산계열'이란 공산주의를 철저히 반대하지 않는 모든 세력을 의미했다. 곧 '철저한 반공'이란 '적을 반대하지 않는 모든 이는 적'이라는 논리에 기반을 둔 '용공중립사상의 배격'이라는 말로 요약되었다.[16] 명시적인 공산주의만이 아니라 공산주의를 용인하거나 그와 비슷한 주장을 하는, 혹은 언제라도 공산주의에 포섭될 수 있는 중립적 사상들까지도 모두 반대하는 것이 이 시기의 '반공'이었다. 이는 '반공'의 의미가 단순히 공산주의에 반대한다는 뜻에서 나아가 공산주의를 이긴다는 '승공'이 되어야 함을 의미했다.[17] '소극적이고 모호한 반공'에서 '적극적이고 명확한 승공' 개념으로의 이행은 결국 박정희 정권에 반대하는 모든 세력을 '용공'으로 몰아 탄압할 수 있는 논리적 근거를 제공했다는 점에서 철저히 억압적이었다. 애초에 5·16군사정변이 4·19혁명 이후 폭발적으로 분출된 다양한 통일논의들을 억압하고 저지하기 위한 것이었음[18]을 상기해 보면 '반공'의 표적이 북한이라는 '외부의 적'에서 남한 '내부의 적'으로 확대 전환된 것이라는 점을 알 수 있다. 이 시기 '승공'의 실천 전략의 하나로서 '방첩'이 가지는 의미는 바로 이러한 '내부의 적'을 색출하기 위해 사회 전체를 간첩에 대한 경계 태세로 몰아넣는 효과를 가져왔다는 점이다.[19] 이로 인해 남한 국민들은 누구나 '잠재적 용공주의자'가 될 수 있었고 자신이 '용공분자'인지 아닌지를 스스로 검열해야 하는 주체 의식의 상실이라는 지경에까지 나아갔다.[20] 간첩영화의 성행은 우리 주위의 그 누구도 간첩의 혐의에서 벗어날 수 없다는 불신과 경계의 분위기 속에서 나왔고, 또한 일련의 간첩영화들이 이러한 분위기에 일조한 측면도 있었을 것임을 짐작할 수 있다.

    1965년 월남전 파병으로 1966년부터는 월남전에 파병된 국군들의 활약상을 중심으로 한 군사영화가 만들어졌고, 1965년 수입되어 크게 성공한 007시리즈 1탄 〈007 살인번호Dr. No〉(1962, 테렌스 영)의 영향[21]으로 1966년부터 국제첩보물이 제작되기 시작했다. 때문에 1965년과 1966년에는 매우 많은 수의 '반공영화'가 만들어지게 되는데 이는 군사관계영화에 국방부가 정식으로 지원을 시작한 것과 관련이 있다. 이전에도 〈돌아오지 않는 해병〉 등에 해병대 정훈국에서 지원을 한 사례는 있지만 국방부에서 정식으로 훈령을 내어 전쟁/군사물에 조직적인 지원을 시작한 것은 이 시기가 되어서이다. 이는 국가가 의도하는 이데올로기를 영화 속에서 구현해주기를 장려하고 강제한 것이라고 할 수 있다.[22] 그러나 이러한 의도는 절반의 성공에 불과했던 것으로 보인다. 이 시기 전쟁영화가 '반공' 만이 아닌 다른 정서, 곧 '민족'에 대한 감수성을 불러일으키기 시작했기 때문이다. 이렇게 보았을 때 '반공영화'들이 이 시기에 유독 흥행과 비평에서 성공을 거둔 것은 우연이 아니다.

'반공'이 아닌 다른 요소 때문에 흥행이 된다는 것은 달리 말하면 순수한 의미의 '반공영화'만으로는 관객의 흥미를 끌기 어렵다는 것을 의미했고, 이에 대한 당혹감은 정부가 더욱 반공영화 제작에 집착하게 하는 이유가 되었다. 정부는 1966년부터 우수반공영화상과 반공영화각본상을 제정 시상함으로써 적극적으로 반공영화 제작을 장려했다. 이는 1950년대 우수영화상의 1960년대 버전인 대종상 안에 신설된 두 개의 부문상이었다.[23] 이전에 일종의 예술영화로 인식되던 '문예영화'[24]가 이 시기 이러한 반공영화 제작 장려 붐과 만난 것도 이러한 맥락에서였다. 반공이데올로기를 형상화한 문예물을 영화로 옮긴 반공문예물 〈카인의 후예〉(1968, 유현목), 〈나도 인간이 되련다〉(1969, 유현목) 등이 그 대표작이다. 각각 황순원의 소설과 유치진의 희곡을 영화화한 것으로 두 작품 모두 공통적으로 한국전쟁 전 소련군 주둔 시기의 북한을 다루고 있다. 이들 영화들에서 북한은 공동체를 파괴하고 인간성을 말살시키는 곳이며 후에 얼마든지 전쟁을 일으키고도 남는 비인간성이 지배하는 곳이다. 반공주의의 시각에서 한국전쟁의 원인을 해방 후 북한 지역의 내부 모순으로 보고 있는 것이다. 이렇게 해서 이 시기의 '반공'은 명백하게 '반북'의 의미가 된다. 상대적으로 넓은 스펙트럼을 갖고 있었던 '반공'에 비해 '반북'은 그 스펙트럼의 오른쪽 일부에 불과했고 이는 대중이 오히려 '반공영화'와 멀어지게 된 계기가 되기도 했다.

　이처럼 1960년대 후반에 이루어진 군사영화에 대한 대대적인 지원이나 '우수영화'에 대한 보상제도, 반공영화상 부문 신설 등 각종 장려책은, 역설적으로 이렇게 하지 않으면 '반공영화'가 활성화되지 않는다는 것을 의미했다. 관객들의 마음이 점차 '반공영화'에서 멀어져가고 따라서 제작자들도 더 이상 '반공영화'에 큰 흥미를 못 느끼고 있기 때문에 국가는 여러 가지 지원, 보상 정책을 써서라도 '반공영화'를 지속적으로 생산하도록 유도하지 않으면 안 되었던 것이다. '반공영화'의 액션화, 오락화, 장르화는 관객이 그나마 '반공영화'를 봐줄 수 있는 끈으로서 '반공영화'가 살아남기 위해 안간힘을 쓰는 마지막 보루이기도 했다. 이는 달리 말해 '반공영화'가 반공주의의 강화에 그리 기여하지 못했다는 의미를 내포한다. 반공주의의 첨병이 되어야 할 '반공영화'가 그 소임을 다하지 못했다면 그 이유는 무엇일까? 과연 '반공영화'는 반공주의를 확대재생산하는 도구라는 소임에 충실했던 것일까?

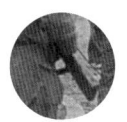

전쟁의 플롯과 전쟁영화의 플롯

전쟁이라는 스펙터클

반공주의를 확대 재생산하는 데 가장 결정적인 기여를 한 것이 한국 전쟁에 관한 이미지라는 것은 '반공영화'에서 전쟁영화가 차지하는 비중과 역할의 정도를 짐작케 한다. 좁은 의미에서 전쟁영화는 전장에서 전투를 수행하는 군인들을 주인공으로 한 이야기이지만, 넓은 의미에서는 전쟁을 배경으로 한 모든 영화가 전쟁영화가 될 수 있다. 이 책에서는 전투 장면이 직접 등장하지 않더라도 전쟁이 영화의 플롯에 중요한 영향을 미치는 영화들을 모두 포괄해 전쟁영화로 보기로 한다.

전쟁영화는 본질적으로 가장 영화적인 영화라고 할 수 있다. 19세기 말 탄생한 이래 급속도로 확산된 영화의 전 세계적인 영향력 증대가 기본적으로 전쟁과 관련이 있다는 것은 잘 알려진 사실이다.[25] 처음으로 공중전을 선보였던 1차 세계대전에서 카메라는 현장의 긴박감과 놀라운 스펙터클을 담을 수 있었고, 촬영된 필름을 아군에 유리한 장면들의 모음으로 재구성하기 위해 최신의 편집기술이 이용되었다.[26] 최신식 무기로 무장한 아군이 전선에서 용맹히 싸우는 모습은 후방의 관객들에게 전쟁에 대한 공포를 고스란히 전달하면서 동시에 예전에는 결코 보지 못했던 새로운 볼거리와 시각적 쾌락을 동시에 제공했다. 토키가 도입된 이후 일어난 2차 세계대전 시기에 만들어진 전쟁 선전영화는 폭발음과 총성과 비명이라는 생생한 현장음까지 리얼하게 관객들에게 전달할 수 있었다. 전쟁에 대한 공포와 시청각적 쾌감은 정확히 비례했다. 현대전쟁은 촬영기술의 발달을 가속화시켰을 뿐만 아니라 영화에 마르지 않는 소재를 제공하는 최고의 오락거리였다. 전쟁영화는 전쟁의 공포를 확대재생산함으로써 폭력을 일상화하고 살육의 현장을 통쾌함으로 전이시킨다. 영화와 전쟁은 이처럼 서로의 존재가 자신의 성장에 밑걸음이 되는 완벽한 '공범관계'였다.[27]

전쟁 무기의 화력과 전술이 보여주는 스펙터클의 위용은 곧 전방에서 싸우는 군인들과 후방에서 그들을 응원하는 관객들이라는 스포츠 경기 중계방송의 메커니즘과 매우 흡사하다. 스포츠가 '각본 없는 드라마'인 것 이상으로 전쟁은 각본도 없고 표현 수위의 마지노선도 없는 한 편의 드라마였다. 단지 스포츠와 다른 점이 있다면 전쟁영화에서는 아군이 결코 지지 않는다는 것뿐이다. 이런 점에서 보았을 때 전쟁을 기록한 다큐멘터리 영화만이 선전영화는 아니다. 적어도 1960년대까지 할리우드에서 만들어진 전쟁영화는 대개 전쟁 선전영화였다고 해도 과언이 아니다. 2차 세계대전 시기 상업영화의 시스템 속에서 만들어진 많은 영화들, 특히 할리우드 영화들에서 용맹하고 인간적인 미군은 악랄하고 무기력한 독일군과 야만적인 일본군에 늘 승리를 거두었다. 이러한 선전영화들을 통해 미국인들은 미국이라는 합중국이 전쟁의 화마로부터 자신들을 보호할 뿐만 아니라 나아가 세계의 평화를 수호하고 있다는 자부심으로 가득찼을 것이며, 이를 위해 국민들이 '하나의 아메리카'로 뭉쳐야 한다는 데 이의가 없었을 것이다. 전쟁을 배경으로 한 많은 멜로드라마들 역시 미국인이 독일인이나 일본인에 비해 얼마나 휴머니즘적인지를 강조함으로써 같은 효과를 가져왔다. 물론 전쟁의 참상과 비참함을 다룬 휴머니즘 영화들도 아예 없었던 것은 아니었다.[28] 그러나 대개는 그러한 전쟁을 불러일으킨 것이 누구인가를 상기하게 하거나 아군끼리의 전우애를 강조함으로써 완전히 반전적인 영화라고 보기는 어려웠다. 할리우드에서 진정한 의미의 반전영화가 나오기 위해서는 미국이 명백한 가해자였던 베트남전쟁이라는 명분 없는 전쟁에 대한 비판과 반성의 시기까지 기다려야 했다.

태평양전쟁 시기 일본의 전쟁영화들 역시 일본 군국주의를 찬양하고 천황제 파시즘에 복무하는 선전영화들이었다. 일제 말기 조선의 영화인들이 불행하게도 제작에 협력했던 전쟁 선전영화들은 주로 조선인들이 '내선일체內鮮一體'의 구호 아래 천황의 신민으로서 '영광스럽게도' 지원병으로서 전쟁에 협력할 수 있는 자격이 주어진 것, 혹은 일본인과 같은 국민으로서 징집의 대상이 되었다는 것에 감사해야 하고 이러한 '은덕'에 보답하기 위해서는 죽음을 불사하고 전쟁터로 가야 한다는 것을 말하고 있었다.[29] 이처럼 전쟁기의 영화들은 자국민들을 하나의 국민으로 통합하고 전쟁의 수행 주체로서의 국가의 위대함을 역설하고 있다. 전쟁이 그러했던 것처럼 전쟁영화 역시 내셔널리즘에 크게 기여했던 것이다.

한국의 전쟁 선전영화라면 전쟁 중 촬영되거나 제작된 전시 다큐멘터리가 대표적이다. 〈정의의 진격〉(1951, 한형모)을 비롯해 〈서부전선〉(1951, 윤봉춘), 〈오랑캐의 발자취〉(1951, 윤봉춘), 〈진격만리〉(1953, 임운학), 〈총검은 살아있다〉(1953, 조인복) 등을 들 수 있다. 그중에서도 대표작이라 할 수 있는 〈정의의 진격〉은 전쟁 중 국방부 정훈국 촬영대와 육군, 그리고 미 공보원의 전신인 미 육군 502부대 등에 의해 촬영·제작된 것으로 전후에 제작된 전쟁영화들의 원형이 되는 여러 가지 전쟁의 이미지를 한가득 제공하고 있다. 곧 탱크와 포병대, 공중폭격, 폭파, 처참한 시신들 등 전쟁 이미지의 나열과 놀라운 스펙터클은 현대전의 화려한 참상을 전시하면서 동시에 폭력에 대한 감각을 무화시키는 역할을 했다. 게다가 아군과 적군의 명확한 이분법 속에서 진행되는 아군의 활약상은 그러한 전쟁의 수행 주체에 대한 신뢰를 이끌어 나가려는 의도를 효과적으로 관철시키고 있다. 곧 연합군의 엄청난 화력을 앞세운 국군의 모습은 유엔의 지지를 받아 '정의'의 편에 서는 '대한민국'의 국가적 위용을 스펙터클로서 과시하고 있다.

이처럼 전쟁은 전쟁 자체가 아닌 이미지로 인식되었다. 다큐멘터리 영화와 극영화를 막론하고 전쟁영화에서 보여지는 전쟁은 일정한 이미지와 정해진 플롯에 따라 관객들에게 각인되었다. 곧 공중전, 도시를 비롯한 주요 거점들의 폭격, 황량한 전장에 즐비한 시체들, 전우의 죽음에 슬퍼하는 군인들 등등의 이미지 위에, 아군은 적군에 비해 첨단 무기와 화력 그리고 강인한 정신력과 애국심으로 무장한 정예 군인들이라는 것, 이 때문에 아군의 총 한 방에 적군 수십 명이 몰살되거나 적군의 기관총 난사 앞에서 아군이 끄떡없이 살아남아도 그리 이상할 것은 없다는 것, 아군은 때때로 내부 갈등을 겪지만 항상 더 큰 대의를 위해 갈등을 극복하고 결국은 적군에 맞서 싸운다는 것, 이때 대의란 정의나 평화, 때로는 사랑이지만 이는 결국 국가라고 하는 더 큰 이데올로기의 하위 개념일 수밖에 없다는 것 등이 전달된다. 이때 가장 중요한 요지는 영화의 초중반에 고전을 면치 못하던 아군이 결국엔 항상 이긴다는 것이며, 그럼에도 불구하고 수많은 희생을 치른 뒤이기 때문에 승리의 기쁨보다는 전쟁의 허무함이 더 큰 정서로 다가온다는 것이다. 또한 사랑하는 사람을 헤어지게 만드는 전쟁은 항상 적군이 일으킨 것으로서, 이러한 비인간적인 상황에 맞서 싸우는 폭력은 정당하다는 것 역시 전쟁영화에서 반복되는 중요한 메시지였다. 전쟁영화의 이미지와 플롯은 곧 전쟁 자체의 이미지와 플롯이 되었고, 이렇게 해 전쟁영화는 가장 드라마틱하고 가장 영화적이며 가장 오락적인 장르가 되었다.

한국 전쟁영화의 플롯들

그럼 전쟁이 끝난 지 얼마 되지 않은 1950~60년대에 남한에서 만들어진 전쟁영화들은 어떠한 플롯을 가지고 있었을까? 분단국가인 한국에서 만들어진 한국전쟁 관련 영화들은 이민족 간의 전쟁과는 다른 플롯으로 다른 감흥을 일으켰다. 일반적인 전쟁영화의 기본은 아군과 적군의 명백한 구분이고 이러한 구분은 외모와 언어를 통해 시청각적으로 확고히 드러난다. 그러나 한국전쟁을 다룬 한국의 전쟁영화들에서 적군과 아군의 외형상의 구분은 불가능하다. 이러한 한국전쟁의 특징은 다른 나라의 전쟁영화와는 다른 플롯을 가능하게 한다. 이를 자세히 살펴보기 위해 한국전쟁이 직간접적으로 반영되어 있는 반공/전쟁영화들을 중심 플롯에 따라 몇가지 유형으로 나누어보기로 한다.

첫째, '국군이 미군병사를 무사히 구출한다'는 '미군 구출' 플롯으로 〈불사조의 언덕〉(1955, 전창근), 〈자유전선〉(1955, 김홍), 〈포화 속의 십자가〉(1956, 이용민)가 대표적이다. 이 유형의 영화들에서 북한은 소련의 괴뢰정권이며, 남한은 미국을 중심으로 한 자유진영의 일원으로서의 사명감을 가진다. 특히 남한과 미국은 형제보다 가까운 사이로서 눈을 주거나 피를 주어도 아깝지 않을 혈맹관계이며 '영원한 자유와 더불어 잊지 못할' 우방이다. 이 플롯에서는 북한에 대한 노골적인 적대보다는 오히려 우호적인 한미관계 유지와 자유세계의 일원이라는 자부심이 노골적으로 드러난다. 이 영화들에서 '반공' 전선은 자유진영을 공산주의로부터 지킨다는 점에서 의미가 있으며, 따라서 한반도 분단의 의의는 공산주의 저지에 있음이 은연중에 주장되고 있다. 이 유형의 영화들은 1950년대 중반까지 제작되지만 그 이후에는 변모하게 된다. 물론 적을 북한의 인민군이 아닌 중공군으로 상정하는 것은 1960년대 중반까지의 전쟁영화들에서도 보이는 맥락이지만 1960년대의 전쟁영화에는 미군이나 유엔군이 거의 등장하지 않는다는 점에서 유형을 달리한다.

둘째, '공산주의에서 탈출해' 자유대한 '으로 귀순한다'는 내용의 '탈출과 귀순' 플롯이다. 전쟁 전에 미공보원이 제작한 〈전우〉(1949, 홍개명)에서 시작된 이 유형에는 1950년대의 〈내가 넘은 삼팔선〉, 〈나는 고발한다〉, 〈철조망〉 등이 해당하며, 1960년대 영화로는 〈서울로 가는 길〉(1962, 이병일), 〈기수를 남쪽으로 돌려라〉(1964, 임원직), 〈대탈출〉(1966, 이한욱), 〈제76 포로수용소〉(1966, 이한욱), 〈남북천리〉(1966, 이강천), 〈나교〉(1969, 이희중) 등이 있다. 북한의 학정과 공산주의에 환멸을 느낀 주인공이 생사를 걸고 탈출을 감행해 결국 '자유대한'의 품에 안긴다는 내용으로서 주로 북한의 토지개혁을 전후한 시기의 월남과 한국전쟁기의 포로수용소 탈출 등을 소재로 다루고 있다. 전쟁영화는 아니지만 중공을 탈출해 홍콩으로 간 독립투사의 아들을 주인공으로 다루고 있는 〈길 잃은 사람들〉(1958, 김한일), 북한 지도층 인사의 귀순 실화를 다룬 〈고발〉(1967, 김수용) 등도 '탈출과 귀순' 플롯에 속한다. 이러한 '귀순' 플롯은 국민들을 대상으로 한 반공선전에 있어서 특별히 중요한 위치를 차지한 실제 귀순자들의 체험을 바탕으로 해 더욱 생생하고 현실감 있는 이야기가 될 수 있었다.[30] 이 유형은 공산주의가 얼마나 비인도적이고 반인륜적인지를 드러내는 데 초점을 맞춘다. 이들은 처음에는 공산주의 국가에서 주동적인 역할을 하다가 공산주의에 환멸을 느낀 인물(〈내가 넘은 삼팔선〉)이거나 강제로 의용군에 들어갔다가 포로가 되어 반공포로들과 함께 공산포로에 대항해 싸우는 인물(〈철조망〉)이다. 여기서 공산주의, 혹은 현현으로서의 북한체제는 비인간적이며 잔악무도한 반인륜의 현장이다. '대한민국'은 이러한 공산주의의 대립항으로서 자유와 민주주의를 상징하는 지극히 인간적인 체제이다. 일반적으로 탈출 플롯은 강한 탈출의 동기부여가 관객이 주인공에게 감정이입을 할 수 있게 하는 기제이므로, 탈출의 동기가 되는 공산주의에 대한 회의와 환멸에 관객이 얼마나 공감을 갖느냐가 관건이다. 그러므로 이 '탈출과 귀순' 플롯은 '반공'이라는 주제에 가장 부합하는 이야기이며 반공주의의 문화적 생성과 반공주의를 기반으로 한 '대한민국'의 정체성 확립에 기여하는 이야기 유형이라고 할 수 있다.

셋째, '서로 다른 체제를 상징하는 두 인물이 한 여자를 사랑한다'는 '이념과 사랑의 삼각관계' 플롯이다. 〈애정산맥〉(1953, 이만흥)을 비롯해, 〈원한의 성〉(1955, 이만흥), 〈남과 북〉(1965, 김기덕), 〈한많은 대동강〉(1966, 최인현), 〈성난 대지〉(1968, 김기덕) 등이 여기에 속한다.[31] 모두 양쪽 체제를 상징하는 두 남성이 한 여성을 사랑함으로써 빚어지는 갈등을 그리고 있으며, 삼각관계 멜로드라마의 틀에 분단의 아픔이라는 주제를 녹인 영화들이다. 1950년대의 〈애정산맥〉이나 〈원한의 성〉에서 양쪽 체제로부터 구애를 받는 여주인공은 대개 남쪽을 상징하는 인물과 맺어짐으로써 반공주의를 지지하지만, 1960년대 중반의 〈남과 북〉이나 〈한많은 대동강〉에 이르면 사정은 많이 달라진다. 〈남과 북〉에서는 이미 국군 장교의 아내가 된 여주인공은 아무런 선택을 하지 못하고 수동적인 자세를 갖고 있는 가운데 양쪽 체제의 당사자들인 두 남자 주인공은 사고로 죽는다. 반대로 〈한많은 대동강〉에서 남자주인공은 옛애인이 이미 북한군 군관이 된 친구의 아내가 되어 있는 것을 보고 그녀의 행복을 빌어준다. 이처럼 멜로드라마의 여주인공이 어느 쪽 체제를 지지하는 남성을 선택하고 종국에 맺어지는가 하는 문제는 선택된 남성의 체제가 보다 우월하다는 함의를 갖게 되고 이것은 멜로드라마의 승리가 체제의 승리로 전이되는 방식을 보여주기도 한다.[32]

넷째, '공산주의는 가족간의 천륜마저 저버린다' 는 주제를 가진 '가족과 이념의 갈등' 플롯이다. 이 유형은 〈성벽을 뚫고〉를 시작으로 세 형제의 이념과 운명을 그린 〈사랑과 죽음의 해협〉(1962, 노필), 전쟁으로 헤어진 쌍둥이 형제의 비극을 그린 〈국경 아닌 국경선〉(1964, 정진우), 유격대장인 형과 인민군 보위부 부관인 동생의 대립을 그린 〈군번없는 용사〉(1966, 이만희), 북한군 연대장 아버지와 공산주의를 회의하는 의사 아들의 대립을 그린 〈대좌의 아들〉(1968, 이강천), 북한군 군관과 국군 포로로 만난 형제의 이야기 〈칼맑스의 제자들〉(1968, 강범구) 등이 속한다. 이 이야기는 대개 형제 간이나 부자 간의 갈등을 그리고 있으며, 북한쪽인 가족이 남한쪽인 나머지 가족을 죽여 인륜을 저버리게 된다. 그 이유는 대개 가족애보다는 이념을 앞세우는 공산주의의 원리 때문이다. 공산주의의 잔혹성과 반인륜성을 고발하기 위해 가장 좋은 장치는 피를 나눈 형제나 부모/자식을 공산주의 이념 때문에 제 손으로 죽이는 일이다. '피도 눈물도 없는' 냉혈한으로 묘사된 주인공은 대개 마지막에 자결하거나 죽게 되는데, 보통 죽어가면서 공산주의에 투신했던 지난날을 뼈저리게 반성하고 후회한다. 또한 천륜을 저버린 자신은 인간도 아니라는 의미로, '공산주의자는 인간도 아니다'라고 말하고 있다. 남북 간의 전쟁을 형제 간의 전쟁으로 유비類比함으로써 한국 관객의 정서에 가장 명징하게 와닿는 '반공'을 설파하고 있다. 그러나 이 유형의 영화들은 필연적으로 이념보다 더 진한 가족애, 인간애를 강조함으로써 '반공'과 다른 지점에서 관객들에게 다가가고 있다.

다섯째, '극한 상황에서의 이념과 인간성의 대립' 플롯이다. 〈피아골〉을 원형으로 하는 이 유형의 영화들은 유격대원이나 군인들이 어쩔 수 없이 고립된 상황에 처하게 되고 점차 극한 상황으로 치닫는 가운데 벌어지는 이야기이다. 대표적으로 〈동굴 속의 애욕〉(1964, 강범구)이 여기에 속하며, 넓게 보면 〈싸우는 사자들〉(1962, 김묵), 〈피어린 구월산〉(1965, 최무룡),[33] 〈7인의 여포로(돌아온 여군)〉(1965, 이만희)도 여기에 속한다고 할 수 있다. 〈싸우는 사자들〉이나 〈피어린 구월산〉에서는 이념과 인간성의 대립이라는 주제가 두드러지기보다는 고립된 상황에서도 이념을 지키려는 국군들의 이야기가 중심이 된다. 국군이 아닌 공산주의자들이 주인공으로 등장하는 〈피아골〉과 〈동굴 속의 애욕〉에서 고립되어 생활하는 유격대원들에게 이념보다 더 큰 문제는 생존의 문제이다. 〈7인의 여포로(돌아온 여군)〉에서 북한군은 공산주의 이념보다는 인간으로서의 존엄과 나아가 동포애를 선택하게 된다. 이 이야기에서 전형적인 공산주의자들은 이념이라는 명목으로 비인간적인 살육을 저지르지만 점차 공산주의에 회의하게 되는 인물은 이념과 인간성 사이에서 갈등하다 마침내 귀순하거나 응분의 처벌을 받게 됨으로써 남한체제의 우월성을 선전한다. 이 유형에서는 '공산주의'라는 이념이 얼마나 비합리적이고 비인간적인가를 설파하기 위해서 공산주의 이론을 일부 설명하고 있어 남한 국민에게 공산주의 이론을 소개하는 듯한 아이러니가 연출되기도 한다.

여섯째는 '군인들이 조직 내의 규율이나 사랑 등에 갈등하지만 결국 이를 극복하고 임무를 완수하거나 전투에서 승리한다'는 플롯이다. 〈출격명령〉(1954, 홍성기)이나 〈빨간 마후라〉(1964, 신상옥), 〈YMS 504의 수병〉(1963, 이만희), 〈해병특공대〉(1965, 강민호)와 같은 영화들이 이에 속한다. 이 플롯에서 갈등요인은 군대 내의 조직문화나 사랑하는 연인이다. 이 영화들의 주인공들은 대개 첨단 무기나 비행기, 함대를 보여줄 수 있는 공군과 해군으로서, 의롭고 용맹한 군인들과 현대화된 군장비 등 군전력의 우월성을 시각적으로 과시하고 있다. 하늘이나 바다를 배경으로 펼쳐지는 이야기는 군인들을 보다 멋지게 보이게 함과 동시에 새로운 스펙터클을 제공하는 데에도 유리하다. 전우들은 초반의 사소한 인간적 갈등을 극복하고 전투에서 승리함으로써 여성을 지켜내고 조국을 지킨다. 연적으로 대결하던 동료가 전투 상황에서 위험을 무릅쓰고 연적을 구출(〈출격명령〉)하거나 전사한 동료의 아내와 결혼한 후임병을 위해 싸우다 전사(〈빨간 마후라〉)한다는 이야기는 전쟁영화의 행복한 엔딩을 보여주고 있다.

이 유형에서 '반공'은 군인들의 존재 이유로서 밑바탕에 깔려 있지만 명시적으로 드러나지는 않는다. 그러나 대한민국이라는 국민국가의 충성스러운 군대라는 이미지는 애국심을 고취하는 효과를 냄으로써 국민통합에 이바지하고 있다.

일곱째 역시 전투를 중심으로 한 본격적인 전쟁영화로서[34] 중심적인 이야기는 '전우애'이지만, 영화는 결코 성공한 전투를 보여주지 않는다는 점에서 여섯째와는 그 결을 달리하는 영화들이다. 이 이야기는 대개 전투 중 작전수행 과정을 다루고 있는데 한두 명을 제외하고는 거의 몰살당한다는 것이 특징이다. 〈5인의 해병〉을 시작으로 〈돌아오지 않는 해병〉에서 정점을 찍은 이 유형의 영화들로는 〈수색대〉(1964, 정창화), 〈특전대〉(1965, 편기영) 등이 있다. 생사를 오가는 극한 상황을 함께하는 전우들의 진한 우정에 좀더 초점을 맞췄으며, 죽음을 마주한 병사들의 공포와 괴로움, 두고 온 가족이나 연인에 대한 그리움 등 인간으로서의 연민을 가득 담고 있기 때문에 이 유형의 영화들은 '반공'을 본격적으로 논할 여유가 별로 없다. 이민군은 적군으로 대상화되어 배경이나 소품처럼 등장할 뿐 캐릭터로는 등장하지 않는다. 등장인물들은 각각 과거의 상처와 사연이 있으며 전투가 진행될수록 개인적이고 인간적인 갈등은 더욱 증폭된다. 마침내 전우들의 우정을 통해 갈등을 극복할 수 있는 실마리를 발견하기도 하지만 가장 큰 갈등인 전쟁 자체 앞에 무기력하게 죽어갈 수밖에 없다. 이 플롯의 영화들에서 주인공들은 거의 죽음을 맞기 때문에 비록 전투에서 이겼다고 하더라도 해피엔딩은 아니다. 이 유형의 주제는 휴머니즘을 기반으로 한 '반전反戰'으로서, 여기서 '반공'은 이러한 휴머니즘의 반대말로 의미화된다.

여덟째는 '이념이 공동체를 파괴한다'는 내용의 플롯이다. 전쟁

중 싸리골이라는 가상의 공간에서 일어나는 일을 다룬 〈싸리골의 신화〉(1967, 이만희)와 같이 1960년대 후반 '국가재건'의 완성기에 나온 영화들이 여기에 속한다. 앞서 살펴본 〈카인의 후예〉(1968, 유현목)는 전쟁 전 북한의 상황을 다룬 영화로 직접적인 전쟁영화는 아니지만 넓게 보면 이 플롯에 속한다고 볼 수 있다. 여기서 공산주의 이념은 평화롭던 공동체를 파괴하는 절대악으로서 기능한다. 공동체와 공산주의라는 대립항은 곧 전통과 이념을 대립항으로 놓고 전통=선, 이념=악이라는 이분법 속에서 공동체를 파괴하고 인간성을 붕괴시키는 공산주의 이념의 비인간성, 잔학성을 고발한다. 따라서 이 시기의 전쟁영화 중에서 가장 반공적인 내용을 가진 것은 이 여덟째 플롯이라고 말할 수 있다.

아홉째는 '전쟁의 상처를 딛고 새출발한다'는 재건의 플롯이다. 〈삼천만의 꽃다발〉(1951, 신경균), 〈장마루촌의 이발사〉(1959, 최훈), 〈이 생명 다하도록〉(1960, 신상옥) 등이 대표적으로, 이 중 KBS 라디오 방송극을 영화화한 〈장마루촌의 이발사〉는 1969년에 리메이크되기도 한다. 이 영화들은 기본적으로 멜로드라마로서 전쟁은 드라마의 주요한 배경이자 모든 비극의 원인을 제공하는 전제이다. 여기서 멜로드라마의 핵심이 되는 것은 상처받은 남성성과 이를 복구하는 여성성이다. 이 유형에서 '반공'은 '재건'을 위한 전제 조건으로 기능하기 때문에 이 '재건'의 플롯은 5장에서 분석하기로 한다.

전쟁영화의 플롯을 정리해 보면 〈표 9〉와 같다. 그런데 이 아홉 가지의 유형 어디에도 속하기 어려운 영화도 존재한다. 대표적으로 한반도 전체를 둘로 나눈 휴전선의 존재를 성찰하게 하는 〈비무장지대〉(1965, 박성호) 같은 영화를 뽑을 수 있다. 휴전선이라는 한반도의

〈표 9〉 1950~60년대 한국 전쟁영화의 플롯

	플롯의 유형	내용 및 주제
1	미군 구출	국군이 미군 병사를 무사히 구출한다
2	탈출과 귀순	공산주의에서 탈출해 '자유대한'으로 귀순한다
3	이념과 사랑의 삼각관계	서로 다른 체제를 상징하는 두 인물이 한 여자를 사랑한다
4	가족과 이념의 갈등	공산주의는 가족 간의 천륜도 저버린다
5	이념과 인간성의 대립	극한 상황에서 공산주의 이념과 인간성이 대립한다
6	전우애의 재확인을 통한 전투 승리	군인들이 갈등 요소를 극복하고 전투에서 승리한다
7	전몰하는 군인	국군들이 작전 수행 중 몰살당한다
8	이념에 의한 공동체 파괴	비인간적인 공산주의가 공동체를 파괴한다
9	전후 재건	전쟁의 상처를 딛고 새출발한다

특정 공간에 관한 이야기는 한국의 전쟁영화가 다른 나라의 전쟁영화와 확실하게 차별화되는 감흥을 불러일으킨다. 같은 민족끼리 총을 겨누고 대치하고 있다는 현실에 대한 슬픔과 자괴감이 반공주의라는 이데올로기보다 더 진하게 전달된다. 이처럼 적어도 1960년대 중반까지 전쟁영화의 플롯은 전쟁의 이미지를 근거삼아 강화되어간 반공주의를 단순하게 표명하는 것에 그친 영화들은 아니었다. 오히려 많은 전쟁영화들이 겉으로는 반공주의에 기대면서도 관객들에게는 다른 정서와 감흥을 전달하는 의도하지 않은 결과를 초래한 것은 아닐까?

전쟁영화의 감수성

적개심의 기원

1950~60년대 한국 전쟁영화의 가장 기본적인 관점은 한국전쟁이 북한의 남침으로 시작된 만행이라는 점이며, 최후의 승리자는 이념적으로나 도덕적으로 항상 남한이라는 것이다. 그러나 한국전쟁이 어느 한 쪽의 일방적 승리에 의해 끝난 것이 아니라 휴전협정에 의해 종결되었다는 것을 반영하듯 영화 속에서도 전투에서 이기는 쪽은 국군이지만 완전한 승리를 만끽하는 경우는 상대적으로 드물다고 볼 수 있다. 이것이 할리우드 전쟁영화와 한국의 전쟁영화가 근본적으로 다른 점이기도 하다. 같은 민족끼리의 싸움이라는 자괴적인 정서가 전쟁영화에 짙게 배어 있기 때문이다. 1950~60년대의 전쟁영화들이 '반공영화'로 당대에 지칭되고 소비되면서도 '반공'과 다른 결을 보여주고 있는 것도 결국은 여기에서 출발한다.

극영화로서 1950년대 전쟁영화의 특징을 보여주는 대표적인 작품은 〈자유전선〉(1955, 김홍)과 〈피아골〉(1955, 이강천)이다. 같은 해 발표된 두 작품은 영화적 성취에 있어서도 그러하지만 특히 '반공'의 수위에 있어서나 전쟁의 해석에 있어서, 그리고 국가담론에 있어서 차이를 보여주고 있어 각각 1955년 이전 시기와 이후 시기 '반공영화'의 맥락과 닿아 있다. 제작 당시 육군본부와 제2군단의 후원, 그리고 국방부와 문교부의 추천을 받은 영화 〈자유전선〉은 곳곳에 기록필름을 삽입한 전쟁기 영화들의 연장선상에 있는 영화이다.[35] 영화는 건실한 성호(배석인)[36]와 여동생 성희(주증녀)를 중심으로 평화로운 한 가족을 보여주며 시작한다. 성희와 애인 사이인 성호 친구 창환은 북에서 내려와 성호의 집에 가서 월북을 권유하지만 성호네 식구들은 이를 거절한다. 전쟁이 나자 성호는 국군 중대장이 되어 참전하는데 전투 중 고립되었다가 부상을 입은 브라운 대위를 만나 함께 국군 대열을 찾기 위해 이동한다. 한편 서울을 점령한 인민군은 악질 반동의 집이라며 성호네 집을 빼앗고 의용군으로 나가지 않는 동네 사람들을 즉결 처분하기도 하는 등의 만행을 저지른다. 어느 날 흑인병사를 숨겨준 성호의 어머니는 인민군이 인두로 지지는 바람에 눈을 잃고, 성희는 잡혀가 장교가 된 창환을 만난다. 성호에게 구출되어 간호장교가 된 성희는 한 미군병사를 위해 자신의 피를 나누어주는데 알고 보니 브라운 대위이다. 군 병원에 입원해 성희와 재회한 창환은 성희에게 감화되어 잘못을 뉘우치며 국군에 귀순한다.

'미군 구출' 플롯인 이 영화는 한국전쟁을 남북 간의 대결이라기보다는 공산주의 진영과 자유주의 진영의 전쟁으로 파악하고 그 속에서 남한은 미국을 중심으로 한 자유진영의 일원으로서 공산진영에 맞서 싸워야 함을 강조한다.[37] 북한을 소련에, 남한을 미국에 대치하는 이러한 방식은 가족들의 대사를 통해 곳곳에 나타난다. 창환을 비롯한 공산주의자들에 대해 "일제하에서 조국 찾으려고 애쓴 것은 모르고 이제 와서 러시아를 상전으로 모시냐?"라고 한다든가, 수혈을 해주자 고맙다는 미군에게 "저희들을 위해 목숨까지 주저 않는 분들을 위해 이만한 피쯤을 못 드리겠냐?"고 하는 대사들은 각각 북한과 소련의 관계와 남한과 미국의 관계를 규정하고 있다. 북한은 소련의 괴뢰정권이며, 남한은 미국과 혈맹관계라는 것이다. 이는 전쟁을 대하는 태도의 두가지 측면을 모두 반영한다. 곧 북한이라는 공산진영에 대한 적개심과 남한이 자유진영의 일원이라는 자부심이다. 이러한 적개심과 자부심은 각각 '민족을 배반한 자'와 '민족을 돕는 자'에 대해 가지는 감정의 기원을 이룬다.

특히 영화는 미국과의 관계 정립에 많은 시간을 할애한다. 성호가 브라운 대위에게 "미군이 애당초 철병을 하지 않았다면 이렇게 되지는 않았을 것"이라고 강변하는 장면은 이후에도 계속 미군이 한국에 주둔해야만 하는 필요성과 당위성을 주장하고 있어, 이러한 혈맹관계가 상호적이라기보다는 대미의존도가 높은 한국 측의 일방적인 관계임을 드러낸다. 이 영화에서 한 유엔군 장교는 "유엔이 대한민국 Republic of Korea을 구하기 위해 왔으며 자유세계의 안전을 위해 싸울 것"임을 다소 길게 연설한다. 같은 '미군 구출' 플롯인 〈불사조의 언덕〉(1955, 전창근)과 〈포화 속의 십자가〉(1956, 이용민)에도 공통적으로 등장하는 이와 같은 자막 없는 영어대사는 이 영화가 한국 관객 보다는 미군 관객을 염두에 두고 만들어졌음을 보여준다.[38] '대한민국'의 정식 국호가 유엔의 입을 통해 호명되는 이러한 절차를 통해 대한민국은 자유세계의 우방이자 유엔이 인정한 유일한 합법정부라는 것이 강조되며, 반면에 북한은 정식 국가로 인정할 수 없다는 것이 주장된다. 이러한 미국과 유엔군의 호의에 대한 감사인 듯, 자신이 구해준 흑인병사 윌리엄이 떠나갈 때 성호의 어머니는 "한국의 영원한 자유와 더불어 당신들을 잊지 않겠다"는 말로 화답한다.

이에 반해 '괴뢰정권'에 불과한 북한과 공산주의에 대해서는 다른 어떤 영화보다도 강경한 어조로 비판한다. 예컨대 "맑스·레닌·스탈린이 인간의 존엄을 말살하고 인간을 노예화했다"라거나 공산주의자는 "인민을 유린하고 학살하는 야만인"이라는 대사가 대표적이다. 또한 성희가 이러한 공산주의에 경도된 창환에 대해 "불쌍한 사람! 자기의 인권, 자유, 창조권까지 빼앗긴 관념의 소유자!"라고 말하는 장면이나, 창환이 자신의 과오를 뉘우치며 자신이 "한번 잘못 신은 이 붉은 신, 그 무서운 암흑상의 노예, 인간 아닌 기계, 전율과 공포 속의 산송장, 숙청과 학살 속에 피에 젖은 한 마리 짐승"이었다고 절규하는 마지막 장면은 공산주의 비판의 핵심을 이룬다. 공산주의에 대한 적개심은 그들이 '민족'을 배신했을 뿐만 아니라 인간이 아닌 노예, 기계, 짐승이라는 대사에서 정점을 찍는다. 곧 그들은 비인간이기 때문에 인간적인 대화를 나누거나 정서적인 공감대를 형성하기 어려운 존재라는 것이다.

한편으로 이 영화에서는 아이러니한 대사도 등장한다. 창환의 아버지가 "독립운동을 하다가 감옥에서 돌아가셨다"는 대목으로, 북한이 과거 일제에 당한 기억을 잊고 소련을 섬긴다는 것을 강조하기 위한 대사이지만 북한이 일제하 민족해방운동의 정통을 잇는 것이 남한이 아니라 북한이라는 것을 은연중 드러내고 있기도 한 것이다. 이는 이 영화가 민족을 배신한 반민족적인 집단으로 북한을 묘사하고 있는 것과는 배치되는 대사이다. 이처럼 '반공영화'에서 은연중 드러난 비반공적非反共的인 대사는 '반공'의 개념이 모호한 1950년대의 상황과도 맞물려 있다.

'반공영화'의 주인공들

1955년에 나온 또 다른 영화 〈피아골〉 역시 '반공'의 개념이 명확히 정립되지 않은 상황에서 많은 논란과 논쟁을 야기한 영화이다. 〈피아골〉에 등장하는 빨치산부대는 공산주의자의 인물형이 골고루 등장하고 있다. 냉혹하고 무자비한 대장 아가리(이예춘), 이론적이며 당에 충성을 다하는 애란(노경희), 공산주의 이념에 회의를 느끼기 시작하는 지식인 철수(김진규), 그리고 강간과 살인을 저지르는 비인간적인 만수(허장강) 등이 빨치산부대의 주요 인물로 등장한다. 그들은 민가에 보급투쟁을 나가 그 마을의 삼촌과 조카 사이를 이간시키고 서로 죽이게 하는 등 비인간적인 짓을 저지르지만 모두가 당에 충성하는 길이라고 믿고 있다. 그 과정에서 철수는 점점 더 공산주의에 대해 회의를 느끼게 되고 그를 좋아하는 애란 역시 점차 이념에 대해 근본적인 물음을 함으로써 자신 또한 인간이며 여성임을 느끼게 된다. 어느날 만수는 총상을 입은 채 돌아온 여자대원 소주를 범하고 죽이게 된다. 이를 감추기 위해 동료를 살해한 만수는 또 다른 동료에게 모든 죄를 뒤집어씌우고 그마저 죽여 영원히 죄를 은폐하려 하지만 결국 죽게 된다. 지리산 공비토벌이 점차 이들을 옥죄어오는 가운데 철수와 애란은 귀순을 이야기하게 되고 대장 아가리는 이를 듣고 격분해 이들과 싸우다가 철수를 죽인다. 애란은 결국 아가리를 사살하고 홀로 산을 내려온다.

　이 영화는 남한의 국군이나 경찰이 전혀 등장하지 않는다는 점과 빨치산을 인간적으로 그렸다는 점이 문제가 되어 국가보안법 위반으로 상영이 금지되었으며,[39] 이 때문에 이 영화에 대한 찬반논쟁이 일어나기도 했다.[40] 이 영화의 소재를 제안한 이는 당시 전북도경의 김종환 공보주임이었는데, 촬영 당시 전북도경과 내무부 치안국에서 총기류를 지원해 주는 등 매우 협조적이었다고 한다. 빨치산으로부터 노획한 기록에 의존한 덕분에 영화 속의 묘사는 놀랍도록 리얼하다. 그런데 영화가 완성되자 문교부는 몇 장면을 삭제하거나 수정하는 조건으로 상영허가를 내줄 계획이었지만 당시 검열권을 갖고 있던 국방부 정훈국은 이를 반대했고, 이에 반해 육군본부 정훈감실에서는 이 영화를 두둔했으며,[41] 내무부에서는 결론적으로 "반공영화로 보기 곤란하다"는 의견을 냈다고 한다.[42] 그 이유로는 "대한민국엔 군대도 경찰도 없느냐, 왜 빨치산만 나오고 토벌대는 나오지 않느냐"는 것[43]과 빨치산이 지나치게 사실적으로 묘사되어 선전상 역효과를 줄 우려가 있다는 점, 그리고 빨치산을 영웅화했다는 것이 제시되었다.[44]

그런데 이 영화를 '반공영화'로 보기 곤란할 뿐만 아니라 관객에게 좋지 않은 영향을 줄 수 있다고 보는 데 대한 근거와, 이 영화가 매우 훌륭한 '반공영화'라는 근거는 엄밀히 말하면 동일하다고 볼 수 있다.[45] 이 영화의 전면에 깔린 '휴머니즘'은 이념을 우선시하는 공산주의에 대한 비판을 가능하게 했음과 동시에, 이념보다 인간이 우선이라는 '휴머니즘'에 의해 빨치산 또한 고뇌하는 인간으로 봄으로써 결과적으로 반공주의에 철저하지 못했다는 것이다. 이처럼 '반공영화'에 있어서 휴머니즘은 반공성을 강화하기도 하고 약화하기도 하는 양면적인 잣대였다.[46] 〈피아골〉이 '반공영화'이면서 동시에 '반공영화'에 대한 당시의 기대치에 못미쳤던 중대한 이유는 바로 이 영화가 리얼리즘에 기반한 영화였기 때문이었다. 어떤 것을 반대하기 위해 리얼하게 묘사할수록 그것을 더 잘 알 수 있게 되는 효과를 내기도 하는 것이 리얼리즘인데, 예민한 국가권력의 대리인은 마치 리얼리즘의 본질을 꿰뚫어 본 양 이것을 잡아낸다. 〈피아골〉에서 공산주의를 비판하기 위해 자세히 설명되는 공산주의 이론이 거꾸로 공산주의를

피아골(1955)

알리는 데도 기여할 수 있다는 것은, 1950년대《사상계》등의 잡지에 공산주의를 비판하기 위해 소개된 공산주의 이론이 당시 학생이나 지식인의 좌파이론에 대한 갈증을 푸는 데 도움이 되었으리라는 것과 같은 이치이다.[47]

마찬가지로 이 영화의 주인공이 공산주의자라는 것은 다른 '반공영화'에서 공산주의자는 주연이 아니거나 공동주연으로서 최소한 제1주연이 아닌 것과 대조적이다. 이는 〈피아골〉 논쟁의 핵심인 '공산주의자도 인간'으로 묘사할 수밖에 없는 원인이 된다. 주인공이란 관객이 그 심리와 행동을 따라가며 감정이입하는 대상이다. 이 때문에 주인공이 공산주의자라는 것은 애초에 이 인물에 몰입하게 해야 하는 영화의 문법상 아무리 공산주의자라고 해도 약간이나마 인간적이지 않으면 안 되는 것이다. 더구나 이 영화의 제1주연인 애란의 경우, 그녀가 영화 초반에 보여주었던 공산주의자로서의 철저함과 냉철함은 동시대 남한의 여성 관객들에게 주체적이고 능동적인 리더십을 가진 멋진 인물로 받아들여졌을 가능성도 있다. 공산주의자이면서도 여성으로서 한 남자를 연모하는 인간적인 모습까지 보여준 매력적인 주인공이었던 애란의 존재야말로 "공산주의자를 인간적으로 그렸다"는 정부 당국의 불만을 가능하게 했던 가장 큰 근거라고 할 수 있다.

〈피아골〉과 같은 유형이지만 1960년대 영화인 〈동굴속의 애욕〉(1964, 강범구)은 이러한 영화의 시점이 갖는 중요성을 간파한 듯하다. 영화가 시작되면 돌아가는 윤전기가 화면을 메우고 '전쟁이 빚어낸 비극상'이라는 신문 기사가 뜬다. 아내가 산속 동굴에서 공산당 간부와 살면서 남편을 죽였다는 내용이다. 신문을 본 기자와 아내는 호기심에 재판에 참석한다. 재판이 시작되자 송 변호사와 정 검사 사이에 공박이 벌어지고 피고인 동록(박노식)과 옥녀(김난영)의 증언과 함께 재판 장면과 회상 장면이 교차하며 사건의 전말이 서서히 드러난다. 한국전쟁 발발 3개월전 북한군이 점령한 마을의 세포위원장인 동록은 안태선의 아내 옥녀를 오래전부터 좋아해, 안태선이 출타한 틈을 타서 옥녀의 집으로 가 겁탈하려 하지만 옥녀의 저항으로 뜻을 이루지 못한다. 다른 날 동록은 태선을 반동분자로 끌어가겠다고 협박해 옥녀를 겁탈하고는 옥녀를 속여 인민군 지원 서류에 태선의 지장을 찍게 한다. 안태선과 동네 친구인 양덕보의 증언에 의하면 자신은 안태선과 인민군에서 같은 부대 소속으로 낙동강 전선에 배치되었다가 부대가 전멸한 후 안태선을 구해 겨우 고향으로 탈출했는데, 집에 가보니 옥녀가 남편을 반가워하지 않는 눈치였다고 한다. 불리해진 옥녀. 증언이 계속된다. 인민군이 후퇴하고 국군이 진격하자 안태선은 인민군에 입대했던 전력 때문에 동록과 그의 동생 동만, 여맹위원장 정숙과 함께 산속으로 들어간다. 옥녀는 남편에게 함께 마을로 내려가 자수하자고 권한다. 그러나 남편은 자수하면 죽을 것이니 차라리 산속에 있는 것이 낫다며 거절한다. 자신을 외면하는 남편 때문에 괴로운 옥녀가 밤에 홀로 산책을 나가자 뒤따라나온 동록은 옥녀를 겁탈하고, 처음엔 죄책감에 시달리던 옥녀도 점차 동록을 원하게 된다. 뒤늦게 태선은 마을의 구장을 만나 자수하면 용서받을 것이라는 말을 듣고 옥녀에게 함께 가자고 하지만 이번에는 옥녀가 원하지 않는다. 옥녀는 정숙에게 태선이 자수할 것이라는 말을 일부러 흘린다. 태선은 즉결처분을 받아 동록에 의해 낫으로 살해된다. 재판이 끝나고 호송되어 가는 옥녀와 동록. 옥녀는 송 변호사에게 아기를 넘겨주면서 커서 어미를 찾거든 죄많은 어미 얘기는 하지 말아달라고 부탁한다.

이들을 보며 눈물짓는 기자의 아내는 "옥녀 혼자만의 문제가 아니라 전쟁에 시달린 우리 모든 여성들의 상처"라고 하면서 옥녀를 동정한다고 말한다.

    이 영화에서 주인공 옥녀와 남편 태선은 철저한 공산주의자는 아니다. 태선은 인민군에 가담한 전력 때문에 처벌이 두려워 산으로 올라갔으며, 옥녀는 그런 남편을 찾아 산으로 갔다. 처음부터 공산주의자가 아닌 사람이 빨치산에 합류했다는 점이 〈피아골〉과의 차이점인데, 이는 이 영화가 공산주의자에 대해 가지는 두 가지 추측에 근거한다. 실제로 빨치산 중에는 원래부터 공산주의자라기보다는 상황에 몰려 어쩔 수 없이 공산주의 대열에 낄 수밖에 없었던 이들이 존재할 것이라는 추측과 함께 인간미를 보일 수 있는 사람은 이들뿐일지 모른다는 추측이 그것이다. 어쩌면 〈피아골〉에서 유일하게 공산주의를 회의할 수 있는 이성적 인간인 철수 역시, 원래부터 공산주의자가 아니라 〈동굴 속의 애욕〉에서의 옥녀와 태선 같은 인물일지 모르는 것이다. 이 영화는 실제로 재판을 담당했던 판사가 쓴 실화소설을 영화화한 것으로 감독은 "공산주의 이전에 인간이었고 죄를 저지른 인간이기 전에 숭고한 본능이 있었다는 것을 묘사하려 했다"고 하면서, "공산왕국의 잔인성과 이 때문에 시달림을 받은 착한 동포들이 어쩔 수 없이 저지른 악에 대해 따사로운 동정을 보내자"는 것이 주제라고 말하고 있다.[48] 공산주의자 중에서도 원래부터 공산주의자였던 사람이 있고 어쩔 수 없이 공산주의자가 될 수밖에 없었던 사람이 있으며, 후자에게는 관용을 베풀어야 한다는 논리는 북한의 동포들은 후자에 속하기 때문에 우리가 보듬어야 한다는 논리로 이어질 수 있는 것이기도 했다.

〈피아골〉과 비교해 주목해야 할 지점 중 하나는 〈동굴 속의 애욕〉에서는 주인공이 옥녀이기는 하지만 그보다 더 중요한 영화 전체의 내러티브를 좌우하는 것은 오히려 기자의 아내라는 것이다. 기자의 아내는 우리에게 이 이야기를 들려주는 화자이면서 주제를 전달하는 인물이다. 관객은 직접 주인공에게 감정이입을 하기보다는 화자라는 매개체를 통해 감정이입이 이루어진다. 이 화자의 등장으로 인해 관객은 보다 안전하게 빨치산 이야기를 접할 수 있다. 때문에 〈동굴 속의 애욕〉은 굶주림과 성적 본능 같은 인간적인 것들이 이념보다 중요하다는 주제를 〈피아골〉처럼 '반공영화' 냐 아니냐의 논쟁이나 모호함 없이 전달할 수 있었다. 화자는 결국 이 모든 사건을 증언하는 증인이며 반공이데올로기의 전파자이기도 하다. 〈피아골〉의 애란이나, 〈피어린 구월산〉(1965, 최무룡)[49]에서의 영숙은 모두가 죽는 가운데 혼자 살아남음으로써 역사의 증인이 되는데, 〈동굴 속의 애욕〉에서 역사의 증인은 직접 경험자인 옥녀가 아니라 간접적으로 사건을 들은 남한의 중산층 여성이다.

또다른 하나는 〈피아골〉의 애란이 공산주의를 회의하는 인물인 철수를 선택함으로써 남한 체제의 우월성을 인정하고 있는데 반해, 〈동굴 속의 애욕〉에서 옥녀는 철저한 공산주의자인 동록을 선택하고 그의 아이까지 낳는다. 멜로드라마에서의 승리가 체제의 승리로 귀결되는 일반적인 '반공영화'에 비추어볼 때 이 영화는 실화이기 때문에 가능한 매우 급진적인 결말을 갖고 있는데, 이 역시 사건을 바라보는 화자가 남한체제의 '풍요로운' 중산층이기 때문에 상쇄되고 용서될 수 있는 성질의 것이다. 만일 〈동굴 속의 애욕〉이 액자구성으로 되어 있지 않고 화자가 설정되지 않은 상태에서 이런 결말을 맺었다면 반공법으로부터 자유롭지 못했을 소지가 크다. 그것을 비껴갈 수 있었던 것이 바로 남한체제의 우월성을 상징하고 있는 '여유롭고 인간적인' 중산층 여성의 존재이며, 이 사건을 공정하게 처리하는 '대한민국'이라는 국가의 법정인 것이다. 〈피아골〉은 마지막에 홀로 백사장을 걸어가는 애란이 대체 어디로 가는 것인가에 대한 의문을 불식시키기 위해 궁여지책으로 휘날리는 태극기를 오버랩시켰지만,[50] 만약 이 장면이 없었다면 〈피아골〉이 '반공영화'가 아니라는 당대의 일부 주장처럼 '대한민국'이라는 국가의 존재는 영화상에 결코 드러나지 않는다. 〈피어린 구월산〉에서 영숙은 헬기를 타고 구조되는 것으로 묘사되고, 〈동굴 속의 애욕〉에서 처벌받는 두 사람은 법정의 보호를 받으며 호송차를 타고 간다. 이를 통해 두 사람의 아기는 '국가'의 보살핌 속에 안전하게 길러질 것이라는 느낌이 전달된다. 국군과 국가를 표상하는 이러한 장치들을 통해 1960년대 '반공영화'는 '대한민국'의 우월성을 부각시킨다.

'반공'과 반전 사이

한편 1960년대 초반에 제작된 본격 전쟁영화 두 편은 '반공영화'의 전형이 어떻게 '반공'과 틈새를 벌릴 수 있는지 보여준다. 〈5인의 해병〉(1961, 김기덕)은 서해안에서 적의 동태를 알아보기 위해 군 작전 중인 한 해병부대의 이야기이다. 신임 소대장 오덕수 소위(신영균)는 아버지 오석만 중령(김승호)이 대대장으로 있는 부대로 부임하지만 어릴 때부터 형만 편애하는 아버지에게 차별받아왔다는 생각 때문에 반갑게 맞이하는 아버지에게 냉정하게 대한다. 어머니와의 가슴 아픈 이별을 한 훈규(황해), 두고 온 애인에게 편지를 쓰는 정국(최무룡), 첫

날밤도 못 치르고 군대에 징집당한 영선(박노식), 무대에 서는 것이 꿈인 주한(곽규석), 막내 해병 용규(남양일)는 매일 참호만 파고 대기하는 것이 지겹고 무료한 가운데, 철저한 군인정신을 강조하는 분대장(독고성)과 마찰을 일으킨다. 막내 용규가 정찰 중 사망하자 분대장은 홀로 북한군 진영에 침투해 북한군의 화약고 증설과 폭격 계획 등 중대한 정보를 부대에 알리고 죽는다. 이 정보를 통해 장교들은 인민군 화약고를 우선 공격하고 동시에 대대적인 공습을 펼 작전을 짠다. 이에 오 소위는 특공대 조직을 자임하고 분대장을 오해했던 부대원들 역시 오 소위와 함께 특공대를 자원한다. 이에 후임 분대장이 된 훈규는 자신의 분대원들에게 특공대를 맡겨달라고 나서고 이로써 훈규, 정국, 영선, 주한, 그리고 오 소위, 이렇게 다섯 명의 특공대가 조직된다. 적진으로 떠나기 전 오 중령은 오 소위를 불러 형을 편애했던 까닭은 그가 친아들이 아니었기 때문이었다고 말하고 오해를 푼다. 5인의 해병은 적진으로 들어가 화약고를 폭파시키고 임무를 수행했으나 그 과정에서 정국과 부상당한 오 소위만 살아남으며 오 소위 역시 보트 위에서 죽는다. 오 소위의 시신을 안고 돌아온 정국은 오 중령에게 오 소위의 유품을 건넨다.

〈5인의 해병〉의 성공 이후 쏟아져 나온 전쟁영화들 중에서 〈돌아오지 않는 해병〉(1963, 이만희)은 단연 돋보이는 수작이다. 영화는 활기찬 군가와 대규모 전투씬으로 시작된다. 인천상륙작전에 참가했던 한 해병부대의 분대장(장동휘)과 부대원들은 서울을 수복하고 북진하던 중에 전쟁으로 고아가 된 소녀 영희(전영선)를 구한다. 이후 부대원들은 영희를 몰래 부대자루에 넣고 다니면서 보살펴준다. 부대원들의 귀여움을 독차지하며 그들과 함께 생활하게 된 영희의 사연을 통해 민족의 비극이 드러난다. 영희의 친구 영자에게는 오빠가 둘 있었는데 '빨갱이'이자 '나쁜 사람'인 큰 오빠가 영희의 아빠를 잡아갔다는 것이다. 그리고 '좋은 사람'이자 해병대원인 영자의 작은 오빠가 바로 새로 들어온 해병 경익(최무룡)이라는 것이 밝혀진다. 경익은 영희에게 형의 죄를 대신 빌며 어린 동생들이 평화롭게 살기 위해 싸워야 한다고 말한다. 이후 부대원들은 무장간첩을 잡은 공로로 특박을 나가지만 곧 부대로부터 귀대 조치를 받아 전선에 배치된다. 그리고 중공군과의 긴박한 전투 끝에 부대원 42명 중에 단 두 명만이 살아남는다.

〈5인의 해병〉에서 국군은 군인이기 이전에 제각기 가슴 아픈 개인사를 지니고 가족을 그리워하는 보통 사람이다. 이들 해병들은 각자의 개인사를 털어놓음으로써 서로를 이해하고 전우애를 쌓는다. 〈돌아오지 않는 해병〉에서는 고아가 된 어린 소녀를 데리고 다니며 돌봐줌으로써 해병들은 '유사 가족'이 된다. 여기서 전우애란 확장된 가족애이다. 이러한 유사가족의 구현은 당시 영화들에서 자주 보이는 설정으로 〈수색대〉(1964, 정창화)에도 전투 와중에 버려진 아기를 키우며 전우애를 쌓아가는 모습이 등장한다. 〈5인의 해병〉에서 해병들은 각자 꿈이 있는데 이 꿈을 방해하는 존재는 북한군이라기보다는 전쟁 자체이다. 북한의 인민군은 캐릭터로서 부각되지 않고 배경이나 소품처럼 등장해 '아군이 한 발 쏘면 대여섯 명씩 쓰러지는'[51] 전형적인 '적군'의 모습을 하고 있다. 〈돌아오지 않는 해병〉 역시 적군은 주요 등장인물이 아니며, 전쟁을 마주한 해병들의 심리 묘사가 주가 되고 있다. 나아가 전쟁은 이 모든 것을 파괴하고 생명을 빼앗아가는 것이라는 염전厭戰사상까지 엿보인다. '반공反共'보다는 '반전反戰'에 가까운 의미가 부각되는 것이다. 물론 '반전'이라는 것이 전쟁이 일어나지 않은 상태가 곧 평화(=비폭력)의 상태라는 것을 전제하고 있다는 점은 전쟁영화의 딜레마이자 한계이기도 하다.[52] 그러나 전쟁이 끝난 지 10년밖에 안된 시점이며, 게다가 당시 박정희 정권이 강력한 반공정책을 추진하고 있었음을 감안할 때 이러한 변화는 놀라운 것이다. 〈돌아오지 않는 해병〉에서 가끔씩 등장하는 소녀의 내레이션과 실감나는 전투씬은 대비를 이루며 전쟁의 비극성을 강조하고 군인들의 영웅적인 모습보다는 전쟁 자체를 회의하거나 죽음에 대한 두려움을 드러내는 대사들 속에서 인간적 고뇌가 표현된다. 예컨대 "지금도 살고 싶은 의욕이 있느냐. 죽지 못해 살 뿐이다"라는 대사나 "분대장으로서 최후의 임무는 살아서 전쟁의 증인이 되는 것이다. 그때 인간은 반드시 전쟁이 필요한지 물어보라"라는 대사 속에서 반전적인 주제가 전달된다. 1950년대 전쟁영화인 〈격퇴〉가 전우애나 군인들의 비애 같은 휴머니즘적인 요소에도 불구하고 대부분의 부대원이 살아남아 "우리는 적을 격퇴했다……. 좀 더 산산이 부셔 송두리째 없애버릴 것을……. 꺼림칙하군. 몇 명 덜 죽인 것 같아서……"라고 되뇌었던 것과는 좋은 대조를 이룬다.

그런데 이 영화는 실제 해병대의 대대적인 지원에 힘입어 엄청난 물량의 스펙터클을 제공했고[53] 관객도 27만 명이나 동원했다.[54] 아마도 해병대는 '반전'과 '반공'을 같은 것으로 보고 이 영화가 '반공영화'라고 생각해서 후원했겠지만 감독은 전쟁을 일으킨 대상에 대한 통렬한 비판 대신 전쟁 자체에 대해 말하는 전략을 취함으로써 일거양득의 소득을 올리고 있다.[55] 여기서 이러한 휴머니즘에 대한 강조가 '반공적'인 것과 반드시 배치되는 것은 아님을 유의할 필요가 있다. 오히려 반휴머니즘적인 전쟁을 일으킨 것이 북한이고 공산주의라는 기본적 인식에서 '인간성의 옹호'는 '자유 진영'의 국가인 대한민국에서나 가능한 가치로 인식되었고 전쟁을 이념이 아니라 '휴머니즘적'으로 바라보았다는 사실 자체가 남한 체제의 우월성과 도덕성을 증명하는 기제로 작용했다. 〈피아골〉 논쟁에서 보았듯이 공산주의에는 휴머니즘이란 없는 것이라고 강변하고 있는 것이다. 또한 〈5인의 해병〉이나 〈돌아오지 않는 해병〉과 같이 전우애가 주요 소재이자 주제가 되는 영화들에서 보이는 '남성들 간의, 혹은 남성 공동체의 우정'은 그 자체가 근대 민족주의의 발흥과 함께 '남성다움'이 발견되면서 재탐색된 것이다.[56] 곧 전우애는 민족애로 등치되고 민족애는 인간애로 등치되는 논리의 연쇄 속에서 휴머니즘을 그린 반전영화는 여지없이 남한 민족주의를 부추기는 반공주의의 첨병이 될 수 있는 소지가 있다. 그러나 관객들이 받아들이는 휴머니즘의 스펙트럼이 넓다는 것 자체가 '반공영화'가 '반공'과의 간극을 벌이는 방식이며 '반공영화'의 자기 모순과 역동성이 드러나는 지점이기도 하다.

반공과 반전 사이에 놓인 1960년대 중반의 '반공영화'의 맥락에서 〈비무장지대〉(1965, 박성호)는 과도적 의미를 가진다. 영화 초반에 전쟁의 참상을 보여주는 스틸사진이 나오면서 지도에는 38선이 그어진다. 휴전 직전인 1953년 여름, 전선에서는 아직도 전투가 벌어지고 있는데 휴전선 비무장지대에서는 어린 소년과 소녀가 낙오되어 남는다. 소녀는 엄마를 찾으러 남쪽으로 가는 길이라고 하고 소년은 시체를 뒤져 철모에 인민군 복장을 하고는 권총과 훈장까지 주렁주렁 달고 있다. 두 아이는 지뢰 위에 돌 얹고 철모에 물을 담아 감자를 익혀 먹고 개구리를 잡아 먹으며 함께 지내다가 실수로 지뢰를 터뜨린다. 판문점에서는 긴급 정전회담이 열리고 북한 측은 이 사건이 유엔의 음모라고 주장하고 유엔은 현장조사할 것을 제의한다. 아이들은 탱크 위에 올라가 전쟁놀이를 하기도 하고 군사분계선에서 말 안 하기 놀이도 한다. 아이들은 엄마를 찾아 남쪽으로 가던 도중 총에 맞은 인민군과 맞닥뜨리게 된다. 그는 아이들에게 따라오라고 종용하면서 총을 겨누다가 그만 쏘게 되고 소년은 이를 맞고 죽는다. 죽은 소년 곁에서 잠든 소녀에게 국군이 나타나 엄마가 찾아오라고 했다고 하지만 깨어보니 꿈이다. 소녀는 혼자 걸어간다. 판문점 휴전회담 다큐장면이 삽입되고 지뢰와 철조망이 보이며 지뢰 사이를 걸어가는 소녀가 보인다. 영화는 "155마일 휴전선은 조국의 허리를 끊었다. 피의 대가가 고작 이것인가"라는 물음으로 끝난다.

 이 영화는 미8군과 군사정전위원회의 허락 하에 휴전 이후 처음으로 실제 비무장지대에서 로케이션 촬영을 한 영화로서 제13회 아시아영화제에서 비非극영화부문 최우수 작품상을 받았다.[57] 이 영화에는 실제로는 가볼 수 없는 땅을 유람하는 시선, 곧 볼거리로서의 국토를 상정하는 시선이 존재하며,[58] 이를 통해 휴전선의 존재는 국민에게 더욱 각인된다.[59] 이제 38선 이남만이 남한의 우리가 상상할 수 있는 땅이며 그 이북은 가볼 수도, 생각할 수도 없는 땅이 되었다. "대한민국의 영토는 한반도와 그 부속도서로 한다"는 헌법의 영토 규정과는 달리 이 영화는 현실에서의 남한 국가의 영토가 휴전선 이남뿐이라는 것을 명시적으로 보여주고 있다. 영화의 배경이 된 휴전 무렵에는 금지, 혹은 금기의 의미로서의 철조망이 있었던 것이 아니었고 군사분계선이라는 표지판 정도만 군데군데 세워져 있는 정도였기 때문에,[60] 아직 비무장지대는 이제 막 생겨난 가능태로서의 공간이면서 실제로는 지뢰밭이었던 역설적 공간이었다. 여기서 '반공'이란 단지 이념이 아니라 두 동강난 국토를 통해 명징하게 드러나 있는 실체이다.

순수한 두 아이를 통해 분단의 비극을 고발한 이 영화에서 인민군 패잔병에 의해 소년이 죽는 장면은 이 영화가 '반공영화'인 근거의 하나가 되었다. 소년이 전쟁놀이를 하며 부르는 노래의 가사는 "압박과 설움에서 해방된 민족. 싸우고 또 싸워서 세운 이 나라. 북한 오랑캐의 침략을 받아 자유의 인민 피를 흘린다. 동포여 일어나라 나라를 위해"이다. 특히 "북한 오랑캐의 침략을 받아 자유의 인민 피를 흘린다"는 대목은 시대별로 노래를 부르는 주체의 필요에 따라 가사가 달라졌다.[61] 중요한 것은 이 노래의 가사가 영화의 배경이 되는 1953년의 정서를 반영하고 있다기보다는 이 영화가 제작된 1965년의 분단 정서를 반영하고 있다는 것이다. 이 노래는 명백히 남한의 국가가 해방된 민족의 정통성을 이어받고 있으며 현재의 이 비극의 원인은 '북한 오랑캐'에게 있다는 것을 말하고 있다. 그런데 여기서 '북한 오랑캐'라는 표현은 북한에 살고 있는 주민이 아니라 외세, 곧 소련에 빌붙고 있는 '오랑캐'나 다름없는 북한 집권층을 가리킨다. 그리고 떨쳐 일어나야 할 동포란 남한 동포만을 의미하는 것이 아니라, 남한 국민들과 북한에서 '오랑캐 치하에 신음하는' 동포들을 의미한다. 한국전쟁은 남북의 대결이 아니라 남북한의 민중과 소련의 배후조종을 받는 북한 권력층과의 대결이라고 주장하고 있는 것이다. 이는 북한을 독립적인 국가로 보았다는 이유로 기소된 영화 〈7인의 여포로〉와 비교해 보았을 때, 이 영화가 미군의 지원 속에 제작된 명실상부한 '반공영화'임을 웅변하고 있는 장면이라고 할 수 있다.

이러한 '반공'적 요소에도 불구하고 이 영화는 한반도 유일의 중립지대라고 할 수 있는 비무장지대라는 상징적인 공간에서 남북이 결국 한 핏줄임을 강조함으로써 오히려 '민족'의 메시지를 강화한다. 이는 두 아이가 말 안하기 놀이를 하는 장면에서 엿볼 수 있다. 이 놀이는 달랑 줄이 하나 걸린 군사분계선의 양쪽에 서로 등을 돌리고 앉아 말을 안 하고 버티는 것으로 말을 먼저 하는 사람이 지게 되어 있다. 남북 간의 대화 단절을 상징하고 있는 은유적인 장면인데, 소녀가 아무리 불러도 소년이 대답을 안 하자 소녀는 울어버리고 이에 소년은 줄을 끊고 군사분계선이라고 써 있는 팻말을 넘어뜨린다. 이는 1960년대 영화라고는 믿기 어려울 정도로 급진적인 장면으로 보이지만, 아마도 당시에는 '승공통일' 구호의 맥락에서 해석되어 문제가 되지 않았을 것이다. 영화의 서두에는 이 소년과 소녀의 관계를 말해주는 장면이 나온다. 두 아이가 처음 만나 자기소개를 하는 과정에서 소녀는 자신의 이름이 영이이며, 아저씨 이름은 바우라고 말하는 장면이 나온다. 이때 소년은 "내 동생 이름도 영아이고, 바우아저씨도 우리 아저씨"라고 말한다. 그러면서 오빠라고 부르라고 하는데 이 두 아이가 정말 남매인지, 아니면 우연인지는 확실하지 않다. 이러한 의도적인 모호성이야말로 이 영화가 서로 남매인 것도 못 알아보는 남북한을 의미하며 남북한이 결국은 피를 나눈 남매지간임을 은유하고 있다고 할 수 있다.

'반공영화'의 '민족' 감수성

1960년대 중반에 개봉된 '반공영화'들에서 '반공'보다 '민족'이 더 중요해지는 사례를 더 찾아볼 수 있다. 대표적으로 '이념과 사랑의 삼각관계 플롯'에 속하는 〈남과 북〉(1965, 김기덕)은 기존 '반공영화'와는 지향점을 조금 달리하고 있다. 한국전쟁이 한창이던 때 남한 부대에 북한군의 장일구 소좌(신영균)가 귀순해 온다. 중대장 이 대위(최무룡)는 장 소좌에게 귀순의 이유를 묻고 장 소좌는 전쟁 전에 헤어진 애인 은아(엄앵란)를 만나기 위해서라고 답하며 그녀의 사진을 보여준다. 사진을 본 이 대위는 그녀가 자신의 아내인 것을 알고 놀라서 더 이상 심문을 하지 못하고 정보참모(남궁원)에게 장 소좌를 넘긴다. 정보참모는 장 소좌에게 당신 정열에 경의를 표한다면서 목숨 걸고 찾아주겠다고 한다. 하지만 만일 다른 남자와 결혼을 했다면 어떻게 하겠느냐고 묻자 장 소좌는 변할 사람이 아니라고 답하면서 회상에 젖는다. 이어서 은아는 주인의 딸이었고 자기는 종이어서 계급 차이가 하늘과 땅이었는데 은아가 눈보라 속에서 찾아와 변하지 않겠다고 부처님께 맹세하라 했다는 에피소드를 말한다. 은아만 데려오면 정보를 다 넘겨 주겠다고 하는 장 소좌. 마침 북한군의 대포 소리가 크게 들리고 이상히 여긴 정보참모는 장 소좌에게 다그치지만 장 소좌는 총구 앞에서도 전혀 두려움 없이 은아와 바꾸지 않으면 죽어도 정보를 못 내놓겠다고 버틴다. 이 대위의 부인을 찾으러 간 병사가 비오는 서울역에서 그녀를 겨우 만나 길을 나서지만 폭우 때문에 시간이 더 걸린다. 장 소좌는 자신이 고향에 두고 온 어머니와 친구들을 배신했다며 돌아가서 사과한 다음 죽겠다고 말한다. 이 대위는 참모장에게 사랑을 찾아온 자는 자유를 찾아온 자이니 아내가 장일구를 택하면 놔주겠다고 말한다. 장 소좌는 모레 새벽에 총공격이 있을 것이라는 정보를 순순히 준다. 드디어 은아를 만난 장 소좌. 은아는 울면서 결혼했다고 고백하고 장 소좌는 남편이 이 대위임을 알고 충격을 받는다. 두 사람의 행복을 위해 은아를 양보하고 물러나겠다는 장 소좌에게 이 대위 또한 자신이 물러나겠다고 한다. 이 대위는 일선근무를 나갔다가 전사하고 이 사실을 안 장 소좌는 착한 사람을 죽인 인민군을 가만두지 않겠다며 막사를 뛰쳐나갔다가 벼랑에 떨어져 죽는다.

〈남과 북〉은 한운사 극본의 KBS 연속극을 원작으로 한 영화로, "누가 이 사람을 모르시나요?"라는 주제가로도 유명하다. 이 영화는 분단의 비극이 가족의 비극으로 치환되는 그 지점에서 이념보다 사랑이 더 중요하고 사랑을 가로막는 어떤 이념도 의미가 없다는 것을 설파한다. 여기서 이념이란 운명이기도 하지만 선택의 문제이기도 하다. 경우에 따라서는 북한을 선택할 수도 있는 문제라는 것이다. 물론 실제로 그런 선택이 이루어질 수는 없다는 것을 관객은 미리 알고 있다. 이러한 플롯의 영화들에서 공산주의자는 비로소 사랑을 할 줄 알고 갈등이 있는 인간적인 모습을 보여주며, 때때로 인간적인 훌륭함도 보여줌으로써 여성이 북한 쪽을 선택한다고 해도 윤리적으로 나무랄 것은 못 되는 어떤 상황을 연출한다. 이러한 플롯에서는 반공주의 역시 절대절명의 것이 아니라 선택의 문제가 되며, 이념이 대체 무엇이길래 이러한 고통을 안겨주는가 하는 식의 이데올로기 자체에 대한 회의를 드러내기도 한다. 남한이냐 북한이냐는 결국 선택의 문제이며 어느 한 쪽이 절대 악이거나 절대 선인 것은 아니다. '반공영화'의 반공주의 전선에 틈새가 벌어지기 시작하는 것은 바로 이 지점에서부터이다.

이 영화에서는 이 틈새를 의미하는 의미심장한 대사들이 종종 등장한다. "자유를 보장하는 것이 민주주의다, 뭣 때문에 총질하는지 아는가? 자유롭게 의사 표현하고 사랑을 추구하려고"라고 말하는 이 대위와, "이념이 좋아서 넘어온 것이 아니다. 어떤 놈들이 만들었는지는 모르겠지만 벽이 무너지는 그날까지 살아야 한다", "38선은 제일 미런한 놈이 만든 제일 나쁜 것", "(여섯 살짜리 꼬마에게) 어서 자라서 억센 주먹으로 38선을 때려 부수라"고 말하는 장 소좌는 결국 같은 말을 하고 있다. 두 사람은 각각 남북한 체제를 대표해 자기 체제의 정당성과 우월성을 과시하는 대신에 이러한 상황을 만든 분단의 비극성, 냉전체제와 이데올로기 자체를 회의하고 있으며 그것이 우리 민족 대다수의 의사라기보다는 그렇게 하도록 강제한 어떤 힘이 있음을 암시하고 있다. 북한군을 남한군과 동등하게 긍정적 캐릭터로 묘사한 대목은 당시의 영화로서는 매우 드문 일이었다. 북한군 소좌를 연기한 신영균이 영화의 마지막을 장식하는 것으로 보아 오히려 주인공은 최무룡보다는 신영균 쪽이다. 북한군을 주인공으로 했을 때의 위험성에 대해서는 앞서 이야기한 바와 같지만 〈피아골〉과 비교했을 때 비록 사회적 맥락에서는 이런 분단의 비극을 만든 것은 북한의 남침으로 인한 전쟁이며 더 근본적으로는 공산주의의 모순이라는 것을 반복적으로 교육하고 있지만, 정작 영화는 반공주의를 소리 높여 외치기보다는 분단으로 인해 겪어야 하는 한 민족으로서의 인간적 고통을 그려냄으로써 반공담론을 민족담론으로 전화시키고 있다.

　　여기서 남북한은 공히 피해자이다.[62] 그것이 일부 권력층이든 외세이든 이데올로기 자체이든 아니면 남북한 서로이든 간에 어떤 면에서 그 속에서 살고 있는 일반 사람들은 피해자일 수밖에 없다. 그러나 어쩌면 북한군조차 역사의 피해자일지 모른다는 이러한 생각이 이 영화에서 끝까지 관철되지는 못한다. 마지막에는 장 소좌가 북한을 향해 총을 겨누는 결말이 기다리고 있기 때문이다. 이는 가해자는 북한이라는 것을 확정짓지 않으면 안 되는, 곧 반공주의를 견지해야 한다는 강박적 결말로 보인다. 여주인공의 얼굴에 태극기를 휘날리도록 한 〈피아골〉과 마찬가지로 오히려 이러한 강박이 존재한다는 흔적이 뭔가 다른 해석의 여지를 없애고 이 영화를 '반공영화'로 서둘러 결론 내 버리려는 감독과 제작진의 고육지책인지도 모른다. 이러한 피해자로 서의 정체성이 남한뿐만 아니라 북한에게까지 확장될 때 이는 오히려 '민족'의 동질성을 회복해야 한다는 당위와 이를 달성할 수 없는 현실에 대한 안타까움으로 표현된다. 당시 언론에서도 이 영화를 "남과 북의 눈물을 흠뻑 쏟게 하는" 영화이며, "통일을 염원하는 백성들에게 권하고 싶은 영화"로 평가했음을 보면 이러한 정서가 관객들의 공감대를 자아내는 데에도 어느 정도 성공했다고 짐작할 수 있다. 결국 '반공영화'에서 강조되는 것은 '반공'이 아니라 '민족'이 처한 현실이다.

그런데 영화에서 이처럼 '반공'보다 '민족' 정서를 부각시키는 데에 물꼬를 튼 것이 정부가 벌인 한 이벤트였다는 것은 아이러니한 일이다. 〈돌아오라 내 딸 금단아〉(1965, 김기풍)는 정부에서 대대적으로 마련한 신금단 부녀의 상봉극을 영화화한 것이다.[63] 북한의 육상선수 신금단은 도쿄올림픽에 출전하기 위해 일본으로 건너가는데 이 사실을 알게 된 그녀의 아버지는 딸을 만나러 일본으로 찾아간다. 그러나 그들 부녀에게 주어진 면회시간은 10분도 채 되지 않는 짧은 시간이었고 부녀는 눈물의 상봉과 통곡의 이별을 해야 했다. 신금단은 세계신기록을 보유한 북한 최고의 육상 스타로 이들 부녀의 상봉은 각 언론을 통해 대대적으로 보도되었으며 '눈물의 신금단'이라는 노래가 큰 인기를 끌었다. 정부는 이 만남을 통해 만남을 주선한 남한 정부와 이를 방해한 북한을 대비시킴으로써 '민족적'인 남한과 '반민족적'인 북한이라는 등식을 성립시켰다. 남한 정부 입장에서는 실제 부녀의 안타까운 상봉 여부와는 상관없이 국민에게 이러한 남북한의 이미지를 유포한 것만으로도 성공적인 이벤트로 평가되었을 것이다. 그러나 이러한 이벤트나 이를 보다 극적으로 영화화한 〈돌아오라 내 딸 금단아〉를 지켜본 국민들은 한 가족을 생이별시켜야 하는 현실에 가슴아파하며 눈물을 흘렸을 것이다. 통찰력 있는 영화평론가 이영일은 이 영화 이후 "내셔널리즘이 영화계에 배출구를 얻었다"는 말로 이 사건이 영화계에 준 영향을 평가했다. 그는 "정치인들이 다루는 내셔널리즘과 민중들이 생활하고 실감하는 내셔널리즘 사이에는 차이가 있다"는 것을 간파했는데,[64] 이것이 바로 '민족' 개념을 남한만의 개념으로 보느냐, 북한까지 포함한 개념으로 보느냐의 차이이며, 배제의 논리인 '반공'과 통합의 논리인 '민족'이 갈등을 일으키는 하나의 양상인 것이다.

　　이러한 양자의 갈등이 더욱 첨예하게 드러나는 경우도 있다. 바로 반공법 위반으로 문제가 된 영화 〈7인의 여포로(돌아온 여군)〉(1965, 이만희)가 그 대표적인 사례이다. 이 영화의 의도를 읽기 위해 시나리오 앞부분에 나와 있는 줄거리를 그대로 옮겨보면 다음과 같다.

한국전쟁 괴뢰 남침으로 자유와 평화를 애호하는 이 땅에 슬픈 비극을 역사에 남기고 여기 애국심에 불타는 용감무쌍한 국군과 유엔군 장병들의 반격작전으로 통일도 멀지 않을 때, 또다시 중공 오랑캐의 침입으로 최전방 격전지에 부상병 치료의 중임을 맡고 북괴와 중공군이 출몰하는 지역을 달려 남남으로 오던 엠뷸란스는 현지에서 길을 잃었다. 이 엠뷸란스에는 간호장교(유계선)와 두 명의 간호하사(최지희, 전향이), 두 명의 부상병, 운전병 등이 타고 남쪽을 향해 달리고 있었다. 도중 부모를 잃은 소녀(전영선)를 구출하고 미처 피난하지 못한 양 부인(문정숙)과 남편을 잃고 방황하는 모녀(이민자)를 인정상 통과할 수 없어 태워준다. 그러니까 이 엠뷸란스에는 여자만 일곱 명이 타고 있었다. 도중 죽어가는 괴뢰군 소년병을 발견한 간호장교는 이러한 지역에서 만일 적군에게 포로가 된다면 양장한 양부인의 신분을 보호할 수 없음을 예감해 양부인에게 보급 중인 군복을 바꿔 입힌다. 계속 험로를 남하하는 엠뷸란스는 불운하게도 괴뢰 수사대원들에게 포위되어 괴뢰 수색대 본부까지 인솔되어 포로가 된다. 이들 괴뢰 수색대장(장동휘)과 수색대 특무장(이대엽)은 악질 공산분자의 감시를 받고 있으나 항상 자유대한으로 월남 귀순할 것을 각오하고 기회만 노리고 있었다. 수색대장의 명에 따라 특무장의 인솔하에 괴뢰 후문 본부로 이송된다. 도중 중공군 일대와 우연히 만나게 된다. 중공 오랑캐는 욕정에 굶주린 이리떼 모양 여포로들을 발견하고 자기들에게 인계할 것을 강요한다. 그러나 괴뢰 특무장은 무슨 생각에서인지 생명을 걸고 완강히 거부한다. 거부당한 중공 오랑캐들은 여포로들에게 만행하려고 하나 괴뢰대원들의 결사적인 제지로 부득이 괴뢰수색대 본부까지 되돌아온다. 중공군 대장은 괴뢰 수색대장에게 여포로들을 자기들에게 인계할 것을 계속 강요한다. 때마침 야간 괴뢰 본부에서 수색 나가라는 연락이 옴으로써 대장은 부관(허장강)에게 여포로들의 보호를 위임하고 수색에 출발한다. 진짜 공산당원인 부관은 상전이 중공군에게 아첨해 여포로들을 제물로 제공할 것을 생각한다. 그동안 중공군 수 명이 여포로들이 수용된 방에 침입해 만행하려다 괴뢰 보초병에게 발각되어 그중 한 명이 사살된다. 여기서 사건은 발단되어 중공 대장은 괴뢰대원을 임의로 총살형에 처하려 한다. 총살하려는 찰나 괴뢰대장이 귀대하게 되어 이를 저지함으로써 괴뢰 수색대원과 중공군 간에 전투태세에 이르기까지 사태는 악화된다. 한편 부관은 대장을 반동이라 해 비밀리에 무전으로 당본부에 연락해 대장의 지휘권을 박탈하려 한다. 그러나 특무장을 비롯한 대원들은 대장편을 들어 중공군과 일전할 것을 결의하고 발포한다. 이들은 여포로들에게 총을 주어 중공군을 몰살한다. 여기 대장과 괴뢰대원들은 항상 자유대한으로 탈출할 것을 기다리나 서로의 경계심에 말 못하고 이 기회를 타서 결합이 된다. 혈전 끝에 중상 입어 죽어가는 대장을 전적지에 남겨두고 살아남은 대원과 여포로들은 동족애에 흐느끼며 자유의 대한 남쪽을 향해 길을 떠난다.

현재 필름이 남아 있지 않아 확인할 수는 없지만 줄거리에 쓰인 용어나 표현으로 보아서 이 영화는 매우 '반공적'인 영화이거나 적어도 '반공적'이려고 애쓴 영화임은 분명하다. 검열을 위해 제출한 심의대본에 실려 있는 것이기 때문에 의도적으로 과도한 '반공적' 문구를 구사했을 가능성도 있다. 이는 시나리오의 엔딩 장면에서 인민군 수색대장이 부하들에게 남쪽으로 갈 것을 종용하면서 말한 다음과 같은 대사에서도 엿볼 수 있다.

개 같이 북으로 끌려가 노예가 되겠는가? 죽기로 싸워 자유를 택하겠는가? 인간에겐 자유를 선택할 자유가 있다. 싸우기 싫은 자는 북으로 가서 노예가 되라. 독재에서 해방되려면 총구를 북으로 돌려라. …… 너희들은 증언해라. 이 땅 위에서 공산주의자와 같이 살 수 없는 까닭을 증언해라. 구출해라. 끌려가는 동포를.

이처럼 명백히 '반공'을 부르짖고 있는 영화가 왜 반공법 위반일까? 이 영화에서 문제가 되었던 부분은 ① 감상적인 민족주의 ② 무기력한 국군의 묘사 ③ 북한 괴뢰군을 찬양 ④ 양공주의 참상을 과장 묘사해 외세배격 풍조를 고취했다는 것이라고 한다. 공보부의 영화자문위원들 8명 중 7명이 본 결과 이 영화는 틀림없는 '반공영화'의 하나이기 때문에 서너 군데 장면을 삭제하고 상영허가를 내주자는 쪽이 우세했으며,[65] 따라서 처음에는 감독의 영장이 기각되고 필름만 압수되었다.[66] 그런데 검찰은 2차 영장을 신청했고 이에 이만희 감독은 구속 수감되었다. 이때 검찰의 공소요지는 "① 대한민국이 북괴를 국가나 교전단체로 인정한듯이 표현해 북괴의 국제적 지위를 앙양한 점 ② 미군을 호색적이고 야만적인 인간들로, 미국과 제휴해 일한 자는 죽음을 당한다는 것을 양공주 학살로 표현해 미국에 대한 증오심과 반미감정을 고취한 점 ③ 간호병이 군에 입대한 경위를 《군대로 얻어먹으러 왔다》는 등의 독백을 해 국군에 대한 국민의 불신을 조장한 점 ④ 북괴군이 중공군에 예속되어 있지 않고 민족적 자주성이 강해서 공산주의보다 민족애를 앞세우는 용맹스런 군인 같이 조작 표현시켰다는 점" 등이다. 검찰은 "예술의 자유를 빙자해 그 한계를 벗어남으로써 국가보안법, 또는 반공법 위반으로 범법자의 낙인이 찍히지 않도록 해야 한다"는 담화문을 발표했고, 담당 검사는 "증거 수집은 물론 중류 이상의 지식층이 아닌 일반 관객이 이 영화를 보는 경우 북괴의 고무, 찬양, 외세 배격 고취 등 악영향을 미칠 수 있다"고 했다. 또한 검찰은 영화〈차털리 부인의 사랑〉에 '외설적 상대성', 곧 "영문학자가 볼 때엔 훌륭한 문학작품일 수 있으나 일반인에겐 외설이 된다"는 주장이 받아들여져 외설죄가 적용된 일본 판례와 "우리에게 불리한 것은 적에게 유리하다"는 대법원 판례에 의거해 결론을 냈다고 발표했다.[67]

검찰이 특히 문제로 삼았던 것은 두 장면인데 하나는 탈출하던 포로들이 북한군에 경례하는 장면이고, 또 하나는 성모마리아상 아래에서 이른바 '양공주'가 중공군 대장에게 일종의 성상납을 하는 장면이다. 검찰은 이에 대해 북한을 존중하고 기독교 국가인 미국을 모독한 것이라고 주장했다. 이에 영화인협회 감독분과위원회, 연기분과위원회를 비롯해 평론가, 교수들이 진정서를 제출하고 예술의 자유에 대한 의견을 개진했으며, 전체적인 주제를 보지 않고 소아병적으로 판단하고 있다고 비판했다.[68] 한편 유현목俞賢穆(1925~2009) 감독은 1965년 3월 25일 세계문화자유회의 세미나에서 〈은막의 자유〉라는 발표문을 통해 이 사건에 대해 언급하면서 "괴뢰군 영화는 생명 있는 인간을 표현해야 되며 결코 종전과 같이 그들을 표현해서는 안 된다"고 주장했는데, 이 발표문 요지가 신문에 실리면서 검찰은 "북한 괴뢰군을 자비와 생명이 있는 인간이라고 선전하는 데 동조했다"라며 유현목 감독까지 반공법 위반이라고 주장했다.[69]

결국 한국영화인협회 감독분과위원회의 진정과 갑론을박이 계속된 후에야 이 영화는 문제의 장면을 삭제하고 '여포로'라는 제목이 북한쪽 입장에서 바라본 것이라는 지적을 받아들여 〈돌아온 여군〉으로 제목을 바꿔 개봉했다.[70] 이 사건은 5·16군사정변 이후 국가가 합법적 검열장치를 통해 표현의 자유를 제약한 사례로서,[71] 당시 검찰 당국이 지적한 대로 북한군을 중공군의 하수로 보지 않고 독립적인 국가로 보았다는 점과 북한 역시 한민족이라는 것을 보여주었다는 점에서 '반공영화'의 진일보와 틈새를 동시에 드러내고 있다. 곧 이 사례는 당시 정권이 반공주의를 민족주의로 포장하고 있었지만 어디까지나 '민족'보다는 '반공'이 우위에 서 있는 국가의 본심을 말해주고 있으며 반대로 '반공'보다는 '민족'이 우선시되는 일반 대중의 심성

7인의 여포로(1965)

을 보여주고 있기도 하다. 반공담론과 민족담론이 갈등을 일으키다가 '반공'보다 '민족'이 우위에 서는 정서적 화학작용을 일으키고 있는 것이다.[72]

〈7인의 여포로〉로 곤욕을 치른 이만희李晩熙(1931~1975) 감독은 "'반공영화'란 이런 거다"를 보여주려는 의도로 다음 작품을 기획한다.[73] 바로 전형적인 '반공영화'로서 '가족과 이념의 갈등' 플롯의 대표적인 영화인 〈군번없는 용사〉(1966, 이만희)가 그것이다. 영화가 시작되면 첩첩이 둘러싼 산이 나오며 다음과 같은 내레이션이 뜬다. "1951년 북한 땅 마식령 산맥, 황해도와 강원도를 연결하는, 민족의 비극을 점철한 이곳 마식령을 파고 들어간 조국과 민족을 위해 푸른 생명을 불사른 마식령 용사들에게 바친다." 인민군 보위부 부관으로 훈장까지 받고 집에 돌아온 영훈(신성일)을 보고 어머니(황정순)와 여동생 영옥(전영선)은 반가워하기는 하지만 표정이 굳는다. 큰 아들 영

군번없는 용사(1966)

호(신영균)가 마식령 일대에서 반공 유격대 대장으로 활동하고 있고 아버지(최남현)는 이들을 지원하고 있기 때문이다. 침략자가 누구냐를 놓고 형제지간에 논쟁이 벌어지는 가운데 영훈이 훈장 운운하자 영호는 훈장이 부모형제의 정보다 중요하냐며 반문한다. 어머니는 "작은 자식은 훈장을 타서 훌륭하고 큰아들은 올바른 사상을 가져서 훌륭한데 난 왜 슬플까?"라고 말한다. 수송물자가 반공유격대에 의해 습격을 당하자 평소 이 가족을 수상히 여기고 있던 보위부 마 부장(허장강 분)이 영훈의 생일에 찾아온다. 마 부장의 의심을 받은 영호는 마 부장의 아내이자 과거의 연인이었던 유리(문정숙)를 인질로 도망간다. 마 부장은 영훈에게 옥에 갇힌 그의 부모를 고문하라는 지시한다. 부모에게 형 있는 곳이 어디냐고 묻고 당과 인민으로부터 받은 영웅 칭호에 오점을 남기게 되었다고 하는 영훈. 영옥은 도망가려다 붙잡히고 아버지는 영훈에게 매질을 당해 피투성이가 된다. 어머니에게 안겨 울면서 형 있는 곳을 말해 달라고 하는 영훈. "나를 낳아서 기른 내 부모의 늙은 살가죽을 찢으려 하냐"며 자기 팔에 인두를 댄다. 마 부장은 아버지를 처형대에 끌어내어 영훈의 손으로 아버지를 죽이도록 만든다. 결국 영훈은 승진해 마침 잡힌 유격대의 정보장을 고문하게 되는데, 그는 자신들은 영훈을 죽이려고 했지만 영호가 형이 동생을 죽일 수 없다고 반대했다는 것을 전한다. 이에 잘못을 뉘우친 영훈은 정보장에게 군사기밀을 말해주고 그를 탈출시킨다. 영훈은 마 부장을 살해하고, 이를 알게 된 북한군이 전 병력을 동원해 체포 명령을 내린다. 인민군과 유격대와의 전투에서 총을 맞은 영훈은 자신을 용서하지 말라는 말을 남기고 가족들이 지켜보는 가운데 눈을 감는다. 북한군에게 포위당해 동지들을 거의 잃은 영호는 마지막 결전을 위해 유리에게 작별인사를 고한다.

〈군번없는 용사〉는 남한의 빨치산과는 정반대의 상황, 곧 북한 지역에서의 반공 유격대를 소재로 공산주의라는 이념의 반인륜성을 고발하는 동시에 공산주의도 가족애를 뛰어넘을 수는 없다고 말하고 있다. 분단의 비극이 가족의 비극으로 형상화되고 있는 것이다.[74] 영훈은 "아버지를 향해 발포 명령을 내리는 순간 사람이 아니었다. 복수하기 위해 살았다. 아버지가 하시던 일을 대신함으로써 조금이나마 속죄 받으려 한다.······ 난 민주주의를 모른다. 공산주의 교육을 받았고 공산주의 사회에서 출세를 했고 여기서 아버지를 죽였다. 이젠 공산주의에 대한 회의와 증오뿐이다"라면서 공산주의를 고발하지만, 동시에 아버지와 어머니의 대사를 통해 한 가족, 한 핏줄의 동포애를 표현하고 있다. 곧 "아버지를 죽이는 아들을 만드시렵니까?" 하는 영훈의 절규에 아버지가 "자식을 죽이는 아버지를 만들 수는 없잖냐?"

며 "너의 죄만은 아니니 원망하지 않겠다"고 말하는 장면이나, 영훈이 아버지를 죽이고 괴로워하면서 아버지를 죽인 자식은 자식이 아니라고 말하자 어머니가 "내가 낳아서 내가 길렀으니 어찌 내 자식이 아니냐"고 말하는 장면이 이를 잘 드러내며 아버지와 어머니의 사랑이 이념까지도 감싸 안듯이 비록 공산주의자일지라도 우리는 결국 한 가족이라는 의미를 전달한다.

이 영화는 감독의 의도대로 당대의 비평가들로부터 "차원 높은 반공영화"이며 "동족상잔의 비극을 고발한 반공극으로선 거의 완벽한 텍스트"라는 극찬을 받았다.[75] 곧 이 영화가 단순히 '빨갱이 매도'에 그치지 않고 이념보다는 인간이 중요함을 역설하고 있기 때문에 더 '반공적'이라는 것이다.[76] 이러한 평가에 힘입어 이 영화는 1966년 대종상에 신설된 반공영화각본상을 수상했다. 그런데 이 영화에는 이러한 제작진이나 정부의 의도와는 다른 감흥을 불러일으키는 요소가 있다. 비록 이념 때문에 인륜을 저버렸지만 통한의 눈물을 흘리며 죽어가는 영훈의 존재는, 공산주의라는 이념은 밉지만 북한의 동포들을 미워할 수는 없는 남한 관객의 복잡한 심경을 보여주고 있다. 이는 영훈이 죽은 뒤 영호가 마지막 전투에 나서면서 동지들에게 "최후까지 싸우다 살아남은 자는 남으로 가라. 그리고 하늘이 푸르거든 물어봐라. 총칼에 쓰러진 영혼들의 안부를. 그리고 북한의 안부를……"이라고 말하는 장면에서도 드러난다. 공산주의는 밉지만 북한의 인민들은 우리가 영원히 안부를 걱정해야 하는 동포들인 것이다. 이처럼 공산주의가 그릇된 이념이라는 것을 말하는 '반공영화'에서 공산주의를 채택한 북한의 주민들은 결국은 감싸 안아야 할 한 민족이라는 메시지 역시 전달되고 있다. 가장 휴머니즘적이어야 가장 '반공적'이 된다는 감독의 의도는 거꾸로 '반공영화'가 처한 딜레마를 은연중 드러 낸다. 관객들은 그 휴머니즘 때문에 극장에 가기 때문이다. 가족 멜로 드라마의 형식을 띤 '반공영화'에서 '반공'보다 중요한 것은 가족이 며, 여기서 가족은 혈연공동체, 역사공동체로서의 '민족'의 축소판이 다. 이 플롯에서 반공담론은 민족담론과 갈등을 일으키고, 배제의 논 리가 기본이 되는 남한 국가의 반공주의 전략은 가장 '반공영화'다운 영화에서조차 가족, 혹은 민족의 이름으로 동포를 포용함으로써 실패 하고 만다. 영화라는 대중문화가 어떻게 지배논리를 지지하는 동시에 이를 비틀고 배반하며 당대의 양면적인 감수성을 반영하고 있는지 잘 보여주고 있다.

반공의 예각화, 반북

이처럼 1960년대 중반의 '반공영화'들이 의도와 상관없이 오히려 '반 공'보다는 '민족'을 강조해 반공주의에 틈새를 발생시키는 방식으로 남한 국가가 배제하고 있는 것이 무엇인지를 명료히 보여주고 있다 면, '국가재건'이 완성, 선포되는 1960년대 후반에 이르면 '반공영 화'들은 좀더 경직된다. 곧 '민족'의 동질성을 눈물로 호소하기보다 는 '민족의 배신자'로서의 북한을 더욱 강조함으로써 이전 시기 '반공 영화'의 모호성을 걷어내는 전략을 취하고 있다. 이전 시기 전쟁영화 에서 '반공'이 반전이나 휴머니즘 등과 어울려 논란이 되었던 것을 불식시키고 명실공히 '반공'이 되기 위해서 북한을 정면으로 묘사하 고 비판하는 것으로 내용이 선회되었던 것이다.[77] 그 대표적인 영화로 〈싸리골의 신화〉(1967, 이만희), 〈돌무지〉(1967, 정창화), 〈카인의 후예〉 (1968, 유현목), 그리고 〈고발〉(1967, 김수용)을 들 수 있다. 〈카인의 후예〉

는 전쟁의 원인으로서의 북한을, 〈싸리골의 신화〉와 〈돌무지〉는 전쟁 시기의 북한을,[78] 〈고발〉은 전쟁의 결과로서의 북한을 묘사한다는 점에서 주목된다. 그런데 앞의 세 영화가 '반공영화'의 전형을 보여주면서 반공이데올로기를 전달하고 있는 데 반해 〈고발〉은 한편으로는 전형적인 '반공영화'의 외피를 가지면서도 다른 한편으로는 모순에 봉착한 반공주의의 곤혹스러운 지경을 엿볼 수 있다.

1968년에 우수반공영화상을 수상한 〈카인의 후예〉(1968, 유현목)는 문예물이면서 반공물로서 '우수영화'의 표본과도 같은 영화이다. 황순원의 1953년 작품인 동명소설이 원작인 영화의 배경은 1946년 평안도의 양지골이라는 마을이다. 창세기를 인용한 영화의 프롤로그는 왜 이 영화의 제목이 '카인의 후예'인지 말해준다. "카인은 형제를 죽인 인류 최초의 살인자로서 혈육을 죽인 죄로 땅에서 저주를 받아 땅에서 유리 표박한다." 곧 동족상잔의 비극을 일으킨 북한은 그 죄로 저주를 받아 북한 땅에서는 곡식이 잘 나지 않고 땅에서 유리된다는 것이다. 인류의 원죄를 북한 공산주의의 죄로 치환하며 남북을 형제라는 메타포에서 바라본다. 황해도가 고향으로 월남민이었던 유현목 감독은 이 영화를 "고식적인 반공보다는 우리가 체험한 비극을 인간애의 웅장한 드라마로" 만들고자 했다고 한다.[79] 그는 대부분의 '반공영화'가 '반공'을 주장하는 데 급급했다고 비판하면서 '반공영화'의 개념을 바꿔놓겠다고 했는데,[80] 감독의 말대로 이 영화가 '고식적인' '반공영화'보다 더 반공적이라는 점에서 감독의 호언장담이 허언에 그치지 않고 현실화되었다고 볼 수 있다.

영화는 우선 평화로운 농촌 마을의 잔치 풍경을 그린다. 마침 3·1절을 맞아 마을 곳곳에서는 태극기가 펄럭인다. 이 평화와 풍요의 농촌마을을 풍비박산 내어놓은 것은 토지개혁의 소용돌이다. 본래 순박했던 농민들은 토지개혁의 와중에서 지주에 대한 온정 같은 것은 전혀 보이지 않고 오히려 때를 틈타 절도와 싸움을 일삼는다. 등장인물의 대사를 통해 영화는 무상몰수 무상분배의 토지개혁과 이러한 사태를 초래한 공산주의를 강하게 비판하고 있다. 이 영화에서 주인공인 박훈(김진규)은 사촌동생과 함께 자유를 찾아 남한으로 내려오려고 하는데, 여기서 남한이란 무너진 공동체를 다시 재건할 수 있고 인간성을 되찾을 수 있는 희망의 나라로 상징화된다. 현실의 대한민국에 대해 직접 언급하지 않으면서도 그 어느 것보다도 대한민국의 존재를 각인시키고 있는 것이다. 박훈 집안의 마름인 도섭 영감(박노식)은 시대가 바뀌자 노동당원이 되어 지주 숙청의 선봉에 서는데, 박훈과의 난투극에서야 비로소 제정신이 돌아온다.

여기서 도섭 영감은 기본적으로 배우지 못하고 자기 주관은 없이 시류에 영합하느라 주인도 몰라보는 배은망덕한 인간으로, 숙청의 피바람 속에서 정상적인 사고를 할 수 없는 대표적인 인간형이다. 곧 철저한 공산주의자라기보다는 공산주의의 선동에 잠시 이성을 잃은 대부분의 북한 주민을 표상하고 있는 것이다. 도섭 영감은 지주-마름-소작인이라는 전통적 생산관계의 전복을 목도하며 새로운 권력관계에서 주도권을 잡고 이득을 보고자 했으나 과거 그가 지주계급의 대리인이었던 것처럼 지주계급의 몰락과 함께 추락할 수밖에 없다. 북한 주민들은 새로운 세상이 자신들에게 도래할 것으로 착각하고 공산주의를 지지하지만 결국 이용만 당하는 것일 뿐임을 도섭 영감을 통해 보여주고 있다.[81] 그가 박훈에게 자기 딸을 데리고 남한으로 가라고 할 때에야 비로소 제정신이 든 인간의 모습으로 돌아온다. 대한민국을 선택하는 것이야말로 그가 인간으로 돌아왔음을 가장 명징하게 드러내는 것이다. 이 영화에서 공산주의의 광기에 휩쓸린 북한은 더 이상 인간이 살 만한 곳이 못되며 최선의 선택은 남한으로 넘어오는 것이다. 반대로 난세에 처한 현자와도 같은 모습을 보여주는 박훈은 어떠한 상황에서도 이성적 합리적으로 행동하고자 하며, 도섭 영감의 딸에 대한 깊은 사랑을 간직한 인물이다. 도덕적으로 정당한 그가 선택한 곳이 결국 남한이라는 사실은 남한체제의 도덕적 우월성을 증명한다. 이 때문에 영화 속 주인공들이 보다 강하게 공산주의에 항거하지 못했다는 평자들의 아쉬움[82]은 이로써 충분히 보상을 받는다. 박훈으로 상징되는 월남인들은 카인에게 쫓겨난 아벨로, 북한 주민들은 부당하게 아벨의 것을 빼앗은 '용서받지 못할' 자들로 의미화되면서 전쟁 후 월남인들을 중심으로 한 남한의 반공 이데올로기 강화에 큰 영향을 미쳤기 때문이다.[83]

비평과 흥행 두 방면 모두에서 성공한 이 영화는 기존의 '반공영화'에 반성을 촉구하는 계기가 되었다. 1968년 7월 12일 한국영화인협회가 마련한 〈반공과 영화〉라는 제목의 세미나에서는 예총회장 이해랑, 문학평론가 곽종원, 시나리오 작가 김동현의 주제 발표와 최금동, 유현목, 김수용, 강대진, 정진우 등의 질의로 열띤 토론이 벌어졌다. 요점은 정부의 지원으로 '반공영화' 제작이 활발해져 1968년 상반기에 이미 11편의 '반공영화'가 선을 보였지만 대부분 도식적이고 예술성이 떨어지기 때문에 오히려 반공적이지도 못하다는 것이었다.[84] 반면에 〈카인의 후예〉는 앞으로의 '반공영화'들이 지향해야 할 사표와도 같은 영화로 추대되었다. 곧 시카고 국제영화제에 출품되고 한국 영화사상 최초로 제41회 아카데미영화제에 참가했을 뿐만 아니라, 박정희의 호주·뉴질랜드 방문 시 "한국영화의 수준과 한국인의 정신적 자세(반공)를 우방국에 과시하기 위해 선택된 유일한 수작"으로 뽑힌 바 있다.[85]

그런데 이 영화가 박정희도 인정하듯 다른 '반공영화'와 차별화되며 가장 '반공적'인 영화로 꼽힌 연유가 작품의 예술성에만 있는 것은 아니다. 다른 '반공영화'가 북한 주민을 '민족'이라는 틀로 바라보기 시작하면서 반공주의 전략에 균열을 일으키고 오히려 민족주의를 강화하는 데 기여한다면, 이 영화에서 '민족'과 '반공'은 그리 갈등을 일으키지 않는다. 영화에 의하면 북한에 남아 있는 주민들은 본래는 착했지만 붉은 바람에 '카인의 독소'가 물들어간 사람들이다.[86] 이들은 비인간적이며 반인륜적인 행동을 서슴지 않는 데다가 도섭 영감처럼 '제정신이 아닌' 사람들이기 때문이다. 결국 이들은 이용만 당할 뿐이다. 이들도 제정신이 돌아온다면 남한을 택할 것이 분명하지만 박훈처럼 남한을 선택하지 않고 북한에 남아있다는 것만으로 공산주의에 동조하는 자들이라고 볼 수 있다. 이 때문에 대한민국 국민들은 어떤 갈등도 일으키지 않고 이들을 '타자'로 배제할 수 있다. 여기서 영화는 모호한 '반공'에서 한 걸음 나아가 명백한 '반북'으로 간다. '반공'은 공산주의에 반대하는 것으로 "이념은 미워하되 사람은 미워하지 말라"는 경구처럼 북한 주민 전체를 반대의 대상으로 하지는 않는다. 오히려 대부분의 선량한 북한 주민은 '김일성과 괴뢰 도당에 속아 도탄에 빠져 있는 민중들'로 이해된다. 그러나 '반북'은 증오와 멸시의 대상이 북한 주민 전체로 확대된다는 점에서 이들을 '민족'으로부터 온전히 배제시킨다. '반공'과 '민족'이 모순 없이 결합한 이 영화에 가장 '반공적'이라는 찬사가 쏟아진 것은 바로 이 때문이다.

　실제로 토지개혁과 전쟁을 거치면서 월남한 정착민들―지주 및 자본가, 친일경력을 가진 자들이 대부분을 차지한다―에게 이 영화는 체험을 되살리며 반공주의를 강화하는 데 기여했을 것이다. 남한의 국민들 역시 이를 체험하지 않은 것을 천만다행으로 여기며 대한민국의 구성원임에 안도감을 느꼈을 것이다. 정부의 입장에서는 공산주의 공동체를 붕괴시키는 반민주적 반민족적인 것일 뿐만 아니라 반휴머니즘적이라고 주장하며 지배층만이 아닌 주민을 포함한 북한 전체를 반대하는 이 영화가 매우 '우수'하고 바람직했을 것임은 두말할 필요도 없다. 여기서 1960년대 후반 '반공'의 의미는 명확히 '반북'의 의미로 예각화되며 동시에 한층 내면화되고 있음을 알 수 있다. 후술하겠지만 1960년대 경제개발의 성과로 성장 일로에 있는 경제에 대한 자신감은 곧 체제에 대한 자신감으로 이어지고, 이는 북한 공산주의 체제의 출발이 된 토지개혁을 신랄하게 비판할 수 있는 근거가 되었다. 관객들은 비합리적이고 비인간적인 북한이 아니라 대한민국이라는 국가의 명실상부한 국민의 일원임을 자랑스럽게 생각해야 한다는 것이다.

　〈싸리골의 신화〉(1967, 이만희) 역시 한국전쟁기의 북한 지역 한 마을을 배경으로 강고해진 반공담론을 보여준다. 선우휘의 동명소설을 원작으로 한 이 영화의 도입부에는 이 싸리골이 "한국땅 어느 두메 고을을 말하며 지금은 존재하지 않지만 이 얘기는 한국 땅 어디에서나 일어난 이야기"라는 내레이션이 나옴으로써, 허구이되 완전히 허구일 수만은 없는 이야기임을 강조하고 있다. 평화로운 두메마을에 멀리 대포소리가 들리자 마을 사람들이 모여 피난을 갈 것인지 회의를 한다. 마을 사람들은 피난을 가지 않고 마을을 지키자는 데 의견을 모은다. 이때 소대장과 여덟 명의 국군 낙오병들이 마을에 찾아오고 소대장은 싸리골의 지도자격인 강 선생(최남현)에게 부하들을 부탁하고 떠난다. 강 선생은 마을 사람들의 동의를 구해 이들을 각 집에 머슴으로 위장해 숨겨주는데, 어느날 이 마을에서 머슴살이를 하던 표문원(박노식)이 인민군 군관이 되어 나타나자 마을 사람들과 국군 병사들은 긴장하게 된다. 표문원은 인민공화국 국기 하나도 달지 않았다고 마을 사람들을 반동이라고 몰면서 인민군 의용대에 자원할 사람은 나서라고 한다. 현 상사(김석훈) 등 국군들은 마을에 피해를 주지 않기 위해 자원하지만 표문원은 거부하고 다른 사람들을 지목한다. 지목된 청년 중 한명인 성호는 자신에게 돌아올 피해가 두려워 실은 국군 패잔병이 있다고 소리치며 윤 중사를 고발한다. 윤 중사와 순희 일가가 총살 당하기 직전, 국군들은 이를 저지하며 총을 뺏는다. 표문원은 협상을 하자며 강 선생을 불러내지만 이내 총을 쏴 죽이고 이에 분노한 국군들은 인민군과 격렬한 전투를 벌인다. 김 소위도 국군부대를 이끌고 전투에 합류한다. 마침내 인민군과 함께 도망가던 표문원은 사살되고 국군 대원 네 명도 전사한다.

　이 영화는 어떻게 전통적인 공동체가 공산주의에 의해 파괴되어 가는지를 보여주고 있다. 〈싸리골의 신화〉에서 마을의 정신적 지주인 강 선생이나 〈카인의 후예〉에서 양지골의 존경받는 지주의 아들 박훈은 모두 역사의 증인으로서의 지식인이다. 여기서 평화로운 마을 공동체는 우리가 지켜야 할 민족의 전통 같은 것으로 묘사된다. 따라서 공산주의라는 이념은 우리 민족이 지켜야 할 전통적 생활과 문화를 파괴하고 기존의 계급질서를 뒤흔들어 사회를 혼란에 빠뜨리며 급기야 가족 친지도, 어른도 몰라보는 비인간적인 절대악인 것이다.[87] 그런데 공동체의 파괴는 외부에서 이 마을을 찾아온 국군들에 의해서가 아니라 원래 이 마을 출신인 인민군 군관 표문원에 의해 자행된다. 여기서 표문원이 이 마을에서 머슴살이를 하던 사람이라는 설정은 공산주의자들이 출신성분을 중요시해 머슴을 간부로 앉힘으로써 과거의 권력관계, 계급관계를 역전시키고 해체시켰음을 단적으로 보여준다. 원래는 마을 공동체의 일원이었으나 지금은 공산주의자가 되어 이질적인 존재가 된 표문원은 급기야 마을의 정신적 지주인 강 선생을 죽임으로써 마을 사람들의 분노를 사 죽게 된다. 여기에서 한 민족이지만 뉘우치지 않는 공산주의자는 결코 용서할 수 없다는 메시지가 전달된다. 이 마을의 공동체성을 지키려는 사람들은 오히려 외부에서 온 손님들, 곧 국군들이다. 그들은 이 마을 사람으로 위장해 숨어 있는 잠재적인 불안 요소이지만 동시에 가장 인간성이 살아있는 존재들이다. 이 영화는 같은 마을 사람, 같은 핏줄끼리 총을 겨누고 심지어 마을의 어른까지 죽이는 동족상잔의 비극이 싸릿골로 상징되는 한국 땅 어디서나 일어난 일임을 다시 한번 상기시킴으로써 '반공영화'의 소임을 다하고 있으며, 이는 정형화 박제화된 1960년대 후반 반공영화의 전형을 보여주고 있다.

공산주의라는 이데올로기가 어떻게 한 가족, 나아가 마을 공동체를 분열시키고 비극으로 몰고 가는지에 관해서는 〈돌무지〉(1967, 정창화)에서도 마찬가지로 강조된다. 이 영화는 황해도의 돌무지라는 마을이 전쟁 와중에 북쪽의 지배로 넘어가게 되면서 벌어지는 이야기이다. 지역 유지 출신인 김시중(김승호)은 도망중인 남한 청년(신성일)을 숨겨주다 발각되자 청년과 그와 사랑에 빠진 딸 영애(남정임)를 구하고자 옛 애인인 세포위원장(황정순)의 아들이자 민청위원장인 상달(오지명)에게 사정해 보지만 결국 두 사람은 총살당하고 만다. 반동가족으로 낙인찍혀 고초를 당하던 중 마을에 국군이 들어오게 되고 이에 인민군들은 퇴각을 준비하는 한편으로 김시중의 가족을 처형하려 한다. 김시중의 며느리이자 열성 공산당원인 달분(태현실)마저 공산당에게 처형당하자 국군과 함께 돌아온 아들 창봉은 상달을 처형하려 한다. 그러나 김시중은 피로 보복하지 말고 그들에게 법의 심판을 받도록 하자며 부르짖는다. KBS의 〈실화극장〉에서 방송되었던 김동현 원작의 방송극이 원작인 이 영화는 피도 눈물도 없는 북한 공산주의와 대비되는 지역 엘리트의 초인적인 용서와 관용이 강조된다. 이념에 의해 가족을 잃고도 피의 보복보다 법의 심판을 운운하는 김시중의 존재는 남한의 이념이 북한보다 어떤 의미에서 더 우월한 것인지를 설파한다. 이념이라는 이름으로 가족마저 감시하고 결국은 믿었던 공산당에게 배신당하는 달분의 존재는 북한 지역 주민들의 현재와 미래를 암시한다. 결국 공산주의에 충성을 다해봤자 향후 남는 것은 배신감 뿐일 것이리라는 일종의 예언 효과는 〈카인의 후예〉에서 북한 주민이 결국 토지와 유리되어 떠돌게 되리라는 저주와도 일맥상통한다. 반북의 감정이 일종의 주술적 효과마저 유발시키는 것이다.

실제 귀순실화를 영화화한 〈고발〉(1967, 김수용)은 '탈출과 귀순' 플롯에 해당하는 전형적인 '반공영화'로서 주인공 역의 박노식은 이 영화로 대종상 남우주연상을 수상했다. 조선중앙통신사 부사장 이수근(박노식)은 판문점을 통한 귀순을 시도하려고 하고 있다. 10년 전 그가 황해도 지방신문사에 재직하던 시절, 생산성을 향상시키기 위한 새벽별보기운동이나 점심안먹기운동 등을 지지하는 기사를 써서 중앙당으로부터 표창을 받는다. 어느날 은사이자 문화선전부상인 송달현(김동원)이 잡혀가는 것을 보고 놀란 수근에게 상사는 그가 미제와 남한 정부를 공격하고 비판하는 글을 쓰지 않았다는 점을 지적하고 송달현을 공개비판하라는 압력을 받는다. 존경하는 스승을 고발한 덕분에 그는 승진을 하고 큰 개인저택에서 기름진 음식을 먹으며 차로 출퇴근까지 하게 된다. 신문사 간부들을 집으로 초대한 자리에서 당성이 강한 아내(주증녀)는 자신이 감찰부로 보직을 옮겼음을 말하고, 초대받은 이들은 제각기 얼마나 당성이 강한가를 과시하느라 농담조차 제대로 못한다. 아내는 수근에게 며칠 전 감찰부에 수근의 감찰의뢰서가 왔다고 알려준다. 수근은 시찰 도중 강제노역 중인 송 선생(송달현)을 우연히 만나고 송 선생의 부탁으로 평양 직물공장에서 일하고 있는 송 선생의 딸 현옥(남정임)을 보살피기 시작한다. 현옥은 사랑하는 남자친구가 있지만 직물공장의 세포책(독고성)이 현옥을 눈독 들이고 방해하고 있어 결혼을 못하고 있다. 수근은 이들의 결혼을 적극 돕고자 하지만 세포책은 수근과 같은 신문사의 다른 부사장인 박건웅(최성호)을 찾아가고, 수근의 라이벌인 박건웅은 현옥에게 송 선생을 비판한 사람이 수근임을 알려주며 결혼을 도와줄테니 수근을 공개비판해 달라고 회유한다. 현옥은 이수근을 비판하는 자리에서 오히려 공산주의를 비판하고 총살당한다. 이에 충격받은 이수근이 월남을 고민하고 있을 때 아내는 이를 눈치채고 절실히 소망하면 가라고 하면서 통일되면 만나자는 기약을 하며 눈물의 이별을 한다. 이수근은 판문점으로 취재를 나가 예전에 안면이 있던 남한 기자(곽규석)에게 귀순 의사를 밝히고 무사히 귀순한다. 환영대회에서 꽃다발을 목에 건 수근은 내 가족을 돌려달라고 호소한다.

이 영화에는 한국전쟁기가 아닌 체제 안정기에 접어든 북한 사회의 운영 원리와 북한 주민들의 일상생활이 흥미롭게 묘사되어 있다. 신문사 기자라는 주인공의 직업 덕분에 이야기는 나름대로 주관성과 객관성을 오가며 북한 사회를 묘사하고 있다. 이수근이 보기에 북한은 "점심을 안 먹으니 위장병이 없어지고 아침, 저녁 밥이 더 맛있다"는 식으로 비참한 현실을 은폐하는 비이성적인 사회이다. 반면에 그는 남한에 대해 "아시아의 다른 국가를 리드하고 있으며, 이는 공산주의자들이 가장 두려워하는 사실이다. 미국 존슨 대통령이 한국을 방문해 경제협력을 약속하는 등 국제적으로 위치를 확보하고 있다. 북조선은 남한과 비교해 경제, 외교 등 모든 면에서 뒤떨어졌다. 한시간이라도 빨리 이 장막에서 헤어나고 싶다"고 독백한다. 송 선생의 딸 현옥은 이수근을 공개비판하라는 압력을 받고 선 자리에서 "본인 의사와는 반대로 당의 명령으로 남을 숙청하는 그릇된 풍조가 독버섯처럼 번지고 있다"고 북한 사회를 비판한다. 이는 공산주의 자체에 대한 근본적인 비판이라기보다는 오히려 사회풍조에 대한 비판에 가깝다. 이 영화에서 남북한은 스승까지도 고발해야 살 수 있는 비인간적, 반인륜적인 북조선과, "활달하고 화려한 옷차림의 관광객들이 살고 있는 자유대한"이 대립항으로 설정되면서 북한의 역상易像으로서의 '대한민국'은 공고화된다.

그런데 영화 속에서는 남한이 북한의 역상으로서만 보여지는 것이 아니라 실체의 반영으로서도 그려진다. 예를 들어 '북한의 모습을 그릴 때 반영되는 남한의 사회상'은 인물들을 통해서도 나타난다. 이수근의 가족 중에서 인간적으로 묘사되는 사람은 이수근 자신뿐이다. 아내는 당성이 너무나 철저해 남편도 사상이 의심스러울 때는 어김없이 고발해버릴 수 있는 공산주의자의 전형을 보여준다. 이수근의 아이는 자신이 커서 "인민군 장교가 되어 반동분자를 때려줘야 한다"고 말해 어린이까지 이념의 포로가 된 것이 북한이라고 폭로한다. 그런데 실은 이들 가족의 모습은 당시 남한 사회의 모습을 거울처럼 반영하고 있기도 하다. 방첩의 기치 아래 가족까지 의심해야 하는 상황이나 '때려잡자 공산당' 식의 웅변을 토하는 남한 어린이의 모습과 하등 다를 것도 없기 때문이다. 또한 이수근이 자동차로 출퇴근을 하면서 "고위층과 너무나 차이나는 인민들의 가난한 생활" 운운할 때 북한의 거리라고 보여지는 바깥풍경은 실은 서울의 달동네이다. 이렇게 전형적인 '반공영화'에서 남한사회의 모습이 드러나는 것은 북한과 남한이 체제는 다르지만 서로를 닮아가며 대결하고 있는 현실이 반영된 것이라고 할 수 있다.

　영화에서 양심적이고 성실한 공산주의자였던 수근이 북한 사회에 염증을 느껴 남한으로 귀순을 결심한다는 내용은 과거의 '탈출과 귀순' 플롯과 다르지 않아 보이지만 그 과정을 보면 차이점을 알 수 있다. 과거 이러한 플롯의 영화들에서 북한은 '괴뢰도당'이었고 '북한오랑캐'였다. 북한 주민들은 진정으로 공산주의를 지지하는 것이 아니라 일방적으로 희생되는 존재에 불과한 것으로 묘사되곤 했는데 〈고발〉에서는 어린이까지 공산주의자이다. 북한도 영토와 주권, 그리고 독립적인 사회운영원리를 가진 '국가'로 묘사되고 있는 것이다. 어떤 사회를 비판하기 위해 그 사회를 '리얼하게' 묘사하면 할수록 실상 관객에게 전달되는 것은 과거에 은폐되었던 그 사회의 실상이다. 북한도 독자적인 국가이고, 사람 사는 곳이며, 겉모습이 남한과 그리 큰 차이가 나지 않는다는 사실이 '반공영화'에서 드러난다는 것은 '반공영화'가 처한 곤경을 잘 보여주고 있다. 가장 반공적인 영화가 '반공' 전선에 혼선을 초래하고 있는 셈인데, 우리 민족이라면 아무리 공산주의자라도 지난날을 참회하는 한 누구나 '대한민국'의 일원으로 받아줄 수 있다는 남한 반공주의의 전형적인 선전 내용을 효과적으로 전달하면서 동시에 그것이 '선전'이라는 것 또한 드러내는 이중적 역할을 하고 있는 것이다. 그런데 영화가 개봉되고 나서 정부는 이수근이 위장간첩이었다고 발표하였고, 영화는 상영금지 처분을 당했다. 실화임을 강조한 '반공영화'가 정부에 의해 허구로 알려지면서 '반공영화'의 진정성은 뿌리째 흔들리고 북한과 대비되어 설명되었던 '대한민국'의 허상이 노출된다.[88] '반공영화'의 허구성은 아이러니하게도 가장 '반공적'인 영화를 통해 폭로되었다.

간첩/첩보영화에서의 국가와 민족

끝나지 않은 전쟁

'반공영화'는 대개 전쟁영화와 간첩영화라는 틀 속에서 재구성되는 국가의 재건 방향을 제시한다. 이때 전쟁영화와 간첩영화의 차이는 명백해 보인다. 전자가 분단이 고착화되기 전을 다루고 있는 데 반해, 후자는 분단이 고착화되고 국가재건이 활발히 논의되는 과정을 묘사하고 있기 때문에 국가의 존재가 오히려 더 명시적이다. 1950년대 공비, 혹은 간첩에 대한 영화는 앞의 전쟁영화 플롯 중 '탈출과 귀순 플롯'에 해당하는 영화들과 〈운명의 손〉을 대표작으로 하는 여간첩 영화가 대표적이다. '탈출과 귀순 플롯'의 전쟁영화와 간첩영화의 차이점은 전자가 전쟁 전이나 전쟁 중을 배경으로 하는 데 반해 후자는 전쟁이 끝난 이후를 배경으로 하고 있다는 것이다. '남한의 정보부·경찰이 북한이나 조총련의 간첩을 일망타진한다'는 내용의 '간첩과 첩보전' 이야기는 1950년대에는 한두편을 제외하면 거의 만들어지지 않는 데 비해, 1960년대 전반기에는 주로 '남파 간첩'에 관한 영화가, 후반기에는 주로 해외를 배경으로 한 국제 첩보전이 많이 제작되었다. 엄밀히 말해 남파 간첩이 남한 땅에서 암약하다가 잡히는 간첩 이야기와 주로 일본과 홍콩, 대만 등을 배경으로 한 국제 첩보전은 장르 면에서는 다른 양상을 보인다. 간첩영화는 멜로에서 액션, 드라마에 이르기까지 보다 다양한 장르에 걸쳐 있지만, 국제 첩보전은 주로 액션과 코미디에 한정되는 경향을 보인다. 첩보전 영화의 활발한 제작에는 두 가지 배경이 있다. 하나는 1962년도에 만들어진 할리우드 영화 〈007 살인번호〉(1962, 테렌스 영)가 1965년 수입되어 크게 히트한 것이고,[89] 또 하나는 해외 합작영화 제작 붐으로 외국 로케이션이 상대적으로 활발해졌기 때문이다. 실제로 합작영화는 홍콩영화에 한국 인력이 참가하는 정도였지만[90] 이러한 합작영화의 존재는 간첩영화의 공간적 배경을 확대할 수 있는 국제적 상상력을 제공하는 데 기여한 것으로 보인다.

　1950년대에 간첩영화는 여간첩영화의 효시 〈운명의 손〉(1954, 한형모), 아동용 반공계몽영화 〈창수만세〉(1954, 어약선)가 만들어진 이후로 제2공화국이 끝날 때까지 만들어지지 않다가 박정희 정권이 '반공'의 구체적인 실천 요강으로 '승공'과 '방첩'을 내놓은 이후 활발히 기획되기 시작해 1962년부터는 본격적으로 쏟아져 나오기 시작했다. 〈붉은 장미는 지다〉(이원초), 〈비밀통로를 찾아라〉(이용호), 〈사랑과 죽음의 해협〉(노필), 〈여정만리〉(양인은), 〈육체는 슬프다〉(이해랑) 등이 모두 1962년에 개봉되었다. 1963년에는 〈살아야 할 땅은 어디냐〉(설봉), 〈검은 장갑〉(김성민), 〈검은 꽃잎이 질 때〉(강범구) 등이, 1964년에는 〈마도로스 박〉(신경균), 〈포리호의 반란〉(김종훈), 〈나는 속았다〉(이강천), 〈내가 설 땅은 어디냐〉(이만희) 등이 제작되었다. 1965년에는 〈여간첩 에리샤〉(최경옥), 〈국제간첩〉(장일호), 〈너를 노리고 있다〉(이신명), 〈살인명령〉(정창화), 〈인천상륙작전〉(조긍하) 등이 제작·개봉되었다. 1966년에는 어느 때보다도 많은 간첩/첩보영화가 만들어졌는데 〈간첩작전〉(문여송), 〈국제금괴사건〉(장일호), 〈비밀첩보대〉(권혁진), 〈스타베리 김〉(고영남), 〈스파이 제5전선〉(김시현), 〈SOS 홍콩〉(최경옥), 〈적선지대〉(이한욱), 〈죽은 자와 산 자〉(이강천) 등이 그것이다. 또한 007 영화의 패러디인 코미디 영화 〈살사리 몰랐지? (007 축소판)〉(김화랑), 〈요절복통 007〉(김대희), 〈요절복통 일망타진〉(심우섭) 등 간첩영화의 장르가 다변화되었다. 1968년도에는 〈처녀의 조건〉(김묵), 〈동경특파원〉(김수용), 〈모정의 비밀〉(정창화), 〈살인 부르스〉(전우열), 〈탈출 17시〉(임원직), 〈황혼의 부르스〉(장일호) 등이 제작되었고, 1969년에 〈암살자〉(이만희), 〈제7의 사나이〉(박근태), 〈지금은 죽을 때가 아니다〉(고영남), 〈흑점(속 제3지대)〉(최무룡) 등이 제작·개봉되었다.

　이들 간첩영화는 플롯에 따라 크게 세 가지로 분류될 수 있다. 첫 번째는 남파된 간첩과 남한에 생존한 가족 간의 이야기가 주축으로서 간첩은 자신의 임무와 혈육의 정 사이에서 갈등한다. 이는 전쟁영화의 세 번째 유형인 '가족과 이념의 갈등' 플롯과도 유사하다. 가족을 매개로 한 간첩이야기는 1962년 이후에 본격적으로 등장하기 시작하는데, 세 형제의 엇갈린 이념과 운명을 다룬 〈사랑과 죽음의 해협〉이나 간첩으로 밀파된 오빠와 외무부 직원을 남편으로 둔 여동생의 이야기인 〈여정만리〉, 간첩으로 불안하게 살다가 어머니에게 설득되어 자수하는 〈살아야 할 땅은 어디냐〉, 간첩인 아들이 남한의 아버지를 죽이도록 지령을 받는다는 〈국제간첩〉, 북한 중앙당 간부인 아버지가 간첩으로 남파되어 국군 정보장교인 아들에게 검거되는 〈스파이 제5전선〉(1966, 김시현), 북한에 두고 온 아들이 간첩이 되어 내려와 부모를 납치하려 하는 〈동경특파원〉 등이 대표적이다. 이들 영화에 등장하는 간첩은 남쪽에 오누이를, 부모를, 형제를, 그리고 자식을 둔 남한 국민의 혈육들이다. 많은 경우에 이들은 '대한민국' 국민과 뿌리는 같은데 잠시 이념에 현혹되어 길을 잃었을 뿐인 것으로 묘사된다. 그러므로 이들은 지난날을 반성하고 자유의 품에 안김으로써 다시 '대한민국'의 일원이 될 수 있다. 이러한 '간첩'의 플롯은 실제로 남파되었다가 붙잡힌 간첩들이 각종 반공대회의 선두에 서서 반공전선의 투사로서 매스컴에 활용되는 것과 같은 맥락이다.[91]

간첩/첩보 플롯의 두 번째 유형은 북한과 남한의 요원 사이에서 갈등하는 여성이 등장하는 '여간첩' 플롯이다. 남한의 방첩대원을 사랑하게 된 여간첩 이야기 〈운명의 손〉을 필두로 해, 여간첩과 부대장의 딸을 사이에 둔 공군장교의 갈등을 그린 〈붉은 장미는 지다〉, 김수임의 실화에 토대를 둔 〈나는 속았다〉, 동경 주재 한국 첩보원과 조총련 여간첩의 사랑을 007류의 액션영화로 풀어낸 〈여간첩 에리샤〉,[92] 마약사범을 가장한 수사관이 여간첩을 설득해 전향시킨다는 〈제7의

사나이〉 등이 그것이다. 전쟁 중 유엔군의 군사기밀을 탐지하기 위해 잠입한 여간첩 이야기 〈인천상륙작전〉과 한국전쟁 당시 서울 수복에 결정적인 정보를 준 여가수 간첩의 드라마 〈죽은 자와 산 자〉는 전쟁영화와 간첩영화의 교집합을 이루는 전쟁첩보멜로드라마로서 전쟁영화의 유형 중에서는 '사랑과 이념의 갈등' 플롯에 속하지만 이보다는 갈등이 약하며 여주인공의 선택이 드라마의 진행상 일찍 이루어짐으로써 남한 측의 간첩으로 전환된다는 점에서는 간첩영화의 유형에 더 가깝다. 이 두 번째 유형에서 여성은 남성보다 이념에 있어서 철저하지 못하고 사적인 감정에 쉽게 휘둘리는 존재이다. 미모의 여간첩은 여성성을 이용해 정보에 오히려 손쉽게 접근할 수도 있지만 그 때문에 더 쉽게 흔들리고 결국은 희생된다. 사랑의 승리가 체제의 승리로 전유되는 전형적인 경우를 보여주고 있으며, 이때 '대한민국'이라는 국가는 강하고 우월한 남성성을 상징한다. 국가의 재건에는 여성의 희생이 따르기 마련이라는 재건론의 가부장 중심주의를 엿볼 수 있게 한다. 여간첩 영화 중 유일하게 모자지간의 정을 이야기하는 영화 〈모정의 비밀〉 역시 여성이 남성에게 투항함으로써 체제에 투항한다는 의미를 가졌다는 점에서는 같은 맥락의 영화라고 볼 수 있다.

세 번째 유형은 '특수한 임무를 띤 간첩단과 그들을 저지하려는 남한 정부의 요원이나 경찰과의 첩보전' 플롯이다. 이 이야기에서 간첩들은 누군가를 암살하거나(〈살인명령〉, 〈암살자〉), 납북하거나(〈간첩작전〉), 남한의 요지를 파괴시키거나(〈탈출 17시〉, 〈지금은 죽을 때가 아니다〉), 공작금을 빼돌리며(〈국제금괴사건〉), 이에 맞서는 남한의 요원들은 미국 CIA에서 방첩교육을 받고 온 최고 엘리트로서(〈적선지대〉)

신분을 위장해(〈살인 부르스〉) 사건을 해결하고 간첩 일당을 일망타진한다.[93] 이 이야기에서는 일본, 홍콩 등을 무대로 임무를 달성하려는 측과 저지하려는 측의 대결이 액션과 더불어 펼쳐진다. 이때 해외 로케이션이라는 제작비와 제작상의 난점을 극복하기 위해서 해외합작을 하는 것은 피할 수 없는 선택으로 여기서 가족의 이야기는 부차적으로 처리되거나 생략된다. 정확히 말해 이 플롯은 해외합작을 목적으로 개발된 소재이며 따라서 플롯 또한 해외에서도 받아들여질 수 있는 좀더 보편적인 방식을 택한다. 이 유형의 영화들에서 간첩은 가장 정형화되고 박제화되는데, 이는 미국식 반공영화인 007 시리즈의 영향으로 선과 악의 명확한 구분 속에 악이 응징되고 선이 승리한다는 할리우드의 공식에 충실하기 때문이다. 가장 오락적인 영화가 오히려 가장 '반공적'일 수 있는 이유가 여기에 있는데 관객은 이를 다시 '오락적'으로 받아들임으로써 '반공영화' 로서의 간첩영화의 한계가 노정된다고 할 수 있다.

〈표 10〉 1950~60년대 간첩/첩보영화의 플롯

	플롯의 유형	내용 및 주제	장르	전쟁영화 플롯과의 조응
1	남파 간첩	남파 간첩이 임무와 혈육의 정 사이에서 갈등한다	가족멜로드라마	가족과 이념의 갈등
2	여간첩	여간첩이 남한의 남자를 선택함으로써 체제에 투항한다	첩보멜로드라마	이념과 사랑의 삼각관계
3	간첩단과 정부 요원의 대결	남한의 정부 요원이나 경찰이 특수 임무를 띤 간첩단을 일망타진한다	첩보액션드라마	전투 승리

〈표 10〉에서 볼 수 있듯이 간첩영화의 플롯이 전쟁영화의 플롯과 유사하다는 것은 무엇을 의미할까? 남한에 가족을 둔 남파 간첩은 가족과 이념 사이에서 갈등하지만 결국 혈육을 택함으로써 해피엔딩을 맞거나 혹은 지난날을 참회하며 죽음을 맞는다. 감정에 좌우되기 쉬운 여간첩은 남한체제를 상징하는 남자를 사랑하게 되는데, 이념과 사랑의 삼각관계에서 승리를 거두는 것은 사랑이며, 그것은 곧 사랑을 지지하는 체제의 승리를 의미한다. 특수한 임무를 띤 북한 간첩단과 그를 저지하려는 남한 측의 첩보전에서 승리는 당연히 남한의 정부 요원이나 경찰이다. 그들은 명석한 두뇌와 조직력, 동료애를 과시하며 전투에서 승리하는 국군들과도 같다. 이처럼 전쟁영화의 플롯은 전후 간첩영화에서도 반복되어 재생산되고 있으며, 이는 결국 전쟁은 끝났으나 대중의 마음속에서는 여전히 전쟁이 끝나지 않은 채 장르적인 방식으로 되풀이되고 있음을 보여준다.

간첩/첩보영화의 국가담론

'반공영화'의 장르화/오락화는 시기별로 달라지는 간첩/첩보영화들의 국가담론, 반공담론과 관련이 있다. 이를 자세히 살펴보기 위해 1960년대 초반, 중반, 후반을 각각 대표하는 〈살아야 할 땅은 어디냐〉(1963, 설봉) 〈국제금괴사건〉(1966, 장일호), 〈동경특파원〉(1968, 김수용) 세 편을 비교해 보자. 앞의 두 편은 필름이 남아 있지 않지만 시나리오로 내용 파악이 가능하다. 〈살아야 할 땅은 어디냐〉는 간첩영화의 첫 번째 유형에 속하는 영화로 남파된 간첩(김진규)이 늘 불안 속에 살아오다가 미군부대 세탁부인 어머니(황정순)의 간곡한 설득으로 지난날을 뉘우치고 당국에 자수함으로써 반공전선의 대오에 앞장선다는 내용이다. 간첩이 자수를 결심하게 된 결정적인 이유는 어머니의 설득이지만 그 이전에 그는 이미 남한체제의 우월성을 체험함으로써 간첩으로서 회의를 느낀다. 간첩 역할은 당대의 톱스타인 김진규가 맡음으로써 관객은 더 쉽게 간첩에게 인간적인 동정과 공감을 불러일으키며 드라마를 따라 갈 수 있다. 이념과 가족 사이에서 갈등하는 그는 비록 간첩이기는 하지만 매우 인간적이며, 이렇게 인간적인 간첩이기에 자수하고 전향할 수 있었다. 간첩 역시 우리의 가족과 같은 한 민족의 일원으로서 그동안 북한의 선전에 속고 산 희생자이며, 지금이라도 잘못을 뉘우치면 언제든지 '대한민국'의 일원으로서 자유를 누리며 잘 살 수 있다는 내용인 것이다. 앞의 전쟁영화에서도 보았듯이 '반공영화'에서 '반공'보다 우선하는 것은 '민족'이며, 이는 남한 국가가 북한을 배제하는 방식에서 북한의 권력층은 철저히 배제하지만 그 주민들에 대해서는 포용적인 것과 맥락을 같이 한다.

반면 1960년대 중반의 〈국제금괴사건〉[94]에서는 가족은 등장하지 않는다. 이 영화는 1965년의 한일기본조약으로 귀결된 수차례의 한일회담에 대한 국민들의 반대가 실은 간첩의 책동에 의한 것이라고 주장하고 있다.[95] 바로 조총련계 간첩들이 중국으로부터 금괴를 반입하려는 이유가 한일회담을 반대하는 데모를 조종하기 위한 공작금으로 쓰기 위해서라는 것이다. 이 영화에서 조총련계 간첩들은 여성의 유방에 지령문과 난수표를 집어넣을 정도로 비인간적이다. 남한의 정보요원 독수리(남궁원)는 신분을 속이고 이들 사이에 침투하는데, 결정적인 순간에 간첩들의 대장인 찐장군을 쏜 고로시아라는 일본인이 실은 한국사람이었음이 밝혀진다. 이때 독수리가 고로시아에게 "역시 동족의 피는 어쩔 수 없다"고 말하는 장면을 통해 이 영화가 '반공' 보다는 '민족'을 더 중시하는 관객들의 정서를 반영하고 있다는 것을 알 수 있다. 간첩이건 일본인으로 행세를 했건 그들은 모두 우리 '동족'이며 그들이 자신의 과오를 인정하는 한 구원받을 수 있다는 메시지는 여기서도 유효하다.

여기서 돋보이는 것은 단연 정보부 요원의 존재로, 그들은 잘생기고 세련된 매너를 갖췄으며 여성성을 억압하는 간첩들에 비해 여성을 존중해 주는 인물이기도 하다. 국제첩보물의 특징은 '대한민국'이 '북괴'로 지칭되는 북한과는 비교할 수 없을 정도로 발전되고 있고 국제적으로 인정받는 나라임을 끊임없이 강조하고 있다는 것이다. 해외를 무대로 뛰는 남한의 정보부 요원들은 마치 007의 제임스 본드가 그러한 것처럼 근대화된 무기를 몸에 지니고 세련된 화술을 구사하는 엘리트로서, 국제사회에서 일본, 홍콩과 어깨를 나란히 하는 '대한민국'의 모습을 과시하고 싶어한다. 멋진 정부요원들은 곧 멋진 대한민국이며, 이들이 같은 민족으로서 자신의 과오를 뉘우치는 간첩을 '멋지게' 용서하는 것, 이것이 대한민국의 아량이라고 주장한다.

1960년대 후반 간첩영화의 특징을 잘 보여주는 〈동경특파원〉(1968, 김수용)은 간첩영화의 첫 번째 유형과 세 번째 유형의 특징을 공유하는 영화이다. 도쿄에 살고 있는 지숙(윤정희)은 어느날 실수로 사람을 치어 죽였는데 때마침 재일교포인 최완배가 나타나 시체를 은닉해 준다. 신문기자인 지숙의 남편은 조총련의 교포 북송에 대한 기사를 쓰기 위해 북송을 거부하는 안나라는 소녀를 취재하다가 차가 갑자기 달려드는 바람에 사망하고 만다. 안나를 자신의 집에 있게 하는 지숙과 그런 지숙을 돕는 완배 앞에 그들을 처음부터 지켜보고 있돈 한 청년(신성일)이 등장해 계속 돈을 요구하고 안나와의 만남을 종

동경특파원(1968)

용하면서 지숙과 완배를 괴롭힌다. 셋은 참다 못해 그를 피해 한국으로 온다. 완배와 안나는 지숙의 집에서 함께 지내면서 완배는 지숙의 아버지 남태식 교수(김동원)와 어머니(주증녀)의 호감을 사고 지숙에게 청혼하기에 이른다. 한편 일본에서부터 괴롭히던 청년은 서울까지 따라와 그들을 괴롭힌다. 어느날 남 교수에게 완배가 이북에 두고 온 남 교수의 아들 지완이라는 내용의 익명의 편지가 배달된다. 지숙의 어머니는 완배의 등에 팥알만한 점이 있다는 것을 확인하고 실신한다. 완배는 간첩으로서, 안나의 오빠를 찾아주겠다고 하며 안나와 밤마다 몰래 만나가며 그녀를 포섭하려고 했던 것이다. 완배는 남 교수를 인천에 데려가려 하면서, 안 가겠다는 남 교수를 총으로 위협해 납북하고자 한다. 간첩들에게 감금당해 있던 안나는 탈출하려다 총에 맞아 죽고 어머니와 지완도 총에 맞는다. 이때 국군복을 입고 등장한 청년은 간첩들을 일망타진하고 자신이 도쿄에 특파된 정보원이었음을 밝힌다. 병원에 입원한 완배는 남쪽에 투항해 가족을 만나고 지숙과 청년은 "불운한 시대에 태어나 미처 피어보지도 못하고 떨어진 한송이 꽃"이라며 안나의 무덤에 참배한다.

이 영화에서 '동경특파원'은 도쿄에 주재하는 신문기자인 지숙의 남편이 아니라 지숙을 괴롭히는 정체불명의 청년이다. 관객은 나중에야 그 청년이 도쿄에 특파된 정보요원이라는 사실을 알게 되는데, 그 역할을 신성일이라는 당대 최고의 스타가 맡았다는 사실만으로도 그가 바로 특파원일것이라고 쉽게 짐작할 수 한다. 반면 간첩 역할을 맡은 김성옥은 악역을 많이 했던 개성파 조연배우로서, 항상 눈동자를 굴리며 불안 초조해 보이는 캐릭터이다. 그런 그가 남 교수 부부로부터 신뢰를 얻고 지숙에게 청혼까지 하는 과정은 전혀 로맨틱해 보이지도 공감이 가지도 않는다. 그가 간첩이기 때문에 전혀 인간미도 없고 믿음이 안 가는 인물로 묘사되고 있는 것인데 이러한 정형화된 간첩의 묘사는 1960년대 후반 '반공영화'의 특징을 이룬다. 간첩과 정보원이라는 대립항은 인상이 나쁜/잘생긴, 얼굴이 검고 고생을 많이 한 인상/얼굴이 희고 부유한 인상의 배우들의 이미지화에서 시작해, 비인간적인/인간적인, 믿을 수 없는/믿을 수 있는, 악/선, 북한/남한 등으로 표상되고 있다. 간첩영화에 등장하는 대부분의 남한 가족들의 집안은 매우 부유한 모습으로 꾸며져 있는데,[96] 남한 자본주의체제의 우월성 과시와 더불어 풍요로운 경제생활에서 나오는 여유로운 인간적 면모까지 풍기고 있다. 반면 이렇게 평온하고 부유한 남한을 불안하게 하는 것은 가난하고 비인간적 체제인 공산주의 북한에서 온 간첩의 존재이다. 이 영화에서 달리는 차안에서 보는 서울 거리의 모습은 재건이 '완성'된 근대화된 국가의 수도로서의 면모를 보여준다. 완배가 활기차고 발전된 느낌을 주는 서울의 첫인상이 어떠냐는 물음에 "발전된 모습에 놀랐다"고 대답하는 것은 남한 국가의 모범답안이다. 이와 같이 재건된 대한민국은 북한의 대립항, 역상으로서의 이미지로 각인된다. 이 영화에서 공감이 가지 않는 결정적인 장면은 마지막에 간첩인 완배가 남한에 투항하는 장면이다. 그 이전까지 가족의 정을 그리워한다든가 이념과 가족 사이에서 고민한다든가 하는 갈등의 과정도 없이 갑자기 투항이 이루어지기 때문이다. "공산주의가 인간의 양심마저 말살시킬 수는 없다. 그것은 공산주의의 멸망을 의미하는 것 아니냐?"고 하는 그의 대사는 주제를 갑자기 던지기 위한 것일 뿐 드라마의 과정에서 차근차근 쌓아올린 대사라고 볼 수는 없다. 이처럼 '반공영화'가 도식화되는 1960년대 후반에 와서야 비로소 '반공영화'가 명실공히 '반공적'인 영화가 된다는 것은, '반공영화'가 가장 '반공영화' 다울 때 관객과 가장 멀어진다는 것을 의미하는, '반공영화'의 비극에 다름아니었다. 이러한 딜레마와 고충에서 나온 것이 바로 '반공영화'의 철저한 오락화라고 할 수 있다.[97]

'반공'도 오락적으로

'반공영화'의 오락화 경향을 보다 확실하게 보여주는 세 편의 코미디 간첩/첩보영화가 있다. 〈살사리 몰랐지?(007 폭소판)〉(1966, 김화랑), 〈요절복통 007〉(1966, 김대희), 〈요절복통 일망타진〉(1969, 심우섭)이 그것이다. 여기서 간첩을 잡는 인물은 정부의 요원이 아니다. 007 영화를 패러디하고 있는 이 영화들에서의 주인공은 제임스 본드처럼 멋진 요원이 아니라 일반인에도 못 미치는 코미디의 주인공들이다. 간첩이 아니라 사기단을 잡는 영화인 〈살사리 몰랐지?(007 폭소판)〉에는 영화가 시작되기 전 "간첩 자수 신고는 전화 113으로"라는 표어가 나온다. 〈요절복통 007〉 역시 한국에서 개발한 신형 폭탄 설계도를 훔쳐간 일당이 바로 간첩이라는 설정 아래 이들을 잡기 위해 최임수(제임스 본드의 패러디)가 활약하는 이야기이다. 〈요절복통 일망타진〉은 명백히 간첩영화로서 반공의식이 투철한 김도달과 허풍길이 우연히 암호문을 얻어 경찰에 신고함으로써 간첩을 일망타진한다는 이야기이다. 이들은 정보부 요원처럼 멋진 엘리트의 느낌이 아니라 순박하다 못해 좀 모자라 보이기까지 하는 인물들이다. 〈요절복통 일망타진〉은 1960년대 후반의 간첩영화와 궤를 같이 하며 매우 정형화된 간첩을 보여주고 있는 반면에, 중앙정보부 요원들의 경우 코미디라는 장르를 빌려 마음껏 희화화시킬 수 있었다. 이 영화는 코미디의 주인공들, 곧 '덜떨어진 인물들'을 통해 간첩 이야기가 얼마나 허구적이고 아이러니한 코미디에 가까운지를 역설적으로 드러내고 있다. 가장 반공적인 이야기인 간첩영화가 코미디라는 장르와 만나 '반공영화'의 가장 중요한 플롯에 틈새와 혼선을 유도하고 있다.

그렇다면 이러한 '반공영화'의 코미디화가 의미하는 바는 무엇일까? 위에서 살펴보았듯이 1960년대 후반의 '반공영화'는 정형화, 도식화되면서 '반공' 중에서도 '반북'에 가까운 정서를 표출하고 있다. 이러한 때에 아이러니, 풍자, 역설이라는 세 가지 요소를 통해 대상을 은연중에 조롱하고 비판하는 장르인 코미디가 심각한 이데올로기를 대변하는 '반공영화'에서도 성행했다는 것은 무엇을 의미하는가? 코미디의 희화화된 주인공들이 간첩이나 공산주의자가 아니라 그들을 잡아야 할 경찰이나 요원들이라는 설정은 미묘한 감정을 불러일으킨다. 간첩이 주인공이 될 수 없는 것은 공산주의자에게 관객들이 감정이입을 해서는 안 되기 때문이다. 〈피아골〉에서 보았듯이 관객들이 감정을 따라가는 대상인 주인공이 공산주의자인 것은 '반공영화'의 전략상 매우 위험천만한 설정이다. 이 때문에 영화의 주인공은 간첩이 아니라 간첩을 잡는 사람이 되어야 하며, 그들은 코미디의 주인공답게 스스로 관객의 눈높이보다 낮은 '덜떨어진' 인물이 되어 관객들을 웃게 만든다. 이는 공산주의의 반대편에 서는 남한 사람들을 공산주의자보다 인격적으로나 이념적으로 우월한 사람들로 상정하는 '반공영화'의 전략에 위배되는 일이다. 코미디와 '반공영화'의 만남이 필연적으로 반공주의 자체를 희화화시키는 것이 될 수밖에 없음은 이 때문이다. '반공영화'의 전략상 이 둘의 잘못된 만남은 국가의 반공주의 전선을 느슨하게 하고 나아가 국민의 마음 속에 반공주의를 형해화解骸化하기 시작하는 징후를 나타낸다. 이는 반공주의의 내면화가 동시에 반공주의의 균열을 초래하기도 하는 대중문화 속 반공주의의 독특한 풍경이다. '반공영화'는 이 시기 실패한 전략으로서의 반공주의 기획을 가장 잘 드러내고 있는 모순의 장르였던 것이다.[98]

이상에서 살펴본 것처럼 간첩영화는 전쟁이라는 특수상황만이 아니라 평온한 일상 속에서도 공산주의자의 손길이 뻗칠 수 있다는 경고를 국민들에게 보내고 있다. 간첩들의 책동에 의한 사회 불안은 전쟁만큼이나 국가의 안위에 위협적인 것으로 취급되고, 따라서 일상생활 속에 파고든 모든 용공적인 요소까지도 불온시, 위험시하는 '간접침략 분쇄'의 구호는 모든 반정부적 요소를 근절하고 예방, 탄압하려는 의지의 표현이었다. 1960년대 후반으로 갈수록 정형화된 간첩과 중앙정보부 요원들이라는 선악의 이분법이 확실한 할리우드식 오락영화화되는 간첩영화는 가장 오락적인 영화가 가장 '반공적'인 영화로 되는 과정을 명시적으로 보여준다. 국가 대 국가, 혹은 체제 대 체제의 대결이 물리적 폭력으로 나타나는 전쟁이라는 국면과, 평온한 국가에 침투해 간접적인 침략을 꾀하는 잠재적인 폭력으로 나타나는 일상이라는 국면, 이러한 상이한 국면의 묘사를 꾀하는 전쟁영화와 간첩영화는 '반공영화'로서 만들어졌지만 종종 같은 맥락에서 불충분한 반공주의를 드러내곤 했다. 체제, 혹은 이데올로기의 모순은 그것이 가장 정점에 있을 때에 배태되기 마련이다. 대중들은 때때로 '반공영화'에서 국가가 의도하지 않은 어떤 결절들을 읽어낸다. 영화는 때때로 그것을 생산하는 맥락과 소비하는 맥락이 항상 일치하지는 않는다는 것 때문에 더 영화적이다.

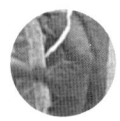

반공영화의 패러독스— '반공'과 '민족'의 갈등

결국 '반공영화'가 성공하기 위해서는 '민족'이나 휴머니즘 등 다른 요소를 끌어들이지 않으면 안 되었고, 보다 명확한 의미의 '반북'을 표방함으로써 더욱 강화된 형태의 '반공'을 지향했던 '반공영화'들은 거꾸로 대한민국 사회의 치부를 드러내면서 대중의 공감을 얻는 데 실패했다. '반공영화'가 주창하는 '반공'은 영화의 감동을 끌어내는 요소인 가족애나 동지애와 같은 휴머니즘적 요소에 의해 주제의식이 모호해졌다. 이처럼 대중영화에서 '반공'과 '민족'은 때로는 결합되어 서로를 강화하는 기제가 되기도 하고 때로는 서로 모순과 저항을 일으키기도 한다. '반공영화'는 항상 전자에 해당하는 것만은 아니었다. 오히려 '반공영화'는 반공이데올로기만을 생산하는 것이 아니라 반공이데올로기를 끊임없이 생산하지 않으면 안 되는 국가의 숨은 욕구까지도 반영함으로써 자기 모순을 드러내고 있었다. 그렇다면 '반공영화'에서 '반공'이 철저하지 못하고 오히려 대중들이 가진 '민족'적 감수성이 전면에 드러나는 이유는 무엇일까?

첫째, '반공'이 가지는 배제의 수준과 의미가 균일하지 않기 때문이다. '반공영화'는 기본적으로 타자로 규정된 북한과 공산주의자들에 대한 묘사를 통해 '우리가 아닌 것은 무엇인가?'라는 배제의 정당화를 위한 영화이고, 이러한 타자성의 배제는 정체성을 확립하는 가장 빠르고 효과적인 방법이기도 했다. 그런데 이때 배제의 범위에 따라 '반공'의 층위가 달라질 수 있었다. '반공'의 의미는 시기에 따라 차이가 있었다. 정밀하게 보았을 때 '반공'은 '반북'과 논리적으로 항상 같은 것은 아니었다. '반북'이 북한 전체에 반대하는 것인지 아니면 공산정권만을 배제하고 대다수의 '동포'에 대해서는 포용하는 것인지에 따라 '반공'의 강도와 의미가 다르게 전달될 수 있었다. 정부의 이데올로기 선전 속에도 이 두 가지는 혼재되어 있었는데, 대체로 정부에서 상을 받은 영화들에서는 전자의 논리가, 대중영화에서는 후자의 논리가 우세했다. 더구나 '반공영화'에서 공산정권의 핵심인물들, 상층부 공산주의자가 등장하는 경우는 거의 없었다. 북한 측 등장인물은 거의 '북괴'=공산정권의 사주를 받은 하급 관리나 군인들로서, 어찌보면 또다른 희생자이기 때문에 자신의 과오를 깨닫는 한 '민족'의 이름으로 포용해야 할 존재로서 묘사되었던 것이다. 1960년대 후반 '반공영화'는 북한 내부 사회의 엘리트마저 등을 돌리게 만드는 북한 사회 전체를 비판하는데, 이때 '반공'은 명실공히 북한 전체를 의미하는 '반북'이 되었다.

둘째, '반공'과 '민족'이라는 이데올로기가 대중에게 전달되는 방식의 차이에 기인한다. '반공'이 다분히 논리적이고 이념적인 외피를 쓰고 있는데 반해, '민족'이란 보다 감정과 정서에 호소하는 것이다. '반공'을 명백한 감정에 호소하려면 북한의 남침이 동족상잔의 비극을 초래했다는 적개심이 전제되어야 한다. 그러나 이러한 적개심은 정부가 끊임없이 국민들에게 전파하고 교육하는 반공이데올로기의 핵심적 요소였지만, 시간이 지나고 한국전쟁을 직접 경험하지 않았거나 너무 어릴 때 경험한 세대가 늘어날수록 이것이 점차 약화될 수밖에 없다. 또한 이것만으로는 '반공영화'의 소재를 다 공급할 수 없다는 한계도 있다.

　셋째, 재미와 감동을 목표로 하는 영화의 고유한 특성에서 그 이유를 찾아볼 수 있다. 감동이란 적개심이 아니라 용서와 화해에서 나온다는 것을 고려한다면 관객 대중에게 감동을 주어야 하는 영화에서 감정선을 분노나 적개심보다는 포용과 화합에 맞추는 것은 당연한 일이다. 게다가 이야기의 주인공이 공산주의자라면 관객들은 자신들의 감정이입의 대상인 주인공에 대해 연민을 갖게 마련이다. 아무리 나쁜 짓을 저지른 범죄자라도 그가 플롯을 주도하는 주인공일 때는 그를 정서적으로 포용하게 된다. 차갑고 네거티브한 '반공'보다는 뭔가 뜨겁고 포지티브한 '민족'의 메시지가 더 마음을 울릴 수 있다. 따라서 '반공영화'가 더욱 작품성을 추구할수록, 더욱 흥행성을 높이길 원할수록 '민족'적인 감수성에 더 호소하게 되는 것이다.

　1950~60년대의 관객들은 극장에 반공이데올로기를 주입받고 고취시키기 위해 '반공영화'를 보러 가는 것이 아니라 때로는 용감한 아군이 적군을 물리치는 전쟁 스펙터클을 보러 가고, 때로는 '동족상잔'의 비극이 가족 간의 비극, 남녀 간의 비극으로 전화되는 눈물나는 멜로드라마를 보러가며, 또 때로는 긴박감과 스릴을 만끽하기 위한 액션영화나 배꼽 잡도록 웃기는 간첩영화를 보러 가기도 했다. 국가는 보상과 지원을 통해 '반공영화'를 장려하고 영화인은 국가로부터 선택받기 위해 '반공영화'를 만들었지만 관객들의 선택을 받기 위해서는 단지 '반공영화'여서는 곤란했다. 재미라는 오락성이 있어야 하는 것은 물론이거니와 감동의 요소도 필요했는데, 이때 감동의 요소로서 가장 좋은 것은 가족이나 혈연, 동포애 등의 코드, 곧 '민족' 감정을 건드리는 것이었다. 관객은 '반공영화'를 관람한 후 반공주의를

강화해 극장을 나가기보다는 거꾸로 강화된 혈연주의, 가족주의로 표상된 민족주의에 눈물지으며 극장을 나가게 되는 것이다. '반공영화'는 스스로의 의지와 무관하게 반공주의를 무력화시켰다.

그런데 이러한 '민족'과 '반공'의 갈등관계는 비단 영화에서만 드러났던 것은 아니었다. 4·19혁명 이후 제기되었던 다양한 통일논의가 5·16군사정변 이후 '반공'의 강화로 공개적으로 진행되기 어렵게 되었지만, 통일이라는 대의명분에서는 북한이 한 '민족'임을 인정하지 않을 수 없었기 때문에 여전히 '민족'과 '반공'은 모순관계에 있었다. 통합의 논리로서의 '민족'과 배제의 논리로서의 '반공' 사이의 논리적, 현실적 모순은 이른바 1963년 대통령 선거에서 이슈가 되었던 '민족적 민주주의'를 둘러싼 논쟁에서도 불거졌다.[99] 박정희와 공화당은 처음엔 "민족적 민주주의란 자주와 자립 지향의 강력한 민족주의 이념을 바탕으로 한 민주주의"라고 정의함으로써 지식인 학생들의 기대와 공감을 이끌어내었다. 그러나 군사정권이 외친 자주와 자립이라는 의미가 근본적인 반외세와 반매판에 있지 않고 오히려 한일기본조약 체결이나 미국과 일본을 끌어들인 경제성장 중심으로 축소되자, 많은 지식인·학생들이 '민족적 민주주의'의 '민족'적 성격이 모호함을 맹렬히 비판한 것이다.[100] 군사정권이 내세운 '민족적 민주주의'에 대해 야당은 '자유민주주의'로 맞섰고, 1964년 학생들의 '민족적 민주주의' 장례식은 6·3항쟁의 도화선이 되었다.[101] 게다가 '민족적 민주주의'가 한반도에 두 개의 한국을 인정하고 민족주의의 이름으로 통일정부를 수립하는 것이라는 황용주의 글이 《세대》에 실리자[102] 국회에서는 황용주가 박정희의 측근이라는 점을 들어 박정희를 공격하는 사태가 벌어졌다.[103] 이때 강조점은 통일정부의 수립에 있는 것이 아니라 한반도에 두 개의 한국을 인정한다는 것에 있었다. 반공의 관점에서 보면 이는 용공적 발언이었다. 박정희 정권이 대한민국을 한반도 전체로 상정하지 않고 휴전선 이남만을 상정하고 있다는 비판이 쏟아진 것도 같은 맥락이다.[104] 이는 어떤 면에서는 타당한 비판이었다. 박정희 정권은 '민족주의'를 내세웠지만 결코 '반공'보다 우위에 서는 것은 아니었다. 또한 철저한 '반공'을 내세웠지만 이는 한반도 북쪽에 위치한 북한을 배제함으로써 역설적으로 한반도 남쪽만을 국토로 하고 남쪽 주민만을 국민으로 하는 대한민국이라는 정체성을 확고히 하고 나아가 분단을 고착화하기 위한 것이었다. 언술로는 북한을 국가로 인정하지 않지만 실질적으로는 북한의 존재야말로 정권 유지의 가장 좋은 구실이었고, 분단의 조건은 폭압적 정치를 가속화할 수 있는 구실이 되었다. 야당이나 학생들이 '민족적 민주주의'를 비판한 것은 박정희 정권이 '민족'과 '반공'을 동시에 주창하면서도 실제로는 '반공'에 더 무게를 두고 있었던 것에 반해 '민족적 민주주의'는 북한을 실질적으로 인정하고 있기 때문에 결국 '반공'에도, '민족'에도 불철저하다고 본 것이다. 그러나 과연 북한을 법적으로는 아니지만 사실 관계에서 인정한다는 것이 덜 '반공'적인 것일까?

북한을 실체로 인정하고 분단을 현실로 받아들이는 것이 더 반공적인가, 북한을 실체로 인정하지 않고 분단 현실을 부정하는 것이 더 반공적인가? 전자는 남한을 휴전선 이남의 영토를 가진 현실의 대한민국으로 축소시키며, 후자는 대한민국을 여전히 한반도 유일의 합법적 국가로 본다. 박정희 정권이 실질적으로 취한 것은 전자였다. 박정희 정권은 한 번도 북한을 독자적인 국가로 취급하거나 실체로 인정

민족적 민주주의 장례식
(1964.5.20)

1960년대 명동 거리

한다고 천명한 적은 없지만 재건의 방향은 이미 그것을 추인할 수밖에 없는 길로 가고 있었다. 이에 당시의 야당과 일부 대학생들은 박정희 정권이 북한을 독자적인 국가로 인정하고 있다고 비난했고, 정부는 극구 부인했으나 실은 이는 정권의 본심을 꿰뚫은 것이었다. 야당은 정부가 불철저한 반공주의라고 공격했으나 실은 북한을 실체로 인정하는 것이 반드시 반공주의의 불철저를 뜻하는 것은 아니었다. 박정희 정권은 담론과 언설로는 그렇지 않았지만 끊임없이 남한을 북한과 분리시키고 분단을 현실로 인정할 뿐만 아니라 그 체제가 유지되기를 원하고 있었다. 이는 결국 분단의 고착화를 의미하는 것이었다.[105] 분단의 고착화란 곧 북한의 대립항으로서의 '대한민국'의 내면화였다.

이에 반해 4·19혁명 이후 봇물처럼 터져나온 다양한 통일론은 '민족'을 명실공히 남북한 모두의 것으로 보고 '민족국가'의 형성이 대한민국의 형성만으로 해결되는 것이 아니라 남북한의 통일이 이루어질 때 비로소 달성되는 것임을 주장한다. 물론 통일을 주장한다고 해서 반드시 '반공'적이 아니라고는 말할 수 없다. 예를 들어 유럽의 사회민주주의를 염두에 둔 '중립화통일론'은 북한을 '반민족적 괴뢰정권'으로 규정하고 있었다. '민족'과 '반공'이 명실상부한 모순관계에 놓이게 되는 것은 북한을 협상의 주체로 인정하고 남북협상에 기초한 통일을 주장하는 이른바 '민족자주통일론'에 이르러서였다.[106] 그러나 '선통일 후건설'을 주장하는 이들 통일론은 '선건설 후통일'을 주장하는 민주당이나 신민당의 통일론에 비해 덜 '반북'적인 것만은 분명하다. 비록 5·16군사정변이라는 강력한 반공주의 쿠데타에 가로막혀 논의가 더 진척되지 못했지만 이후 저항담론의 형성에 큰 기여를 한 이들 통일론은 '민족'과 '반공'이 갈등관계에 있는 대중들의 심성 한구석을 차지해왔다고 볼 수 있다.

배제의 논리인 '반공'과 통합의 논리인 '민족'이 갈등 관계에 있는 것은 이처럼 현실의 정치 담론에서도, 대중들이 쉽게 접할 수 있는 영화의 플롯에서도 드러났다. 가장 반공적이어야 할 '반공영화'에서 양자의 갈등과 모순이 아이러니컬하게도 폭로되고 있었던 것이다. 이는 남한 정부의 반공주의 교육이 대중의 감수성까지 깊게 장악하지 못하고 있던 1960년대 상황을 보여주는 것으로,[107] 뒷시기에 이르면 반공주의를 극복하려는 자생적인 노력이 싹틀 수 있게 하는 공감대 형성의 장으로서 영화가 기능할 수 있으리라는 가능성을 짐작케 한다. 이처럼 '반공영화'는 예기치 않게 북한에 대한 두 가지 생각, 즉 "그들과 우리는 돌이킬 수 없는 강을 건넜다"와 "그래도 한 민족이다"를 드러냄과 동시에 그러한 북한의 역상으로서의 남한에 대해서도 두 가지 상이 만들어지고 있음을 역설적으로 웅변하고 있는 것이다.

p.276
풍속극과 자본
주의적 일상

p.302
빈곤에
대처하는
우리의 자세

1950년대 명동

5
자본주의 근대화
:우리는 무엇을 하고 싶은가?

풍속극과 자본주의적 일상

'자본주의'에 대한 태도

일제강점으로 이식된 근대의 길을 걸었던 한국 사회에서 '자본주의' 란 결코 긍정적인 의미만을 갖고 있었던 것은 아니었다. 때로 그것은 근대화와 동의어였고, 근대화는 곧 서구화를 의미했으며, 서구화의 대세 속에서 우리의 정신과 영혼은 중심을 잃을지도 모른다는 외경의 감정이 여전히 남아 있었기 때문이었다. 우리의 삶에서 가장 중요한 '먹고사는 문제'와 밀접한 관련이 있는 '자본주의 근대화'는 가장 일상적인 삶의 모습을 통해 가장 첨예하고 민감한 문제를 건드릴 줄 아는 영리한 매체인 영화 속에서도 여전히 키워드가 되었다. 1950~60년대 민중들의 일상생활을 재현한 영화들은 당대 대중의 시점에서 가장 이슈가 되는 삶의 문제들을 영화의 소재로 가져오면서 대중들의 공감을 얻어내는 데 성공했다. 풍속극이라 불러 마땅한 이러한 영화들에는[1] 서구문화의 수용이나 자본주의 근대화에 대한 이중적 감정들이 잘 드러나 있다.[2]

일제강점기 일본을 통해 서구문화를 수용했던 한국은 해방이 되자 직접 수입되는 서구문화의 세례 속에 놓이게 되었다. 미군정기와 한국전쟁을 거치면서 남한에 쏟아져 들어온 서구문화와 외래 사조는 크게 두 가지로 나누어 볼 수 있다. 하나는 미국 유학생들을 중심으로 한 지식인, 상류층이 향유하는 서양의 고급문화로서, 유럽적인 경향이 농후했으며 한국 지성계와 문화예술계에도 영향을 미쳤다.[3] 또한 나는 이른바 미8군을 중심으로 전파된 미국의 대중음악과 미국영화를 통해 수입된 미국식 대중문화로서, 한국 대중문화 발전에 큰 영향을 주었다.[4] 그중에서도 미국영화는 영화의 내용뿐만 아니라 영화미술과 영화음악 등에 이르기까지 광범위한 영향을 미쳤는데,[5] 특히 영화를 통해 보이는 미국적 생활양식은 일반 대중의 삶에도 적지 않은 영향을 주었다.[6] 1950년대 영화에 자주 등장하는 서구적인 파티나 소파가 있는 거실에서의 대화, 영어 대사 등은 미국적 삶과 서구문화에 대한 대중의 동경이 얼마나 큰 것이었나를 보여준다.[7]

자본주의를 포함해 거의 모든 근대의 서구문화를 일본을 통해 수용할 수밖에 없었던 조선의 입장에서는 굴절·왜곡된 형태로 이식된 자본주의로부터 식민지성·반‡봉건성을 명확히 구분해 내는 것은 불가능했다. 식민지적·반‡봉건적 유제를 청산, 타파해야 하는 과제를 안고 있었던 해방 이후 한국인들이 이러한 과제를 어떠한 형태의 근대적 경제체제, 사회체제, 국가체제 속에서 수행해 나가야 할지에 대한 노선이 합의되지 못한 것 역시 식민지 유산의 강고함에 기인한 바가 크다. 자본주의적 노선과 사회주의적 노선으로 크게 나뉘기는 하지만 그 각각의 노선 안에서도 다양한 색깔의 이념적, 실천적 스펙트럼이 존재하고 있었음은 결국은 남북으로 갈라져 귀속되었으나 김일성이나 이승만·한민당과는 일치하지 않았던 여타 세력들과 중간파의 존재를 통해서도 충분히 짐작할 수 있다.[8]

그러나 비자본주의적 길에 대한 관심과 추구가 좌절된 후 북한과의 경쟁 속에서 빠른 시일 내에 압축적인 근대화를 달성하고자 했던 남한은 자본주의의 근본정신이나 윤리에 대한 성찰을 할 여유가 없이 급속히 자본주의의 외양만을 갖추고 성과주의로 치닫게 되었다. 자본주의에 규정받는 개인의 일상은 상류층, 혹은 일부 중산층의 서구적이고 여유로운 삶과 절대 빈곤에 허덕이는 하층민의 삶, 그리고 전자를 지향하지만 언제든 후자의 나락으로 떨어질 수 있다는 불안으로 둘 사이를 표류하는 서민의 삶으로 계층화되어 멜로드라마, 코미디, 사회드라마 등의 여러 풍속극 속에 투영되었다. 일상의 재현과 관련한 서사 속에서 서구문화는 고상하고 교양 있는 것으로 표현되기도 했지만 천박하고 물신주의적인 것으로도 이해되고 있다.[9] 대개 유럽의 고급문화가 전자에 해당한다면 미국의 대중문화는 후자에 해당하는 것으로 인식되었다. 반면 자유로운 개인 간의 무한 경쟁에 의한 자본 축적이 사회와 개인의 삶에 가장 중요한 요소로 작용하는 자본주의적 삶과 문화에 대해서는 거의 배금주의나 물신주의와 같은 의미로 받아들여졌다. 이는 물질보다 정신을 숭상했던 유교적 사고방식에도 기인하는 것이지만, 일제강점기 이래로 굴절되고 왜곡된 자본주의적 근대성의 영향과 한국적 현실 속에서 여전히 자본주의가 대중들에게 결코 긍정적이거나 익숙하게 받아들여지지 않고 있다는 것을 말해준다. 이는 '자본주의'가 순전히 경제제도로서 받아들여지기보다는 '자본주의적 문화'라는 의미로 받아들여졌음을 의미하기도 한다.

    자본주의와 그것이 파생하는 경쟁적 삶에 대한 태도는 흔히 '악착같이 돈을 번다'는 행위에 대한 태도로 구체화되었다. 1950년대까지만 해도 돈을 번다는 것, 곧 자본을 축적한다는 것에 대한 대중들의 시선은 그리 곱지 않았다. 악착같이 돈을 번다는 행위와 노동을 한다는 행위는 엄연히 구분되었다. 영화 속에서 열심히 '돈'을 버는 행위 자체가 긍정적으로 묘사되기 시작한 것은 1960년대부터이고 그것도 돈이 건전한 노동의 대가로 따라오는 한정된 경우에만 그렇다고 할 수 있다. 악착같이 '돈'을 번다는 것은 부정적으로, 열심히 '일'을 한다는 것은 긍정적으로 묘사되는 이중성에서 자유롭지 못했던 것이다. 서구문화와 자본주의적 일상의 재현이 사회구조의 계층화를 반영하고 그것이 기득권층에게는 안정감을 하층민에게는 박탈감을 조성하는 현상은 1950년대에도 종종 나타나지만, 근대화의 기치 아래 주체로서의 자리를 확보한 이들과 근대화 노선에서 탈락한 이들 간의 계층 간, 도농 간 빈부의 격차가 점차 극심하게 벌어지는 1960년대 후반으로 갈수록 이러한 현상은 농후해지고 있다. 자본주의적 일상에 노출된 이들이 어떤 식으로 이러한 문화를 수용하고 적응해 나가는지, 결국 빈곤으로부터 탈출해 부를 축적하고 계급상승을 꿈꾸는 이들의 욕망이 어떻게 성취될 수 있을 것인지의 여부는 자본주의 근대화를 채택한 남한 국가의 재건 과정에서 매우 중대한 사안을 차지한다고 볼 수 있다.

근대와 민주주의를 전취하려면

'자본주의 근대화'라는 키워드는 전근대를 극복하고 근대화해야 한다는 기본적 지향과 그 방법이 사회주의적인 것이 아니라 자본주의적이어야 한다는 것을 함의하고 있다. 그런데 '자본주의'가 근대화를 위한 하나의 방법으로서 선택의 문제일 수 있는 반면에 근대화 자체는 거부하거나 선택할 수 있는 문제가 아니라 반드시 전취해야 하는 것이었다. 당연히 성취해야 할 대상으로서의 근대화가 영화 속에서 발현되는 방식에는 세 가지 유형이 있다.

첫 번째 유형은 근대화의 초기 과정에서 필연적으로 초래되는 전근대와 근대의 갈등을 다룬 영화들이다. 〈자유결혼〉(1958, 이병일), 〈사랑방 손님과 어머니〉(1960, 신상옥), 〈아낌없이 주련다〉(1962, 유현목), 〈유정〉(1966, 김수용) 등이 대표적인데 이 영화들은 멜로드라마적 설정을 통해 갈등을 표출하는 것이 특징이다.

　전근대와 근대의 갈등을 그리는 영화들이 결혼을 둘러싼 해프닝을 그리고 있다는 것은 결코 우연이 아니다. 결혼제도야말로 한 사회의 생산관계와 권력관계, 그리고 가치관의 변화에 대해 가장 잘 표현해 줄 수 있기 때문이다. 〈자유결혼〉은 결혼을 둘러싼 노골적인 신구세대의 대립을 통해 전근대와 근대의 갈등을 전면화시킨다. 상류층 가정 세 딸의 연애와 결혼을 그리고 있는 이 영화는, 근대적 가치를 옹호하는 의학박사지만 결혼만큼은 중매로 하기를 원하는 아버지와 연애결혼을 원하는 딸들의 가치관의 대결을 경쾌하게 그리고 있다. 중매도 연애도 모두 위험하니 절충식이 제일 좋다고 하면서 윗도리는 한복을, 아랫도리는 양복을 입고 나오는 장면의 유머와 아이러니가 이 영화의 주제를 표현한다. 여기서 근대화란 전통적 가치를 모두 버리는 것이 아니라 전통과 근대의 긴장 속에서 '더 좋은 것'을 취하는 것이다. 이때 '더 좋은 것'의 기준은 무엇일까? 그것은 더 자유로운 것, 더 민주적인 것이라고 바꾸어 말해도 좋을 것이다. 여기서 이 영화는 자신의 결혼관을 당당히게 말하는 딸들이나 딸들을 옹호하는 어머니의 모습을 통해 민주주의적 가치를 높이 평가하는 것을 잊지 않는다. 전근대와 근대와의 갈등에서 결론은 항상 근대적인 것의 승리로 끝나고 이는 구세대가 신세대를 용인하는 것으로 표현되는 경우가 많다. 근대성은 그 무엇보다도 가치의 근대화가 이루어질 때 달성된다.

그러나 이러한 가치관의 근대화는 전면적으로 일어나지 않기 때문에 개인적 차원에서의 가치관의 변화와 공동체 규범의 변화 사이에는 항상 시간차가 존재한다. 개인의 욕망에 충실하고자 하는 근대적 가치는 공동체가 가진 도덕과 윤리에 속박되어 있는데 양자의 갈등에서 승리하는 것은 결국 공동체의 속박이다. 〈사랑방 손님과 어머니〉에서 미망인인 어머니(최은희)는 남편의 친구인 사랑방 손님으로 온 한 선생(김진규)과 서로 연정을 품지만 스스로의 욕망을 좀처럼 드러내지 못한다. 옥희네 집에 살고 있는 세 명의 '과부'인 옥희의 할머니(한은진), 주인공인 '어머니', 그리고 가정부(도금봉)는 변화하는 시대에 대응하는 방식이 모두 다르다. 할머니는 전근대의 보수적 윤리에 사로잡혀 아들의 탈상이 끝나기도 전에 일어난 며느리와 가정부의 추문을 두려워해 서둘러 한 선생을 서울로 올려보낸다. 영화에서 '어머니'는 죽은 남편을 그리워하지 않는다. 오히려 한 선생에 대한 마음을 피아노 연주나 계란 따위로 간접적으로 표현한다. 그러나 그녀의 일탈(?)은 여기까지이다. 결국 '어머니'는 그녀의 시어머니와 어린 딸을 생각해 자신의 욕망을 따르지 못하고 규범을 지키며 사는 삶을 선택한다. 반면 전근대적 가치관에 속박될 필요가 없는 하층민 가정부는 계란장수와 은밀한 연애를 즐기는데 이에 대해 그녀는 일말의 거리낌도 없어 보인다.

이처럼 과거의 보수적 윤리와 변화된 개인적 가치관의 차이라는 주제는 우리나라 신극운동의 초창기 이른바, 신파극新派劇에서 자주 등장했던 주제이기도 하다.[10] 1960년대 전근대와 근대의 갈등을 다룬 영화의 주인공들이 모두 사랑을 이루지 못하고 비극성을 띤 결말을 맞는 것은 한국 멜로드라마 신파성의 기원이 바로 근대화의 과정에서 발생하는 개인(대개는 여성)의 희생과 고통에 놓여 있음을 보여준다. 〈아낌없이 주련다〉와 〈유정〉에서도 미망인과 청년, 유부남 교장과 여학생의 사랑은 세상의 시선과 제약과 질타 속에 끝내 이루어지지 못한다. 전근대와 근대의 갈등이 멜로드라마의 옷을 입으면서 비극성, 신파성을 띤다는 것은 관객이 정서적으로 개인의 자유로운 사랑을 가로막는 전근대의 부조리에 항거하게 만드는 효과를 낸다. 이는 두 번째 유형의 영화들에서 더욱 두드러진다.

두 번째 유형은 주로 근대화가 정책적으로 본격화된 시기의 영화들에서 나타나는 것으로 전근대성의 실상을 신랄히 파헤쳐 고발함으로써 전근대 극복과 근대 달성의 필요성을 역설하는 영화들이다. 이러한 계열의 영화로는 〈열녀문〉(1962, 신상옥), 〈잃어버린 사람들〉(1967, 전조명) 등을 들 수 있다. 첫 번째 유형에서 보았던 〈사랑방 손님과 어머니〉에서 아름답게 묘사되었던 전근대와 근대의 갈등은 두 번째 유형에서는 결코 원만하고 아름답게 묘사되지 않는다. 전근대적 가치는 그대로 봉건적 굴레가 되어 개인의 인간성을 억압한다.

〈열녀문〉의 양반댁 미망인(최은희)은 '여불사이부女不事二夫'라는 봉건적 윤리 하에 평생 수절할 것을 강요받으며, 노환으로 몸져누운 시할머니의 갖은 구박을 다 받는다. 그녀는 과거 머슴(신영균)과의 사랑으로 아이를 낳았지만 그와 함께 도망칠 엄두를 내지도, 훗날 장성한 아들이 찾아왔을 때 아들을 제대로 불러보지도 못한다. 보다 못한 시할머니가 아들을 불러주지 않았더라면 아마도 그녀는 아들을 그냥 돌려보내고 말았을 것이다. 〈열녀문〉은 과거 뼈대 있는 집안의 자랑거리였던 열녀문이 여성의 고통과 희생 속에 억지로 세워진 허울에 불과한 것임을 폭로한다. 영화는 이러한 전근대적 유제에 대한 강한 비판을 통해 근대성의 획득에 대한 희구와 근대화의 당위를 역설하고 있다.

최은희가 이번에도 인고의 여인으로 나오는 〈벙어리 삼룡〉에서 삼룡이는 포악한 성격의 주인댁 아들 광식(박노식)에게 시집온 순덕(최은희)을 연모하는데, 불타는 집에서 순덕을 구하고 또 순덕을 위해 광식을 구하다 죽고 만다. 결혼한 첫날밤에 순덕을 때리고 식모(도금봉)와 놀아난다든지 말 못하는 삼룡이의 발가락에 불을 붙이고 머리를 쇠갈퀴로 찍는다든지 하는 광식의 캐릭터는 평단이 '과장된 악'이라고 비판할 정도이지만[11] 이것이 지고지순한 삼룡의 선한 캐릭터와 대비시키기 위한 것임은 너무나 자명하다. 오히려 광식의 비인간적 횡포가 심해질수록 관객들은 이로 대표되는 가부장적 봉건 윤리 자체에 거부감과 저항감을 갖게 될 것이기 때문이다. 이처럼 절대 '악'으로 묘사되는 봉건성은 영화를 감상한 관객 대중들의 공분公憤을 일으키고 이는 근대화가 조속히 필요하다는 인식을 확산시키는 데에 기여함은 물론이다.

〈잃어버린 사람들〉역시 봉건적 윤리와 인습에 사로잡힌 전통적 마을로부터 탈출한 두 남녀의 비극적인 사랑 이야기이다.[12] 이 영화에서 순이와 석이가 함께 자란 마을은 시간적 배경이 모호하지만 일제 강점기 어느 농촌 마을로 추측된다. 석이(오영일)의 부모는 순이(문희)가 가난한 소작농의 딸이라는 것 때문에 아들과의 혼인을 반대하고 급기야 병으로 누운 박 영감(최남현)의 "아랫도리를 덥히기 위한 젊은 처녀"로 순이를 들여보낸다. 당사자의 동의도 구하지 않고 순이를 박 영감의 소실로 보낼 것을 결의하는 마을사람들이나 논 몇마지기에 딸을 팔아 넘기는 순이의 부모 등 이 마을은 근대적 상식으로는 이해할 수 없는 봉건적 인습으로 가득찬 공동체이다. 이 마을에서 유일하게 자유연애, 곧 근대적인 사랑의 가치를 지키는 것은 순이를 데리고 야반도주를 한 석이뿐이다. 죽은 아버지의 복수를 하겠다며 석이를 찾아낸 박 영감의 아들 인달은 이 봉건적 인습이 쉽게 벗어날 수 없는 굴레임을 스스로 증명한다. 결국 인달의 손에 석이는 죽고 순이도 바다에 몸을 던져 따라 죽는다는 비극적 결말은 강고한 공동체의 인습을 개인의 힘으로 벗어난다는 것이 얼마나 어려운 것인지 보여준다. 근대화를 위해서는 구습에 얽매인 공동체 전체의 변화와 각성이 필요하다는 것이 1960년대 후반 관객들에게 전하는 이 영화의 메시지라고 볼 수 있다.

여기서 주목할 것은 〈열녀문〉이나 〈벙어리 삼룡〉, 〈잃어버린 사람들〉과 같이 이른바 '향토색' 짙은 문예영화로 평가된 영화들이 가진 '향토색'의 의미이다. 1950년대 〈백치 아다다〉나 〈배뱅이굿〉에서 보이는 '향토색'은 일제강점기 '로컬 칼라' 담론의 연장이면서 세계 시장에서 한국의 존재감과 경쟁력을 부각시키는 주요한 장치로서 기능했다. 같은 1920~30년대의 문예물을 원작으로 했다고 하더라도 1960년대에 제작된 문예영화에서 '향토색'은 조선의 후진성과 봉건성이 유난히 강조되는 것이 특징이다. 말하자면 '향토색'은 영화가 즐겨 표현해야 할 한국의 특수한 개성이자 한국이 극복해야 할 전근대성을 표상하는 이중적 의미로 묘사되고 있는 것이다. '한국적'인 색채를 보여주기 위해 전근대적인 한국을 보여주고[13] 이때 보이는 전근대성이 다시 '한국적'인 것으로 오인되는 악순환이 대중영화에서 되풀이되고 있는 것이다. 당시 언론에서 "전통과 인습, 혹은 전통과 회고주의·복고 취미를 혼동"하고 있다고 비판한 것은 이처럼 향토색

=봉건성이 가지는 함정을 지적한 것이었다.[14]

　이처럼 두 번째 유형의 영화들에서 근대적 가치의 부각을 위해 사용되는 장치는 전근대성에 대한 비판이다. 특히 이러한 경향의 영화들에서 문예영화가 많다는 것, 그리고 그 문예영화의 원작이 주로 전근대와 근대가 교차하는 일제강점기 무렵을 다루고 있다는 점에서 이들 영화들이 '근대화'라는 재건의 키워드에 부응하는 방식은 특기할 만하다. 그러나 이 영화들이 원작이 된 문예작품이 발표된 시기가 아니라 영화가 생산된 시기에 여전히 잔존하는 봉건성에 대해 비판하고 있다는 것은 명백하다. 당시의 근대화 담론들이 모두 '반봉건'을 기본으로 하고 있으면서도 정작 그 '반봉건'의 구체적인 내용이 무엇인지 제시하지 못하고 있었던 것을 상기할 때,[15] 오히려 대중영화에서 그 '반봉건'의 내용을 설득력 있게 명시하고 있다는 점은 담론이 대중에게 전달되는 담론 유통의 과정에서 문화가 갖는 의미와 역할을 잘 보여주고 있다. 또한 전근대의 폭압성과 비합리성을 다루는 중심에는 전근대의 모순과 억압을 담지하는 여성의 존재가 있었다는 점도 주목된다. 곧 '과부'로 불리운 젊은 여성들이 변화하고 있는 사회와 유교 도덕을 강요하는 가부장적 유제, 그리고 여성 주체로서의 꿈과 욕망 사이에서 갈등하고 좌절하는 모습을 통해 전근대에서 근대로의 이행기의 모순과 근대화의 필요성, 그 속에서 정체성을 만들어나가야 하는 여성 주체의 혼란스러운 현실 등이 역설되고 있는 것이다.[16] 이는 1950~60년대 주요 관객층이 주로 '고무신 부대'라 불리는 중장년 여성 관객들임을 생각할 때[17] 여성들의 근대적 각성에도 지대한 영향을 미친 것으로 생각된다.

　세 번째 유형은 근대화를 기정사실로 놓고 근대화의 긍정적, 부정적 효과들에 대한 기대와 우려를 표하는 영화들로서 〈백치 아다다〉(1956, 이강천), 〈하녀〉(1960, 김기영), 〈로맨스빠빠〉(1960, 신상옥) 등을 들 수 있다. 이들 영화의 주제는 차례로 돈, 계급 그리고 민주주의와 관련이 있다. 이 중에서 〈로맨스빠빠〉는 1960년대 초반 가족 멜로드라마 붐을 이끈 주역으로, 4·19혁명 이전에 제작되고 개봉되었다. 보험회사 직원인 가장(김승호)과 그의 아내(주증녀), 그리고 2남 3녀의 자식들을 중심으로 한 평범한 가족이 가장의 실직이라는 위기를 어떻게 극복하는지에 대한 이야기이다. 대학을 졸업한 장녀 음전(최은희), 관상대에 다니는 큰 사위 전우택(김진규), 대학생이지만 영화감독에 뜻이 있는 큰아들 어진(남궁원), 멋쟁이 여대생 둘째딸 곱단(도금봉), 늘 형의 물건을 물려받아야 하는 것이 불만인 고등학생 둘째 아들 바른(신성일), 그리고 여고생 막내딸 이쁜이(엄앵란)가 주인공 가족의 구성원이다. 대가족의 삶을 책임지는 어깨가 무겁지만 즐겁게 생활하려고 노력하는 주인공은 다니던 회사에서 갑작스럽게 감원대상에 포함되어 퇴직을 당한다. 자신의 실직에 대해 가족들이 알기를 원하지 않는 가장은 여느 때와 다름없이 아침마다 출근해 공원에서 시간을 보내다가 회중시계를 전당포에 잡히고 받은 돈을 월급봉투라고 집에 가져간다. 가족들은 이러한 사정을 모르는 척하고 각자 살림에 도움이 되는 일을 시작한다. 아버지의 생일날, 자식들은 전당포에 잡힌 아버지의 시계를 찾아와 생일선물로 내놓고, 아버지는 감동의 눈물을 흘린다.

이 영화에 등장하는 가족은 구성원 간의 가치관의 대립이나 심각한 갈등 대신 견해와 입장의 차이에 따라 자유롭게 토론하고 논쟁하는 분위기를 갖고 있는데, 이는 주인공인 '로맨스빠빠'가 구시대적인 아버지상이 아니라 새로운 아버지상이기 때문에 가능한 설정이다. 가

로맨스빠빠(1960)

정의 형편은 어렵지만 그렇다고 절대빈곤에 시달리거나 상대적으로 가난한 계층이라는 설정은 아니다. 예를 들어 가난 때문에 도둑이 된 인물(주선태)과의 대비를 통해 주인공 가족이 당대의 중산층을 대변하고 있음이 드러난다. 오히려 당시로서는 드물다고 할 정도로 자녀들 모두가 고등교육을 받고 있다. 대학생이 셋, 고등학생이 둘인 이 가정에서 부모와 자식들은 모두 평등하게 의견을 주고받을 수 있다. 둘째 아들이 역사상 위대한 인물은 모두 둘째였다며 형과 논쟁을 벌이는 장면이나 자식들이 건넌방에서 아버지에게 돈과 시간과 자유를 달라고 투정 섞인 농성을 벌이는 장면, 그리고 큰아들이 쓴 시나리오를 가족들이 각자의 생각대로 상상해보는 장면 등을 통해 주인공 가정의 평등하고 화목한 유대관계를 보여준다.

말하자면 이 영화는 민주적 가정=공동체의 이상향에 관한 영화이다. 누구나 자유롭게 자신의 의견을 말할 수 있고 막내라고 해서, 여자라고 해서 무시당하지 않는 '민주주의'의 모습이 발견된다. 대화와 토론이 기본이 되며 언론의 자유가 보장되는 '민주주의'의 원리는 가족 간의 평등한 대화를 통해 구현된다. 이 영화는 이승만 정권 말기에 개봉되어 검열 당국으로부터 여러 장면을 삭제당했다. 예컨대 막내아들이 아버지에게 '최고권력' 운운한 것은 이승만을 빗대어 빈정거린 것이라는 구실이었다.[18] 이처럼 가족 구성원들의 민주적 의사결정과 상호존중은 세대와 성별과 나이에 상관없이 견지되며, 이 가족의 선의는 도둑의 사정까지 이해하는 호의로 확대된다. 아버지는 '로맨스'라는 별명이 붙을 정도로 전통적이고 권위적인 가부장과는 거리가 있으며, 어머니 또한 희생적인 전통적 여성이라기보다는 스스로의 목소리를 내는 인물로 그려져 있다. 자녀들은 넉넉하지 못한 살림에 불평이 많았지만 아버지의 고충을 이해하게 된 후에는 생활 전선에 뛰어듦으로써 가족의 위기에 공동으로 대응한다. 특히 이 영화에서 묘사된 새로운 아버지상은 여전히 가족들의 존경을 받는 가정의 중심이지만 예전처럼 생계를 혼자 책임지기 위해 발버둥치지 않아도 되는 존재이다. 가장의 역할은 약화되지만 이제까지 아버지가 수행했던 역할을 자식들이 나누어 맡음으로써 가족 공동체를 유지시킨다는 이 영화의 해피엔딩은 자식 세대의 적극적인 참여를 통한 세대 화합과 민주적 사회 구현을 희구하는 당대 대중의 정서를 그대로 반영한다.

강화되는 가부장제와 근대화 드라이브 속에서 욕망의 단위로서 가족이 부각되는 것은 이 시기의 많은 가족 멜로드라마 속에서 드러나는 공통점이다.[19] 그러나 이 영화에서처럼 가족 간의 이해와 협력으로 아버지의 자리가 굳건히 지켜지는 모습을 그린 것은 4·19혁명 이후에 쏟아져 나오는 가족 멜로드라마와는 조금 다른 점이다. 곧 〈박서방〉(1960, 강대진), 〈마부〉(1961, 강대진), 〈삼등과장〉(1961, 이봉래) 등의 가족 멜로드라마들에서는 권위를 잃어가는 아버지의 쓸쓸한 뒷모습과 그 권위를 이어받은 큰아들이 가족을 지켜냄으로써 가부장제의 강화와 가족주의의 재편을 기도한다. 그런데 〈로맨스빠빠〉에서는 기운 빠진 아버지가 여전히 가족의 중심에 있다. 자식들은 뿔뿔이 흩어지지 않고 모여서 화합하고 대화하며 아버지의 권위를 다시 추앙한다. 그러면서도 이 가족 특유의 민주적이고 평등한 분위기는 지켜지고 있으니 이것이야말로 당시의 대중들이 원하는 민주주의의 이상적인 모습이라 할 수 있다. 게다가 주인공 가정은 결코 넉넉하달 수 없는 소시민적 가정이라 한참 멋을 부릴 나이의 자식들은 빠듯한 형편에 불만을 가질 수도 있지만 서로 이해하면서 아버지에게만 의존하지 말고 자신들도 열심히 가계를 도울 것을 결의하는 모습을 보임으로써 관객들이 민주주의에의 열망과 이를 함께 성취하기 위한 개인의 자각도 학습할 수 있다. 가부장을 중심으로 한 가족의 재건이라는 구태의연한 주제를 민주주의에 대한 당대의 감각으로 변주함으로써 경쾌하고 세련된 가족영화를 구현하고 있는 이 영화는 4·19혁명을 가능하게 한 대중의 민주주의에 대한 감각과 희구가 어느 정도인지 짐작케 한다.

이처럼 '근대화'를 화두로 한 여러 영화들이 모두 멜로드라마적 설정을 가지고 있다는 것은 결코 우연이 아니다. 멜로드라마야말로 모더니티의 산물이기도 할 뿐만 아니라[20] 특히 '자본주의 근대화'와 밀접한 관련이 있다. 사회주의적 근대화에서 영웅 이야기가 주를 이루는 것과 대조적으로 '자본주의 근대화'의 맥락에서는 과도한 감상성sentimentality을 기본으로 하는 멜로드라마가 주를 이룬다.[21] 이러한 멜로드라마가 가지는 감상주의의 근거는 근대화 과정에서 발생하는 개인의 가치관의 혼란에 기인한다. 곧 근대화에 뒤처진 전근대적 공동체의 유제와 그 안에서 고통받는 개인(여성)의 희생과 좌절을 적나라하게 전시하거나, 혹은 이미 근대화된 개인이 아직 덜 근대화된 주위 사람들을 설득하는 과정을 통해 드라마가 발생하고 있는 것이다. 대중영화에서 '근대화'의 필요성과 당위성을 설득하는 방식은 오히려 전근대성의 불합리를 폭로, 고발해 관객들의 공감과 울분을 불러일으키는 것이 가장 효과적이라는 것을 보여주고 있다. 한편 〈로맨스빠빠〉의 사례에서도 보았듯이 영화는 자본주의적 일상의 모습과 이를 통한 욕망의 본질을 시각적으로 구현하기 위해 중산층 가정의 삶을 재현의 대상으로 하고 있다.

중산층이라는 욕망의 판타지

중산층은 자본주의를 건실히 하는 데 있어서도, 민주주의를 뿌리내리는 데에 있어서도 없어서는 안될 존재이다. 중산층을 늘리는 것, 곧 극빈층을 없애고 이들을 중산층화하는 것은 국가의 경제 전략에서도 중요하지만, 가난으로부터 자유롭지 못했던 1950~60년대의 국민 대중 개개인에게 있어서도 중산층으로 진입하는 것은 최대의 희망 사항이라 할 수 있다. 1950년대 대중들에게 중산층이 어떤 의미였는지 알아보기 위해 우선 일제강점기 중산층 여성의 일상과 일탈을 그린 〈미몽〉(1936, 양주남)의 한 장면을 떠올려보자. 주인공 애순(문예봉)은 가정을 돌보지 않고 허영과 사치가 심한 여성으로 남편(이금룡)과 다툰 후 집을 나와 정부와 함께 호텔에서 지낸다. 강도짓을 하려는 정부를 경찰에 신고하고 미련없이 그를 떠난 애순은 무용수를 쫓아 택시를 타고 가다가 딸 정희(유선옥)를 치게 되고, 병원에 누워있는 딸을 보고 뉘우침 끝에 자살로 생을 마감한다. 유부녀임에도 불구하고 집을 나와 마음껏 바람을 피운다거나 무용 공연을 본 후 무용수에게 반해 그의 뒤를 쫓는 장면에서 자유분방한 여성에 대한 당대의 편견과 비난을 읽을 수 있는데, 특히 애순이 백화점에서 쇼핑을 하는 장면에서 보이는 화려한 신식 상품들과 더 비싼 것을 찾는 허영을 부추기는 소비주의는 영화가 비판하고 있는 자유로운 신여성과 자본주의적 소비문화, 그리고 서구문화가 모두 동급으로 취급되고 있음을 보여준다. 영화는 도덕적으로 미숙하고 열등한 신여성이 결국은 처벌받는 모습을 통해 이러한 소비문화, 서구문화를 비판하고 있다. 〈미몽〉에서 애순이 영위하는 소비주의적=자본주의적일상은 응당 응징되어야 하는 부정적인 것이었다.

반면에 1950년대 중산층의 일상을 잘 보여주는 〈서울의 휴일〉(1956, 이용민)의 경우에는 자본주의적 일상이 매우 자연스럽고 필연적으로 그려지고 있다. 신문기자 송재관(노능걸)은 휴일을 맞아 아내인 '뷔너스 산부인과' 의사 희원(양미희)와 외출을 하려던 차 후암동 살인사건에 대한 제보를 받고 급하게 취재에 나선다. 그러나 살인사건의 실상은 동료들이 송 기자를 밖으로 불러내기 위한 거짓말로, 길이 어긋나는 바람에 송 기자는 엉뚱하게도 실성한 여인에게 몇 시간을 붙들려 있게 된다. 한편 남편을 기다리던 희원은 혼자 외출해 남편의 동료들을 만나 시간을 보내고, 장난기가 발동한 남편의 동료들은 송 기자에게 애인이 있다는 식의 거짓말을 지어낸다. 실성한 여인에게서 빠져나온 송 기자는 택시를 탔는데 공교롭게도 합승한 손님이 후암동 살인사건의 범인들이었다. 송 기자는 격투 끝에 범인을 제압하고 경찰에 넘긴다. 희원은 집으로 돌아오다가 병원 앞에서 울고 있는 소녀를 만나 소녀의 어머니가 출산을 앞두고도 형편이 너무 어려워 병원에도 가지 못한다는 딱한 사정을 듣게 된다. 소녀의 집에서 출산을 돕던 희원은 취재를 위해 후암동 살인사건 범인의 집을 방문한 송 기자와 만난다. 그리고 산모가 범인의 아내임이 밝혀지면서 오해가 풀린다.

　서울의 휴일 하루에 일어난 일을 그린 이 영화는 도입 부분에서 전쟁의 상처를 딛고 재건된 서울의 평화로운 아침 광경을 보여준다. 카메라는 나레이터의 시점이 되어 서울의 이곳저곳을 훑어보다가 술집에 옷을 잡히고 공원 벤치에서 자고 있는 중늙은이를 비추고는 그의 동선을 따라 움직이다 마침내 '뷔너스 산부인과'라는 간판이 있는 2층 양옥집 앞에 멈춘다. 이러한 효과는 지금부터 보여주는 이야기가 서울의 불특정 다수를 대표하는 매우 일반적이고 평균적인 모습이라는 듯한 태도를 취한다. 산부인과 여의사에 신문기자 남편, 2층 양옥집, 침대생활, 소파와 전화, 라디오와 축음기가 있는 거실 등이 1950년대 당시에 결코 평균적이거나 일반적일 수 없는 사례임에도 불구하고[22] 이미 서울에서는 누구나 이 정도는 하고 산다는 은근한 과시와 욕망의 부추김이 깔려 있다. 여기서 서울은 단순한 지명이 아니라 이러한 욕망들이 표출되고 실현되는 상상의 공간, 근대성의 기표에 가깝다.[23] 예를 들어 전문직 여성인 희원이 석 달만의 휴일을 즐기려는 남편(송 기자)에게 하루의 계획을 말하는 장면은 도시 중산층 여가생활의 단면을 엿보게 한다.

남편: 어디 그 플랜이라는 거 들어봅시다.
아내: 오늘 우리들의 랑데뷰 스케줄이에요. 열 시 삼십 분 출발. 신신백화점 양품부에서 당신 넥타이 구입, 그리고 내 파라솔…….
남편: 그럼 내 넥타이는 당신의 파라솔을 낚기 위한 미끼로군 그래.
아내: 열두 시엔 아서원에서 고급 중국요리로 점심을 마치고, 한 시 반 한강 도착. 티켓보드와 수상스키…….
남편: 점점…….
아내: 세 시 반 덕수궁 산책. 네 시 반부터 영화관람. 여섯 시 반 미장클릭에서 저녁식사. 일곱 시 반 로스앤젤레스 필하모닉 교향악단의 야외 연주회…….
남편: 이건 〈로마의 휴일〉의 앤 공주 시찰 여행보다 더 바쁜 것 같군.[24]
(중략)
아내: 총예산은 2만 5000환이에요.

남편: 상당한 출혈인데…… 한 달치가 훅 날르는군.

아내: …… 당신은 5000환만 부담하세요.

남편: 결국 넥타이를 5천환에 사는 셈이로군…….

　　백화점 쇼핑, 수상스키, 영화 구경, 야외 음악회 등의 여가생활은 여지없이 서구의 고급문화를 향유하려는 욕망으로 가득 차 있는데 심지어 산책하러 가는 고궁조차 서양식 건물이 있는 덕수궁을 선호한다. '플랜', '엔조이', '랑데뷰' 등의 영어 단어는 서구문화에 익숙한 이 중산층 부부의 대화에 자연스럽게 등장한다. 이어 총각처럼 보이는 남편의 동료들과 골프를 치고 맥주를 마시며 게다가 계산은 나서서 직접 하는, 전문적이고 자립적이며 소비주체로서 당당하게 선 여성에 대한 판타지가 펼쳐진다. 여기서 희원은 남편 친구들의 짓궂은 장난에 남편을 오해하게 되지만, 끝까지 몸가짐이 흐트러지지 않는 '정숙한' 여성으로서, 같은 시각 송 기자가 붙들려 있는 실성한 여인과도 대비된다.[25] 바람둥이에게 농락당한 듯 보이는 이 실성한 여성은 현모양처로서의 희원을 더욱 돋보이게 하는 장치이다. 이어 희원이 출산을 도와주는 판자촌의 가난한 산모는 송 기자가 검거한 살인범의 아내임이 밝혀지며, 여기서도 중산층의 삶이 긍정적으로 대비된다. 가난하고 불행하며 부도덕하기까지 한 삶과 대조적으로, 이들에 인간적인 자비를 베풀 수도 있고 이러한 상황을 관조할 수도 있는 중산층 지식인의 여유로운 삶의 대비가 더욱 극대화되고 있는 것이다. 이 영화에서 돈이 없어 병원에 가지 못하는 판자촌의 삶은 '서울의 삶'의 일부로서 균형있게 묘사되기보다는 하루 유흥비로 2만 5천 환을 쓰는 이들 부부의 풍요로운 삶을 돋보이게 하기 위한 배경 내지 장치로 기능할 뿐이다.[26] 1950년대의 평균적인 삶이 오히려 판자촌의 삶에 가까운 것이었음이 현실이라면, 〈서울의 휴일〉에서 보이는 중산층의 서구화된 안락한 삶은 당시 대중들이 이상적으로 여겼던 미래의 생활임과 동시에 앞선 시대를 살았던 당시 부르주아의 모습을 대변하고, 또 추동한 것이다. 이처럼 일상생활의 핵심에는 자본주의의 불균질한 도입이 빚어낸 불균등한 발전의 모습이 있으며, 이러한 불균질성이야말로 동시간대에 각기 다른 시간대를 살고 있는 대중들의 일상에 담겨 있는 자본주의적 근대의 속성이다.[27]

욕망의 대변인―풍속극의 주인공들

자본주의적 일상에서 욕망의 표출은 풍속극의 주인공들을 통해 필연적이고도 자연스럽게 표출된다. 풍속극의 주인공들은 대개 '문제적인 여성들'로서 전후에는 이들 여성들을 '아프레게르après-guerre(전후戰後)'의 여성들이라는 의미에서 '아프레 걸après-girl'이라고 불렀다. 여성 주인공들과 그들의 상대역인 남성 주인공들을 도식화해보면 대체로 〈표 11〉과 같다.

여기서는 ①과 ②에 대해서만 논하고 ③과 ④에 대해서는 6장에서 후술하기로 한다. 이 중에서도 1950년대 풍속극의 대표작 〈자유부인〉(1956, 한형모)은 중산층 여성을 통해 당대의 욕망을 거리낌없이 드러냈다는 점에서 매우 도발적인 문제의식을 가졌다. 이 영화는 실제로 사회문제가 되었던 '가정 부인들의 춤바람'을 소재로 한 정비석鄭飛石(1911~1991)의 신문 연재소설 《자유부인》을 영화화한 것이다.[28] 원작만큼이나 많은 논란을 불러일으켰던 영화 〈자유부인〉은 '최신유행'과 '최고급'을 지향하는 당대의 욕망을 잘 보여주고 있다. 장 교수

〈표 11〉 풍속극의 주인공과 대표적인 영화

	풍속극의 주인공		대표적인 영화
	여성	상대역 남성	
①	중산층 가정부인	계몽적 지식인으로서의 남편	〈자유부인〉, 〈날개부인〉, 〈젯트부인〉, 〈댁의 부인은 어떠십니까〉
		자유주의적·물신주의적 청년	
②	전문직 여성	계몽적 지식인	〈서울의 휴일〉, 〈자유부인〉
③	미망인	성불구자 남편	〈미망인〉, 〈동심초〉, 〈이 생명 다하도록〉, 〈귀로〉
		(연하의) 건실한 청년	
④	양공주 (윤락 여성)	방황하는 청년	〈지옥화〉, 〈오발탄〉

(박암)의 부인 오선영(김정림)은 살림에도 보탬이 되고 무료한 생활도 달랠 겸 지인의 양품점을 맡아 일을 시작한다. 선영은 친구 윤주(노경희)를 따라 동창회에 나가게 되는데 그곳에서 요즘은 여자들도 경제권이 있어야 하고 춤도 출 수 있어야 한다는 말을 듣고 댄스홀에 관심을 갖기 시작한다. 장 교수도 타이피스트 은미(양미희)의 부탁으로 여사무원들에게 하루 두 시간씩 한글을 가르쳐 주면서 은미와 데이트를 즐긴다. 선영은 윗집 청년이면서 조카 명옥의 애인인 춘호(이민)에게 춤을 배우게 되고 댄스홀에 출입하게 되며 사업에도 손을 댄다. 그러나 그 사업가는 사기꾼이었고 윤주는 그에게 속아 가정과 사회적 지위 모든 것을 박탈당한 채 자살한다. 선영은 양품점 여주인의 남편과 바람을 피우다 여주인에게 들키고 장 교수는 부인 단속을 잘 하라는 익명의 편지를 받는다. 선영은 결국 잘못을 뉘우치고 가정으로 돌아온다.

자유부인(1956)

개봉 당시 45일간 롱런하며 서울 관객 10만 8천 명의 대성공을 거둔 이 영화에서 서구문화는 1950년대의 한국인들이 자연스럽게 향유하고 꿈꾸는 문화로 표현되었다.[29] 오선영이 일하는 양품점 '파리양행'에서 파는 물건들은 이름과는 달리 실제로는 미제美製인데, 여기서 '파리'는 최신 유행, 최고급품으로 넘쳐나는 자본주의적 소비의 상징이다. 이곳의 고객들은 대개 인사 청탁을 위해, 혹은 아내가 아닌 애인을 위해 값비싼 선물을 사는데, 이것은 파리양행이 일상적 소비에서 약간은 빗겨난, 사치와 허영심을 만족시켜주기 위해 존재하는 욕망의 전시관이자 물질만능주의의 상징임을 보여준다. 댄스홀 장면에서의 음악과 춤, 그리고 의상은 그야말로 당대의 최신 유행을 보여주고 있으며, 파리양행의 고급스러움이 다분히 유럽적이라면 댄스홀은 미국적이면서 보다 육감적이다.[30] 댄스홀의 무희가 보여주는 육체의 향연, 젊은 연인들의 키스, 이성과의 사교춤, 호텔에서의 정부와의 밀애와 같은 성적 욕망은 파리양행에서의 소비의 욕망과 등가관계를 이룬다.[31]

영화는 서구문화=소비문화=성적 문란이라는 등식과 그 한가운데서 변화하는 사회를 체현하는 여성들에 대한 불편한 심경을 토로하며, 물밀듯 밀려오는 서구문화의 홍수가 지식인들에게 어떤 도덕적 위기감을 초래하는지를 보여준다. 유부남과 육체적 관계를 맺는 선영과, 미군부대에 근무하는 전문직 여성 은미와 플라토닉한 교감을 나누며 한글을 가르치는 계몽적 지식인의 역할을 다하는 장 교수의 대비는 선영이 접촉하는 부르주아적 서구문화와 장 교수가 표상하는 전통문화의 대비를 상징한다.[32] 장 교수로 상징되는 전통적 계몽적 지식인은 아내에게는 가부장적 근엄함으로 아내의 일탈을 꾸짖으면서도 전문직 여성과는 은근하고 절제된 데이트를 즐기는 모던한 로맨티스트의 면모도 가지고 있다. 결국 무분별한 서구문화의 수용은 도의를 지키면서도 1950년대적으로 변모한 세련된 전통문화 앞에서 도덕적으로 패배할 수밖에 없다는 것이다. 자유민주주의와 함께 수입된 서구문화의 개방성을 마음껏 향유하고 일상으로부터 벗어난 일탈을 맛보는 것이 당대의 욕망이라면 퇴폐적이며 물신적인 서구문화의 광풍으로 인한 부패와 타락을 순엄하게 꾸짖으며 국민을 각성시키는 계몽은 당대의 지향이었음을 확인할 수 있다.[33]

여기서 〈자유부인〉이 보여주는 서구문화에 대한 부정적 인식이 곧 자본주의에 대한 곱지 않은 시선과 일맥상통함은 자명해 보인다. 당시 많은 지식인들이 자본주의를 서구문화의 요체로 파악하면서 물질 만능주의, 배금주의와 동일시했기 때문이다.[34] 특히 물질문명의 최

첨단을 보여주는 미국문화의 소비성과 퇴폐성이 한국에서 과장되어 수용되고 있다는 비판은[35] 이러한 잘못된 문화 수용의 주체로서 '바깥으로 도는' 여성들에 대한 경계로 나타났다. 선영의 친구 윤주는 계모임에서 돈을 모아 '사업'에까지 손을 대는데 이 사업이란 다름 아닌 밀수업이다. 밀수업은 해방 후부터 큰 사회문제가 되어 이후 꾸준히 성행하는데, 〈자유부인〉을 비롯해 1960년대의 〈돼지꿈〉(1961, 한형모), 〈날개부인〉(1965, 김수용), 〈젯트부인〉(1967, 이규웅) 등에 이르기까지 풍속극에 자주 등장한다. 이들 영화는 밀수가 큰 돈을 벌어다 줄 수 있다는 일반 대중의 통념을 바탕에 깔고 밀수에 손을 대려 했다가는 사기만 당하고 망하기 쉽다는 경각심과, 그러므로 밀수업은 아예 생각하지도 말아야 한다는 교훈 등을 제공한다. 또한 이러한 논리는 엉뚱하게도 여성도 경제적으로 자립해야 한다는 생각에 경종을 울리는 용도로 사용되고 있다. 여성의 계모임 역시 〈댁의 부인은 어떠십니까〉와 〈젯트부인〉 등에서 매우 부정적으로 묘사되어 있다.[36] 결국 집을 나갔던 부인들은 경제적, 성적 자립을 꾀하다가 잘못을 뉘우치고 가정으로 돌아오지만, 이러한 교훈적인 결말이 관객에게 교훈으로 전달되기보다는 '댄스'와 '키스'로 표상되는 여성들의 성적 욕망을 대리만족하게 하는 기능을 했을 것임은 자명하다. 곧 당대의 지향인 계몽으로 포장된 이 영화가 실은 서구적이며 부르주아적 삶을 지향하는 당대의 욕망을 충실히 재현한 것임은 재론할 여지도 없다.

〈댁의 부인은 어떠십니까〉(1966, 이성구)는 1960년대판 〈자유부인〉이라고 할 수 있지만 〈자유부인〉이 당대에 가졌던 파격성과 문제성에 비하면 오히려 퇴행적이라고 할 정도로 보수성을 띠고 있다. 이화산업 상무 조동식(김진규)의 아내 정숙(김지미)은 미애와 호민 남매를 두고 단란하고 모범적인 가정을 꾸리고 있다. 어느날 정숙은 동창 선배와 친구와 함께 댄스홀에 가게 되고, 그곳에서 사진작가를 사칭하는 장재석(신성일)과 알게 된다. 사실 재석은 동업자인 친구(김순철)와 함께 부잣집 유부녀를 유혹해 돈을 갈취하려는 목적으로 정숙에게 접근한 것이지만 점차 그녀를 진심으로 사랑하게 된다. 자책감에 괴로워하면서도 재석에게 빠져든 정숙은 그를 계속 만나게 되고, 재석의 친구는 그들의 밀회장면을 담은 사진으로 정숙에게 돈을 갈취한다. 재석의 애인인 영옥은 동식에게 정숙의 불륜 사실을 폭로하고, 동식은 정숙에게 이 일을 추궁하며 집에서 나가라고 한다. 집을 나온 정숙은 자살을 기도하고 뒤늦게 정숙이 써놓은 편지를 발견한 동식은 아내가 입원한 병원으로 찾아온다.

　이 영화는 가정 부인의 동창회, 계모임, 댄스홀, 연하의 청년과의 연애, 그 청년이 사진을 찍는다는 설정까지 〈자유부인〉과 너무나 흡사하다. 그러나 영화는 1950년대에 낭만적 동기에 의해 시작된 유부녀와 젊은 청년과의 연애담이, 1960년대에는 물신주의적 동기에 의해서 추동되고 있음을 보여준다. 비록 재석이 점차 정숙을 진심으로 사랑하게 된다는 멜로드라마의 공식을 따르고는 있지만 재석은 전형적인 사기꾼으로 낭만과 사랑만으로 살아갈 수 없는 비정한 세상의 체현자이다. 〈자유부인〉에서 연상의 여인에게 환심을 사려는 청년 춘호가 사진을 찍어주는 것처럼 이 영화에서도 재석은 중산층 유부녀를 유혹하기 위해 카메라를 이용한다. 이때 카메라는 근대성의 상징이자 남성성의 상징이기도 한데, '기계를 잘 다루는 남성'이 가지는 성적 매력은 물질주의가 초래하는 도덕적 타락을 연상시킨다. 이는 〈자유부인〉의 춘호나 〈댁의 부인은 어떠십니까〉의 재석이 연애와 사랑에

댁의 부인은 어떠십니까(1966)

대해 가지는 진지하지 못한 태도에 기반하는데, 1950년대의 춘호가 보다 자유주의적이라면 1960년대의 재석은 보다 물신주의적이라는 점에서 시대에 따라 강조점은 약간 다르지만 자유주의와 물신주의가 어느 정도 동격의 위치에서 비판되고 있다는 느낌을 준다. 이는 한국에서 자유주의가 어떤 식으로 취급되는지에 대한 실마리를 제공하기도 한다.

또한 〈자유부인〉에서 바람난 아내를 훈계하는 남편이 교수라는 계몽적 지식인인데 반해 〈댁의 부인은 어떠십니까〉에서 정숙의 남편은 성실한 기업의 간부라는 점도 눈여겨볼 지점이다. 1950년대 자본주의적 소비문화에 반대하고 전통적 가치를 옹호하던 가부장적 엘리트들은 1960년대에는 합리적 근대적 가치를 수호하는 자본주의 근대화의 '역군'으로 변모한다. 1950년대 계몽적 지식인의 역할을 1960년대에는 경제 성장의 주역으로 평가받는 기업인이 물려받고 있는 것이다. 〈댁의 부인은 어떠십니까〉에서 남편인 동식과 애인인 재석은 각각 자본주의에 대한 양면적인 가치를 상징한다. 건전한 자본주의 및 가족주의적인 가치와, 물신적 배금주의적인 자본주의 및 개인주의적 가치가 그것이다. 영화는 한편으로는 전자가 후자보다 도덕적으로 우월하며 사회의 지배적 가치로 확립되어야 한다고 주장하고 있지만, 다른 한편으로는 그만큼 후자에의 유혹이 더욱 강렬하고 달콤하다는 것도 말하고 있다. 자본주의적 일상은 이처럼 물질적 풍요와 안정에의 희구를 내포하지만 한편으로는 경제적 도덕적 불균형이 가져오는 불안과 강박을 보여주기도 한다. 자본주의는 이렇게 양면적인 모습으로 영화 속에서 재현되고 있었다.

빈곤에 대처하는 우리의 자세

가난/빈곤에 대한 태도

자본주의에 대한 양면적 태도에도 불구하고 분명한 것은 전후 한국사회를 짓누르고 있던 빈곤 타파의 필요성이었다. 1950~60년대 절대빈곤에서 벗어나 자립경제를 달성하는 것은 남북한 모두의 숙원이었다. 더구나 자립경제 달성을 두고 남북한 경쟁 구도가 치열해질수록 자본주의적 방식으로 이를 수행하고자 했던 남한에서 빈곤과 가난의 문제를 어떤 방식으로 바라보고 이에 대처할 것이냐는 국가의 재건을 위해서도 가장 중차대한 문제였다. 빈곤은 대한민국이 처한 다양한 현실 중에서도 가장 가혹한 것이었다. 영화는 이러한 현실을 직접적으로 투영하면서 이로 인한 대중들의 절망과 희망을 표현하고 있다. 이를 자본주의에 대한 절망과 희망을 동시에 드러내는 양가적인 태도로 이해할 수 있을 것이다. 다시 말하면 자본주의에 적응하지 못하고 도태될 것을 두려워하면서 그 부작용을 비판하는 한편, 자본주의에 잘 적응해 살아남기 위한 노력이 필요하다는 전제 위에서 이러한 노력 자체가 고귀한 것임을 말하는 이중적인 서사로 나타나고 있는 것이다. 여기서는 자본주의에 대한 태도가 현실적으로는 빈곤에 대한 태도로 전환되어 나타나고 있음을 드러내고자 한다.

대중영화에 나타난 빈곤에 대한 대중들의 태도는 크게 두 가지로 대별된다. 하나는 빈곤에서 벗어나는 것이 불가능하다는 절망과 무기력에 빠지는 것이며, 다른 하나는 빈곤에서 벗어나는 것이 가능하다는 희망을 견지하면서 몇 가지 방법론을 제시하는 것이었다. 전자에는 빈곤의 문제가 개인에게 있는 것이 아니라 사회적 문제이기 때문에 이로부터 벗어나는 것은 거의 불가능하다는 태도와, 빈곤 탈출에서 성공하기 위해 발버둥치다 결국 배금주의, 물질만능주의의 나락으로 떨어지고 만다는 비판의 태도, 그리고 빈곤에서 벗어나기 위한 유일한 방편으로 지배계급과의 결혼을 통해 계급상승을 꿈꾸지만 이러한 시도는 늘 좌절되고 만다는 태도가 중첩되어 있다. 후자의 경우 빈곤에서 벗어나기 위한 방향은 전근대를 극복함으로써 빈곤에서 탈출할 수 있다는 시각, 개인의 노력을 통해 얼마든지 계급상승이 가능하다는 시각, 마지막으로 빈곤 탈출을 위해서는 공동체의 노력이 필요하다는 시각 등 세 가지로 요약될 수 있다. 도식화의 위험을 무릅쓰고 이러한 시각들을 플롯에 따라 몇 개의 유형으로 구분해 보면 〈표 12〉와 같다.

〈표 12〉 빈곤에 대처하는 자세와 플롯의 유형

빈곤에 대한 태도	불가능의 근거/극복 방안	플롯의 유형
A. 빈곤 극복 불가능	빈곤에 절망	① 빈곤의 기원과 현상 탐구 플롯
	'돈'의 물신성	② 배금주의 비판과 응징 플롯
	계급상승의 꿈과 좌절	③ 낭만적 연애와 불가능한 결혼의 플롯
B. 빈곤 극복 가능 및 방향 설정	근대성의 쟁취	④ 전근대와 근대/세대교체 플롯
	개인의 노력으로 인한 계급상승	⑤ 교육을 통한 계급 상승과 가족의 재건 플롯
	공동체의 노력을 통해 빈곤 탈출	⑥ 근대적 각성을 통한 공동체의 재건 플롯

물론 한 편의 영화에는 주인공을 중심으로 한 지배적인 플롯인 메인 플롯main plot과 조연을 중심으로 한 서브 플롯sub plot 등 여러 개의 플롯이 존재하지만 편의상 보다 지배적인 주제를 제시하는 플롯 쪽으로 포함시켰다. 이 중에서 B는 재건의 서사에 해당하므로 다음 장에서 분석하기로 한다. 다만 B-④ 중에서 전근대 극복을 통해 빈곤

에서 탈출한다는 플롯인 〈고려장〉(1963, 김기영)은 A-①과 중첩되는 면이 있으므로 이 장에서 다루려고 한다. 빈곤에 대한 태도를 결정하는 것은 빈곤의 원인을 무엇으로 보느냐와 더불어 빈곤의 현실을 얼마나 절실하고 심각하게 느끼느냐의 문제와도 관련되어 있다. 빈곤의 플롯은 빈곤의 기원과 현상을 현미경으로 들여다보듯 탐구하면서, 빈곤이 도덕적 판단이나 인간성에 대한 믿음을 소멸시키고 급기야 인간의 존엄함과 자존감을 지키지 못하게 하는 주된 원인으로 보고 있는 것이 특징이다.

절망의 본질, 빈곤

한국 리얼리즘 영화의 걸작으로 꼽히는 〈오발탄〉(1961, 유현목)에서 빈곤은 절망의 본질을 구성하는 핵심 요소이다. 실향민들이 모여사는 해방촌에 살고 있는 한 집안의 가장 송철호(김진규)는 전쟁통에 실성한 어머니(노재신), 만삭의 아내(문정숙), 양공주인 여동생 명숙(서애자), 군에서 제대한 후 빈둥거리는 동생 영호(최무룡), 신문팔이를 하는 막내 동생 민호, 어린 딸 혜옥과 함께 사는 집안의 가장이다. 계리사 사무소 서기인 그의 월급으로는 가족을 먹여 살리기가 어려워 아내는 영양실조에 걸렸고 자신은 심한 치통을 앓지만 치과에도 못 가고 있다. 영호는 죽은 애인 설희가 남긴 권총으로 은행을 털다가 경찰에 붙잡히고, 영호를 면회하고 돌아온 철호는 아내가 아이를 낳으려 한다는 소식에 병원으로 가보지만 아내는 이미 목숨을 잃은 후였다. 절망한 철호는 병원을 나와 거리를 방황하다 치과에서 이를 빼고는 택시에 올라탄다. 고통으로 정신이 혼미한 철호는 목적지를 모르는 자신이 조물주의 '오발탄' 같다면서 어머니가 늘 그랬던 것처럼 "가자!"고

중얼거린다.

이 영화는 전쟁 직후에 급속히 늘어나 서울 인구의 상당수를 차지하는 실향민의 삶을 그리고 있다. 영화는 한 실향민 가족을 통해 전쟁의 상처를 안고 살아가며 궁핍한 생활의 무게에 허덕이는 당시 대중들의 좌절감을 효과적으로 묘사하고 있다. 철호의 가족들은 전후의 전형적인 인물상을 대변한다. 우선 철호는 성실하고 부정을 모르는 말단 사무원으로 아무리 열심히 일해도 부를 축적할 수 없는 것은 물론이고 가난을 벗어날 수 없는 일반 서민의 현실을 보여준다. 그가 하루종일 계산하고 있는 것은 결국 '남의 돈'으로, 자신은 차비가 없어 걸어서 출퇴근을 하고 점심값을 아끼느라 보리차로 허기를 때운다. 옆구리에 관통상을 입은 제대군인인 영호는 노동을 통해서 현실을 극복하기보다는 허황된 꿈을 꾸며 일상을 소진하는 전형적인 룸펜이다. 무기력한 철호에 대한 안티테제[37]로서 급기야 총을 들고 '남의 돈'을 털러 강도짓을 하게 되는 영호는 이러한 현실을 돌파할 방법으로 반反사회적인 범죄를 선택한다. 여동생 명숙은 가난한 여성들의 필연적 선택으로 묘사되는 '양공주'가 된다. 어머니는 전쟁과 실향의 충격으로 실성하고, 아직 어린 딸은 철없이 구두를 사달라고 조르는데 그래도 미래에 대해 일말의 희망을 품는 건 이 어린 딸이 유일하다. 이 와중에 미래에 대해 희망을 품는 것은 철없는 어린아이의 행동처럼 비현실적이다.

철호가 딸의 구두를 고르기 위해 신발가게를 지나칠 때 거리의 상점들은 1950년대 원조경제가 가져다준 소비재 상품을 전시하며[38] 서민들이 가지는 일상의 소소한 욕망을 부추기는데, 결국은 사지 못하고 돌아서는 그의 축 처진 어깨는 결국 이러한 재화들이 우리를 절대 빈곤으로부터 구원할 수 없다는 것을 직감케 한다. 반면에 낮에는 대학생으로 밤엔 술집에서 일하는 (것으로 추측되는) 영호의 애인 설희는 지극히 서구적 생활방식을 가지고 있으며, 언젠가는 죽게 될 자신의 운명을 암시하듯 권총을 가지고 있다. 설희가 자신의 방에서 영호와 나누는 대사는 유난히 영어대사가 많은데 이 역시 서구문화에 경도되고 서구적 삶을 희구하는 전후 여성의 일면을 보여주지만, 그것이 얼마나 허망하고 끝내 추락할 수밖에 없는 취약한 것인지는 위태로운 아파트의 비상계단과 난간 등으로 이미지화된다. 영호의 애인 설희와 여동생 명숙은 '양공주' 내지 술집에서 일하는 여성의 두 유형을 보여주는 듯 하다. 곧 명숙이 생활고로 인한 것이라면 전쟁 때 간호사 역할을 한 것으로 묘사되는 설희는 보다 나은 삶을 위한 것일 확률이 높다. 그러나 이 두 여성의 상대역으로 나오는 남성들, 곧 명숙의 애인인 제대군인이나 설희의 애인인 철호는 모두 전쟁으로 몸과 마음이 피폐해져 끊임없이 방황하는 전후의 청년들이라는 점에서 당시 청년층의 좌절과 방황의 깊이를 짐작케 한다.[39] 이들의 좌절이 극에 달하는 것은 다름 아닌 현실이 이상을 배반하는 바로 그 순간이다. 철호가 자신이 그토록 경멸하던 '양공주' 노릇으로 번 명숙의 돈을 끝내 빌리지 않을 수 없었던 것처럼 말이다.

    이 영화에서 외부로부터 주어진 자유를 주체화해야 하는 당대의 과제[40]를 가로막는 것은 빈곤이다. 빈곤의 무게감과 함께 어디로 갈지 모르는 혼란과 무기력은, 실은 5·16군사정변 당시 쿠데타 세력이 4·19혁명 이후를 포함한 1950년대의 시대상을 지칭하는 수사였다는 점에서 오히려 강력한 지향성을 가진 국가의 리더쉽에 대한 요구로도 읽힐 소지가 있다.[41] 빈곤이 가져다주는 존재의 황폐함이 인간으로서의 본질을 위협한다는 실존적 고민은[42] 당시 빈곤 탈출의 문제가 얼마나 중요한 것인지를 역설적으로 보여준다. 산업화와 민주화라는 근대화의 양대 과제 중에서 한국 사회가 왜 유독 민주화보다 산업화를 더 우선시하는 정책에 경도되었는지에 대한 해답은 의외로 간단하다. 그만큼 인간의 최소한의 존엄을 위해서는 '먹고사는 문제'가 시급했기 때문이었다. 5·16군사정변 시기 쿠데타 세력이 이승만 정권을 '부패' 정권으로, 민주당 정권을 '무능'의 대명사로 비판했던 것, 그리고 이것이 지식인들의 호응을 샀던 것은[43] 민주화에의 요구 못지않게 절대 빈곤을 해결할 수 있는 산업화에의 요구가 그만큼 심각하고 중대한 문제였다는 것을 의미한다. 1950년대 후반을 흐르는 정서의 한 축이 자유주의적 욕망의 분출이었다면 또 다른 한 축이자 동전의 뒷면은 그러한 욕망을 억눌러야 했던 절대 빈곤에서부터 오는 절망이었던 것이다. 그렇다면 이러한 절대 빈곤은 어디에서 오는가?

빈곤의 기원과 해결책

〈오발탄〉이 한국사회의 현실을 해부하며 절망의 끝에서 길을 잃은 인간성을 세련된 형태로 보여준다면, 〈고려장〉(1963, 김기영)은 우화 형식을 빌려 빈곤의 기원을 탐구하고 그 원인을 제거함으로써 미래의 희망을 어렴풋이나마 제시하는 데에까지 나아간다. 나이 일흔이 되면 밥그릇을 손자에게 넘겨주고 아들 등에 업혀 선인봉에 올라가 죽어야 하던 시대, 어느 가난한 마을에 한 여인이 자식 열 명이 있는 남자에게 시집온다. 자식들이 다 굶어죽고 하나 남은 아들 구령을 살리기 위해 시집온 구령 어머니는, 전처의 자식들이 모두 구령의 손에 죽을 거라는 무당의 말을 믿고 구령을 괴롭히는 열 형제 때문에 구령이 절름발이가 되자 얼마간의 밭을 받고 집을 나온다. 30년 후 구령(김진규)은 악착같이 일을 해서 노모와 함께 살고 있지만 절름발이라는 이유로 좋아하는 간난이로부터 거절당하고, 산삼을 캐낸 밑천으로 벙어리에게 장가를 들지만 아내는 열 형제에게 강간당하고 죽는다. 몇 년 후 마을에 3년 동안 비가 안 와서 흉년이 들자 마을에서 유일하게 물이 나는 열 형제 집에서는 목말라 죽어가는 동네 사람들에게 감자를 받고 물을 주고, 구령은 농사지은 감자를 주고 땅문서와 바꾼다. 멀리 시집갔던 간난이는 병든 남편과 아홉 명의 아이들을 데리고 친정으로 오지만 친정에도 역시 먹을 것이 없자 자존심을 버리고 구령에게로 간다. 구령은 간난이를 박대하고 구령의 어머니는 민며느리 삼게 딸 아이를 하나 보내라고 한다. 간난이의 딸 연이는 구령의 집에 가지만 곧 쫓겨나고, 어린애를 바치면 비가 온다는 말을 들은 열 형제는 감자 한 말에 연이를 사서 무당에게 간다. 무당 집에 연이를 되찾으러 간 구령은 감자 열 말을 줄 테니 다시 데려가겠다고 제안하지만 결국 연이는 무당의 손에 죽고 만다. 간난이가 구령과 정을 통하는 사이 간난이의 남편은 간난이를 위해 몰래 사라지려고 하다가 열 형제에 의해 죽임을 당한다. 열 형제가 이를 구령의 짓이라고 누명을 씌운 후 간난이와 구령을 목매달려고 하자 구령의 어머니는 자신을 산에 갖다 버려 비가 오면 두 사람을 놓아주라고 말한다. 할 수 없이 구령은 노모를 지게에 지고 간난이의 아들 한 명과 함께 산에 오른다. 어머니를 산에 버리자 정말 비가 오기 시작하지만 구령이 돌아왔을 때엔 이미 열 형제가 간난이를 죽인 후였다. 구령은 이 마을에서 없어져야 할 것은 고목나무와 무당이라며 고목나무를 베어 쓰러뜨리고 무당은 깔려 죽는다. 구령은 간난이의 아이들과 함께 씨를 뿌리러 나선다.[44]

영화의 도입에 인구 조절과 산아 제한에 대한 공개방송 녹화장면이 나오는데 이는 이 영화가 가족계획 홍보가 한창이던 1960년대 초반의 현실을 은유한 우화임을 강력히 시사하고 있다.[45] 이 영화가 보여주는 가난과 기아는 바로 아직도 보릿고개를 겪어야 했던 당시 민중들의 참혹한 현실을 극대화한 것이다. 절대 빈곤과 배고픔 앞에서 바닥을 드러나는 인간들의 추악한 욕망, 공동체의 윤리와 개인의 윤리 간의 대결 등은 감독 특유의 그로테스크한 스타일과 결합되어 뼈 아프도록 강도 높게 그려진다. 이 영화에서 빈곤의 원인은 무절제한 출산과 가뭄이며 이를 기회로 혹세무민하는 고목과 무당이다. 열 형제네 집은 아버지를 산에 내다버리는 행위에 대해 추호의 망설임도 없을 정도로 혹독한 가난을 겪지만 아들 하나밖에 없는 구령의 집은 점차 재화가 쌓이고 그 결과 구령은 어머니를 고려장 시키는 것을 거부할 만큼 인간미와 윤리가 살아 있다. 여기서 생존을 위해 꼭 필요한 감자는 자본주의 사회의 화폐를 상징한다. 감자로 물도 사고 땅도 살 수 있을 뿐만 아니라 감자가 부족할 때는 부모 자식도 몰라보고 살아있는 아이를 제물로 바칠 정도로 인간성이 황폐해진다. 간난이의 아홉 아이들이 감자 한 개를 나누어 먹다가 남은 조각을 먹은 할아버지 할머니를 구타하는 충격적인 장면이나, 간난이가 감자를 얻기 위해 과거에 자신이 무시했던 구령의 집에 가서 감자를 얻는 댓가로 구령과 관계를 맺는 장면은 자본주의 사회의 물신화와 비인간화에 대한 은유이다. 심지어 신체적 장애에도 불구하고 인간성을 유지하는 구령조차 결국은 어머니를 산에 버리고 온다. 비록 공동체의 강압에 의한 것이기는 하지만, 아들이 어머니를 버리려다 다시 지게에 지고 내려온다는 기로설화耆老說話의 미담을[46] 뒤집는 이러한 플롯은 새로운 사

회의 건설을 위한 모든 구시대 유습의 폐기와 기성세대의 희생을 암시하고 있다.[47]

　이 영화에서 빈곤은 비합리주의의 소산이다. 전근대적 권력과 폭력은 가난을 확대재생산하며, 이러한 가난의 극복은 구령과 같이 착실한 노동을 통해 자본을 축적한 자만이 할 수 있다. 마을의 고목나무와 무당으로 상징되는 샤먼 권력, 곧 전근대적 비합리성은 결국 감자=화폐를 많이 가진 자이자 근대적 윤리를 수호하는 자인 구령에 의해 무너진다. 구령은 간난이의 아이들에게 "씨뿌리는 방법을 가르쳐주는 사람만 있으면 그걸로 먹고 살 수 있다"[48]고 말함으로써 교육과 계몽의 합리적 시대를 예고한다. 감자 한 톨을 위한 악다구니는 돈을 향해 돌진하는 세태를 풍자하고 있지만 영화는 그 자체를 비판하기보다는 어차피 감자=돈은 생존을 위해 필요한 것이라는 전제 하에 감자를 더 잘 생산할 수 있는 미래를 제시하는 것으로 끝이 난다. 김기영 감독은 "4·19 때 학생은 고목을 쓰러뜨리는 데 104명의 목숨을 잃었다"고 함으로써 구령이 고목을 쓰러뜨리는 행위가 가진 의미가 1950년대 이승만 정권의 각종 선동이 결국은 샤머니즘적인 권력과 강압적인 폭력의 규합에 불과했음을 폭로하는 데 있음을 시사했고,[49] 앞으로의 미래는 성실한 노동을 통해서 가난을 극복하는 사회가 될 것임을 암시했다. 이렇게 보았을 때 이 영화는 1960년대의 재건 방향과 정확히 일치하는 바가 있으며, 빈곤으로부터의 탈출과 먹고사는 문제의 해결이 다른 무엇보다도 초미의 관심사가 되었던 1960년대 초의 분위기와 함께 이러한 열망을 적극 활용했던 정권에 걸었던 대중들의 기대와 희망 같은 것을 엿볼 수 있다.

　빈곤의 원인과 현실을 묘사하고 나름대로 극복 방안을 내놓은

〈고려장〉에 비해 〈두 아빠〉(1965, 강찬우)는 빈곤의 원인이나 그 해결에 있어서 신파성과 보수성을 띤 영화이다.[50] 이 영화는 아무리 열심히 일해도 가난에서 벗어날 수 없는 극빈층의 착잡한 현실을 묘사하고 있다. 두부 장수인 이원식(김진규)은 열심히 일하지만 가난을 면치 못하고, 견디다 못한 아내 순자(조미령)는 어린 삼남매 창길, 영옥, 중길을 두고 집을 나가 술집에서 일한다. 원식 가족이 살고 있는 천막의 땅주인이 집터를 내놓으라고 하자 원식은 아이들을 데리고 거리에 나앉게 되는데 우연히 전우였던 용환을 만나 그가 천안 농장에 책임자로 있다는 말을 듣고 그에게 의탁하기로 한다. 씨앗 살 돈이 부족하다는 용환에게 이사비로 받은 돈을 빌려준 원식은 다음날 삼남매를 데리고 천안으로 내려갔다가 그에게 속은 것을 알게 되고, 그날 밤 며칠씩 배를 곯은 막내 아기 중길이 죽는다. 절망에 빠진 원식은 죽을 결심을 하고 먼저 딸 영옥을 죽이지만 일곱 살짜리 창길이 살고 싶다고 애원하자 정신을 차리고 경찰에 자수한다. 원식의 사정을 딱하게 여긴 김 변호사(최남현)는 창길을 데려다 키워주기로 원식과 약속한 뒤, 무료 변론을 자처해 정상 참작이 될 수 있도록 열심히 변호한다. 원식은 집행유예로 풀려나 김 변호사 집으로 가서 창길과 다시 만난다.

실화를 극화한 이 영화[51]에서 빈곤은 기아와 가족 간의 살인이라는 극단적인 비극을 초래하는 절대악이지만, 그 원인에 대한 진지한 해부는 시도하지 않는다. 오히려 땅주인, 박노파, 미나 등의 주변 인물들을 통해 원식의 가족이 처한 삶이 당대의 보편적인 삶이라기보다는 다소 특수한 상황, 사회의 어두운 곳에 존재하는 드문 경우라고 보이기도 한다. 이들은 나름대로는 원식의 주인공들에게 최소한의 호의를 가지고 있다. 땅주인은 이사비용을 내놓고, 이웃 주민인 박노파 역시 기본적으로는 이들 가족에게 연민을 가지는 인물이다. 순자의 동창생인 미나는 순자를 술집에 취직시킨다. 물론 그들의 호의는 자신들의 이익에 부합하는 한에서 이루어진다. 세상은 이들 가족에게 진정한 연대의 손을 내밀지 않는다. 대중들의 처지는 원식과 동일시될 수도 있지만, 다른 조연들과 동일시될 수도 있다. 저마다 살기 힘들고 경쟁에 내쳐져 있기 때문에 주변의 나보다 더 어려운 이웃에 대해 진정한 의미의 연민을 베풀지 못하는 것이다. 자신의 이익과 상관없이 순진한 연민과 인간애로 이들 가족을 거두어주는 것은 김 변호사뿐이다. 영화는 가난을 구원하는 것은 결국 기득권층의 따스한 온정에 의해서라고 말하고 있다. 품에서 굶어죽은 자식을 본 아빠는 다른 두 아이를 죽이고 자신도 자살하려고 하는데 굶어죽느니 아빠 손에 죽는 게 나을 것이라는 주인공의 절규는 관객의 눈물을 유발하기에 충분하다. 이러한 절망의 끝에서 한줄기 희망은 김 변호사라는 지식층의 인도이다. 가난한 이웃에 대한 온정의 손길을 강조하는 것은 빈곤의 서사가 계몽을 위장해 현실을 은폐하는 방법이다.[52] 관객들은 절대 빈곤으로 자식을 죽일 수밖에 없는 안타까운 부정父情에 눈물짓다가 그래도 이 사회가 믿을만한 사회이고 살만한 사회라는 안도감을 가지며 극장문을 나서도록 유도된다. 1960년대의 후반으로 갈수록 빈곤의 서사는 현실을 직시하지 못하고 계몽성으로 치환되어 간다. 이는 가난의 원인을 개인적 차원으로 약화시킴과 동시에, 그 극복의 방안이 따뜻한 인간성의 회복에 있다고 포장함으로써 '굶지 않고 배불리 먹는 것'에 대한 대중의 열망과 희구를 어떻게 희망으로 전환시켜 체재 내로 포섭하는지를 보여주는 일례라고 할 수 있다.

'돈'의 물신성과 배금주의 비판

'돈'의 서사

자본주의에 대한 태도에서 가장 비판적이고 냉소적인 서사는 아마도 '돈'의 물신성과 배금주의를 비판하는 서사일 것이다. 특히 자본주의적 일상이 개인의 삶에 어떤 영향을 주었고 그에 대한 일반 대중의 생각은 어떤 것이었는지를 가장 잘 보여주는 것이 바로 '돈'에 대한 서사이다. '빈곤'의 서사와 '돈'의 서사의 차이는 가난과 궁핍의 절대성에 있다. 전자가 기아에 이르는 절대적 빈곤 상황에서 생존의 문제가 최고의 관심사라면 후자는 생존보다는 보다 윤택하고 인간다운 생활에의 추구에 초점을 맞춘다. 앞에서 다룬 빈곤의 서사에서 빈곤은 극도의 궁핍과 기아가 초래하는 비윤리적 상황을 묘사한다. 곧 빈곤으로 인한 죽음과 살인의 문제가 반드시 등장한다. 반면 '돈'의 서사는 "돈이란 대체 무엇이란 말인가?"라는 자조적이지만 사색적이기도 한 질문을 던지면서 이를 현실 속에서 규명하고자 한다. 또한 자본주의에 대한 태도에 있어서도 '돈'의 서사는 직접적으로 그 폐해를 선드리고 있다는 점에서 주목된다.

'돈'에 대한 서사 중에 가장 고전적인 것으로 〈백치 아다다〉(1956, 이강천)가 있다. 이는 계용묵桂鎔默(1904~1961)의 1935년작 《백치 아다다》를 원작으로 하는 문예영화로서 아다다의 순수한 인간성을 통해 현대 물질문명을 비판하고 있다. 아다다는 선천적인 언어장애인으로 논 한 마지기를 주고 결혼하지만 처음엔 잘해주던 남편이 돈이 생긴 뒤로 구박을 하자 친정으로 쫓겨오고 어머니의 매를 피해 머슴인 수롱과 도망치지만 그가 돈을 가진 것을 보고 불길한 생각에 돈을 바다에 버리다 이를 말리려는 수롱에 의해 죽는다는 내용이다. 애초에 해외영화제 출품을 목적으로 기획, 제작된 이 영화는[53] 당시 평단으로부터 "서정적인 향토시와 인간의 비애를 감명깊게 느끼게 하는" "한국영화 가운데 빛나는 성좌"라고 극찬을 받았다.[54] 여기서 장애인인 아다다의 결혼을 가능하게 하고 잠시나마 행복하게 했던 것은 '논'이었고, 불행하게 했던 것은 '돈'이었다. 아이러니하게도 수롱은 '논'을 사기 위해 열심히 '돈'을 모으지만 아다다는 돈을 불행의 씨앗이라고 여긴다. 여기서 돈으로 표상되는 물질문명과 자본주의는 인간의 순수한 본질과는 거리가 있는 것으로 묘사되며 착한 수롱이를 살인자로까지 변모시키는 악한 존재이다.

재미있는 것은 당시의 많은 영화들에서 돈=배금주의=자본주의를 등식화하고 있다는 점이다. 1950년대에 자본주의가 배금주의나 물질지상주의와 동일시되고 비인간적이고 속물적이며 경제적 불평등을 가져오는 것이라고 이해한 것은 당시의 보편적 정서였던 것으로 보인다. 그렇다고 이것이 자본주의에 대한 저항이나 명시적인 반대를 의미하는 것은 아니었다. 그러나 이에 대해 최소한 부적응과 불편함의 토로가 적지 않았던 것은 사실인 것 같다. 정부수립 직후 이승만이 일민주의를 통해 스스로를 자본주의 및 이를 기반으로 한 제국주의와 싸우는 투사로서 이미지화한 것을 비롯해, 1950년대의 많은 지식인들이 기본적으로 반공주의를 기반으로 하면서도 자본주의에 대체로 비우호적이었던 것은 이를 뒷받침한다.[55] 이러한 정서가 대중들에게도 공감을 주는 것이었음은 〈백치 아다다〉의 흥행 성공이 반증하고 있다.

　농촌 현실을 너무나 사실적으로 묘사한 나머지 영화의 분위기가 어둡다는 이유로 국제영화제 출품작 선정에서 탈락한 영화 〈돈〉(1958, 김소동)은 '돈'에 관한 서사 중에서도 단연 백미로 꼽힌다.[56] 가난한 농부 봉수(김승호)는 아무리 부지런히 일을 해도 가난을 면치 못하고 돈이 없어 딸 순이의 결혼식을 미루고 있다. 군대에서 제대해 돌아온 아들 영호(김진규)와 봉수의 집에서 함께 자란 옥경(최은희)은 사랑하는 사이지만 옥경은 고리대금업자인 억조(최남현)의 부인(황정순) 술집에서 일을 돕고 있다. 봉수는 마을 친구들과 억조의 집에서 노름을 하다가 돈을 따게 되는데, 영호는 아버지에게 그 돈을 돌려주라고 강하게 말한다. 억조는 돈을 돌려주러 가던 봉수를 꾀어 한 번 더 노름할 것을 권유하고 봉수는 다시 노름판에 뛰어들어 쌀 판 돈까지 모두 잃고 만다. 봉수는 구제품 장사로 돈을 벌었다는 박 서방의 말을 듣고 소를 팔아 구제품 장사에 뛰어들지만 서울에서 사기꾼 일당(노경희, 전택이)에게 돈을 몽땅 날린다. 한편 평소에 옥경에게 눈독을 들이던 억조는 옥경을 강간하려는 와중에 돈을 흘리게 되는데, 봉수는 이 돈을 주워 가지려고 하다가 억조와 싸움을 벌이게 되고 얼떨결에 억조를 죽이게 된다. 옥경은 억조의 돈을 주워 영호에게 주고 둘은 서울로 떠나려고 하지만 억조의 살인사건을 조사하던 경찰은 옥경과 영호가 살인범이라고 보고 서울로 압송한다. 봉수는 영호가 태워진 기차를 쫓아가며 자신을 잡아가라고 외친다.

　이 영화는 돈이 없어 딸을 시집보내지 못하는 봉수가 돈을 벌기 위해 분투하지만 결국은 살인을 저지르게 되는 비극적인 이야기를 통해 1950년대 농촌의 실정과 구조적 문제를 잘 드러내고 있다. 돈을 벌기 위한 봉수의 몸부림은 네 개의 국면을 따라 고조된다. 첫 번째 국면은 고리대금업자인 억조의 집에서 친구들과 노름을 하다가 돈을 따게 되는 장면인데 양심적인 봉수는 친구들에게 돈을 돌려주려고 하지만 친구들은 오히려 그런 봉수를 만류하며 "한 사람에게라도 몰아주자"고 말한다. 두 번째 국면은 봉수가 놀음에서 딴 돈을 돌려주러 가는 길에 억조의 꾀임에 빠져 다시 놀음을 해 다 잃게 되는 상황이다. 세 번째 국면은 소를 판 돈으로 구제품 장사에 나서는 장면으로 봉수는 큰 돈을 벌 희망에 부풀지만 결국 사기꾼에게 사기를 당해 모든 밑천을 다 잃고 만다. 네 번째 국면은 봉수가 억조가 흘린 돈을 주우려다가 억조를 죽이는 장면으로 이미 봉수는 절망 속에서 이성적인 행동을 하지 못하고 광기에 사로잡혀 있다. 봉수가 돈을 벌려고 하면 할수록, 돈에 집착하면 할수록 봉수는 점점 더 돈을 잃고 돈에서 멀어져 간다. 봉수의 행동을 방해하는 안타고니스트antagonist로서 농촌의 고리대금업자인 억조와 도시의 구호물자 사기꾼 일당은 실제로 1950~60년대 서민 경제의 안타고니스트로서 영화에서 빈번히 등장한다. 일제강점기 지주계급이 담당했던 농민의 안타고니스트가 농지개혁 이후에는 고리대금업자로 치환되고 있는 것이다.[57] "일 년 내내 농사를 지어봤자 한 푼 남는 것은 없고 빚만 늘어 간다"는 영호 어머니의 대사나, "황소처럼 일해도 개값으로 돌아온다"는 봉수의 대사는 농촌과 농민의 현실을 압축적으로 설명하고 있다. 이는 당시 농촌경제의 파탄을 가져온 농가적자의 증대와 농가부채 누증[58]의 원인이 실은 농지개혁 이후 고율의 현물세, 저곡가 등에서 비롯된 구조적인 것임[59]을 농민 자신의 입을 통해 말하고 있는 것이다. 반면에 순찰 나온

순경 김 주사는 억조의 부인에게 "노름을 못하게 해라. 요즘 농촌 경제가 말이 아니다"라고 함으로써 국가에서는 농촌경제의 파탄이 농민 자신의 무절제와 도박에서 비롯된 것이라고 책임을 전가하고 있음을 보여준다. 반면 영호는 "우리 농촌에 억조 같은 놈이 있고 아버지같이 결단성도 없이 무모한 생각만 하는 분이 있어서 농민들이 피폐해간다"고 함으로써 젊은 세대의 합리성만이 이를 타파할 돌파구임을 피력한다.

　영화의 첫 장면에서 농촌으로 들어오는 기차와 영화의 마지막 장면에서 도시로 떠나는 기차의 이미지는 농촌의 곳곳에 빠른 속도로 질주하는 자본주의적 질서를 은유하고 있는데, 이 두 기차에는 모두 봉수의 아들 영호가 타고 있다. 제대해서 돌아온 영호는 처음에는 "지금까지 너무 계획 없이 농사를 지어왔다. 식구들이 힘을 모으면 안될 리가 없다"고 낙관하지만 이러한 낙관은 살인범으로 몰리는 순간 산산히 부서져 버리고, 희망을 싣고 온 바로 그 기차에 절망만 남은 채 태워져 도시로 압송된다. 영호는 영화를 보고 있는 도시의 젊은 관객이 감정이입할 수 있는 대상이며 바로 얼마 전 부모형제를 두고 고향을 떠나온 관객 자신이기도 하다. 농촌으로 기차가 들어오고 나가는 장면은 도시의 관객들에게는 그 기차를 타고 가족의 현실, 혹은 타자의 현실로 들어갔다가 다시 그 기차를 타고 관객 자신의 현실로 돌아오는 효과를 준다. 그러나 도시의 관객들도 본래 농촌에서 나고 자란 이주민이 절대 다수임을 상기할 때 농촌의 현실은 결코 남의 이야기만은 아니기에, 자본주의적 질서에 어떻게 해서든 적응하고 편승해 나가야 하는 현실의 무게를 느끼게 하는 보편성을 획득하고 있다. 돈에 대한 보편적 공감대는 옥경과 영호가 서로 돈에 대한 대화를 나눌 때 두드러진다. "돈은 악마와 같은 것"이고 "돈이 사람의 마음을 빼앗아갈 수는 없다"는 영호에 대해 옥경은 "사람의 마음이 돈을 따라가는 걸 어떡하냐"고 반문하는데, 이는 돈에 대한 당시 대중들의 양가적인 생각을 대변한다. 억조가 흘린 돈을 봉수가 주우면서 억조와 봉수 간에 서로 자기 돈이라고 주장하는 장면은 돌고 도는 돈의 유전성과 익명성을 보여준다. 결국 이 돈은 옥경이에게 그리고 영호에게 들어가게 되는데, 바람에 흩날리는 돈다발의 덧없음이 이미지화되면서 이 영화는 농촌의 현실에 대해서만 이야기하고 있는 것이 아니라 경쟁과 성장 위주의 자본주의 사회가 인간의 생활과 심성에 미칠 수 있는 영향에 대해서도 성찰과 통찰을 제공한다.

부자에 대한 반감

농촌을 배경으로 '돈'의 문제를 탐구한 〈돈〉과 같은 해에 개봉된 〈인생차압〉(1958, 유현목)은 도시에서 기업을 운영하는 인물의 이야기로서 정극인 〈돈〉과는 달리 풍자와 해학이 짙은 블랙코미디적 성격을 띠고 있다. 임업회사를 운영하면서 제지회사에도 손을 대고 있는 이중생(김승호)은 아내인 우씨(황정순), 큰딸 하주, 사위인 달지, 아들 하식, 작은딸 하연을 가족으로 두고 있다. 중생은 이 세상에 돈으로 안 되는 것은 아무것도 없다고 생각하고 사기, 횡령, 배임, 탈세를 일삼으며 오직 돈을 위해 살고 있다고 해도 과언이 아니다. 우씨와 하주 역시 돈만 밝히는 속물인 데 반해 가난한 사람들에게 무료 수술을 해주는 맘씨 좋은 의사 달지는 장인 장모로부터 무능한 사위로 찍힌 지 오래다. 중생은 탈세 혐의로 구속되어 수억 환의 배상금과 벌금을 물어야 했는데 이를 내지 않고 재산을 보존하기 위해 법률고문 최영후와 모의해 가짜로 자살극을 꾸민다. 유서의 내용은 보석금을 내주는 조건으로 이 일에 가담한 형 중건에게 유산의 일부를 남기고 최영후에게 적당한 사례를 하며 나머지는 전부 사위인 송달지에게 양도한다는 것이었다. 곧 가족 중 가장 무능한 인물인 달지에게 유산을 양도한 뒤 중생은 사망한 것으로 하고 중생의 이름을 송달지로 바꾼다는 계획이었다. 달지를 윽박질러 사망진단서를 받아낸 최영후와 가족들은 장례를 치르는데 중생은 문상 온 손님들의 대화를 병풍 뒤에서 듣는다. 이때 한 박사가 등장해 중생이 죽어도 재산은 국가로 귀속됨을 알려주고, 달지는 전 재산을 무료 병원 건립에 쓰겠다고 말한다. 그제야 모든 계획이 수포로 돌아가고 재산도 자신의 존재도 사라졌다는 것을 깨달은 중생은 넋이 나가 자신의 장례 행렬을 뒤쫓는다.

오영진의 1949년작 희곡 《살아 있는 이중생 각하》를 원작자 자신이 직접 각색해 영화화한 이 작품은 아쉽게도 필름이 남아 있지 않은데 시나리오만 보더라도 당대 최고의 풍속 희극으로 꼽힐 만하다.[60] 이 영화의 인물 군상들은 하연과 하식, 그리고 달지를 제외하면 모두 돈만 밝혀 가족이고 뭐고 중요하지 않은 인물들로서 극도의 물질지상주의, 배금주의의 절정을 보여주고 있다. 특히 원작에서 주인공 이중생은 악질 친일파로서 자기 아들을 솔선해서 징용에 보내고 광복 직후에는 국유림을 사유화하기 위해 무허가 산림회사를 차렸으며, 작은딸을 미국인의 정부로 이용하기도 하는 등, 해방 후에도 지난 날을 반성하지 않고 떳떳이 행세하며 온갖 악행을 저지르는 친일파와 시류에 재빨리 영합하는 친미파의 행태를 비판하는 측면이 강하다. 원작이 만들어지고 초연된 시점에서 9년이 지난 1950년대 후반에 공개된 영화에서 비판의 초점은 다소 변화되었다. 영화에서 "한국에서 소요되는 모든 종이는 자신이 공급하게 되는"것이 꿈인 중생은 무수한 탈법, 편법 행위를 통해 부를 축적하는 인물로, 그에 대한 묘사를 통해 당시 자본가를 바라보는 일반 대중의 정서가 어떤 것인지를 엿볼 수 있다. 곧 이중생은 중소자본가에서 대자본가로의 변모를 꿈꾸는 1950년대 자본가의 면모를 엿보게 하는 인물이다. 그가 몰락한 원인은 수단과 방법을 가리지 않는 지나친 탐욕으로, 그를 통해 국가의 재건 과정에서 자본가의 위상이 어떤 지를 볼 수 있다. 자본가란 자신의 이익과 영달을 무엇보다 중요시하는 비윤리적인 존재로 결국은 경제사범으로 비참한 말로를 맞는 것으로 설정된 것이다.

  영화의 초반에 전쟁후 재건·부흥된 서울의 모습, 날로 높아지는 고층건물과 활발한 상점가 등이 펼쳐지면서 국산품 생산이 좋아졌다는 내레이션이 나온다. 그리고 이렇게 좋아진 국산품 생산에 일조한 제지회사 사장으로서 이중생의 위치와 함께, 그 위치가 정상적인 방법으로 이룬 것이 아니라는 사실을 보여준다. 따라서 이러한 부도덕한 자본가가 판치는 것은 국가의 재건을 위해 하등 도움이 되지 않기 때문에 한 박사의 말처럼 이중생은 "자신의 죄과를 지각하고 국민으로서의 모든 권리와 의무를 포기하기 위해 자살"할 수밖에 없는 것이다. 국민의 의무 중에서 가장 중요시되었던 납세의 의무를 이행하지 않는 자는 '권리와 의무가 수반되는 국민'으로서의 자격이 없으며, 국민으로 인정해 줄 수 없는 자본가는 이 땅에 있어서는 안된다는 것, 곧 자본가는 국가의 인정에 의해서만 생존하고 성장할 수 있는 것이다. 실제로 현실의 대한민국은 이중생같은 자본가가 판치는 국가로서 작은 딸 하연의 대사처럼 "이상을 위해 돈을 버는 것 자체가 이상인 나라"인데, 어쩌면 이중생의 결정적 잘못은 부도덕하고 비양심적이었다는 것이 아니라 권력과 타협할 줄 몰랐다는 것이다.[61] 영화 도입부의 활기찬 서울의 모습과 영화의 엔딩에 이중생의 머리 위로 흩날리며 샘물 위에 떨어져 맴도는 지폐 더미의 대비는 이중생으로 대표되는 시대의 자화상을 통해 재건과 부흥의 이름 뒤에 가려져 있는 천민자본주의의 부도덕성을 드러내고 있다.

〈돈〉과 〈인생차압〉이 개봉된 1958년은 정부 내에 산업개발위원회가 발족되고 경제개발계획이 시작되는 해로서,[62] 이 두 영화는 농촌과 도시라는 대표적인 공간에서 발생하는 자본주의적 현상에 대한 진지하고 근본적인 성찰을 보여준다. 공교롭게도 두 영화 모두 바람에 흩날리는 돈다발을 보여준다. 이는 대중들의 '돈'에 대한 감수성이 '헛된 욕망'을 상징하는 부정적 허무주의에 기반하고 있음을 나타낸다. 1950년대 '돈'의 서사는 전통적 유교적 가치관에서 나오는 물질주의에 대한 경계와 더불어 그럼에도 불구하고 잘 적응하지 않으면 살아남지 못하는 자본주의에 대한 경원의 감정이 융합된 복합적인 것이었다고 볼 수 있다.

〈인생차압〉에서 보이는 부자/자본가에 대한 반발은 1960년대 〈마포 사는 황부자〉(1965, 이봉래)에서 배금주의의 덧없음을 적나라하게 보여주는 것으로 극에 달한다. 서울 마포에서 새우젓 장사로 자수성가해 현재는 운수회사를 운영하는 황고비(김승호)는 돈이 아까워 외동딸 금숙(최지희)을 시집도 안 보내는 지독한 구두쇠이다. 천막학교 최 선생(남궁원)은 천막을 세운 땅이 팔리게 되어 학교가 문을 닫게 되자 금숙과 함께 천막학교 부지를 사달라고 황고비에게 간절히 부탁하지만 그는 끄떡도 않는다. 오히려 최 선생을 사기꾼 취급하는 황고비는 금숙을 땅주인 윤 사장에게 시집보내려 하고 윤 사장은 금숙과 최

돈(1958)

선생의 관계를 알고 학교 짓는 일을 더욱 방해한다. 엄 여사(도금봉)는 돈 많은 황고비에게 계획적으로 접근해 그의 집에 세를 들고 육탄공세를 벌여 부부가 된다. 그녀는 황고비의 동생 황 사장과 사기꾼 허 사장과 짜고 황고비를 꾀어 빌딩을 사게 만든다. 한편 황고비의 회사 버스가 천막학교 학생 길순의 다리를 부러뜨리는 사고가 일어나자 황고비는 길순의 병원비를 물지 않기 위해 아픈 척 병원에 입원한다. 진찰 결과 황고비는 생명이 위급한 큰 병에 걸린 것으로 판명된다. 금숙과 엄 여사는 수술을 권하지만 황고비는 자신의 재산을 노려 죽게 만들 심산이라고 화를 내며 두 사람 모두 쫓아낸다. 이후 인생의 허무를 느껴 돈을 쓰러 다니다 목발을 짚고 다니는 길순을 만난 황고비는 길순의 청을 듣고 학교를 지어준다. 황고비에게 정이 든 엄 여사는 잘못을 뉘우치고 황고비가 사기 당한 돈을 찾아주고, 황고비는 뒤늦게 수술을 받다가 운명한다.

이 영화에서 황고비는 운수회사 사장에 갑부이지만 돈을 벌 줄만 알았지 쓸 줄은 모르는 자린고비이다. 새우젓 장사를 하다 가난으로 부인마저 잃은 그가 말버릇인 "새우젓!"을 외치며 악착같이 돈을 모으는 장면과 "새우젓!"을 외치며 눈을 감는 장면에서 진한 페이소스가 느껴진다. 황고비는 어느 나라 어느 시대에나 존재하는 보편적인 구두쇠 캐릭터로서 놀부와 자린고비에 이은 1960년대판 구두쇠의 전형이며, 돈에 집착하다가 죽음의 문턱에서야 반성하는 인간의 어리석음을 풍자하는 매우 전형적인 이야기의 주인공이다. 당시의 평단에서는 이러한 황부자를 서민의 일원으로 보았는데,[63] 그는 산업화 이전의 상인자본인 '새우젓 장사'를 통해 자본을 축적하고 산업화 과정의 대표적 업종이라 할 수 있는 운수업으로 성공적인 업종 전환을 한 소자본가이다. 그러나 그가 본질적으로 '새우젓 장사' 시절의 윤리에 머물고 있으며, 그의 자본이 생산과정을 포함하지 않고 가치의 증식만을 추구한다는 점에서 아직은 전기적 자본의 형태에 머물러 있는 보수적이고 전근대적인 소자본가의 표본이기도 하다. 그의 비생산성과 전근대성은 외동딸을 거의 거래에 가까운 형태로 부잣집 재혼상대로 시집보내려는 것에서도 드러난다. 그가 종로의 최신 빌딩을 사려다 사기를 당하는 것은 그나마 자기 노동을 통해 자수성가한 인물의 순수성을 말해주는데, 그가 돈만을 좇는 인생을 반성하고 학교를 지어 주는 것은 '인간개조'를 외치는 당시의 계몽영화들과도 맥락이 닿아 있다. 앞에서 살펴본 〈인생차압〉과 〈마포 사는 황부자〉는 각각 1950년대와 1960년대의 자본가의 모습, 배금주의의 상징으로 부정적으로 묘사되는 '부자'의 이미지를 보여준다. 이중생과 황고비는 자신의 도덕적 결함의 대가로 결과적으로 둘다 몰락하는데, 이러한 부자에 대한 곱지 않은 시선은 자본주의의 식민성과 뒤이은 종속성에 기인한 급속한 사회변화의 부산물로서 '돈'에 대한 추구를 인간성과 대립되는 것으로 파악하는 대중정서의 일단을 엿볼 수 있다.

'돈'에 대한 서민 판타지

1960년대에 접어들면 '돈'의 서사는 구조적이고 근본적인 문제제기를 하기보다는 자본주의 근대화라는 명제를 내면화하는 가운데 자본의 축적 과정에서의 비도덕성과 물신성을 경계하는 내용으로 변화되어 간다. 도시 서민들의 돈에 대한 서사 중 대표적인 것이 〈돼지꿈〉(1961, 한형모)이다. 중학교 선생 손창수(김승호) 가족은 정부가 지어 분양한 후생주택에서 다달이 주택 할부금을 갚아가며 살아간다. 아무리 알뜰하게 살림을 해도 아들의 운동화 한 켤레 사주지 못하는 형편인 창수의 아내(문정숙)는 창수가 돼지꿈을 꿨다는 말을 듣고 이웃에서 돼지새끼를 사와 키워보려고 한다. 그러던 어느날 이들은 부산에 사는 창수의 친구(이예춘)의 소개로 재미교포 찰리 홍(허장강)을 알게 되고 찰리는 창수 부부에게 자신이 관여하는 밀수에 돈을 투자할 것을 권한다. 쉽게 돈을 벌 수 있다는데 귀가 솔깃해진 창수의 아내는 창수를 설득해 여기저기 돈을 빌리고 집문서까지 잡혀 찰리에게 주지만 찰리는 잠적하고 가방에는 돌덩이만 가득하다. 충격을 받은 부부를 본 아들 영준이 찰리를 잡겠다며 집을 나갔다가 교통사고를 당하고 아들의 시신 앞에서 창수 부부는 통곡한다.

서민을 주인공으로 한 경쾌한 분위기의 풍속극치고는 엔딩의 비극적 설정은 좀 지나친 것이 아닌가 생각될 정도로 물신주의·배금주의 비판이라는 주제의식이 강하다. 이 영화의 도입 부분에는 다음과 같은 해설이 나오는데 이는 이 영화의 주인공들이 단지 개별 인물로서의 특수한 상황에 처한 것이 아니라 서울의 평범한 서민들의 표본이며, 왜 돼지꿈을 쫓을 수밖에 없는지에 대한 배경을 설명해 주고 있다.

인구 200만의 대수도 서울. 이 홍수같이 흐르는 자동차들, 물결치는 사람들이 무얼 먹고 어디서 살까? 집을 짊어지고 다닐 수도 없으니 말이다. 보건사회부의 말을 빌면 서울의 가구 수는 약 40만 세대인데 주택 수는 18만밖에 안 되어 반수 이상인 20만여 호의 집이 부족하다. 있는 사람은 호화스런 집에 살지만 그 반면에 없는 사람들은 산꼭대기나 개천가에 판잣집을 짓고 살아야 한다. 당국의 조사에 의하면 새들은 집을 지을 땅이 있지만 사람은 더 이상

지을 집이 없다고 한다. 그래서 정부는 교외에 3천 호의 후생주택을 지었다.

이어 바로 이 후생주택에서 살고 있는 창수의 아내가 한 달 지출할 가계비의 항목을 정하면서 주택할부금을 갚느라 빠듯한 가계부를 앞에 놓고 고민하는 서민 가정의 처지를 보여준다. 모처럼의 돼지꿈이 들어맞는다는 생각을 하자 밀수품이고 불법인 줄 알면서도 횡재라고 생각하고 달려드는 서민의 안쓰러운 모습이 연출되는 것이다. 그런데 이 영화에서 주목할 것은 도시 서민의 돈에 대한 소박한 욕심이 생활을 위해 꼭 필요한 추동력으로 그려지지 않고 마치 배금주의에서 비롯된 것인양 묘사된다는 점이다. 영화의 말미에 아들의 죽음 앞에서 창수는 아들이 "태양을 똑바로 보라는 교훈을 남겨주고 갔다"고 말하는데 이것은 법까지 어기는 부도덕한 욕심이 불행을 초래한 원인이라는 것을 당사자의 입을 통해 주장하고 있는 것이다. 그러나 영화 속에서 중학교 교사인 창수의 아내는 후생주택의 할부금을 내느라 아들의 다 떨어진 신을 몇 달 더 신으라고 할 수밖에 없을 정도로 빠듯한 살림을 알뜰히 꾸려나간다. 경제활동을 추구하는 적극적인 여성상은 이후 1960년대 영화들에서 자주 나타나고 있지만 〈돼지꿈〉에서는 아직 집안의 활동에 머무르고 있는데, 이마저도 비참한 최후로 결론지음으로써 탈출구가 없는 현실을 드러낸다. 앞서 살펴본 〈자유부인〉에서 그 실체가 여지없이 드러난 이래 많은 영화에서 서민을 울리는 악당으로 기능해온 밀수 사기꾼은 이 영화에도 어김없이 등장해 재미교포로 행세한다. 관객의 눈에는 처음부터 수상하지만 등장인물들은 미국에서 왔다는 말만으로도 그를 믿을 만큼 순진한데, 이는 미국과 미국문화에 대한 동경과 경멸이라는 양면적 감정이 드러나는 대목이다. 창수가 "양주 얻어 먹으려다 큰 코 다친다. 송충이는 솔잎을 먹어야지"라는 대사를 할 때 미국적인 삶, 곧 풍요로운 생활을 동경하는 서민의 꿈은 원천적으로 봉쇄당한다.

그런데 이러한 서민의 꿈이 항상 좌절되기만 하는 것은 아니다. 아예 대놓고 금=돈을 찾아 헤매는 사람들의 이야기 〈노다지〉(1961, 정창화)는 돈 때문에 와해된 가족을 다시 회복하는 이야기이다. 금을 찾아 떠난 지 20년 만에 금맥을 찾아 갑부가 된 장운칠(김승호)은 과거에 자신이 버린 자식 영옥(엄앵란)과, 함께 금을 찾아 헤매다 죽은 동료 박달수(허장강)의 아들 동일(황해)을 찾는다. 운칠은 아내가 석탄을 캐서 연명하다 기차에 치어 죽자 어린 영옥을 산에 데리고 다니다 힘에 부친 나머지 영옥을 버렸던 것이다. 운칠이 부자가 되었다는 기사가 나자 옛애인 연옥(윤인자), 보석상이 된 옛날 직장 상사, 운칠의 딸을 중학교까지 맡아 길렀다는 사기꾼 등이 접근해 운칠의 재산을 노린다. 미자라는 이름으로 범죄 조직에서 강도짓과 소매치기로 살아가던 영옥은 새로 사귄 애인 박동일과의 행복한 미래를 꿈꾸며 마지막 임무를 맡는다. 영옥은 운칠이 아버지인지도 모르고 금광지도를 훔치고, 갱단의 두목인 황돼지(박노식)와 애꾸(장동휘)는 금광까지 영옥을 끌고 간다. 운칠과 동일은 영옥을 구출하기 위해 금강으로 가고 갱들과의 총격선 끝에 그들을 모두 처치한다. 부녀는 화해하고 세 사람은 웃으며 산을 내려간다.

금을 찾아 헤매는 인간 군상의 광기와 집념은 운칠과 달수에 의해서만 보이는 것이 아니라 운칠이 금을 찾고 난 뒤 운칠에게 몰려드는 사람들을 통해서도 나타난다. 운칠은 젊은이들에게 "사금을 캐려거든 그만큼 열심히 일을 해서 빛나는 공을 세우라"고 말해 금을 쫓는 인생의 덧없음과 무슨 일이든 노력을 안 하고 얻을 수 있는 것은 세상에 아무것도 없음을 설파한다. 운칠이 금에 미쳐 가족을 돌보지 않은 시절에 아내는 석탄을 캐다 기차에 깔려 죽는데, 이 장면은 자본주의의 상징인 돈을 쫓던 이의 아내가 바로 그 자본주의의 밑바탕인 근대성의 상징 기차에 깔려죽음으로써 인생의 아이러니와 비장함을 더한다. 이 영화는 과거에 금을 찾아다니던 것 이상으로 딸과 친구의 아들을 애타게 찾는 운칠을 통해서 시종일관 금보다는 가족의 회복이 더 중요하다고 말하고 있다. 이 영화에서 주제를 더욱 부각시키는 것은 영옥과 동일의 캐릭터이다. 둘 다 금에 미쳐 가족을 버린 아버지를 둔 자녀이지만 동일은 일확천금에 눈이 어두워 가족을 팽개치고 객사한 아버지를 원망하고 경멸하며 지금은 건실한 선원이 되어 있다. 반면 영옥은 범죄 조직에 가담해 있는데 이는 어쩔 수 없는 선택이었겠지만, 엄마를 죽게 한 것과 마찬가지이고 자신을 산에 버리기까지 한 아버지를 원망하지 않는 것도 모자라 아버지가 언젠가는 금을 가지고 돌아올 거라는 희망을 품고 있다. 아버지를 부정하는 건실한 아들과 아버지를 그리워하는 범죄자 딸은 큰 간극을 가지고 있지만 결국 도덕적인 승리는 동일에게 있다. 오랜 세월이 흐르긴 했지만 금을 찾아 부자가 된 운칠과 건실한 청년인 동일이 한가족이 되는 것은 매우 이상적인 조합이다. 이제 이 가족은 어느 정도 경제적인 발판 위에서 행복한 가족을 꾸릴 것이다. 가족이냐 돈이냐의 양자택일을 하는 것이 아니라 가족과 돈을 둘 다 거머쥔 승리한 인생, 말그대로 해피엔딩의 판타지를 구현함으로써 관객에게 대리만족을 준다.

　돈에 대한 서민의 꿈을 보다 확실하게 대리만족하게 해주는 영화가 있다. 〈구봉서의 벼락부자〉(1961, 김수용)가 그것이다. 월급을 받자

마자 외상값으로 털리는 월급쟁이 신세의 표본인 맹순진(구봉서)은 하숙비 낼 돈조차 없다. 어느날 맹순진의 하숙집에 웬 서양여성이 찾아오는데 그녀는 맹순진이 한국전쟁 때 구해준 베이커 중령의 부인으로, 베이커가 유언으로 자신의 유산 중 200억 환을 맹순진에게 남겼다는 말을 전한다. 조건은 남에게 절대 주지 말고 1년 동안 유쾌하게 사는 데만 쓰라는 것. 이 사실이 알려지자 기자들이 몰려들고 정치가, 영화제작자, 과학자, 약장사, 가짜 친척 등 각계각층에서 돈을 달라는 사람들이 줄을 선다. 뿐만 아니라 회사의 사장 등 주변 사람들도 태도가 달라지는데 맹순진은 오히려 이를 귀찮게 여기며 회사 동료 장(곽규석)과 돈을 쓰고 돌아다니느라 고생한다. 돈을 다 써버리기 위해 뭐든지 다 돈으로 해결하고 복권을 왕창 사버리지만 애써 써버린 돈이 다시 몇 배가 되어 돌아온다. 유산을 전부 인생공부하는 데다 쓰고 사회사업에도 쓰지 말라는 베이커의 유언에 따라 시골에서 어머니를 모셔다가 호텔에서 산다. 그런데 회식자리에 베이커 부인이 다시 찾아와 남편의 유산이 그의 것이 아니라 다른 사람 것임을 알린다. 게다가 거래해 오던 홍콩공사가 유령회사라는 사실이 밝혀지자 그의 돈을 쓴 사람들은 곤란에 빠진다. 맹순진은 하숙집 딸 인숙(도금봉)에게 청혼하고 시골에 가서 살자면서 청혼한다. 맹순진이 기차를 타고 떠나는 순간, 베이커 부인이 다시 찾아와 그 돈이 그의 것이라고 밀한다.

이 영화에서 맹순진은 서민들이 돈이 없어 해보지 못했던 것, 돈만 있다면 해보고 싶은 여러 가지 것들을 차례로 해봄으로써 서민의 돈에 대한 판타지를 충족시킨다. 그런데 이 영화에서 구현되는 서민의 판타지란 실은 그리 대단한 것도 아니다. 하숙비도 못내던 맹순진이 갑자기 갑부가 되자 박대하던 하숙집 주인이 상다리 부러지게 음식을 차려놓고 기다린다든지, 평소 거들떠보지도 않던 여자들이 쫓아다니는 것도 모자라 사장 딸까지 유혹의 눈길을 보낸다든지, 술집에서는 전용 악단에 반라의 무희들이 기분을 맞춰준다든지 하는 것들로, 주로 남성의 허세를 충족시켜 주는 정도의 소박한 환상에 치중한다. 오히려 진짜 판타지의 핵심은 맹순진을 찾아온 각계의 다양한 사람들의 청탁에서 나타난다.

A: "정치한다는 사람이 한다는 게 뭐냐? 절량농가들은 다 팽개치고……. 내가 정치할테니 선거운동비 천만 환만."
B: "영화계의 국산영화 육성과 민족문화 향상을 위해 제작비 오천만 환만."
C: "권위 있는 제약사에서 일하는 영양학 전공 기술자인데……. 한 알이면 늠름한 체격에, 홍안의 얼굴로 변하는 약……. 경비 8백만 환."
D: "20년간 계룡산에서 수련해서 삼라만상과 천지만물의 이치를 터득하고……. 세계평화를 위해 아프리카 왕복여비 300만 환."
E: "내가 연구하고 있는 원소가 우라늄보다 수천수만 배 강한 지라늄인데, 미 국무성에서도 연구비 주겠다고 했지만 거절했다. 다른 강대국의 원조 없이 개발해 대한민국의 번영과 영광을……. 1억 환."
F: "거지들의 생활향상과 인간된 기본권리의 보존을 위해 경비 5천만환, 그것도 안 되면 천만 환만……."
G: "비록 이복형제지만 맹씨 가문 재건을 위해 활약하고자 하니 재산의 반을 쓰게 해달라."

정치지망생은 해결해야 할 가장 시급한 문제로 절량농가 문제를 들고 있다. 영화계의 국산영화 육성과 민족문화 향상이라는 과제는

1950년대부터 있어 오던 문화재건의 이슈, 바로 그것이다. "강대국의 원조 없이 대한민국의 번영을" 운운하는 대목은 원조경제에서 차관경제로 넘어가던 당시 대한민국의 국가적 욕망이 드러난다. 부의 재분배 차원에서의 사회사업부터 국가재건, 문화재건, 세계평화에 이르기까지 보다 스케일 큰 희망들이 망라되는데, 이는 돈이 있어도 못하는 기득권층에 대한 신랄한 풍자로도 읽힌다. 다분히 코미디적 과장이기는 하지만 당시 사회의 주요 과제가 이미 대중들에게까지 인식되고 있음을 보여준다. 동시에 맹순진이 하숙집 딸과 농촌에 가서 농사지으며 사는 비전에서 내비치는 전원생활에 대한 낭만적 회귀와 도시생활에 대한 회의는 마치 농촌이라는 공간이 '돈'과는 무관한, 자본주의적 질서와 동떨어져 있는 공간이라는 듯한 태도가 묻어 있다. 주인공에게는 '돈'을 쫓는 주변 사람들의 악다구니를 타자화하면서 "돈이라면 지긋지긋하다"는 도덕적 우월성이 확인된다. 곧 '돈'에 초연해진 주인공이야말로 돈 때문에 양심도 자존심도 다 팽개치는 범인凡人과는 다른 이상적 인간일 수 있다. 이처럼 '돈'에 대한 욕망과 동시에 표출되는 배금주의에 대한 경멸은 1960년대 풍속극의 가장 보편적인 테마 중 하나였다.

여성─물신주의의 신봉자?
'돈'에 대한 추구의 서사가 서민의 판타지로 나타나거나 부자들에 대한 반감으로 표출되기보다는 물신주의적 인간형 자체에 대한 경계로 나타나기도 한다. 여기서 '돈'을 버는 것은 단지 생존을 위한 것이 아니라 더 많이 소비하며 풍요롭게 살기 위한 방편으로 그려지며, 여성이 남성보다 더 돈에 현혹되기 쉬운 물신주의적, 소비적 성향을 가지고 있음이 강조된다. 각각 KBS와 MBC의 연속극을 영화화한 〈날개부인〉(1965, 김수용)과 〈젯트부인〉(1967, 이규웅)은 가정 부인들의 비공식적 경제활동을 규탄하는 내용이다. 〈날개부인〉에서 고지식할 정도로 청렴해 별명이 불통과장인 양과장(김진규)의 아내(최은희)는 적자 투성이의 가계를 지탱하느라 밀수품 장수 노릇을 한다. 양과장이 이를 알고 불같이 화를 내고 아내는 집을 나가버리지만 곧 자신의 잘못을 깨닫고 돌아온다. 아내의 알뜰한 내조 덕에 그는 국장으로 승진하게 된다. 〈젯트부인〉에서 평범한 회사원 익섭(김진규)의 아내 강옥실(도금봉)은 계주와 일수놀이 등을 하며 너무나 바쁘게 살아서 제트부인이라는 별명을 가지고 있다. 남편은 월급을 가불해서 병원에 있는 친구 임의 부인에게 갖다 준다. 옥실의 남동생 상진은 이웃여자가 가지고 온 돈 50만 원을 몰래 가지고 나가 여자친구 경자를 주는데, 경자는 제트부인이 빚을 독촉해 온 집안의 딸이다. 이후 임이 유서를 써놓고 자살을 하고 남편은 임의 부인이 자립할 수 있도록 자금을 대준다. 옥실은 임의 부인이 차린 양장점에 찾아와 그 돈을 다시 내놓으라고 하는 하면, 동창이 계속 빚을 못 갚자 집문서라도 내놓으라고 다그친다. 결국 친구 부부는 자살하고 만다. 옥실은 백궁다방 윤 마담을 통해 알게 된 정 사장과 동업을 하게 되지만 그는 사기꾼임이 밝혀진다. 옥실은 뒤늦게 잘못을 뉘우치고 가정으로 돌아간다.

'날개부인'은 치맛속에 깡통, 양담배, 초콜렛 등을 주렁주렁 달고 다니는 양품장사를 일컫는 말이고,[64] '젯트부인'은 제트기처럼 씽씽 달리며 계모임이다 일수놀이다 동분서주하는 가정 부인을 지칭하는 말이다.[65] 둘 다 생활력이 강한 1960년대 여성상의 일면을 대표하며, 1950년대의 여성상과는 사뭇 다른 면모를 보여준다. 1950년대의 여성들이 전쟁터로 나간 남편들을 대신해 냉혹한 생활전선에서 일상의 전쟁을 치르며 생존을 위한 투쟁에 나서면서도 스스로 인고의 전통적인 여성상에서 벗어나지 못하는 이중의 질곡을 겪고 있었다면, 1960년대의 여성은 생존의 문제를 넘어서 더 나은 삶에의 욕구와 열망이 전통적인 여성성에의 요구를 넘어서는 모습을 보여주고 있기 때문이다. 이제 이 여성들은 삶이란 밥을 먹는 문제가 아니라 얼마나 더 잘 사느냐의 문제임을 설파한다. 남보다 더 잘 살기 위해서는 법이나 도덕은 그리 중요한 것이 아닌 것이다. 비록 이들 여성들이 결국은 가부장적 질서로 복귀하는 보수적인 결말을 갖고 있다고 하더라도 여성이 남편의 경제에 속박되어 있지 않고 비공식적이나마 독자적 경제활동을 하고 있는 모습 자체가 전 시대에 비해 달라진 여성상을 보여주고 있다고 할 수 있다. 여성들이 서구화에 경도되며 물신주의와 배금주의를 신봉하는 것으로 나타나고 이들의 남편들은 상대적으로 도덕적이고 윤리적인 건실한 자본주의의 대변자로 묘사되는 것은, 당대의 모든 욕망을 여성의 것으로 치부하고 그로 인해 야기되는 온갖 부정적 측면을 여성들에게 뒤집어씌움으로써 상대적으로 면죄부를 받은 남성들은 여성들을 계도하는 주도적 위치를 굳건히 고수하려는 가부장의 위기감에서 비롯된 측면도 있다.

    이러한 섬에서 날개부인과 제트부인의 남편들이 어떻게 그려지고 있는지는 주목할 만하다. 날개부인의 남편은 별명이 불통과장이라 불릴 만큼 고지식한 청렴결백 공무원으로서 법을 어기고 밀수품 장사를 하는 부인과 대치되고, 제트부인의 남편은 평범한 회사원이지만 사정이 딱한 친구의 부인을 물심양면으로 도와줌으로써 동창 부부를 죽음으로 몰고 간 아내와 대치된다. 공교롭게도 이 두 남편은 모두 정의롭고 모범적인 주인공의 이미지를 가진 배우 김진규이다. 곧 이 두 남편은 물신주의의 숭배자로 묘사되는 아내들과는 달리 개인의 이익이나 가정의 이익을 도덕과 양심보다 우선시하지 않음으로써 사회의 공공적 선을 추구하며 '돈을 쫓는 소인배'가 아님이 강조된다. 반면 두 부인들은 금전적 이익 앞에서 물불을 가리지 않고 친구지간의 의리나 도덕을 따지지 않으며, 그러한 행동의 목적은 나와 가족이 잘 사는 것에만 국한되어 있다. 이러한 여성/남성, 개인성/공공성, 돈을 추구하는/가치를 추구하는, 도덕적으로 취약한/도덕적으로 우월한, 등등의 이항대립의 극적 구조에서 "돈을 쫓는 것은 부도덕하고 이기적이며 결국 전체의 행복을 헤치는 것"이라는 주제가 부각된다. 또한 이 대목에서 부자=배금주의자=자본주의 질서의 승리자라는 돈에 대한 심성과 태도가 드러난다. "한국사람들은 누구나 자기 가정이 잘 살려고 하면 나라가 잘 못 살게 되고 나라만 위하다보면 자기 집 살림이 어려운 처지에 있다.…… 개인이 잘 살면, 곧 나라가 잘 되는 것이라면 이 소동은 안 일어났을는지 모른다"[66]는 당시의 평은 개인주의적 물질에의 추구가 항상 공공적 이익과 배치된다고 여기는 사고방식을 드러내고 있다는 점에서 주목된다. 이는 사적인 것을 공적인 것에 대립되는 불온하고 부정적인 것으로 규정했던 전통적인 공公·사私 개념에서 벗어나지 못했다는 것을 의미하기도 한다.

〈날개부인〉에 나오는 또다른 남성 캐릭터 김 사장은 유들유들한 사업수단을 가진 공처가로 나오지만 결국 아내를 '교육'시켜 남성의 도덕적 우월성을 한 번 더 과시하고, 모범적인 공무원인 불통과장은 김 사장 회사의 전무로 스카우트되어 양심적이고 윤리적인 삶이 결국 금전적 보상도 가져온다는 식의 교훈을 전달한다. 초반에 만원버스를 기다리던 남편이 영화의 끝에는 집앞까지 온 자가용 지프를 타고 출근하는 것은 결국 날개부인이 추구하는 더 나은 삶이란 돈을 좇아서 되는 것이 아니라 성실하고 양심적인 태도에서 비롯된다는 것을 말하고 있기도 하지만, 한편으로는 더 나은 삶을 희구한다는 점에서는 남편과 아내가 다르지 않음을 드러내고 있는 것이기도 하다. 문제는 그것을 달성하는 방법인데, 날개부인과 제트부인의 남편들은 법이나 인정, 도덕을 떠나 무조건 돈만을 쫓는 것은 결국 가정과 사회를 망치는 길이며 법과 인정과 도덕이 돈보다 더 중요하다고 훈계하고 있다. 이는 자본주의적 무한 경쟁과 생존 투쟁이라는 현실을 인정함에도 불구하고 이 경쟁에서 이긴 사람들을 백안시하는 이중적인 심성을 드러내는 것이라 할 수 있다.

이처럼 1950~60년대에 공개된 '돈'에 대한 서사는 여전히 황금만능주의를 비판하고 있지만 한편으로는 이러한 자본주의적 세태가 이제 선택의 문제가 아니라 필연적인 것임을 점점 더 인정하는 방향으로 나아가고 있다. 오히려 도시와 농촌에서 자본을 축적한 자본가와 축적하지 못해 몰락하고 있는 농민들의 생활과 심성, 그리고 그 원인이 되는 구조적인 모순과 현실을 때로는 풍자적으로 때로는 리얼하게 포착하고 있는 1950년대 '돈'에 관한 서사에 비해, 1960년대의 그것은 이미 자본주의적 사이클에 대한 용인을 전제로 하고 어떻게 하면 그 구조 속에서 명분과 실리를 챙기며 성공할 수 있을 것인가에 집중한다. 이것은 겉으로는 자본주의적 경쟁에서 이긴 자에 대해서는 비인간적이거나 정당하지 못할 것이라는 이유로 경멸하지만, 속으로는 이 경쟁에서 살아남아 빈곤을 탈피하는 것은 물론 계급상승을 달성하고자 안간힘을 쓰는 당대 대중들의 이중적 태도에서 나온다. 그러나 전자는 늘 확인되고 후자는 늘 좌절되는 현실이야말로 대중들이 처한 곤경의 본질이다.

계급상승의 꿈과 좌절

로맨스―계급갈등의 최전선

1950~60년대 영화에서 계급갈등의 서사는 대개 코미디나 멜로드라마 등의 장르영화에서 하위 플롯을 이루며 내면화되어 있는데, 1950년대는 그나마 계급갈등의 서사가 심각성을 띠지도 전면화되지도 않았다. 이 시기 계급갈등의 서사는 각각의 계급을 대표하는 청춘 남녀들을 내세워 이들의 로맨스를 부각시킨다. 각기 다른 계급의 자유롭고 근대적인 개인이 자유의사에 의해 낭만적인 연애를 하고 결국 결혼에 성공한다는 이야기는 그 자체로 황홀한 계급상승의 판타지일 것이다. 계급갈등이 결혼을 통해 계급 간의 화해로 봉합될 수 있다는 희망을 놓지 않는 것은 이 시대 대중들의 순진성과 낭만성을 보여주는 것이기도 하다.

한국영화사상 최초의 해외영화제 수상작인 〈시집가는 날〉(1956, 이병일)은[67] 하층민의 상류층과의 결혼을 통한 계급상승을 다루고 있다. 권세가와 사돈 맺고 싶은 마음에 사위될 사람을 보지도 않고 외동딸과 약혼시킨 맹 진사가 신랑이 절름발이라는 소문을 듣고 딸을 몸종과 바꿔치기했다가 낭패를 본다는 이야기이다. 민속적인 소재를 코미디로 풀었다는 것이 이 영화의 차별성이다. 김승호가 연기한 맹 진사는 배금주의와 외모지상주의, 신분상승욕과 출세지향주의 등을 가진 속물로 묘사되는데, 맹 진사의 아내와 그의 딸 갑분이는 이러한 그의 결정에 전적으로 동의한다. 갑분이의 몸종 입분이는 졸지에 세도가의 잘생긴 도련님과 결혼하게 되었지만 양심의 가책을 받고 진실을 고백하고, 이때 이 도련님은 처음부터 모든 것을 알고 입분이와 결혼하기 위해서 꾀를 낸 것이라고 말함으로써 해피엔딩을 맞는다.

이 이야기는 전근대를 배경으로 마치 민족을 재현하는 역사극과 같은 외피를 가지고 있지만, 주제면에서는 오히려 근대적 결혼의 새로운 모럴을 제시하고 있다. 얼굴도 보지 않고 가문과 가문이 약혼을 하는 것은 전근대에는 당연한 일이었지만 뒤늦게 장애인임을 알았다고 해서 신부를 바꿔치기하거나 배신을 하는 것은 전근대에서는 있을 수 없는 일이다.[68] 오히려 사람됨보다는 돈이나 명예를 좇는 근대적이고 물신화된 인물들은 맹 진사 일가이며, 한번 맺은 약속을 배신할 수 없다는 신의를 중시하는 가치관을 갖고 있는 이는 입분이라고 할 수 있다. 그렇다고 이 영화가 전근대적 가치관이나 결혼관을 옹호한다고 볼 수는 없다. 이 영화는 오히려 근대의 산물인 '낭만적 결혼'에 대한 은유를 가득 안고 있으며 입분이는 바로 한국판 신데렐라형 인물이다. 곧 사회 최하층계급인 입분이는 착한 마음씨와 신의 덕분에 최상층계급의 잘생긴 청년과 결혼할 수 있는 것이다. 게다가 신분을 속였다는 양심의 가책은 이 모든 것이 청년이 입분이를 사모해 벌인 일이라는 것이 밝혀지는 순간 무마되며 이로 인해 낭만적 연애의 완성으로서의 결혼은 더욱 빛을 발하게 된다. 입분이의 청년에 대한 마음은 처음부터 중요하지 않다. 신데렐라는 선택받을 뿐 선택할 수는 없는 인물이기 때문이다. 반면에 청년은 자신의 자유의지에 의해 신부를 선택했으며, 청년의 가문은 신랑이 절름발이라고 소문을 내는 데에 협조함으로써 이를 적극적으로 용인한다. 이것이야말로 이제 막 자본주의에 적응하기 시작한 관객 대중이 전근대적 결혼관을 부정하고 새로운 결혼관과 이를 통한 신분상승의 욕망을 드러내는 지점이다. 또한 전근대성과 근대성의 결합을 통해 새로운 모럴을 제시하고자 하는 1950년대 '문화재건'의 기본 방향과도 합치하는 정서의 표출이라고 할 수 있다. 이 영화는 역설적으로 서로 다른 계급이 낭만적 연애와 자유결혼을 통해 연대를 맺거나 하층민이 결혼으로 계급상승을 이루는 것이 얼마든지 가능하다는 것을 무의식중에 전파하고 있다.

결혼을 통한 계급상승이라는 대중적 판타지는 곧 장르영화와 만난다. 양훈, 양석천, 김희갑 등의 희극배우가 등장하는 코미디영화 〈청춘쌍곡선〉(1956, 한형모)은 빈부의 격차와 계급갈등을 뮤지컬적 요소와 코미디라는 장르영화의 가벼운 톤으로 '명랑하게' 다룬 것이 특징이다. 대학교 동창인 명호(황해)와 부남(양훈)은 각각 가난한 중학교 교사와 무역회사 사장의 장남인데 둘 다 위가 좋지 않아 병원을 찾는다. 부산 동명병원의 김 박사(박시춘)는 너무 많이 먹어서 위확장증에 걸린 부남과 너무 못먹어서 위협소증에 걸린 명호에게 2주간 서로의 집을 바꿔 생활해 보라고 제안한다. 산동네 판잣집인 명호의 집에 도착한 부남은 저녁으로 보리죽을 먹다 말고 도망치다가 명호 어머니(복혜숙)의 설득으로 다시 돌아간다. 부남은 명호가 하던 집안일을 하느라 고생하다가 점차 익숙해지고 명호의 여동생 정옥(지학자)과도 친해진다. 명호 역시 부남의 여동생 미자(이빈화)를 만나고 처음에는 기분이 상해서 돌아가려고 하지만 점차 양식을 먹고 침대에서 자는 생활에 익숙해지며 미자와도 친해진다. 두 커플은 서로 사랑하게 되지만 미자의 아버지는 영근(양석천)과의 약혼을 파기할 수는 없다며 결혼을 반대하고 명호의 어머니도 정옥과 부남의 결혼을 반대한다. 미자는 독약을 먹고 쓰러진 척 연기를 하는데, 김 박사는 미자를 도와 미자의 아버지를 설득한다. 결국 미자의 아버지는 미자와 명호의 결혼을 허락하고 명호의 어머니도 정옥과 부남의 결혼을 허락한다. 두 커플은 합동 결혼식을 올린다.

이 영화는 개봉 당시 평단으로부터 그리 좋은 평가를 받지 못했지만 흥행에는 성공했다.[69] 이 영화는 코미디답게 빈부의 문제, 계급의 문제를 '먹고사는 문제'로 간단히 정리하는데 '먹는다'는 행위가 당시 한국의 서민생활에서 가장 핵심적인 사안임을 생각할 때 매우 적절하고 영리한 선택이다. 위확장증과 위협소증이라는 병명은 너무 많아도, 너무 없어도 탈인 '돈'의 가치를 상징한다. 상류층과 서민층을 대표하는 부남과 명호는 서로 상대방의 집에서 생활하면서 서로의 생활방식과 사고방식을 이해하게 된다. 재미있는 것은 1950~60년대 영화들에서 상류층은 모두 집에서도 포크와 나이프를 사용해 양식을 먹는 것으로 묘사된다는 것인데 이는 아마도 서구적 생활을 동경하는 관객 대중의 선입견과 판타지가 작용한 결과일 것이다. '양식을 즐기는 부잣집에서 당황하는 하층민'이라는 설정은 〈박서방〉(1960, 강대진)에서 홍차를 마실 줄 몰라 당황하는 박 서방이나, 〈맨발의 청춘〉(1964, 김기덕)에서 스테이크를 손으로 집어먹는 두수를 통해서도 나타난다. 영화 속에서 빈부의 차이는 가장 먼저 주거문화에서 눈에 띄는 차이가 나지만, 실질적인 대중의 관심사인 식생활의 차이로 극명히 드러난다고 할 수 있다. 의복생활에서도 마찬가지로 상류층 여성은 양장을, 하층민 여성은 한복을 입고 있는 대비에서 당시의 양장과 한복이 의복 이상의 의미를 가진다는 것을 알 수 있다. 한복을 입은 여성이 양장을 입은 여성에 비해 도덕적으로 우월한 것으로 설정되어 있는 것은 서구문물을 쉽게 받아들이는 전후 여성에 대한 부정적 시각을 내포하고 있기 때문이다. 이처럼 계급갈등은 기본적으로 '의식주'로 표출된다. 한편 부남과 명호 두 인물 사이에는 어떤 갈등도 없는데 그것은 두 인물이 대학동창이라는 학연으로 맺어진 연대의식이 있기 때문이다. 반면에 이들이 서로 반대되는 계급의 딸들과 결혼하겠다고 했을 때 양가는 반대한다. 반대의 이유가 계급의 차이 때문인것은 명백하다. 그러나 양가의 반대는 미자의 연극으로 간단하게 해결된다. 중학교 교사와 무역회사 사장 아들의 교환은 자본가와 지식계급의 결혼을 통한 연대라고도 볼 수 있는데 이러한 안이하고 낭만적인 결말은 이 영화의 장르적 특성과 관련이 있다.

초반부에 의사로 등장하는 음악감독 박시춘과 간호사들이 영어로 노래를 부르는 장면과 중간에 지게꾼(김희갑)의 가요 메들리, 그리고 정옥과 미자의 노래 장면 등은 할리우드 장르영화를 지향하는 감독의 의도를 보여주고 있다.[70] 그런데 가장 미국적인 장르인 뮤지컬적 요소는 비단 노래와 음악뿐만이 아니라 영화의 내용도 규정하는 것이었다. 이 영화의 드라마를 이루는 구애와 공동체의 회복이라는 플롯은 바로 뮤지컬이 모든 문제를 푸는 단 하나의 해결책이며 사회의 근원적인 문제들을 주인공 커플들의 사적인 문제로 환원함으로써 구조적 모순을 은폐하는 것이기 때문이다.[71] 또한 이 영화는 할리우드 스크루볼 코미디screwball comedy[72]의 한국적 변형의 초기형태라고 볼 수 있다. 서로 다른 계급의 남녀가 만나 결혼함으로써 서로의 결핍을 채워주는 이야기인 이 장르는 미국적인 평등의 가치를 설파하고 그러한 가운데 계급 갈등을 은폐하는 할리우드 영화의 특성을 그대로 드러낸다. 가난한 사람을 무시하는 듯한 부남과 미자의 성격적 결함은 각각 정옥과 명호라는 가난하지만 도덕적으로는 더 우월한 자와의 결혼을 통해 구원받고 치유된다. 이처럼 서로 다른 계급이 결혼을 통해 계급 상승을 이루는 것이 비록 현실에서는 어려운 일이라고 할지라도 영화적 현실에서는 충분히 가능하다는 것을 설파함으로써 관객은 잠시나마 현실에서 도피해 오락영화의 쾌감에 빠질 수 있는 것이다.

이처럼 시대의 트렌드로 떠오른 낭만적 연애와 자유로운 결혼이라는 판타지는 계급상승이라는 대중의 꿈을 실현하는 매개체였다. 이는 무엇보다도 서구문화가 가져온 성적 개방성과 여성의 지위 향상에 힘입어 여성을 자유로운 연애의 주체로 자리매김하는 것을 선결조건으로 했다. 1950년대 후반의 두 영화 〈자유결혼〉(1958, 이병일)과 〈여사장〉(1959, 한형모)에서 보이는 자유연애는 비록 가부장적 이데올로기로의 재복귀를 의미하는 것이라고 할지라도 새로운 시대의 조류를 실감할 수 있게 해준다. 〈자유결혼〉에서 전통적으로 개인의 결합이 아닌 문중 간의 결합으로 여겨졌던 결혼이 이제 합리적으로 각성된 근대적 개인의 자유로운 선택에 의한 연애와 결혼이라는 차원으로 변화되고 이를 모두가 용인한다는 결말과, 〈여사장〉에서 적극적으로 남성을 유혹하는 여성의 설정이나 사장실에 걸려 있던 '여존남비'의 표어가 '남존여비'로 바뀌고 여사장이 남편에게 사장직을 넘기고 가정에 들어앉는다는 결말은 모두 당대 풍속극의 보수적이지만 로맨틱한 해피엔딩을 구현하고 있다.

특히 이들 영화들에 자주 등장하는 소파가 있는 넓은 거실, 골프장, 댄스홀, 파티 등 서구문화=자본주의문화가 가져온 자유분방함과 해방감이 가져오는 활기는 이제 더 이상 부정적으로 보기보다는 현실로 인정해야 한다는 1950년대 후반의 분위기를 보여주고 있다. 〈자유결혼〉에서 연애결혼이나 중매결혼이냐를 택일하기보다는 "절충이란 언제나 좋다"고 주장하는 것이나, 〈여사장〉에서 가난한 신입사원 청년을 유혹하는 부잣집 잡지사 여사장이 보이는 적극성과 보수성의 조합은 전근대와 근대 문화의 절충이자 계급 간의 화해이다. 여사장의 적극적 구애를 마지막에야 받아들이고 사장이 된 청년 용호는 양심을 잃지 않고 계급상승을 이루어냈을 뿐만 아니라 능력까지 보이는 온달형 캐릭터의 전형이다.[73] 이러한 1950년대식 낭만성과 활기, 그리고 합리성을 의식적으로 추구하려는 등장인물들을 통해 민주주의에 대한 당대의 감각을 엿볼 수 있다. 또한 그것은 '명랑 사회' 건설[74]과 함께 민주주의에 대한 희구와 함께 그것이 가능할 뿐만 아니라 가능하게 해야 한다는 낙관주의도 확인할 수 있다. 4·19혁명을 가능하게 했던 활기와 에너지가 이러한 낙관주의에서 비롯되었다고 말할 수도 있을 것이다.

도달할 수 없는 꿈

1950년대에 결혼을 통한 계급의 상승이 가능한 것으로 그려졌다면 1960년대에 그것은 원천적으로 봉쇄된다. 〈맨발의 청춘〉(1964, 김기덕)에서 깡패 조직 달이파의 하수인인 조두수(신성일)는 건달들에게 가방을 뺏기게 된 외교관의 딸 요안나(엄앵란)를 구해준다. 서로 다른 환경에서 자라 생활도 취미도 정반대인 두 사람은 서로에게 호감을 느껴 사랑하는 사이가 된다. 그러나 달이파의 중간 보스 덕태(윤일봉)와 두수의 후배 아가리(트위스트김)는 두수에게 요안나와 사귀면 안 된다고 충고하고, 요안나의 어머니도 두 사람의 교제를 극심하게 반대한다. 대관령 산장에 휴양온 요안나는 두수에게 편지를 쓰지만 두수는 그 시간에 공갈죄로 감옥에 들어가 있다. 요안나는 어머니에게 두수의 일자리를 알아봐 달라고 부탁하고, 광자 어머니에게 두수를 소개시키러 간 자리에서 두수는 모욕만 당해 박차고 나온다. 요안나의 집에서는 요안나를 아버지가 있는 태국으로 보내려고 하고, 마지막으로 작별인사를 하러 간 요안나와 함께 두수는 자신을 좋아하던 은혜(전계현)의 집으로 도망간다. 실종신고가 된 요안나를 경찰은 찾으러 다니고 달이파에서도 경찰보다 먼저 두수를 찾기 위해 나선다. 시골로 간 두수와 요안나는 결국 동반자살을 하는데, 화려하게 치러지는 요안나의 장례식과 대조적으로 두수의 시체는 리어커에 실려간다.[75]

〈청춘쌍곡선〉의 명훈은 그래도 교사라는 직업이 있었기 때문에 미자와의 결혼이 그리 어렵지 않았지만, 〈맨발의 청춘〉에서 깡패조직의 하수인에 불과한 두수가 계급의 차이를 극복하기란 거의 불가능하다. 1950년대에 계급의 차이는 판잣집 대 양옥집, 보리죽 대 양식, 한복 대 양복과 같이 주로 의식주의 형태로 표현되었지만, 1960년대에 계급의 차이는 곧 그 계급이 향유하는 문화의 차이이다. 두수가 레슬링 경기를 구경하면서 거리의 음식을 먹고 트위스트를 추는 클럽에 출입하고 자기 전에는 아령으로 운동을 하며 싸구려 위스키를 마시면서 권투잡지를 보는 동안, 요안나는 쥬스를 마시고 자기 전에는 성경책을 읽으며 클래식 음악을 듣는다. 두수의 문화가 미국의 대중문화라면 요안나의 문화는 유럽의 고급문화를 표상하는데, 이러한 미국문화와 유럽문화에 대한 한국인의 구별과 차별은 분단과 전쟁을 거치면서 형성된 관념이다. 두수와 요안나의 사랑은 각각 자신이 속한 조직과 가족으로부터 이해받지 못하고, 상류층과 하층민의 건널 수 없는 간극은 죽음의 양식까지 규정한다. 계급갈등의 표출이 남녀의 애정문제로 치환되고, 반항적인 눈빛은 기성세대에 대한 청춘의 저항으로 당대의 젊은이들을 소구하지만 영화의 정조情操는 순수하고 비극적인 사랑도 결국 계급의 화해를 가져다주지 못하는 현실을 보여주고 있다.

상류층 여성과 하층민 남성의 이루어질 수 없는 사랑은 불가능한 결혼이기에 더욱 낭만적이고 아름답게 묘사되지만, 상류층 이성을 만날 기회조차 박탈당한 현실의 하층민들에게 결혼을 통한 계급상승은 한낱 한여름밤의 꿈에 불과하다.[76] 〈초우〉(1966, 정진우)의 두 연인은 상대가 계급상승의 꿈을 이루어줄 상류층이라고 생각해 교제하지만 실은 둘다 비루한 현실을 살아가는 하층민이었고, 이러한 진실이 밝혀졌을 때 계급상승이나 결혼 뿐만 아니라 낭만적 연애에 대한 신화도 산산히 부서지고 만다. 프랑스 대사집 가정부 영희(문희)는 어느 비 오는 날 대사의 사모님으로부터 받은 고급 레인코트를 입고 거리에 나선다. 자동차 정비공장에서 일하는 철(신성일)은 영희에게 자신을 기업가의 아들이라고 속여 고급 승용차의 주인 행세를 하고, 영희 역시 프랑스 대사집 딸이라고 거짓말을 하면서 두 사람은 피차 계급상승의 욕망을 감춘 채 비오는 날의 데이트를 계속한다. 사랑이 깊어갈수록 양심의 가책도 커진 영희가 철에게 사실을 고백하자 철은 실망한 나머지 분노를 폭력으로 표출하며 영희를 떠난다.

이 영화에서 영희가 철이 자신을 부자짓 딸이라고 알고 있는 것에 실망을 주지 않기 위해서 피치못해 거짓말을 하게 되었고 점차 철을 진심으로 사랑해 양심의 가책을 느낀 것과 달리, 철은 처음부터 끝까지 계급상승의 욕망으로만 영희를 대했음은 마지막에 철이 같은 거짓말을 하고도 영희를 폭행하는 것에서 알 수 있다. 당시 많은 영화들이 여성에 대한 남성 주체의 도덕적 우월감을 표출하고 있는 것에 비해 이 영화에서 도덕적인 우월성은 오히려 진실을 고백한 영희에게 있다. 계급상승을 향한 대중들의 욕망은 시야를 흐리는 장대비처럼 몽환적인 꿈에 불과하다는 것을 이 영화는 뼈저리게 가르쳐준다.[77]

결혼을 통한 계급상승은 그만큼 어려운 것이다. 당시 영화로서는 보기 드물게 여성을 중심으로 한 가족멜로드라마인 〈육체의 고백〉(1964, 조긍하)에서 수단과 방법을 가리지 않고 돈을 버는 엄마는 세 딸들을 '좋은 자리'에 혼인시키려 하지만 쉽지 않다. 대통령 엄마라고 불리는 클럽의 마담(황정순)은 정의감이 강하고 인정 많은 캐릭터로서, 매춘과 밀수 등 닥치지 않고 돈을 벌어 서울에 사는 세 딸의 뒷바라지를 한다. 대학생인 세 딸은 엄마가 부산에서 양장점을 하는 줄로만 알고 있는데, 세 딸의 성공이 마담의 유일한 희망이다. 큰 딸 성희는 엄마의 반대에도 불구하고 소설가 지망생인 트럭운전사(김진규)와 결혼하겠다고 하고, 둘째 딸 동희(김혜정)는 엄마의 바람대로 재벌 아들(이상사)과 연애를 하지만 그는 동희를 차버린다. 좌절한 동희가 부산으로 엄마를 찾아 내려오는데 엄마는 밀수 혐의로 구속된다. 출소한 엄마는 동희가 실의에 빠진 나머지 양공주가 되었다는 것을 알고 경악하는데, 설상가상으로 동희는 위암에 걸려 사망한다. 막내딸 양희(태현실)는 바이올리니스트로 결혼과 함께 독일로 유학을 가기 전 부산에 공연하러 왔다가 엄마의 정체를 알게 된다. 양희는 엄마를 경멸해 공부시켜 준 돈을 돌려주고 떠나고 이에 엄마는 권총 자살을 한다. 다음날 성희와 소설가가 된 큰 사위, 양희와 막내 사위가 뒤늦게 엄마를 모시러 오고, 엄마의 죽음에 오열한다.

여기서 엄마는 자신은 비록 떳떳하지 못한 직업을 갖고 있지만 세 딸로부터 존경받는 엄마가 되고 싶었고, 세 딸을 번듯한 집안에 시집보내 계급상승을 이루려고 한다. 엄마는 양장점을 한다고 속이고 우아한 한복을 입고 세 딸 앞에 나타나지만, 평소에는 가슴이 깊게 패인 드레스를 입고 있다. 오히려 엄마의 강한 생활력과 삶에의 의지는 클럽 매춘 여성들의 존경을 받는데, 정작 세 딸은 이런 엄마를 존경할 수 없다. 엄마가 세 딸의 뒷바라지를 위해 악착같이 번 돈으로 막내딸은 음악 공부를 했지만, 그녀는 오히려 엄마를 경멸한다. 곧 엄마가 부호의 아들이 아니면 결혼은 안된다고 고집하고 가난한 사람을 업신여겼다는 것인데, "인간의 고귀한 정신을 돈으로 바꿀 수는 없다"는 그녀의 대사처럼 실은 직업의 귀천을 가리지 않고 딸들의 성공을 위해 열심히 산 엄마야말로 고귀한 정신의 소유자였음을 뒤늦게 깨닫는다.

이 영화에서 엄마가 가장 기대하던 둘째딸은 결혼을 통한 계급상승에 실패할 뿐만 아니라 병으로 죽고 엄마 자신도 결국 자살을 하게 되지만, 첫째딸과 막내딸은 남편의 출세를 통해서, 그리고 교육을 통해서 계급상승에 성공한다. 곧 계급상승은 돈을 쫓아서는 이루어질 수 없으며, 그보다는 꿈을 향한 성실한 노력과 교육을 통해서 이루어진다는 것을 영화는 애써 보여준다. 그러나 소설가로 데뷔하는 것이나 유학을 하는 것이 곧 성공이나 계급상승을 보장해 주지 않으므로 이 영화에서 그 누구도 계급상승에 성공했다고 말할 수는 없다. 오히려 계급상승의 욕망을 드러내었던 동희와 엄마가 비극적 결말을 맞는 것은 대중들의 계급상승 욕구를 원천적으로 봉쇄하는 효과를 드러내기도 한다. 이 영화는 '돈'의 덧없음, 자본주의 사회의 물신성과 함께 이를 극복하는 수단으로서 교육에 대한 열망의 진원지가 어디인지를 명백히 보여준다. 〈돈〉이나 〈인생차압〉 등에서도 등장했던 흩날리는 돈다발은 이 영화에서 엄마가 자살을 결심할 때도 나오는데, 물신화된 '돈' 때문에 인간성이 파괴되고 가족이 와해되며 심지어는 죽음까지도 맞아야 하는 현대인의 비극이 이를 통해 통렬히 시각화된다.

계급상승의 방법론

계급상승에 대한 서민들의 욕망과 배금주의에 대한 경계는 실은 같은 뿌리를 가진 쌍생아이다. 많은 사람이 돈을 벌고 싶은 욕망에 사로잡혀 돈을 향해 돌진하는 현상이야말로 천민자본주의를 욕하면서도 승자들의 반열에 편입되기를 원하는 대중의 가장 보편적인 심경을 드러내고 있기 때문이다. 그러나 한국에서 결혼을 통해 계급상승의 꿈을 이루는 것은 불가능에 가깝다. 오히려 고등교육을 통해 스스로 자수성가하는 편이 더 나을지도 모른다. 그러나 영화는 이것도 현실에서는 그리 녹록지 않다는 것을 보여준다. 〈어느 여대생의 고백〉(1958, 신상옥)에서 부모를 일찍 여의고 할머니가 보내 주신 학비로 법대를 다니고 있던 소영(최은희)은 갑자기 할머니가 돌아가시자 학비는 물론 생계조차 막막해진다. 일자리를 구하러 돌아다니지만 여성을 농락만 하려는 사회를 체험하고 절망에 빠진 소영에게 소설가 지망생인 친구 희숙은 자신이 우연히 20년 전 죽은 여자의 일기장을 발견했는데, 《심경心境》이라는 제목의 그 일기장에는 현직 국회의원 최림이 과거에 여자가 있었고 그녀에게 딸이 있다는 사실이 적혀 있음을 들려준다. 희숙은 최림에게 편지를 써서 딸의 이름이 소영이라고 알린 다음 소영에게는 최림의 딸 행세를 하라고 한다. 소영은 최림을 찾아가지만 만나지 못하고 나오다 교통사고가 나고 최림의 비서인 상호가 이를 최림에게 알린다. 막다른 길에서 생존을 위해 할 수 없이 최림의 딸 행세를 하게 된 소영은 이후 고시에 수석 합격해 변호사가 되어 처음으로 변론에 나서게 된다. 한편 소영을 의심하던 최림의 부인은 우편물을 전해 주러 온 하숙집 아주머니에게 소영의 과거를 묻고, 다시 희숙을 만나 진실을 추궁한다. 법정에서 마치 자신의 과거를 보는 것 같은 살인사건의 피고 전순이(황정순)를 호소력 있게 변론한 소영은 집으로 돌아와 최림의 부인에게 진실을 고백하지만 최림의 부인은 다 알고 있었다고 하면서 아버지에게 실망을 주어서는 안 된다며 소영을 감싸 안아 준다.

　　이 영화에서 무일푼이 된 여대생이 일자리를 구하려고 할 때 사회가 이 여성에게 요구하는 것은 능력이나 자질, 학벌 등이 아니라 외모나 성적인 매력이라는 것이 적나라하게 드러난다. 곧 냉혹한 가부장적 자본주의 사회에서 여성이 홀로 자립해 생존해 나간다는 것은 불가능하다는 것을 소영의 이야기와 극중 극 형태로 진행되는 살인사건의 피고 전순이 이야기의 이중서사로서 강조하고 있는 것이다. 여성 변호사가 매우 드문 시절이었기 때문에 이 영화의 주인공 소영이 그리 개연성 있는 인물은 아닌데,[78] 오히려 소영이 변론을 하는 전순이라는 여성이 훨씬 더 현실감 있는 인물이다. 전순이는 살인을 하게 됨으로써 여성 자립의 실패를 알렸고, 소영 역시 정치인의 딸이 되고 나서야 무사히 대학을 졸업하고 변호사가 될 수 있었다. 그만큼 가난한 여성이 자립해 사회적 성공을 이루어내는 것은 불가능하다는 것을 영화는 보여주고 있다. 소영은 양심을 속이고 거짓으로 이룬 계급상승은 언제든 진실이 밝혀지면 신분을 박탈당할 수 있는 매우 취약한 것이었다. 당시 계급상승이란 단지 열심히 일한다고 이룰 수 있는 문제가 아니었다. 영화에서는 우연히 발견한 일기장 덕에 사기라도 칠 수 있었지만 현실에서 유일한 계급상승의 방편은 바로 교육이었다.[79] 어떻게 해서든 공부를 해서 좋은 대학을 나오고 좋은 직업을 가지는 것이 계급상승의 유일한 길이었음을 생각할 때, 이 영화는 여성 멜로드라마의 문법으로 계급상승이라는 서민의 희망을 대리충족해준다. 특히 미망인이나 양공주가 여성 주인공의 대세를 이루던 시절, 아주 드물게도 전문직 여성을 주인공으로 내세운 이 영화가 젊은 여성관객들의 호응을 얻었음은 당연한 일이었다.[80]

계급상승을 보장해 주는 확실한 길에는 무엇보다 국가고시가 있었다. 고등교육과 국가고시가 서민이 계급상승을 할 수 있는 유일한 수단으로서 강조되는 것은 〈마부〉(1961, 강대진)에서도 고스란히 나타난다. 말을 빌려 짐수레를 끄는 마부 춘삼(김승호)은 고시 공부를 하는 큰 아들 수업(신영균), 시집을 갔지만 남편에게 매를 맞고 쫓겨오기 일쑤인 벙어리 큰딸(조미령), 싸움만 하고 다니는 작은 아들, 다방에서 일하는 작은딸 옥희(엄앵란) 등 네 자녀를 키우는 홀아비이다. 말주인인 황 사장(주선태)의 집에서 식모살이를 하는 수원댁(황성순)은 춘삼을 좋아해 여러모로 도와준다. 그러나 수업은 고시에 계속 떨어지고, 막내아들은 절도죄로 잡혀가고, 큰 딸은 자살을 한다. 춘삼의 집에 빚 독촉을 하는 김 서기의 건실한 아들 창수(황해)는 옥희를 좋아해 동양제과 공장에 취직시키려 한다. 마부의 딸이라는 걸 창피하게 여기는 옥희는 부잣집 딸을 사칭해 남자를 만나러 다니지만 그 남자는 알고 보면 사기꾼이다. 춘삼이 황 사장의 자동차에 부딪혀 다리를 다치자, 수업은 아버지를 대신해 말을 끌기 시작한다. 황 사장이 말을 팔려고 하자 수원댁은 그간 모아둔 돈으로 말을 몰래 사서 춘삼에게 준다. 수업이 고시에 합격하자 춘삼의 가족들은 수원댁을 어머니로 모시기로 하고 희망찬 미래를 꿈꾼다.

이 영화에서 마부는 자신의 가난을 절대로 되물림하지 않겠다는 결연한 의지에서 수업만은 고시에 합격하기를 바란다. 아들 수업은 집안의 장남이며 아버지의 희망을 짊어진 차세대의 주역으로서 고시에 합격해 집안을 일으켜야 할 책임이 있다. 여기서 주목해야 할 인물은 작은딸 옥희인데 그녀는 결혼을 통해서 계급상승을 이루려고 한다. 금방 들통날 거짓말이지만 아버지가 큰 사업을 하고 오빠는 항공회사에 다니며 해외출장을 밥먹듯 하는 집안의 딸이라고 사기를 친 것이다. 집안에서 한복을 입는 옥희가 친구의 양장을 빌려 입고 하이힐에 핸드백을 들고 남자를 유혹하는 걸음걸이를 배우는데, 그 뒤뚱거리는 모습은 '자신의 분수를 모르고 서구문화를 무조건 흉내내는' 불안하고 우스꽝스러운 세태를 풍자하고 있다. 마부의 딸이라는 현실에서 벗어나 부잣집 딸이고 싶고 부잣집 아들과 결혼해 구질구질한 삶에서 탈피하고 싶은 그녀의 욕망은 결국 산산이 부서지지만, 또다른 도덕적 남성인 창수에 의해 '동양제과 공장'에 취직함으로써 건전한 노동을 통해 구원받는다. 그러나 이러한 구원이 곧 계급상승을 의미하는 것은 아니며 어쩌면 건실한 노동자로서의 삶을 맹세하는 행위에 불과하다. 결국 이 집안의 계급상승은 고시에 합격한 아들에 의해 달성된다. 뒤에서 살펴볼 〈추풍령〉(1965, 전범성)에서도 그렇듯이 계급의 상승은 열심히 일한다고 이루어지는 것이 아니다. 열심히 일하는 세대는 우선 배고픔을 없애야 하고 계급상승을 위한 포석인 교육비를 벌어야 한다. 잘 먹고 잘 교육받은 새로운 세대에 의해 계급상승의 꿈을 이룬다는 서사야말로 당시 한국영화가 보여줄 수 있는 최대의 서민 판타지이다.

좌절하는 여성들

계급상승의 꿈과 좌절이 가장 잘 드러나는 것은 바로 농촌에서 유입된 도시 여성에 관한 서사이다. 〈하녀〉(1960, 김기영)는 도시 중산층의 하층계급에 대한 불안과 공포를 감독 특유의 스타일로 풀어냈지만[81] 만일 이 영화를 하녀의 입장에서 보게 된다면 또다른 독해의 가능성이 열린다. 곧 농촌에서 살다가 도시로 올라온 '하녀'는 2층 양옥집의 안주인이 되는 것을 꿈꾸지만 견고한 중산층은 하층계급에게 그러한 틈을 주지 않는다. 넘볼 수 없는 것을 넘본 하층계급은 자신이 그토록 오르고 싶었던 2층 계단에서 추락한 채 숨을 거둔다. 1960년대 이르러 급속한 산업화의 과정에서 농촌 과잉인구가 도시로 대거 유입되면서 도시 노동자군을 이루었는데, 이 중에서도 특히 여성들은 농가부채에 허덕이는 가계에 보탬이 되기 위해서, 또는 오빠나 남동생의 학비를 마련하기 위해서, 그도 아니면 소비와 욕망의 도시에서 계급 상승의 기회를 집기 위해 고향을 떠나 서울로 왔다. 이 과정에서 대부분이 도시 노동자로 흡수된 남성들과는 달리 공장으로 간 여성들의 비중은 상대적으로 그리 높지 않았는데, 이는 여공 이외에 버스 차장이나 식모가 되거나 술집과 사창가로 간 수많은 여성들의 존재가 있었음을 말해준다.

〈하녀〉에서 문제의 인물은 어쩌면 하녀가 아니라 주인공 동식이다. 동식(김진규)은 방직 공장의 음악선생으로, 여송 선영이 자신에게 연애편지를 썼다는 것을 공장 기숙사 사감에게 알려 공장을 그만두게 만든다든지, 선영에게 편지를 쓰도록 했던 경희(엄앵란)가 피아노 레슨을 이유로 집에 드나들면서 하녀(이은심)까지 소개해 주는데 사랑을 고백하는 그녀에게 모욕을 주어 쫓아낸다든지 하는 것은 단지 가정을 지키려는 가장의 행동으로 보기에는 좀 지나친 감이 있다. 하녀를 소개하고 가정의 평화를 깬 것은 애초에 선영의 일에 앙심을 품은 경희의 계획이었을 것이다. 만일 동식이 경희의 사랑을 받아들였거나 적어도 모욕적으로 대하지 않았다면 하녀가 동식을 유혹하는 일은 없었을 것이다. 동식의 아이를 임신한 하녀를 낙태하게 만든 아내, 동식 부부의 아들 창순(안성기)을 계단에서 떨어져 숨지게 한 하녀, 다시 하녀의 협박에 못이겨 동식을 하녀의 방으로 보내는 아내라는 두 여자의 갈등과 심리는 '한 남자를 사이에 둔 두 여자'라는 심리스릴러의 중심축을 이룬다. 동식은 이 모든 비극의 출발인 자신을 응징하듯 하녀와 함께 쥐약을 먹지만 하녀를 뿌리치고 아내에게 돌아와 숨을 거둔다.

죽음의 순간에야 비로소 가족으로 돌아오는 유약한 가부장은 이미 여성에 대한 도덕적 우월성을 논하기에는 너무 취약하다. 도덕적 정당성을 잃어버린 남성 가부장과 적극적으로 구애하고 복수하는 여성, 그로 인한 가족의 파괴라는 주제는 당시의 시대에 지나치게 앞선 것이었을까? 엔딩에서 이 모든 일이 신문기사를 보던 동식의 상상이었음을 밝히고 이런 일은 누구에게나 일어날 수 있다고 말하는 동식의 밝은 표정은 감독이 이러한 주제를 정면으로 제기하기 보다는 하나의 가능성으로만 에둘러 말하고 있음을 보여준다. 이 마지막 장면

하녀(1960)

을 통해 이 영화가 철저하게 동식과 같은 중산층의 시각에서 만들어졌음이 다시 한 번 강조되고 있다. 하녀는 중산층 남자를 차지함으로써 계급상승을 이루고자 하고 중산층은 하층민의 계급상승을 최대한 막아야 하지만 이러한 갈등과 투쟁의 과정에서 '이층집에 사는 단란한 중산층 가족'에 대한 꿈은 파괴된다.

농촌에서 올라온 여성들에게 계급상승의 꿈이 얼마나 요원하고 허망한 것인지는 1960년대 중반이 되면 더욱 명료하게 나타난다. 〈육체의 문〉(1965, 이봉래)의 은숙(김혜정) 역시 시골에서 서울로 올라왔다. 그녀는 시골처녀들을 사창가에 팔아 넘기는 한 노파의 꾀임에 빠져 매춘부가 되었다가 일명 '터키탕'에서 마사지사로 일하며 열심히 돈을 모은다. 은숙은 아파트도 사고 주식 투자도 하게 되지만, 가끔씩 나타나 돈을 요구하고 괴롭히는 노파와 과거의 기둥서방 송가(이예춘) 때문에 괴로워 한다. 한편 자신의 재산을 관리해주는 증권사 직원 최만석(남궁원)을 좋아해 그와의 결혼을 꿈꾼다. 힘들게 모은 돈을 만석이 모두 날리는 바람에 미용실 인수를 포기한 은숙은 터키탕을 그만두고 만석과 동거하며 열심히 내조한다. 그러나 만석은 회사에서 쫓겨나고 은숙의 배다른 동생 성숙(방성자)과 살림을 차리는데, 성숙이 이웃집 남자와 바람을 피운다는 걸 알고는 남자와 격투 끝에 실수로 성숙을 죽이게 된다. 은숙은 다시 '터키탕'으로 돌아온다.

이 영화에서 은숙은 언니가 다니고 있는 미용실을 인수해서 그럴듯한 사업을 해보는 것이 꿈이다. 하지만 언니는 떳떳하지 못한 직업을 가진 동생이 자신보다 더 돈을 많이 벌고 출세하는 데 대해 질투를 하는데 이는 이미 확보된 기득권을 잃지 않으려는 중산층의 조바심과 불안을 보여준다. 은숙의 동료 마사지사들은 때로는 자신의 직업을 숨기고 외국 유학생과 연애를 하고, 때로는 손님과 사랑에 빠져 행복한 결혼을 꿈꾸지만 그들 중 꿈을 이루는 사람은 결국 아무도 없다. 은숙이 한 푼 두 푼 모은 돈으로 주식투자를 하면서 당대의 가장 인기 있는 품목인 전력회사 주식 등을 사는 장면은 자본주의에 잘 적응하며 착실히 돈을 모으는 주인공을 보여주지만, 결말 부분에서 송가는 은숙이 그동안 분수에 맞지 않게 허황된 꿈을 꾸고 있었다고 나무라며 계급상승의 꿈이 얼마나 비현실적인 것인가를 상기시킨다. 무엇이 허황되고 비현실적이란 말인가? 마사지걸이라는 직업을 가진 여성이 중산층 회사원과 결혼하려는 것이 허황되다는 것일까, 푼돈을 모아 미용실 사장이 되려는 자수성가의 꿈이 허황되다는 것일까? 이 영화에서 은숙은 도덕적으로는 부끄러울 것이 없지만 모든 노력이 물거품이 된 끝에 다시 척박한 현실로 되돌아올 수밖에 없는 모든 상경한 처녀들의 자화상이다. 결국 그녀들은 자신의 본래의 계급성을 깨닫고 좌절해야만 하는 냉혹한 현실에서 탈피할 수 없다.

　　매매춘 여성을 주인공으로 한 또다른 영화〈서울은 만원이다〉(1967, 최무룡)에서 서울은 계급상승의 꿈을 이룰 수 있는 욕망과 소비의 공간이다. 이 영화의 시나리오는 주인공 기상현이 서울에 올라와 "서울 인구 374만 ×××명에 한 명을 더 보탠다"는 내레이션으로 시작한다. 그는 옛 애인 길녀를 찾아 데리고 가려고 상경했으니 길녀는 이미 창녀가 되어 사기꾼 동표를 기둥서방 삼아 생활하고 있다. 동표는 상현에게 길녀와 혼인시켜 주겠다고 하고는 상현의 돈을 몽땅 가지고 도망간다. 황 노인의 첩으로 들어간 길녀는 집을 나와 다시 동표에게 돌아가고, 같은 창녀인 미경은 길녀에게 저금통장을 남기고 죽는다. 상현은 다시 길녀를 부르며 서울 거리 사이로 들어간다. 이호철李浩哲

의 동명 소설을 영화화한 이 영화는 현재 필름이 남아 있지 않은데 시나리오에서도 원작 소설의 표현을 그대로 가져다 쓴 부분이 많다. 1960년대에 급격한 인구증가를 보인 서울의 익명성[82]과 '눈 감으면 코 베어가는' 약육강식의 세계인 서울의 육식성 자체가 이 영화의 주인공이자 테마이다.

〈서울은 만원이다〉는 계급상승의 기회를 노리지만 상승보다는 추락의 위험이 더 많은 야생의 정글 같은 서울에 대한 묘사를 통해 계급상승의 꿈을 접어야 하는 하층민들의 생활과 애환을 잘 그려내고 있다. 이는 다음과 같은 대사를 통해서도 드러난다. "꿈이란 십중팔구 이루어지지 않는 거에요", "넓으나 넓은 서울 바닥이지만 송곳 하나 묻어둘 빈자리 없는 것……", "서울은 수렁. 빠지면 빠질수록 헤어나기 어려운 수렁……." 또한 길녀가 "우리는 법치국가의 국민"이라고 말할 때나 "아직 내가 창부란 생각 가져본 일은 없어. 산다고 생각하는 거야"라고 되뇌일 때, 하층계급도 국민의 한 일원이며 생존의 문제 앞에서는 직업의 귀천도 사회의 멸시도 중요하지 않다는 것을 강변한다. 알고 보면 길녀도 기상현도 남동표도, 모두 속고 속이고 사기치고 도망가는 아귀다툼의 서울 바닥에서 살아가야 하는 불쌍한 인생들이다. 영화의 엔딩씬에서 '살벌하고 무표정하고 답답한' 얼굴의 길녀가 가득찬 인파 속으로 빨려들어가고 그 뒤를 쫓는 기상현의 외침 역시 그 아우성 속으로 묻힐 때 서울의 상징성은 배가된다. 이 영화에서 서울은 생존을 위한 몸부림으로 가득찬 자본주의의 정글이다. 1960년대에는 수많은 길녀들이 계급상승의 꿈을 안고 상경하지만 거기엔 수많은 동표들이 자신의 비루한 일상을 위해 그 꿈을 방해하고 있고, 또 수많은 상현들은 절대로 돌아오지 않을 옛 애인을 찾아 도시의 거리를 헤매고 다녔던 것이다.

계급상승의 꿈을 위해 고등교육에 매진하고 결국은 성공했다는 이야기는 실은 교육의 기회마저 박탈당하고 더 깊은 수렁으로 추락하기만 하는 하층민들에게는 너무나 먼 이야기였다. 오히려 1960년대 후반으로 갈수록 경제개발 근대화에 대한 성찬은 소리 높여 울려퍼지지만 정작 근대화에 소외된 민중들에게 계급상승의 꿈이란 얼마나 지난하고 허망한 것인지를 일깨우는 체념의 정서가 짙게 배어 있다. 1950~60년대 영화는 재건되어 가는 국가의 현실을 증언하면서 한편으로는 자본주의에 적응해 살아남아야 한다는 절대절명의 과제와 계급상승의 꿈을 지속적으로 제공하고, 또 한편으로는 '돈'이 우선시되는 세태와 부자들에 대한 경멸과 저항심을 표출하는 이중적인 복합감정의 서사를 보여주고 있다.

현실 부정의 변증법
―윤리와 욕망, 사유와 평등의 갈등

앞에서 살펴본 바와 같이 재건의 과정에서 남한 사회의 자본주의적 일상에 대한 대중의 심성에 항상 이중적 태도가 묻어 있다는 것은 무엇을 의미할까? 이미 식민지기에 일본적 특성이 농후한 이식 자본주의를 겪었던 한국인들에게 해방은 스스로 자신의 정치경제체제를 선택하고 건설할 수 있을 것이라는 희망을 주었지만, 미국과 소련의 주둔과 분단으로 좌절되면서 남북이 각각 자본주의 체제와 사회주의 체제로 맞서며 근대화 경쟁에 돌입하게 된 현실에 대한 대중의 뒤늦은 반응이 다양한 방식으로 표출된 것은 아닐까? 이 과정에서 소외된 대중들이 한편으로는 이러한 현실을 용인할 수밖에 없고, 또 한편으로는 현실에 적응하기 어려운 불편한 심경을 토로한 것은 아닐까? 남한 민중들의 입장에서 보면 자본주의는 우리가 한 번도 스스로 선택한 적이 없이 항상 외래에서 주어졌다는 집단 무의식이 잠재되어 있었을지도 모른다. 많은 영화들에서 서구문화=자본주의=물질중심주의로 등치되어 나타나는 이질감은 단지 전근대적 사고방식을 근대적 합리적 사고로 전환시키는 데에서 오는 시간차의 혼돈 현상만은 아니었을 것이다.

  이는 자본주의가 일본식에서 미국식으로 바뀌는 과정에서 생활문화에 깊숙이 파고든 일제의 잔재가 전근대적인 것과 결합해 청산하고 결별해야 할 구시대의 유습으로 인식되고, 새로 들어오는 서구문화는 본받고 받아들여야 할 근대적 합리적 문화의 모델로서 인식되는 하나의 과정이었다. 게다가 서구문화를 대표하는 미국문화에 대해 한편으로는 동경하고 한편으로는 물신주의적 문화로 치부하는 이중적 태도가 대중영화에서 한 치의 모순도 없는 듯이 맞물려 드러나고 있는 것도 자본주의에 대한 혼란스러운 감정과 관련이 있다. 그러나 전근대와 근대라는 대립항에서는 항상 근대의 편에 손을 들어주던 영화가 전통과 서구문화라는 대립항에서는 어쩐 일인지 선뜻 후자의 편을 들지 않는 이유는 무엇일까? 그것은 대한민국의 재건에서 전근대와 근대와의 갈등이 두드러져 보이는 것은 외피일 뿐이고, 그 핵심에는 근대화의 방법에 대한 갈등이 여전히 존재하고 있다는 증거일지도 모른다.

대한민국이 처음부터 자본주의를 명시적으로 선택하거나 표방했다고 볼 수 있을까? 만일 해방 후 한국이 미소 군정을 거치지 않고 자유롭게 경제체제를 선택할 수 있었다면 과연 자본주의를 선택했을까? 그러나 이는 가정일 뿐, 역사적으로 남한은 식민지 시기 이래 굴절된 형태로 나마 자본주의의 길을 걸은 것은 분명하다. 그런데 1950년대 중반까지만 해도 지식인들의 사회 정서는 자본주의를 백안시한 것이 오히려 일반적이었다. 이는 두 가지 차원에서 이해해 볼 수 있다. 첫째는 자본주의 국가건설을 표방한 정부의 경제관료들과 지식인들이 남한의 실정에 맞는 수정된 형태의 자본주의를 모색하는 과정이었다는 점이다. 이미 세계사적으로 자본주의체제가 고전적 형태의 자유방임적 자본주의가 아니라 수정된 자본주의를 지향하는 것도 당시의 일반적인 흐름이었기 때문이다. 둘째는 정서적으로 자본주의에 대한 거부감이 있었다는 점이다. 이러한 정서를 갖고 있는 지식인들에게 새로운 국가의 이상형은 공산주의도 자본주의도 아니었다. 특히 자본주의는 미국식 소비주의와 같은 것으로 인식되었다. 자본주의는 경제체제를 일컫는 말이고 민주주의는 정치체제를 일컫는 말이기 때문에 공산주의의 반대말은 자본주의어야 했지만 적어도 남한에서는 오랜 기간 동안 공산주의의 반대말은 자본주의가 아니라 민주주의로 인식되었다. 북한의 '인민공화국'에 대응해 제헌헌법이 대한민국을 '민주공화국'으로 지칭하는 순간,[83] 공산주의는 민주주의와 반대말인 전체주의와 독재를 의미하는 것이 되었다. 그러나 공산주의의 반대말이 자본주의가 아니었다는 것은 공산주의에 반대하면서도 자본주의와는 다른 지향을 찾으려했던 의식/무의식의 발로이기도 했다. 당시 지식인들이 자본주의를 그리 좋아하지 않았다면 그 이유는 자본주의가 계급차별주의라는 인식 때문이었다. 한국인이 생각하는 민주주의의 핵심 원리는 '평등'에 있었다. 이는 대한민국 임시정부가 1931년에 내놓은 〈대한민국 임시정부 선언〉을 보아도 알 수 있다. 균권均權(정치균등), 균부均富(경제균등), 균학均學(교육균등)을 지향했던 조소앙趙素昻(1887~1958)의 삼균주의三均主義를 채택한 이 선언은 개인과 개인, 민족과 민족, 국가와 국가 간에 완전한 균등을 실현하고 정치, 경제, 교육의 균등을 실현하자는 것이었다. 1941년 〈대한민국 임시정부 건국강령〉에서도 건국정신을 삼균주의에서 찾았다.[84] 〈건국강령〉에 기초해 1944년 임시 의정원 의회에서 독립에 대비해 마련한 헌법이 이후 대한민국 헌법의 기초가 되었으므로 삼균주의는 대한민국 헌법의 기본 정신에 큰 영향을 주었다고 해도 과언이 아니다.

더구나 제헌헌법의 경제조항에는 '평등'이나 '공공'의 논리가 다른 무엇보다 우선시되는 듯한 문구가 여럿 발견된다. 예컨대 자본주의적 사적 소유를 보장하는 국민재산권에 관한 조항이 명시되어 있으면서도 그 행사를 "공공복리에 적합"하도록 해야 한다고 규정(제15조)한 것이나, 제6장 경제조항에서 자연력을 국유로 하며(제85조) 중요한 기간 사업은 국영이나 공영으로 하고 대외무역은 국가의 통제 하에 둔다(제87조)는 등의 문구가 그것이다. 이러한 기간산업의 국영화나 통제경제 조항은 제헌헌법의 사회민주주의적 성격을 보여주는 것이라 할 수 있다. 오늘날의 시각으로 본다면 이는 자본주의를 기반으로 하되 공공의 정신을 바탕으로 높은 수준의 복지를 단행하는 현재의 북유럽식 사회민주주의와도 유사하게 보인다. 그러나 여기에는 주의

경제개발 5개년계획을
지도로 정리한 포스터

가 필요하다. 제헌헌법 당시 '사회민주주의'란 1889년 창설되어 1차 세계대전 발발과 함께 붕괴된 제2인터내셔널이 추구했던 사회민주주의를 의미하는 것이었고, 이는 1919년 레닌의 제3인터내셔널 결성과 함께 공산주의와 결별함으로써 맑스레닌주의에 기반하지 않은 사회주의를 일컫게 되었다. 곧 당시의 이 용어는 명백히 개량화된 사회주의를 의미한다. 따라서 제헌헌법의 성격을 오늘날의 시각으로 보면 사회민주주의적이라고 할 수 있지만,[85] 당대적 의미로 사회민주주의를 명시적으로 지향했다고 보는 것은 무리다. 그것은 자본주의와 사회주의의 장점을 결합한 경제체제, 기본적으로는 사적 소유를 인정하는 가운데 공공적 생산수단에 대해서는 국유/공유를 기본으로 하고 국가가 통제경제를 행하도록 한 혼합 경제체제, 엄밀히 말하면 중도적 수정 자본주의에 가깝다고 보아야 할 것이다.[86]

그렇다면 제헌헌법은 왜 보다 명백히 자본주의 경제체제를 지향한다고 명시하지 않았을까? 헌법 제정 후에도 삼균주의에 대한 관심이 사그라지지 않았던 것은[87] 비록 크게 보면 자본주의의 방향에 서 있었지만 자본주의적 가치보다는 '평등'과 '공공'의 가치에 더 큰 관심을 쏟았던 지식인들의 정서를 대변하는 것이 아닐까? 곧 당시의 지식인들은 의식적으로 자본주의를 지향한다고 명시할 만큼 자본주의에 우호적이지 않았으며, 오히려 자본주의도 공산주의도 아닌 제3의 무엇인가를 지향하려 했기 때문은 아닐까? 제헌헌법의 이러한 절충적 성격이야말로 이후 재건론을 주장하는 이들에게 자기 논리의 근거가 되기도 한다. 곧 제헌헌법의 '평등'과 '공공'의 정신을 계승하고 지지하는 재건도 있었고, 이를 완전히 부정하면서 자본주의 근대화를 확실히 하고자 하는 재건도 있었다. 1950년대 후반으로 갈수록 후자가 득세하였으며 1961년 5·16군사정변은 후자의 길을 더욱 뚜렷이 하는 것이었다.

이는 제헌헌법과 5·16군사정변 이후에 개정된 헌법을 비교해 보면 현저히 드러난다.[88] 곧 제헌헌법에서는 사회정의의 실현과 균형 있는 국민경제의 발전을 기하는 것이 가장 먼저 나오고 그 다음에 각인의 경제상의 자유는 '이 한계 내에서' 보장한다는 것이 나오지만, 헌법 제6호에서는 개인의 경제상의 자유를 존중한다는 것이 가장 먼저 나오고 그 다음에 사회정의의 실현과 국민경제의 발전을 위해 '필요한 범위 안에서' 경제를 규제하고 조정한다는 조항이 나온다. 또한 대외무역을 국가의 통제하에 둔다는 제헌헌법 규정과 달리 헌법 제6호에서는 대외무역을 국가가 육성하며 규제, 조정할 수 있다고 완화되었다. 유진오를 필두로 한 헌법기초위원회의 초안이 제헌헌법으로 귀결되는 과정에서도 그러했지만[89] 이러한 변화들은 명백하게 개인의 경제상의 자유를 보장하고 국유화의 범위를 축소하며 통제경제를 완화하는 방향으로 경제정책이 진행되고 있음을 보여준다. 두 헌법 사이에 놓인 10여 년의 간극은 1950년대 남한사회가 평등의 가치보다는 자본주의의 고유한 가치, 곧 사적 소유와 경제상의 자유에 무엇보다 가치를 부여하는 사회로 변모해 가고 있음을 의미한다.

너구나 1962년부터 시작된 경제개발 5개년계획을 통해 자본주의 계획경제를 진행하고 있던 현실에서 자본주의는 더 이상 재론의 여지가 없는 자명한 것이었다. 오히려 자본주의를 당위로 받아들이면서 분배와 성장의 문제를 어떻게 조화시킬 것인가의 문제가 더욱 중요한 것이 되었다. 1960년대 중반 일부 지식인들에 의해 제기된 중산층에 대한 관심[90]은 실제로 중간계층이 몰락하고 있던 현실을 반영한 것이었다. 제1차 경제개발 5개년계획 기간인 1962~66년의 시기에 소수 재벌 기업에로 부가 집중되는 현상이 두드러지는 가운데 물가상승과 가계수지 적자의 확대로 소득은 상대적으로 감소해 중소기업과 중간계층은 몰락하는 경향이 있었다.[91] 더구나 증가하고 있는 노동자들과 여전히 국민의 대다수를 차지하는 농민들의 열악한 삶의 조건을 생각했을 때,[92] 이러한 현실에서 탈피하고자 하는 대중들의 심성에 '평등'의 가치가 여전히 유효했다는 것은 당연한 일일 것이다. 이것이 바로 계급차별주의로서의 자본주의에 거부감을 가지는 심리적 근거가 되었다.

영화를 통해서 보았을 때 남한에서 자본주의에 대한 태도가 처음부터 결코 우호적이지 않았다는 것이 자본주의에 대한 근원적인 문제제기나 대안 제시를 말하는 것은 아니다. 그러나 적어도 1950~60년대 영화들에서 자본주의적 현실에 뭔가 대중들이 동의하지 못하는 문제가 있다는 감수성의 발현은 중요한 의의를 지닌다. 대부분이 겪고 있는 빈곤의 현실과 이로부터 벗어나 있는 소수의 상류층, 지식 중산층 계급의 삶이 항상 대비되어 나타날 뿐만 아니라 윤리의 이름을 빌려 비판적으로 평가되기 때문이다. 이 시기 빈곤의 서사나 계급상승의 서사에서 보이는 자본주의적 현실에 대한 추인은 자본주의를 고통스럽게 용인하면서 그 속에서 자립과 계급상승을 꿈꾸었던 대중들의 욕망을 여지없이 드러낸다. 그러나 또 한편으로는 '돈'에 대한 서사에서 보이듯이 이미 계급상승을 이룬 사람에 대해서는 백안시하는 이중성도 보이고 있다. 이는 상인 계급에 대한 평가절하가 담겨 있는 유교적인 관념의 소산으로 읽힐 수도 있다. 그러나 이 시기 '돈'에 집착하는 것을 강하게 비판하면서도 한편으로는 이러한 비판에 자본주의적 질서에 '얄미울 정도로' 발빠르게 대응한 이들에 대한 선망과 질투의 감정이 완전히 배제되었다고는 말할 수 없다는 점에서 유교적인 정서와는 명백히 다르다. 계급상승 방법의 비윤리성 고발은 가장 도덕적인 방법으로 계급상승을 할 수 있다고 여겨진 고등교육에의 열망과 상통한다.

요컨대 이 시기 풍속극은 한편으로는 평등주의적이고 다른 한편으로는 자유주의적인 남한 대중들의 양면적인 감수성을 보여준다. 이것은 계급 차별이라는 자본주의적 현실에 대한 부정과 비판을 의미하면서 동시에 계급의 사다리에서 어떻게든 굴러 떨어지지 않고 위로, 더 위로 상승하려는 열망과 희망의 안간힘도 의미한다. 이처럼 대중들의 정서가 자본주의적 현실에 대한 윤리와 욕망 사이에 위치한다는 것은 두 가지 함의를 가진다. 그 하나는 남한에서 공식적으로는 자본주의가 아무리 절대적인 가치였다고 해도 사람들의 감수성의 차원에서 그것은 늘 비판의 대상이 되고는 했다는 점, 그리고 이것은 남한의 자본주의를 서구 본래의 자본주의와 다른 그 무엇으로 이름 짓고 싶어 하는 심리적 기반의 하나가 되었다는 점이다. 다른 하나는 이러한 비판적 감수성이 계급상승 사다리를 오르려 할 때의 명분, 그리고 사다리 위에 서 있는 사람을 비판할 때의 명분이 되기는 하지만 사다리 자체를 부정하는 데까지는 나아가지 못했다는 점이다. 오히려 국가는 피폐한 삶에서 탈출하고픈 욕망과 도덕적 윤리 사이에서 갈등하면서도 자립을 위해, 존재의 상승을 위해 노력한 대중들의 정서를 동원의 감수성으로 활용했다. 1960년대 대한민국이 '먹고사는 문제'를 어느 정도 해결해가는 것은 온전히 지배 블록의 공이거나 박정희 개인의 공은 더더욱 아니다. 그 공은 오롯이 남한 대중들의 자립과 진보에 대한 끝없는 열망의 공이다. 문제는 국가가 그 동원의 결실을 정부와 대통령과 국가의 위대한 공헌으로 돌리고 일부의 '바람직한' 국민들을 상찬해 나가는 가운데 그 사다리는 더욱 높고 좁게 제한되었다는 것이다. 또한 그러한 열망이 반드시 지배권력의 동원 기제와 일치되었다고 볼 수도 없다. '잘 살아보자'는 열망은 개발주의적 근대화 전략의 주요한 심성의 하나임에는 분명하지만 그렇다고 양자를 근본적으로 동일시하기에는 대중의 심성이 단순치만은 않았다. 그것은 바로 '노력하면 다 되는 세상'과 '노력해도 안 되는 세상' 사이의 간극 사이에 존재하는, 전적으로 긍정할 수도 부정할 수도 없는 다층적이고 혼재된 감수성이었다.

p.370
계몽영화와
재건의 서사

p.387
세대교체와
공동체의 재건

1953년 전국 문맹퇴치 교육 공로자 표창식

p.406
주체의 재건과
이상적 국민상

p.439
부적응하는
시민군상

p.452
표류하는
정체성

6
국민
: 우리는 무엇이 되고 싶은가?

계몽영화와 재건의 서사

계몽의 플롯

1950~60년대 남한 사회에서 모든 영화는 정도의 차이가 있을 뿐 모두 약간씩의 계몽성을 가지고 있었다. 교육수준이 낮았던 당시 영화의 사회적 책무는 계몽이라고 해도 과언이 아니었으며 많은 지식인들은 영화의 계몽적 유용성을 상찬했다. 영화인들은 지식인과 대중을 연결하는 중간적 존재로서 지식인 차원에서 논의되는 여러 담론들을 상업영화의 주제나 소재로 차용하곤 했다. 주지하듯이 계몽이란 '지식 수준이 낮거나 인습에 젖은 사람을 가르쳐서 깨우침'이라는 뜻으로서 근대의 근간을 이루는 시대정신이다. 이성적 합리적으로 각성된 주체로서의 인간을 전제로 하고 있는 계몽의 정신은 16~18세기 서구에서 꽃핀 이래 전근대를 근대로 변화시키는 기획으로서 전지구적으로 퍼져나갔다. 이것이 한편으로는 사회진화론과 만나 폭압적 성격을 띤 제국주의적 논리가 되기도 하지만, 다른 한편으로 이에 대항하기 위한 무기가 되기도 했다는 것은 계몽적 이성의 억압성과 해방성을 동시에 보여주는 대목이다. 일제에 의해 빼앗겼던 계몽의 주체 자리를 탈환하고 스스로의 정체성을 기획해가는 과정에서 국가가 국민들을 일정한 방향으로 선도한다는 것, 이것이 계몽영화의 본질이다. 따라서 계몽영화가 말하고 있는 메시지는 대부분 사회의 지배담론을 담고 있는 국가의 지향과도 일치한다.

그런데 1950~60년대 영화들이 대체로 계몽영화적 성격을 가지고 있다면, 특별히 '계몽영화'라고 부를 수 있는 영화들은 어떤 영화들이며 무엇을 말하고 있는가? 이 책에서는 물질적인 것과 정신적인 것을 막론하고 무너진 것을 다시 일으켜 세우며 뭔가 '바람직하지 못한 것'을 '바람직한 것'으로 변화시키는 서사를 '재건의 서사'라고 명명하기로 하며 이러한 재건 플롯을 가지고 있는 영화 중에서도 메시지가 우선시되는 영화를 계몽영화라고 부르기로 한다. 여기서 '바람직'과 '비非바람직'의 구분은 국가의 재건 방향과 일치하느냐 그렇지 않느냐의 차이에 의해 결정된다. 이 영화들에서 신체적 정신적 장애를 앓고 있는 사람은 이를 극복하며, 못살던 마을은 잘 살게 되고, 모든 갈등은 용서와 화해로 봉합된다. 그리고 이러한 변화의 핵심에는 항상 주인공의 자각이 있으며, 이때 주인공의 깨우침은 개인을 넘어서 공동체의 깨달음으로 전화된다. 재건의 서사에서 사회는 여지없이 한 방향으로 나아가는데, 그것은 근대화라는 절체절명의 지상 과제를 목표로 하고 있다.

재건의 서사는 많은 경우에 멜로드라마, 가족드라마의 외피를 가지고 있기도 하다. 주제는 주로 '전후재건', '도의재건', '사회재건', '농촌재건' 등이며, 이는 결국 '국가재건'이라는 지향 속에서 의미를 가지는 것이었다. '국가재건'은 대한민국이라는 국가를 어떻게 만들고 싶은가에 관련된 서사였다. 대한민국은 자주적 근대화의 좌절이라는 역사적 경험의 맥락에서 식민지, 분단, 전쟁 등을 겪은 '고난'의 민족이지만 이 모든 현실을 딛고 일어서는 것은 개인의 의지이고 이러한 개인들의 의지가 모여 근대화된 '대한민국'이 만들어진다는 것이다. 그렇기 때문에 재건의 서사는 항상 좌절한 주인공이나 무기력이 만연한 지역 사회로 시작한다. 이들이 어떻게 이 좌절을 딛고 일어나 재건에 앞장서게 되는지를 보여주는 것이 재건의 서사이다. 이는 흡사 사회주의 리얼리즘 영화에서 현실을 딛고 일어서는 주인공이 사회주의적 전망 속에 결말을 맞는 엔딩과 매우 유사한 형태를 지닌다.[1]

재건의 서사는 크게 네 가지 플롯으로 나누어 볼 수 있다. 첫째는 전쟁으로 인한 파괴와 상처를 훼손된 육체, 거세된 남성성으로 상징하며 이를 사랑으로 극복한 두 남녀가 재건의 길을 간다는 이야기이다. 이 이야기의 유형에는 〈삼천만의 꽃다발〉(1951, 신경균), 〈고향의 노래〉(1954, 윤봉춘), 〈장마루촌의 이발사〉(1959, 최훈), 〈이 생명 다하도록〉(1960, 임희재) 등이 있으며, 이 중에서 〈장마루촌의 이발사〉는 1969년에 김기 감독에 의해 리메이크되었다. 둘째는 재건에 대한 의지에 불타는 한 청년이 전통적인 관습과 고질적인 가난에 길들여져 있는 농촌 사회를 재건한다는 이야기로서 〈상록수〉(1961, 신상옥), 〈쌀〉(1963, 신상옥), 〈그 땅의 연인들〉(1963, 박종호), 〈땅〉(1966, 김동혁) 등이 여기에 속한다. 셋째는 공동체의 재건에 관한 이야기로서 자신의 낡은 방식을 고집하는 아버지와 새로운 방식을 지향하는 아들 세대의 갈등이 결국은 아들의 승리와 아버지의 패배 인정으로 끝나면서 가족, 지역 사회, 회사 등의 '공동체'는 새로운 리더에게 자리를 넘겨주고 새롭게 재건된다는 이야기이다. 〈혈맥〉(1963, 김수용), 〈추풍령〉(1965, 전범성), 〈땅〉(1966, 김동혁), 〈태양은 다시 뜬다〉(1966, 유현목), 〈오월생〉(1968, 최인현) 등이 여기에 속한다. 넷째는 주체의 재건에 관한 것으로서 1950년대에는 '도의재건'이라는 구호로, 1960년대에는 '인간개조'라는 구호로 집약된다. 대체로 네 가지로 나누어 보았지만 한두 유형에 걸쳐져 있는 것도 존재하는데, 예컨대 〈땅〉은 둘째와 셋째에 모두 해당되며, 〈오월생〉은 둘째와 셋째, 넷째 유형과 모두 관련이 깊다. 이 네 가지 유형을 차례대로 '전후재건', '농촌재건', '공동체재건', '주체재건'으로 명명해 살펴보면 재건의 서사의 특징과 지향, '국가재건'과의 관계가 드러난다.

전후재건—전쟁의 상처를 딛고

'전후재건' 유형의 대표적 영화인 〈삼천만의 꽃다발〉(1951, 신경균)은 전쟁중 실명한 군인이 자신을 헌신적으로 간호해준 간호장교와 결혼한다는 내용의 멜로드라마이다.[2] 이 영화에서 군인은 어머니의 눈을 이식받는데 이때 어머니와 간호장교의 희생적 행위는 나라를 위해 싸운 군인에 대한 민족 전체의 존경과 헌신을 상징한다. 여성의 신체와 정신이 훼손된 육체의 남성을 구원하고 완전한 재건의 길로 인도한다는 것은 멜로드라마의 형식을 빌려 반공적이면서 동시에 가부장적인 주제를 구축하려는 서사 전략이다. 또 다른 '전후재건' 유형의 영화 〈고향의 노래〉(1954, 윤봉춘)도 가난한 청년과 부잣집 딸의 멜로드라마가 뼈대를 이룬다. 최 부자의 딸 신재는 가난한 집 청년 선경을 사랑하지만 선경은 워낙 빈부의 차가 심한지라 그녀의 사랑을 받아들이지 않는다. 한국전쟁이 발발하자 선경은 군에 입대했는데, 후퇴 무렵에 일시 낙오한 선경은 고향에 들렀다가 신재를 총살의 위기에서 구출한다. 이후 신재는 간호장교가 되어 대퇴부절단으로 입원한 선경을 육군병원에서 다시 만나고, 자포자기하는 선경에게 용기와 희망을 심어준다. 두 사람은 고향에 돌아와서 마을 사람들을 일깨우며 마을을 재건하고 부흥시키는 데 전력을 바친다.[3] 당시 평단으로부터 "우리의 풍부한 산 소재를 파악해…… 한국영화의 일분수령을 마련"했다는 극찬[4]을 받은 이 영화에서 선경은 가난할 뿐만 아니라 다리를 절단한 상이군인으로서 전쟁의 아픔과 파괴상이 육체의 훼손으로 시각화된 전형적인 인물이다. 이러한 파괴와 훼손을 복구시킬 수 있는 것은 사랑하는 여인이 불어넣어 준 용기와 희망이다. 두 사람의 고향마을은 이러한 용기와 희망을 가진 두 젊은이에 의해 계몽되고 나아가 재건, 부흥된다. 결국 대한민국이라는 국가도 전쟁으로 도시와 농촌이 파괴되고 황폐해졌지만 용기와 희망을 갖고 일어나 재건에 노력하면 부흥될 수 있다는 명확한 메시지를 전달하고 있다. 전쟁 전에 두 사람의 사랑의 걸림돌이었던 신분의 차이, 계급의 차이는 전후에는 별로 문제될 것이 없다. 전후의 시대는 이러한 전근대적 유제들을 타파하고 다함께 재건에 나서야 하는 시대라고 영화는 역설하고 있는 것이다.

훼손된 육체가 남성성의 거세라는 보다 심각한 가부장적 위기로 표출되는 〈장마루촌의 이발사〉(1959, 최훈)는 KBS 라디오 방송극을 영화화한 것[5]으로 1969년에 리메이크되었다.[6] 장마루촌의 동진(신성일)과 순영(김지미)은 서로 사랑하는 사이인데 순영네 머슴 덕구는 둘 사이를 질투한다. 덕구는 동진의 여동생 정숙을 희롱하다가 몰매를 맞고 마을을 쫓겨난다. 동진과 순영은 시계와 반지를 교환하며 앞날을 맹세하고 일생동인 장마루 촌을 위해 힘껏 일하겠다고 다짐한다. 이때 총성과 폭발음이 들리며 전쟁이 일어났음을 알린다. 인민군은 마을을 점령해 젊은 사람들은 의용군으로 강제 징용하고 마을 사람들을 무자비하게 학살한다. 이때 최덕구가 돌아와 민총위원장으로서 순영에게 청혼하고 김동진이 어디 있는지 대지 않으면 아버지를 죽이겠다고 협박한다. 결국 순영의 아버지는 총살당하고 순영은 "은혜를 원수로 갚

장마루촌의 이발사
(1969)

는 극악무도한 살인마"라며 복수를 다짐한다. 동진은 결국 인민군에 잡혀 반동분자 처형장에 끌려가는데 인민군들은 동진과 포로들을 창고에 밀어넣고 불을 지르고 뛰쳐나오는 사람들을 모두 사살한다. 순영은 불탄 시계를 발견하고 오열한다. 동진의 친구이자 화가인 김소경(이낙훈)이 국군이 되어 쓰러져 있는 동진을 발견하고 구해주지만 동진은 다리를 다쳐 성불구가 되어 장마루촌에 돌아온다. 순영은 전쟁 때 간호장교로 활동했다가 돌아와 동진을 만나지만 동진은 딴 여자가 생겼다고 거짓말을 한다. 김소경은 동진이 성불구자라고 털어놓고 모든 것을 알게 된 순영은 다시 동진을 찾아가 사랑을 맹세하며 마을 아이들의 부모가 되어 향토 재건에 몸바칠 것을 다짐한다.

 이 영화에서 성불구가 되어 돌아온 남자는 여성의 끈질긴 구애와 변함 없는 사랑에 감복하게 되는데, 여성은 남성의 결함까지도 보듬어 안아주는 모성을 가진 존재이다. 남성 구실을 못하는 자신을 여성이 떠나지 않을까 하는 두려움, 그래도 여성이 여전히 자신을 사랑해주었으면 하는 희망은 상이군인을 비롯해 모든 전후 남성들의 심상을 리얼하게 보여주고 있다. 앞에서 살펴본 〈자유부인〉 등 일탈하는 여성에 대한 경계를 늦추지 않았던 1950년대의 멜로드라마가 실은 그 심성의 밑바닥에는 전후 남성의 흔들리는 지위에 대한 두려움이 내재해 있다는 것을 다시 힌번 확인할 수 있다. 재건의 서사에서는 재건의 보조 역할을 하게 되는 여성의 존재를 통해 재건의 주역으로서의 남성의 가부장적 지위는 더욱 공고해진다. 영화는 위기에 처한 두 사람의 사랑이 더 큰 사랑으로 극복되듯이 전쟁으로 인해 피폐해진 국토와 향촌은 더욱 단단해진 재건의 의지로 부흥의 길에 들어설 수 있다고 말한다. 영화의 마지막에 뛰어노는 아이들을 보면서 "저 아이들이 바로 내 아이들"이라고 말하는 두 사람은 아기를 낳지는 못하지만 공동체의 아이들을 자신의 아이들로 받아들임으로써 더 큰 사랑과 희생으로 승화된 인간애를 보여준다. 그 속에서 여성의 여성성에 대한 존중은 온데간데없고 오직 남성의 재기만이 중요하며, 여성은 남성의 재기와 공동체의 재건을 돕기 위해 희생해도 좋은 존재로 그려진다.

그나마 여성의 고통을 섬세하게 묘사함으로써 여성성에 대한 최소한의 존중을 보여주는 영화 〈이 생명 다하도록〉(1960, 임희재)에서는 남성의 두려움과 희망이 극에 달하며 그에 따라 여성의 고난과 희생도 정비례함을 보여준다. 영화가 시작되면 "이 한 편의 영화를 조국과 민족을 위해 생명을 바친 모든 전몰 장병과 상이용사 그리고 그 유가족 앞에 삼가 바친다"는 자막이 뜬다. 이어 대규모 전투씬이 시작되고 부상당하는 김 대위(김진규)와 박 상사가 보인다. 척추를 부상당해 하반신 불구가 된 김 대위를 아내 혜경(최은희)은 극진히 간호한다. 김 대위는 성기능마저 상실했다는 걸 알고 절망해 자살까지 하려고 하지만 권총에는 탄환이 없다. 옆 병상에 있던 박 상사는 고통에 괴로워하다가 결국 죽는다. 혜경은 박 상사의 어머니를 찾아가지만 폭격에 사망했다는 소식만 듣는다. 김 대위는 자신이 죽을 기회가 없을 뿐 이미 죽은 거나 마찬가지라며 일시적인 동정과 의리는 필요없다며 절망하고, 혜경은 김 대위와 다투고 나가서 운다. 시장에 갔다가 중공군이 한국전선에 개입했다는 방문을 보고 돌아온 혜경에게 김 대위는 늦게 왔다고 화를 내다 자기도 모르게 혼자 일어나 앉는다. 피난 도중 죽은 둘째딸 옥경을 땅에 묻고 수레에 남편과 첫째딸 선경을 태워 길을 떠나는 혜경. 피난지 여관에서 지내면서 좌판 장사하며 알게 된 미스터 조(남궁원)와 친해진 혜경은 미스터 조가 전쟁 때문에 부모가 모두 돌아가시고 여동생과도 헤어져서 외롭다고 하면서 누님이 되어달라고 하자 그와 가까운 사이가 된다. 미스터 조가 집을 사서 같이 살자고 하자 여관생활이 불편했던 혜경은 그의 집으로 이사를 간다. 미스터 조는 헤어진 여동생 영선과 만나지만 그녀가 양공주가 된 것을 알고 괴로워하며 술에 취하고 혜경이 그를 부축해주는 것을 집에 찾아온 남편이 보게 된다. 김 대위는 화를 내며 병실로 돌아가지만 곧 아내에게 떠나지 말아달라고 애원한다. 영선은 그동안 모은 돈을 자신과 같은 불행한 여성을 위해 써달라는 유언을 혜경 앞으로 남기고 자살한다. 혜경은 미스터 조와 이별하고 서울로 올라와 전쟁미망인을 위해 에덴모자원을 설립한다. 그리고 구청의 사회과에서 재봉기 열 대, 풍물기 열 대를 지원받아 미망인들이 일을 배울 수 있도록 돕는다. 나중에 자라면 아빠의 다리를 고쳐주는 의학박사가 되겠다던 첫째딸 선경[7]이 교통사고로 죽자 혜경과 김 대위 두 사람은 절망에 빠지지만, 미망인들이 하나둘 떠나려고 할 때 혜경이 다시 나와 새출발하자고 설득한다. 부부는 "이 생명 다하도록 또다시 살아보자"는 희망을 갖는다.

　이 영화에서 걷지 못하는 남편을 더욱 절망에 빠뜨리는 것은 자신이 남성 구실을 못한다는 데에 있다. 불구가 된 남성과 이를 돌보아주는 의지의 여성이라는 구도는 첫 번째 유형에 공통적으로 등장하지만 남성성이 제거된 남성의 절망을 다른 어느 영화보다도 리얼하게 묘사하고 있으며, 이에 수반되는 여성의 경제적, 육체적 고통과 성적 욕망을 비교적 사실적으로 그리고 있다. 영화에서 혜경이 사라진 남편을 미친듯이 찾아 헤매는 장면에서 남편은 기찻길 밑에 숨어 있다가 기차가 오는 소리를 듣고 혜경을 구한다. 사정없이 질주하는 기차는 앞으로 혜경에게 닥칠 삶의 비정한 현실을 상징하는데, 비록 불구이지만 이 험난한 세상에서 혜경을 지탱할 자는 결국 남편인 것이다. 이 영화에서 주목할 만한 것은 남편이 소령으로 승진하고 충무무공훈장을 받았을 때 혜경은 기뻐하기는커녕 하반신과 바꾼 것이라며 슬퍼하고 이에 남편은 "오늘만큼은 좀 기뻐해 달라, 그렇지 않으면 내가 너무 비참하지 않느냐"며 눈물을 흘리는 장면이다. 곧 국가로부터 인정받은 것이 개인의 행복과 무슨 상관이 있으며, 오히려 국가를 위해 희생했지만 남은 것은 좌절뿐이라는 주인공의 상황은 전쟁의 본질을 간파한 장면이기도 하다. 물론 혜경과 남편이 재기를 결심하고 모자원을 설립하는 것이나 그 과정에서 정부의 도움을 받는 것은 재건에는 국가의 지원과 협조가 반드시 필요하다는 의미이자, 동시에 정부의 재건 방향에 국민들이 발벗고 나서서 동참해야 한다는 의미로도 읽힌다.

이 영화는 4·19혁명 이후 비교적 자유롭게 세태 풍자라든가 현실 비판을 할 수 있었던 시대 분위기와, 그럼에도 불구하고 개인의 재건 의지를 북돋아 주는 국가 내지 정부의 역할을 표현하고 있다. 그러나 이 영화에서 재건의 핵심이 되는 것은 무엇보다도 의지가 강한 개인이며, 여성의 의지가 종속변수가 아닌 주요변수로서 강조되고 있다는 점에서는 진일보한 영화이기도 하다. 물론 이 이야기에서 여성은 특유의 헌신으로 가부장제를 유지하는 데 기여하지만, 이는 여성이 다른 남성을 선택할 수도 있는 상황 설정을 통해 무너질 수 있는 매우 허약한 가부장제이다. 여성은 인내와 희생으로 재건의 주역이 되는데 이러한 강한 삶에의 열정과 의지는 지난한 현실을 바꿀 수 있는 유일한 희망이며 재건으로 가는 열쇠이다. 또한 재건에 필요한 자금을 제공하는 것은 아이러니하게도 남성 주체로부터 멸시당한 양공주인데[8] 양공주는 대표적인 전후 여성상의 하나로서 실제로 재건의 발판이 되었음이 영화적으로 표현되고 있다.[9] 상이군인에 대한 연민과 그들이 재건의 주역으로 복귀할 수 있도록 여성과 국가를 비롯해 전 사회가 도와야 한다는 주장 역시 동시에 제기되고 있다. 실제로 편견의 대상이 되기도 하고 동정의 대상이 되기도 한 여성의 노동이 전후 한국사회를 지탱한 큰 힘이었다는 것을 상기해 보면[10] 이들을 재건의 주축으로 재규정할 필요는 얼마든지 있었을 것이다.

농촌재건—재건의 시작은 고향에서

전쟁의 상처를 딛고 꿋꿋하게 살아가기 위해서는 무엇보다 먹고사는 것이 중요하고, 먹기 위해선 농촌을 살려야 한다. 두 번째 유형인 '농촌재건'의 플롯에서도 상이군인은 등장한다. '농촌재건' 유형의 전형적인 이야기인 〈쌀〉(1963, 신상옥)은 다음과 같은 자막으로 시작한다. "충남 금산군 부리면 방우리 정착농원이 태어나기까지의 실화에서 취재한 내용이다. 거기에 전국 각지에 있는 상록수들의 이야기를 가미 윤색한 것이다. …… 이 나라의 모든 국민들이 이처럼 줄기차게 살아주길 간절히 바라는 마음에서 이 영화를 만들었다." 스스로 계몽영화임을 선포하고 시작하는 셈이다. 의수를 한 상이군인(남궁원)이 술집에서 난동을 부리자 이를 본 한 여성은 "전쟁에서 상처입은 것은 당신들만이 아니다. 우리 여자들이 더 큰 상처를 입었다. 낭신들에겐 훈장이나 있지 우리에겐 그것도 없다"면서 "우린 뭣 때문에 살고 있나? 모두가 꿈을 잃어버린 지 오래됐다"고 한다. 목발 짚은 상이군인 차용(신영균)은 아버지가 위독하다는 전보를 받고 무주 구천동에서 얼마쯤 떨어진 곳에 있는 메마른 골짜기인 고향으로 돌아간다. 차용의 고향은 그 심한 공출 때에도 네 가마니밖에 못내어 놓을 정도로 아주 가난한 마을이다. 용이는 정희(최은희)와 결혼을 약속한 사이지만 다리를 다친 이후로는 정희를 멀리한다. 용이는 아버지가 죽자 황무지에 물을 대면 논을 만들 수 있다는 희망을 가지고 산에 굴을 뚫기 시작한다. 구청에 여러 번 도움을 청하지만 정권이 바뀌고 상황이 달라질 때마다 공무원들은 다른 핑계를 대며 일을 미룬다. 생나무를 베었다는 죄로 잡혀간 용이는 5·16군사정변으로 풀려나고 모두 힘을 합해 국가재건에 힘쓰자고 말한다. 마을 사람들은 합심해서 굴을 뚫는다. 마침내 굴이 뚫리고 물줄기가 쏟아지며 풍년가가 울려퍼진다.

이 영화에서 주인공 용이 역시 전쟁의 상처를 안은 상이군인이다. 국가의 역할이라는 측면에 집중해서 살펴보면 이 이야기에는 네 가지의 국가/정부 유형이 등장한다. 〈쌀〉은 이 영화가 제작된 시기인 5·16군사정변 이후의 국가를 이상화하면서 나머지 세 가지 유형의 정부를 상대화하고 비판하는 것이 특징이다. 우선 마을의 수로 뚫기에 손댔다가 성공하지 못했다는 일제라는 존재가 있다. 영화에서 '수로 뚫기'라는 행위로 표상되는 근대화의 작업은 일제가 먼저 추진한 바 있는데, 현재의 작업은 바로 그러한 일제의 근대화 구상의 연장선상에 있다는 것이다. "산신령을 노하게 했으니 망했다"는 대사처럼 일제의 근대화 정책은 전근대성과의 싸움에서 결국 패했다는 것이다. 1960년대 초반의 근대화 전략은 일제의 근대화 시도를 이어받고는 있지만 전근대성과의 싸움에서 철저히 승리해 근대성을 쟁취함으로써 일제의 그것을 뛰어넘는 성과를 내는 것을 목표로 하고 있다는 의미이다.

두 번째 등장하는 것은 1950년대식 국가로서 이승만 정권 하에서 정부와 국가는 근대화의 주체로서 서지 못하고 그저 선거에서 이겨

정권을 유지하는 데만 급급한 것으로 묘사되고 있다. 한시가 급한 농촌재건의 대업을 선거 때문에 미루고, 공무원으로 하여금 여당을 지지하도록 압력을 넣으며 그나마 선거가 끝나서는 야당 국회의원이 당선되었다고 예산을 깎는 것이 부패정권이 이끌어온 제1공화국이라는 것이다.

세 번째 등장한 것은 4·19혁명으로 이룩된 제2공화국인데 이 정부 하에서 공무원들은 서로 눈치만 보며 일을 미루기에 바쁘고 정작 중요한 사안인 농촌재건에는 무관심한 무능한 존재들이다. 더구나 그들이 용이와 용이에게 동조하는 마을 사람들을 가리켜 맡은 바 역할에 따라 다같이 일하고 똑같이 나누었다는 이유에서 '공산당 빨갱이들'이라고 지칭하는 것은 주목할 만하다. 이는 박정희의 좌익전력에 대한 해명과 동시에 5·16군사정변은 공산주의를 반대한다는 명백한 반공노선을 역설적으로 확인한 것이라고 할 수 있다.[11] 제2공화국에 대한 비판과 냉소는 송 의원이 추진하는 정략결혼에 맞서 집을 나가버리는 정희에 대해 송 의원이 "역시 자유민주주의가 좋다"고 하는 대목에서도 잘 드러난다. 과년한 처녀가 아버지의 의사를 거슬러 제멋대로 행동하고 집까지 나가는 것은 '방종'이라고 주장하고 있는 것이다. 이러한 '방종'에 대한 경계와 자유민주주의에 대한 비아냥거림은 5·16 정권의 지향이 그와는 거리가 멀다는 의도를 드러내고 있는 대목 중의 하나이다. 이처럼 〈쌀〉은 '부패와 무능과 방종'으로 상징되는 제1, 2공화국과는 완전히 차별화된 정부가 바로 5·16군사정변 이후의 정부라고 끊임없이 강조하고 있는 것이다.

마지막으로 등장하는 것이 바로 용이의 친구인 상이군인이 가담했다는 5·16군사정변 이후의 군사정부이다. 여기서 쿠데타의 주역인 군인은 과거 신세를 비관해 술집에서 행패를 부리던 상이군인이었지만 현재 그러한 모습은 말끔히 제거되어 있으며 건실한 청년이 되어 있다.[12] 전쟁에 나가 싸운 군인들은 보다 젊은 세대로 교체되었거나 '인간개조'를 거쳐 '재건' 되었다. 용이의 친구가 용이에게 사업의 지원을 약속했듯이 군사정부는 더 좋은 세상, 재건된 사회로 이끄는 견인차 역할을 할 것이라는 낙관적 전망으로 가득하다. 이러한 낙관적 전망이 시각화되는 것은 뚫린 수로를 통해 콸콸 흐르는 시원한 물줄기이고[13] 평화롭고 풍요로운 마을에서 새참을 나르는 아낙네이며 굵은 쌀알이 달린 탐스러운 벼를 들어 올리는 농부의 환한 웃음이다. 거침없이 쏟아지는 물줄기처럼 추진되는 근대화의 동력은 결국 근대적으로 각성된 개인과 이를 지지하고 지원하는 국가에 의해 완성된다는 것을 주장하고 있다.[14]

이 영화에서 무당인 갑순모를 제외한 용이 주변의 모든 여성들은 모두 용이를 지지한다. 양어머니(한은진)는 도중에 포기하지 말라며 땅문서를 내주고 여동생은 오빠를 위해 써달라는 편지와 돈을 남기고 떠난다. 재건을 위해 관계가 유보당한 애인 정희는 아버지 송 의원이 갖가지 모략과 방해로 용이의 일을 방해하는데도 아버지보다는 애인을 선택한다. 재건의 주인공이 남성이라면 여성은 이를 뒷받침하는 재건의 중요한 조연으로서 기능하고 있다. 무당으로 상징되는 전근대적 가치관에 대한 혐오와 비판은 앞서 살펴본 〈고려장〉에서도 보이듯이 1960년대 초반의 영화들에 공통적으로 나타나는 특징이기도 하다. 이 영화에서 근대성의 상징은 단연 저수지, 혹은 이와 연결된 수로인데, 이는 1960년대까지 농촌을 다룬 많은 영화들에서 근대성의 지표로서 등장한다. 영화에서 시각화되는 근대성의 지표는 시기별로 조금씩 내용을 달리한다. 일제강점기에는 도시에서의 근대성의 지표가 시계탑과 기차라면, 농촌에서의 근대성의 지표는 큰 규모의 다리였다.[15] 이 다리 위로 철로가 놓이고 자동차가 다니는 것은 근대로 가는 가장 빠른 길을 상징했다. 〈돈〉에서 살펴본 것처럼 1950년대에는 농촌에도 기차가 자주 달리며 들판을 전경으로 한 농촌 풍경과 대조를 이룬다. 1960년대 농촌에서 근대성의 상징은 저수지가 대신한다.[16] 저수지에서 콸콸 쏟아지는 시원스런 물줄기는 "자식 입에 밥들어 가는 것과 마른 논에 물들어 가는 것을 보면 먹지 않아도 배가 부르다"는 옛말의 영화적 증명이다. 곧 근대화=배부름이라는 등식의 성립은 이 시기 재건의 서사가 가진 지향이 경제의 재건, 곧 자립에 있음을 보여준다. 1950~60년대를 관통하는 자립경제에의 열망은 이처럼 재건의 서사에서 가장 잘 드러난다.

　황무지에 수로를 뚫어 논밭을 만든다는 이야기는 〈그 땅의 연인들〉(1963, 박종호)에도 등장한다. 월호마을이란 어구에 서울에서 대학을 졸업한 이 고장 출신 건호가 돌아온다. 삼거리에서 가게를 하는 건호의 친구 갑수는 협동조합에서 윗마을에 구판장을 만든다는 소식을 듣고 분개하며, 야학당을 신축하고 농촌개량사업을 하는 건호와 대립한다. 건호는 이백 정보에 달하는 황무지를 논밭으로 개량하려면 천왕봉의 산허리를 뚫어 수로를 개칙해야 한다고 마을 사람들을 설득하지만 문제는 산주인인 아랫마을 김 노인을 설득하는 일이었다. 선영의 도움으로 김 노인을 설득해 허락을 받아낸 건호는 갑수로부터 자신을 짝사랑하는 선영을 성폭행했다는 오해를 받고 갑수는 이 일을 빌미로 건호의 일을 방해한다. 서울에서 건호와 사귀던 보애가 건호를 찾아 월호마을로 내려왔다가 건호를 좋아하는 선영의 마음을 알고

1960년대 초반 농촌문맹퇴치 계몽활동

물러서기로 결심한다. 수로 뚫는 일에 아랫마을 웃마을 할 것 없이 나서서 돕는 마을사람들 사이에서 갑수도 자신의 잘못을 뉘우친다. 보애는 선영이 건호를 더 사랑한다며 졸업하면 다른 농촌으로 가서 재건사업에 생을 바치겠다고 말하고 마을을 떠난다.[17]

여기서 건호는 서울에서 대학까지 나온 엘리트로서 서울의 좋은 일자리와 애인의 만류를 뿌리치고 고향으로 내려온다. 고등교육을 받은 엘리트가 고향으로 내려가 '농촌재건'에 힘쓴다는 것은 당시 '재건국민운동'의 중심 서사였다.[18] 지식인이 농촌운동에 매진한다는 이야기는 심훈沈熏(1901~1936)의 1935년작 《상록수》가 대표작으로, 이를 원작으로 한 〈상록수〉(1961, 신상옥)의 경우에도 그러했지만 〈그 땅의 연인들〉에서도 주인공 건호는 사랑보다는 고향 마을의 재건이 더 중요한 청년이다. 수로를 개척하기 위한 건호의 걸림돌은 수로를 뚫는 작업 자체에 있는 것은 아니다. 〈쌀〉에 비하면 너무나 수월하게 산 주인으로부터 허락을 받고 마을 사람들을 설득하기 때문이다. 오히려 선영과 보애라는 두 여성의 구애가 건호에게는 힘겨우나 끝에 보애가 선영에게 건호를 양보하고 떠남으로써 이 문제는 자연 해결된다. 근대화에 적극적으로 대처하고 부응하는 여성상을 보여주는 〈쌀〉과는 달리 이 영화에서 여성은 근대화를 진행하는 데 걸림돌일 뿐이고 마침내 근대화 조역으로서의 자신의 역할을 깨달으면서 영화가 끝난다. 단순한 구조와 명확한 주제를 가진 '농촌재건'의 테마는 〈땅〉(1966, 김동혁)에서도 되풀이된다. 이 영화에서도 땅에 대한 애착이 강한 아버지와 농업대학을 졸업한 아들의 대립은 전근대와 근대의 대립이자 가난과 자립의 대립을 의미한다. 이러한 대립에도 불구하고 마을은 결국 근대성을 수호하는 아들의 주장대로 저수지를 건설해 비옥한 땅을 만드는 데 성공한다. 이 영화에서 〈쌀〉이나 〈그 땅의 연인들〉과 같이 농촌의 가장 큰 과제는 황무지를 옥토로 바꾸는 일이며, 이것이 증산과 부흥으로 이어진다는 단순 명쾌하고도 낙관적인 전망이 넘쳐난다.[19] 결국 지나치게 명확한 주제의식 속에 1960년대 농촌의 구조적인 모순, 예컨대 이농, 농가부채, 저곡가 정책[20] 등은 영화에서 언급조차 되지 않는다. 이 때문에 '농촌재건'의 서사는 청년 인구가 급속히 감소하고 있는 가난한 농촌의 현실을 보여준다기보다는 근대화된 청년들이 돌아와 계몽을 통해 농촌을 일으킨다는 유토피아적 전망만을 제시함으로써 오히려 현실을 왜곡하는 데 일조하고 있다. 곧 '농촌재건'의 서사에서 중요한 것은 현상의 본질이 아니라 현상의 극복 가능성에 대한 순진한 희망과 이를 기반으로 한 자립과 번영의 판타지이다.

세대교체와 공동체의 재건

변화의 징후—세대갈등

재건의 서사에서 결국 재건되는 것은 무엇인가? 그것은 낡은 공동체를 대체할 새로운 공동체의 재건이며, 이를 견인할 새로운 주체의 재건이다. 공동체의 재건에서 세대교체, 곧 새로운 세대의 등장과 부상은 필수적인 요소이다. 세대의 교체는 1950년대 대학생 및 지식인의 부상과 함께 4·19혁명은 가시화되었고, 일 년 후의 5·16군사정변은 4·19혁명을 계승한다는 언설이 있었을 뿐, 제1, 2공화국의 앞 세대를 완전히 부정하는 것이었다.[21] 가족 내에서 아버지와 자식의 갈등은 결국은 자식의 승리로 끝나며 아버지 세대는 이러한 자식 세대를 뒤늦게 추인함으로써 공동체는 복원되고 갈등은 봉합된다. 4·19혁명에서 5·16군사정변을 전후한 시기에 개봉된 〈박서방〉(1960, 강대진), 〈마부〉(1961, 강대진), 〈삼등과장〉(1961, 이봉래), 〈서울의 지붕 밑〉(1961, 이형표) 등과 같은 풍속극에서도 아버지와 자식 세대의 갈등, 곧 전통과 근대의 갈등이라는 드라마의 주요 긴장요소 속에서 결국 가족이라는 공동체는 화해하고 회복된다.[22]

앞서 살펴본 〈로맨스빠빠〉(1960, 신상옥)에서와 같이 세대화합을 통해 위기에 처한 가족을 지켜내는 이야기에는 '신세대적인' 부드럽고 민주적인 아버지상이 제시되었다. 이에 반해 〈박서방〉(1960, 강대진)에 등장하는 아버지상은 여전히 구시대적인 사고방식을 가진 인물이다. 해방촌의 아궁이 수리공인 박 서방(김승호)에게는 제약회사 부장인 큰 아들 용범(김진규)과 큰 딸 용순(조미령), 작은 딸 명순(엄앵란)이 있다. 무식하고 고집불통인 그는 유일한 자랑거리인 용범을 제외한 두 딸을 못마땅해 하는데 그 이유는 딸들이 사귀는 청년들이 마음에 들지 않기 때문이다. 용순이 사귀는 재천(황해)은 건달들과 어울렸던 과거 때문에 싫어하고, 반대로 항공회사 직원인 명순이 사귀는 같은 회사 직원 주식(방수일) 역시 탐탁지 않다. 건달 세계에서 발을 빼고 운전을 시작한 재천이 건달들에게 두들겨 맞자 용순은 그를 간호하느라 외박을 하게 되고 이 때문에 아버지에게 맞고 집을 나간다. 박 서방은 용범과 점례(김혜정)와의 결혼은 허락했지만 용범이 해외 파견 근무를 가는 것은 반대하는데, 입대한 주식의 고모에게 교육받지 못한 집안이라고 모욕을 당하고 난 후 충격 속에 술을 마시고 돌아와 자식들에게 성공을 당부하며 용범의 해외 근무와 딸들의 사랑을 허락한다. 용범은 결혼식 피로연에서 부모님에 대한 감사와 걱정이 담긴 당부를 하객들에게 남기고 아버지에게도 눈물의 작별을 고한다.

김영수의 동명 라디오 연속극[23]을 영화화한 이 작품은 역사의 주역에서 밀려나 변화하는 시대에 순응할 수밖에 없는 구세대의 애환과 쓸쓸함에 대한 영화이다. 〈로맨스빠빠〉와 달리 명백한 하층민이라고 할 수 있는 박 서방은 자식들에게 대학 공부를 시키지 못한 것을 눈물로 후회한다. 그러나 실은 박 서방은 "아무나 못 다루는 구공탄 아궁이"를 척척 다루는 전문성을 가지고 있고 더러운 발로 고객의 거실에 올라가는 것을 미안해 할 정도로 경우를 갖추었을 뿐만 아니라, 융통성이 없다고 여겨질 정도로 정직하고 성실하며 심성이 착한 사람이다. 게다가 가난하고 무식하다는 이유로 자신을 모욕하는 주식의 고

모에 대해서도, 재천에게 건실하게 살 것을 종용할 때도, 박 서방은 누구보다도 도덕적으로 떳떳한 인물이다. 평생 자식들을 위해 뼈 빠지게 일했을 그의 죄는 가난하며 교육을 받지 못했다는 것뿐이다. 그러나 홍차를 어떻게 마시는지 모르는 그는 시대에 뒤쳐진 사람으로 치부된다. 이제 구세대는 자식들을 먹이고 교육시키는 역할에서 끝날 뿐 더 이상 자식들의 가치관이나 생활방식을 좌지우지하지 못한다. 기성세대를 바라보는 4·19혁명을 전후한 청년들의 정서임은 부정할 수 없다. 도입 부분에 물지게를 지고 비틀비틀 해방촌 언덕길을 올라가는 박 서방의 뒷모습이나 엔딩에서 용범이 떠나고 난 후 손주나 낳아오라고 중얼거리며 곧게 뻗은 길을 쓸쓸히 걸어가는 박 서방의 뒷모습은 역할이 끝났으나 권위를 놓지 않으려 애쓰는 구세대의 위태로움과 자식세대로 재건의 바통을 넘겨주고 역사의 뒤안길로 사라지는 아버지세대의 애처로움을 보여준다. 해외 파견근무를 앞둔 용범은 반대하는 아버지를 끝까지 설득하려 하는데, 이는 자식세대가 이미 아버지세대의 가치관/인생과는 다른 길을 걷고 있음을 선언하는 것이다. 가족 공동체는 아버지의 변화와 퇴장에 힘입어 자식 세대를 중심으로 재건될 것임을 예고한다. 이러한 쓸쓸한 엔딩은 앞서 살펴본 〈마부〉(1961, 강대진)에서 눈 내리는 거리를 온가족이 함께 걸으며 모든 갈등을 녹이고 화해를 이룩하는 모습과 대비된다. 〈마부〉가 더 이상 필요하지 않은 역할과 권위를 말고삐처럼 붙들고 사는 아버지 세대의 이야기임을 환기할 때 자식세대는 이제 고등교육과 전문직을 무기로 차가운 세상의 경쟁에서 살아남아야 하지만 가족이라는 따뜻한 공동체를 굳건히 지켜야 할 의무 역시 가지고 있는 가장의 역할을 물려받았음을 역설한다.

점점 권위가 사라져 가는 아버지세대가 현실에서 겪는 부조화는 코미디의 소재로도 제격이다. 1950년대 구舊정치에 대한 강한 풍자로 유명한 〈삼등과장〉(1961, 이봉래)에서 삼천리 운수회사 출장소 소장인 가장(김승호)은 아버지, 어머니(복혜숙), 아내(황정순), 아들 영구, 딸 영희(도금봉) 등 대가족의 생계를 책임지고 있다. 딸이 같은 회사에서 일하게 된 첫날 구 소장은 딸이 보는 앞에서 송 전무(김희갑)에게 야단을 맞는다. 송 전무는 구 소장에게 내연 관계인 명옥(윤인자)을 위해 출장소 이 층에 댄스교습소를 열어줄 것을 부탁하고, 차마 거절하지 못하고 청을 들어준 구 소장은 영업부장에게 언짢은 소리를 듣지만 송 전무의 덕으로 본사 후생과장으로 승진한다. 본사 총무과에서 일하게 된 영희는 같은 회사 후생과 직원인 권오철(방수일)이 다방에서 명옥과 만나 전무와의 관계를 청산하라고 말하는 장면을 오해해 회사에 소문을 내서 권오철과 크게 다툰다. 송 전무는 아내에게 내연의 관계를 들킬 위기를 모면하기 위해 명옥이 구 소장의 애인이라고 거짓말을 하고, 이에 화가 난 구 소장의 아내와 송 전무의 아내는 명옥의 집으로 쳐들어간다. 마침 목욕을 하고 있던 송 전무를 그의 아내가 목격하면서 구 소장의 아내는 오해를 푼다. 명옥은 송 전무와 헤어지고 시골로 내려가기로 마음먹고, 영희는 티격태격하던 권오철에게 사과하고 화해한다.

　　〈삼등과장〉은 4·19혁명과 5·16군사정변 사이의 자유로운 시대 분위기를 표현하는 가운데 직장인의 애환과 등급의식을 보여준다. "쌀값은 올라가고 세금은 밀리고……"라든가, "초값이 전기세보다 더 나간다"라는 대사는 당시의 물가앙등과 서민들의 궁색한 살림살이를 반영하며, "정치가란 도둑놈…… 선거땐 떠들어대고 당선만 되면 그만두니……"라든가, "이런 거지같은 자식들…… 이러니 나라가 잘 될 게 뭐야……"라는 대사를 통해 당시의 정치나 경제정책에 대한 불만도 표출한다.[24] 공무원에게 주는 담뱃값이나 상사에게 주는 뇌물 등 서민의 일상에서 소소하게 일어나는 일들을 통해 부정부패가 만연한 사회를 풍자하고 있는 점이 주목된다. "4·19혁명도 별수가 없구나"라는 대사는 4·19혁명이 서민생활에 큰 영향을 미치지 못하는 실망스러움을 표현하고 있지만,[25] 그럼에도 불구하고 "내 얼굴 갖고 내 맘대로 하는데……"라든가 "먹는 자유, 말하는 자유, 이것이 입의 자유다"라는 말을 통해 자유주의를 만끽하는 시대정신을 드러내기도 한다. 전무가 방귀를 뀌자 "시원하시겠습니다"라고 아부하는 장면은 이기붕의 유명한 일화를 패러디한 것으로 당시 대중들에게 폭소와 실소를 유발했다.[26] 또한 1950년대는 이미 완전한 구시대로서 조롱의 대상이 되었음을 알 수 있다. 이러한 자유화, 민주화의 과정에서 가장/남편/아버지의 권위는 점차 약화된다. '신식말'을 모른다고 할아버지를 나무라는 할머니나 스스럼없이 남편의 따귀를 때리는 아내에 대한 묘사는 가장의 무너진 권위를 적나라하게 보여주는데, 구 소장이 딸에게 "집에서 생각했던 아버지와 퍽 다르지?…… 가장으로서의 위신이 서지 않거든……" 하며 구차한 변명을 늘어놓을 때 권위적 아버지에서 인간적 연민이 느껴지는 따뜻한 아버지로의 재구축은 성공적으로 진행된다. 구 소장에 대한 아내의 의심이 벗겨지고 구 소장의 결백이 증명되면서 가족의 중심에 여전히 아버지가 존재함을 보여주지만, 이미 아버지는 초라하다.

〈삼등과장〉보다 불과 몇 개월 뒤이긴 하지만 5·16군사정변 이후의 정서를 잘 보여주는 〈서울의 지붕 밑〉(1961, 이형표)에서는 구세대의 권위 추락과 구차함이라는 주제가 구세대적 가치에 대한 비합리성, 전근대성을 고발하고 비판하는 데에까지 나아간다. 한동네에서 오랫동안 한의원을 운영해온 심술궂은 김학규(김승호)는 미장원을 하는 젊은 미망인인 딸 김현옥(최은희)이 길 건너편에서 산부인과를 운영하는 의사 최두열(김진규)과 가깝게 지내는 것을 못마땅해 한다. 아들 김현구(신영균)는 동네 주모(황정순)의 딸인 점례(도금봉)를 임신시키는 바람에 집에서 쫓겨나 가난한 살림을 차린다. 김학규는 점쟁이 박 주사(허장강)와 복덕방을 하는 노몽현(김희갑)과 함께 최두열을 사사건건 방해하고 마침내 최두열이 시의원에 출마하는 것을 시기한 나머지 자신도 전 재산을 걸고 입후보하지만 결국 낙선하고 만다. 이에 이 모든 것이 자신의 아집과 편견으로 인한 것이었음을 깨닫고 딸과 아들의 결혼을 승낙한다.

　　이 영화는 도입 부분에 "새로운 시대와 낡은 시대가 어깨를 나란히 하는 시대"라는 내레이션을 삽입함으로써 스스로 시대상을 반영한 풍속극을 표방함을 선언하고 있다. 〈로맨스빠빠〉, 〈박서방〉, 〈마부〉, 〈삼등과장〉에서 모두 서민의 아버지상을 그리고 있는 배우 김승호金勝鎬(1918~1968)는 〈서울의 지붕 밑〉에 이르러 가장 고집불통에 비합리적인 심술쟁이 캐릭터로 등장함으로써 구세대와 신세대의 갈등과 대결이 볼 것도 없이 신세대의 승리로 끝날 것임을 처음부터 예견하게 한다. 다른 영화들에서 나름대로 자애로운 아버지였던 그는 이 영화에서는 아집으로 똘똘 뭉쳐 아내와 딸을 괴롭힐 뿐만 아니라 손님들에게 장난과 사기를 치는 괴팍한 성격으로 분다. 반대로 근대성을 상징하는 신식 의사인 최두열은 다소 비현실적일 정도로 지나치게 신사적이고 합리적이며 현명하다. 코미디의 재미를 배가시키는 캐릭터들의 이러한 명료한 대립 구도는 전근대와 근대의 갈등이 더 이상 동등한 무게를 가진 양자의 대결이 아님을 증언하고 있다. 곧 이미 무게 중심이 근대 쪽으로 많이 기울어진 상태에서 아직도 추락한 권위의 끝을 부여잡고 있는 구세대의 시대착오적 행태를 풍자함과 동시에 앞으로 사회의 중심은 근대성을 수호하는 젊은이가 될 수밖에 없음을 웅변한다. 피난 때 알고 지내던 문산댁을 팔 년 만에 다시 만나 가정을 꾸리게 된 노몽현은 공군 대위로 장성한 문산댁의 아들 영길(신성일)에게 아버지로서 절을 받는데, 이때 과거 친구들에게 빌붙어 술이나 얻어먹던 노몽현은 아버지가 됨으로써 비로소 어른으로 성장한 듯하다. 전 재산을 날리고 선거에 낙선한 김학규의 초라한 모습은 이제 대중들이 더 이상 구세대를 원하지 않는다는 직접적인 메시지와 다름이 없다.

그런데 이 영화는 앞서 살펴본 네 편의 풍속극과 조금은 다른 배경을 갖고 있음이 주목된다. 곧 앞의 영화들은 명백히 가장을 중심으로 한 한 가족의 이야기이고 가족의 무게 중심이 아버지세대를 떠나 자식세대로 옮겨가고 있음을 보여준다면, 〈서울의 지붕 밑〉은 김학규네 집안을 중심으로 한 서울 어느 골목의 이야기이다. 가히 '골목 공동체'라 이름 붙일 만한 이 공동체는 가족보다 큰 단위이면서 농촌의 마을 공동체와는 또다른 친밀성과 이질성을 동시에 가지고 있다. 김학규와 박 주사, 그리고 노몽현이라는 친구집단은 아마도 오랫동안 동네의 터줏대감으로서 함께 지내온 사이이며, 서로의 일터는 명백히 구분되지 않는다. 이들은 서로가 서로를 골탕먹이며 친밀성을 과시하는 죽마고우형 친구들로서 이들의 엉뚱한 장난은 손님들에게까지 사기를 치게 되는 형국으로 번진다. 그러나 노몽현의 가족이 탄생하고 김학규가 아내가 무서워 꾀병을 부린 것이 드러날 때 미성숙으로 특징지워지는 친구 공동체는 필연적으로 약화될 것이다. 옛 공동체에 대한 희화화와 비판을 동시에 담고 있는 이들의 모습과 대조적으로, 장차 장인이 될지도 모르는 어른과 대적할 수 없다며 선거에서 자진 사퇴한 최두열이나 비록 취직도 못한 가난한 자신이지만 자신이 임신시킨 애인을 끝까지 책임지는 믿음직한 아들 김현구 등 아들 세대를 중심으로 새롭게 재건되는 골목의 풍경은 그 누구도 낙오자 없이 선의로 가득찬 근대를 살아가고픈 대중들의 심성을 보여준다.

공동체재건—가족·마을·국가

1960년대 초까지 가족 내의 갈등과 화해를 다룬 영화들이 가진 따뜻함과 경쾌함은 1960년대 중반 이후 공동체의 재건을 다룬 드라마들로 오면서 거의 사라지고 대신 그 자리를 리얼하고 냉혹한 현실이 채운다. 이는 전자의 시기에 세대교체가 청년들이 주도하는 사회변동의 가운데에서 민주주의에 대한 감각을 일깨우는 데 일조하는 반면에, 후자의 시기에 그것은 오히려 가족과 공동체가 개인보다 명백히 우선시되는 보수성으로의 회귀에 가까워지는 것과도 관련이 있다. 세대 간의 갈등과 극복이 공동체의 재건으로 이어지는 서사는 〈혈맥〉(1963, 김수용), 〈추풍령〉(1965, 전범성), 〈땅〉(1966, 김동혁), 〈태양은 다시 뜬다〉(1966, 유현목), 〈오월생〉(1968, 최인현) 등의 영화에서 볼 수 있다. 그중에서도 〈혈맥〉은 북한에서 월남한 주민들이 새로운 공동체를 이루는 이야기이다. 이야기의 무대는 북한에서 월남한 동포들이 모여 사는 도시 변두리의 해방촌이다. 집주인은 일주일 안에 권리금을 내지 못하면 집을 내놓아야 한다고 윽박지르며 아버지의 이름을 쓰라고 하지만 아버지도 아들도 한자를 모른다. 날품팔이를 해 하루하루 근근히 살아가는 해방촌 식구들의 각 가정에는 부모와 자식 세대간의 갈등의 골이 깊다. 홀아비 김덕삼(김승호)은 아들 거북(신성일)에게 미군부대에 들어가라고 강권하고, 억척스런 이웃인 함흥댁(황정순)은 딸 복순(엄앵란)에게 억지로 신고산타령을 가르치며 기생이 되라고 한다. 또다른 이웃(신영균)은 아내가 병으로 죽어가는데도 의사 한번 불러다 주지 못하며, 그의 동생(최무룡)은 대학을 나왔지만 소설을 쓰겠다며 빈둥거린다. 건설현장에서 막노동을 하게 된 동생에게 찾아온 옛 애인 옥희(김지미)는 자신이 양공주임을 밝히고 영등포에 나일론 공장이 생기니 이력서를 내보라고 한다. 한편 덕삼은 웬 여자 벙어리(조미령)를 데려와서 아내로 삼으려고 하지만 그녀는 돈을 가지고 도망간다. 구태의연한 구세대인 부모들에게 반발해 거북과 복순은 집을 나가는데, 함흥댁은 덕삼에게 가서 복순을 내놓으라고 따지고 덕삼은 복순 아버지(최남현)에게 욕설을 해댄다. 약 한번 써보지 못하고 신영균의 아내는 죽고 이를 계기로 결국 형제는 화해한다. 거북이가 복순이와 함께 영등포 방직공장에 취직해 일한다는 편지를 보내자 덕삼과 복순 아버지는 기뻐하며 함께 자식들을 보러 공장으로 간다. 아버지들은 애비들은 못나서 이러고 있지만 너희들은 쭉쭉 뻗어나가야 한다며 두 사람의 혼인을 허락한다.

〈박서방〉을 쓴 김영수 원작으로 이미 한국전쟁 전에 무대에 올려졌던 〈혈맥〉은 당시 평단으로부터 "빈민굴 속의 하층 인생의 생활이 아닌 생존을 지탱하는 모습을 그려냈다"는 평가를 받았다.[27] 〈혈맥〉의 주인공들은 평안도와 함경도 등지의 이북 말씨를 쓴다. 북한 사투리는 남한 사회에서 묘한 울림을 가진다. 그것은 고향을 떠나 각박한 타지에서 생존을 위해 투쟁하는 월남인들의 생활력을 상징하며,[28] 대한민국이라는 새로운 울타리에서 살아나가야 하는 그들의 애환을 잘 묘사하고 있다. 영화의 배경이 원작과 같이 한국전쟁 전인지 아니면 영화가 만들어진 1960년대 초반인지는 영화상으로는 확실치 않다. 최무룡이 분한 극중 인물은 유일하게 대학을 나온 인물로 묘사되는데 양공주가 된 애인에게 이렇게 되려고 같이 38선을 넘어왔느냐고 화를 내는 것으로 보아서는 38선을 넘어 온 것이 얼마 안 되었으며 가난한 살림으로 보아선 대학은 아마도 북한에서 나왔을 것으로 추측할 수 있다. 그렇다면 영화의 배경은 한국전쟁 전이 되어야 하지만 거북과 복순이 가출해서 취직한 영등포 방직공장[29]의 모습은 1960년대 초반의 상황을 보여줘 영화상에서 두 시대가 혼재되어 있다는 것을 알 수 있다. 한국전쟁을 전후해 월남한 북한사람들은 대개 토지개혁 과정에서 기득권을 상실했거나 인민공화국 치하에서 살기 어려웠던 지주와 중농층, 일제의 협력자층으로서 강한 반공적 성향을 가진 계층이었고,[30] 이들 월남인들이 남한에 와서 자본주의체제에 잘 적응하며 살아가는 모습은 남한 국민들에게는 그야말로 선전거리가 될 수 있었다. 이북 사투리를 쓰는 월남인들은 남한에서 타자이자 주변인으로, 영화에서 부모의 강권대로 기생이 되거나 미군부대에 다니지 않고 그들 스스로의 판단과 각성으로 근대화의 대열에 동참함으로써 대한민국 국민이 될 수 있음이 강조된다. 덕삼이 거북에게 미군 부대가 가장 좋은 직장임을 누차 강조하고 거북이 이를 거부하는 것은 1950년대의 젊은이들이 미국문화를 동경하고 미군 부대를 최고의 직장으로 여겼던 것을 반영한 대목이며, 나아가 비합리적인 시대에 대한 비판이기도 하다. 덕삼은 장애를 가진 여성을 제멋대로 데려와 아내로 삼으려고 할 정도로 비합리성의 극치를 보여주며, 딸을 기생으로 만들기 위해 타령을 가르치는 함흥댁은 한 술 더 떠 반인륜적이기까지 하다. 영화는 이러한 부모세대의 전근대성과 함께 그 연장선상에서 1950년대도 신랄하게 비판하고 있다는 점에서 매우 '60년대적'이다. 영화에서 보이는 이들의 생활 모습은 빈궁 그 자체이지만 이를 타개하려는 방식은 부모와 자식세대 간의 명백한 차이를 보여준다. 결국 부모는 자식을 용인하고 화해할 수밖에 없으며, 자식들은 성실한 노동으로 공장에서 일함으로써 서로 으르렁대던 이웃을 사돈으로 만들었다. 이로써 가족은 튼튼해지고 공동체는 재건되며 새로운 세대인 자식들의 앞날은 보장된다는 낙관주의가 영화의 뒷부분을 채우고 있다.

〈추풍령〉에서의 아버지는 자신의 가난을 자식에게까지 대물림하고 싶지 않은 세대이다. 이 영화는 박춘보라는 한 철도 선로수(김진규)와 그의 노부친(최남현), 그의 아들(석일우)의 3대에 걸친 이야기이다.[31] 역부들의 작업광경으로 시작하고 있는 이 영화의 도입부는 철도청 선전영화 같은 인상을 주기도 한다.[32] 춘보의 부친은 철도 선로수로 늙었지만 아들 춘보만큼은 그것을 시키고 싶지 않았다. 허나 추풍령 토박이인 춘보도 배우지 못하고 별 재간이 없어 선로수가 된다. 선로수 춘보는 헌신적인 아내(이경희)의 도움으로 천신만고 끝에 아들을 추풍령에서는 하나밖에 없는 대학졸업자로 만든다. 아들은 대통령상을 받고 졸업해 철도국 간부로 임명된다. 90%가 철로 상에서 촬영이 이루어졌다는 이 영화는 "철로의 평행선 같은 인생역정이 추풍령 같은 고개를 수없이 넘는다는 주제"를 드러내,[33] 토속적, 한국적인 서민상의 전형을 보여주었다는 평가를 받았다.[34]

이 영화의 춘보 가족은 현실의 참혹함에서 벗어나기 위한 유일한 방편으로 제시된 아들의 대학 졸업을 위해 혼신의 힘을 다하고 있다. 손자의 학비 때문에 철로에 몸을 던져 자살한 할아버지, 아들의 진학 때문에 술을 끊는 아버지 춘보, 남편 대신 선로수로 나선 춘보의 아내 등 모든 가족 구성원들은 선의와 희생으로 점철된 인생을 살아간다. 아들을 다시 상경시키면서 '인생의 추풍령'도 넘어야만 한다는 춘보의 대사 속에서는 당시 대중들의 소박한 심리와 희망을 엿볼 수 있다. 아들이 대학졸업식에서 대통령상을 받는 것은 1960년대 대중영화에 빈번히 등장하는 대통령의 존재를 다시 한번 상기시킨다. 곧 어려운 현실을 딛고 일어선 의지의 '국민'은 대통령으로 표상되는 국가에 의해 어김없이 보상을 받으며, 그것은 밝은 미래를 약속하는 보증서나 다름없다. 흔히 사극에서 나타나듯 정의롭고 용감한 주인공이 온갖 어려움을 물리치고 나서 받는 보상이 장원급제이며 임금으로부터 직접 하사받는 어사화인 것과 같은 맥락에서 대통령으로부터 받는 표창장은 고진감래의 상징이기도 하다. 이 영화에서 아버지세대는 아들세대의 영광을 있게 한 추동력이다. 아들세대는 이러한 아버지세대의 희생으로 근대화의 주역으로 거듭날 수 있다. 할아버지는 이미 죽었고 아버지는 고향에서 쓸쓸히 죽어갈 것이지만 아들은 도시에서 상승된 계급만큼 더 큰 꿈을 향해 매진할 것이며, 이 새로운 세대가 중심이 되어 가족이라는 공동체는 유지되고 강화될 수 있다. 이는 고등교육을 통한 계급상승이 새롭게 재건될 공동체의 희망이라는 계급상승의 서사와도 맥이 닿아 있다.

저수지를 만들기 위한 지역 사회의 갈등이 등장하는 영화 〈태양은 다시 뜬다〉(1966, 유현목)는 앞서 살펴본 '농촌재건'의 서사에 속하면서도 다른 영화들과 달리 드라마의 주인공은 젊은이가 아니라 아버지, 그것도 농사밖에 모르는 '전근대적인' 농부라는 점에서 세대교체의 당위성을 좀더 절실히 보여준다. 가뭄이 심하게 드는 가난한 농촌 낭주골에서 황춘보(김진규)는 우직하게 농사를 짓는 최고의 농군이라 불린다. 병석에 누운 큰아들 재길과 맏며느리(엄앵란), 둘째아들 동길(이낙훈), 막내아들 평길과 함께 살고 있는 황 서방은 그 누구보다 땅에 대한 애착이 강하다. 이 마을 출신의 도의원 최학빈(김동원)은 가뭄을 물리치기 위해 낭주골 골짜기에 저수지를 만들자고 제안하는데 동네 사람들의 동의를 구하기 위해 황 서방을 회유한다. 황 서방이 최 의원에게 매수당했다는 소문이 마을에 퍼지자 동길은 매수당한 아버지가 창피하다며 집을 나가고, 아랫마을 지주 강대창(주선태)의 선동으로 낭주골 농민들은 밭을 망가뜨리고 우물을 못쓰게 만드는 등 황 서방을 괴롭힌다. 마을에 가뭄이 들자 황 서방은 물을 퍼나르다가 마을 사람들이 던진 돌에 맞아 들것에 실려간다. 최 의원이 국회의원 출마를 포기했다는 걸 듣고 마을 사람들은 그제야 강대창의 모함이었다는 것을 깨닫고 반성한다. 마을에 비가 내리고 동길도 양수기를 가지고 돌아온다. 저수지 공사가 시작되는 발파음이 들린다.

농협협동조합중앙회가 협찬한 이 영화는 농촌 공동체의 현실과 농부들의 심성이 사실적으로 묘사되어 있다. 앞에서 살펴본 〈쌀〉이나 〈그 땅의 연인들〉의 경우처럼 가뭄이 심한 낭주골에서 저수지를 만드는 것은 농촌이 재건되는 데 필수적인 요건이지만, 위 두 영화와 다르게 이 마을에는 근대화의 기수인 자식세대의 존재는 미약하다. 대신 최 의원으로 대표되는 지식인의 존재가 부각된다. 한편으로는 전근대적 지주이기도 하지만 또 한편으로는 근대화된 지식인이자 정치인이기도 한 그는 마을에서 제일가는 부자일 뿐만 아니라 마을사람들에게 갓난 송아지를 나누어줄 정도로 너그럽기까지 하다. 그는 마을사람들의 계몽을 위해 야학당에 뒷돈을 대고 저수지에 관한 문화영화 상영회[35]를 열며, 마을이 잘 살기 전에는 국회의원 출마를 하지 않겠다고 하는 양심적인 정치인이기도 하다. 그런데 주인공 황 서방은 사람보다는 종자가 살쪄야 한다며 땅을 비옥하게 하기 위해 죽은 아내의 시신을 밭에다 묻을 정도로 비합리적이며 전근대적인 농부이다. 그의 고지식함과 땅에 대한 지나친 집착은 결코 자식들로부터 존경을 받을 수 없다. 큰아들은 자기 아들을 자기처럼 만들지 말라고 유언을 남기고 둘째아들은 집을 나가버린다. 황 서방이 저수지 축성에 동조하는 것은 순전히 땅을 주겠다는 송 의원의 약속 때문에 시작되었지만 뒤에 가서는 땅을 위해 더 좋은 일이 무엇이냐로 관심이 옮겨가게 된다. 많이 배워서도 당장 이익이 있어서도 아닌, 가장 변할 것 같지 않던 그가 저수지 조성으로 상징되는 농촌의 근대화에 찬동한다면 다른 인물들은 더 말할 필요도 없는 것이다. 이처럼 농촌의 근대화란 가장 전근대적 인물마저도 변화시키는 거부할 수 없는 시대의 흐름이라고 영화는 주장한다. 그 과정에서 사사로운 감정이나 무지에서 나오는 갈등과 같은 전근대적 습성을 벗어던질 때 농촌은 새로운 근대적인 공동체로 재탄생될 수 있다.

저수지 공사의 시작과 오랜 가뭄 끝에 내리는 단비, 그리고 아버지에게 반발했던 아들이 돌아온다는 전면적인 해피엔딩은 이러한 새로운 공동체의 출발이 희망찬 미래를 약속한다고 주장하고 있다. 절량농가의 속출, 적자영농, 만성적인 농가부채 등의 농촌문제가 구성원들의 각성과 노력에 의한 수리 사업으로 모두 해결되는 듯이 사고하는 것이야말로 이러한 유형의 영화들이 농촌문제를 바라보는 특징이며 한계이다. 특히 황 서방의 둘째아들 동길은 지역 사회에서 야학을 하는 지식인 청년인데 그가 돌아올 때 양수기를 가지고 온다는 설정을 통해 이제 주도권은 과학적 근대적 세계관을 신봉하는 아들에게 있음을 말하고 있다. 합리적이고 체계적으로 '농촌재건'을 담당해 나갈 아들은 지역성과 이권 다툼으로 분열된 농촌이 아니라 화합하는 농촌의 지도자로서 근대화에 적합한 농촌공동체의 재건을 이끌어갈 새로운 세대이다. 영화는 기성세대가 새로운 세대의 설득에 의해서가 아니라 농부다운 진정성으로 근대화에 동참하고 역사의 뒷켠으로 자발적으로 물러서야 함을 웅변하고 있다.

이처럼 새로운 세대의 부상은 1960년대 전반에 걸쳐 영화에 자주 등장하지만, 1960년대 후반으로 가면 세대교체의 서사는 새로운 국면을 맞이한다. 그 이전까지 영화들에서 전근대성을 상징하는 아버지 세대는 근대성을 상징하는 아들과 대립했지만, 1960년대 후반의 아버지와 아들은 이미 근대화의 대세 속에 모두 편입되어 뒷짐지고 근대화를 추인하거나 근대화의 방법을 놓고 갈등할 뿐이다. 뒤에서 살펴볼 〈팔도강산〉(1967, 배석인)에서 아버지 세대는 자식들이 일구어 놓은 근대화의 스펙터클을 즐기면서 가족의 구심점으로서 갈등의 중재자 역할 정도로 만족한다. 〈오월생〉(1968, 최인현)은 근대화의 당위성 속에서 그 방법적 차이로 갈등하는 아버지와 아들을 보여준다. 세화시멘트 사장인 박대종(박암)은 근면, 절약 등 국가시책에 적극 부응하며 휴일도 없이 지낸다. "남 잘 때 같이 자고 남 놀 때 같이 놀면 굶어죽는다"는 것이 그의 생활신조이다. 쇠와 시멘트가 한국의 기적을 만들었다고 하면서 올해 생산 목표 100만 톤을 달성하기 위해 열심히 일하는 박 사장은 의대생인 아들 영범이 자신의 사업을 물려받길 기대하지만 정작 영범은 사업에는 관심이 없고 농촌의 재건과 의료봉사에 힘쓴다. 영범은 세화시멘트의 최대 고객인 서울건설 외동딸 순영과 약혼한 사이이지만 정략결혼에 희생당하는 것은 싫다며 함께 의료봉사를 하는 그 마을 출신의 경애를 좋아한다. 경애는 고리채 때문에 마을에서 제일 부자인 박 참사의 아들과 강제로 결혼할 위기에 처하고, 박 참사는 거부하는 경애의 집을 강제로 빼앗으려 한다. 경애가 비관해 자살을 하려 하자 전쟁으로 불구가 된 박 참사의 아들은 고리채의 탕감과 공판장을 짓는 데 재산을 내놓을 것을 약속한다. 영범과 경애는 할머니의 환갑잔치에 가서 결혼을 허락받는다. 마침 서울건설의 사장 부부와 순영도 함께 참석해 서울건설이 세화시멘트와 다시 거래할 것이며 의료센터 경비를 내놓겠다고 한다. 박 사장은 영범이 오월생이라 고집이 세다고 말하면서 '인간관계가 협동정신의 모태'라는 것을 깨닫게 해준 아들에게 사장 자리를 물려준다고 발표한다. 사장이 된 아들은 아버지의 검소하고 성실한 정신을 이어받아 기업과 사회사업에 동시에 헌신하는 기업가가 된다.

 이 영화에서 눈에 띄는 대목은 아버지와 아들이 서로 '애국'에 대해 논쟁하는 장면이다. 아버지는 인고의 세월을 참고 견뎌야 잘 살게 되는 것이며 관용과 책임이 따르는 '애국'이 필요하다고 말하고, 아들은 초가집이 기와집으로 바뀌는 것도 좋지만 사랑과 존경이 '애국'하는 길이라고 하면서 봉사정신을 찬양한다. 두 사람의 주장은 사실 그리 다르지 않다. 아버지의 근대화가 도시와 건설에 치우쳐 있다면 아들은 농촌재건이야말로 근대화의 필수불가결한 요소라고 주장한다. 박 사장의 말대로 '맨주먹으로 일어선' 아버지 세대에서는 "남 잘 때 안 자고 남 놀 때 안 노는" 근면, 성실, 절약 등이 가장 필요한 덕목이었지만, 아들세대는 이러한 아버지의 성과를 인정하고 그 위에서 농촌의 고질적인 고리채 문제[36]를 해결하고 농촌을 부흥시키는 협동정신 또한 필요한 덕목임을 역설하고 있다. 이러한 주장은 1960년대식 도시 중심의 근대화와 재건운동이 1970년대 농촌을 중심으로 한 '새마을운동' 등으로 전화되어 가는 과정을 보여준다. 철저한 국가관으로 무장하고 국가의 시책을 지키는 것이 생활화된 박 사장은 "우리 세대는 갔다"고 말하면서 자신보다 더 인간관계의 중요성을 잘 알고 봉사정신, 협동정신이 투철한 아들에게 사장 자리를 물려준다. 여기서 중요한 것은 박 사장과 아들 박영범은 완전히 이질적인 다른 세대가 아니라 결국 같은 인물의 다른 표현에 지나지 않는다는 점이다. 뚝심과 추진력이 있으며 시멘트 생산량 100만 톤을 강조하는 박 사장의 모습은 저돌적으로 근대화를 추진하며 수출 목표 100만 달러를 외치는 박정희의 모습 그대로이다. 이 영화에서 5월생이 5·16군사정변을 상징한다는 것은 너무도 명백하지만, 아버지가 아닌 아들이 5월생이라는 것은 아들이 아버지의 정당한 계승자로서 자격을 갖추었으며, 아버지와 아들은 방법상의 차이가 있을 뿐 같은 근대화를 지향하고 있음을 의미한다. 1960년대 후반이 같은 5·16군사정변 이후의 근대화의 맥락 하에 있으면서도 새로운 국면으로 접어들고 있음을 암시하는 대목이다. 실제로 1960년대 재건국민운동에서는 근검과 협동이 가장 중요한 요소였으며,[37] 1960년대 후반으로 갈수록 전통에 대한 강조 속에 '협동' 정신은 더욱 강조되었다. 1970년대의 새마을운동이 농촌의 재건에 강조점이 있었던 것을 상기하면 이 영화는 당시의 시대가 나아가는 방향과 정확히 일치한다고 볼 수 있다. 이때 아버지는 결코 역사에서 물러나지 않고 아들을 통해서 그 정신을 구현하며 참

5·16군사정변 지지 시위

신한 시각으로 다시 태어난다. 국가를 상징하는 가족이라는 공동체는 이제 아들 중심으로 다시 뭉치고, 회사도 농촌도 앞세대의 교훈을 간직한 청년들을 중심으로 새로운 공동체로 탈바꿈하면서 근대화의 과업을 계속 이어나갈 것이다. 따라서 이 영화는 박정희세대가 물러나야 한다거나 근대화의 방식이 전면 재조정되어야 한다는 급진적 문제제기로서의 세대교체가 아니라, 시대에 따라 변화되는 근대화의 진화된 방식을 고민하고 있으며 이는 점차 안정되어 가고 있는 듯 보이지만 새로운 동원체제를 갖지 않으면 안 되는 취약한 국가상의 표출과 연결되어 있다. 1960년대 초중반의 세대교체에 관한 서사에서 주인공은 여전히 역사의 뒤켠으로 쓸쓸히 물러나는 아버지 세대였다면 1960년대 후반에는 아들의 입장에 초점을 맞춰 새로운 세대의 등장과 부상을 보다 희망적으로 그리고 있으며 이때의 아들들은 국가재건의 완성기에 다다른 이상적인 국민의 모습을 하고 있었다.

　재건의 서사는 4·19혁명과 5·16군사정변으로 대표되는 시대의 변화 속에서 세대교체가 가지는 의미를 다시 한번 되새기게 한다. 곧 세대교체의 서사를 포함한 모든 재건의 서사는 대중이 열망하는 그 무엇과 관련되어 있다. 그것은 자립과 진보의 판타지이다. 전후의 피폐상을 딛고 일어서 경제적으로도 또한 인격적으로도 자립을 달성하고 더 나은 삶을 보장받고 싶어하는 진보에의 열망이 서사화된 것이다. 세대교체의 서사는 바로 더 나은 삶을 향한 대중의 욕망, 어제보다 나은 오늘, 오늘보다 나은 내일을 희구하는 대중의 열망과 이를 근대화의 주요 동력으로 활용한 국가의 요구와의 결합을 본질로 하는 것이었다. 국가는 이러한 국민 대중의 필요와 요구를 일정 부분 소화하면서 다른 한편으로는 국민을 철저히 국가의 하위에 두는 억압적·

권위주의적 전략을 구사했다고 볼 수 있다.

주체의 재건과 이상적 국민상

국민이 되는 방법 1 — '도의재건'

공동체의 재건은 근대적 주체의 이성적 각성을 통해서만 이루어질 수 있다. 이때의 주체란 국가와의 관련 속에서 규정되는 존재, 곧 '국민'으로서의 자각을 가진 주체를 의미한다. 정부수립기에서 1960년대 후반기에 이르기까지 이 시기를 관통하는 가장 중요한 서사 중 하나는 바로 '주체재건'의 서사이며, 이는 '국민'이란 무엇인가에 대한 정의내리기로 요약될 수 있다. 새롭게 탄생된 국가상과 국가의 지향을 정립하려는 것이 '국가재건'이라면 이러한 국가를 구성하는 주체인 '국민'이란 과연 어떤 존재여야 하는가는 중요한 문제였다. 국민상의 정립은 1950년대에는 '도의재건'이라는 용어를, 1960년대에는 '인간개조'라는 용어를 빌리고 있었지만 이는 곧 근대 국민국가인 대한민국의 정체성 속에서 이상적인 '국민'의 상을 찾는 과정이었다. 특히 당시 계몽의 도구로서, 또 선전의 도구로서 위치지워졌던 영화의 역할을 생각할 때 국가의 입장에서나 영화인들의 입장에서 시대에 조응하는 국민상을 제시하는 것은 필수적일 뿐만 아니라 자연스러운 것으로 인식되었다. 새로운 국민상은 국가의 재건과 근대화의 주역으로서의 청년, 그 보조자로서의 여성, 그리고 '작은 국민'으로서의 어린이라는 세 가지 역할론으로 제시되었다.

우선 1950년대식 국민상의 형성 과정을 보여주는 '도의재건' 플롯에 대해 살펴보자. 전후의 가치관 혼란이라는 사회문제에 조응하는 이 플롯은 타락과 방황에 빠진 인간이 불성실한 지난날을 반성하고 새로운 삶을 개척한다는 이야기로, 〈곰〉(1959, 조긍하), 〈구름은 흘러도〉(1959, 유현목), 〈십대의 반항〉(1959, 김기영) 등이 대표적이다. 이 영화들은 1950년대 후반에 '우수영화'로 선정되었던 영화들인 만큼, '도의재건'이라는 주제에 충실히 부합되고 있다.[38]

〈곰〉(1959, 조긍하)에서는 전근대적이고 무능한 가부장이 회개해 새 삶을 찾는다. 이 영화는 1959년 '우수영화'로 선정된 후 우수영화상의 공정성에 대한 논란을 일으키기도 했다. 완성도와 작품성 면에서 당대 평단으로부터 그리 좋은 평가를 받지 못했다는 뜻이다.[39] 그럼에도 불구하고 문교부가 이 영화에 '우수영화'라는 칭호를 붙여준 것은 〈곰〉이 과거로부터 결별한 새로운 인간형의 필요성을 보여주기 때문이다. 이 영화에서 주인공 '곰'은 아내가 없이 홀로 딸을 키우는 무식한 목수(김승호)인데 술로 세월을 보내며 딸을 학대하다가 연모하던 딸의 담임선생의 간곡한 권유로 제대로 살아보려고 길을 떠난다. 그가 돌아왔을 때 여선생은 이미 결핵으로 죽고 그는 그녀의 무덤 앞에서 참된 인간이 될 것을 다짐한다.[40] 이 영화는 1950년대식 '도의재건'을 소박한 차원에서 주장한다.

〈구름은 흘러도〉(1959, 유현목)는 일본에서 베스트셀러가 된 재일교포 소녀 야스모토 스에코安本末子의 일기를 토대로 제작한 것으로, 일본을 배경으로 한 영화는 제작은커녕 수입되기도 어려웠던 당시의

분위기상 처음에는 문교당국이 영화화 불가 판정을 내렸다가 뒤에 한일 양국에서 영화화가 결정되었다.[41] 영화는 부모없이 어렵게 살면서도 착하고 성실함을 잃지 않는 4남매를 조명한다. 큰오빠가 광산에서 해고를 당하면서 큰오빠와 큰언니는 돈 벌러 떠나고 막내 말숙과 작은오빠는 이웃집에 맡겨지지만 힘겨운 하루하루를 보낸다. 말숙은 이러한 자신의 처지를 일기에 쓰면서 위안을 받는데 이 일기를 광산 소장의 딸인 친구에게 선물로 준다. 소장집 식구들은 감동을 받고 급기야 출판사에 다니는 친구의 언니는 말숙의 일기를 출판한다. 책이 나오자 일기는 일약 베스트셀러가 되고 큰오빠가 광산에 다시 채용되면서 4남매는 모여살게 되고 가정엔 다시 행복이 찾아온다. 이 영화는 어려운 환경에도 불구하고 착하게 살아가는 사람들은 언젠가 그 보상을 받는다는 것과 어려운 이웃에게 온정을 베푸는 것이 함께 살아가는 국민의 도리라는 것을 동시에 보여주는 교훈적이고 계몽적인 내용을 담고 있다. 같은 원작으로 일본 니카츠日活영화사에서 만든 영화가 바로 이마무라 쇼헤이今村昌平 감독의 1959년작 〈니안짱にあんちゃん(작은오빠)〉이다.[42] 하층민의 힘겨운 삶을 리얼하게 그려낸 것으로 유명한 감독의 작품인 만큼 〈작은오빠〉에서는 재일조선인의 힘겨운 삶과 탄광촌의 생활이 리얼하게 그려져 있는 반면에, 〈구름은 흘러도〉는 가난을 낳은 구소석인 보순이나 현실 비판이 빠진 채 착하고 가난한 사람들의 훈훈한 이야기 정도에서 그치며, 따뜻한 인간의 도의가 가난마저 극복할 수 있는 힘의 원천으로 그려지고 있다.

〈십대의 반항〉(1959, 김기영) 역시 사회의 하층민을 그린 영화로서, 당시 평단으로부터 "전후사회의 병폐의 하나인 부랑아들의 문제를 소재로 현실적인 공감을 불러일으키고 있다"는 평가를 받았다.[43]

버림받은 10대들이 그들을 저버린 냉혹한 사회와 어른들에게 반항한다는 것인데 이들에게 소매치기와 절도 등을 시키고 이용하는 것은 악질적인 두목이다. 여기에 이들을 추적하던 형사는 결국 두목을 체포하고 부랑아를 선도해 악의 세계로부터 손을 씻게 해준다. 악한 어른과 착한 어른의 이분법적 구도 속에 불량한 10대들도 얼마든지 사회의 일원으로서 거듭날 수 있다는 청소년 계도의 주제를 담고 있다. 〈곰〉에서의 여교사, 〈구름은 흘러도〉에서 광산 소장과 출판사에 다니는 그의 딸, 그리고 〈십대의 반항〉에서의 형사는 모두 1950년대가 필요로 하는 계몽적 지식인이자 전후 사회의 척박한 현실에서 그나마 희망을 품을 수 있는 것은 인간의 '도의' 임을 증명하는 산 증인이다.

    1950년대 지식인들이 주장했던 '도의의 재건' 은 이렇듯 나태하고 무능하고 천륜까지 무너진 각박한 인간 군상들이 지식인의 인도로 계몽되는 것을 의미했다. 당시 지식인들에게 도의의 회복이란 "국민의 의식을 자각해 정심正心 성의로써 책무를 완수하고 주관과 사의私意를 초극해 조국의 흥륭을 기하는 것"이었다.[44] 이를 위해 구태와 결별하고 윤리를 회복하는 것이 '국민' 된 도리인 것이다.[45]

국민이 되는 방법 2— '인간개조'

1950년대에 국민에게 '도의재건' 이 강조되었다면 1960년대 국민만들기 프로젝트의 구호는 '인간개조' 였다. '인간개조' 는 곧 '인간성의 근대화' 를 의미했으며, 이는 '기술의 근대화' 와 함께 1960년대 국가주도 근대화의 두 축이었다. 이는 '어떻게 산업화를 이룩할 것인가' 와 '어떻게 국민을 근대적 국민으로서 만들어갈 것인가' 라는 국가 차원의 과제를 의미했고, 전자를 위해서는 경제개발 5개년계획이, 후자를 위해서는 '재건국민운동'이 천명되었다. 이 두 가지는 밀접하게 연관되어 있었는데, 곧 산업화를 위해서는 이를 수행해 나갈 새로운 국민상이 필요했고, 새로운 인간성의 국민을 만들기 위해서는 산업화가 뒷받침되어야 했던 것이다. '인간개조'와 관련해 가장 중요시되었던 것은 사회의 주축을 이루는 청장년층이다. 청장년층은 대략 20~50대 정도의 연령대를 가리키는데 1950년대에는 20~30대의 청년층보다는 40~50대의 장년층이 국가재건의 주인공으로서나 영화의 주인공으로서 더 적합했다.[46] 앞에서 살펴본 세대교체의 서사는 바로 장년층에서 청년층으로의 세대교체를 의미했다. 청년층이 역사의 주역으로 부상된 것은 4·19혁명이 결정적 계기를 제공했다고 할 수 있지만 이미 1950년대 말부터 뚜렷한 징후를 보이고 있다. 〈이름 없는 별들〉(1959, 김강윤)은 일제강점기 광주학생운동을 다룬 영화로서 학생 청년층을 중심으로 한 민중봉기를 다루고 있다는 점에서 4·19혁명의 주역인 청년층의 약진을 예견하고 있는 듯하다.

근대화의 주역―청년

청년층은 무엇보다도 '국가재건'의 핵심사안인 근대화의 주역으로서 자리매김되어야 했기 때문에 다른 어느 층보다노 보범석인 국민상을 제시하는 데 적합했다. 〈그 땅의 연인들〉(1963, 박종호)에서 주인공 건호는 두 명의 여성으로부터 구애를 받지만 그에게는 사랑보다는 고향마을의 재건이 훨씬 더 중요하다. 〈쌀〉(1963, 신상옥)에서도 주인공 용이와 정희의 사랑은 이야기의 전제로서만 기능할 뿐 이 두 사람이 앞으로 어떻게 될지는 영화의 말미에 가서도 나오지 않는다. 재건 서사에서 청춘들의 연애는 '국가재건'에 도움이 되는 한에서만 바람직한 것으로 치부되었다. 1960년대 재건서사에서는 일반적인 영화의 문법에서와 같은 캐릭터의 변화는 일어나지 않는다. 처음부터 끝까지 어떤 '이상적인 상'을 보여주는 인물들이 등장하며 이러한 '이상적인 인물상'은 1960년대 후반으로 갈수록 보다 정형화되고 도식화된다.

이상적인 청년상의 본보기를 제시한 〈소령 강재구〉(1966, 고영남)는 1965년 강재구라는 젊은 육군 대위의 실화를 영화화한 것으로 당시 평단으로부터 "감동적인 가작佳作"이라는 평[47]을 받아 1966년 '우수영화'로 지정되었다.[48] 영화가 시작되면 육군사관학교 전경이 보이고 군악대 행진과 절도있게 식사하는 생도들의 모습 가운데 강재구(신성일)도 있다. 그는 생일을 맞은 김영달 생도를 데리고 집으로 외출을 나간다. 삯바느질로 키워주신 것에 대한 보답이라며 지난 4년 동안 빼놓지 않고 봉급을 어머니(황정순)에게 드린 강재구는 육사를 졸업해서 어머니를 편히 모시겠다고 말한다. 졸업식을 맞은 강재구는 여자친구(고은아)에게 재산도 명예도 없지만 양심과 포부는 있다며 청혼한다. 건달 출신 향식(트위스트김) 등 신병들이 들어오고 그는 작전장교 중위가 되며 득남도 한다. 운전병도 아닌 향식이가 차를 가지고 도망치다 사고를 내자 강 중위는 향식이 육군형무소에 들어가 20일 구류를 사는 동안 《내 마음의 샘터》[49]라는 책을 넣어주며 인간성 개조를 역설하고, 이에 향식은 반성하고 참회한다. 베트남전이 발발하자 강 중위는 우리나라가 싸우고 있는 거나 마찬가지고 좋은 기회이니 실전 경험을 넓히기 위해 자원하겠다고 한다. 집에는 병석에 누운 어머니와 아들 병훈이가 있다. 어머니는 가정에 고통이 있을지라도 주저말고 월남에 가라는 유언을 남기고 숨을 거둔다. 베트남으로 떠나는 강 중위에게 아내는 군인의 아내답게 기다리겠다고 한다. 중대장으로 승진된 강재구는 제대하는 향식에게 사회에 나가서도 참된 인간이 되어야 한다고 말한다. 호랑이 울음소리가 나며 맹호부대 노래가 흘러나온다. "자유통일 위해서 조국을 지킵시다. 한결같은 겨레마음, 님의 뒤를 따르리다." 이어 강재구의 부대에서 실제 수류탄으로 훈련하던 중 부대원이 잘못 던진 수류탄이 사병들 가운데로 떨어지자 그는 몸을 날려 수류탄을 덮친다. 자신을 희생해 많은 부하들의 목숨을 구한 것이다. 강재구가 묻힌 국립묘지에 참배하며 우는 향식. 베트남으로 떠나는 맹호부대 병사들을 배웅하는 시민들이 보이는 가운데, 대통령은 병훈이 커서 원한다면 우선적으로 육사에 입학시키라고 명령을 내린다. 소령으로 추서된 강재구의 동상제막식에 사관생도 복장의 성장한 병훈이가 태극기를 들고 행진한다.

    육군사관학교의 후원으로 제작된 이 영화는 육사의 시설과 전경이 펼쳐지며 대사로도 직접 사관생도들의 3대 신조를 읊는 것이 마치 육사의 홍보영화를 방불케 한다. ① 국가와 민족을 위해 생명을 바친다, ② 명예와 신의를 중시한다, ③ 안이한 불의보다 험난한 정의의 길을 택한다는 것이 그것이다. 육사에 왜 지원했냐는 상관의 물음에 강재구는 한국전쟁 때 납북된 아버지의 유언 때문만이 아니라 육사가 "참된 국민의 의로운 지휘관이 될 수 있는 자체제도"이며 "정신배양을 할 수 있는 곳"이기 때문이라고 대답하기도 한다. 실제로 1960년대의 육군사관학교는 박정희의 모교이기도 하고 "국민이 지휘관이 되기 위한 정신수양"을 할 수 있는 명문학교로 발돋움했다.[50] 영화는 현역 군인을 소재로 하기 때문이라고 하기에는 지나칠 정도로 매 장면마다 국가의 존재를 각인시키고 국가에 충성하는 것이 얼마나 숭고

한 일인가를 역설한다. 주인공인 강재구는 후배들에게 모범적인 생도로서 인간미까지 갖추었으며 잘못된 길로 가는 후배에게는 '인간성 개조'의 중요성을 설파한다. 뿐만 아니라 어머니에게 지극한 효성을 다하는 모습을 통해 '효'와 '충'의 윤리가 별개가 아니라 결합된 것임을 강조한다. 강재구는 아버지가 한국전쟁 당시 납북되었다는 비극적인 가정사를 바탕으로 반공적인 집안 분위기에서 성장했음이 강조되며, 부모에게는 '효'를 나라에는 '충'을 다하고 같은 생도나 후배들에게 우의와 신의를 다하는 '화랑도 정신'의 현대적 화신으로 묘사된다. 게다가 강재구의 가족들은 한결같이 군인의 가족다운 인내와 희생을 보여주고 있다. 어머니는 "가난한 집안 자식으로 가장 보람찬 일이 뭔가? 육사에 가서 장교가 된 일"이라고 하며 베트남에 파병되는 것을 자랑스럽게 여기고 있으며, 행여 아들이 집안에 얽매어 베트남에 가는 것을 꺼릴까 봐 유언으로 파병을 독려하기까지 한다. 아내 역시 군인의 아내로서 돌아오는 날까지 인내하며 기다리겠다는 헌신적인 모습을 보인다. 심지어 아들인 병훈이는 "자유 통일 위해서 조국을 지키시다 조국의 이름으로……"라는 노래를 부르며 노는데, 이는 강재구가 소속된 맹호부대의 노래이다.[51] 베트남 파병에 대한 정당성을 국민들에게 주지시키고 이것이 마치 온 국민의 지지에서 나온 결정인 것처럼 보이도록 한 것이다. 곧 이상적인 군인인 강재구의 가족들은 당시 대한민국의 이상화된 '국민'들이었고, 강재구는 군인이기 전에 새로운 국민을 이끌어갈 이상적인 청년상이었다. 나중에 병훈이 커서 대통령의 명령대로 육사에 특채 입학해 태극기를 들고 가는 모습은 '현재'의 모습이 아니다. 강재구가 사망한 것이 1965년이었고 영화는 1966년에 제작되었기 때문에 병훈이 성장한 모습은 아직 일어나지 않은 미래의 일이다. 아버지와 국가의 뜻에 따라 육사에 들어가 대를 이어 나라에 충성하는 젊은 청년의 모습을 그리면서, 베트남 파병을 발판삼아 성공적인 근대화를 이룬 대한민국의 미래상이 영화의 말미에 펼쳐진 것이다.

　근대화의 기수로서, '국가재건'의 핵심 역량으로서의 청년의 역할은 개개인의 품성과 인간성에 우선적으로 좌우되며 이러한 청년의 희생이 근대화의 밑바탕이 된다는 것은 〈산〉(1967, 신상옥)을 통해서도 강조되고 있다. 〈산〉은 탄광개발에 목숨을 바친 한 청년의 이야기이다. 이야기의 배경은 광산개발이 본격화되기 직전인 1959년. 기차를 타고 가던 다방 마담 윤정옥(최은희)은 옆자리에 앉은 이일석(신영균)에게 호감을 느껴 탄광개발을 하려고 한다는 일석의 말에 다방을 판 돈을 가방에 넣어 일석에게 주지만, 1년이 지나도록 일석에게서 연락이 없자 강원도 산골로 일석을 찾아간다. 한편 일석은 광산 등기 서류를 담보로 주고 자금을 빌려 광산을 개발하지만 소득이 없다. 자금이 바닥난 일석을 위해 정옥은 평소 자신을 탐내던 김 사장과 하룻밤을 보내고 돈을 마련해 돌아오고, 일석은 그 돈으로 품질 좋은 석탄을 생산하는 데 성공하지만 정옥과 김 사장의 일을 알고 분노한다. 광산을 노리던 박 사장 일당의 흉계로 매몰되었다가 구출된 일석은 큰 화상을 입고 숨을 거둔다. 산에 일식의 유골을 뿌리는 정옥은 "당신이 비로 산"이라며 일석이 산과 함께 영원히 숨쉴 것이라고 말한다. 활기찬 광산의 모습이 보인다.

　이 영화에서 일석은 고지식할 정도로 성실 근면하며 작은 것 하나도 남의 것을 탐내지 않는다. 일석은 군대 동료가 부동산업을 하자고 하자 조국을 위해 포연 속에서 싸우던 동지가 오늘은 조국은 뒷전이고 자기 혼자만 생각한다며 한탄한다. "지하자원 개발보다 빌딩장 사해서 세 먹을 생각만 하다니 공산당보다 나을 게 뭐가 있나? 비생산적인 투자가 고리대금과 다를 게 뭐 있냐"며 꾸짖는다. 일석에게 탄광개발은 근대화의 동력을 개발하는 고결한 행위로서 '공산당'이나 '고리대금'으로 비유되는, 곧 공산주의적인 것이나 전근대적인 것과는 질적으로 다른 자본주의 근대화의 상징이다. 일석의 탄광 개발을 가로막는 요인은 부족한 자금과 함께 근대화의 중요성을 깨닫지 못하는 인간성 개조가 덜된 인간 군상들이다. 정옥이 몸을 팔아 자금을 마련해온 것을 알고 일석은 다음과 같이 한탄한다. "산은 국가의 것. 국민이 필요로 하는 탄을 캐내는 것이다. 계집 몸을 담보로 하는 것은 비굴하지 않냐? 이 더러운 돈으로 나더러 꿈을 키우라고? 나를 죽인 거다. 내 꿈을 짓밟은 거다. 모든 것이 끝났다." 일석에게 국가와 국민이 필요로 하는 석탄을 캐는 것이 고결한 행위인데 반해 몸을 판 '더러운 돈'은 용납되지 않는다. 그러나 결국 그를 기억해 주는 것은 '부도덕한' 수단으로라도 일석을 도와 근대화에 동참하려는 '숭고한' 목적을 가진 여성이다. 일석은 개인적인 영달을 위해 탄광을 개발하는 것이 아니라 어디까지나 국가와 국민을 위해서 탄광을 개발하려 한다는 명분을 가지고 있으며, 또 이는 무엇보다 찢어지게 가난한 탄광촌 식구들을 배불리 먹이기 위해서이기도 하다.

〈소령 강재구〉와 〈산〉의 주인공은 자신 한몸을 위해서가 아니라 공동체를 위해서 국가를 위해서 헌신하고 희생하며 이를 통해 주변의 인물을 변화시키는 근대적인 청년상을 표방하고 있다. 이러한 청년상은 재건국민운동에서 누차 강조된 청년상이며 이는 흔히 40대의 나이에 집권한 박정희의 이미지와 직간접적으로 겹쳐졌다. 〈오월생〉의 경우도 그러했듯이 대중문화를 통해 비춰지는 박정희는 그야말로 바람직한 국민상 그 자체로 묘사되었다. 농민의 아들로 태어나 근검 절약하며 강직하고 통솔력과 결단력이 있는 근대화의 기수라는 이미지는 박정희가 '되고 싶은' 이미지이자 국민상을 대표하는 청년의 이미지이기도 했다. 1950년대의 이승만이 무지몽매한 국민들을 계몽하는 선각자의 이미지로 승부한 것과 비교하면 박정희는 바람직한 국민의 모범이자 근대화의 표상으로 자리매김되었다. 적어도 1960년대 중반까지는 이러한 이미지 메이킹 전략이 어느 정도 효과를 거두었다고 볼 수 있다. 그러나 1960년대 후반 영화에 빈번히 드러나는 대통령과 대통령의 이미지는 취약한 정통성을 가진 정권을 유지하기 위해 다가오는 1970년대를 예비하는 유일한 지도자로서 한층 업그레이드된 이미지로 국민들에게 홍보·선전되어야 할 필요성이 더욱 절실해진 상황을 반영한다.

근대화의 조력자―여성

청년이 근대화의 견인차요 중심으로서의 역할을 담당한다면, 여성은 근대화의 최대의 수혜자이자 동반자이며 보조자로서 기능한다. 정부 수립과 함께 보통선거권을 획득한 여성들은 미군정기 미군문화와 함께 들어온 서구문화의 범람 속에서 사유를 만끽하며 서구문화에 더 잘 적응하는 소비지향적인 여성들로 묘사되었지만, 한편으로는 여성도 '동등하게' 국민으로서의 책임과 의무가 있음이 강조되기도 했다. 1950년대 남녀평등의 문제는 이승만의 '일민주의'의 4대 강령 마지막 항목에 "남녀동등의 주의를 실천해서 우리의 화복안위禍福安危의 책임을 삼천만이 동일히 분담케 할 것"이 등장할 정도로 사회의 중요한 이슈였다.[52] 그런데 여기서 간과해서는 안 되는 것은 '남녀동등'이라는 문구가 아니라 오히려 "화복안위의 책임을 삼천만이 동일하게 분담한다"는 대목이다. 곧 남녀평등의 가치관이 같은 인간에 대한 존중의 의미라기보다는 '책임과 의무의 균등 분배'라는 차원에서 운위되고 있다는 것이다. 여성도 남성과 똑같은 권리를 누리기 위해서는 그에 따르는 의무와 책임 역시 분담해야 하는데, 당시의 멜로드라마는 이러한 이데올로기를 대중에게 효과적으로 설득하는 중요한 수단이기도 했다. 1950년대 후반에 '우수영화'로 선정되었던 〈자유부인〉(1956, 한형모), 〈실락원의 별〉(1957, 홍성기), 〈사랑〉(1957, 이강천), 〈순애보〉(1957, 한형모) 등과 같은 영화에서 여성들은 방황을 끝내고 자신의 본분을 지킴으로써 사회(의 화복안위)에 동참하고, 남성들은 그 보답으로 여성을 배신하지 않고 끝까지 사랑의 신의를 지킨다.

　1950년대에는 가정에 충실한 것만으로도 칭송받던 그녀들은 1960년대에는 모든 국민에게 요구되었던 근검, 절약, 자조 등의 '미덕'을 '평등하게' 요구받았다. 이제 여성의 생활력, 경제력은 찬미의 대상이 되었다.[53] 〈흙〉(1960, 권영순)과 〈상록수〉(1961, 신상옥)는 모두 1930년대를 배경으로 한 이광수와 심훈의 원작을 토대로 영화화한 것이다. 소설에서도 농촌운동에 대한 관점의 차이를 보여주고 있지만,[54] 불과 1년 반 남짓의 시간 차이로 각각 4·19혁명 이전과 5·16군사정변 이후에 개봉된 두 영화는 1950년대와 1960년대의 지식인의 역할 및 그 속에서의 여성상의 차이를 보여줘 흥미롭다.

　〈흙〉에서 주인공 허숭(김진규)은 농촌 출신으로 대학을 졸업한 후 애인 유순(조미령)이 있는 고향 살여울로 돌아가고자 하지만, 자신을 대학까지 공부시킨 후원인인 윤 참판의 권유로 일본의 고등문관시험

흙(1960)

을 보아 합격하고 윤 참판의 딸 정선(문정숙)과 결혼한다. 판검사가 되어 성공하길 바라는 정선의 기대와 달리 허숭은 변호사가 된다. 허숭은 유순을 좋아하는 한갑과 고향사람들이 일제 순사가 강제로 유순에게 술을 따르라고 강요하는 데 격분해 항의하다가 감옥에 갇히자 고향으로 내려가 그들을 전력으로 돕는다. 그 사이 정선은 허숭의 친구 김갑진(박암)과 바람을 피우고, 허숭은 정선의 외도를 알고 뜻대로 하라는 편지를 남기고 고향으로 가려고 기차에 탄다. 정선은 빗속에서 기찻길로 뛰어들어 자살을 시도하지만 이를 본 아버지 윤 참판이 그녀를 구하고 대신 죽는다. 허숭은 한쪽 다리를 잃은 정선에게 이미 용서했으니 앞으로의 관계는 정선에게 달렸다고 말하고 고향으로 내려간다. 정선은 그제야 남편의 뜻을 이해하고 평소 농촌사업을 하고 싶어하던 선희(이빈화)와 함께 허숭의 고향으로 내려가 유치원을 열기로 한다. 목발을 짚고 고향에 나타난 정선 일행을 허숭과 마을 사람들은 반긴다.

상록수(1961)

　　〈상록수〉에서 채영신(최은희)은 기독교청년회의 모임에서 박동혁(신영균)이 하는 연설을 듣고 농촌운동에 투신하기로 결심한 후 청석골로 내려와 예배당에 학교를 열고 마을 청년 원재(신성일)와 함께 아이들과 부녀들에게 글을 가르치기 시작한다. 동혁 역시 고향 한곡리에서 농우회라는 농민조직을 만들어 회관을 짓고 농촌 계몽운동에 헌신한다. 과로로 몸이 쇠약해진 영신은 휴양차 한곡리에 와서 동혁의 사랑을 확인하고 3년 후를 기약하며 헤어진다. 일제 순사가 영신의 학교가 80명 정원에 130명을 수용하고 있는 것을 트집 잡아 정원을 지키지 않으면 폐쇄시키겠다고 으름장을 놓자 영신은 학교를 짓기로 결심하고 전력으로 모금해 학교 공사에 착공한다. 드디어 낙성식이 열리던 날 영신은 연설 도중 맹장염으로 쓰러지고 낙성식에 참석하기 위해 와 있던 동혁은 영신을 병원으로 옮겨 수술을 받게 하고 극진히 간호한다. 한편, 한곡리에서는 지주이자 면협의회 의원인 강기천이 일제의 진흥회 사업에 부응해 농우회를 진흥회로 바꾸도록 회유하는

데, 동혁이 없는 틈을 타 동혁의 친구 건배(허장강)를 비롯한 농우회 회원들을 매수해 농우회의 회장이 된다. 이 소식을 들은 동혁이 한곡리로 가서 강기천에게 농우회를 진흥회로 바꾸는 것을 돕는 조건으로 농가의 부채를 탕감해 줄 것을 요구한다. 그러나 이에 불만을 품은 동혁의 동생(윤일봉)이 회관에 불을 지르고 도망가는 바람에 동혁은 동생 대신 잡혀간다. 이 소식을 들은 영신은 수술 후 충분히 회복되지 않은 상태에서 아픈 배를 움켜쥐고 한곡리로 가서 동혁을 면회하고 돌아온다. 급기야 영신은 수업 중 쓰러지고 동혁의 이름을 부르며 죽어간다. 풀려난 동혁이 영신을 찾아왔을 때는 이미 영신의 관이 나가고 있을 때였다. 동혁은 학교의 종을 다시 울리며 원재와 함께 농촌계몽을 계속할 것을 다짐한다.

〈흙〉과 〈상록수〉에 나오는 주요 등장인물인 허숭과 동혁은 둘다 농촌 계몽의 주체이지만 허숭이 다소 개인주의적이고 관념적이며 지식인적 태도를 가지고 있는 데 반해 동혁은 보다 실제적으로 '농민 속으로 들어가서' 일한다는 태도를 가지고 있다. 동혁은 YWCA의 백현경 총무 집에서 활동가들이 카레라이스를 먹고 식사기도를 하며 농촌운동 운운하는 것을 보고, 영신에게 "농촌운동가의 말과 생활이 동떨어져선 안된다, 그들이 먹는 것을 먹고 그들이 입는 것을 입고, 그들이 느끼는 것을 느껴야 한다"고 역설한다. 이는 보다 농민과 밀착된 생활인으로서의 지식인의 태도에 대해 일갈한 것으로 허숭과는 비교되는 대목이다. 더 눈에 띄는 것은 정선과 영신의 차이이다. 두 여성은 각각 이야기의 조연과 주연이라는 위치만큼이나 큰 캐릭터의 차이를 가지고 있다. 정선은 허영심이 있고 출세지향적이며 남편이 마음에 들지 않자 남편의 친구와 바람을 피운 부도덕한 여성으로 묘사되고 있다. 정선은 서구문화를 향유하며 자란 윤 참판의 딸로 신혼집이 좁다고 불평을 하며 남편이 출세하길 바라는 여성이지만 스스로 가치관이 뚜렷하거나 그렇다고 남편의 뜻을 이해하려고 하지도 않는다. 이에 비해 영신은 학생 농촌계몽 연설회에서 남학생과 여학생을 나누어 앉히고 남학생이 발언하고 나서야 여학생에게 발언권을 주는 데 대해 항의할 정도로 처음부터 주체적인 여성이다. 영신은 스스로의 판단에 의해 농촌 계몽운동에 전력을 다하고 동혁의 사랑을 확인한 후에도 마을이 자리잡을 때까지 3년 후를 기약하자고 말한다. 〈흙〉의 정선은 뒤늦게 남편을 따르기 위해 살여울로 내려가지만, 〈상록수〉에서는 오히려 동혁이 영신의 뜻에 따라 농촌계몽운동에 더욱 진력할 것을 다짐한다. 정선이 집안일조차도 하지 않는 소비적인 인물인 데 비해, 영신은 농민 속에서 그들과 같은 노동을 행하는 매우 생산적인 인물이다. 정선이 자신의 욕구에 충실한 서구적인 가치관을 가지고 있는 인물로서 소설에서나 영화에서나 부정적으로 그려지고 있는 반면에, 영신이 보여주는 노동과 사랑에 대한 태도는 매우 헌신적이고 희생적인 것으로 칭송받는다. 영신은 동혁의 보조자가 아니라 독립적인 운동가이며, 동혁보다 더 헌신적이다. 허숭과 동혁이 자기 고향으로 돌아가 일하는 데 비해 영신은 아무런 연고도 없는 지역으로 가는 등 남성 주인공보다 더 운동가다운 풍모를 가지고 있다. 영신의 죽음은 헛되지 않고 동혁을 비롯한 많은 동지와 후손들에 의해 지지되고 계승된다. 여성의 고난과 희생이 농촌의 재건에 밑걸음이 되고 있는 것이다.

여기서 영화 〈상록수〉가 원작을 충실히 영화로 옮긴 것이기는 하지만 150분의 긴 상영시간 동안 계속되는 계몽에의 호소는 1960년대의 관객들을 향한 것이라는 점에 주목할 필요가 있다.[55] 영화 〈상록수〉에서 묘사되고 있는 영신의 모습은 1930년대 소설의 실제 모델이었던 최용신이라는 농민운동가의 모습이라기보다는 1960년대 농촌운동가의 모습에 더 가깝다. 구체적으로 영신은 1961년부터 시작된 재건국민운동 요원의 모습과 겹쳐진다. 영화 속에서 마을에 기상 나팔이 울리자 일사불란하게 모여 체조를 하는 모습은 재건국민운동에서 보급했던 이른바 '재건체조'이다. 실제로 영화 〈상록수〉는 재건국민운동의 일환으로 농촌지역에서 순회 상영되어 많은 호응을 받았으며,[56] 당시 박정희 국가재건최고회의 의장은 직접 "우리 주위엔 산 상록수가 많이 있으니 이들을 찾아내어 널리 알리라"고 말하기도 했다.[57] 영화 〈상록수〉의 영신은 〈흙〉에서 여성의 노동이 부차적이고 보조적으로 묘사되는 것과는 반대로 주동적이고 핵심적인 인물상으로 묘사된다. 오히려 원재와 동혁이 영신의 보조자이다. 이는 영신이 당시의 보통 여성의 전형이라기보다는 위인이나 영웅에 더 가까운 인물임을 보여준다.[58] 영화를 통해 채영신은 국민국가의 재건 과정에서 유관순의 바통을 이어받은 대중의 영웅이자, 1960년대 바람직한 국민의 일원으로서의 주체적 여성의 이상적 모습이다.

그런데 앞에서 살펴본 〈이 생명 다하도록〉(1960, 신상옥)은 같은 1960년도 작품이라도 4·19혁명 이후의 작품이라는 점에서 그 이전 작품인 〈흙〉과는 전혀 다른 분위기를 보여준다. 이 영화에서 충실한 아내 혜경은 불구가 된 남편을 버리기는커녕, 젊고 건강한 청년에게 끌리는 마음을 깨끗이 단념하고 남편을 헌신적으로 간호해 생활을 꾸려 나가며 원호사업에까지 손을 대는 악착같은 인물이다. 그녀는 남편이 전쟁터로 떠나고 없는 가운데에서 아이들을 키우며 생활을 맡았고, 불구가 되어 돌아온 남편을 대신해 실질적인 가장으로서 가정경제를 이끌었다. 그런데 이 영화에서 양공주 영선은 생활력 강한 혜경과는 다른 길을 걸었지만 혜경의 원호사업에 큰 힘이 될 자금을 남겨줌으로써 근대화의 초석 다지기에 동참하는 여성상을 그리고 있다는 점에서는 같은 맥락으로 읽힌다. 여기서 근대화의 주체는 남성이 아니라 여성이지만 인내와 희생 등 전통적인 덕목을 강조한다는 점과 공적 영역에서의 여성의 노동에 대해 우호적일 뿐만 아니라 필수불가결한 것으로 바라본다는 점에서 〈흙〉과 〈상록수〉 중간에 위치하는 일진보, 일퇴보의 두 측면을 보여주고 있다.

여성의 생활력과 노동력에 대한 찬미인 〈또순이〉(1963, 박상호)는 '행복의 탄생' 이라는 부제[59]에서 알 수 있듯이 여성의 강한 생활력이 행복의 밑천이라는 것을 가벼운 톤으로 말하고 있다. 여기서 또순이는 영웅적인 인물인 〈상록수〉의 영신과는 달리 매우 현실적인 인물이다. 함경도에서 월남한 운수회사 사장 최종대(최남현)의 딸 또순이(도금봉)는 아버지를 닮아 생활력이 강하지만 때때로 아버지와 대립하고는 한다. 어느날 소개장을 들고 재구(이대엽)가 아버지를 찾아오는데 아버지는 그가 소개장 따위에 의존하지 않고 자력으로 일어나길 바라는 마음에서 그냥 내쫓는다. 그를 불쌍히 여긴 또순이는 그에게 돈을 빌려주게 되고 이 일로 아버지에게 꾸중을 들은 후 집에서 나온다. 어머니는 과년한 처녀가 혼자 산다는 것에 대해 반대하고 말리지만 또순이는 혼자 살아서 독립심을 키우겠다고 한다. 또순이는 쥐덫팔기, 떡장수, 연탄배달, 타이어 장사 등 무엇이든 일을 척척 해내며 억척스럽게 돈을 모으지만 이에 비해 재구는 어리숙하고 사람을 잘 믿어 사기도 잘 당한다. 또순은 재구에게 함께 새나라 자동차를 사서 운수업을 하자고 제안하고 재구는 이런 또순을 좋아하게 된다. 타이어 장사를 하려다 사기를 당한 재구가 실의에 빠지자 또순이는 기지를 살려 이 사건을 해결하고 재구의 사랑을 받아들인다. 아버지는 둘의 결혼을 반대하지만 또순과 재구는 새나라 자동차를 사서 부모님을 태우고 시장으로 가며 결혼 승낙을 받는다.

이 영화에서는 의욕만 앞섰지 실제로 일을 되게 하는 법은 없는 "흐리멍텅한" 재구와 "새나라 자동차 구입에 청춘의 에네르기를 집약하는 무섭게 생활적인 여성" 또순이[60]의 대비를 통해 여성이 근대화의 숨은 주체이고 남성은 그저 앞에서 호기만 부리는 존재로 묘사하고 있다. 또순이가 악착같이 사려고 하는 새나라 자동차는 5·16군사정부가 야심차게 추진한 자동차 공업 육성과 근대화의 상징이었고 부와 성공의 아이콘이었다.[61] 운수업에서 여성을 기껏해야 버스 차장 정도의 역할로밖에 생각하지 못했던 당시에 당당히 운수업 사장으로 여성을 위치지웠다는 것은 분명 큰 변화임에 틀림없지만 이러한 발전주의가 여성을 낡은 전통과 완전히 결별하게 하지는 못했다.[62] 가정 내에서 여성의 지위와 역할에 대한 제고가 이루어졌음에도 불구하고 여전히 남성이 근대화의 주인공으로 나서기 위한 보조적인 역할에 머물렀던 여성은 말그대로 바람직한 '국민'의 일원으로서의 여성 주체로 재탄생되어야 했다. 집을 나갔던 또순이는 재구와의 결혼을 통해 가정으로 복귀하고 가족 공동체는 재건된다. 집을 나간 딸이 안쓰럽고 걱정되어 노심초사하는 또순이 어머니와는 달리 아버지는 여유있게 미소를 짓는다. 이는 또순이의 독립을 아버지가 의도했다는 의미로 읽힌다. 곧 여성이 근대화의 주체로서 바로 서기까지는 이미 근대화의 주체로 규정된 남성의 용인이 필요하며, 이때의 남성은 아버지 아니면 남편이다.

앞에서 살펴본 〈산〉(1967, 신상옥)에서 여성은 근대화에 매진하는 남성에게 아무런 대가도 받지 않고 헌신을 다하는 모습으로 묘사된다. 일석은 정옥의 도움이 아니면 사업을 시작조차 할 수 없었고 두 사람이 서로 언약 비슷한 것을 했다는 증거도 없는데 여성이니까 당연히 정조를 지켜야 한다고 당당히 주장한다. 그럼에도 불구하고 결국 일석의 유해를 거두고 유골을 산에 뿌려주는 사람은 정옥이며, 정옥에 의해 일석은 "산과 더불어 영원히 사는" 사람이 될 수 있었다. 영화는 근대화의 보조자이자 나아가 동반자로서의 여성을 묘사함으로써 현실에서도 이를 추동해내기를 원했다. 1950~60년대 대중문화는 여성이 전쟁으로 인한 남성의 빈자리를 채우기 위해 노동의 현장으로 뛰어드는 녹녹치 않은 현실을 묘사했지만[63] 가끔은 여성의 성공스토리를 제시함으로써 여성들의 의욕을 고취시킬 필요도 있었다.

〈또순이〉와 같은 1950년대의 자유분방하고 소비적인 여성상이 1960년대의 헌신적이면서 생산적인 여성상으로 바뀌어가고, 이것이 다시 1960년대 후반으로 가면 전통적인 여성상의 모습으로 돌아와 재건의 여성주체가 남성의 보조자임을 확인하는 일련의 과정은 여성의 노동을 근대화와 '국가재건'의 필수적인 것으로 여기게 되는 과정, 그 속에서 여성의 역할과 여성성의 가치를 어디에 둘 것인가 하는 문제와 일치한다고 볼 수 있다. 여성에게 부과된 딸, 아내, 그리고 어머니라는 전통적 역할은 곧 국민으로서의 여성의 역할 규정과 유사하다. 가족계획사업 과정에서 나온 "맏딸은 살림 밑천"이라는 자조적인 경구가 실은 딸에 대한 칭찬이 아니라 모욕이요, 여성의 어깨에 억지로 올려놓은 역할의 무게일진데, 근대화의 속도전에서 이 땅의 모든 딸들과 아내들과 어머니들이 강요받은 '가정 혹은 국가경제에 동참하는 여성'이라는 역할은 이중삼중의 굴레를 선사했을 뿐이었다. 이것은 남성과 동등한 법적 지위의 획득이라는 달콤한 선물 뒤에 감춰진 자본주의 근대화의 이면이며, 이를 추동하는 국가가 여성을 표창하고 기리는 진짜 이유이기도 하다. 1960년대 국가는 한편으로는 재건국민운동에서 지역 말단의 가장 기본적 동력으로서 '재건에 앞장서는 여성'을 치하하고, 또 한편으로는 신사임당과 같은 이상적 어머니상을 기림으로써 사회에 현모양처 신화를 양산하는 전략을 취했다.[64] '근대화에 기여하는 현모양처'라는 이상적이고 바람직한 여성상이 사회 전방위적으로 제시되었던 것이다.

'작은 국민' — 어린이

한편, 새롭게 제시된 바람직한 국민상에는 어린이의 존재가 있음을 간과할 수 없다. 1950~60년대 어린이에 대한 영화는 크게 두 가지로 나눌 수 있다. 어린이가 주인공이나 주요 인물로 등장하는 영화와,[65] 어린이를 주 관객층으로 설정한 아동영화가 그것이다. 우리나라에서 순전히 어린이를 대상으로 한 아동영화의 존재는 1970년대 이전에는 흔히 찾아보기 힘들다. 어린이의 이해를 돕기 위해 애니메이션으로 만드는 아동계몽 문화영화와 그밖에 어린이 대상 교육영화가 소수 존재할 뿐이다.[66] 따라서 어린이와 '국가재건'과의 관계를 살펴볼 때 대상이 되는 것은 전자의 영화가 될 것이다. '어린이'란 본래 근대 부르조아 가정에서 발명된 개념으로서[67] 한국에서 어린이의 존재가 처음 부각된 것은 3·1운동 이후 어린이들에게 민족의식을 불어넣고자 소파 방정환方定煥(1899~1931)을 중심으로 '어린이'라는 용어를 쓰면서부터이다. 그런데 어린이가 국민의 일원, 곧 '작은 국민[小國民]'이라는 발상은 일제의 식민정책의 맥락에서 어린이에 대한 식민교육과 황국신민화 교육의 일환으로 시작된 것이며,[68] 이 용어가 다시 쓰인 것은 5·16군사정변 이후이다.

어린이가 당대의 사회악(이들은 당연히 어른들이다)을 물리친다는 것은 아동영화의 영원한 주제이다. 그런 의미에서 〈똘똘이의 모험〉(1946, 이규환)은 최초의 아동영화라 할만하다. 국민학교 같은 반인 똘똘이와 복남이는 어느 날 밤, 트럭을 대고 쌀을 훔치려는 도둑들을 발견하고 그 트럭에 매달려서 도둑의 소굴에 잠입한다. 똘똘이는 복남이에게 이 사실을 경찰에게 알리라고 하고 자신은 숨어서 도둑들을 감시하다가 도둑들에게 붙잡혀 매질을 당한다. 이때 복남이의 신고로 출동한 경찰은 도둑들을 일망타진하고 똘똘이는 구출된다. 똘똘이와 복남이는 착하고 용감한 어린이로 표창된다. 해방 후 처음으로 공개된 극영화라는 의의에도 불구하고, 이 영화는 저속하다는 이유로 평단으로부터 그리 좋은 평가를 받지는 못했다.[69] 여기서 중요한 것은 도둑들이 쌀을 훔치는 행위이다. 이는 명백하게 당시 사회의 가장 큰 문제의 하나였던 밀수를 묘사한 것이다. 당시 밀수 품목은 주로 쌀, 금, 홍삼, 마약, 사치품 등으로 다양했는데, 특히 쌀과 금의 밀수출은 물가폭등의 원인을 제공해 큰 사회문제가 되었다.[70] 당시 어린이가 무찔러야 할 악당은 이들 밀수업자들이었던 것이다.

1960년대 후반에 리메이크된 〈똘똘이의 모험〉(1968, 김영식)에서는 이 도둑들이 북한으로 쌀을 실어가려 한다는 설정이 들어 있는데, 결국 이 도둑들은 간첩이라는 것이 밝혀진다. 그것은 당대 사회의 가장 큰 '악당'이 간첩이라는 인식 때문이다. 1950년대 아동용 반공 계몽영화인 〈창수만세〉(1954, 어약선)에서 어린이가 그저 간첩을 신고하는 역할에 머무르고 있다면, 1960년대의 〈똘똘이의 모험〉에서는 어린이가 간첩과 직접 대결한다는 것은 아동영화의 본질에 오히려 더 접근한 결과이기도 하지만 무엇보다도 방첩이 반공주의의 실천 전략이 된 1960년대의 사정을 반영하고 있다는 점에서 주목할 만하다. 4·19혁명 이후에 개봉한 〈어느 여교사의 수기〉(1960, 최훈)는 여교사가 불우한 가정환경 탓에 나쁜 길로 들어서려는 어린이들을 선도한다는 내용으로 어린이를 독립된 인격체로 보기 보다는 매우 불완전하고 미성숙하며 빗나가기 쉬운 계몽의 대상으로 여긴다는 점에서 1950년대 계몽영화의 맥락에 놓여 있다. 어린이가 주요 인물로 등장하는 다음 세 편의 영화는 1960년대 중후반의 어린이에 대한 시각을 잘 드러내고 있다.

〈저 하늘에도 슬픔이〉(1965, 김수용)는 가난한 어린이가 사회의 따뜻한 온정에 구원받는 과정을 보여준다. 국민학교 4학년인 윤복이는 가난한 가정에서 살아간다. 어머니는 노름꾼 아버지의 학대를 견디지 못하고 집을 나갔다. 그래도 그는 어린 동생들을 위로하며 구두닦이로 연명하면서 일기를 열심히 쓴다. 마침내 윤복이의 일기는 담임 선생님의 호의로 출판되어 날개 돋친 듯 팔린다. 이를 계기로 윤복의 사정이 알려지면서 각계로부터 온징이 답지해 가난을 극복하게 된다. 아버지는 반성하고 어머니는 돌아온다.[71] 이윤복 어린이의 실제 일기를 영화화한 이 영화에 대한 당시 평단의 평가는 이 영화의 주제를 짐작케 한다.

선의의 인간이나 우연이 파국을 구제하는 것이 아니고 사회 자체가 이윤복

군을 비참한 시궁창에서 구제했다는 따뜻한 안심감이 한국관객에게 흐뭇한 공명감과 연대성을 암시한다.[72]

가난할 뿐만 아니라 피폐하기까지 한 윤복이의 가정이 개인의 선의에 의해서가 아니라 온 사회의 온정의 손길로 재건된 데 대해 관객들이 연대감을 느꼈다는 것은 다름아닌 관객들이 이 사회에 대해 안정감과 신뢰를 가지게 되었다는 것이다. "내가 만약 저런 처지가 되어도 이 사회가 나를 버리지 않고 구원해 줄 것"이라고 하는 안도감은 점차 안정화되어 가고 있는 국가의 존재, '국민을 보호하는 국가'의 존재감에 기인한 것이다. 영화는 바로 그러한 안정감을 제공해줌으로써 현실의 불안정을 잊게 만드는 역할을 하고 있다. 그런데 여기서 윤복은 그냥 가난하기만 한 소년이 아니다. 윤복이는 실질적인 집안의 가장 역할을 하고 있으며 일기도 꼬박꼬박 쓰는 '노력하는 어린이, 모범적인 어린이, 스스로 돕는 어린이'인 것이다.[73] 이러한 노력이 바탕이 되지 않았던들 사회가 윤복이네 가정을 도울 수는 없었을 것이라고 하는 계몽적인 내용이 들어 있다. 아무리 어려운 상황에서도 좌절하지 않고 열심히 일하면 언젠가는 응분의 보상을 받는다는 고진감래의 플롯은 한국 전래동화의 대표적 플롯이다. 결국 어린이들 스스로가 노력하지 않는 한 사회는 그들을 보호해줄 수가 없다는 냉혹한 현실이 역으로 증명되고 있다.

〈성난 송아지〉(1967, 이규웅)에서도 가난하지만 올바르게 살려고 노력하는 소년이 나온다. 홀어머니(김지미)와 함께 가난하게 사는 정남이(김용연)는 아버지가 돌아오게 해달라고 교회에 가서 기도하지만, 실은 아버지(조항)가 술집 작부와 눈이 맞아 도망가 버린 사실을 모른

성난 송아지 신문 광고
(1967)

다. 바우라는 윤 주사네 소를 지극정성으로 키우는 정남이에게 한국전쟁 때 외아들을 폭격으로 잃고는 교회당만 돌보는 대장간 할아버지는 바우 목에 달 방울을 만들어준다. 점심시간에 도시락을 못 싸와 우물물로 배를 채우는 정남에게 양 선생은 링컨 대통령 얘기를 해주며 가난한 사람이라도 공부를 열심히 하면 훌륭한 사람이 될 수 있다며 학교에 나올 것을 설득한다. 한편 마을 유지 윤 주사는 정남의 어머니가 자신에게 진 빚을 갚지 못하자 바우를 데려가 팔아 버린다. 팔이 부러진 자신의 아들 장구를 위해 정남이가 남몰래 공책을 갖다준 걸 알게 된 윤 주사는 뒤늦게 후회하지만 이미 바우는 서울의 우시장에 팔려간 상태이다. 바우를 되찾기 위해 홀로 서울로 간 정남이는 도살장 앞에서 바우를 보지만 쫓겨나게 된다. 정남이는 예전에 양 선생이 대통령 아저씨는 무서운 분이 아니라 아버지 같은 분이라고 말했던 것을 떠올리고는 대통령을 만나러 청와대로 간다. 우여곡절 끝에 만난 대통령(김진규)은 정남의 강한 의지와 갸륵한 마음에 감동받았다며 바우를 찾아주겠다고 한다. 도살당하기 직전 바우를 구해낸 정남이 마을로 돌아오자 마을 사람들 모두 기뻐하는 가운데 윤 주사는 그제야 참회하고, 몰래 돌아와 이를 멀리서 지켜보던 정남의 아버지는 새로운 인간이 되어 돌아오겠다며 다시 길을 떠난다.

 이 영화에서 정남이는 바우라는 소를 지극정성으로 키울 정도로 성실하고, 빚독촉을 하는 윤 주사의 아들 장구를 위해 몰래 노트를 가져다줄 정도로 의리가 있으며, 소를 되찾기 위해 혼자 서울의 도살장까지 찾아가는 집념을 가진 어린이다. 정남이의 이러한 노력은 대통령까지 감동시켜 결국 대통령이 소를 찾아주며, 이 일로 일종의 '악당'이었던 윤 주사와 아버지가 참회함으로써 마을과 가족 공동체는 회복되고 재건된다. 1960년대 말의 많은 영화들이 대통령의 존재를 영화 속에 투영하고 있는데, 그중에서도 이 영화는 가장 노골적인 경우에 해당한다. 마을에서 유일하게 계몽적 지식인의 역할을 하고 있는 양 선생은 정남에게 링컨 대통령 얘기를 해주며 가난한 사람이라도 공부를 열심히 하면 훌륭한 사람이 될 수 있다고 말한다. 또한 "이 세상에는 교장선생님도 계시고 대통령 아저씨도 있다. 항상 우리를 위해 노력하고 도와주신다. 언제나 꿋꿋이 살아야 한다"라든가 "대통령 아저씨는 무서운 분이 아니다. 우리들을 잘 살게 하기 위해 낮이고 밤이고 애쓰시는 아버지 같은 분"이라고 말하며 현실의 대통령을 이상적인 대통령상으로 등치시키고 있다. 대통령이 얼마나 훌륭한지 대사로 직접 말하는 것도 모자라 아예 직접 나오는데, 당대 제일의 배우 김진규가 '아버지 같이' 인자한 이미지의 대통령으로 등장한다.[74] 그런데 앞의 〈저 하늘에도 슬픔이〉의 경우에는 사회의 온정으로 가난을 극복하고 가정을 재건하는 데 비해, 〈성난 송아지〉에서는 농촌의 고리대금 문제 등이 언급되고는 있으나 이것이 구조적으로 해결되지 않고 개인의 참회로 해결된다. 여기서 일종의 데우스 엑스 마키나deus ex machina[75]적인 존재로 등장하는 대통령은 모든 갈등을 한번에 해결해주는데, 이러한 결말은 오히려 개인의 노력으로 가난을 극복하고 가정과 마을 공동체를 재건하는 것은 도저히 불가능하다는 것을 암시한다. 〈저 하늘에도 슬픔이〉나 〈성난 송아지〉 모두 아버지의 부재 내지 피폐라는 존재조건에서 고리대나 냉혹한 사회 현실로 인해 절망의 끝에 다다른 어린이들을 보여주고 있지만, 그 암담한 상황에서 벗어나는 것은 전자가 사회의 온정에 의해서라면 후자는 대통령이라는 존재에 의해서이다. 이는 장기 집권을 꾀하는 정권이 국민을 설득하는 방식이 반영된 것이기도 하지만, 가난으로부터 국민을 구제하고 문제를 척척 해결해줄 대통령을 원하고 있는 국민들의 희망사항이 반영된 것이기도 하고, 이것이 불가능하다는 서글픈 비아냥이 내재한 것이기도 하다. 부재한 아버지를 대신하는 것은 〈저 하늘에도 슬픔이〉에서는 담임선생님이고, 〈성난 송아지〉에서는 대통령이다. 전자가 교사나 독지가와 같은 계몽적 지식인에 희망을 걸고 있다면, 후자는 대통령으로 상징되는 국가 자체에 희망을 걸고 있다. 1960년대 후반으로 갈수록 영화의 선전성과 함께 국가와 국가를 대표하는 대통령에 대한 서사가 점점 더 노골화되고 있음을 알 수 있다.

미래의 주인공인 어린이를 보호하고 모범적인 국민으로 잘 키워내야 한다는 국가의 관념이 가장 직접적으로 드러나는 영화 〈사격장의 아이들〉(1967, 김수용)은 대한교육연합회 20주년 기념작품으로 국방부, 문교부, 공보부가 후원한 계몽영화이다. 이 영화에는 어린이를 모범적인 국민으로 잘 키워야 한다는 국가의 관념이 가장 직접적으로 드러난다. 영화의 처음에 "어린이는 위험에서 제일 먼저 구출해야 한다"는 어린이헌장 제5조가 자막으로 나온다. 휴전선 남쪽 고향 잃은 실향민들이 모여 사는 마을에는 국군 사격장이 있어 아이들은 탄피를 주워다 팔아 생계를 돕는다. 새로 부임한 여교사 오지영(김지미)에게 마을은 너무나 삭막하고 피폐하다. 아이들에게 꿈과 희망을 심어주기 위해 노력하는 그녀이지만 무지하고 아이들에게 무관심한 부모들을 대하기는 쉽지 않다. 아이들이 주워온 고철과 탄피를 팔아먹는 영규의 아버지(허장강)도 그들 중 하나이다. 세금을 내라고 행패를 부리던 큰 아이들이 동호 엄마가 기생이라고 놀리자 동호는 엄마를 찾아갔다가 진짜로 술집에서 일하는 엄마(주증녀)를 목격하고 충격을 받는다.

한편 영규 아버지가 영규를 때리자 영규와 영희는 아버지 같은 사람 필요없다며 집을 나간다. 지영은 영규네 집을 찾아가 영규 아버지에게 아이들은 사랑해주지 않으면 탈선하기 쉽다고 말하고 모든 것이 가난해서 생긴 문제라고 하면서 타이른다. 영규는 닭을 훔치다 들켜서 퇴학 위기에 처한 동호와 함께 학교를 그만두고 서울 갈 계획을 세우며 마지막으로 탄피를 모으기 위해 사격장에 갔다가 불발탄이 터지는 바람에 머리에 부상을 입는다. 병원에 입원한 영규를 찾아간 영규 아버지를 비롯한 마을 어른들은 무지했던 지난 날을 후회하며 앞으로 새로운 생활을 할 것을 다짐한다. 그리고 아이들의 노랫소리가 울려 퍼진다.

이 영화는 분단의 아픔, 실향민의 통합, 피폐한 농촌 공동체의 재건 등 여러 가지 당대의 현실적 어려움과 과제를 보여주고 있다. 이 영화에서도 부모 특히 아버지의 무능과 무책임을 통해 현실의 고통의 원인이 기성세대에게 있음을 보여준다.[76] 여기서 아이들을 유기한 아버지[77]를 대신하는 것은 새로 부임한 여교사 지영으로, 그녀와 어린이들의 노력으로 어른들은 계몽되고 마을은 재건된다. 영규가 다치는 바람에 모든 갈등이 해결되고 어른들이 지난 날을 후회하며 반성한다는 안이한 결말도 그렇지만 어린이들이 이 나라의 미래를 짊어지고 나길 희망이라는 주제가 마지막에 어린이들이 부르는 노래를 통해 너무나 명시적으로 드러난다. "무궁무궁무궁화, 무궁화는 우리꽃, 피고 지고 또피어 무궁화라네"[78], "발맞추어 나가자 앞으로 가자, 우리들은 씩씩한 어린이라네. 금수강산 이어받을 새싹이라네."[79] 이처럼 1960년대 후반 국가재건의 완성은 이렇게 어린이들에 의해서도 선포되고 있었다. 아이들은 씩씩한 행진곡에 맞춰 근대 국민으로 성장해 나갈 것이며, 이때 새롭게 재편된 근대적 가족은 국민을 재생산해내고 결집시키는 기본적인 단위로서의 의의를 가진다.

위 세 편의 영화들에서 어린이는 피폐한 현실 속에서 아직 모범적인 국민으로 재탄생하지 못한 무능하고 무책임한 부모들을 일깨워주며, 어린이를 매개로 공동체는 재건된다. 이처럼 맑고 순수한 존재인 어린이들이 가난하고 고통스러운 현실에도 굴하지 않는 의지를 지닌다면 비록 어려운 현실일지라도 얼마든지 극복될 수 있다는 희망이 지속적으로 제시되고 있다. 이제 어린이는 '작은 국민'으로서 '가난한 현실을 딛고 재건에 앞장서는 새세대'로서 자리매김되는 것이다. 실제로 앞에서도 살펴보았듯이 가난과 빈곤으로부터 탈출하고자 하는 국민대중의 열망이 가장 명시적으로 표출되면서 이를 위해서는 국가의 시책에 잘 따라야 한다는 계몽과 선전이 가장 잘 드러난 것 중의 하나가 어린이들을 주인공으로 하는 영화라는 것은 주목할 만한 부분이다. 이들 영화에 빈번히 등장하는 '무궁화'나 '금수강산', 혹은 대통령과 같은 대한민국의 표상은 1960년대 말로 갈수록 더욱 강화되고 있다. 결국 강고해지는 국가와 그 안에서 보이는 인물들의 정형화가 눈에 띄게 진행되면서 공동체의 재건과 주체 재건의 테마는 다가올 유신체제로 향하는 전조와 징후를 뚜렷이 보여주고 있다.

이상화된 국민들

이상 살펴본 영화들이 근대화의 주체이자 바람직한 국민으로서의 청년, 여성, 어린이라는 테마로 접근했다면, 새로운 국민상의 제시라는 면에서 완결편 격인 영화가 있다. 대표적인 정책 홍보영화이면서 흥행에서도 대성공을 거둔 〈팔도강산〉(1967, 배석인)[80]이 그것이다. 서울에서 한의원을 운영하는 노부부가 팔도에 있는 자식들을 찾아다니면서 근대화된 '대한민국'을 직접 보게 된다는 이야기인데, 이 영화에 나오는 가족들의 직업과 사는 곳은 다음과 같다.

〈표 13〉〈팔도강산〉의 가족 관계

가족관계	사는 곳	직업	배우
부모	서울	협동한의원 한의사	김희갑―황정순
첫째딸―사위	충북 청주	시멘트공장 직원	최은희―김진규
둘째딸―사위	전북 부안	간척사업 회사 직원	이민자―박노식
셋째딸―사위	경남 울산	정유공장 직원	김혜정―이수련
넷째딸―사위	부산	가발 제조업체 사장	고은아―허장강
다섯째아들	강원도	군인	조항
여섯째딸―사위	강원도 속초	어부	강미애―신영균
일곱째딸―사위	서울	싸이클 선수	강문―이대엽

노부부가 찾아다니는 전국 각지의 딸과 사위들은 지역적으로는 서울부터 충청, 전라, 경상, 강원 4개 도를, 산업적으로는 수산업, 농업, 경공업, 중화학공업을, 계층적으로는 노동자, 농민에서 자본가까지 모두를 아우르고 있는 듯 보인다.[81] 그런데 자세히 들여다보면 공장에서 일하는 사위들은 전형적인 노동자라기보다는 공장의 중간 관리직처럼 보인다. 때문에 간척사업이 끝나면 농토가 된다는 언급은 있지만 이들이 농민으로 살아간다는 것인지는 확실하지 않다. 가난한 어부는 열심히 일해 자신의 배를 장만함으로써 자영업자로 상승한다. 가장 부자인 넷째 사위는 당시의 대표적인 중소기업인 가발 제조업체의 사장이다. 이렇게 보았을 때 이 영화는 기층 민중의 집합체로서의 '국민' 상 창출에 중점이 있다기 보다는 경제개발을 통해 누구나 중산

층이 될 수 있는 신화에 일조하는 것처럼 보인다. 이들은 전국 각지에서 '조국근대화'의 일꾼으로 열심히 살아가고 있는 국민들을 상징하며 아버지세대는 이런 자식세대를 도닥이며 근대화를 추인해 나가는 갈등의 조정자이다. 아버지가 한의원을 운영한다는 것, 그리고 그 이름이 '협동'이라는 것은 이렇게 각자 따로 살아가는 가족들에게도 '협동'이 중요하다는 것을 드러내고 있다. 전통의 가치처럼 보이는 '협동'은 실은 재건국민운동에서 국민이 갖추어야 할 3대 덕목인 근면, 자조, 협동 가운데 하나이다. 김승호로 대표되는 1960년대 초반의 아버지는 역사의 무대에서 쓸쓸히 사라지며 자식에게 자리를 넘겨주어야 하는 세대로 묘사되었다면, 1960년대 후반의 아버지는 자식들과의 갈등을 '효도'라는 이름으로 무마하고 뒷짐지고 관광을 즐기면 되는 존재로 보여진다. 그렇다고 무대에서 사라지는 존재는 아니며 오히려 가족의 구심점 역할을 한다. 비록 어떤 자식은 너무 가난해 아버지에게 물을 탄 술을 대접해야 하고 또 어떤 자식은 아버지가 값비싼 도자기를 깼다고 불쾌해 하기도 하는 등 빈부 차이가 나기도 하지만 이들은 아버지의 회갑연에 모두 모여 잘못을 사죄하고 갈등을 봉합한다. 가족 간의 불화는 포용력 있는 아버지를 통해 무마되며, 지역 간, 계층 간, 산업 간의 불균형과 갈등 역시 아버지와 같은 지도자를 통해 봉합될 수 있다. 부모는 가끔씩 자식들의 도덕성과 화합을 점검하는 역할을 수행하는 것만으로도 소외되지 않고 만족스러운 여생을 꾸려갈 수가 있다. 여기서 가족의 통합이 상징하는 것은 국민의 통합, 국가의 통합이며, 이때 자식들이 살아가는 각각의 모습은 바로 국민의 모습, 그것도 각자의 위치에서 근대화에 열심히 매진하는 '바람직한' 국민의 모습이었다.

이 영화에는 남한 각지의 풍광이 자연–문화–산업의 순서로 스펙터클하게 펼쳐진다. 역사 유적과 절경 사이사이에 보이는 산업화의 현장 자체가 주요 볼거리인 것이다. 그런데 산업 현장까지도 관광상품으로 변화시킨 이 영화에서 '팔도강산'이 의미하는 바에 주목할 필요가 있다. 원래 '팔도강산'이라 함은 함경도, 평안도, 황해도, 경기도, 강원도, 충청도, 전라도, 경상도의 여덟 개도, 곧 한반도 전체를 가리킨다. 대한민국의 영토는 "한반도와 부속 도서로 한다"는 대한민국의 헌법과 남한의 네 개 도만을 '팔도강산'으로 호명하는 것이 전혀 갈등을 일으키지 않고 공존하고 있다. 이러한 현실은 한반도 내에서 대한민국 이외에는 어떤 존재도 국가로 인정하지 않는다는 것을 의미하는 것이기도 하지만 실제로 국민들에게 휴전선 이북에 대한 상상을 제한하고 금지시키며 우리가 살아야 할 '팔도강산'은 이제 휴전선 이남 지역뿐이라는 것을 거꾸로 암시하고 있다. 영화는 국가라는 커다란 공동체에 속한 국민의 '통합'을 꾀하고 있지만 그것은 실제로 더 큰 '배제'를 전제로 하는 것이기도 했다. 팔도강산의 (딸이 아닌) 사위들은 배제를 전제로 한 통합의 일환으로 각자 산업화의 현장에서 자기의 본분을 다함으로써 부모에겐 효성을 국가엔 충성을 다하는 모범적인 국민의 일원으로서의 정체성을 확보한다. 1960년대 후반 이상적으로 주소된 국민들의 통합이 완성되고 있음은 곧 분단국가 대한민국의 정체성이 완성되고 있음을 의미하는 것이기도 했다. 비록 단체관람 형태가 많긴 했으나 이 영화를 본 관객들은 아마도 영화 속 근대화의 증거들에 가슴 벅차게 박수를 치며 경제개발의 '신화'가 현실화되는 것을 목도했다는 확신에 찼을지도 모른다. 그러나 한편으로 근대화된 국토의 파노라마가 역동적으로 펼쳐지고 이상적 국민들이 활보하는 스크린과 동떨어진 현실에서 대중들은 정작 소외감과 쓸쓸함을 느꼈다면 그 정체는 과연 무엇일까?

부적응하는 시민군상

가정으로 돌아가지 않는 여성들

1960년대 후반 정부는 근대화와 국가재건의 주체로서 '국민'의 모범적 상을 제시하고 있었지만 그야말로 이상화된 상에 불과했다. 이 시기 국민들은 대한민국의 일원으로서의 정체성을 외형적으로는 획득하고 있었지만 내면적으로 국가가 제시한 대한민국의 상에 완전히 동화되었다고 볼 수는 없다. 오히려 정서적으로는 이러한 상으로부터 멀어져간 측면이 있었다. 빠른 속도로 진행되는 근대화와 극심한 도농 간 격차를 수반하면서 외형적 건설에 치중하는 도시화의 진전 속에서 대중들은 국가의 이름으로 귀결되는 '국민'과는 또다른 범주의 이름을 가진 정체성을 갖기 시작했다. 이 시기 지식인들을 사로잡았던 것은 바로 '시민'이라는 이름이었다. '시민' 개념이 주목받게 된 계기는 두 가지이다. 곧 도시화의 진전에 따라 전통적인 공동체의 구성원과는 질적으로 다른 새로운 주체들이 형성되기 시작한 것이 그 한 가지이고, 1950~60년대 양산된 계몽적 지식인들이 서구의 '시민사회론'을 적극적으로 소개한 것이 다른 한 가지라고 할 수 있다. 시민이 직접적으로 역사에 모습을 드러낸 첫 번째 계기는 4·19혁명이라 할 수 있다. 4·19혁명은 5·16군사정변과 함께 1960년대를 규정하는 두 개의 경험과 인식의 축이 되었다. 5·16군사정변 이후 정부의 재건론은 4·19혁명을 계승한다는 선전만 무성했을 뿐 실질적인 내용에 있어서는 4·19혁명을 부정하기에 급급했고, 이는 자율적인 시민의 성장과 '민중의 자발적 참여와 의사 표현으로서의 민주주의'에의 요구라는 시대의 흐름을 애써 부인하는 것이었다. 1960년대 전반에서 중반 사이의 한일회담과 베트남 파병을 둘러싼 반정부적 시위들은 비록 조직적으로나 이론적으로 미성숙한 것이었지만 시민의 존재와 잠재력을 느낄 수 있는 것이었고, 여기서 비롯된 위기감은 1960년대 후반의 정권을 더욱 긴장시키고 국가주의적으로 몰아갔다.

    반면 대중들은 국가의 구성원인 '국민'으로서가 아닌 근대화된 도시의 '시민'으로서의 분열되고 혼란스러운 자아상을 표출하고 있었다. 이때 '국민'과 '시민'은 서로 대립되거나 상충하는 개념은 아니었다. 그러나 대중의 정서 속에서 국가가 요구하는 '국민'과 완전히 합일되지 않는 모호한 주체를 무엇이라 불러야 할지에 대해서는 명확하게 정리된 바 없었다. 다만 여기서는 근대 도시의 교육받은 구성원으로서 '국민'으로 완전히 흡수될 수 없는 자아, 그래서 '국민'으로 기꺼이 호명되길 거부하거나 지연되는 주체들을 총칭해 '시민'이라 부르기로 한다.[82] 이러한 존재들이 그 모습을 드러내는 것은 그 자체가 비판의 의미를 담고 있는 징후들인데, 1953년 창간된 이래 양심적 지식인들의 목소리를 대변해 온 《사상계》나 1966년 창간된 《창작과 비평》 같은 문예지를 통해 표출되었다. 영화는 이러한 징후들을 단편적이고 소극적인 형태로나마, 그러나 때로는 그 어느 매체보다도 과

감하게 포착해낸다. 그중에서도 〈귀로〉(1967, 이만희), 〈안개〉(1967, 김수용), 〈장군의 수염〉(1968, 이성구), 〈휴일〉(1968, 이만희), 〈여자가 고백할 때〉(1969, 이만희) 등 이른바 모더니즘 계열의 작품들은 주목할 만하다. 이는 대개 1960년대의 현실비판적이며 모더니즘적인 지식인 문학의 흐름 속에서 나온 소설들을 원작으로 한 영화들로서, 유럽의 작가주의 영화나 누벨바그Nouvelle Vague에서 미학적 영향을 받았다.[83] 이 책에서는 미학적 논의는 생략하고 이들 작품들에서 시민의 존재가 어떻게 표출되는지에 집중하고자 한다.

시대의 변화가 제일 민감하게 감지되는 것은 항상 남성의 하위 주체로서 소외되어 온 여성으로부터이다. 우선 영화 〈귀로〉(1967, 이만희)는 위에서 살펴본 전후재건 플롯인 〈이 생명 다하도록〉(1960, 신상옥)과 여러모로 비교가 된다. 〈이 생명 다하도록〉에서 전쟁으로 성불구가 된 남편으로 나오는 김진규가 〈귀로〉에서도 역시 성불구가 된 작가로 등장하는 데다가 아내(문정숙)가 이러한 남편으로 인해 성적 욕망과 정절이데올로기, 혹은 도덕적 자기애 사이에서 갈등하는 매우 유사한 유형의 이야기이기 때문이다. 그러나 이 두 영화는 같은 전쟁 멜로드라마에 속할 수는 있지만 같은 플롯에 속하는 이야기라고 보기는 어렵다. 〈이 생명 다하도록〉은 전후의 훼손된 심상이 육체적·성적 장애와 나아가 가족 파괴로 나타나지만, 심지가 굳은 아내는 비록 잠시 흔들리긴 하나 곧 자신의 욕망을 부정하고 재건의 주체로서 나선다. 따라서 가부장은 회복되고 국가재건의 기틀로서 가정이라는 공동체는 사적 영역으로서가 아니라 공적 영역의 사회적 임무를 띠며 재건된다. 국민의 일원으로서 여성이 감수해야 할 것과 담당해야 할 것이 명확하게 제시되며 그러한 대의에 여성의 욕망과 요구는 부정되거나 유보된다. 반면 〈귀로〉의 아내는 남편을 위해 10여 년을 내조하지만 젊은 청년과 멀리 떠나려는 욕망과 의지를 감출 수 없어 괴로워 하다가 끝내 집을 나오지 못하고 자살하고 마는데, 이는 재건의 관점에서 보자면 소극적이나마 저항적인 결말이다. 〈미몽〉에 나타난 1930년대 일탈한 여성의 자살은 죄책감으로 인해 스스로 벌을 받는 처벌과 응징의 의미지만, 〈귀로〉에 나타난 1960년대 여성의 자살은 온전한 속죄의 의미가 아니다. 아내는 연인을 따라가지 않음으로써 남편을 떠나지 못했지만, 그렇다고 남편에게 돌아간 것도 아니다. 여기서 아내는 평생 가부장제의 온존과 국가의 재건에 봉사하도록 강요된 삶을 거부하고 죽음을 선택한 것이며, 이는 비록 소극적인 것일망정 가부장제와 기성질서를 유지하기 위한 재건의 주체로 환원되지 않는다는 것을 뜻한다. 더 중요한 것은 아내의 방황이다. 인천과 서울을 오가는 가운데 보이는 도시의 이미지 속에서 좌절하고 방황하는 아내의 이미지는 국가의 부름에 기꺼이 동참하는 '국민'의 이미지가 아니기 때문이다. 1960년대 후반 국가가 재건의 완성을 외친 것과는 대조적으로 대중들은 그러한 국가로부터 괴리되고 있음을 단적으로 보여준다. 〈귀로〉의 모더니즘적 스타일은 이러한 결말을 저항적으로 보이기보다는 미학적 차원으로 승화시켰는데,[84] 이는 기성의 권위와 가치에 비판적인 모더니즘적 세계관 속에서 가능한 결말이기도 하다.

〈귀로〉에서 고통을 겪는 아내로 나온 문정숙이 다시 남편의 부재로 인해 좌절하고 방황하는 아내로 나오는 영화 〈여자가 고백할 때〉(1969, 이만희)는 〈귀로〉의 소극적인 저항보다 한 발 더 나아간다. 아내는 남편(남궁원)을 유학 보내고 삼 년이라는 세월을 고통 속에 혼자 살고 있는데 남편은 무심하게도 다시 삼 년을 더 기다려달라는 편지를 보낸다. 몹시 실망한 아내는 자신을 사랑하는 의사(윤일봉)와 하룻밤을 보내고, 이 사실을 안 남편은 이혼을 통보한다. 실의에 빠진 채 교통사고를 당한 아내에게 남편은 용서하겠으니 다시는 그런 잘못을 저지르지 말라고 하지만, 아내는 자신은 용서가 아니라 이해를 바랐다며 쓸쓸히 떠난다. 이 영화에서 아내는 남편에게 자신의 외도를 고백하지만 이에 대한 남편의 반응은 극단적 남성 이기주의를 보여준다. 〈이 생명 다하도록〉의 남편은 아내에게 다른 남자가 생겼음을 알자 떠나지 말아 달라고 애원하고, 〈귀로〉에서의 남편은 자신의 소설 속에서 아내가 부정을 저지르도록 함으로써 자신의 죄책감을 상쇄하는 데 반해, 〈여자가 고백할 때〉의 남편은 무조건적인 거부반응만을 보인다. 이는 온전한 가정을 꾸리지 못한 채 고통받는 아내를 전혀 이해하려고 하지 않았기 때문이다. 물론 자신이 아내를 용서하는 이유가 "우리 둘 다 잘못이 있기 때문"이라고 함으로써 자신의 잘못도 약간은 인정하는 듯한 태도를 취하지만 그보다는 자신이 아내를 용서하는 일이 얼마나 대단하고 고통스러운 일인지를 강변하는 데 급급하다.

　　아내 역시 앞의 두 영화에서와는 다른 입장에 놓여 있다. 〈이 생명 다하도록〉에서는 아내가 피난지에서 장사를 하며 생계를 꾸려가지만 아내가 공적 영역에서 만나는 사람들은 매우 제한되어 있다. 〈귀로〉에서의 아내는 남편이 소설을 쓰기 때문에 전업주부로 살 수 있으며, 유일하게 공적 영역으로 나오는 것은 남편의 소설을 서울의 신문사에 갖다 줄 때뿐이다. 반면 〈여자가 고백할 때〉의 아내는 의상실을 운영하는 사업가로(아마도 그녀는 남편의 학비를 대고 있었을 것이다) 이미 공적 영역에 노출되어 있기 때문에 원한다면 얼마든지 욕망의 분출구를 찾을 수 있다. 그런데도 아내는 자신의 외도에 괴로워하다가 결국 남편에게 고백을 하고 만다. 그런데 중요한 점은 아내가 남편에게 돌아가지 않고, 자신을 좋아하는 남성에게도 기대지 않은 채 홀로 떠난다는 것이다. 이는 남편으로 상징되는 기존의 가부장적 질서에 대한 거부이고 저항으로 읽힌다. 왜 아내는 가정으로 돌아가 가정을 재건하는 데 앞장서지 않고 오히려 가정을 파괴하려고 하는가. 왜 또 다른 남성에게 의탁하는 삶을 거부하는가. 그것은 바람직한 아내의 상만을 강요하면서 여성을 이해조차 하려고 하지 않는 기성의 질서를 부정하는 것과 다름없다. 아마도 그녀가 앞으로 지금까지 강요되었던 아내로서의 '역할' 대신 여성으로서의 본질에 충실하며 자립적인 시민의 일원으로 살아가는 데에는 많은 난관이 기다리고 있을 것이다. 이러한 여성들이 홀로 살아갈 수 있는 시대는 아직 요원하기 때문이다. 그러나 가정과 국가의 부름을 거부하고 반대 방향으로 첫발을 내디뎠다는 것만으로도 충분히 의미가 있을 것이다. 외도를 한 아내가 반성하며 가정으로 돌아간다, 혹은 돌아가기조차 미안해서 자살한다는 플롯을 가진 〈미몽〉과 〈자유부인〉 이래의 영화들은 〈여자가 고백할 때〉에 이르러 아내가 남편도 연인도 아닌 제3의 길, 곧 주체적 삶의 길을 선택한다는 플롯으로 전환된다. 이는 이후 많은 영화와 드라마에서 여성 주체의 일탈이 곧 자아 발견의 길과 연결되는 새로운 서사방식의 기원을 열었다는 점에서 의의가 크다.

방황하는 남성들

역할론에 지친 것은 여성만이 아니다. 1960년대의 시대정신을 대표하는 소설가 김승옥金承鈺이 1964년 《사상계》에 발표한 단편소설 〈무진기행〉을 원작으로 한 〈안개〉(1967, 김수용)는 재건 과정에서 주체로 자리매김된 남성들의 혼란과 방황을 그리고 있다.[85] 주인공 윤기준(신성일)은 제약회사 사장 딸과 결혼해 상무 자리까지 오른 인물로 승진을 앞두고 고향인 무진으로 여행을 간다. 기준은 세무서장으로 있는 중학교 동창 조(이낙훈)를 찾아갔다가 음악선생 하인숙(윤정희)을 만나 면사 사랑에 빠진다. 기준은 무진을 떠나고 싶어하는 인숙에게 서울로 데려가겠다고 약속을 하지만, 승진했으니 급히 상경하라는 아내의 전보를 받고는 인숙에게 썼던 편지마저 찢어버린 채 무진을 떠난다. 영화 내내 등장하는 안개는 주인공의 혼란과 방황을 상징하는데, 그 몽환적인 분위기에서 기준은 폐병환자로 징집을 피해 다락방에 숨어 지냈던 과거의 자신과 조우한다. 부끄럽지만 순수했던 자신이 그토록 가고 싶어했던 서울에서 그는 자본가의 딸과 결혼함으로써 출세했고 속물이 되었다.[86] 기준이 서울을 떠나기 전에 환각처럼 보이는 서류를 가득 메운 개미나 사무실 창에서 내려다보는 서울 거리의 혼잡함은 근대화를 목도하고 근대화를 실천해 온 현재의 기준이 얼마나 피곤하고 지친 상태에 있는지를 보여준다. 재건을 이룬 거리는 복잡하고 바쁜 일상으로 가득하지만 정작 기준은 그 속에서 여유롭고 행복하다고 할 수 없다. 서울도, 무진도, 공동체가 와해되기는 마찬가지다. 과거의 기준처럼 무진을 떠나고 싶어하고 남성에게 의존해 돌파구를 찾고 싶어하는 적당히 속물적인 인물인 인숙은 와해된 공동체 속에서의 부박한 삶을 상징한다. 피곤한 일상에서 떠나와 안개에 싸인 비현실적인 공간에서 기준은 마치 과거의 자신과 사랑에 빠지듯 인숙과 열정적인 사랑에 빠지지만 그 사랑은 현실의 사랑이 아니다. 기준은 근대화 주체로서의, 부르주아로서의, 그리고 남성으로서의 자신의 기득권을 포기할 수 없다.

　결국 무진으로 여행을 떠나기 전과 비교했을 때 그 이후에도 그에게 현실적으로 달라진 점은 전혀 없어 보인다. 그러나 겉보기에 멀쩡해 보이는 주체, 이상적이고 모범적인 국민처럼 보이는 이 인물의 자아는 분열되어 있고 안개와 같은 혼돈 속에서 방황하고 있음이 드러난다. 기준은 이미 자기 자신이 기성체제를 구성하는 일부분이 되었고 절대로 그것을 벗어날 수는 없겠지만 그래도 자신의 부끄러운 양심은 알고 있다. 자신이 어떤 '역할'에 충실할 때 그것은 마음으로부터의 동의에 의한 것만은 아니라는 것을, 거부하거나 저항할 용기는 없지만 그렇다고 그가 이 사회를 흔쾌히 용인하고 있지는 않다는 것을. 기준은 과거 농촌에서 살다가 도시(서울)로 올라와 근대화의 기수로 자리매김된 많은 남성 주체들을 대표한다. 비록 기준이 '당신의 주인인 아내'로부터 전보를 받고 서울로 돌아오듯이 이들 남성 주체들은 잠시의 방황을 정리하고 다시 근대화를 용인해야 하는 현실로 돌아오겠지만, 이들은 결코 국가가 요구하듯 '국민'으로만 소환될 수는 없는 복잡한 존재임을 영화는 보여준다. 비록 그들이 할 수 있는 것이 잠깐의 일탈이고 방황일지라도 그것은 국가의 요구에 일사불란하게 움직이길 거부하거나 저어하는 저항의 가능성을 내포하고 있다.

　〈안개〉에서 안개가 또다른 주인공이듯이 〈휴일〉(1968, 이민희)에서 또하나의 주인공은 흙먼지 자욱한 바람이다. 서울의 스산한 늦가을을 배경으로 한 이 영화는 어느 바람이 몹시 부는 일요일, 가난한 청춘 남녀의 방황과 좌절을 그렸다. 허욱(신성일)은 일요일마다 만나는 애인 지연(전지연)과 미래를 설계하기에는 당장 커피값도 없을 정도로 가난하다. 그는 지연의 낙태 수술비 때문에 친구의 돈을 훔쳐 병원으로 간다. 수술을 받는 지연을 뒤로 하고 병원을 나와 바에서 만난 여자와 술집을 전전하고 사랑을 나누지만 교회 종소리에 정신을 차리고 급히 병원으로 가보니 지연은 이미 죽은 뒤다. 허욱은 사랑했던 그녀와의 추억을 떠올리며 거리를 방황한다. 이 영화는 전반적으로 톤이 너무 어둡다는 이유로 검열을 통과하지 못해 제작 당시에는 개봉되지 못했다.[87] 당시 문화공보부는 허욱이 마지막에 머리를 깎고 군대에 가는 설정으로 바꾸면 개봉을 허가하겠다고 했으나 감독과 시나리오 작가, 그리고 제작자까지 반대해 개봉이 무산되었다고 한다.[88] 검열 당국은 이 영화의 결말을 주인공이 국가의 재건 방향에 결국 순응함으로써 지난 상처를 잊는다는 식으로 바꾸길 원했고, 이는 영화의 중심 서사와 주제의식을 바꾸려는 것이었기 때문에 막대한 금전적인 손실에도 불구하고 제작진이 이를 수용할 수 없었던 것이다. 아마도 제작진이 지키려했던 것은 이 영화의 쓸쓸하고 황량한 정조情操일 것인데, 이는 곧 주인공들의 내면의 풍경이다. 그들이 이처럼 고독과 좌절을 맛보게 된 것은 지연의 대사처럼 "빈털터리이기 때문"으로, 이것이 주인공들만의 특수한 사정이 아님은 허욱이 바에서 만난 여인을 통해서 알 수 있다. 그녀에 의하면 "일요일에 만나는 남자는 모두 우울하고 말이 없고 용기가 없고 마지막엔 아무 얘기도 약속도 없이 사라지는" 남성들이다. 이러한 남성 군상들이야말로 주중에 열심히 근대화의 전선에서 일하(는 것처럼 보이)던 바로 그들의 또 다른 모습인 것이다. 이들은 평소에는 어떤 목표를 가지고 사는 듯이 보이지만 막상 일을 떠나면 여가를 즐길 수 있는 돈도 용기도 없이 무의미하고 무책임한 행동을 일삼는 자들이다. 그녀가 말하는 무수한 "일요일에 만난 남자" 중 한 명에 불과한 허욱은 애인이 낙태 수술을 받는 동안 처음 보는 여자와 정을 통하는 비합리적 행동을 하는데 이는 결국 자포자기식의 자기 모멸에서 나오는 것이다.

　이 영화에서 그의 고독은 매우 근원적인 것이다. 이는 10여 년 전 같은 서울의 일요일 하루에 일어난 일을 다룬 〈서울의 휴일〉(1956, 이용민)과 비교해 보면 그의 고독이 어디서 유래하고 있는지 명확해진다. 앞서 살펴 보았듯이 〈서울의 휴일〉의 주인공들은 전문직 종사자인 부부이고 이들에겐 여가를 멋지게 즐길 만한 돈도 시간도 그리고 교양 있고 친절한 이웃도 있다. 그러나 〈휴일〉의 주인공들은 가족이나 친구로부터 모두 단절되어 있다. 허욱에게 가족이 있는지 직장이 있는지 여부는 확실하지 않다. 지연의 홀아버지는 아예 지연의 죽음을 믿으려고도 하지 않는다. 허욱이 수술비를 구하기 위해 찾는 세 명의 친구들의 면면은 더욱 상징적이다. 진정성이라고는 찾아볼 수 없는 바람둥이 한량, 술에 취해 사는 대졸 실업자, 그리고 "심심해서 목욕을 여섯 번이나 하는" 무료하고 탐욕스러운 중산층이 그들이다. 당시의 도시민 군상들을 대표하는 이들과 허욱은 애초에 소통이 불가능하며 단절되어 있다. 오히려 바에서 만난 이름 모를 여인만이 허욱의 고독과 절망을 잠시나마 위로할 수 있다. 그러나 결국 이들 다양한 대중 군상들과 허욱은 같은 존재의 다른 면면일 뿐일지도 모른다. 〈서울의 휴일〉의 주인공들은 사회의 극빈층을 온정으로 돌볼 수 있는 이량과 여유를 가졌지만, 〈휴일〉의 주인공들에게 이러한 온정을 베풀 사람은 아무도 없다. 국가가 재건을 희망했던 가족과 지역 사회 등의 공동체는 오히려 와해되고 있는 것이다. 〈서울의 휴일〉에서 서울 거리는 10여 년 후인 〈휴일〉의 그것보다 덜 재건되어 있지만 활기차고 희망적이다. 〈휴일〉에서 훨씬 근대화된 서울은 익명의 존재들이 서로 모르는 척 고독하게 살아가는 곳으로, 지독히 부는 모래 바람처럼 삭막하고 황량한 곳으로 묘사된다. 1950년대 중반, 재건의 방향이 아직은 모호하고 불투명했으며 경제적으로 더욱 궁핍했던 시절보다, 1960년대 말 명확한 재건 방향 속에 근대화되고 상대적으로 덜 가난해진 시대가 물질적으로나 정신적으로 더욱 곤궁하고 절망스러운 것이었음을 영화는 전하고 있다.

 이러한 고독과 소외를 못 견딘 사람들은 급기야 자살을 선택하기도 한다. 문학평론가 이어령李御寧의 소설을 김승옥이 각색한 〈장군의 수염〉(1968, 이성구)은 미스터리 추리극 형식으로 한 인간의 개인사와 내면을 파헤친 영화로서, 그러한 절망이 어디에서 오는 것인지를 역사적 사회적 문맥에서 다루고 있다. 사진기자 김철훈(신성일)이 의문의 죽음을 당하자 박형사(김승호)와 김형사(김성옥)는 주변 인물들을 상대로 수사를 시작한다. 그들은 수사 도중 철훈이 쓰려고 했던 소설 《장군의 수염》 이야기를 듣는다. 철훈과 동거했던 신혜(윤정희)로부터 철훈의 과거 이야기를 들은 형사들은 철훈이 현실 부적응자로서 자살한 것으로 결론을 짓는다. 지주의 막내 아들로 태어나 토지개혁과 한국전쟁을 처절히 경험한 철훈과, 목사였던 아버지가 국군을 숨겨주었다는 이유로 인민군에게 매질을 당하고 자신도 피난길에 인민군에게 강간당했다는 신혜의 이야기는 반공적인 정서 속에 해방 후 한국 현대사를 개인이 관통할 때 겪는 혹독함이 잘 녹아 있다.

 철훈이 쓴 소설 '장군의 수염'도 매우 상징적이다. 이 이야기는 어느 나라가 독립한 데서 시작하는데, 독립운동을 지휘한 장군 이하 모든 독립군들이 면도를 못해 수염을 기른 것이 멋져 보여서 사람들은 너나 할 것 없이 수염을 기르기 시작한다. 각계각층에서 수염을 기르지 않은 사람을 찾아보기 힘들 정도로 수염은 독립의 상징처럼 되어 버렸는데, 정작 주인공은 수염을 기르는 것이 어색해 기르지 않는다. 급기야 수염을 기르지 않아 회사에서도 잘렸다는 생각으로 경찰서에 가서 자수를 하지만 회사에서도 경찰서에서도 우리나라는 자유국가이고, 헌법에 자유가 보장된 나라이니 수염을 기르고 안 기르고는 개인의 자유라고 말해준다. 그러나 주인공은 거리에서 수염 기른 남자가 모는 자동차에 치어 죽는데, 죽는 순간에도 수염을 기르지 않은 최후의 인간이 수염 때문에 죽어간다고 되뇌인다. 독립군이나 장군의 이미지에서 북한사회를 풍자하는 듯도 하지만, 곧 풍자의 대상이 남한 사회라는 것을 알 수 있다. "우리나라는 자유국가이며 헌법에 자유가 보장"되어 있지만 그것은 형식에 그칠 뿐 진정으로 자유롭지 못하다는 것이다.

이 영화는 모두가 같은 식으로 사고하고 행동해야만 자연스러운 것으로 인식하고 다름과 차이를 인정하지 않는 획일적 사회가 바로 남한사회임을 고발한다. 이 경직된 사회에서 철훈처럼 낭만적 순수성을 가진 사람의 삶은 그의 표현대로 표류하는 것과 같다. 영화 초반에 주인공의 방에 걸려 있는 난파선 그림처럼 거센 파도에 무기력하게 내맡겨진 상황일 뿐이지만 철훈을 살아있게 하는 것은 그가 무엇인가를 거부하고 있다는 것이다. 그의 시체가 발견된 방에 붉은 글씨로 쓰여있는 "거부한다, 거부한다, 거부한다. 그래서 나는 살고 있다"는 문구는 마치 "생각하므로 존재한다"는 명제처럼 거부함으로써만 그가 존재하고 살아있다는 것을 증명할 수 있으며, 거부하지 않는 것은 죽은 것과 마찬가지라는 강한 비판의식의 발로이다. 결국 그는 경직되고 획일적인 사회에 의해 살해당한 것이다. 1960년대 국민이 모두 한 방향을 보고 뛸 것을 종용받은 현실에서 주인공의 고독은 국가가 '국민'이라는 이름으로 호출한 정형화된 인간형에 대한 반발이다. 철훈과 신혜가 배를 타고 항해하는 연극 놀이에 심취해 있을 때 파도는 잔잔하고 세상은 따뜻하고 아름답게 여겨지지만, 조금만 현실에 발을 담그면 거센 풍랑에 돛은 찢겨지고 배는 좌표 없는 망망대해를 끝없이 맴도는 난파선이 되고 만다는 것을 영화는 말해준다. "자, 국가가 가리키고 있는 저 아름다운 대륙이 보이는가? 실은 그건 달력 그림이고 넌 지금 난파선 위에 있는 거야……"라는 거친 폭로가 쏟아질 때 〈팔도강산〉에 쉽게 동의하기 어려웠던 관객들은 괴롭지만 공감할 수밖에 없었을 것이다.

이 영화들은 뛰어난 영상미와 작품성을 갖춰 당대 비평가들로부터 "(한국영화에서) 새로운 영상의 가능성을 제시한 참신한 작품" 등등의 찬사를 받았으며,[89] 어두운 작품의 분위기에도 불구하고 흥행에까지 성공했다.[90] 이는 이 영화들의 테마와 감성이 당대 대중들의 감수성에 호소력이 있었다는 뜻이다. 곧 대중들은 이 영화들의 고독하고 방황하는 인간 군상에 깊이 공감했다. 이는 실제로 서구의 모더니즘으로부터 강하게 영향받은 도시적 감수성의 발로이면서도, 서구 모더니즘의 한국적 변용이 의미하는 함의를 유추하게 한다. 이들 영화에서 제시된 고독한 인간 군상은 근대/현대가 필연적으로 유발하는 소외 현상을 엘리트적으로 소비하는 데 머문 것일 수도 있다. 그러나 관객들이 이 영화에 공감했다면 그것은 근대화의 길로 쉬지 않고 달려가다가 문득 멈추어 주위를 돌아보았을 때 이 길이 과연 우리가 원하던 바로 그 길이었는가를 회의하게 되는 지점과 맞닿아 있다. 그것은 '국민'과는 또다른 자아로의 분열이었다. 〈팔도강산〉류의 영화에서 바람직하고 모범적인 국민으로 호명되었던 대중들의 실체에는 국가가 제시한 명확한 재건 방향에도 불구하고 와해된 공동체에서 좌절과 방황을 겪는 시민의 존재가 있었다. 이들은 도시에서 고등교육을 받고 고독과 소외라는 실존적 문제에 봉착한 존재들로서 재건이 완성된 국가에 부적응함으로써 소극적이나마 저항의 가능성을 내포한 자립적이고 각성된 개인들이라는 점에서 진정으로 '근대적'인 인간들이었다.

표류하는 정체성—또 다른 열망

재건의 서사를 가진 영화들이 지향하는 궁극적 목표가 바로 이상적이고 모범적인 국민들이 조화롭게 사는 국가에 있다는 것은 재건론의 지향이 '국민' 형성과 깊은 관련이 있다는 것을 증명한다. 국가를 새롭게 디자인한다는 의미의 재건론에서 '국민'의 형성은 1950년대의 '도의재건'과 1960년대의 '인간개조'라는 말로써 특징지워진다. 잃어버렸던 도의를 되찾자는 의미의 '도의재건'은 언뜻 전근대적 용어처럼 보이지만 그 내용은 새로 정립되어야 할 국가재건의 논의와 맞닿아 있었다. 1950년대 재건론에서 '도의재건'은 곧 일제의 잔재를 소탕하고 국가와 도덕을 중심으로 한 국민교육의 체계를 바로 잡는 정신문화의 재건을 의미했다. 전근대성과 부도덕성을 타파해야 한다

5·16군사정변 1주년 기념 전국재건청년회 및 부녀회 대표자 대회(1962.5.16)

는 '도의' 개념은 부도덕하고 의롭지 못한 것으로서의 공산주의 및 북한을 상정함으로써 '반공'과 자연스럽게 연결될 수 있었다. 곧 도의란 국민도의를 말하는 것이었다. 국민도의란 개인보다는 국가를 우선시하고 사적인 주관보다 국민으로서의 자각이 우선시되는 논리였다.[91] 물론 '도의재건'이라는 말을 쓴다고 해서 모두 국가중심의 사고방식에 사로잡혔던 것은 아니다. 지배층에 대한 도덕적 비판으로서 도의를 부르짖기도 하고[92] 민주주의의 전제로서의 도의를 주장하기도 하는 등[93] '도의'라는 용어는 '재건'이라는 용어만큼이나 다양하고 복합적인 양상으로 지식인들의 담론 세계를 구성했다. 곧 같은 '도의재건'이란 말을 쓰고 있다고 해도 전통문화를 옹호하는 것부터 후진성을 극복하고 근대 시민윤리의 확보를 주장하는 것에 이르기까지 내용상으로는 다양한 스펙트럼이 존재했다.[94]

그런데 여기서 주목해야 할 것은 도의재건이 국민을 계몽하고 교화시키는 주체인 지식인은 물론이고 국민 모두가 갖추어야 할 윤리와 도덕으로서 근대적인 '국민'의 형성과도 관련되어 있지만, 이것이 한편으로 계몽주의와 합리주의로 무장한 '시민'의 형성과도 밀접한 관계에 있다는 사실이다. 곧 국가를 재건하기 위해서는 근대적인 국민이 만들어져야 한다는 논리는, "새 정신이 탄생하기 전에 이미 새 사람 '시민'이 탄생"한 것처럼 자유롭고 각성된 시민이 새로운 사회를 만들 수 있다는 논리와도 통하는 것이었다.[95] 이는 근대적 개인의 실존적 자각이 국가가 요구하는 '국민'으로서의 정체성만으로는 모두 채워질 수 없는 간극과 균열을 점차 초래하고 있는 현실을 반영하고 있으며, 동시에 '국민'의 육성이 '시민' 탄생의 추동력이 된 역설적 상황을 의미하는 것이기도 했다.

1950년대 '도의재건'이 국민형성의 방향에 대한 다양한 함의를 내포하고 있었던 것에 비해 1960년대 '인간개조'의 논리는 인간성의 근대화에 기반한 새로운 국민의 형성을 목표로 하고 있었다. 곧 1950년대의 정신 문화재건은 구습을 완전히 버리지 못한 정신 수양적 측면이 컸던 데 비해 1960년대에 이를 대체한 것은 구태와 완전히 결별한 인간성 자체의 근대화를 뜻했다. 재건국민운동(이하 재건운동)은 바로 이러한 새로운 국민상의 창출을 국민운동으로서 효과적으로 달성하려 했던 시도로, 예산을 전적으로 국가에 의존한 관제운동이자 대국민 선전운동이었다.[96] 이는 초기에 민간에서도 호응할만한 설득력과 호소력을 어느 정도 가지고 있었던 것으로 보인다. 아마도 민간에서는 정부의 정책에 부응하는 모양새를 취하면서 본래의 관심인 농촌 문제 등을 해결하려는 의도도 있었을 것으로 보인다.[97] 특히 인간성의 근대화가 필요하다는 인식은 정권뿐만 아니라 당대의 지식인들이 어느 정도 공감하고 있었다고 여겨진다.[98] 재건운동이 국민운동의 외피를 갖는 것이 가능한 이유도 여기에 있었다. 1950년대 도의의 재건 차원에서 운위되었던 근대적 국민의 형성이 1960년대에는 아예 근본부터 인간을 개조하자는 선동적 구호가 되었다.

'인간개조'는 두 가지 차원에서 논의되었다. 그중 하나는 민족의 역사를 반목과 사대주의의 역사로 보고 이러한 민족성의 개조를 통해 '인간개조'를 달성하자는 것이었다.[99] 이를 위해 조선시대는 민족성의 부정적인 측면이 양산된 시기로 규정된 반면,[100] 화랑도[101]나 3·1운동[102]은 민족 정신의 근간으로서 계승 발전시켜야 할 것으로 높이 평가했다. 이것은 특정한 역사적 사실을 민족 정체성의 근원으로 규정함으로써 국가의 정체성 형성의 계기로 위치지우려는 것이었다. '인간개조'의 다른 한 가지 차원은 바로 서구 개인의 자각을 바탕으로 한 근대적 인간성의 발현을 중시하는 것이다. 인간개조→사회개조→국가재건을 이룩하기 위해 서구의 근대윤리와 함께 근면성과 개척정신을 본받자는 논리는 근대화를 과제로 한 국민들에게 설득력 있는 주제였다.[103] 서구의 근대적 윤리인 투철한 직업의식·근면정신과 전통농촌의 협동정신의 결합은 곧 민족주체의식과 자유민주주의의 강조를 통해 경제적 근대화와 표리관계에 있는 '인간성의 근대화'를 목적으로 하는 것이었다. 이러한 '인간개조'는 '대중을 국민화'[104]하는 과정으로서, 이때의 '인간'은 '자본주의적 근대에 알맞은 인간형'이며, '인간개조'는 곧 '자본주의적 국민국가의 국민'으로의 탈바꿈을 뜻했다. 1960년대에 제작된 많은 문화영화에서 묘사되고 있는 새롭게 개조된 인간형이 모두 국가의 정책에 솔선수범하는 모범적인 국민들이라는 사실에서도 알 수 있다.[105] 이러한 국민상의 제시는 국민에 대한 국가의 절대적 우위를 전제로 하고 있다는 점에서 일제의 군국주의적 인간형을 떠올리게 한다. 이에 따라 과거에 사회의 주류에서 밀려나 있던 젊은 청년층, 부녀층, 그리고 아동층이 새로운 국가의 국민상으로 변모되어 부각되었다.

국가의 정체성 확립은 곧 '국민'의 정체성 확립이었다. 재건은 국가를 새롭게 디자인하는 것이었고 이러한 국가에 걸맞는 국민들을 내부로부터 통합하는 것이었다. 그런데 집권 초기 특별한 저항 없이 국가 재건에 대한 구상을 마음껏 전유했던 박정희 정권의 재건론은 1964~65년 사이를 기점으로 국민들의 반대와 저항에 부딪히기 시작한다. 대표적으로 《사상계》를 중심으로 한 지식인들은 기본적으로 '자본주의 근대화'라는 재건의 큰 흐름에는 동의하지만 그 노선과 방법에 있어서는 정부의 그것과는 이견을 드러내었다.[106] 많은 지식인과 학생, 시민들에게 외국에 의존한 대규모 차관의 도입은 자주성에 대한 훼손이자 자립경제의 열망에 대한 배반이었으며,[107] 이를 담보로 한 한일기본조약 역시 '민족'의 자존심을 일거에 무너뜨린 굴욕적 외교로 받아들여졌다.[108] 근대국가의 바람직한 구성원으로서의 '국민' 개념은 이성적으로 각성된 개인들이 주체가 되는 '시민' 개념의 대두로 진화했고, '국민' 개념은 '시민' 개념에 의해 도전받기 시작했다. 곧 '시민' 개념의 대두는 '국민' 개념이 의도하지 않았으나 필연적인 결과이기도 했다.[109] 결과는 원인을 공격하고 도전함으로써 자신을 낳아준 원인과 결별하고자 했다. 《사상계》의 비판적 지식인들은 각성된 개인들이 주체가 되는 '시민'이라는 개념에 주목하고 국가권력으로부터 자유로운 '시민'들의 존재가 근대국가의 기본임을 강조했다. 이처럼 시민사회론이 1960년대에 왕성히 일어난 배경에는

4·19혁명의 영향과 함께 급격한 도시화로 '시민'이라 불리는 사람은 늘어났지만 이들이 아직은 진정한 자질을 갖춘 '시민'은 아니라는 인식에도 기인한다. 이는 《사상계》의 논설들이 주로 서구의 시민사회를 소개하는 데 치중하고 있는 것에서도 엿볼 수 있다.[110] 《사상계》에서 주장하는 시민의 자유 확보는 '시민저항권', '시민불복종권'의 기본 전제였다. 여기서 국가권력에 불복종하거나 저항하는 행위가 시민의 권리라는 인식은 국가의 하위 개념으로서 국민을 상정하는 논리와는 달리 국가에 대항할 수 있는 깨어 있는 시민의 중요성을 인식함으로써 정부 및 친정부적 지식인에 의한 일방적인 국가재건의 담론과는 다른 저항적 시각을 제공하고 있다.[111] 정권은 야당이나 비판적 지식인, 학생, 시민 대중이 다른 방식의 재건론을 제기하는 것을 결코 허용하지 않은 채 국가가 재건의 유일한 주체가 되는 방식으로 재건 담론을 전유하고자 했다.

이상적이고 모범적인 국민, 민족과 국가의 유비로서의 가족, 가족의 확대로서의 공동체, 그리고 공동체의 궁극점으로서의 국가라는 연쇄고리 속에서 국민들은 국가가 부여한 정체성을 주입받으며 그 과제들을 수행해야 하는 의무와 책임을 부여받았다. 자립과 진보에 대한 대중들의 열망은 이러한 의무와 책임을 수행하기 위한 동력이었지만, 그것이 국가에 의해 전유되고 도구화되는 것에 회의와 환멸을 느낀 주체들은 특히 도시를 중심으로 한 지식인층과 이들에 공감하는 관객 대중들에게서 발견된다. 그러나 이들이 기존의 '국민'에 쉽게 흡수되고 통합되지 못한다고 해서 '국민'과 전혀 다른 길을 걸었다거나 이들이 명확하게 '시민'적 정체성을 가지고 있었다고는 말하기 어려울 것이다. 서구의 도시 부르주아에 기원을 둔 시민적 정체성을 갖기에 남한은 아직 대부분이 농촌이었고 국민의 대부분은 농민이었으며, 도시의 노동자들 역시 명절이면 고향을 찾는 농민의 자식들이었다. 따라서 모더니즘 영화가 보여주는 도회적 감각과 엘리트주의적인 태도와 자세는 어쩌면 대부분의 국민들과는 괴리가 있었는지도 모른다. 그러나 '국민'에 밀착되지 못하고 표류하는 주체들이 집단 자존감을 회복하고 스스로의 정체성을 구축하는 역사적 과정에서 모더니즘 영화들의 주인공들이 보여준 태도는 포섭과 저항의 경계에 서 있는 관객 대중들이 가진 또 다른 열망의 표현이었다. 그중 하나는 국가의 재건을 구성하는 핵심적 키워드에서 누락되었던 바로 그것, 바로 자유와 민주주의에의 열망이 아니었을까.

글을 마치며
: 감정의 구조와 네이션의 탄생

나는 이 책에서 영화라는 사료를 활용해 대중들이 남한 사회와 국가에 대해 가지는 감수성의 면모들을 살펴보려 했다. 정부가 수립된 1948년 이후 남한의 대중들은 과연 '대한민국'을 어떻게 느끼고 있었는가? 대중들의 심성에 국가에 대한 일정한 이미지가 '구축되어' 가는 것, 그보다 '구축하는' 것, 이것이 바로 '재건'의 본질이다. 그런데 영화를 통해 드러난 대중의 국가 이미지는 단일한 것만은 아니었다. 국가의 정체성을 구성하는 네 가지 키워드들은 서로 결합하고 갈등하면서 대중들의 마음속에 다양한 네이션을 만들고 있었다. 국가 권력이 만들고자 하는 네이션과 국민 대중의 마음 속 네이션은 때론 일치하기도 하고 때론 갈등하기도 하는 복잡다단한 양상을 띤다.

국가가 원하는 '우리'와 대중이 느끼는 '우리'가 과연 같은 '우리'였을까? 1950년대와 1960년대의 현실 속에서 국민들에게 '대한민국'이라는 국가는 정말 자랑스럽고 충성을 다할 수 있는 존경할만한 존재였을까? 국가를 대표하고 국가기구를 운용하는 대통령을 비롯한 정권과 지배블록이 오랜 세월 국민들로부터 진실한 존경을 받지 못했다는 것은 자명한 일이다. 그렇다면 이처럼 존경받지 못하는 국가를 국민들은 어떻게 끝까지 지킬 수 있었을까? 아마도 어떤 국민들은 아직 이루지 못한 또다른 상상의 공동체를 꿈꾸었을 것이다. 그렇다면 이러한 분리는 왜 언제 일어나기 시작했는가? 왜 '대한민국'은 단일한 '대한민국'이 되지 못했을까? 이러한 의문은 어쩌면 논리와 이성으로는 설명되기 어려운 측면이 있으며, 대중들의 감수성이 녹아 있는 대중문화 속에서 그 단초를 발견할 수도 있겠다는 것이 이 책의 출발이다. 대중문화는 국가가 지켜주지 못하는 대중들의 위태롭고 고단한 삶 속에서 그들을 위로한 유일한 친구였다.

앞에서 살펴본 것처럼 정부수립 후 대중들은 '대한민국'이라는 국가를 재건하는 주요 키워드에 발맞춰 스스로의 정체성을 규정해 나가야 했다. 새로 건설된 대한민국이라는 국가를 어떤 국가로 만들어 나갈 것인가에 대한 논의인 재건론은 이러한 정체성을 국민에게 심어주기 위한 설득 기제로서 문화를 필요로 했다. 그중에서 영화는 당시 국가의 대국민 홍보의 내용은 어떠한 것인지, 그리고 그에 대해 대중은 어떤 생각을 가지고 있는지를 가장 잘 보여주는 대중매체이다. '민족', '반공', '자본주의 근대화', 그리고 '국민'이라는 재건의 키워드는 대중영화 속에서도 유기적으로 서로 반응하며 대한민국이라는 국가의 상을 표출하고 있었다. 영화는 국가가 보여주고 싶어하는 것과 대중이 보고 싶어하는 것을 모두 반영하며, 그것은 이미지와 플롯의 형태로 명시적으로 때로는 묵시적으로 모습을 드러낸다. 이 시기 영화의 플롯은 '우리'라는 정체성을 만들어나가는 당대 대중들의 마음의 풍경을 보여준다.

우선 '우리는 누구인가?'라는 정체성 형성의 기본 질문과 조응하는 '민족'을 키워드로 한 역사극은 과거의 시대를 배경으로 하거나 실제 있었던 역사적 사실 및 인물을 내세우고 있지만 실은 그 영화가 생산된 당대의 역사인식과 현실인식을 드러내는 장르였다. 민족의 정체성을 명료하게 설명해주는 역사극은 식민지를 겪으면서 무너졌던 자존감과 자긍심을 회복하는 데 기여하고, 억압의 기억을 공동화해 우리가 역사적으로 단일한 공동체임을 상기시켰다. 새로운 기술이 가장 먼저 실험되는 전략적 장르였던 역사극은 근대화의 징표로서 시각적 즐거움을 배가시키는 스펙터클의 향연을 펼치며 대중에게 소구되었다. 항일전기영화와 고대사 소재 역사극은 민족담론과 반공담론이 결합되는 전형적인 예였다. 특히 1960년대 들어 유행하기 시작한 민중영웅 시리즈는 의로운 주인공이 악을 응징하고 정의를 구현한다는 이야기로서 민중의 잠재된 저항의식을 자극하고 지배층에 대한 피지배층의 도덕적 우월감을 확인시키는 데 기여하고 있지만 강고한 국가의 틀을 넘어서는 데까지는 나갈 수 없었다. 그러나 이러한 의로운 주인공들이 대중들의 감성 차원에서 기존 질서에 대한 일종의 대리저항 및 그로 인한 대리만족 효과를 주었으리라는 것은 쉽게 추측해 볼 수 있다.

'우리가 아닌 것은 누구인가?'라는 질문에 조응하는 '반공'을 키워드로 내건 영화들은 직접적인 체제대결을 묘사하는 전쟁영화와 일상 속의 '간접침략'을 묘사하는 간첩영화들이 대종을 이루었다. 전쟁을 통해 '반전'과 휴머니즘을 외치는 전쟁영화들이 그러한 휴머니즘의 담지자로서 남한 국가의 체제 수호를 위한 간첩영화로 전이되는 것은 전시에서 평상시로 무대만 바뀌었을 뿐 아직도 종전이 아닌 휴전 상태에 있는 한반도의 현실을 상기하도록 하는 효과를 주었다. 그런데 이들 분단현실을 재현하고 있는 '반공영화'들은 겉보기에는 '반공'을 외치고 있지만 실제로는 예기치 않은 다른 결들을 포함할 수밖에 없는 자기 모순을 가지고 있었다. 하나는 '반공'을 더욱 잘 하기 위한 방법으로서 관객들에게 재미를 주기 위해 오락화와 세련화를 꾀해야 한다는 것이었고, 다른 하나는 감동을 주기 위해서 배제의 감정인 '반공'보다는 통합의 감정인 '민족'을 더욱 선호하게 되었다는 것이다. 오락화를 위해 '반공'은 때때로 희화화되었으며, 세련화를 위해 '반공'은 직접적으로 외쳐지기보다는 우회적으로 언급되어야 했고, 감동과 눈물을 위해서 가족으로 상징화된 민족주의가 동원되었다. 결과적으로 반공담론은 민족담론과 끊임없이 갈등을 일으키며 다른 의미를 생산했다. '반공영화'가 반공 이데올로기만 재생산한 것이 아니라 대중들의 민족 감수성을 자극해야 한다는 것이 '반공영화'의 아이러니였다.

'민족'이나 '반공'이 이데올로기화한 감수성의 문제라면 '자본주의'와 '국민'의 문제는 보다 일상에 밀착된 삶의 문제였다. 대중들은 한편으로는 자본주의 근대화에 잘 적응해서 가난을 벗어던지고 계급상승을 이루어 서구식 문화를 누리는 꿈을 꾸지만, 또 한편으로는 자본주의의 또다른 이름으로 여겨졌던 물질만능주의, 배금주의, 서구중심주의를 경계하고 지양하는 모습을 보여준다. 곧 1950~60년대 영화는 한편으로는 '돈'과 부자들에 대한 경멸과 저항심을, 다른 한편으로는 계급상승에의 꿈을 지속적으로 제공하면서 자본주의적 경쟁에서 승리해야 한다는 과제를 안겨주는 이중적인 감정을 표출했으며, 이는 자본주의 근대화에 대한 대중의 복합감정을 반영한 것이었다. 특히 자본의 축적을 노동의 대가로 보기보다는 비인간적인 물신성 추구의 결과로 보는 시각을 통해 자본주의 윤리와 함께 수입되지 못하고 왜곡된 형태로 이식된 한국자본주의에 대한 대중의 감수성을 엿볼 수 있다. 물질보다 정신을 숭상하는 전통적인 유교적 사고방식에 왜곡된 근대에 대한 저항감, 그리고 평등주의적 심성이 결합한 것이다. 전근대성과 식민잔재를 극복하는 지향으로서의 근대화는 반드시 이루어야 할 지상과제였지만 그러한 근대화의 방략으로 제시된 자본주의와 그 부정적 영향들에 대해서는 쉽사리 동의하기 어려운 측면이 있었다. 그러나 근대화의 이상향이 결국은 풍요롭고 평등한 삶, 곧 경제 자립과 민주주의의 실현에 맞닿아 있었던 것은 분명해 보인다.

분단과 전쟁, 그리고 근대화를 거치면서 와해된 공동체를 재건하는 것과 국민주체를 형성하는 것은 국가재건의 가장 큰 과제 중 하나였다. 개인도, 농촌도, 가족도, 지역사회나 회사도 모두 재건해야 한다는 국가의 욕망과 요구가 가난과 빈곤으로부터 탈출해 더 나은 내일을 지향하는 대중의 열망과 결합되어 나타난 것이 바로 재건의 서사였다. 이러한 재건의 서사들은 시대가 요구하는 새롭고도 모범적인 국민상을 제시했다. 근대화의 주역으로서의 청년, 근대화의 보조자이지만 가부장제 역시 수호해야 하는 여성, '작은 국민'으로 자리매김된 어린이, 화합하는 가족 등의 바람직한 국민상의 강조는 결국 인물의 정형화, 이야기의 경직화를 초래하기도 한다. 국가가 근대적으로 재건된 공동체의 새로운 국민상을 요구하고 있을 때 정작 대중들의 심성은 이러한 국가에 부적응하며 국가로부터 이탈하고 있었다. 명확하고 강고해진 국가의 정체성과 대조적으로 와해된 공동체의 흔적 속에서 방황하고 좌절하며 무기력한 도시민들의 이미지는 시야를 흐리는 '안개'나 '흙먼지 바람'처럼 혼란스럽다. 이들은 점차 성장하고 있는 시민들로서 아직은 소극적이고 파편화되어 있지만 거부와 비판과 저항의 가능성을 내포하고 있는 존재들이었다.

　이처럼 역사재현에 있어서의 '반공'과 '민족'의 결합 서사, 분단 현실의 재현에 있어서의 '반공'과 '민족'의 갈등 서사, 일상성의 재현에 있어서의 '자본주의'에 대한 복합감정의 서사, 그리고 '국민' 형성 및 '시민' 주체의 서사 등은 1950~60년대라는 특정 시기에 생산된 지배적인 이야기들의 일부이며, 이러한 이야기를 통해 시대의 현실뿐만 아니라 시대의 욕망과 지향이 그 모습을 드러내는 것이다. 그런데 위로부터 강요되고 강제되는 이러한 키워드들과 대중들이 소화하고 내면화하는 키워드들은 같은 언어라고 해도 그 사이에는 상당한 간극이 있을 수 있다. 예컨대 '민족'이라는 말을 1950년대의 정부 문서에서는 남한 국가와 동일시하여 쓰고 있지만 대중들에게 '민족'이란 어디까지나 남북한을 모두 합친 개념이었다. 1950년대 정부는 '반공'을 북한에 대한 반대와 더불어 자본주의 선택과 동일시했으나 대중들에게 '반공'의 의미는 전체주의에 반대하고 민족주의와 민주주의를 수호한다는 의미였다. '민족'과 '반공'은 때로는 결합관계에, 또 때로는 갈등관계에 있었는데 이는 북한에 대한 통합과 배제의 이중적 감정이 작용한 결과이다. 1960년대 정부에게 '근대화'는 위로부터의 강력한 국가가 주동하는 프로젝트로서, 근대화된 국민이란 이러한 위로부터의 근대화에 복무하는 근면하고 협동심 강한 새로운 인간형을 의미했다. 그러나 근대화의 추동력이 되어야 할 근대적 지식인의 양성은 결국 그러한 국가/정부에 반대하는 저항적 지식인으로 전화하고, 근대화의 인자가 되어 그 성과를 찬미해야 할 국민들은 오히려 근대화의 대로에서 이탈해 방황하는 도시민이 되었다. 이러한 간극들은 재건의 주요 키워드들을 주제로 하는 영화에서 미세하게 감지된다.

그러나 이러한 간극이 반드시 상반되는 두 개의 대립항으로만 이루어지는 것은 아니다. 예컨대 '반공'이라는 재건의 키워드는 영화 속에서 다양한 감수성의 복합체로 발현된다. 그것은 때로는 해방공간에서 신탁통치에 찬성하고 이후 소련에 의탁한 것으로 여겨진 '반反민족적'인 북한을 단죄하는 민족감정이기도 하고, 기층 민중을 지지 기반으로 하는 공산주의에 대한 지주·자본가들의 반反혁명 연대의식이 가져오는 계급감정이기도 하며, 북한의 일당독재 전체주의에 대비되는 민주주의를 추구한다는 점을 강조하기 위한 민주화 논리이기도 했다. 또한 북한과의 체제 대결에서 승리함으로써 체제를 온존시키려는 체제유지 논리로서의 근대화를 추동하는 감성이기도 했으며, 정권에 반대하는 자들로부터 정부를 비호하는 논리를 개발해야 하는 정권 창출/수호 감정이기도 했다. 또한 '반공'은 어떤 경우에는 반북反北과 반反통일로 나아가기도 하지만 또 어떤 경우에는 '그렇기 때문에' 통일해야 한다는 논리(예컨대 북진통일)로 나아가기도 하고, '그럼에도 불구하고' 그들과 대화하고 통일해야 한다(예컨대 조봉암의 통일론)는 논리가 되기도 한다. 성분과 함량이 모두 다른 이러한 복합 감정은 그대로 복잡한 사상/정치 지형이 되어 논리화된다고 보아도 과언이 아니다. 재건과 관련된 감정의 구조가 이처럼 간단치 않다는 것은 곧 국가를 재건하는 방향 역시 단순하고 일방적으로 규정될 수 없다는 것을 뜻한다. 제헌헌법에서 보이는 사회민주주의적인 발상이나 그 뒤를 이은 진보당의 예에서도 보이듯이 1950년대까지 많은 지식인들이 국가의 재건과 관련해 비교적 다양한 구상을 내놓을 수 있었던 것에 비해 1960년대 군사정권 집권 후에 사정은 급격히 달라졌다. 바로 '국가의 재건'이 '국가재건'으로 전화되면서 국가가 재건의 목적어에서 주어로 도치되었던 것이다. 이로 인해 고민의 주체는 정권으로 단일화되고 많은 지식인들과 대중들의 열망과 고뇌는 배제되어 갔다. 4·19혁명은 재건의 키워드를 민주주의라는 열망의 키워드를 중심으로 다시 정립할 수 있는 계기를 마련해주었지만 불행하게도 5·16군사정변 이후 박정희 정권은 '민주주의'마저 '민족적 민주주의', 그리고 이후에는 '한국적 민주주의' 등으로 전유하면서 그 의미를 퇴색하게 했다. 북한과의 통일까지를 염두에 두고 국가의 재건을 논하던 것에서 북한을 완전히 상상력에서 배제한 채 남한 단독의 네이션을 구축하려는 것으로 전화한 정권의 전략은 보다 강력한 근대화에 목마른 지식인들을 포섭하고 흡수하면서 현실화되어 나갔다. 1970~80년대 배제된 열망과 고뇌가 기층민중과 시민, 그리고 지식인, 학생들에 의해 분출된 것은 어쩌면 재건의 주어를 되찾기 위한 과정이었을지 모른다.

    재건의 키워드와 관련하여 재미 있는 사실은 국가논리와 저항논리에서 구사하는 키워드들이 사실상 같은 경우가 많다는 것이다. 관제 민족주의를 비판할 때의 저항논리 역시 민족주의이며, 반공주의 비판 역시 반공주의로 한다. 근대주의 비판도 근대의 틀 안에서 이루어지고 관제 민주주의를 비판할 때의 지항논리 역시 민주주의이다. 키워드가 같다고 해서 이 논리들이 동일하다는 의미는 아니다. 언설이 같을 뿐 그 언설을 사용하는 주체의 진정성이나 그 언설이 통용되는 사회적 맥락은 전혀 다른 결을 가지는 경우가 많기 때문이다. 그렇다고 하더라도 두 논리의 키워드가 같다고 하는 것을 쉽게 보아 넘길 일도 아니다. 그것은 저항논리의 한계를 의미하기도 하고 국가 논리의 스펙트럼이 생각보다 간단치 않고 다양하다는 것을 의미하기도 한다.

이 책이 다루고 있는 시기의 하한선은 1968년이다. 세계사적 혁명의 시기였던 1968년은 대한민국이라는 국가의 정체성 형성에 있어 특별한 중요성을 가지는 해였다. 바로 남한 정부가 수립된 지 20년 만에 국가의 재건이 완성되었음이 선포된 해였던 것이다. 이는 변혁과 자유를 갈망하는 세계사적 흐름에 오히려 역행하는 퇴행적 현실이었다. 1962년에 제정된 주민등록법이 이 해에 개정됨으로써 모든 국민은 대한민국이라는 국가의 일원으로서 일관되게 파악되고 장악되었다.[1] 정권에게 이러한 장악은 곧 재건의 완성을 의미하는 것이었고 이를 국민들에게 선포한 것이 '국민교육헌장'이었다. 1968년 12월 5일 발표된 국민교육헌장은 민족주체성의 확립, 반공주의의 재천명, 민족문화의 수호와 발전, 근대화와 국민의 사명 등을 내용으로 했다. 이는 '국기에 대한 맹세'와 함께 국민의 필수 암송 문장이었다. 국기와 국가원수에 대한 존엄을 강제화한 대표적인 사례는 1966년 문교부가 4월을 예절의 달로 정하고, 국기에 대한 존엄성 표시와 국가원수에 대한 예절지도의 일환으로 극장 뉴스시간에 국기나 국가원수에 관한 것이 나오면 관중은 기립 또는 박수로 경의를 표하도록 한 것이다.[2] 이후 군부독재정권 시기 말미까지 극장에서는 애국가와 함께 모두 기립하여 가슴에 손을 얹는 국민의례를 행하고 나서야 비로소 뉴스영화, 문화영화, 극영화의 순서대로 영화를 관람하는 것이 상례가 되었다.

또한 1967년 대한어머니회에서는 국민학교, 중학교, 고등학교 교과서에 국기에 관한 항목을 삽입하고 전국 영화관에서 본영화 상영에 앞서 국기에 대한 짤막한 기록영화를 상영하며, 중학교 입시에 국기에 대한 문제를 출제할 것을 건의한다.[3] 이는 항상 국가는 '국민의 요구와 열망에 의해 움직인다'는 제스추어에 불과한 것으로 대한민국의 표상으로서의 국기에 대한 경외감 표시를 제도화한 것이라고 볼 수 있다. 국가의 표상으로서의 국기에 대한 찬양의 절정은 1968년 만들어지고 유신정권의 탄생과 함께 전국적으로 보급된 '국기에 대한 맹세'로서, 이는 일제 말기 '황국신민의 서사'를 외우도록 강요받으며 자랐고 박정희 정권 아래서 사회의 중심 세력이 된 장년층에게 남다른 감회를 불러일으켰다. '국기에 대한 맹세'는 '황국신민서사'에서 보이는 황국皇國의 신민臣民이 국민으로 달라졌을 뿐 기본적으로 국가가 국민 위에 군림하며 국민은 국가에게 충성을 다해야 한다는 내용을 담고 있었다. 곧 재건의 완성 선포가 국가주의의 선언으로 등치된 것이다.

한편, 1967년 7월에는 동베를린 간첩단 조작사건이, 1968년 1월 북한 무장공비의 청와대 습격 미수 사건과 미함 푸에블로호 나포사건이 발생했다. 청와대 습격을 기도하다 현장에서 생포된 김신조는 TV에 나와 북한의 "대남공작 전모를 실토하고 북괴의 야망을 폭로, 그들이 68년을 전쟁 준비의 해로 정했다"고 증언했다. 국민교육헌장이 반포된 지 4일 후에는 대한국민으로서의 어린이상을 여지없이 보여주는 '이승복어린이사건'이 보도되었다. 또한 이 해에 정부는 민족의 문화와 전통을 정권 차원에서 전유하기 위해 문화공보부를 발족시키고 문화를 공보의 하위 개념으로 전락시키면서 국민의 일상과 문화까지 장악했다. 이러한 일련의 사건과 조치로 인해 북한과의 경쟁과 부정을 통한 대한민국의 정체성은 분명해지고 정당성은 확고해지는 듯 보였지만 실은 정통성과 정당성의 부재가 주는 불안에 휩싸인 정권의 위기감이 극에 달하는 징후였고, 재건의 완성 선포는 이러한 위기감의 역설적 표현과 다름없었다.

정권은 끊임없이 국민들에게 국가에 대한 존엄과 충성, 그리고 자부심을 갖기를 원했지만 이는 자주적이고 민주적인 정부와 리더가 부재한 상태에서는 달성되기 어려운 것이었다. 재건이 결국 국가의 재건으로 귀착되고, 국가와 국민 사이의 괴리가 점차 커져갔다는 것은 재건의 완성이 유신체제를 준비하는 서막으로 귀결될 수밖에 없었던 이유를 말해준다. 그런데 한편으로 재건론은 국가의 욕망과 국민의 욕망이 맞닿는 지점에서 성과를 올릴 수 있었다. 곧 빈곤 탈출과 자립으로 응축되는 재건의 중요한 축이 단지 국가의 욕망만은 아니었다. 이는 더 잘 살고, 더 발전하고자 하는 대중의 열망과 쉽게 결합할 수 있었다. 이런 점에서 1960년대 박정희 정권의 성격과 공과를 논하는 기존의 논의가 의외로 '국민대중의 열망'이라는 주요한 변수를 배제한 채, 리더십에 국한해 진행되어 왔다는 것은 놀라운 일이다. 대중이 단지 포섭/동원되는 존재라는 시각이나 대중이 자신의 열망을 실현시켜줄 독재정권을 실제로 지지한 것이라는 논법은 당대 대중들의 감수성의 세심한 결을 읽어내기에는 지나치게 단순한 것이다. '열심히 일하라'는 정책 홍보 하에 대중들이 실제로 열심히 일했다면 그것은 대중이 그러한 정책이나 정권을 지지해서일까? 아니면 강압에 의해서 억지로 한 일일까? 어느 시대나 마찬가지로 민중/대중들은 생존을 위해 더 나은 삶을 위해 최선을 다해 살아내기 마련이다. 때로는 침묵이 동의가 아니라 더 큰 거부나 저항도 되는 법이다.

1950~60년대 영화의 서사 역시 국가와 대중의 욕망이 만나는 지점에서 생산되고 소비된 역사적 문화적 구성체로 볼 수 있다. 영화는 이러한 대중의 열망과 만나는 지점에서 때로는 충실하게 국가의 이데

올로기를 전달하고 유포하지만 때로는 그것만으로는 채울 수 없는 대중의 목마름과 그로부터 이탈하고 어긋나기 시작하는 대중의 심성을 포착한다. 영화인은 지식인의 역할도 하지만 그들 자체가 이미 대중이며, 대중의 대리인이기도 하다. 자본과 권력에 늘 좌우되는 영화인은 국가의 요구에 굴복할 수밖에 없지만 국가의 대리인이 미처 알아보지 못하는 사이에 자신의 의도를 관철시키기도 한다. 이는 시대의 요구에 부응하면서 비판적 관점을 유지해야 하는 문화지식인으로서, 그리고 대중의 대리인이자 대중의 일부로서 영화인들은 점차 국가와 대중의 간극을 포착해 내는 방향으로 스스로가 성장과 진화를 계속해 왔다는 점을 기억할 필요가 있다.

그런데 국가재건의 완성이 곧 대중/민중들로부터 유리된 고착되고 경직된 국가로 나아감을 의미했다는 것은 무엇을 뜻하는가? 그것은 바로 대한민국 사람들의 심성에 두 개의 네이션이 형성되어 감을 의미했다. 단순화해서 말하자면, 하나는 남한 독재정권 차원에서 구축한 네이션으로서 한반도 이남의 영토와 국민을 완성태로 하는 극우반공적 국가이고, 다른 하나는 민중/대중이 열망하는 민주적이고 평등하며 북한까지 끌어안을 수 있는 민족 공동체로서의 네이션이다. 박정희 정권 시기가 갖는 역사적 의미는 독재와 근대화라는 키워드로만 평가될 수 있는 것이 아니니, '우리나라'를 이제 더 이상 남북한을 합쳐 상상해서는 안 된다는 것을 명백히 선포한 시기라는 것이 중요한 평가 요소가 되어야 할 것이다. 비록 분단을 내면화하고자 했던 정권의 의도가 이 시기에는 아직 완전히 성공적이라고는 볼 수 없지만 말이다.

여기서 다시 강조할 것은 이승만과 박정희의 네이션이 원래 존재했고, 이에 저항/반대하는 네이션이 서서히 만들어진 것이라기보다는, 북한을 끌어안을 수 있는 가변적이고 실험적인 네이션이 존재했는데 이를 이승만과 박정희의 네이션이 동결 건조시키고자 한 것에 가깝다는 사실이다. 박정희 정권의 기획은 남한 단독의 네이션을 고착시키려는 것이었고, 대중은 외양으로는 이를 지지하는 듯했지만 다른 한편으로는 그러한 네이션을 강요하는 정권을 부정하고 모반을 꿈꾸는 저항적 네이션의 싹을 이미 품고 있었다. 1970~80년대 독재체제의 강고한 국민교육 하에서도 끊임없이 저항과 탈주가 일어나고 대안적 가치를 모색하려는 노력이 그치지 않았던 것은 바로 이 때문이다. 정권이 민족=국가=현실의 대한민국을 등식화할 때, 대중/민중들은 민족=한민족 공동체=통일되고 민주화된 이상적 공동체를 떠올렸다. 바로 국가가 강요하는 네이션과 구별되는 공동체로서의 네이션이었다. 한국의 내셔널리즘을 뭉뚱그려 단순화시킬 수 없는 이유가 여기에 있다. 여기서 후자의 네이션도 어디까지나 네이션이라는 틀 안에 안에 있다는 것은 비판적 안목으로 주의 깊게 살펴야 하는 대목이다. 그렇다고 우리 내면의 네이션이 한 치의 어긋남도 없이 단일해야만 한다고 주장하려는 것은 아니다. 다양한 네이션에 대한 상상과 그러한 상상들 사이의 갈등과 투쟁 자체가 역사를 움직이는 원동력이 될 수 있다. '네이션'이라는 경계와 틀을 넘어서려는 노력과 현실적으로 존재하는 네이션을 새롭게 재구성하는 것은 분리될 수 없는 작업이라는 점에서 네이션은 끊임없이 재성찰, 재숙고되어야 한다.

　오늘날의 '대한민국'에도 역시 복수의 네이션이 존재한다. '역사내전'이라 불릴 만큼 큰 간극을 가진 근현대사에 대한 인식이나 현실을 바라보는 시각은 여전히 평행선 위에 있으며, 이는 감성의 차원에서 더욱 그러하다. 어쩌면 네이션은 우리 마음속에 논리화되지 못한 채로 무수히 많은 가능성을 가지며 더욱 다양하게 존재할 수 있다. 분명한 것은 대한민국이라는 국가의 정체성을 다시 성찰해 보는 것은 현실을 위해서나 미래를 위해서 꼭 필요하다는 것이다. 역사가 마치 '오늘의 대한민국'을 최종 목표로 하여 움직여 온 것처럼 이해하는 것은 비역사적 사고방식이다. 국가의 정체성이란 부단히 변화할 뿐만 아니라 도전과 경쟁을 통해 형성되는 과정으로서의 개념이기 때문이다. '재건'이라는 말에는 이러한 과정과 지향에 대한 고민이 응축되어 있다. 1960년대 말 국가가 재건의 완성을 선포함으로써 그 의미와 역할이 강고하게 정착된 듯 보였지만 실은 그 이후에도 재건의 키워드들은 도전과 경쟁과 변화를 거치지 않으면 안 되었다. 이들 키워드 각각에 대한 깊이 있는 분석은 그 하나하나에 대해 좀더 깊이 있는 연구가 뒷받침되어야 하지만, 이후 민주화와 세계화라는 흐름 속에서 이 개념들이 겪게 되는 변화의 과정이야말로 대한민국의 역동성을 그대로 보여주고 있다.

    어떤 면에서는 우리는 아직도 재건의 시대에 살고 있으며, 시대가 요구하는 키워드들을 어떻게 새롭게 발견하고 재구성하느냐에 따라 그 정체성은 달라질 수 있다. 시대가 그 시대의 특징적인 플롯을 가지듯, 각 시대의 키워드 역시 모두 다를 것이기 때문이다. 더구나 동북아 평화체제와 통일까지 염두에 둔다면 국가의 정체성을 더욱 유연하게 모색해볼 수 있는 상상력이 현실적으로도 필요하다고 볼 수 있다. 분단으로 대표되는 현실의 여러 질곡 중에서도 가장 큰 폐해 가운데 하나는 그로 인해 더 나은 사회를 꿈꿀 수 있는 상상력을 원천적으로 봉쇄당했다는 사실이다. 지난 세기에 '민족'이 그랬듯이 '국가'라는 틀도, 또한 공동체로서의 네이션도 고정 불변이거나 영원한 것은 아니다. 네이션 극복을 위해서라도 네이션은 더 많이 고민되고 질문되어야 하며, 다원화된 미래 사회에 걸맞는 국가의 정체성과 역할을 곱씹어 보고 국가와는 또 다른 층위의 새로운 공동체를 상상하는 다양한 서사/플롯이 생산될 수 있는 창의적이고 민주적인 삶의 조건을 만들어 나가야 한다. 이러한 시각에서 보았을 때 1950~60년대 국가의 정체성을 확립하고자 했던 다양한 층위에서의 노력과 시도들에 대한 평가도 온전히 내려질 수 있을 것으로 생각된다. 어쩌면 우리에게 필요한 것은 미래를 새롭게 디자인할 수 있는 상상력, 바로 그것이다.

주석

글을 시작하며: 감수성의 역사

1 네이션nation이란 민족, 국가, 국민 등으로 번역되며 시대에 따라 논자에 따라 다른 의미로 사용되어 왔다. 이 책에서는 대중의 심성 속에 자리잡은 공동체적 심상心象을 편의상 네이션이라 지칭하고, 두 네이션의 결합 형태로서의 남한 국가를 '대한민국'이라고 표기하기로 한다. 경우에 따라서 '한국', '남한'이라는 표기와 병행했다.

2 이러한 양자의 대결은 종종 역사인식에 대한 논쟁으로 가시화되곤 한다. 송건호 외, 《해방전후사의 인식》 1~6, 한길사, 1979~1989; 박지향 외, 《해방전후사의 재인식》 1~2, 책세상, 2006 참조.

3 단일한 민족정체성으로 한국 민족주의를 설명하고 있는 대표적인 연구로는 신기욱, 이진준 역, 《한국 민족주의의 계보와 정치》, 창비, 2009(Gi-Wook Shin, *Ethnic Nationalism in Korea: Genealogy, Politics, and Legacy*, Stanford University Press, 2006)가 있다.

4 정체성 연구의 역사와 이론적 접근에 대해서는 Peter J. Burke & Jan E. Stets, *Identity Theory*, Oxford University Press, 2009 참조.

5 서구 역사학계에서 문화사가 차지하는 의미와 그 계보에 대해서는 다음을 참조. 린 헌트 편, 《문화로 본 새로운 역사》, 조한욱 역, 소나무, 1996(Lynn Hunt ed., *The New Cultural History: Essays*, University of California Press, 1989); 피터 버크, 조한욱 역, 《문화사란 무엇인가》, 길, 2005(Peter Burke, *What is Cultural History?*, Polity Press, Cambridge, 2004).

6 대중문화와 일상 영역에서 구축되는 문화정체성에 대해서는 팀 에덴서, 박성일 역, 《대중문화와 일상 그리고 민족정체성》, 이후, 2008(Tim Edensor, *National identity, Popular Culture and Everyday Life*, Oxford; Berg Publishers, 2002) 참조.

7 앙드레 슈미드, 정여울 역, 《제국, 그 사이의 한국》, 휴머니스트, 2007(Andre Schmid, *Korea Between Empires, 1895~1919*, Columbia University Press, 2002); 신기욱, 앞의 책,

2009.

[8] 대표적으로 Chong-myong Im, *The Making of the Republic of Korea as a Modern Nation-State*, August 1948~May 1950, Ph.D. diss. of the University of Chicago, 2004; 대한민국수립 60주년기념 대토론회 자료집, 《대한민국의 건국이념과 국민형성》, 2008; 김득중, 《'빨갱이'의 탄생: 여순사건과 반공 국가의 형성》, 선인, 2009가 있다.

[9] 김동노 외, 《민족과 국민, 정체성의 재구성―분단체제하 남북한의 사회변동과 민족통일의 전망 3》, 연세국학총서 104, 혜안, 2009.

[10] 감성은 감정/감수성/정서/정동 등과 혼용해 쓰이며 feeling, emotions, sensibilities, affection, affects 등으로 번역될 수 있으나 이러한 용어들에 대한 엄격한 이론적 구분은 사실상 큰 의미가 없다. 감성 연구에 대한 서구학계의 연구 동향에 대해서는 Prioska Nagy, "Historians and Emotions: New Theories, New Questions.", a paper prepared for an international conference "Cultural History of Emotions in Premodernity", 2008 참조. 역사학계의 감성 관련 연구로는 Fujitani Takashi, *Race for Empire*, University of California Press, 2011; Uchida Jun, *Brikers of Empire*, Harvard University Press, 2011 등이 대표적이다. 한국 현대사에서 감성을 키워드로 한 연구는 이제 막 시작단계에 있다.

[11] 대표적인 연구로는 김원, 《박정희 시대의 유령들―기억, 사건 그리고 정치》, 현실문화, 2011; 권보드래·천정환, 《1960년을 묻다―박정희 시대의 문화정치와 지성》, 천년의 상상, 2012 등이 있다.

[12] 예컨대 허은, 《미국의 헤게모니와 한국 민주주의: 냉전시대(1945~1965) 문화적 경계의 구축과 균열의 동반》, 고려대학교출판부, 2008 등과 같은 연구가 있다.

[13] 한국사학계의 최근 동향과 방법적 제안으로서의 '사회문화사'에 대해서는 이하나, 〈1990년대 이후 한국사학계의 방법론적 모색―쟁점·좌표·가능성에 대한 비평적 검토〉, 《시대와 철학》 22-2, 2011년 여름호 참조.

[14] 이러한 경향을 비판적으로 바라보고 두 시기의 연속성에 주목하기 시작한 것은 경제사 분야에서였다. 박태균, 《원형과 변용: 한국 경제개발계획의 기원》, 서울대학교출판부, 2007; 정진아, 〈6·25 전쟁 후 이승만 정권의 경제재건론〉, 《한국근현대사연구》 42, 한국근현대사학회, 2007.

¹⁵ 최근에는 4·19혁명을 중심으로 전후시기의 맥락을 총체적으로 파악하려는 문화사적 시도도 이루어지고 있다. 이순진·이승희 외, 《한국영화와 민주주의》, 선인, 2011.

¹⁶ 마르크 페로, 주경철 역, 《역사와 영화》, 까치, 1999(Marc Ferro, *Cinema et Historia*, Gallimard, 1993); 로버트 A. 로젠스톤, 김지혜 역, 《영화, 역사―영화와 새로운 과거의 만남》, 소나무, 2002(Robert A. Rosenstone ed., *Revisioning History: Film and the Construction of a New Past*, Prinston University Press, 1995) 등이 대표적이다. 일본학계의 연구로는 마루카와 데쓰시, 장세진 역, 《냉전문화론》, 너머북스, 2010(丸川哲史, 《冷戰文化論: 忘れられた曖昧な戰争の現在性》, Sofusha, 2005) 등을 들 수 있다.

¹⁷ 레이몬드 윌리암스, 박만준 역, 《마르크스주의와 문학》, 지만지, 2009, p.212 (Raymond Williams, *Maxism and Literature*, Oxford University Press, 1977).

¹⁸ 레이몬드 윌리암스, 성은애 역, 《기나긴 혁명》, 문학동네, 2007(Raymond Williams, *The Long Revolution*, Colombia University Press, 1961); 레이몬드 윌리암스, 위의 책, pp.205~217.

1. 플롯: 역사와 영화

¹ 아리스토텔레스, 이상섭 역, 《시학》, 문학과 지성사, 2005.

² 근대 역사학이란 인과론적 세계관과 서술 방식에 기반해 쓰여진 역사학을 말한다. 우리나라 근대 역사학의 출발은 신채호가 1908년 《대한매일신보》에 연재한 논설 〈독사신론讀史新論〉과 박은식이 1911년에 저술한 《한국통사韓國通史》로부터 비롯된다.

³ '플롯'은 '스토리텔링storytelling'과 같은 의미로 쓰이기도 하는데 이 책에서는 '스토리텔링'이 표면적인 이야기를 대중에게 전달하는 실용적인 방법론에 치중한다는 점에서 이 용어의 사용은 지양하기로 한다.

⁴ discourse 또한 이야기로 번역된다. 이야기, 서사, 담론 등에 대해서는 시모어 채트먼, 한용환 역, 《이야기와 담론―영화와 소설의 서사구조》, 푸른사상, 2003(Seymour Benjamin Chatman, *Story and Discourse: Narrative Structure in Fiction and Film*, Ithaca, N.Y.: Cornell University Press, 1978) 참조.

⁵ 헤이든 화이트, 천형균 역, 《19세기 유럽의 역사적 상상력—메타역사》, 문학과 지성사, 1991(Hayden White, *Metahistory: The Historical Imagination in Nineteenth-century Europe*, Baltimore, Johns Hopkins University Press, 1973).

⁶ 자크 랑시에르, 오윤성 역, 《감성의 분할—미학과 정치》, 도서출판 b, 2008, pp.47~56 (Jacque Ranciere, *Le Partage Du Sensible: Esthetique et Politique*, La Fabeique-Editions, 2000).

⁷ 역사가의 역사 이념과 역사의 서사화 방식에 주목한 연구로는 김현주, 〈신채호의 '역사' 이념과 서사적 재현 양식의 연관성에 대한 연구〉, 《상허학보》 14, 2005가 있다.

⁸ 한국영화데이터베이스KMDb(http://www.kmdb.or.kr/) 참조.

⁹ 키스 젠킨스, 최용찬 역, 《누구를 위한 역사인가》, 혜안, 1999(Keith Jenkins, *Re-thinking History*, Routledge, 1991).

¹⁰ 신데렐라 이야기가 세계의 여러 나라들에서 어떻게 변주되었는지에 대해서는 주경철, 《신데렐라 천년의 여행—신화에서 역사로》, 산처럼, 2005 참조.

¹¹ 마셜 맥루언, 김성기 외 역, 《미디어의 이해》, 민음사, 2002(Marshall McLuhan, *Understanfing Media: The Extentions of Man*, McGraw-Hill, 1964). 맥루한의 미디어론을 역사이론에 접목한 예로는 김기봉, 〈역사의 '매체적 전환': 매체로 보는 역사와 역사학〉, 《역사학보》 204, 2009 참조.

¹² E.H.카, 김택현 역, 《역사란 무엇인가》, 까치, 2007(E. H.Carr, *What is History?*, Penguin Books, 1964).

¹³ 테리 이글튼, 이경덕 역, 《문학비평: 반영이론과 생산이론》, 까치, 1986(Terry Eagleton, *Marxism and Literary Criticism*, Methuen, 1976).

¹⁴ 피터 버크, 《이미지의 문화사: 역사는 미술과 어떻게 만나는가?》, 심산, 2005(Peter Burke, *Eyewitnessing: The Uses of Images as Historical Evidence*, Cornell University Press, N.Y., 2001).

¹⁵ 마르크 페로, 주경철 역, 《역사와 영화》, 까치, 1999(Marc Ferro, *Cinema et Historia*, Gallimard, 1993).

¹⁶ 역사영화history film란 이윤창출보다 과거에 대한 이해를 우선시하는 영화들을 지칭하며, 헐리우드 시대극historical film과는 구분되는 개념이다. 로버트 A. 로젠스톤 편, 김지혜 역, 《영화, 역사: 영화와 새로운 과거의 만남》, 소나무, 2002(Robert A. Rosenstone ed., *Revisioning History: Film and the Construction of a New Past*, Prinston

University Press, 1995). 어떤 영화가 역사영화인지 아닌지를 구분하는 것은 때때로 매우 모호하기 때문에 이 책에서는 특별한 경우가 아니면 두 가지를 굳이 구분하지 않기로 한다.

17 이 대목에서 영화인은 근대 도시의 산책자flâneur인 지식인의 위상과 비슷한 지위를 점하고 있다. 발터 벤야민, 조형준, 《도시의 산책자—아케이드 프로젝트 3》, 새물결, 2008(Benjamin, Walter, *The Arcades Project*, translated by Howard Eiland and Kevin McLaughlin; prepared on the basis of the German volume edited by Rolf Tiedemann, Belknap Press, 1999).

18 영화는 movie, film, cinema의 번역어이다. movie는 주로 엔터테인먼트의 도구, 곧 오락거리로서의 영화를 이르며, film이라고 할 때 영화는 주로 예술작품으로서 논의된다. cinema는 주로 사회문화적인 맥락에서의 영화를 지칭한다. 영화사 연구의 텍스트적 연구와 컨텍스트적 연구에 대해서는 팀 비워터, 토마스 소벅, 이용관 역, 《영화비평의 의해》, 예건사, 1994(Tim Bywater, Thomas Sobchack, *An Introduction to Film Criticism: Major Critical Approaches to Narrative Flm*, Longman, 1989); 제프리 노엘 스미스 편저, 이순호 외 역, 《옥스퍼드 세계영화사》, 열린책들, 2006(Geoffrey Nowell-Smith ed., *The Oxford History of World Cinema*, Oxford University Press, 1996) 참조.

19 안진수, 〈서문〉, 김소연 외, 《매혹과 혼돈의 시대—50년대의 한국영화》, 소도, 2003.

2. 재건: '우리'라는 질문

1 Stuart Hall, "Introduction: Who Needs 'Identity'?", *Questions of Cultural Identity*, Stuart Hall & Paul Du Gay ed., SAGE Publications, 1996.

2 에릭 홉스봄, 박지향 외 역, 《만들어진 전통》, 휴머니스트, 2004(E. J. Hobsbawm, & Terence O. Ranger, *The Invention of Tradition*, Cambridge University Press, 1992).

3 마누엘 카스텔은 정체성의 사회적 구성이 언제나 권력관계의 맥락 안에서 발생한다는 점에서 정체성을 정당화 정체성legitimizing identity, 저항적 정체성resistance identity, 기획적 정체성project identity으로 구분한다. 그에 의하면 모든 정체성은 구성되며, 문제는 어떻게, 무엇으로부터, 누구에 의해, 무슨 목적으로 정체성

이 구성되는가라고 한다[마누엘 카스텔, 정병순 역, 《정체성 권력》, 한울, 2008(Manuel Castells, *Power of Identity*, Blackwell, 1997), pp.24~25].

4 베네딕트 앤더슨, 윤형숙 역, 《상상의 공동체: 민족주의의 기원과 전파에 대한 성찰》, 나남, 2002(Benedict Enderson, *Imagined Communities: Reflections on the Origin and Spread of Nationalism*, Rev. and extended ed. Verso, 1991).

5 1931년 만주사변을 시작으로 1937년의 중일전쟁을 거쳐 1941년 태평양전쟁과 패전에 이르기까지의 시기를 말한다.

6 니시카와 나가오, 윤해동 외 역, 《국민을 그만두는 방법: 국가 이데올로기로서의 민족과 문화》, 역사비평사, 2009(西川長夫, 《地球時代の民族=文化理論—脫國民文化のために》, 新曜社, 1995).

7 앙드레 슈미드, 정여울 역, 《제국, 그 사이의 한국》, 휴머니스트, 2007(Andre Schmid, *Korea between Empires, 1895~1919*, Columbia University Press, 2002).

8 김용섭, 《한국근현대농업사연구—한말·일제하의 지주제와 농업문제》, 지식산업사, 2000; 방기중, 《한국근현대사상사연구》, 역사비평사, 1992.

9 신기욱·이건준 역, 《한국민족주의의 계보와 정치》, 창비, 2009(Gi-Wook Shin, *Ethnic Nationalism in Korea: Genealogy, Politics, and Legacy*, Stanford University Press, 2006); 김성보, 〈남북국가 수립기 인민과 국민 개념의 착종과 분화〉, 《대한민국의 건국이념과 국민형성》, 대한민국수립 60주년 기념 대토론회 자료집, 2008.

10 제주 4·3항쟁과 여수순천사건이 그것이다. 특히 여수순천사건이 대한민국의 정체성에 미친 영향에 대해서는 임종명, 〈여순 '반란' 재현을 통한 대한민국의 형상화〉, 《역사비평》 64, 역사문제연구소, 2003; 김득중, 《빨갱이의 탄생: 여순사건과 반공국가의 형성》, 선인, 2009 참조.

11 한국전쟁의 내전으로서의 성격에 대해서는 김용섭, 앞의 책; 브루스 커밍스, 김자동 역, 《한국전쟁의 기원》, 일월서각, 1989(Bruce Cumings, *The Origins of the Korean War, Liberation and the Emergence of Sepatate Regimes, 1945~1947*, Princeton University Press, 1981) 참조.

12 이 때문에 재건에 관한 연구는 '재건국민운동' 연구로 국한되었다(허은, 5·16군정기 재건국민운동의 성격—분단국가국민운동 노선의 결합과 분화〉, 《역사문제연구》 11, 2003).

[13] 염상섭, 〈한국재건과 정치〉, 《사상계》 1953년 12월호, pp.80~87.
[14] 재건이라는 용어의 용례와 의미에 대해서는 이하나, 〈1950~60년대 재건 담론의 의미와 지향〉, 《동방학지》 151, 2010, pp.390~395 참조.
[15] 한태수, 〈뿌린자는 거두어야 한다―4·19는 해방운동이 아니고 재건혁명이다〉, 《조선일보》 1960년 5월 24일자.
[16] 제2공화국 시기의 재건론은 기본적으로 근대화와 민주주의의 병행에 그 특징이 있다고 하겠다. 이 시기 활발하게 논의되었던 경제개발이나 국토건설사업 등도 재건의 구체적 방략으로서 제시된 것이라고 볼 수 있다. 제2공화국 시기의 민주주의에 대해서는 백영철 편, 《제2공화국과 한국 민주주의》, 나남, 1996; 경제개발론에 대해서는 박태균 앞의 책 참조. 또한 국토건설사업에 관해서는 부흥부 기획국 편, 〈국토건설사업의 개요, 4294년도〉, 《경제월보》 6-2, pp.2~10쪽 참조.
[17] 1950년대에도 독립과 건국 등을 세대와 세대가 전환되는 현실로 보는 시각이 존재했으나, 1960년대의 그것은 보다 철저한 단절을 의미했다(이태영, 〈사상적으로 본 역사적 현실〉, 《사상》 4, 1952년 12월호).
[18] 1962년 5월 개통된 서울 부산간 초특급열차 이름이 '재건호'인 것을 비롯, 찻값이 없어 걸으면서 데이트하는 것을 '재건데이트'라고 했으며, '재건복'을 입고, '재건체조'를 하고, '재건합시다'라고 인사하는 것이 유행했다. 〈인사는 '재건합시다'〉, 《재건통신》 1963년 2월호, p.22. 당시에는 '재건' 이외에도 '고무적', '과잉충성', '세대교체', '체질개선', '구악 신악舊惡 新惡', '무사주의 유사주의無事主義 有事主義' 등의 말이 신문에 자주 등장하면서 일반인들 사이에서도 유행했다(〈혁명의 앙데빵당〉, 《세대》, 1964년 5월호, pp.258~274).
[19] 1963년 초까지만 해도 쿠데타 주도 세력이 결성한 당명칭은 '재건당'이었고, 민정당과 민주당의 일부 의원이 모여서 결성한 당명도 '민주재건당'이었다. 〈재건당(가칭) 오는 15일경 발기〉, 《조선일보》 1963년 1월 5일자; 〈민주재건당 오는 11일경 발기〉, 《조선일보》 1963년 6월 9일자.
[20] 신기욱, 앞의 책은 한국의 민족주의를 '종족적 민족주의'로 규정하고 이를 근대 이후의 한국사에서 가장 영향력있는 이데올로기로 설명했다. 그러나 '민족주의'는 그 자체가 완결된 이데올로기라기보다는 수많은 수식어가 필요한 모호하고 가변적인 이데올로기이다.

21 "정치적 투쟁은 단어들을 전유하기 위한 투쟁이다"(자크 랑시에르, 〈민주주의에 맞서는 민주주의 '들'〉, 알랭 바디우 외, 김상운 외 역, 《민주주의는 죽었는가?—새로운 논쟁을 위해》, 난장, 2010, p.131).

22 '민족'이라는 용어는 1900년 무렵부터 사용되기 시작했다. '민족'과 '국민'은 모두 nation의 번역어로서 혼용되기도 하는데, 이 두 개의 범주는 대한제국 이래로 일치된 적이 없었다. 일제강점기에 조선인은 일본의 '국민(정확히는 臣民)'이었고, 분단 후 한국인은 두 개의 서로 다른 체제를 가진 국가로 나뉘었기 때문이다. '민족' 개념이 가진 역사성에 대해서는 이태훈, 〈민족 개념의 역사적 전개과정과 그것이 의미하는 것〉, 《역사비평》 98, 2012 참조.

23 이에 대한 자세한 논의는 이 책의 5장 참조.

24 후지이 다케시, 〈'이승만'이라는 표상〉, 《역사문제연구》 19, 2008, 17~18쪽.

25 홍석률, 〈1960년대 한국 민족주의의 분화〉, 노영기 외, 《1960년대 한국의 근대화와 지식인》, 선인, 2004, pp.194~195.

26 양우정, 《이대통령 건국정치이념: 일민주의의 이론적 전개》, 연합신문사, 1949, pp.128~130; 안호상, 《일민주의의 본바탕》, 일민주의연구원, 1950, pp.79~80.

27 1950년대 개발계획론의 추이에 관해서는 정진아, 〈이승만 정권기 경제개발 3개년 계획의 내용과 성격〉, 《학국학연구》 31, 고려대학교 한국학연구소, 2009 참조.

28 정창현, 〈5·16 군사쿠데타의 배경과 성격〉, 《한국현대사》 3, 풀빛, 1991, p.47.

29 박태균, 앞의 책, pp.130~173.

30 차지철, 〈반공보루 155마일 전선—그 의의와 우리의 사명〉, 《국회보》 45, 국회사무처, 1965. 6.

31 톰 네언·백낙청 편, 〈민족주의의 양면성〉, 《민족주의란 무엇인가》 3, 창작과 비평사, 1981, pp.227~233.

32 홍석률, 앞의 글, pp.206~207.

33 김건우, 〈1964년의 담론 지형〉, 《대중서사연구》 22, 2009, pp.74~75.

34 '조국 근대화', '민족 중흥' 등의 표현은 근대화론과 민족주의의 결합을 보여주는 대표적 용례이다. 황병주, 〈박정희 체제의 지배담론〉, 한양대학교 사학과 박사학위논문, 2008, pp.103~105.

35 문명 개념에서 문화 개념으로의 전환과 국민국가의 형성에 대해서는 니시카와 나

가오, 앞의 책 참조.

36 예컨대 민족의 혈연성을 내세워 국민 통합을 이룩하고자 한 '일민주의'는 혈연 중심의 종족적 민족주의로 회귀한 것이었다. 일민주의가 대한민국의 국가이데올로기로 정립되는 논리적 과정에 대해서는 임종명, 〈一民主義와 대한민국의 근대민족국가화〉, 《한국민족운동사연구》 44, 2005 참조.

37 정등운, 〈한국문화재건책〉, 《신천지》 1954년 5월호, pp.12~18.

38 이러한 사유는 물질문명과 대립되는 정신문화라는 의미에서가 아니라 물질문명과 정신문화를 아우르는 폭넓은 의미의 문화 개념을 바탕으로 이루어졌다. 김학엽, 〈문화사 시론〉, 《사상계》 1956년 8월호; 안병욱, 〈문화에 대한 정열―민족의 존재 이유〉, 《사상계》 1956년 12월호.

39 조용만, 〈국토재건의 구상: 문화의 재건〉, 《신천지》 1953년 9월호.

40 이하나, 〈1950년대 민족문화 재건 담론과 '우수영화'〉, 《역사비평》 94, 2011년 봄호, pp.393~400.

41 유선영, 〈한국 대중문화의 근대적 구성과정에 대한 연구: 조선후기에서 일제시대까지를 중심으로〉, 고려대학교 박사학위논문, 1993; 천정환, 《근대의 책읽기: 독자의 탄생과 한국 근대문학》, 푸른역사, 2003.

42 바네사 R. 슈와르, 노명우 외 역, 《구경꾼의 탄생: 세기말 파리, 시각문화의 폭발》, 마티, 2006(Schwartz Vanessa R., *Spectacular Realities: Early Mass Culture in Fin-de-siecle Paris*, University of California Press, 1999).

43 2012년 현재 전국 인구의 1인당 영화 관람횟수가 연 3.8회임을 생각할 때 이 수치가 얼마나 높은 것인지 짐작할 수 있다. 영화진흥위원회 영화정책센터, '연도별 한국 영화산업 주요 지표', 〈2012 한국 영화산업 결산〉, 2013.

44 마틴 제이, 황재우 외 역, 《변증법적 상상력: 프랑크푸르트 학파의 역사와 사회조사연구소(1923~50)》, 돌베개, 1979(Martin Jay, *The Dialectical Imagination: A History of the Frankfurt School and the Institute of Social Research, 1923~1950*, Boston: Little, Brown and Co, 1973).

45 라디오는 1945년 약 23만 대의 수신기 보급을 이루었고 1954년 민간방송인 기독교방송HLKY을 시작으로 1961년 문화방송MBC, 63년 동아방송DBS, 64년 라디오서울(1966년 동양방송 TBC로 개칭) 등이 개국되었다. 1956년 수상기 20대가 수입

되면서 시작된 텔레비전 시대는 1961년 말 '혁명정부의 크리스마스 선물'로 급조된 국영 KBS 텔레비전 방송국이 출범한 이후 급속히 성장했으며 1970년대 말에는 보급률 80%에 이르렀다. 근대화 프로젝트의 촉매제였던 텔레비전의 급속한 보급은 대중문화의 지형도를 바꾸어 놓았다. 특히 영화의 쇠퇴가 두드러져서 1967년 연인원 1억 6천 명, 1968년 1억 명이었던 영화관객 수가 1970년에는 1억 7천 명, 1971년 1억 6천 명, 1972년 1억 2천여 명으로 감소했다(《매일경제》 1973년 3월 8일자; 월간방송 편집부, 〈수상기 보급의 어제와 오늘, 그리고 내일〉, 《월간방송》 1971년 12월호, p.56).

46 변재란, 〈한국 영화사에서 여성 관객의 영화 관람 경험 연구: 1950년대 중반에서 1960년대 초반을 중심으로〉, 중앙대학교 박사학위논문, 2000.

47 이 도표는 이해를 돕기 위해 다분히 도식화한 것이다. 예컨대 외국영화 수입정책과 같은 것은 영화산업의 재건과도 관련되지만, 서사의 재건과도 어느 정도 관련을 맺는 중간적인 의미를 갖는다. 바로 외국영화를 통해 소개되는 외국 문화가 국민의 도의와 풍습에 지대한 영향이 있다고 보았기 때문이었다. 또한 검열 정책이 '반공' 과 가장 관련이 깊은 것은 사실이지만 그렇다고 검열 정책의 전부가 '반공' 과만 관련되는 것은 아니다. 검열의 상당 부분이 국민 정서와 관련되어 있기 때문에 외래문화로부터 민족문화를 보호하고 국민의 사상, 윤리, 풍속을 문란케 하는 모든 것을 금지한다는 명분도 검열과 상당한 관련이 있다. 그러나 강조점을 어디에 두었느냐를 생각할 때는 일단 도표와 같이 이해할 수 있다.

48 미군정기 극장산업과 외화 배급에 관해서는 문원립, 〈해방직후 한국의 미국영화의 시장규모에 관한 소고〉, 《영화연구》 18, 2002; 조혜정, 〈미군정기 극장산업 현황 연구〉, 《영화연구》 14, 1998 참조.

49 1953년부터 공보국 영화과장을 역임하고 후에 국립영화제작소 초대 소장과 공보부 공보국장을 지낸 이성철(1922~)의 증언에 의하면 이승만은 개인적으로는 영화광이었으며 매주 미국영화를 즐겨 보았다고 한다. 인디언을 마구 학살하는 서부영화는 도의에 어긋난다고 싫어했지만 나머지 헐리우드 영화를 매우 좋아해서 개봉작은 거의 다 챙겨볼 정도여서 영화과장과 자주 독대했다고 한다. 1956년 〈외국영화 검열 및 상영에 관한 건〉에는 부도덕하고 미풍양속을 해치는 것은 통과시키지 말라는 지시사항과 함께 특별히 인디안 학살영화에 대한 혐오감이 표현되어 있다

《제20회 국무회의록》, 1956).

50 《제114회 국무회의록》, 1956.

51 해방 후 한국영화의 연도별 제작 편수는 다음과 같다(1945~1971).

연도	편수	연도	편수	연도	편수
1945	5	1954	18	1963	144
1946	4	1955	15	1964	147
1947	13	1956	30	1965	189
1948	22	1957	37	1966	136
1949	20	1958	74	1967	172
1950	5	1959	111	1968	212
1951	5	1960	92	1969	229
1952	6	1961	86	1970	209
1953	6	1962	113	1971	202

자료: 영화진흥공사, 앞의 책, 1977, p.46. 1945~1957년은 개봉일자, 1958~1971년은 검열일자.

52 일제강점기 영화 기업화론에 대해서는 이화진, 《조선영화―소리의 도입에서 친일 영화까지》, 책세상, 2005 참조.

53 평화신문사와 국도극장, 수도극장의 소유자이며 극장협회 회장이었던 홍찬은 1956년 이승만의 배려로 안양에 있는 2만 5천 평의 대지를 매입해 수도영화사를 설립하고 동양최대의 스튜디오인 안양촬영소를 건립함으로써 영화기업화의 꿈을 이루는 듯 했으나 야심작인 〈생명〉(1958, 이강천)과 〈낭만열차〉(1959, 박상호)가 흥행에 실패하면서 수십 억의 부채를 떠안게 된다. 이후 안양촬영소는 1966년 역시 또다른 정권의 수혜자인 신필름에 인수된다(《대한민국 인사록》, 1950, p.185; 건국기념사업회, 《대한민국 건국십년지》, 1956, p.1124).

54 장르란 익숙한 상황 설정과 친숙한 캐릭터들을 통해 일정한 패턴으로 반복되는 영화의 내러티브적 형식적 스타일을 말한다. 장르는 시간을 두고 지속된 일종의 영화 관습convention으로서 예컨대 웨스턴, 갱스터, 하드보일드, 코미디, 뮤지컬, 멜로드라마 등으로 나뉜다. 장르는 특정 스타일이 대중의 지지를 받아 굳어진 것이기 때문에 매우 상업적이며, 따라서 '장르영화'라는 말은 상업영화와 동의어로 쓰인다. 장르에 대해서는 토마스 샤츠, 한창호 외 역, 《헐리우드 장르의 구조》, 한나래, 1995(Thomas Schatz, *Hollywood Genres: Formulas, Filmmaking, and the Studio System*, McGraw-Hill, 1981) 참조. 1960년대 한국영화 전성기에 성행했던 장르로는 대표적

으로 역사극과 멜로드라마 등이 있다.
⁵⁵ 〈영화의 검열기준과 그 실제〉, 《동아일보》 1958년 3월 16일자.
⁵⁶ 이하나, 〈1950년대 민족문화 재건 담론과 '우수영화'〉, 《역사비평》 94, 2011, p.411.

3. 민족: 우리는 누구인가?
¹ 역사극historical drama은 흔히 사극, 혹은 시대극이라고 불리며, 이 두가지를 구분해 쓰기도 한다. 이에 대해서 명확한 용어의 정의는 없으나 일반적 용례에서는 '구한말' 이전까지를 배경으로 한 것을 사극이라고 하고 일제강점기부터 해방(경우에 따라서는 1950~60년대)에 이르는 시기를 다룬 것을 시대극이라고 한다. 영화사가 이영일은 사극의 하위 범주를 ① 사극 멜로드라마, ② 궁중사극, ③ 사극 액션물, ④ 영웅전기물로 구분한다(이영일, 《증보판 한국영화전사》, 소도, 2004, pp.378~389). 극작가 신봉승은 사극을 ① 역사상의 실제 인물이나 실화를 바탕으로 한 정사극, ② 시대와 사건은 정사에서 구하지만 허구의 인물을 내세운 야사극, ③ 인물도 배경도 모두 허구인 창작사극 등으로 나눈다(신봉승, 《TV드라마 시나리오 작법》, 고려원, 1981, pp.337~338). 이에 따르면 항일 전기영화는 이영일의 ④와 신봉승의 ①에 해당한다. 또한 흥미를 위주로 제작되는 역사극과 과거에 대한 이해와 정확한 재현을 목표로 하는 역사영화history film를 구분하기도 하는데, 이러한 구분에 따르면 항일 전기영화는 후자에 가깝다. 한편 역사극이 이념적이거나 미학적으로 규정된 것이 아니라 문화산업의 차원에서 정착된 일종의 '현상'임을 주장한 연구도 있다(이화진, 〈일제 말기 역사극과 그 의미〉, 《한국극예술연구》 18, 2003). 1950~60년대 역사극에 관한 연구로는 이길성, 〈사극과 역사인식의 문제〉, 차순하 외, 《근대의 풍경》, 소도, 2001; 이호걸, 〈1950년대 사극영화와 과거재현의 의미〉, 김소연 외, 《매혹과 혼돈의 시대―50년대의 한국영화》, 소도, 2003; 김승경, 〈1960년대 초 조선왕조 사극의 한 양상―무능한 왕과 그를 위협하는 여성(160~1963)〉, 함충범 외, 《한국영화와 4·19》, 한국영상자료원, 2009 등이 있다.
² 1946~1953년까지 제작된 극영화는 총 81편이며, 그중 역사극은 12편이다. 영화진흥공사, 《한국영화자료편람》, 1977, pp.46~47에는 역사극이 9편으로 되어 있다.

이러한 오차는 역사극의 장르 구분 자체가 모호하기 때문이다.

3 문화재건에 관해서는 한상도, 〈해방정국기 민족문화 재건 논의의 내용과 성격〉,《사학연구》89, 2008; 이하나, 앞의 글, 2011 참조.

4 해방 후 안석주는 민족영화의 창조를 주장하는 글에서 다음과 같이 말함으로써, 당시 민중의 무너진 자존감을 달래주는 가장 효과적인 것이 영화임을 설파했다. "해방은 되었으나 아직도 사상의 해방은 없다. 이렇게 민중이 고독할 때 그들은 벗을 찾는다. 그 벗은 영화다. 이 민중과 함께 벗할 것은 영화다"(안석주, 〈영화는 민족과 함께〉(2),《중앙신문》1946년 1월 22일자).

5 식민지 경험이 해방 후 영화 만들기의 주요 테마였으며, 그것이 민족의 동질성을 주장하기 위한 것이었다는 점에 대해서는 이순진, 〈식민지 경험과 해방직후의 영화 만들기—최인규와 윤봉춘의 경우를 중심으로〉,《대중서사연구》14, 2005 참조.

6 〈불멸의 밀사〉는 헤이그 만국평화회담에 고종황제의 밀서를 품고 밀파되었다가 일제의 방해로 뜻이 좌절되자 자결한 이준 열사(1859~1907)의 일대기를 그린 작품이다.

7 〈죄없는 죄인〉은 일제의 신사참배를 거부했다가 10년형을 선고받고 옥사한 주기철 목사(1897~1944)의 일생을 영화화한 것이다(한국영화진흥조합,《한국영화총서》, 1972, p.268).

8 영화사가 이영일은 해방에서 1950년 한국전쟁 발발까지를 '광복기'라고 부르고, 이 시기 해방의 기쁨을 담은 영화와 항일 투쟁의 인물들을 기린 영화들을 '광복영화'라고 칭하면서, '광복영화'의 첫작품으로 〈자유만세〉를 꼽았다(이영일,《증보판 한국영화전사》, 소도, 2004, p.214). 그런데《한국영화총서》(1972)에 의하면 〈안중근 사기〉는 1946년 3월 25일에, 〈똘똘이의 모험〉(1946, 이규환)은 9월 7일에, 〈자유만세〉는 10월 21일에 개봉되었다고 되어 있으나, 당시의 신문, 잡지에서는 해방 후 처음으로 공개된 극영화를 〈똘똘이의 모험〉이라고 하고 있어 〈안중근 사기〉의 정확한 개봉일에 대한 근거를 확인할 수 없었다(〈영화평: 똘똘이의 모험〉,《자유신문》1946년 9월 8일자).

9 〈고 김좌진 장군 영화제작 계획〉,《대동신문》1947년 1월 9일자;〈백야 김좌진 영화화 위원회 성립〉,《예술통신》1947년 1월 14일자;〈영화 김상옥혈사〉《자유신문》, 1948년 10월 21일자.

10 전후재건이 시작되고 사회가 안정되기 시작하는 1950년대 중후반엔 역사상 알려

진 인물을 소재로 한 역사인물영화가 많이 제작되었다. 당시는 〈춘향전〉(1955, 이규환)의 대성공으로 인해 역사를 소재로 한 영화에 대한 관심이 높아진 때였고 더구나 이광수의 소설로 이미 잘 알려진 단종이나 마의 태자 같은 역사상의 인물들은 더없이 좋은 영화의 소재가 되어 주었다. 1950년대 말의 대작 역사극 제작붐은 영화산업의 규모가 커지면서 산업화 논의가 활발해지는 경향과 맥락을 같이 한다.

[11] 이 시기에 나타난 전기영화의 융성을 어떻게 보아야 할까에 대해서 오영숙은 1950년대는 민족주의적 이념보다는 인생이 더 중요했던 시기라고 하면서, 개인에 대한 관심 증대와 더불어 인물의 생애에 대한 관심과 동경의 소산이 바로 이들 전기영화라고 한다(오영숙, 《1950년대, 한국영화와 문화담론》, 소명출판, 2007, pp.147~150). 그러나 이 시기 전기영화들이 국가에 의해 선택받은 개인들에 한해 제작되었음을 볼 때 이것이 국가의 정체성과 관련있음은 분명해 보인다.

[12] 이 영화에서 폭탄의사는 윤봉길과 이봉창을 가리킨다.

[13] 〈기록영화 〈조선의용대〉 검열 불허가로 상영 불능〉, 《자유신문》 1946년 9월 1일자.

[14] 〈영화검열을 반대〉, 《중외일보》 1946년 9월 2일자. 조선영화동맹에 대해서는 조혜정, 〈미군정기 조선영화동맹 연구〉, 《영화연구》 13, 한국영화학회, 1997 참조.

[15] 〈영화 〈조선의용대〉는 검열 불통〉, 《중외일보》 1946년 9월 4일자. 미군정의 우려대로 김원봉은 1948년 월북해 북한에서 최고인민회의 상임위원회 부위원장 등을 역임했다.

[16] 주기철 목사는 순국 인물이라기보다는 순교자에 가까우며 이들 영화들도 종교영화에 가깝다고 볼 수 있으나, 항일의 의미도 강하다고 보아 이 표에 포함시켰다.

[17] 〈유관순〉을 세 번이나 만든 윤봉춘 감독(1902~1975)은 나운규 감독 영화 〈들쥐〉(1927)에 배우로 출연한 것을 계기로 영화계에 입문해 〈도직놈〉(1930), 〈큰무덤〉(1931), 〈도생록〉(1938), 〈신개지〉(1942) 등을 연출했고, 일제하에 다른 영화인들과는 달리 친일영화 제작에 관여하지 않고 시골에서 서당훈장을 하며 지내다가 해방 후 〈윤봉길의사〉, 〈삼일혁명기〉, 〈유관순〉 등 일련의 항일영화를 내놓는다. 그가 7~8년마다 〈유관순〉을 연출한 것은 자신만이 친일 경력에서 자유로우며 순국선열을 기릴 자격이 있다고 하는 자의식과 자부심의 발로로도 읽힌다. 이 중에서 1948년작 〈유관순〉은 대성공을 거두었다(한국영화진흥조합, 앞의 책, p.270; 김종원 외, 《한국영화감독사전》, 2005, pp.121~124).

18 채일우,〈영화평: 유관순과 愁雨〉,《새한민보》2-9, 1948년 4월호.
19 유관순을 세상에 알린 이는 이화학당 시절 스승이었던 박인덕이었다(《유관순연구소 소식》44, 2006).
20 1970년대는 이 책의 범위를 벗어나지만 논의의 편의를 위해 유관순 영화에 한해서는 1970년대 영화까지 다루기로 한다. 유관순이라는 표상이 영화를 통해 어떻게 창출되고 전승되고 있는지에 대한 논의는 정종현,〈유관순 표상의 창출과 전승─해방 이후 제작된 유관순 영화의 내러티브를 중심으로〉,《한국문학연구》36, 2009 참조.
21 《한국시나리오 걸작선: 유관순》, 커뮤니케이션북스, 2005, pp.7~8. 이하 1948년작 〈유관순〉은 이 책에서 인용.
22 앙드레 슈미드에 의하면 고종과 민비를 둘러싼 드라마를 민족사로 대치시키는 서사는 한말의 가장 두드러지는 내러티브였다고 한다(앙드레 슈미드, 앞의 책 참조).
23 이는 해방 후 출간된 국사교과서의 다음과 같은 표현이 그대로 영화 속에 형상화된 것과 다름없었다. "8월 21일에 寺內正毅와 이완용 사이에 비밀히 진행하던 한일합병안이 성립되어 어전회의를 거쳐 8월 29일에 조약이 발표되고 조서가 내리니 조선은 태조 건국으로부터 27세 519년만에 나라를 잃고 우리 반도 강산은 잔악한 일본제국주의의 식민지로 화해 갖은 압박을 받게 되었다"(진단학회,《국사교본》, 군정청 문교부, 1946, pp.158~170; 이신철,〈대한민국 국민만들기와 역사인식〉, 대한민국 수립 60주년기념 대토론회 자료집 별지, 2008, p.5에서 재인용).
24 유관순(1902~1921)이 러일전쟁 발발 후에 출생한 것처럼 묘사되어 있는 것은 유관순의 출생일이 오랜 세월 1904년으로 알려져 있었기 때문이다. 이것이 1902년으로 바로잡힌 것은 비교적 최근의 일이다(홍석창,《애국소녀 유관순양과 매봉교회》, 한국감리교회사학회, 1996, p.76; 김기창,〈유관순 전기문(집)의 분석과 새로운 전기문 구상〉,《유관순 연구》제2호, 천안대학교 유관순연구소, 2003, pp.99~101).
25 신범식,〈시민적 자유와 사회적 자유〉,《사상계》1961년 10월호; 민석홍,〈시민저항권의 근거〉,《사상계》1962년 11월호; 최동희,〈진보에의 의지〉,《사상계》1968년 2월호.
26 이 영화는 대통령 선거대책용으로 이승만의 경호관이었던 곽영주의 아이디어로 경무대가 제작을 직접 결정했으며 반공예술단장이자 한국연예주식회사의 대표 임화수가 제작했다. 당시 평균 제작비의 3배인 1억 5천만 환이 소요된 대작으로서, 이

중 4천만 환을 정부에서 지원했다고 해서 4·19혁명 이후 논란이 되기도 했다(〈'청년 이승만' 제작—공보실서 4천만 환〉,《조선일보》1960년 5월 18일자). 이러한 권력의 비호 덕분에 죄수들이 있는 서대문형무소 안에서 촬영이 허가되었으며 비원에 보관되어 있는 국보급 마차나 실제 기선도 쉽게 동원되는 등 최고의 촬영조건 속에서 촬영할 수 있었다고 한다(신상옥,《난, 영화였다》, 랜덤하우스, 2007, pp.64~65).

27 박정희 역시 19세기 말 러시아의 남하정책이 모든 비극의 시작이 되었으며 한미동맹도 그 결과에 의한 것이라는 역사인식을 보여주고 있다(박정희,《우리 민족의 나아갈 길》, 1962, pp.400~405).

28 유관순 영화와 반공주의의 결합은 이 시기 국민학교 국어 교과서에 나오는 옥희라는 여학생이 영화 유관순을 본 후 뉴스(영화)를 통해 공산군과 싸우는 국군의 모습을 보는 장면에서도 표출된다(문교부,《국어 2-2》, 1959, pp.75~81; 정상우,〈3·1운동의 표상 '유관순'의 발굴〉,《역사와 현실》74, 2009, p.256에서 재인용).

29 민족담론과 반공담론의 결합은 도덕교육, 국민교육에서 '반공 방일'이라는 결합된 형태로 나타난다. 국민학교 도덕교과서의 지도 방침 중 '반공 방일'의 항목에는 "나라의 독립과 통일에 이바지한 이들의 업적을 이해하고 국가 민족에 대한 충성심을 가진다"라는 교육 목표가 제시되어 있다(〈도의교육 및 반공방일교육 통합 강화에 관한 일〉,《문교월보》30, 1956년 11월호, p.37;〈민주생활과 도덕교육〉,《문교월보》50, 1959년 11월호, p.40).

30 이러한 긴 프롤로그에 대해 평단에서는 이를 차라리 전기영화와는 별개로 취급해야 한다고 강하게 비판했다(채일우, 앞의 글).

31 잔다르크는 일제강점기부터 수난과 저항의 아이콘으로서 대중들에게 널리 알려져 있었다. 한국에서 잔다르크가 소개되고 생산·유포되는 과정에 대해서는 정상우, 앞의 글, pp.242~244 참조.

32 앞에서도 언급했듯이 이 영화가 제작될 당시에는 유관순을 1904년생으로 알고 있었고, 그렇게 되면 유관순은 3·1운동 당시 16세가 되어 잔다르크와의 동질성은 더욱 커진다. 더구나 유관순은 독실한 기독교 집안에서 태어났다. 그의 집안은 유관순의 아버지 유중권을 시작으로 3대에 걸쳐 9명의 건국훈장 포상자가 나올 정도로 민족해방운동의 명가이다(이정은,《유관순—불꽃같은 삶, 영원한 빛》, 류관순열사기념사업회, 2004, p.437). 이 때문에 유관순 영화를 기독교 영화의 범주에 넣어서 보

기도 한다.

³³ 잔다르크는 프랑스와 영국 간의 백년전쟁(프랑스왕위계승전쟁)에 종지부를 찍은 인물로 평가된다. 뒷날 샤를 7세가 되는 황태자를 도와 그가 프랑스 왕이 되는 데에 지대한 공헌을 했으며, 당시 영국의 영토였던 프랑스 북서부 지방을 프랑스로 귀속시키는 데 결정적 역할을 했다. 영국군에게 넘겨져 마녀로 몰려 화형을 당한 지 20년 후 그녀의 어머니가 로마교황에게 재판 재개를 신청해 복권되었으며 1920년 카톨릭 교회에 의해 성녀로 추앙되었다. 이후 잔다르크는 프랑스 국민국가의 형성기에 프랑스의 상징이 되고, 1, 2차 세계대전을 거치면서 프랑스가 위기에 처할 때마다 특히 민족주의자, 군국주의자들의 숭배의 대상이 되었다(성백용, 〈잔다르크―프랑스의 열정과 기억의 전투〉, 《역사비평》 66, 2004년 봄호; 비교역사문화연구소, 《대중독재의 영웅 만들기》, 휴머니스트, 2005, pp.447~451). 국민국가 형성기에 민족의식을 주입하는 가장 효과적인 수단으로서 영웅들이 국민들의 기억 속에 자리잡게 되는 과정에 대해서는 프랑스에서 영웅의 탄생과 그 역사성을 다룬 크리스티앙 아말비, 성백용 역, 《영웅은 어떻게 만들어지는가―프랑스 역사에 나타난 영웅의 탄생과 몰락》, 아카넷, 2004(Christian Amalvi, *Les Heros de l`histoire de France*) 참조. 또한 프랑스 공화국의 건설에 있어서 여성적 알레고리의 역할과 공헌에 대해서는 모리스 아귈롱, 전수연 역, 《마리안느의 투쟁》, 한길사, 2001(Maurice Agulhon, *Marianne au Cimbat: L`imagerie et la Symbolique Republicaines de 1789 a 1880*) 참조.

³⁴ 전영택(1894~1868)은 평양 출신으로 1919년 《창조》 동인으로 등단해 작품활동을 시작한 소설가이다. 1930년 미국으로 가 신학을 공부하고 귀국해 목사가 되었으며 해방 후에는 조만식과 함께 조선민주당을 창건하고 문교부장으로 활동했다. 이후 조선민주당이 사회주의화되자 월남해 작품활동과 함께 성경·찬성가 번역 등 기독교계에서 활동했다.

³⁵ 전영택, 《유관순전》, 숭문사, 1948, pp.7~14; 정광익, 《짠딱크와 유관순》, 풍국문화사, 1954에서도 유관순을 잔다르크와 등치시키고 있다.

³⁶ 유제한은 후에 재단법인 한글학회의 상무이사로서 1974년작 〈유관순〉의 고증을 맡았다.

³⁷ 김정옥은 해방 후 이화학당 이사장 겸 이화여대 총장을 역임하고 1950년에 공보처장을 지낸 김활란의 조카이다(김정옥, 《(이모님) 김활란》, 정우사, 1977). 김활란

은 일제 말기 조선임전보국단 부인대 지도위원을 역임하는 등의 친일행적으로 반민특위의 처벌 대상이 되었다. 또한 옥중에서 유관순을 만나 세상에 유관순을 알리는데 힘쓴 박인덕 역시 일제 말기 조선임전보국단 결전부인회를 결성한 전력이 있었다. 따라서 이화재단이 유관순 정전화에 앞장선 것에는 이러한 이미지를 불식시키려는 의도도 있는 것으로 보인다(정종현, 앞의 글, pp.161~162; 정상우, 앞의 글, pp.247~248).

38 홍석창, 〈유관순 기념사업: 영화 순국처녀 유관순 전〉, 앞의 책, pp.164~168.

39 전기의 간행은 1948년 2월이며, 영화의 개봉일은 4월 8일이다. 〈유관순 전기 간행〉, 《조선일보》 1948년 2월 4일자; 한국영화진흥조합, 앞의 책, p.270.

40 1946년 6월 이승만의 정읍 발언과 1947년 12월 남한 단독정부수립에 대한 한민당의 성명 발표 이후 단정수립 움직임이 계속되고 있었고 전영택이 평양에서 활동하다 월남한 인사라는 점을 고려해 보았을 때, 여기서의 '건국'이 남한 단독정부의 수립을 염두에 둔 것이었을 가능성이 높은 것은 사실이다. 그러나 이 시점에서의 '건국'이 대한민국 정부 수립을 명시적으로 뜻한다거나 전적으로 그런 의미로만 널리 통용되었다고는 볼 수 없다.

41 방의석, 〈유관순전을 제작하면서—기획자의 의도〉, 《영화시대》 1948년 2월호.

42 윤봉춘, 〈유관순전의 연출자로서〉, 《영화시대》 1948년 2월호.

43 예컨대 1974년작에서는 유관순의 관에 대형 태극기가 덮이는 것으로 영화가 끝나는데, 화면을 가득 메운 태극기는 유관순의 죽음이 대한민국의 오늘을 있게 했음을 강하게 암시하고 있다. 이처럼 일제강점기의 태극기와 영화가 제작된 시기의 태극기가 동일시되는 사례를 김구 관련 영화에서도 볼 수 있다.

44 〈3·1운동과 우리 민족〉, 《週報》 47, 1950년 3월 1일호, pp.16~23; 박정희, 〈새 국사 창조를 위해 국민에게 호소한다〉, 《국가재건최고회의보》 8, 1962년 5월호.

45 실제로 북한에서는 1990년대 말까지 유관순에 대한 공식 언급이 없을 정도로 유관순에 대해 무관심하다. 이는 유관순이 남한에서만 기념되는 존재, 곧 남한의 국가형성 시기 국민 통합의 상징으로서 이용되었음을 반증한다(임경석, 〈3·1운동을 보는 남과 북의 시각〉, 《통일시론》 2, 1999).

46 유관순이 토막 살해되었다는 것이 공공연하게 얘기되기 시작한 것의 시초가 아마도 전영택의 《순국처녀 유관순전》과 윤봉춘의 1948년작 〈유관순〉이 아닐까 한다.

전기문이 사실에 바탕을 두고는 있지만 문학성을 띠며 사실과 허구의 균형 속에서 감동을 이끌어내는 장르라는 점을 감안할 때 전기 속에 감동을 배가시키기 위한 장치로서 허구가 얼마든지 삽입될 수 있다(김기창, 앞의 글, pp.82~83). 전영택 스스로가 이 전기가 완전한 사실만을 다룬 것은 아니라고 밝히고는 있는데서도 보이듯이 이 부분은 유관순의 죽음을 기독교와 더욱 밀착시키기 위해 삽입된 허구로 보인다. 다만 일곱토막 살해설이 완전히 전영택의 창작에 의한 것인지, 아니면 유관순의 정전화 과정에서 만들어진 소문과 추측을 토대로 전영택이 살을 붙인 것인지에 대해서는 확실하지 않다. 유관순의 사망 원인에 관해서 다양한 견해가 제기되었음에도 불구하고(신광철, 〈영화를 통해 재현된 유관순의 삶〉, 앞의 책, pp.51~52) 유관순 토막살해설은 1970~80년대까지도 버젓이 중고등학교 국사시간에 등장해 청소년 사이에서 강하게 믿어졌다.

47 이정은, 앞의 책, pp.431~432.
48 이정은, 앞의 책, pp.429~430.
49 권명아, 〈여성 수난사 이야기, 민족국가 만들기와 여성성의 동원〉, 《여성문학연구》 7, 한국여성문학학회, 2002 참조.
50 드문 경우이기는 하지만 1948년 〈유관순〉과 동시대 작품으로 친일파에 대한 매우 엄격한 처벌을 주장하는 영화도 있었다. 반민특위가 활동하던 시기에 개봉한 〈심판자〉(1949, 김성민)가 그것이다(한국영화진흥조합, 앞의 책, p.285).
51 이러한 친일파에 대한 태도는 다음과 같은 말에서 그 논리의 뿌리를 찾을 수 있다. 이승만은 1954년 5·20선거를 앞두고 "왜정시대에 무엇을 하던 것을 가지고 친일이다 아니다 하는 것을 결정하는 것이 아니고…… 일본을 위해 열정적으로 일한 史蹟이 있을지라도 지금 와서는 그 일을 蕩滌받을 만한 일이 있어 증명받을 만하면 전에 일은 다 불문하고 애국하는 국민으로 인정하고 대우해줄 것이다"라고 친일파에 대한 입장을 밝힌 바 있다. 이러한 논리는 친일파를 적극적으로 기용한 것에 대한 근거와 변명이 되어 주었다(〈5·20선거에 際해 이승만 대통령 특별담화〉, 《동아일보》 1954년 4월 8일자; 서중석, 《이승만의 정치이데올로기》, 역사비평사, 2005, p.432에서 재인용).
52 〈고종황제와 의사 안중근〉은 1억 원의 예산, 출연 연 인원 수 2만 명, 스탭 1백 명, 의상 6백 점, 3백 평 80톤에 달하는 세트 물량이 드는 등 당시로서는 최대의 규모였

으며 흥행에도 성공했다(〈영화화된 민족혼〉,《한국일보》1959년 3월 1일자). 당시 언론에서는 이 영화의 성공으로 인해 제작된 한말-일제하를 배경으로 한 일련의 대작들을 '시국영화'라고 부르기도 했다(〈59년의 영화계―사상 최초의 황금시대〉,《동아일보》1959년 12월 23일자).

53 최태응(1917~1998)은 황해도 출생으로 일본에 유학하고 돌아와 1939년 등단했다. 해방 후 월남해 여러 신문사에서 일하면서 정치 현실에 관한 소설들을 많이 썼으며 한국전쟁 때는 종군작가로 활동하기도 했다. 이 영화의 원작이 된 소설이 영화가 개봉되고 난 후에야 정식 출간된 것으로 미루어보아 작가가 경무대의 의뢰로 소설의 초고를 쓰고 이를 영화의 원안으로 제공했을 가능성도 배제할 수 없다. 소설의 발문에서 작가는 소설을 원안으로 한 영화의 내용에 대해 상당한 아쉬움을 표하고 있다(최태응,《청년 이승만: 사실소설》, 성봉각, 1960, pp.301~304).

54 곽영주(1924~1961)는 태평양전쟁 때 일본군에 자원 입대해 하사관까지 지내다가 정부수립 후 이승만의 경호관이 되었다. 이승만의 총애를 받아 경무대 경찰서장(현재의 대통령 경호실장)까지 승진했으며, 이기붕에 이어 권력의 제3인자로 불렸다. 4·19혁명 때 경무대로 몰려든 학생들에게 발포명령을 한 혐의와 권력남용, 정치깡패 비호 등의 혐의로 5·16군사정변 이후 사형되었다.

55 임화수(1919~1961)는 평화극장 사장과 극장연합회 부회장,《예술시보》사장을 역임하는 등 영화계의 실력자로 군림하면서 권력에 밀착해 반공예술인단을 이끌다가 4·19혁명 때 학생데모 습격사건으로 구속되었고 이후 '영화계 민주화'의 이슈에 따라 갖은 비리가 밝혀지면서 5·16군사정변 이후 '사회정화' 차원에서 사형되었다(〈임화수에 사형〉,《조선일보》1961년 8월 25일자).

56 이는 당시 많은 영화들이 대한영화사의 장비 등을 이용해 후반작업을 한 경우가 많았으므로 이 영화에만 국한된 것은 아니다.

57 신상옥,《난, 영화였다》, 랜덤하우스, 2007, pp.64~65.

58 《국회회의록》제30회, 재정경제위원회 제9차 회의, 1958.12.23.

59 〈'청년 이승만' 제작―공보실서 4천만 환〉,《조선일보》1960년 5월 18일자. 공보실 영화과에서 제작한 '문화영화' 목록에 이 영화가 올라 있는 것도 이러한 혐의를 뒷받침해 준다. 그러나 당시 공보실 영화과장 이성철 씨는 자유당에서 돈을 주었다고 해도 영화의 제작 과정에서 드는 비용은 대한영화사가 작업비로 다 받았다고 말한

다. 만일 이 돈을 받지 않고 무상으로 제작하도록 했다면 영화과 직원들도 무사하지 못했을 것이라고 하면서, 다만 공보실이 보증해 주는 형식으로 금융기관을 통해 대출을 해주었을 가능성은 배제할 수 없다고 증언했다(2008년 1월 23일 인터뷰).

60 이러한 줄거리는 1957년 대통령 제82회 탄신 기념으로 공연되었던 극단 신협의 〈풍운〉(오영진 작, 김규대 연출)이나 역시 오영진의 시나리오인 〈청년〉(《문학예술》, 1957년 4월호)과도 유사하다. 세 작품이 모두 이승만이 배제학당에 입학한 1894년부터 1904년 도미하게 되는 시점까지를 그리고 있다(이화진, 〈'극장국가'로서 제1공화국과 기념의 균열〉,《한국근대문학연구》15, 2007). 이 밖에 1950년대의 뉴스영화, 문화영화 등에서도 이승만이 가장 빈번히 등장하는 주인공이다. 전근대적 군주의 이미지와 근대적 리더로서의 이미지가 결합된 이승만의 재현은 1950년대 국가의 정통성을 세우는데 이승만과 관련한 서사가 매우 큰 비중을 차지하고 있음을 보여준다.

61 이 영화와 비슷한 시기에 개봉된 〈삼일독립운동〉(1959, 전창근)은 〈독립협회와 청년 이승만〉의 뒷시기를 다룬 대작영화이다. 이 영화에서 이승만은 3·1운동의 핵심인물로 묘사된다. 미국인 선교사나 세브란스 의전 교수의 목소리를 통해 "(3·1 운동은) 이 박사께서 전 세계에 보국의 자유독립을 원조 보장하라고 호소한 역사적 성명"이라고 하는 것이나, "오는 유월에 벨사이유에서 열릴 만국평화회의에 이승만 박사를 파견해 일본의 강도행위를 폭로하고 한국민족의 자유와 독립에 대한 불타는 염원을 호소하기로 했다"는 대사를 통해 드러난다.

62 이승만의 반려의식에 대해서는 홍용표, 〈현실주의 시각에서 본 이승만의 반공노선〉,《세계정치 8》2007년 가을·겨울호, pp.55~59 참조.

63 1949년 7월 5일 김구가 암살된 지 10일 만에 국민장으로 치러진 백범 김구의 장례식 장면을 기록한 16mm 필름 〈백범 국민장 실기〉(윤봉춘)가 1959년 5월 10일 개봉되었으나 곧 상영금지 명령을 받았다. 1956년 6월에도 리버티뉴스 164호에 해공 신익희의 국민장 장면 중에서 사망 전날 한강 백사장에서 있었던 제3대 대통령 후보 유세 장면을 삭제하도록 조처함으로써 논란을 일으킨 일이 있었다(〈정부 '한강 장면 삭제' 해공 신익희선생 장례 촬영한 미국 뉴스에 건의〉,《조선일보》1956년 6월 10일자).

64 〈정초의 연예: 극장별 영화〉,《조선일보》1960년 12월 31일자.

65 4·19혁명 이후 민간의 자율적 심의기구로서 출범한 영화윤리전국위원회는 이 영화를 독립의식을 강조한 건실한 작품이라고 소개하며 청소년 권장영화로 선정했다(〈청소년 권장영화로 선정〉,《한국일보》1961년 1월 2일자).

66 이 엔딩 장면에 대해 언론은 "조국통일의 비원을 안고 경교장을 떠났던…… 백범의 인간사 가운데 가장 극적인 사실을 왜 클라이막스로 하지 않았는지 모르겠다"는 반응이었다(〈한 애국자에의 감상적 흠모〉,《한국일보》1961년 1월 10일자).

67 노중선,〈남한 역대 정권의 통일문제 인식과 통일정책〉,《내일을 여는 역사》21, 서해문집, 2005, pp.71~73.

68 안익태가 작곡한 현재의 애국가는 1936년 베를린 올림픽에 안익태가 직접 찾아가 함께 불렀으며 임시정부와 미국 일본 등의 교포들에게 악보를 보내어 서서히 불리다가 대한민국 정부수립과 함께 공식 국가로 채택되었다. 윤봉길의 거사는 1932년이므로 이때의 애국가는 스코틀랜드 가곡〈올드랭사인Auld Lang Syne〉이다.

69 극장에서 본영화 상영 전에 뉴스영화와 함께 문화영화를 반드시 상영하도록 한 것은 1962년 영화법 제11조에 의한 것이다(이하나,〈1960년대 문화영화의 선전전략〉,《한국근현대사연구》52, 2010, p.160). 또한 1966년 문교부는 4월을 예절의 달로 정하고 국기에 대한 존엄성 표시와 국가원수에 대한 예절지도의 일환으로 극장 뉴스시간에 국기나 국가원수에 관한 것이 나오면 관중은 기립 또는 박수로 경의를 표하도록 했다(〈극장에서 뉴스 상영 때 국기·원수 나오면 기립 박수하도록〉,《중앙일보》1966년 3월 28일자;〈과불어불급—뉴스영화에 기립박수가 다 뭐냐〉,《조선일보》1966년 3월 29일자). 이후 군부독재정권 말기까지 극장에서는 애국가와 함께 모두 기립해 가슴에 손을 얹는 국민의례를 행하고 나서야 비로소 뉴스영화, 문화영화, 극영화의 순서대로 영화를 관람하는 것이 상례가 되었다. 또한 1967년 대한어머니회에서는 국민학교, 중학교, 고등학교 교과서에 국기에 관한 항목을 삽입하고 전국 영화관에서 본영화전에 국기에 대한 짤막한 기록영화를 상영하며, 중학교 입시에 국기에 대한 문제를 출제할 것을 건의하기도 했다(〈국기에 대한 기록영화 상영토록〉,《조선일보》1967년 10월 29일자).

70 이영일,《증보판 한국영화전사》, 2004, pp.384~385.

71 이경란,〈1950~70년대 역사학계와 역사연구의 사회담론화〉,《동방학지》152, 2010, p.374.

72 "중국에 대한 사대주의와 아부근성, 양반들의 향락주의, 그리고 당파싸움으로 인한 반민주적 폐습 등 조선사회의 병적인 바탕은 해방 후까지 남아서 산업발전에 방해가 되고 있다. ……경제와 정치가 분리되지 못함으로써 정치를 하는 사람은 정권의 잉여 가치를 누리려 들고 경제인은 스스로의 힘으로 민간 활동을 하려고 하지 않고 관의 권력과 결탁하려는 버릇이 생겼다. 이러한 조선시대의 그릇된 유산과 봉건적인 잔재가 해방 후까지 그대로 남아 있는 것이 우리나라 농촌 사회의 실정이다"(박정희, 《우리민족의 나아갈 길》, 1962; 박정희, 《한국국민에게 고함》, 동서문화사, 2006, pp.344~374. 이하 페이지는 이 책의 페이지임).

73 박정희, 《우리 민족의 나아갈 길》, pp.344~379.

74 조선시기의 '나쁜 정치'의 온상은 음모와 배신이 판치는 왕궁과 왕조 자체였다. 김승경은 조선시기 왕조사극이 패배주의에 젖은 무능한 왕과 그로부터 잉태되는 과잉 폭력, 그리고 그 모든 죄를 뒤집어쓴 채 처벌당하는 여성이라는 젠더 정치에 기반하고 있음을 밝혔다(김승경, 앞의 글, pp.190~212). 이러한 왕조 내부의 권력 다툼과 이로 인해 도탄에 빠지는 백성이라는 구도는 기본적으로 '나쁜 정치'의 원인이 되는 정치적 혼란에 대한 두려움과 거부감에 기인하며, 이는 사안에 대한 냉철한 비판보다는 현실을 회피하려는 정서에 더 가깝다. 이영일은 조선시기의 궁정비극을 다룬 사극들이 인간 욕망의 추악한 면을 드러내면서 허무주의적이고 현실도피적인 분위기를 풍긴다는 점을 지적했다(이영일, 〈오락사극 '붐'을 분석한다〉, 《한국일보》 1961년 7월 9일자).

75 홍길동은 1930년대에도 전후편으로 만들어진 바 있는, 한국인에게 가장 인기있는 소재이다. 〈홍길동전〉(1934, 김소봉), 〈홍길동전(후편)〉(1936, 이명우)이 그것이다.

76 1969년작 〈의적 홍길동〉(임원식)에서는 길동이 율도국을 창건하고 왕이 되는 것으로 결론을 맺는다. 봉건국가를 부정했다기보다는 스스로 최고 권력자가 됨으로써 신분 콤플렉스를 극복한 것이다.

77 이영일은 1960년대 멜로드라마의 복고성과 신파성을 분석하면서 그 이유를 대중이 근대화의 물결에서 소외되고 있기 때문이라고 분석했다(이영일, 《증보판 한국영화전사》, 2004, p.354).

78 우리나라의 최초의 발성영화는 〈춘향전〉(1935, 이명우), 최초의 컬러 시네마스코프 영화는 〈춘향전〉(1961, 홍성기)과 〈성춘향〉(1961, 신상옥), 최초의 입체영화는 〈천하

장사 임꺽정〉(1968, 이규웅)이다. 이들 모두가 사극이며 그중에서도 춘향전에 편중되어 있다는 것은 대중이 가장 지지하는 보편적인 이야기로서의 역사극이 영화 기술의 실험대라는 위험 부담을 줄여줄 수 있는 장르로 기능했다는 것을 보여준다.

79 황호근은 우리나라 사극영화에서 신라시대를 배경으로 한 작품이 많은 이유로 문헌에 나타난 삽화 등이 신라시대 것이 많기 때문이라는 것과 우리의 습속이 당시와 공통된 점이 많다는 점을 들고 있다(황호근, 〈사극영화를 위한 풍속학〉(7), 《영화예술》, 1966년 4월호).

80 신라중심 사관의 대표적인 저서는 다음과 같다. 최남선, 《조선역사》, 동명사, 1945; 이병도, 《국사와 지도이념》, 삼중당, 1953. 《조선일보》의 경우 해방 후에서 1960년대 말까지의 기사 중에서 신라에 관한 기사가 116건인데 반해 백제에 관한 기사는 19건, 고구려에 관한 기사는 단 9건에 불과하다.

81 〈62년을 풍미할 기대작품들〉, 《영화세계》 1962년 2월호.

82 백제를 배경으로 한 영화 7편 중에서 '국가와 개인'에 해당하는 영화는 3편인데 그나마 필름이 남아 있지 않아 분석에서 제외했다.

83 정부수립 후부터 1950년대까지 고대사를 다룬 역사극 중 국가의 운명이나 몰락 등 국가를 주제로 한 대표적인 영화는 〈고구려의 혼〉(임운학, 1949), 〈마의 태자〉(1956, 전창근), 〈사도세자〉(1956, 안종화), 〈왕자호동과 낙랑공주〉(1956, 김소동), 〈낙화암과 삼천궁녀〉(1960, 이규환) 등이 있다.

84 이 영화에 원작은 표시되어 있지 않으나 남장여인 설정 등으로 보아 이태준의 1943년작 소설 《王子 好童》(태학사)이나 1951년 출간된 김동인의 《王子 好童》(동아문화사)을 참고했을 가능성이 높다. 또 지금은 필름이 남아 있지 않지만 1956년작 김소동 감독의 〈왕자호동과 낙랑공주〉를 참고했을 것이다. 김소동 감독의 〈왕자호동과 낙랑공주〉 역시 제작비 2억 환을 들여 대규모 전쟁장면을 재현한 대작이라고 한다(〈우리나라 사극영화의 변천과정〉, 《영화》 1974년 8월호, p.24).

85 김미경, 〈고구려 전기의 대외관계 연구〉, 연세대학교 사학과 박사학위논문, 2007, pp.46~50.

86 이 장면은 〈화랑도〉에서 어진랑이 의자왕의 딸 반달공주를 우연을 가장해 구하는 장면과 매우 흡사하다. 참고로 두 작품의 개봉일은 〈화랑도〉가 1962년 9월 13일, 〈왕자호동〉이 1962년 10월 3일로서 한달 정도밖에 차이가 나지 않아 어느 한쪽

87 이 다른 한쪽을 모방했다고 보기는 어렵다(한국영화진흥조합,《한국영화총서》, 1972, p.612, p.614).

87 여기서 '민족'은 '국가'와 분리되지 않는다. '국가'와 '민족'의 통합으로서의 '네이션' 개념으로 이태준의《왕자 호동》을 분석한 글로는 진영복,〈네이션Nation의 서사학과 낭만성—이태준의《왕자 호동》을 중심으로〉,《대중서사연구》15, 2006년 6월호가 있다.

88 민족담론을 공간성과 연결시켜 설명하려는 시도는 앙드레 슈미드, 정여울 역,《제국, 그 사이의 한국》, 휴머니스트, 2007 참조.

89 이 영화는《삼국유사》의 관창랑 이야기에서 힌트를 얻었다고 하며, 제작비 1천 5백만 원에 말 3백여 필, 엑스트라 1만 명, 그림배 50척이 동원되었다고 한다. 또한 우리나라 최초로 국내에서 현상한 컬러 시네마스코프 작품이다. 당시 컬러 현상은 일본에서 해오는 것이 보통이었다(〈국내에서 현상한 색채 시네스코〉,《조선일보》1962년 8월 31일자;〈羅·濟국의 비극을 집약〉,《경향신문》1962년 9월 4일자).

90 양종국,《백제 멸망의 진실》, 주류성, 2004.

91 고구려, 백제, 신라가 모두 단군의 자손임을 논한 것은 일연의《삼국유사》로서 이는 13세기 후반에 쓰였다. 그러므로 고구려, 백제, 신라가 공동조상을 가진 혈연적 민족이라는 의식이 삼국시대 당대부터 존재했다고 말할 수는 없다. 오히려 통일신라시대에 고구려와 백제의 부흥운동이 끊이지 않았던 것으로 보아 이러한 의식은 고려시기에 서서히 형성되기 시작했을 것이다. 고대사가 근대 국민국가를 고대에 투영한 만들어진 전통임을 논하는 연구로는 이성시, 박경희 역,《만들어진 고대: 근대 국민국가의 동아시아 이야기》, 삼인, 2001 참조.

92 이를 증명하듯 같은 제목의 영화〈화랑도〉(1950, 김춘)는 월남해 국군에 입대한 군인과 그를 따라 함께 월남한 애인이 반공전선의 일꾼이 된다는 내용의 반공영화이다. 화랑은 군인이며, 화랑도는 반공정신이라는 연상이 있기에 가능한 작품이다(한국영화진흥조합,《한국영화총서》, 1972, p.298).

93 안호상이 신라를 높이 평가하고 고구려와 백제를 거의 언급하지 않은 것에 대해 서중석은 안호상이 영남 출신으로 지역차별주의자이기 때문이라고 설명한다(서중석, 위의 책, p.42). 그러나 안호상 같은 일민주의 이데올로그들이 신라를 높이 평가하는 것은 일반적인 것으로서, "일민주의는 곧 신라식 민주주의"라고 천명한 바 있다

(안호상, 〈일민주의와 민주주의〉, 《화랑의 혈맥》 1, 1956년 10월호, p.45).

94 대한민국을 화랑정신과 3·1운동의 계승자라고 하는 생각은 당시 지식인들에게 널리 퍼져 있는 생각이었다. 김두헌, 〈道義韓國再建論〉, 《학술계》, 1958년 7월호. 이는 일제하 민족주의 민족문화론이 단군 선양에 보다 심혈을 기울인 것과 대조적이다. 일제하의 단군 선양에 대해서는 이지원, 앞의 글, pp.221~230 참조.

95 이에 대해서는 앙드레 슈미드, 정여울 역, 《제국, 그 사이의 한국》, 휴머니스트, 2007 참조.

96 이익흥, 〈화랑도 국민정신의 앙양에 기대하면서〉, 《화랑의 혈맥》 1, 1956년 10월호, pp.23~24; 공진항, 〈반공정신〉, 위의 책, pp.35~37.

97 문중섭, 〈화랑도정신과 국군의 위치〉, 《국가재건최고회의보》 10, 1962년 7월호.

98 김범부, 〈邦人의 국가관과 화랑정신〉, 《국가재건최고회의보》 2, 1961년 10월호.

99 '오락사극'이라는 용어는 역사적 사실보다는 오락성에 치중한 사극이라는 뜻으로 1960년대 대작사극의 범람과 함께 당시의 평단이 지칭한 용어이다. 다른 장르와는 달리 사극에만 특별히 '오락'이라고 수식어를 붙인 것은 역사적 사실을 충실하게 재현한 사극(역사영화)과 구분하기 위해서이다. 또한 이는 역사극은 원래 오락적인 것과는 거리가 있어야 한다는 인식과 오락적인 역사극에는 "제대로의 알뜰한 사적 고증이나 높은 예술성을 바란다는 것이 과욕"이라는 인식이 결합된 결과로서 역사극에 대한 당시 평단의 인식이 엿보인다(이영일, 〈오락사극 붐을 분석한다〉, 《한국일보》 1961년 7월 9일자; 〈대목 노리는 영화가―모두 오락작품〉, 《동아일보》 1964년 12월 29일자).

100 발해를 민족사의 일부로 보지 않는 것은 당시 역사학계의 보편적인 생각이었다.

101 1965년 1월 1일에 개봉한 이 영화는 기획부터 제작까지 1년이 걸렸으며 3천만 원의 제작비가 든 대작이다. 서울 근교의 태릉 근처에 오픈세트로 또 하나의 석굴암을 짓고 9톤 무게의 석불과 수개의 대소 불상을 제작했는데, 시기적으로 실제 석굴암 공사와 함께 촬영이 진행되었다(〈신정영화 지상시사〉, 《경향신문》, 1964년 12월 28일자).

102 합작의 대상이 되었던 국가는 홍콩과 타이완을 비롯해 미국, 프랑스, 필리핀 등이었다. 일본과의 합작영화도 추진되었다. 신필름과 다이에이大映가 합작 추진한 〈삼국지〉가 대표적으로, 일본작가 요시가와 에이지吉川英治 원작의 《삼국지》를 3억 엔

제작비의 3부작 대작으로 제작할 계획이었고 대만의 중앙전영공사, 홍콩의 쇼브라더스, 싱가포르의 국제전영공사 등이 참여 의사를 밝혔으나 결국 무산되고 말았다(〈크랭크인한 영화국교, 해방 후 첫 한일합작〉,《조선일보》1965년 12월 26일자; 〈한일합작영화 '삼국지' 유산될 듯〉,《조선일보》1966년 2월 24일자).

103 1954년 도쿄에서 처음으로 열린 아시아영화제는 1962년 제9회와 1966년 제13회 두 번에 걸쳐 서울에서 개최되었다. 아시아영화제의 한국 유치는 합작영화 제작과 영화의 해외수출문제에 대한 전망을 위해서이기도 하지만 그보다는 공보적 차원의 의미가 컸다. 1962년에는 군사정변 1주년을 기념하는 갖가지 국제적 행사들, 곧 아시아민족 반공연맹 임시총회, 아주亞洲 공관장 회의, 산업박람회, 한일 배구시합, 국제음악제전, 국제 패션쇼 등이 열렸으며, 1966년 아시아영화제의 한국 유치는 한일회담과 베트남전 파병을 둘러싸고 박정권에 대한 비판의 목소리가 점차 거세어지기 시작하는 시국을 무마하기 위한 강력한 이벤트로서의 의미를 갖고 있었다(〈1966년도 제13회 아시아영화제 한국유치에 대한 국무회의 보고안건 송부〉,《국무회의록》, 1965).

104 그 대표적인 영화가 유현목 감독의 〈성웅 이순신〉(1962)이다. 이 영화는 당시 영화진흥책의 하나인 영화금고의 첫 사례로서 공보부에서 3천만 환을 보조받고 국립영화제작소의 기재 일체를 무상으로 제공받아 총제작비 4억 원을 들여 만들었으며, 공보부 이외에도 국방부, 문교부, 충무공기념사업회 등이 제작을 후원했다. 이 영화에는 "엑스트라 30만 명, 말 2만 마리, 조선 선박 9백여 척, 왜선 1천 2백 척, 명선 4백 척, 해군본부의 후원으로 현대 함선 5백 척이 동원"되었다고 한다. 선박들의 수는 미니어처를 합한 것이겠지만 실제 거북선 12척 대 1백 33척이라는 울두목 해전을 재현하기 위해 당시로서는 어마어마한 물량을 동원한 것만은 사실이나〈공보부 원조로 재촬영〉,《동아일보》1961년 12월 6일자; 〈영화금고의 첫 지원으로— '임진난과 성웅 이순신' 촬영 완료〉,《경향신문》1962년 3월 19일자). '한국 초유의 해전영화'라는 수식어와 함께 "사극영화가 오락본위로 흐르는 경향을 벗어나 국민적 사극물로 한 의도"로 제작되었다고 한다. 그러나 스펙터클의 욕망을 좌절시키는 것은 기술의 한계, 시장의 한계, 그리고 고증, 혹은 고증을 문제삼는 시선이다(〈국민적인 사극물〉,《경향신문》1962년 4월 24일자; 〈역사물과 고증—〈성웅 이순신〉의 경우를 보고〉,《한국일보》1962년 5월 7일자; 〈내 고향의 왜곡된 사실을 고쳐 달라〉,《서울신문》1962

년 5월 27일자).

[105] 오제연, 〈1960년대 초 박정희 정권과 학생들의 민족주의 분화: '민족적 민주주의'를 중심으로〉,《기억과 전망》16, 민주화운동기념사업회, 2007.

[106] 이러한 혼란은 일민주의에서도 나타난다. 임종명은 일민주의가 혈연적인 민족의 정의를 공개적으로 부인하지 못하고 피의 민족과 사상의 민족이라는 두 개의 공동체 사이에서 방황하다가 결국 국가와 민족, 한민족과 대한민국의 상호관계를 분명히 하지 못했음을 지적했다(임종명,〈一民主義와 대한민국의 근대민족국가화〉,《한국민족운동사연구》44, 2005, pp.303~304).

4. 반공: 우리가 아닌 것은 누구인가?

[1] '단일민족'의 관념은 통일신라 말에서 고려초에 걸쳐 맹아적 형태로 형성되기 시작해 대한제국기 근대 민족주의의 발흥과 함께 강화되었지만, 본격적으로 신화화되기 시작한 때는 이승만의 이데올로그이자 초대 문교부장관인 안호상의 일민주의를 국민교육을 통해 전파하면서부터이다(허동현,〈한국 근대에서 단일민족 신화의 역사적 형성 과정〉,《동북아역사논총》23, 2009, pp.22~26).

[2] 반공주의는 일제강점기 좌익과 우익에 대한 탄압과 회유의 전략을 구사한 일제의 민족분열정책에서 시작되었지만, 그것이 한민족 내부의 분열과 갈등으로까지 비화된 것은 해방 후 모스크바 삼상회의 결의안에 대한 좌우익 분열에 기원이 있다. 분단 이후 반공주의가 문학에서 어떻게 발현되는지에 관해서는 상허학회,《반공주의와 한국문학》, 깊은 샘, 2005; 김진기 외,《반공주의와 한국 문학의 근대적 동학 1》, 한울아카데미, 2008; 김진기 외,《반공주의와 한국문학의 근대적 동학 2》, 한울아카데미, 2009 참조.

[3] 한국전쟁의 기원과 배경에 대해서는 브루스 커밍스, 김주환 역,《한국전쟁의 기원: 해방과 단정의 수립: 1945~1947》상·하, 청사, 1986; 박명림,《한국전쟁의 발발과 기원 1. 결정과 발발》, 나남, 1996; 박명림,《한국 1950: 전쟁과 평화》, 나남, 2002를 참조.

[4] 반공주의의 역사성과 다양성에 관한 연구로는 서중석,《한국 현대 민족운동 연구 2, 1948~1950: 민주주의, 민족주의, 그리고 반공주의》, 역사비평사, 1996; 김득중,

《빨갱이의 탄생―여순사건과 반공 국가의 형성》, 선인, 2009 참조. 반공주의의 시기별 변화에 주목한 연구로는 김정훈·조희연, 〈지배담론으로서의 반공주의와 그 변화―'반공규율사회'의 변화를 중심으로〉, 조희연 편, 《한국의 정치사회적 지배담론과 민주주의 동학》, 함께읽는책, 2003; 후지이 다케시, 〈제1공화국의 지배 이데올로기―반공주의와 그 변용들〉, 《역사비평》 83, 2008년 여름호; 후지이 다케시, 〈4·19/5·16 시기의 반공체제 재편과 그 논리〉, 《역사문제연구》 25, 2011 참조.

[5] 역사적 맥락에 따라 다양하게 변모하는 반공주의를 감성의 측면에서 규명한 연구로는 이하나, 〈1950~60년대 반공주의 담론과 감성 정치〉, 《사회와 역사》 95, 2012가 있다.

[6] '분단영화'라는 용어는 이제까지의 연구에서 ① 일반적인 '반공영화'와 전쟁 멜로드라마를 포함한 넓은 의미의 '전쟁영화'를 포괄한 개념, ② 주로 1990년대 말 〈쉬리〉의 등장 이후 분단을 소재로 한 영화들을 지칭하는 개념의 두가지 용례로 쓰였다. 전자의 개념으로 분단영화를 분석한 연구로는 김의수, 〈한국 분단영화에 관한 연구〉, 서강대학교 석사학위논문, 1999가 있으며, 후자의 대표적인 연구로는 변재란, 〈남한영화에 나타난 북한에 대한 이해〉, 《영화연구》 16, 2001이 있다. 그러나 '분단영화'는 '분단문학'과 같이 분단으로 인한 상처와 아픔, 혹은 분단을 극복하려는 의지 등 분단현실을 재현하고 반영하는 모든 영화를 총칭할 때 쓰는 것이 더 적합하다고 생각된다. 이렇게 볼 때 1950~60년대 영화의 상당수가 분단영화가 될 수 있으며, 예컨대 대표적인 분단문학의 하나인 《오발탄》(1959, 이범선)을 원작으로 하는 〈오발탄〉(1960, 유현목) 같은 영화도 분단영화에 속한다고 볼 수 있다.

[7] 이순진에 따르면 반공영화에 대한 기존의 논의는 ① 반공이데올로기를 당연시하며 반공영화의 세련화를 촉구하는 것 ② 반공이데올로기를 비판하면서 지배이데올로기 재생산 기능을 반공영화의 주요한 특성으로 보는 것 ③ 반공영화를 고정된 장르로 다루기보다는 개별영화들의 역사적 맥락을 중시하는 것 등으로 나눌 수 있다고 한다(이순진, 〈1950년대 공산주의자의재현과 냉전의식〉, 김소연 외, 《매혹과 혼돈의 시대―1950년대의 한국영화》, 소도, 2003, pp.130~132). 이 밖에 '반공영화'의 개념 정의와 범주화를 시도한 대표적인 연구로는 정영권, 《한국 반공영화의 제도화 연구: 1946~1968 전쟁영화의 접합 과정을 중심으로》, 동국대학교 박사학위 논문, 2010이 있다.

8 정영권, 〈한국 반공영화 담론의 형성과 전쟁영화 장르의 기원 1949~1956〉,《현대영화연구》10, 2010, pp.385~391.

9 한국영화진흥조합,《한국영화총서》, 1972, p.298.

10 일반적으로 〈성벽을 뚫고〉를 반공극영화의 효시로 꼽지만 개봉일을 기준으로 본다면 〈전우〉가 앞선다. 〈전우〉는 1949년 8월 5일에, 〈성벽을 뚫고〉는 1949년 10월 4일에, 〈나라를 위해〉는 1949년 10월 5에 개봉했다(《한국영화총서》, pp.284~286). 〈전우〉보다 개봉일이 늦은 〈성벽을 뚫고〉가 최초의 반공영화로 알려진 이유는 후자가 전자에 비해 더 철저히 '반공' 적이면서 흥행에서도 성공했기 때문이었다(정영권, 앞의 글, pp.385~387).

11 이 시기 제작된 문화영화 〈여수순천반란사건〉(1948)은 그 대표적인 예이다. 이 영화는 내무부와 국방부가 중앙영화사에 제작 의뢰해 만들어진 것으로 현재 필름은 남아 있지 않으나, 이 사건을 빌미로 정부는 국가보안법을 제정하고 대대적 좌익소탕에 들어갔음을 생각할 때 이 영화가 이러한 정부의 행보에 정당성을 부여하는 생생하고 명백한 증거자료가 되었으리라는 것을 짐작할 수 있다. 1950년대 문화영화에 대해서는 이하나, 〈정부수립기~1950년대 문화영화와 국가정체성〉,《역사와 현실》74, 한국역사연구회, 2009 참조.

12 〈불사조의 언덕〉은 공보처가 기획 제작하고 미공보원이 기술과 외국인 배우 등을 지원하는 형태로 만들어졌다. 이에 대해서는 이하나, 위의 글, pp.542~543 참조.

13 '우수영화'를 선정하고 시상을 하는 제도가 본격화된 것은 1957년부터로서 '우수영화'로 표창되면 외국영화 한 편을 수입할 수 있는 특혜가 주어졌다. 1950년대의 '우수영화'는 1961년부터는 '공보부 우수국산영화상'이라는 명칭으로 시상되었고 이듬해 대종상으로 개칭된다(이하나, 앞의 글, 2011).

14 조준형에 의하면 전쟁을 배경으로 한 '이산멜로드라마'가 1950년대 후반에 많이 제작되었는데, 특히 1957~61년 사이에는 이산멜로드라마가 '반공영화' 제작 편 수를 오히려 앞서기도 한다고 지적한다. 그에 따르면 이 시기 이산멜로드라마의 제작 편수는 54년 2편, 55년 1편, 57년 3편, 58년 2편, 59년 8편, 60년 1편, 61년 2편 등 19편에 이른다(조준형, 〈한국 '반공영화' 의 진화와 그 조건〉, 차순하 외,《소품으로 본 한국영화사―근대의 풍경》, 소도, 2001, p.336, p.348). 이영일은 1950년대 후반의 전쟁 소재의 멜로드라마를 신파극의 한 유형으로 본다. 곧 신파극을 ① 운명비극적인

유형(일제강점기) ② 사회비극적인 유형(1950년대 후반) ③ 윤리비극적인 유형(1960년대 후반)의 세가지로 나누고 두 번째 유형으로 전쟁 직후의 사회현실을 반영하는 신파극을 들고 있다. 이산멜로드라마와 사회비극적 신파극은 반드시 일치하는 것은 아니지만 교집합을 형성하며 서로에게 하나의 중요한 요소로서 상호작용하고 있다(이영일,《증보판 한국영화전사》, 소도, 2004, p.267).

15 반공법(1961.7.3. 법률 제643호)은 제2공화국 시기 활발해진 통일 논의 등으로 기존의 국가보안법(1948.12.1. 법률 제10호) 체제가 동요하는 것에 대한 반작용으로 민주당 정부가 제정한 반공임시특별법을 계승한 것이었다(후지이 다케시,〈4·19/5·16 시기의 반공체제 재편과 그 논리—반공법의 등장과 그 담지자들〉,《역사문제연구》25, 2011, pp.10~20). 반공법 제정 직전에 군사정부는 국가재건최고회의 직속하에 중앙정보부를 설치해 "국가안전보장에 관련된 국내외 정보사항 및 범죄수사와 군을 포함한 정부 각부 정보수사활동을 조정 감독"할 것을 선포했는데, 이는 국가보안법 및 반공법의 실행기관이었다(〈정보수사활동 조정감독—'중앙정보부법' 공포〉,《조선일보》1961년 6월 11일자).

16 〈재건국민운동실천요강〉,《국가재건최고회의보》1, 1961년 8월호, p.35.

17 재건국민운동본부 기획실,〈새해 국민운동의 기본방향〉,《재건통신》1962년 1호, p.30.

18 정창현,〈1960년대 반공이데올로기의 정착과 지식인층의 대북인식 변화〉, 노영기 외,《1960년대 한국의 근대화와 지식인》, 선인, 2004, pp.228~237.

19 장병갑,〈방첩은 승공의 전제조건〉,《재건생활》1961년 8호, p.38.

20 김준현,〈반공주의의 내면화와 1960년대 풍자소설의 한 경향—이호철·서기원의 단편을 중심으로〉,《상허학보》21, 2007.

21 영화진흥공사,《한국영화자료편람》, p.118.

22 국방부훈령 89호,〈군사관계영화 제작지원 규정〉, 1965.11.3. 이 훈령에 따르면 영화법에 따라 등록된 영화사는 군사관계영화 제작지원을 받을 수 있으며, 다음과 같은 심사기준에 의해 선발했다. ① 국방 또는 반공사상의 앙양 ② 군 사기의 진작 ③ 軍民간의 유대 강화 ④ 군문화 및 민족문화 발전에 기여. 또한 지원의 규모에 따라 갑호와 을호로 나뉘며 지원내역은 다음과 같다.

영화제작 지원구분표

지원항목/구분	갑호	을호
1. 인원	연병력 지원 50명 이상 또는 1회에 소대급 병력 (40명 이상) 동원시	병력 동원 49명 이하
2. 차량류	전차 연 1대 이상 또는 차량 연 5대 이상	차량 연 4대 이하
3. 화기류	공용화기 6정 이상 또는 개인화기 11정 이상	공용화기 5정 이하 또는 개인화기 10정 이하
4. 공병장비	공병장비(차량 및 단정 제외 연 11건 이상 또는 주정 1척 이상)	공병장비 10건 이하
5. 개인장비	보병 완전 무장에 필요한 장비 50명분 이상	보병 완전 무장에 필요한 장비 49명분 이하
6. 부대장비	연 6건 이상	연 5건 이하
7. 함정 비행기	촬영을 목적으로 부분적 기동을 요구할 때	

[23] 1960년대에는 대종상 이외에도 서울시문화상 영화부문상(1949~), 부산일보가 제정한 부일영화상(1958~), 조선일보가 제정한 청룡상(1963~), 한국일보사가 제정한 한국연극영화예술상(1965~) 등이 있었다. 대종상 우수반공영화상과 반공영화 각본상 수상작은 다음과 같다.

대종상 반공영화상 수상작(1966~1968)

연도	1966	1967	1968
우수반공영화상	8240 KLO(제일영화)	돌무지(대양영화)	카인의 후예(한국영화)
반공영화각본상	한우정(군번없는 용사)	조문진(고발)	김동현(제3지대)

[24] 문예영화란 원래 문학작품을 영화화한 것을 말하지만 원작 여부와 관계없이 예술성이 높은 작품을 통칭했기 때문에 문예영화가 곧 예술영화라는 관념이 생겨났다. 이는 문학작품 자체의 예술성과 영화작품의 예술성을 혼동한 결과였다. 1962~1968년 대종상 작품상과 감독상을 받은 13개 작품 중에서 문예물은 9편에 이르며, 희곡이나 방송극을 각색한 것을 제외하면 오리지날 시나리오는 두 편에 불과할 정도로 문예물이 많은 상을 받았다. 문예영화는 시대극과 함께 당대의 현실에 대해 직접적으로 발언하지 않아도 되는 작품이라는 점에서 탈정치성을 추구하는

대중상의 정치적 함의를 읽을 수 있다.
25 폴 비릴리오, 권혜원 역, 《전쟁과 영화: 지각의 병참학》, 한나래, 2004(Paul Virilio, *Guerre et cinéma. 1: Logistique de la perception*, 1984).
26 제1차 세계대전이 일어난 1914년, 진일보한 촬영기법과 편집기술을 보여주었던 〈국가의 탄생The Birth of A Nation〉(1914, D. W. 그리피스)에서는 오늘날 볼 수 있는 거의 모든 영화적 기법이 사용된다[크리스틴 톰슨 & 데이비드 보드웰, 주진숙, 이용관 외 역, 《세계영화사: 음향의 도입에서 새로운 물결들까지: 1926~1960s》, 시각과 언어, 2000(Kristin Thompson & David Bordwell, *Film history: an introduction*, McGraw-Hill, 1993), p.112].
27 전쟁과 영화의 '공범관계'에 대해서는 藤崎康, 《戰爭の映畵史: 恐怖と快樂のフィルム學》, 朝日新聞出版, 2008 참조.
28 독일군의 시점에서 전쟁을 다룬 헐리우드 영화 〈서부전선 이상 없다All Quiet on the Western Front〉(1930, 루이스 마일스톤)나 포로가 된 프랑스 병사들의 탈출기를 그린 프랑스 영화 〈위대한 환상La Grande Illusion〉(1937, 장 르누아르) 같은 영화들은 제1차 세계대전 시기의 대표적인 반전영화들이다. 제2차 세계대전을 다룬 반전영화는 헐리우드 영화로는 〈콰이강의 다리The Bridge on the River Kwai〉(1957, 데이비드 린)와 영광의 길Path of Glory〉(1957, 스탠리 큐브릭) 등이 대표적이며, 이탈리아 네오리얼리즘의 기수 로베르토 로셀리니 감독의 〈독일 영년Germania Anno Zero〉(1947) 등을 꼽을 수 있다.
29 일제 말기 조선의 영화인들이 만든 친일 전쟁영화로는 〈총후의 조선〉(1937), 〈군용열차〉(1938, 서광제), 〈지원병〉(1941, 안석영), 〈너와 나〉(1941, 허영), 〈조선해협〉(1943, 박기채), 〈병정님〉(1944, 방한준), 〈태양의 아이들〉(1944, 최인규), 〈가미가제(神風)의 아이들〉(1945, 최인규), 〈사랑과 맹서〉(1945, 최인규) 등이 있다. 친일영화들이 갖고 있는 제도와 협력의 심정에 대해서는 이영재, 《제국 일본의 조선영화》, 현실문화, 2008 참조.
30 1960년대 귀순자들을 이용한 반공선전에 대해서는 후지이 타케시, 앞의 글, 2011, pp.27~30 참조.
31 〈인천상륙작전〉(1965, 조긍하), 〈죽은 자와 산 자〉(1966, 이강천)와 같이 전쟁영화와 간첩영화의 교집합을 이루는 전쟁첩보멜로드라마 역시 이 유형에 속하는데, 이 경

우에는 여주인공의 선택이 비교적 일찍 이루어져 남한체제를 위해 협조하게 됨으로써 남한의 승리에 명백히 기여하게 된다.

32 이 유형과는 좀 다르지만 〈피아골〉에서 철저한 공산주의자였던 애란이 공산주의자에게 회의를 가지는 지식인을 선택하며 심경의 변화를 일으키고 결국 귀순하게 되는 것도 이러한 맥락에서 이해될 수 있다(김소연, 〈전후 한국의 영화담론에서 '리얼리즘'의 의미에 관해〉, 김소연 외, 앞의 책, p.51).

33 〈피어린 구월산〉(1965, 최무룡)은 북한에 국군 부대가 잠입한 실재 구월산 부대의 이야기로서 〈피아골〉과 반대되는 상황의 이야기로서 주인공들은 똑같이 고립된 상황에 처하지만 그들의 이념에는 변함이 없다.

34 전투를 중심으로 한 전쟁영화를 '전투영화combat film'로 분류하기도 한다. 좁은 의미의 전쟁영화는 대개 전투영화를 가리키는 경우가 많다. 장르로서의 전투영화에 대해서는 Jeanine Basinger, *The World War II Combat Film: Anatomy of a Genre*, Wesleyan University Press, 2003, pp. 14~75 참조.

35 〈'자유전선' 완성〉, 《경향신문》 1955년 4월 17일자.

36 한국전쟁 직후 USIS에 근무했고, 그 이후 공보부 영화과와 국립영화제작소에서 뉴스영화와 〈팔도강산〉(1967)을 비롯한 많은 문화영화를 연출한 배석인 감독이 이 영화에 주연으로 출연했다(김종원 외, 《한국영화감독사전》, 국학자료원, pp.285~286).

37 이에 대해 이순진은 세계의 일원이라는 자의식이 민족의 일원이라는 자의식을 압도하는 것이 1950년대 전쟁영화의 특징이라고 지적한다(이순진, 앞의 글, p.146). 박명림은 전쟁을 거치면서 한국이 자유진영의 일원이라는 진영 정체성을 하나 더 갖게 되었다고 한다(박명림, 〈한국의 국가건설과 국민형성의 이론적 비교적 고찰〉, 대한민국 수립 60주년기념 대토론회 자료집, 《대한민국의 건국이념과 국민형성》, 2009, p.20).

38 〈불사조의 언덕〉은 공보처가 기획, 제작하고 미공보원이 기술과 외국인 배우 등을 지원한 일종의 한미 공동제작 작품이다. 〈포화 속의 십자가〉는 민간 제작사에서 만들어졌지만, 이 두 영화는 모두 적군을 중공군으로 상정하고 국군과 미군의 혈맹관계를 강조하고 있다는 점에서 공통된다.

39 〈상영중지 받은 영화 '피아골'〉, 《경향신문》 1955년 8월 26일자.

40 〈피아골〉을 둘러싼 반공영화 논쟁에 대해서는 김소연, 〈전후 한국의 영화담론에서

'리얼리즘'의 의미에 관해— '피아골'의 메타비평을 통한 접근〉, 김소연 외,《매혹과 혼돈의 시대—50년대의 한국영화》, 소도, 2003 참조.

41 〈피아골〉을 지지한 육군본부 정훈감실에서는 이듬해 이강천 감독에게 보다 명백한 반공 전쟁영화 〈격퇴〉의 연출을 맡겼다. 〈격퇴〉는 김만술 대위의 한국전쟁 참전 실화를 영화화한 것으로 인민군은 거의 나오지 않고 국군들만 등장한다.

42 김소연은 〈피아골〉을 온전히 '반공영화'라고 보기에는 틈새와 여지가 많은 영화라고 하며 '반공영화'로 보기 어렵다는 이러한 입장이 당대의 맥락에서 타당한 것임을 추론했다(김소연, 앞의 글, pp.43~48).

43 〈영화〈피아골〉상영중지—좋지 못한 영향을 고려〉,《조선일보》1955년 8월 25일자.

44 이청기,〈〈피아골〉에 대한 소견—주제는 고답적인 반공효과 노린 것(상)〉,《한국일보》1955년 9월 1일자.

45 전자의 견해는 김종문,〈국산 '반공영화'의 맹점—〈피아골〉과 〈죽음의 상자〉에 대해서〉,《한국일보》1955년 7월 24일자 참조. 후자의 견해는 임긍재,〈선전가치와 영화예술성—반공영화 비판의 시비, 특히〈피아골〉을 중심해〉,《동아일보》1955년 8월 12일자; 이정선,〈한국영화의 새로운 스타일—〈피아골〉의 소감〉,《경향신문》, 1955년 9월 30일자 참조.

46 김소연, 앞의 글, pp.47~56.

47 1950년대《사상계》에서 공산주의 이론을 소개한 대표적인 기사로는 김재준,〈공산주의론〉,《사상계》5, 1953년 8월호; 김창순,〈공산주의의 운명〉,《사상계》40, 1956년 11월호; 신상초,〈사회주의·공산주의 사회기구〉,《사상계》51, 1957년 10월호 외 다수가 있다.

48 〈이색소재 '동굴 속의 애욕'〉,《경향신문》1964년 5월 19일자.

49 〈피어린 구월산〉은 국방부 정훈국에서 펴낸 실기(국방부 정훈국,《구월산》, 1955)를 바탕으로 한 DBS 방송극을 영화화한 것인데, 이 때문에 실제 구월산 부대 대장 김종벽으로부터 원작 표절 시비가 있었다(〈실기와 드라마의 대결〉,《서울신문》1965년 5월 24일자). 김종벽의 저서를 토대로 한 강범구 감독의 〈구월산〉이라는 영화도 크랭크인을 해서 〈피어린 구월산〉과 경쟁 관계에 있었으나 전자는 완성을 하지 못한 것으로 추측된다. 그런데 실제로 구월산 부대는 정규군이나 첩보대가 아닌 의용군 성격을 가진 단체였다고 한다. 구월산 부대를 정규군으로 묘사함으로써 국가의 존재

50 원래 없던 이 장면은 검열에서 여주인공이 걸어가고 있는 곳이 대체 어디냐는 지적이 있자 대한민국으로의 귀순을 명확히 하기 위해 삽입한 것이라고 한다.

51 유현목, 〈우리의 국시가 자유민주주의임을 아느냐〉, 《씨네 21》 2001년 1월 2일자.

52 지젝에 의하면 직접적이며 가시적인 폭력이 아닌 평온하고 정상적인 상태에 내재하는 상징적·구조적 폭력이야말로 폭력을 지탱하는 것이다(슬라보예 지젝, 이현우 외 역, 《폭력이란 무엇인가》, 난장이, pp.23~24).

53 〈사상최대의 군사활극— '돌아오지 않는 해병'의 장관〉, 《영화세계》 1963년 3월호; 〈전쟁영화의 새기원— '돌아오지 않는 해병'의 장관〉, 《영화세계》 1963년 4월호.

54 한국영상자료원 구술영상, 《한우정 1부: 학창시절, '돌아오지 않는 해병'》, 2005.

55 〈싸리골의 신화〉 등 좀더 '반공적'인 영화들을 통해서도 알 수 있듯이 이만희 감독이 반공주의 자체를 거부하거나 완전히 부정한 것이라고 보기는 어렵다. 이만희 감독에 대해서는 유지형, 《영화감독 이만희》, 다빈치, 2005; 《이만희 감독 전작전: 영화천재 이만희》, 한국영상자료원, 2006 참조.

56 조지 모스, 서강여성문학연구회 역, 《내셔널리즘과 섹슈얼리티》, 소명출판, 2004, pp.123~130(George L. Mosse, *Nationalism and Sexuality: Respectability and Abnormal Sexuality in Modern Europe*, Howard Fertig, 1985).

57 세미 다큐멘터리라고 불린 이 영화는 원래 95분짜리 극영화였으나 그중 일부를 삭제해 60분짜리 다큐멘터리로 재편집한 후 1966년 아시아영화제 비非극영화 부문에 출품했다(장우진, 〈'비무장지대'(1965)의 장르 전환과 정책—1965~66년 신문기사를 중심으로—〉, 《영화연구》 40, 2009, pp.190~191). 이 때문에 수상에는 성공했으나 외화쿼터를 받지 못했다고 한다(〈非극영화는 억울하다〉, 《중앙일보》 1966년 6월 4일자).

58 "우리영화로서는 처음 보는 새로운 화면이 태반이어서 관광 취미가 심심치 않다"(〈우화적으로 다룬 분단 비극 '비무장지대'〉, 《동아일보》 1965년 12월 15일자).

59 1960년대 국립영화제작소에서 만든 문화영화 〈피어린 육백리〉(1962, 배석인)도 같은 맥락에서 만들어졌다. 〈피어린 육백리〉가 국토를 볼거리로 제공하는 방식에 대해서는 이하나, 〈1960년대 문화영화의 선전전략〉, 《한국근현대사연구》 52, 2010, pp.168~169 참조.

60 휴전선 철조망은 1960년대 방첩 차원에서 조금씩 구간별로 만들어지다가 현재와

같이 철조망이 완전히 남북 사이를 횡단해 완성된 것은 1968년 1월 북한 무장공비의 청와대 습격 미수 사건 이후이다.

[61] 이영미에 의하면 이 노래는 1950년대 초등학교 6학년 교과서에 실린 〈통일행진곡〉(김광섭 작사, 전국취주악단 작곡)이다. 이후 1980년대 대학가에서 〈민족해방가〉라는 제목으로 불렸으며, 이 대목이 "쪽발이 양키놈이 남북을 갈라 매판 파쇼 앞세우는 수탈의 나라 이 땅의 민중들은 피를 흘린다"로 개사되었다(이영미, 《민족예술운동의 역사와 이론》, 한길사, 1991).

[62] 한국의 전쟁영화에 담긴 피해자의 정체성에 대해서는 파트릭 모뤼스, 《신화 속의 한국》, 2010 참조.

[63] 이 실화는 영화화되기 전인 1964년 11월 5일 KBS의 방송극 〈실화극장〉의 제1화로서 〈아바이 잘가오〉라는 제목으로도 소개된 바 있다(〈KBS-TV 인기프로 '실화극장'의 실화〉, 《서울신문》 1967년 8월 19일자).

[64] 이영일, 〈영화와 사상성, 반공과 예술의 한계: 정치적 연결 없도록〉, 《경향신문》 1965년 2월 8일자.

[65] 이들은 자문위원장 이순근을 비롯해 이진섭, 유건호 등이다.

[66] 〈반공법에 갇힌 7인의 여포로〉, 《조선일보》 1964년 12월 20일자; 〈문제된 7인의 여포로〉, 《경향신문》 1964년 12월 21일자; 〈영화와 사상성—반공과 예술의 한계〉, 《경향신문》 1965년 2월 8일자.

[67] 〈영화계에 계엄—이만희 감독 구속의 안팎〉, 《조선일보》 1965년 2월 6일자.

[68] 〈이만희 감독에 관대한 처분을〉, 《동아일보》 1965년 2월 9일자; 이영일, 〈1965년 내외영화 결산—한국영화 총평〉, 《영화예술》 1966년 1월호.

[69] 문제는 이 자리에서 유현목 감독이 박정희 정권의 '혁명공약' 2조에서 '국시는 반공'이라고 했던 것에 대해 '국시는 자유민주주의'라고 하면서, 반공은 공산주의를 반대하는 방법이지 목적은 자유민주주의이기 때문에 표현의 자유를 허용해야 하고 검열제도는 민간의 윤리위원회로 돌려줘야 한다고 주장한 것에 있었다(유현목, 〈우리의 국시가 자유민주주의임을 아느냐〉, 《씨네 21》 2001년 1월 2일호).

[70] 〈극한 상황 속의 기발한 사건 '돌아온 여군'〉, 《신아일보》 1965년 8월 7일자.

[71] 1962년에 개정된 헌법 제18조에는 "공중도덕과 사회윤리를 위해서는 영화나 연예에 대한 검열을 할 수 있다"고 되어 있는데, 이것이 영화감독을 기소할 수 있는 법

적 근거로 작용했다(〈사설: 영화감독의 기소를 보고〉, 《경향신문》 1965년 2월 8일자).

72 '반공'보다 '민족'이 우위에 서는 것은 〈불붙는 대륙〉(1965, 이용호)과 같이 '반일'을 주제로 하는 전쟁영화와 비교해 보면 극명히 드러난다. 절대악으로 표현되는 일본에 비해 북한은 절대악이라기보다는 잠깐의 실수로 그쪽에 넘어간 동족이라는 개념이 더 강하게 나타난다고 볼 수 있다.

73 이 영화의 각본을 쓴 한우정 작가에 의하면 이 영화는 제대로 된 '반공영화'를 만들겠다는 이만희 감독의 연출 의도에 더해 두가지 이야기를 차용했다고 한다. 하나는 〈대장 부리바Taras Bulba〉(1962, J. 리 톰슨)에서 아버지가 아들을 죽이는 설정을 뒤집은 것이고, 또하나는 임선규작 연극 〈동학당〉(1941)에서의 형제 간 대립을 가져온 것이다(한국영상자료원 구술영상, 〈한우정 2부: 반공전쟁영화의 개척자, 가장 기억에 남는 '군번없는 용사'〉, 2005).

74 정민아는 〈군번없는 용사〉와 북한의 〈최학신의 일가〉를 비교 분석하면서 이들 영화들이 전통적인 가족적 가치를 강조하며 가족의 화합과 재형성을 통해 '하나의 국가'라는 개념을 강조하고 있다고 지적했다(정민아, 〈한번도 분단체제 확립 시기에 나타난 남북한 전쟁영화의 가족 드라마─1966년 북한 '최학신의 일가'와 남한 '군번없는 용사'를 중심으로〉, 《현대영화연구》 4, 2007, p.88).

75 〈차원 높은 '반공영화' '군번없는 용사'〉, 《중앙일보》 1966년 3월 29일자.

76 〈초점 맞춘 반공군사극─이만희 감독 '군번없는 용사'〉, 《서울신문》 1966년 3월 26일자; 〈이색적인 '반공영화' '군번없는 용사'〉, 《신아일보》 1966년 3월 26일자.

77 1960년대 중반까지의 대종상 수상작들 중에서 '반공'을 테마로 한 영화들과 1966년 대종상에 신설된 반공영화 부문 수상작들을 비교해 보면 명백히 드러난다. 이에 대해서는 《국가와 영화》의 5장 참조.

78 '반북'으로서의 반공주의는 이미 한국전쟁 이전부터 월남자들의 증언과 수기를 통해 가시화되었으며, 전시에는 여기에 전쟁이라는 계기를 덧붙여 증언수기집으로 간행되었다(유임하, 〈정체성의 우화: 반공 증언수기집과 냉전의 기억〉, 김진기 외, 《반공주의와 한국 문학의 근대적 동학 I》, 한울, 2008, pp.165~171). 1960년대 후반 '반공영화'들의 소재와 배경이 대개 북한의 토지개혁기나 전시를 다루고 있는 것은 이 시기 반공적 증언수기집과 소설의 영향이 크다.

79 〈이데올로기로 살 수 없다, '카인의 후예' 영화화한 유현목 씨〉, 《한국일보》 1968년

5월 12일자.
80 〈예술적 차원 지닌 반공극, 유현목 감독 '카인의 후예'〉, 《중앙일보》 1968년 5월 25일자.
81 당시의 한 신문기사는 "도섭 영감을 통해 우리는 구김살 없는 인간—즉 '한국인'을 발견하게 된다"고 언급했다(〈체험으로 구축된 드라머, '카인의 후예'〉, 《한국일보》 1968년 6월 2일자).
82 〈예술적 차원 높인 문예영화, '카인의 후예'〉, 《대한일보》 1968년 6월 4일자.
83 월남인들이 모두 반공주의에 기반하고 있는 것이 아님여 여러 연구를 통해 밝혀졌지만, 월남인들이 반공주의의 확산, 강화에 미친 영향이 지대하다는 점만은 부정할 수 없을 듯하다. 월남인의 월남 동기에 관한 연구로는 강정구, 〈해방 후 월남동기와 계급성에 관한 연구〉, 한국사회학회 편, 《한국전쟁과 한국사회변동》, 풀빛, 1992; 김귀옥, 〈아래로부터 반공 이데올로기 허물기—정착촌 월남인의 구술사를 중심으로〉, 《경제와 사회》 43, 1999 참조.
84 〈영화 세미나, 반공영화의 문제점〉, 《신아일보》 1968년 7월 16일자.
85 〈각광받는 영화, '카인의 후예'〉, 《신아일보》 1968년 9월 21일자.
86 〈차원 높인 반공문예물, '카인의 후예'〉, 《경향신문》 1968년 6월 5일자.
87 〈장마루촌의 이발사〉(1969, 김기)에서도 한때 자신이 머슴으로 일했던 주인을 공산주의자의 이름으로 총살시키는 장면이 나온다. "은혜를 원수로 갚는 극악무도한 살인마"라는 대사는 공동체를 파괴하고 인륜을 저버리는 공산주의자를 단적으로 표현한 말이다.
88 〈가면 678일, 정체 드러난 붉은 첩자〉, 《조선일보》 1969년 2월 14일자; 〈'고발'의 박노식 씨, "간첩 이수근여 맡아 대중성 받았으니 분해서 돌려주고 싶다"〉, 《조선일보》 1969년 2월 23일자.
89 '007 영화'는 1962년작의 성공 이후 매년 만들어진다. 1960년대 제작된 007 영화는 다음과 같다. 〈007 위기일발〉(1963, 테렌스 영), 〈007 골드핑거〉(1964, 가이 해밀턴), 〈007 썬더볼 작전〉(1965, 테렌스 영), 〈여자 007 모디스티〉(1966, 조셉 로지), 〈007 두반 산다〉(1967, 루이스 길버트), 〈007 카지노 로얄〉(1967, 발 게스트), 〈007 여왕폐하 대작전〉(1969, 피터 R. 헌트).
90 해외 합작영화 제작은 1950년대에 시작되었다. 소씨부자영화사邵氏父子有限公司(쇼

브라더스의 전신〉와 한국연예주식회사가 합작한 〈異國情鴛〉(1957, 전창근), 〈天地有情〉(1957, 김화랑), 〈愛情無情〉(1958, 전택이) 등이 그것이다. 1960년대의 해외 합작영화 붐은 홍콩 최대 제작사가 된 쇼브라더스(소씨형제유한공사)와 한국 최대의 제작사인 신필름이 합작을 논의하면서 시작되었다. 〈달기〉(1964, 최인현)를 시작으로 이후 여섯 편을 더 제작했는데 주로 시대극과 액션영화였다(박희성, 〈한국영화의 세계 진출, 한-홍 합작영화〉, 김미현 외, 《한국영화사―開化期에서 開花期까지》, 커뮤니케이션북스, pp.191~193).

[91] 1968년 1월 21일 청와대 무장공비 침투사건의 김신조가 언론에 지속적으로 노출되면서 반공주의의 확대재생산에 기여했던 것이 대표적이다. 김신조를 소재로 문화영화 〈상기하자 1·21〉을 비롯해 수많은 뉴스영화와 문화영화가 제작되었다.

[92] 〈재미있는 액션 드릴러, '여간첩 에리샤'〉, 《신아일보》 1965년 7월 13일자.

[93] 이 요원들은 1961년 김종필에 의해 창설된 중앙정보부의 요원을 가리키는데, 이들은 '미국'에서 직접 교육을 받고 온 정의로운 엘리트, 한국판 '007'로 묘사된다. 이러한 요원들의 묘사는 박정희 정권에서 새롭게 창출된 공안기구의 당위성과 필요성을 주장하고 있다.

[94] 이 영화는 현재 필름은 전해지지 않고 시나리오만 남아있다.

[95] 이러한 논리는 이 시기 많은 문화영화들이 한일협정을 반대하는 학생데모와 시민들의 참여를 '난동'으로 규정하고 데모는 곧 '이적행위'임을 경고하고 있는 것과 일맥상통한다. 곧 정부에 반대하는 행위는 적을 이롭게 하는 것이기 때문에 간첩의 배후 조종에 의한 일종의 '간접 침략'일 가능성이 있다는 것이다(이하나, 〈1960년대 문화영화의 선전전략〉, 《한국근현대사연구》 52, 2010, p.172).

[96] 조준형, 앞의 글, p.365.

[97] 반공성과 오락성, 대중성과의 관계에 대해서는 1960년대 후반부터 1970년대 유신체제에서도 매우 중요하게 인식되었다. 곧 오락성, 대중성이 강할수록 더 좋은 '반공영화'로 인식되었던 것이다(김태수, 〈국민총화를 위한 영화예술: 안보영화의 제작 방향과 대중성〉, 《코리아시네마》 1972년 5월호; 조연현, 〈국민총화를 위한 영화예술: 안보영화의 소재와 그 구성〉, 《코리아시네마》 1972년 5월호).

[98] 1960년대 풍자소설과 첩보액션영화의 오락화를 통해 반공주의가 내면화되었음을 주장한 연구로는 김준현, 앞의 글; 오영숙, 〈1960년대 첩보액션영화와 반공주의〉,

《대중서사연구》22, 2009 참조. 김준현의 글은 반공주의의 내면화가 결국 반공주의에 대한 비판의식을 포함하고 있음을 지적했다. 1960년대 소설과 영화가 반공주의의 내면화를 꾀하고 있었던 것은 사실이지만 이것이 이 시기에 대중들의 심성 깊은 곳까지 반공주의가 뿌리내렸음을 의미하는 것은 아니다. 이 시기까지는 반공주의의 내면화는 그리 성공적이지 못했으며, 대중영화에서 반공주의의 내면화와 반공주의의 균열은 실은 동시에 진행 중이라고 볼 수 있다(이하나, 〈반공주의 감성 기획, '반공영화'의 딜레마: 1950~60년대 '반공영화' 논쟁을 중심으로〉, 《동방학지》159, 2012 참조).

[99] 〈정치인들의 대결로만 그칠 것인가, 민족적 민주주의냐 자유민주주의냐〉, 《조선일보》 1963년 9월 29일자.

[100] '민족적 민주주의'에 대해서는 오제연, 〈1960년대 초 박정희 정권과 학생들의 민족주의 분화―'민족적 민주주의'를 중심으로〉, 《기억과 전망》16, 2007; 오제연, 〈1960년대 전반 지식인들의 민족주의 모색―'민족혁명론'과 '민족적 민주주의' 사이에서〉, 《역사문제연구》25, 2011 참조.

[101] 〈민족적 민주주의 장례식 및 성토대회〉, 《조선일보》 1964년 5월 20일자.

[102] 황용주, 〈강력한 통일정부에의 의지―민족적 민주주의의 내용과 방향〉, 《세대》 1964년 11월호.

[103] 황용주는 부산일보 사장과 MBC 문화방송 사장을 역임했는데, 박정희와 대구사범학교 동창생으로 알려져 있었다. 이에 대해 김형욱 중앙정보부장은 황용주가 박정희와 같은 학교 출신이긴 하지만 학교를 같이 다닌 것은 아니라며 박정희와 황용주의 글이 아무런 관련이 없음을 해명했다(《국회회의록》, 제45회 내무위원회 17차 회의, 1964년 11월 12일).

[104] 1967년 민중당 박순천 의원은 정부의 통일정책을 비판하면서 "대한민국은 휴전선까지가 아니라 압록강과 두만강까지라는 인식"으로 "승공통일을 쟁취"해야 한다고 주장했다(《국회회의록》, 제59회 본회 2차 회의, 1967년 1월 21일).

[105] 이런 의미에서 본다면 가장 반공적인 정권인 박정희 정권이 가장 이상적인 평화통일론인 '7·4남북공동성명'에 소극적이나마 합의할 수 있었던 것은 매우 아이로니컬하게 보이지만 논리적으로 모순은 아니다. 성명의 합의는 암묵적으로나마 상대를 독자적 국가로 인정한 위에서만 이루어질 수 있는 것이기 때문이다. 1972년의

'7·4남북공동성명'은 미·중간의 국교정상화로 추동된 데탕트 무드에 힘입은 것으로 비록 국민적 합의 없이 정부 당국의 비밀회담을 통해 이루어졌지만 자주·평화·민족대단결이라는 통일의 3대 원칙을 도출해냈다는 점에서 의의가 크다. 7·4남북공동성명에 대한 박정희의 소극성에 대해서는 김연철, 〈7·4남북공동성명의 재해석—데탕트와 유신체제의 관계〉, 《역사비평》 99, 2012 참조.

[106] 정창현, 앞의 글, pp.237~246.

[107] 정창현은 이 시기 통일운동에 대한 지식인층의 침묵과 대북인식에 대한 보수화가 반공주의의 강화에 원인이 되었다는 점을 지적하면서, 1960년대 후반이 반공이데올로기가 대중적 차원으로 내면화되는 시점이라고 본다(정창현, 앞의 글, pp.252~254). 그러나 저자도 인용하고 있듯이 이 시기 여론조사에서 통일을 지지하는 사람이 90%를 상회했다는 것을 보면 대의명분으로서의 통일에 대한 대중적 지지는 매우 높았다(서중석, 〈한국전쟁 후 통일사상의 전개와 민족공동체의 모색〉, 《분단 50년과 통일시대의 과제》, 역사비평사, 1996, p.335). 모든 통일 논의가 반드시 북한 정권을 협상의 대상으로 인정하는 것은 아니며, 그렇다고 통일을 지지하는 대중들이 모두 '반공'을 내면화한 것은 아니었을 것이다. 오히려 '반공'에 대한 대중들의 감수성이 가장 잘 드러나는 '반공영화' 조차도 '반공'과 균열을 일으킬 만큼 이 시기의 반공주의는 대중들에게 깊이 내면화되지 못했거나 적어도 내면에서 삐거덕거리는 자기 모순의 갈등을 겪고 있었다고 보는 편이 타당할 것이다.

5. 자본주의 근대화: 우리는 무엇을 하고 싶은가?

[1] 당대 서민들의 삶을 그린 일련의 영화들을 역사극과 대별되는 의미에서 현대극이라고 불러야 하겠지만 오늘날의 시점에서 혼동을 가져올 수 있기 때문에 이 책에서는 풍속극이라고 부르기로 한다. 서구에서 풍속극 comedy of manners이란 몰리에르 Moliere(1622~1673)로 대표되는 풍자극을 이르는 말이나, 이 책에서는 좀 더 넓은 의미로 코미디에 국한하지 않고 당대의 세태와 풍속을 묘사하고 재현하는 내용을 가진 멜로드라마, 사회드라마 등 여러 장르의 영화들을 총칭해 쓰였다.

[2] 여기서 자본주의와 감정의 관계는 두가지 의미를 모두 내포한다. 첫째는 자본주의 수용'에 대한' 감정이고 둘째는 자본주의가 발전시킨 특정한 감정 문화에 대한

것이다. 후자에 대해서는 에바 일루즈, 김정아 역,《감정 자본주의》, 돌베개, 2010 (Illouz, Eva, *Cold Intimacies: The Making of Emotional Capitalism*, Polity Press, 2007) 참조.

[3] 대표적인 예로 1950년대 중후반 지성계와 문학계를 풍미했던 실존주의를 들 수 있다. 실존주의가 한국사회에 사상적 뿌리를 내렸다고는 할 수 없으나, 개인의 주체적 각성과 이를 토대로 한 자유주의적이고 소극적인 저항의 흐름에 영향을 미쳤으며, 한국 문학과 영화를 비롯한 문화예술의 리얼리즘과 모더니즘에 모두 영향을 주었다. 실존주의에 대한 한국 지성계의 관심과 현황에 대해서는 〈특집: 실존주의〉,《사상계》 1958년 8월호; 주요한, 〈정착 못한 서구 사조, 실존주의〉,《사상계》 1967년 1월호 참조.

[4] 이영미,《한국대중가요사》, 시공사, 1998, pp.116~138.

[5] 미국문화가 영화 속의 공간 구성에 미친 영향에 대해서는 김미현, 〈현대드라마의 공간〉, 차순하 외,《소품으로 본 한국영화사—근대의 풍경》, 소도, 2001 참조.

[6] 윤형모, 〈영화와 시청각 교육〉,《새교육》, 1956년 10월호.

[7] 당시 미국문화의 세례에 대한 대응 속에서 민족문화가 재정의되고 있음을 밝힌 연구로는 허은, 앞의 책; 장세진,《상상된 아메리카》, 푸른역사, 2012 참조.

[8] 남한만 보더라도 대표적으로 해방 후 '연합성 신민주주의'를 주창한 백남운이나 남한 농지개혁의 주요 인물들이었던 조봉암, 이순탁 등을 들 수 있다. 이들에 대해서는 방기중,《한국 근현대 사상사 연구: 1930, 40년대 백남운의 학문과 정치 경제사상》, 역사비평사, 1992; 방기중, 〈일제하 이훈구의 농업론과 경제자립사상〉,《역사문제연구》 1, 1996; 홍성찬, 〈한국 근현대 이순탁의 정치경제사상 연구〉,《역사문제연구》 1, 1996; 이수일, 〈일제하 박문규의 현실인식과 경제사상 연구〉,《역사문제연구》 1, 1996; 박명림, 〈한국 민주주의와 제3의 길: 민주주의, 사회적 시장경제, 그리고 평화 통일의 결합—조봉암 사례 연구〉, 정태영 외 편,《죽산 조봉암 전집》 6, 세명서관, 1999; 방기중, 〈농지개혁의 사상 전통과 농정 이념〉, 홍성찬 편,《농지개혁 연구》, 연세대 출판부, 2001; 전강수, 〈평등지권과 농지개혁, 그리고 조봉암〉,《역사비평》 91, 2010 참조.

[9] 이것을 모더니티에 대한 이중적 태도라고 할 것인지 자본주의에 대한 이중적 태도라고 할 것인지는 구별되어야 할 필요가 있다. 1950년대 영화들이 모더니티에 대한 이중적 태도를 취하고 있다는 점을 지적한 연구로는 한국영상자료원,《한국영화의

풍경 1945~1959》, 문학사상사, 2003, p.265 참조.

10 대표적인 신파극으로는 미국 원작 소설을 일본식으로 번안한 《곤지키야샤金色夜叉》를 재번안한 《장한몽長恨夢》을 원작으로 1926년과 1931년 두 번에 걸쳐 무성영화로 제작된 〈이수일과 심순애〉를 들 수 있다. 또한 1935년 발매된 레코드 '홍도야 우지 마라'를 모태로 1939년에 올려진 악극 〈사랑에 속고 돈에 울고〉 역시 대표적 신파극인데, 이는 1965년에 다시 〈홍도야 울지 마라〉(전택이)라는 제목으로 영화화되었다.

11 정병욱, 〈학대 속에 피어난 인간미〉, 《동아일보》 1964년 12월 17일자.

12 이 영화는 현재 필름이 남아 있지 않아 한국영상자료원이 소장하고 있는 시나리오 (심의대본)를 참조했다.

13 '한국적'이라는 용어의 역사성에 대해서는 김원, 〈'한국적인 것'의 권유를 둘러싼 경쟁—민족 중흥, 내재적 발전, 그리고 대중문화의 흔적〉, 《사회와 역사》 93, 2012를 참조.

14 〈인터뷰: 영화연극평론가 황운헌씨〉, 《경향신문》 1967년 12월 21일자.

15 오제연, 〈1960년대 전반 지식인들의 민족주의 모색—'민족혁명론'과 '민족적 민주주의' 사이에서〉, 《역사문제연구》 25, 2011, pp.64~65.

16 곽현자, 〈미망인과 양공주: 최은희를 통해 본 한국 근대여성의 꿈과 집〉, 주유신 외, 《한국영화와 근대성》, 소도, 2005, pp.132~135.

17 여성관객들의 관객성에 대한 연구로는 변재란, 〈한국영화사에서 여성관객의 영화 관람 경험 연구〉, 중앙대학교 첨단영상대학원 박사학위논문, 2000이 있다.

18 〈때묻은 가위〉, 《동아일보》, 1960년 5월 13일자. 이 영화의 원작이 된 라디오 연속극은 1959년에 방송되어 큰 인기를 누렸는데, 라디오 극본을 쓴 작가 김희창은 우리나라 최초의 라디오 드라마 〈老車夫〉(1933)의 작가이기도 하다.

19 4·19혁명에서 5·16군사정변 사이의 징후로서 가족 멜로드라마를 분석한 연구로는 노지승, 〈영화, 정치와 시대성의 징후, 도시 중간계층의 욕망과 가족〉, 《역사문제연구》 25, 2011 참조.

20 멜로드라마가 모더니티의 산물이라는 점에 대해서는 벤 싱어, 이위정 역, 《멜로드라마와 모더니티》, 문학동네, 2009(Ben Singer, *Melodrama and Modernity: Early Sensational Cinema and its Contexts*, Colombia University Press, 2001), pp.9~30 참조.

[21] 벤 싱어에 의하면 멜로드라마는 다음의 다섯 가지 핵심적 구성요소가 다양하게 결합되어 있다. ① 강렬한 파토스, ② 과장된 감상성, ③ 도덕적 양극화, ④ 비고전적 내러티브 역학, ⑤ 스펙터클 효과가 그것이다(벤 싱어, 위의 책, p.19).

[22] 1950년대 말에 문교부 예술과 사무관이 한 다음과 같은 지적 역시 이를 보여주고 있다. "흔히 우리나라 영화에 나오는 그러한 화려한 집이 있을까 하고 묻는 사람이 있다. 사실상 있고 없고 간에 영화에 나오는 현대식 장치란 정말 놀랄 지경이다. 아마 외국사람들이 그러한 영화를 본다면 한국의 생활 수준에 놀랄 것이다"(신종성, 〈한국적 한국영화 제작을 위해〉,《문교월보》45, 159년 6월호, p.68).

[23] 1950~60년대 영화 속에서의 서울의 의미에 대해서는 변재란, 〈5, 60년대 한국영화를 통해 본 근대 경험: 영화 안의 서울 읽기를 중심으로〉,《영화연구》23, 2004 참조.

[24] 〈로마의 휴일〉(1953, 윌리엄 와일러)은 한국에서는 1955년에 개봉되었는데, 〈서울의 휴일〉이라는 제목 역시 이 영화에서 따왔음을 알 수 있다.

[25] 이 실성한 여성은 제정신이 아닌 가운데 "인수씨……" 하고 이름을 부르는데, 이는 이 여성이 혼인빙자 간음 등으로 여러 여성들을 농락한 당대 최대의 스캔들인 '박인수 사건'의 피해자 중 한 명임을 암시하는 것이다(〈댄스로 유혹 농락, 다음 공판에 피해자도 소환키로, 박인수 사건〉,《조선일보》1955년 6월 18일자; 임한영, 〈무너져가는 성도덕과 학원—박인수를 에워싼 문제〉,《조선일보》1955년 7월 9일자).

[26] 1956년 현재 서울시의 월평균 가계 수지는 다음과 같다.

단위(환)	평균	봉급 생활자	노동자
실수입	49,552	56,861	42,243
식비	22,388	23,734	21,042
수양 오락비	1,136	1,427	846

자료: 내무부 통계국,《대한민국 통계연감》, 1956년판, pp.256~260.

하루 2만 5천 환이라는 유흥비는 봉급생활자의 한 달치 식비보다 더 많은 매우 큰 액수이다. 이 영화에서 보여주고 있는 생활수준이 결코 평균적이지 않다는 것을 보여준다.

[27] 동시대의 불균질성에 대해서는 해리 해르투니언, 윤영실, 서정은 역,《역사의 요동—근대성, 문화, 그리고 일상생활》, 휴머니스트, 2006, pp.133~134, p.244 참조.

[28] 《자유부인》은 1954년 1~8월《서울신문》에 연재된 소설로서, 이의 성공은 신문소설

의 영화화 붐을 견인하는 기폭제가 되었다. 1950년대 신문소설의 영화화에 대해서는 이길성, 〈1950년대 후반기 신문소설의 각색과 멜로드라마의 분화〉, 《영화연구》 30, 2006 참조. 《자유부인》은 서울대 교수 황산덕으로부터 대학교수를 모욕했다는 비판을 받았으며, 작가 정비석은 퇴폐·음란죄로 특무대에 연행되기도 했다. 《자유부인》을 둘러싼 논쟁에 대해서는 황산덕, 〈자유부인 작가에게 드리는 말〉, 《대학신문》 1954년 3월 1일자; 정비석, 〈탈선적 시비를 박함: '자유부인' 비난문을 읽고 황산덕 교수에게 드리는 말〉, 《서울신문》 1954년 3월 11일자; 황산덕, 〈다시 '자유부인' 작가에게: 항의에 대한 답변〉, 《서울신문》 1954년 3월 14일자; 백철, 〈문학과 사회와의 관계: '자유부인' 논의와 관련해〉, 《대학신문》 1954년 3월 29일자 참조.

29 세계화, 혹은 국제성에 대한 경도와 적극적 수용은 1950년대 영화의 특징으로 꼽힌다(안진수, 〈서문〉, 《매혹과 혼돈의 시대: 50년대의 한국영화》, 소도, 2003, p.11).

30 1950년대의 춤바람은 전쟁 중에 군인들을 위안할 목적으로 육군회관에 댄스홀을 만들어 놓고 사교댄스를 하게 했던 것에서 유래했다고 한다. 〈이민 인터뷰 영상〉, 한국영상자료원, 2005. 문학평론가 백철은 이에 대해 "GI가 퍼뜨린 경박한 미국문화가 전후 한국에 부박한 사회풍조와 혼란을 일으킨 주요 매개가 되었다"고 지적하면서 이것이 마치 미국의 대표적인 문화인 것처럼 인식되고 있는데 그중 하나가 사교춤이라고 일갈했다(백철, 〈미국이 한국에 미친 功過: 오인된 미국문화—浮薄과 퇴폐가 과장되다〉, 《신태양》, 1958년 9월호, pp.196~201).

31 이영미에 의하면 이러한 자본주의적 욕망의 전시와 사회문제를 결합하는 방식은 당시 대중소설 작가로서 전성기를 누리던 정비석 소설의 특징이기도 하다(이영미, 〈정비석 소설의 세계전유방식〉, 《대중서사연구》 26, 2011).

32 1950년대 중반 한글 전용화나 맞춤법을 둘러싼 논란에서 보이듯이 한글학자, 혹은 국문학자는 전통을 수호하는 기수로 인식되었다(〈구철자법으로 환원을 반대—현행 맞춤법 폐지론에 한글학회서 성명〉, 《조선일보》 1954년 4월 20일자). 소설 《자유부인》에서는 장 교수가 일제의 압제에도 한글을 고수하기 위해 고군분투해온 민족적인 인물로 설정되어 있다(박유희, 〈'자유부인'에 나타난 1950년대 멜로드라마의 변화〉, 《문학과 영상》 2005 가을·겨울호, p.145). 이 밖에 소설 《자유부인》과 영화 〈자유부인〉을 전후의 문화수용과 재건윤리 측면에서 다룬 연구로는 이시은, 〈전후 국가재건 윤리와 자유 문제: 정비석의 '자유부인'을 중심으로〉, 《현대문학의 연구》 26, 2005; 김

은경, 〈한국전쟁 후 재건 윤리로서의 '전통론'과 여성〉, 《아시아여성연구》 45-2, 숙명여자대학교 아시아여성연구소, 2006; 노지승, 〈'자유부인'을 통해 본 1950년대 문화 수용과 젠더 그리고 계층〉, 《한국현대문학연구》 27, 2009 참조.

33 문학평론가 백철이 소설 《자유부인》은 "8·15 이후 경박한 아메리카니즘이 들어와서 우리나라의 윤리적인 과정의 면이 붕괴되는 과정을 한번 들추어낸 것이 목적이고 주제"라고 한 것도 같은 맥락이다(〈좌담회: 한국문학의 현재와 장래〉, 《사상계》, 1955년 2월호).

34 이태영, 〈사상적으로 본 역사적 현실〉, 《사상》 4, 1952년 12월호, pp.37~57.

35 백철, 〈미국이 한국에 미친 功過〉, 《신태양》 1958년 9월호, pp.196~201.

36 부녀자들의 계는 여성의 경제적 자립 과정에서 큰 역할을 한 서민금융적 성격을 갖고 있으나 이 계로 인해 상해, 자살, 살인 등의 민형사상의 사건이 줄을 이어 사회문제화되었다. 1950년대 중반에 전국적으로 7천 개의 계가 존재했다(〈시언: 계를 탄압해야만 옳은가, 서민금융 확립후면 자연 소멸〉, 《조선일보》 1954년 3월 29일자; 〈늘어가는 계의 폐단, 형사문제만도 7, 8건〉, 《조선일보》 1954년 12월 3일자; 〈치안국서 조사한 전국의 계 실태―약 7천 개에 15억 환〉, 《조선일보》 1954년 12월 22일자). 주유신은 남성적 원리가 지배하는 시대에 계나 사채에 의존하는 여성들의 비금융적 경제수단은 드라마에서 항상 패할 수밖에 없다고 지적한다(주유신, '자유부인'과 '지옥화': 1950년대 근대성과 매혹의 기표로서의 여성 섹슈얼리티〉, 주유신 외, 《한국영화와 근대성》, 소도, 2005, p.33).

37 김광수, 〈1950년대 '오발탄'―방황과 일탈〉, 《역사비평》 1995년 여름, p.81.

38 1950년대 원조경제와 소비대체산업에 대해서는 이해주, 〈원조경제하의 소비재공업 발전과 자본축적―1945~60년의 한국의 공업화〉, 《경제학연구》 30, 1982; 이상철, 〈1950년대의 산업정책과 경제발전〉, 문정인 외 편, 《1950년대 한국사의 재조명》, 선인, 2004 참조.

39 이러한 방황하는 청년상은 '양공주' 문제를 본격적으로 그린 〈지옥화〉(1958, 신상옥)에서도 어김없이 나타난다. 〈지옥화〉에 대해서는 주유신, 〈'자유부인'과 '지옥화': 1950년대 근대성과 매혹의 기표로서의 여성 섹슈얼리티〉, 주유신 외, 《한국영화와 근대성》, 소도, 2005 참조.

40 日野啓三, 〈외국인이 본 우리영화―'오발탄' 국제수준의 문제작〉, 《한국일보》

1961년 2월 18일자.

41 이 영화는 사회를 지나치게 어둡게 그렸다는 것과 어머니가 외치는 "가자!"라는 대사가 북한으로 가자는 의미라는 이유로 5·16 이후 군사정권에 의해 상영이 중지되었다가 1963년 샌프란시스코 영화제에 출품되어 호평을 받으면서 재개봉되었는데, 재심 청구를 위해 마지막 장면을 재촬영했다고 한다(〈오발탄 재심 청구〉, 《동아일보》 1963년 2월 7일자).

42 이러한 실존주의적 분위기는 이 영화를 네오리얼리즘적이라기보다는 모더니즘적으로 보이게도 한다. 당대의 평단에서는 〈오발탄〉을 한국적 네오리얼리즘 영화의 전범으로 보았다(변인식, 〈영화현실과 포오토제니―이탈리안 리얼리즘과 한국영화〉, 《영화예술》, 1965년 6월호). 그러나 네오리얼리즘 영화에서도 한국영화와 같은 절대 빈곤의 서사는 거의 보이지 않으며, 그런 점에서 〈오발탄〉을 네오리얼리즘의 영향으로만 보는 것은 무리가 있다. 유현목 감독도 자신이 한국사회에서 소외되고 절망과 고독으로 허우적대는 인간상을 그려왔다고 말하고 있다(〈한국영화를 만드는 기수들의 발언―나의 영화작업〉, 《영화예술》, 1965년 5월호).

43 대표적인 비판 언론인 《사상계》의 지식인들이 대체로 5·16군사정변에 우호적이거나 유보적인 태도를 취하고 있었던 것은 산업화에의 요구야말로 당대의 공감대를 형성하고 있었다는 것을 보여준다. 사상계 지식인 중에서 처음부터 군사정변에 비판적이었던 사람은 함석헌이 유일하다(함석헌, 〈5·16을 어떻게 볼까〉, 《사상계》 96, 1961년 7월호). 그렇다고는 해도 나머지 지식인들이 모두 군사정변을 옹호하거나 지지했다고 단언할 수는 없다. 사상계의 논설들은 군사정변이 "민주주의 이념에 비추어 볼 때는 불행한 일이요, 안타까운 일"이라고 하면서 "5·16이 4·19의 부정이 아니라 계승, 연장이 되어야 한다"고 기대와 우려와 희망을 동시에 내비치고 있었다(〈권두언―5·16혁명과 민족의 진로〉, 《사상계》 95, 1961년 6월호).

44 〈고려장〉은 일본의 기로棄老 풍습을 그린 일본영화 〈나라야마 부시코楢山節考〉(1958, 기노시타 게이스케)와 비교되곤 한다. 1982년 이마무라 쇼헤이 감독이 이를 리메이크해 이듬해 칸 영화제에서 황금종려상을 받았다(이연호, 《전설의 낙인, 영화감독 김기영》, 한국영상자료원, 2007, pp.81~83). 1963년 동경에서 열린 제10회 아시아영화제에 출품된 〈고려장〉은 1958년작 〈나라야마 부시코〉의 표절작은 아니지만 제작동기나 영화 속의 미술 등에는 영향을 받았던 것으로 보인다. 두 작품의 차이에 대

해서는 이효인, 〈'고려장'과 '나라야마 부시코'(1958, 1982)에 나타난 공동체 및 효孝에 대한 비교 분석〉, 《영화연구》 37, 2008, pp.277~283 참조. 김기영 감독은 〈고려장〉이 〈나라야마 부시코〉의 영향을 받아 만든 영화가 아니냐는 질문에 대해 굳이 부정하지는 않았지만 두 나라의 정서가 다르기 때문에 두 영화의 내용 역시 다르다고 강조했다(유지형, 《24년간의 대화: 김기영 감독 인터뷰집》, 선, 2006, p.100).

45 가족계획사업은 1962년에 전국 183개 보건소에 가족계획상담실을 설치하면서 시작되었고, 읍·면에까지 가족계획요원을 배치해 대인접촉에 의한 홍보교육을 실시한 것이 1964년으로 〈고려장〉은 가족계획사업의 초창기에 제작되었다고 볼 수 있다(박길성, 〈1960년대 인구사회학적 변화와 도시화〉, 한국정신문화연구원 편, 《1960년대 사회변화연구: 1963~1970》, 백산서당, 1999, p.47).

46 고려장에 대한 설화는 《고려대장경》의 기로국棄老國 설화에 기인하는데 우리나라에 실제로 존재했던 역사적 사실은 아니다. 이 설화는 일제강점기 동화의 형태로 대중들에게 널리 알려졌다(김문한, 〈고려장설화의 허구성에 관한 연구〉, 《한국사상과 문화》 5, 1999).

47 〈전설 통한 현대에의 우화, 김기영 감독 '고려장'〉, 《한국일보》 1963년 3월 19일자.

48 김기영 감독은 여기서 씨를 뿌린다는 의미가 자식의 생산을 의미하기도 한다고 언급했다(유지형 대담, 《24년간의 대화: 김기영 감독과의 대담집》, 선, 2006, pp.104~106). 그러나 영화 초반에 산아제한에 대한 세미나 장면까지 삽입한 감독이 주제를 담는 엔딩 장면에 자식의 생산을 특별히 강조했을 것 같지는 않다. 아마도 감독은 여기서 자식의 생산을 새로운 공동체의 재건으로 생각했던 것은 아닐까 한다. 이렇게 보았을 때 김기영 감독이 공동체 자체를 효를 허용하지 않는 억압적 질서로 보았다는 이효인의 해석은 그 공동체가 진근내석인 것일 때에만 유효한 것은 아닐까 한다(이효인, 앞의 글, pp.295~296).

49 이영일, 〈빈곤과 본능의 갈등—강력한 권력부정의 사상〉, 《경향신문》 1963년 4월 5일자.

50 〈두 아빠〉는 현재 필름이 남아 있지 않아 시나리오(녹음대본)를 참고했다.

51 〈실화 속의 주인공들 강찬우 감독 '두 아빠'〉, 《서울신문》 1965년 7월 1일자.

52 1950년대식 도의와 국민상을 제시해 1960년에 문교부 우수국산영화상을 수상한 〈구름은 흘러도〉(1959, 유현목)와 그 1960년대식 버전인 〈저 하늘에도 슬픔이〉

(1965, 김수용)에 등장하는 계몽적이고 선량한 지식인의 온정 역시 같은 맥락에서 이해할 수 있다.

53 한국이 아시아영화제에 정식 회원국으로서 처음으로 참가한 것은 1957년 동경에서 열린 제4회 아시아영화제이다. 〈백치 아다다〉는 수상을 기대했으나 입선하지 못했다(백문임, 〈1950년대 후반 '문예'로서의 시나리오의 의미〉, 김소연 외, 《매혹과 혼돈의 시대—50년대의 한국영화》, 소도, 2003, 219~224쪽).

54 이청기, 〈영화 '백치 아다다'의 예술성〉, 《조선일보》 1956년 11월 26일자; 이봉구, 〈한국영화의 새방향: '백치 아다다'를 보고〉, 《경향신문》 1956년 11월 26일자.

55 이승만, 〈일민주의와 민족운동—민주의 토대될 4대 강령〉, 공보처, 《주보》 4, 1949년 4월, pp.3~7; 〈좌담회: 사상운동의 회고와 전망〉, 《사상》 1-2, 1952년 10월호, pp.59~84.

56 〈트집잡힌 '돈'—아세아영화제 출품작 선정에 이상〉, 《한국일보》 1958년 3월 7일자; 〈'돈'은 출품하지 않기로—아세아영화제에〉, 《서울신문》 1958년 3월 7일자.

57 안진수는 〈돈〉을 농지개혁후 농촌의 금융문제를 둘러싼 한국사회의 모순을 표출한 작품으로 평가하고, 농촌을 낭만적이고 서정적인 공간으로 바라보는 산업화 시기의 시각 자체가 농지개혁 이후에 빚어진 독특한 문화적 구성물이자 담론적 산물이라고 본다(안진수, 〈'돈', '로컬리즘'과 1950년대의 농촌경제〉, 김소연 외, 《매혹과 혼돈의 시대: 1950년대의 한국영화》, 소도, 2003, pp.77~78). 그러나 1930년대의 농촌계몽 소설 등에서 그 일단을 엿볼 수 있듯이 일제강점기에도 농촌을 낭만적 대상으로 바라보는 시선은 존재해 왔으며 이는 비록 식민성을 띠고는 있으나 일본자본주의의 영향하에 있던 식민지 도시와 농촌 사이의 문화적 격차에 기인한 바 크다고 할 수 있다.

58 주석균, 〈농촌재건의 기본방향〉, 《신태양》 1958년 9월호, pp.90~97.

59 이대근, 《해방 후~1950년대의 경제: 공업화의 사적 배경 연구》, 삼성경제연구소, 2002, pp.451~454.

60 〈탁월한 풍속 희극 '인생차압'〉, 《한국일보》 1958년 11월 4일자.

61 실제로 1950년대의 재벌들이 이승만 정권과의 유착으로 재벌의 지위를 존속했지만 1960년대 초반 부정축재자 축출로 많은 수가 재벌의 대열에서 탈락하고 몰락한 것은 한국에서 자본과 권력의 관계를 말해준다(공제욱, 《1950년대 한국의 자본가 연

구》, 백산서당, 1993, p.251).

62 1950년대 후반의 경제개발계획에 대해서는 정진아, 〈이승만정권기 경제개발3개년 계획의 내용과 성격〉,《한국학연구》31, 2009 참조.

63 〈작품평: 악착스런 한 서민의 부각 '마포 사는 황부자'〉,《영화예술》1965년 10월호.

64 〈날벼락 맞는 양품부인〉,《동아일보》1965년 6월 8일자.

65 제트부인이 상징하는 '속도'의 문제는 북한과의 체제 경쟁에서 우위를 점하고 보다 빠른 근대화를 달성하려는 국가적 욕망이 일반 대중의 욕망으로 전화된 것을 상징한다.

66 〈웃음 속에 묻은 한국의 고민, '날개부인'〉,《신아일보》1965년 8월 14일자.

67 이 영화는 1943년 4월《國民文學》에 실린 오영진의 일본어 시나리오 〈맹진사댁 경사〉를 영화화한 것이다. 연극으로는 이미 여러 차례 공연되었으며, 1956년작을 시작으로 1962년(이용민)과 1977년(김응천)에도 영화화되었다. 이영재는 원작과 영화가 각각 일제강점기와 1950년대에 제국의 로컬과 민족의 재현으로서 정전화되는 오인의 과정을 겪었다고 지적했다(이영재,《제국 일본의 조선영화》, 현실문화, 2008, pp.208~249). 그러나 이 영화는 민속극의 형태를 띠긴 했지만 전통에 대한 영화라기보다는 전근대적 가치와 근대적 가치의 갈등과 긴장을 보여주는 영화로 볼 수 있다.

68 정비석,〈영화에 나타난 가정상 (5) '시집가는 날'〉,《한국일보》1957년 2월 24일자.

69 1958년 4월 마닐라에서 열린 제5회 아시아영화제 출품작으로 〈청춘쌍곡선〉이 추가 선정된 것에 대해 평단은 "석연치 못하다"며, 이 영화를 "흥행 성적이 비교적 좋았다는 이외에는 거의 영화 이전적인 유치한 작품"이라고 평했다(〈난데없는 '청춘쌍곡선'〉,《한국일보》1958년 3월 7일자). 이 영화는 36600명의 관객을 동원, 그해 흥행 5위를 차지했다(〈관객 동인 수에서 본 국내외 영화 베스트 텐〉,《서울신문》1957년 12월 29일자).

70 한형모 감독의 장르에 대한 관심에 대해서는 한국영상자료원,《한형모—통속/장르의 연금술사》, 2008 참조. 한편 이 영화의 노래 장면들은 해방 후부터 번성하기 시작한 악극 형식에서도 영향을 받았고, 1950년대 후반 악극이라는 무대공연에서 영화로 대중문화의 중심이 옮겨가는 과정을 보여준다고 한다. 이 영화의 음악감독 박시춘이 조선악극단 출신이라는 점이 이러한 주장에 설득력을 더한다(한국영상자료원 고전영화 컬렉션,〈청춘쌍곡선 작품해설〉, pp.21~22). 그런데 1950년대는 헐리

우드에서도 뮤지컬 영화의 전성기라는 점을 고려해 보면, 악극적 전통과 헐리우드 뮤지컬 영화 두가지가 다 영향을 미쳤을 것이다. 한형모 감독은 특히 영화음악에 대한 조예가 깊어 당시 서구에서 유행하던 다양한 음악을 영화에 삽입했다. 예컨대 〈자유부인〉에 삽입된 〈고엽Autumn Leaves〉은 1945년 초연된 발레곡으로 이브 몽땅이 스크린에서 처음 불렀으며 1950년 빙 크로스비가 영어로 불러 세계적으로 빅히트를 쳤고, 1956년에 동명의 영화도 만들어졌다. 한편 노래를 곁들인 코미디영화의 등장은 명랑한 노래를 통해 당시 사회에 만연한 전후의 상처와 우울함을 극복하려는 '국민명랑화운동'에도 부응하는 것이었다. 1950년대 중후반에는 '명랑한 정치', '명랑한 행정', '명랑한 생활' 등의 말들이 일종의 유행어가 되었다⟪국민은 명랑한 정치를 고대〉, 《조선일보》 1956년 8월 22일자; 〈사설: 국민의 심중을 명랑케 하라〉, 《조선일보》 1957년 1월 25일자).

71 제프리 노웰-스미스 편, 이순회 외 역, 《옥스퍼드 세계영화사》, 열린책들, 2005, p.368.

72 헐리우드 장르영화의 대표격인 스크루볼코미디는 〈어느 날 밤에 생긴 일It Happened One Night〉(1934, 프랭크 카프라)을 원형으로 시작되었다. 이 장르는 커플의 앙숙 관계를 그들의 사회경제적 차이(사회 계급, 수입, 노동, 유희와 돈 등에 대한 태도)를 통해 그려내는 것이 특징이다[토마스 샤츠, 《헐리우드 장르의 구조》, 한나래, 1995 (Thomas Schatz, *Hollywood Genres*, McGraw Hill, 1981), pp.237~246)].

73 평강공주에게 장가간 바보 온달 이야기는 성역할이 바뀐 신데렐라 이야기는 아니다. 결혼을 통해 계급상승을 이룬 신데렐라 이야기는 결혼이 곧 이야기의 종착점이지만, 온달 이야기는 결혼이 계기가 되어 장군으로 성장하는 이야기이다. 이 두 이야기는 엄밀히 말해 전혀 다른 플롯이다.

74 '명랑'이란 비위생·무질서·혼란·불온·감상·퇴폐 등에 대비되는 청결·질서·건전·이성·유쾌함 등을 대변하는 용어이다. '명랑'이 가지는 체제 옹호적 논리에 대해서는 소래섭, 《불온한 경성을 명랑하라: 식민지 조선을 파고든 근대적 감정의 탐색》, 웅진지식하우스, 2011; 김청강, 〈현대 한국의 영화 재건 논리와 코미디 영화의 정치적 함의(1945~60)—명랑하고 유쾌한 발전 대한민국 만들기〉, 《진단학보》 112, 2011 참조.

75 〈맨발의 청춘〉은 일본 영화 〈진흙투성이의 순정泥だらけの純情〉(1963, 中平康)의 리메

이크작이다(〈신·엄 컴비의 순애보―김기덕 감독 '맨발의 청춘'〉,《서울신문》1964년 3월 4일자). 한일 양국의 청춘영화가 국가 주도의 근대화 과정에서 일탈하는 청춘들의 소외를 그리고 있다는 점을 지적한 연구로는 정수완,〈1950~60년대 한일 청춘영화 비교연구: 청춘영화에 나타난 근대/국가를 중심으로〉,《영화연구》26, 2005 참조.

76 젊은 승려 조신이 태수의 딸에게 반해 함께 도망가 살지만 깨어보니 그것은 조신의 꿈이었다는 조신설화를 영화화한 〈꿈〉(1955, 신상옥) 역시 감히 상류층 여성을 사랑한 하층민의 번민과 갈등을 종교적 화두로 표현한 것이라고 이해해도 무리는 없을 것이다.

77 이 영화는 개봉 당시 프랑스와 이탈리아 합작영화인 〈행복에의 초대Paris, Palace Hotel〉(1956, 앙리 베르누이)를 표절한 것이라는 비판을 받았다(〈칼럼―최악의 영화〉,《청맥》1966년 7월호, p.124). 저작권 보호 개념이 명확하지 않았던 당시 많은 영화들이 리메이크 권리를 정식으로 구매하지 않은 채 만들어졌다. 그러나 표절이든 리메이크든 한국적 맥락으로 잘 번안되어 만들어진 것이라면 한국 관객이 감정이입하는 데에는 큰 문제가 없을 것이다. 오히려 이 영화는 한국적 맥락에서도 잘 이해될 수 있는 내용이기 때문에 표절, 혹은 리메이크의 대상이 되었다고 보아야 한다.

78 영화가 개봉된 당시 법조계에는 여성 검사와 여성 변호사가 각 한 명 밖에 없었다. 그중 한 명인 한국 최초의 여성변호사 이태영이 이 영화의 법률 자문을 맡았다. 이 영화는 프랑스 영화 〈배신〉에서 아이디어를 얻어 만든 작품인데, 원작이 표시되지 않은 것으로 보아 저작권료를 지불하지 않고 제작한 것으로 추측된다. 당시에는 세계적으로도 저작권에 대한 개념이 확립되어 있지 않았다. 유엔에 저작권법에 대한 국제협약기구WPO(세계지적재산권기구)가 설립된 것은 1970년이다. 〈배신〉은 일본에서도 〈어느 여변호사의 고백〉이라는 제목으로 리메이크되었다(〈원작자 없는 작품 '어느 여대생의 고백'〉,《조선일보》1958, 7월 17일자; 신상옥,《난, 영화였다》, 랜덤하우스, 2007, pp.62~63).

79 학벌을 이용해 계급상승을 이루려는 것은 당시의 보편적 욕망이었다고 보여진다. 해방 직후 대학생 수가 8천여 명에 불과했는데 반해 1950년대 후반에는 10만여 명, 1960년에는 대학생과 대학출신자를 합해 38만여 명에 이르렀다(임대식,〈1950년대 미국의 교육원조와 친미 엘리트의 형성〉,《1950년대 남북한의 선택과 굴절》, 역사비평

사, 1998, p.139). 1950년대의 대학진학률의 증가는 농지개혁 과정에서 몰락한 중소지주 출신의 신분상승을 위한 교육율도 큰 이유가 되었다. 대학생 중에서 이공계보다 인문계 전공자가 많았던 것이 사회의 비판적 잠재세력이 되어 4·19혁명의 원동력이 되었다는 지적도 있다. 1950년대 대학 졸업생들은 관료나 화이트컬러 소시민층을 형성했으며, 1960년대에는 미국 유학파가 지배엘리트로 부상하면서 유학이 계급상승의 수단이 되었다(정용욱, 〈5·16쿠데타 이후 지식인의 분화와 재편〉, 노영기 외,《1960년대 한국의 근대화와 지식인》, 선인, 2004, pp.159~162).

80 이 영화는 서울관객 15만 명을 동원했는데, 당시 서울 인구가 200만 명이었던 것을 생각할 때 흥행에 상당히 성공한 것이다(신상옥, 앞의 책, p.63).

81 이효인,《하녀들 봉기하다: 영화감독 김기영》, 하늘아래, 2002.

82 서울의 인구는 1960년에 244만여 명이던 것이 1966년에는 380만여 명으로 두 배 이상 증가했다. 1966년에 있었던 인구조사에 의하면 전국의 도시에서 서울과 수도권 인구가 차지하는 비중은 각각 38.8%와 46.2%였다. 그만큼 1960년대의 도시화는 곧 서울화라고 해도 과언이 아니었다(한국경제기획원,《인구센서스 속보, 1966년》, 1967; 경제기획원 통계국,《한국통계연감》, 1971; 강명구, 〈1960년대 도시발달의 유형과 특징〉, 한국정신문화연구원 편,《1960년대 사회변화연구: 1963~1970》, 백산서당, 1999, p.71에서 재인용).

83 '大韓民國'의 '韓'은 삼한三韓 정통론에서 비롯된 것으로 국호 결정 당시 큰 이의가 없었으나, 앞에 관사로서 '大'자를 쓰는 것에 대해서는 제헌 국회에서 적잖은 논쟁이 있었다. '大韓'은 청일전쟁 시기 시모노세키조약馬關條約에 처음 등장해 임시정부 시절에도 쓰였지만, '대한제국'에서 보이듯이 '大'자가 군주국의 느낌, 혹은 비민주적 느낌이 난다는 이유로 반대 의견이 있었던 것이다(《국회회의록》, 제1회 제18차 본회의 헌법안 제1독회, 1948.6.26, pp.6~7). 결국 '고려공화국', '조선', '한' 등과 경쟁 끝에 1948년 7월 1일 국회에서 헌법 제1조 '대한민국은 민주공화국이다"가 통과되면서 '대한민국'이 국호로 결정되었다(《국회회의록》, 201회 제22차 본회의 헌법안 제2독회, 1948.7.1, pp.9~10).

84 《신한민보》1942년 11월 12일자.

85 이러한 점에서 최근 역사 교과서 서술과 관련해 대한민국의 국시가 민주주의냐 자유민주주의냐 하는 논쟁은 경제조항의 검토를 통해서 보았을 때 의외로 쉽게 답을

찾을 수 있다. 단언컨대 대한민국의 국시가 '자유민주의'로 규정된 적은 한 번도 없었다. 국시가 자유민주주의라고 규정하는 것은 민주주의가 갖는 함의를 의도적으로 제한함으로써 미래지향적인 대안적 가치들을 원천적으로 차단하는 것이다. 이에 대해서는 김용섭, 증보판 참조. 한국 민주주의의 초기 역사에 관해서는 박찬표, 《한국의 국가형성과 민주주의》, 후마니타스, 2007 참조.

86 신용옥에 의하면 제헌헌법의 경제조항이 결정되는 과정에서 일어난 여러 가지 논의는 이 조항들이 식민지와 미군정 이후라는 현실을 추인하는 성격을 가지고 있음을 보여준다고 한다. 곧 자본주의 자유경제체제를 지향하면서도 미숙한 사적 자본의 축적을 보완하기 위해 자유경제와 통제경제를 혼합하려는 의도라는 것이다(신용옥, 〈제헌헌법의 사회·경제질서 구성 이념〉, 《한국사연구》 144, 2009, p.11).

87 김홍곤, 〈祖國 再建과 三代主義 解說(三均主義)〉, 《民聲》 5–11, 1949.

88 제헌헌법 제84조 대한민국의 경제질서는 모든 국민에게 생활의 기본적 수요를 충족할 수 있게 하는 사회정의의 실현과 균형 있는 국민경제의 발전을 기함을 기본으로 삼는다. 각인의 경제상 자유는 이 한계 내에서 보장된다. 제85조 광물 기타 중요한 지하자원, 수산자원, 수력과 경제상 이용할 수 있는 자연력은 국유로 한다. 공공필요에 의하여 일정한 기간 그 개발 또는 이용을 특허하거나 또는 특허를 취소함은 법률의 정하는 바에 의해 행한다. 제87조 (중략) 대외무역은 국가의 통제하에 둔다. 1962년 12월 제정 헌법 제6호 제111조 ① 대한민국의 경제질서는 개인의 경제상의 자유와 창의를 존중함을 기본으로 한다. ② 국가는 모든 국민에게 생활의 기본적 수요를 충족시키는 사회정의의 실현과 균형 있는 국민경제의 발전을 위해 필요한 범위 안에서 경제에 관한 규제와 조정을 한다. 제112조 광물 기타 중요한 지하자원·수산자원 수력과 경세상 이용할 수 있는 자연력은 법률이 정하는 바에 의해 일정한 기간 그 채취·개발 또는 이용을 특허할 수 있다. 제116조 국가는 대외무역을 육성하며 이를 규제·조정할 수 있다.

89 유진오, 《憲法解義》, 명세당, 1949.

90 홍석률에 따르면 성장 속의 분배 문제에 관심을 기울인 '중산층 논쟁'은 중소기업 육성론과 신중산층 육성론으로 요약된다. 중소기업 육성론은 대기업 중심의 경제성장 정책을 비판하면서 대기업과 중소기업이 공존할 수 있는 경제정책을 마련해야 한다는 것이었고, 이에 반해 신중산층 육성론은 중소기업가, 자영농 등 독립 자

영업자를 의미하는 '구중산층'이 소멸해 가고 거대 산업조직의 중간 관리자로 대두한 화이트칼라 중산층을 이르는 '신중산층'이 근대화의 새로운 주역이 되어야 한다고 주장하는 것이었다(홍석률, 〈1960년대 지성계의 동향—산업화와 근대화론의 대두와 지식인 사회의 변동〉, 정신문화연구원 편, 《1960년대 사회변화 연구》, 백산서당, 1999, pp.231~232).

[91] 김영선, 〈제1차 5개년계획은 성공했는가〉, 《사상계》 1966년 8월호.

[92] 김삼수, 〈1960년대 한국의 노동정책과 노사관계〉, 정신문화연구원 편, 《1960년대 한국의 공업화와 경제구조》, 1999, pp.229~230; 한도현, 〈1960년대 농촌사회의 구조와 변화〉, 정신문화연구원 편, 《1960년대 사회변화 연구》, 백산서당, 1999, pp.107~120.

6. 국민: 우리는 무엇이 되고 싶은가?

[1] 사회주의 리얼리즘은 1906년 막심 고리키의 소설 《어머니》에서 제시된 이래 소비에트 공식 문예이론으로서 연구되었으며, 한국에서는 일제강점기 카프 계열의 안막, 김남천, 안함광 등에 의해 논의되었다가 북한 성립후 1967년 주체문예이론이 공식화되기 전까지 북한의 공식 문예이론이었다. 북한영화에 있어서의 사회주의 리얼리즘에 대해서는 정태수 외, 《남북한 영화사 비교연구: 1945~2006》, 국학자료원, 2007, pp.86~90.

[2] 이 영화는 필름과 시나리오가 남아 있지 않아 《한국영화총서》의 줄거리를 참조했다. 이 영화는 1951년 10월에 개봉해 흥행에도 성공을 거두었다고 한다(한국영화진흥조합, 《한국영화총서》, 1972, p.301). 전후 재건이 1953년 7월 27일 휴전협정 이후에야 시작된 것은 아니다. 3년간 진행된 한국전쟁은 처음 1년간을 제외하곤 주로 38선 근방에서 교전했으므로 전후 재건은 전쟁 수행 중, 구체적으로는 서울 수복 이후에 시작되었다고 보아야 한다. 따라서 전쟁중 개봉한 영화라고 하더라도 '전후재건' 유형으로 범주화할 수 있다.

[3] 1955년 제4회 서울시 문화상 영화부문상을 수상한 이 영화는 현재 필름과 시나리오가 유실된 상태이다(《한국영화총서》, p.320).

[4] 이진섭, 〈단평: 고향의 노래〉, 《경향신문》 1954년 11월 21일자. 또한 이 영화는 상이

군인과 고급 자동차를 대조하는 등 사회비판이 적절히 삽입된 영화로도 평가받았다. 유두연, 〈'고향의 노래' 입정실업사 영화부 제작〉, 《한국일보》 1954년 11월 22일자.

5 당시 라디오 드라마의 영화화는 매우 활발히 진행되고 있었다. 1959년 현재 영화화된 라디오 드라마는 〈청실홍실〉, 〈산넘어 바다건너〉, 〈수정탑〉, 〈동심초〉(이상 조남사), 〈결혼조건〉(임희재), 〈장마루촌의 이발사〉(박서림), 〈봄이 오면〉(이서구), 〈햇볕 쏟아지는 벌판〉, 〈그 이름을 잊으리〉, 〈이 생명 다하도록〉(이상 한운사), 〈로맨스빠빠〉(김희창) 등이다(〈잘 팔리는 방송극—거의가 영화화 경향〉, 《동아일보》 1959년 9월 6일자).

6 1959년작과 1969년작 〈장마루촌의 이발사〉(김기)는 줄거리는 같지만 공산주의자에 대한 묘사라든가 재건을 결심하는 방식 같은 부분에서 제작된 시기를 반영하고 있다. 곧 1959년작은 전쟁의 상처를 극복하고 재건해야 한다는 당위성에 더 큰 비중을 두었다면 1969년작은 '반공적' 정서를 바탕으로 인물의 묘사가 좀더 정형화되어 있으며 신파성이 더욱 강조되어 1960년대 후반의 멜로드라마와 '반공영화'의 맥락에도 놓일 수 있다. 1969년작을 연출한 김기 감독은 전쟁멜로드라마 〈동백아가씨〉(1964)로 데뷔해 군홍보영화와 멜로드라마 총 80여편을 연출했으며, 〈장마루촌의 이발사〉는 이러한 감독의 장기가 재건의 서사와 만난 대표적인 경우이다(김종원, 《한국영화감독 사전》, 국학자료원, 2004). 1959년작은 필름이 남아 있지 않으므로 여기서는 1969년작의 줄거리를 요약했다.

7 선경 역의 전영선은 1962년 제12회 베를린영화제 아동특별연기상을 수상했다(《한국영화총서》, p.506).

8 이는 앞에서 설명한 〈오발탄〉에서도 여동생 명숙이 양공주가 되었다고 멸시하던 철호가 바로 자신이 멸시하던 양공주가 번 돈으로 병원에 가는 설정에서도 드러난다.

9 정영권, 〈1960년대 한국 전쟁 멜로드라마의 욕망과 좌절—'이 생명 다하도록'과 '귀로'를 중심으로〉, 《영화연구》 33, 2007, p.117.

10 전후 여성 노동에 대한 사회의 시각에 대해서는 김현선, 〈1950년대 '직업여성'에 대한 사회 담론과 실제—전쟁 미망인의 일과 생애를 중심으로〉, 《1950년대 한국 노동자의 생활세계》, 한울, 2010 참조.

11 변재란은 이 대목이 4·19혁명의 몇 가지 제안들이 당시에 레드 콤플렉스를 자극했

고 이것이 반공을 내세운 5·16군사정변을 대중들이 수용하는 데 일정한 역할을 했으리라는 것을 보여주는 대목이라고 지적했다(변재란, 〈'노동'을 통한 근대적 여성주체의 구성: '쌀'과 '또순이'를 중심으로〉, 주유신 외, 《한국영화와 근대성》, 소도, 2005, p.104).

12 주창규는 용이가 수로를 뚫는데 "5년만 참고 기다리자"고 하는 부분은 바로 경제개발 5개년계획을 지시하는 것으로 용이 자신이 바로 박정희를 상징한다고 지적한다(주창규, 〈탈식민국가의 민족과 젠더 (다시) 만들기: 신상옥의 '쌀'을 중심으로〉, 《영화연구》 15, 2000, p.196).

13 실제로 수리사업은 1960년대 농촌개량사업의 핵심적인 사업이었다. 1962년 현재, 박정희 의장이 저수지 공사를 하는 농민들을 망원경으로 바라보는 모습이나, 내각수반 겸 경제기획원 장관 송요찬이 직접 저수지 공사 현장을 돌면서 수리사업을 촉진하는 연설을 하는 등의 모습이 문화영화에 자주 등장했으며, 콸콸 쏟아지는 물줄기가 농촌의 재건을 상징하는 시각적 요소로서 빈번히 보여진다(국립영화제작소, 《건설의 새소식》, 1962).

14 신상옥 감독이 〈쌀〉을 제작해 명시적으로 박정희 정권을 찬양하고 아부함으로써 영화법 개정에 유리한 고지를 차지하려고 했다는 것이 당시 영화인들 대부분의 시각이었다. 특히 개정 영화법을 비판하는 논조에는 어김없이 "일부 영화인이 자신의 이익만 생각하고 영화인 전체를 고려하지 않는다"고 비판하고 있는데, 이때 영화인들이 말하는 '일부 영화인'의 대표 주자가 신상옥 감독이라는 것은 쉽게 짐작할 수 있다(〈개정영화법에 관한 지상공청회〉, 《영화세계》 1963년 8월호). 한편 신상옥 감독은 이에 대해 영화 〈상록수〉를 통해 박정희 대통령과 알게 되었고 이후에도 괜찮은 작품이 만들어지면 청와대에서 상영하는 등 가깝게 지내던 차에 잘사는 나라를 만들어 보려는 박 대통령의 의지에 희망을 걸고 〈쌀〉을 만들었지만, 많은 영화인들이 생각하는 것처럼 영화법 개정이나 개인적인 소망 등을 이야기한 적은 단 한번도 없었다고 술회하고 있다(신상옥, 《난, 영화였다》, 랜덤하우스, 2007, pp.78~79).

15 예컨대 〈미몽〉(1936, 양주남)에서 백화점이나 기차, 그리고 〈한 성심의 힘〉(1935)이나 〈집없는 천사〉(1941, 최인규)에서의 다리는 모두 근대성의 과시이거나 지향으로 묘사되었다.

16 뒤에서 살펴볼 영화 〈태양은 다시 뜬다〉(1966, 유현목) 역시 저수지를 둘러싼 지역

사회의 갈등이 주요 테마이다.

17 〈이 땅의 연인들〉은 필름이 남아 있지만 관람이 불가능해 줄거리는 시나리오를 참조해 작성했다.

18 군사정권 초기 군사정부와 지식인들의 결합은 1960년대의 특징으로서 주목할 만하다. 주로 물리적 폭력을 동원해 정권을 유지했던 1950년대 정부와 달리 5·16군사정변을 일으킨 군인들에게는 자신들의 취약한 전문성을 보완해줄 전문가 그룹이 필요했고, 이들 전문가 그룹은 대체로 두가지 계통으로 나뉜다. 그 하나는 국가재건최고회의 자문단체였던 기획위원회와 김종필이 운영했던 '정책연구실', 그리고 1963년 말 민정이양 초기에 대통령 직속 자문기관이었던 경제과학심의위원회 등에 참여했던 경제학자, 엔지니어, 농학자, 법률가, 행정가, 의사, 교수, 언론인 등 상층 엘리트이다. 다른 하나는 재건국민운동에 참가했던 하층 지식인 그룹이었다. 재건국민운동의 본부장을 역임한 유진오, 유달영, 이관구 등은 오히려 전자에 가까운 명망가 엘리트였지만, 전국 360여만 명의 회원을 구성하고 있는 것은 보다 기층민중에 밀착된 기능적 지식인들이었다(정용욱, 〈5·16쿠데타 이후 지식인의 분화와 재편〉, 노영기 외, 《1960년대 한국의 근대화와 지식인》, 선인, 2004, pp.171~174).

19 오시마 나기사 감독이 〈쌀〉을 보고 "세상에 이렇게 주제가 강하게 드러나는 영화는 처음 봤다"고 평한 것이나(신상옥, 앞의 책, p.78), 〈이 땅의 연인들〉에 대한 당시의 평이 "철저한 농촌 선전극으로 계몽적인 가치를 지녔다"고 한 것(〈철저한 농촌개발 PR극―박종호 감독 '그 땅의 연인들'〉, 《서울신문》1963년 4월 19일자)은 모두 주제의 선명성을 지적한 것이지만, 이것이 결코 칭찬의 뜻이 아닐 뿐만 아니라 주제의 생경함이 오히려 영화미학과 문제의식을 약화시켰다고 지적한 말임을 알 수 있다.

20 한도현, 〈1960년대 농촌사회의 구조와 변화〉, 한국정신문화연구원 편, 《1960년대 사회변화연구 1963~1970》, 백산서당, 1999.

21 5·16군사정변 당시 군부세력이 내세운 '혁명공약'에는 '구태와 구악의 일소'라는 조항이 있다. 이는 전세대와의 완전한 결별을 의미했다. 1917년생인 박정희는 당시 만44세 젊은 나이로 이러한 세대교체의 기수로 여겨졌다.

22 이효인은 이러한 구세대와 신세대의 갈등 서사가 4·19혁명 이후의 중심적인 서사임을 지적했다(이효인, 《영화로 읽는 한국 사회문화사》, 개마고원, 2003, pp.129~130).

23 소설가이자 극작가 김영수(1911~1977)와 그의 작품론에 대해서는 정종화, 〈김영

수, 우리 시대의 민중에게 고달픈 현실을 이겨내는 생활의 풍향계가 되다〉, 장원재, 《김영수 라디오 극복 선집》2, 한양대학교 출판부, 2010 참조.

24 〈불안한 경제정책의 확립을, 물가가 오르면 월급도 올라야〉, 《조선일보》 1961년 2월 7일자.

25 실제로 당시의 서민 경제는 환율 및 관영요금의 인상과 시중물가의 앙등으로 더욱 어려워져 민중들의 빈곤은 더욱 심화되었다(〈물가, 천정 모르고 앙등, 떨어질 줄 모르고 '가난'의 비명〉, 《조선일보》 1961년 1월 29일자; 〈물가 못 따르는 임금 인상〉, 《조선일보》 1961년 4월 14일자).

26 〈골격 갖춘 사회 풍자, 삼등과장〉, 《서울신문》 1961년 5월 5일자.

27 〈빈민굴의 생존삽화집─김수용 감독 〈혈맥〉〉, 《서울신문》 1963년 10월 3일자.

28 〈또이〉(1963, 박상호)에서도 생활력 강한 또순이가 구사하는 함경도 사투리는 강한 생명력을 상징한다. 해방 후에서 한국전쟁기까지 남한에 유입된 인구는 대략 220만에 달하는데 그중에서 북한에서 넘어온 월남자는 약 65만 명 정도이고 중국이나 만주동포 월남자까지 합하면 약 97만 명에 이른다(이대근, 《한국의 공업화와 노동력》, 한국경제연구원, 1990, p.53). 월남민의 전쟁경험과 생활 실태에 대해서는 김귀옥, 《월남민의 생활경험과 정체성》1·2, 서울대학교출판부, 1993 참조.

29 1919년 김성수가 세운 경성방직 공장을 의미한다. 그러나 영화에 나오는 공장 내부의 기계화된 모습과 유니폼을 입고 일하는 직공들의 모습은 1963년 현재의 그것이다.

30 영화 속에서 화만 나면 일본말이 나오는 주민들을 통해 이들이 일제와 어느 정도 유착관계에 있었음을 유추할 수 있으며, 당시 사회에 광범위하게 잔존했던 일제의 잔재를 짐작케 한다.

31 이 영화의 필름은 현재 남아있지 않아 시나리오를 참고했다.

32 〈소박한 휴머니티 '추풍령'〉, 《동아일보》 1965년 4월 27일자.

33 〈작가 감독 전범성씨 자작 '추풍령' 감독〉, 《경향신문》 1965년 2월 3일자.

34 〈한국, 그 소박한 이미지〉, 《영화예술》 1965년 5월호.

35 저수지 건설을 소재로 한 〈뚝(발전은 협력에서)〉(1959)을 시작으로 당시의 많은 문화영화들이 저수지 건설을 장려하고 있었으며, 이러한 영화들은 이후 농촌에서 계속 순회상영되어 저수지 건설의 필요성을 주지시키고 있었다. 문화영화에 대해서는 이하나, 〈정부수립기~1950년대 문화영화와 국가정체성〉, 《역사와 현실》 74, 한국

36 이대근,《해방 후~1950년대의 경제》, 삼성경제연구소, 2002, pp.448~454.
37 박정희는 "내핍과 검소, 건설과 생산, 협동과 단결의 혁신운동"으로서 재건국민운동을 자리매김하고자 했다(〈혁신운동태세 갖추도록—박대통령, 國運 본부에 지시〉,《조선일보》1964년 1월 16일자).
38 사실 이 '도의재건'의 서사에는 앞장에서 다루었던 〈자유부인〉(1956, 한형모)이나 〈인생차압〉(1958, 유현목) 등도 넓게는 포괄하고 있다고 볼 수 있다.
39 1950년대 '우수영화'는 작품성보다는 주제에 치중해 선정되었다. '우수영화'의 선정과 그 의미에 대해서는 이하나, 〈1950년대 민족문화 재건 담론과 '우수영화'〉,《역사비평》, 2011년 봄호 참조.
40 필름과 시나리오가 전해지지 않는 이 영화의 줄거리는 《한국영화총서》를 참조했다. 한국영화진흥조합,《한국영화총서》, 1972, p.431.
41 〈'구름은 흘러도' 영화화는 부적당〉,《조선일보》1959년 3월 19일자; 〈한일 양국서 영화화—재일한국소녀의 일기 '니안짱'〉,《동아일보》1959년 8월 26일자. 이는 광주에 사는 원작자의 6촌 오빠를 통해 영화화 권리를 얻음으로써 가능했다고 한다.
42 이 영화는 1959년 문부성 추천작으로 선정되었고 제10회 베를린 영화제에서 금곰상 후보에 오르기도 했다.
43 〈부랑아를 소재로 전후사회를 부각 '십대의 반항'〉,《동아일보》7월 17일자.
44 김두헌,〈道義韓國再建論〉,《학술계》1, 1958년 7월호, p.240.
45 이러한 의식은 4·19혁명 이후 증가된 범죄율과 파괴행위 등으로 도의가 땅에 떨어졌으므로, 정치지도자들이 도의관념을 바로잡아야 국민들도 이에 따라가 국민도심을 회복할 수 있다는 사설에서도 대표적으로 나타난다. 이 사설에서는 또한 장내각이 국민윤리의 재교육에 관심을 갖지 않는다고 비판한 후, "난세일수록 위대한 인격과 정치역량을 겸비한 지도자가 갈망되는 것이며 더욱이 우리나라같이 문화수준이 얕은 나라에서 절대 필요로 하는 이유가 여기에 있다"고 해, 5·16군사정변 후 군사정권에 보여준 지지의 논리적 근거를 미리 준비하고 있었던 것 같은 인상을 준다(〈사설: 정치도의 반성에서 국민도의심 재생에〉,《동아일보》1961년 4월 12일자).
46 1960년대의 이른바 '청춘영화'가 등장하기 전인 1950년대 영화 관객의 대부분은

이른바 '고무신부대'라고 불리던 40~50대의 여성들이었다. 1950년대 영화 관객성에 대해서는 변재란, 〈한국영화사에서 여성관객의 영화관람 경험 연구〉, 중앙대학교 박사학위논문, 2000 참조.

47 〈實記영화의 佳作 '소령 강재구'〉, 《조선일보》 1966년 5월 15일자.

48 이에 힘입어 이 영화는 당시 중고생들의 단체 관람 영화가 되었다(〈'소령 강재구' 우수영화로〉, 《서울신문》 1966년 8월 4일자).

49 최요안 편, 《마음의 샘터: 교양 명언집》, 삼중당, 1959; 최요안 편, 《속 마음의 샘터: 동서 교양 명언집》, 삼중당, 1961. 이 책은 국가와 국민, 그리고 애국심에 관해서 비중을 두어 서술하고 있다.

50 육군사관학교는 1945년 11월 미군정청이 설치한 국방사령부에서 군사학교 설립이 논의되어 군사영어학교를 거쳐 1946년 5월 남조선국방경비대 사관학교로 발족하고 이후 조선경비사관학교로 개칭되었다가 1948년 9월에 육군사관학교로 개칭되었다(육군사관학교 편찬위원회, 《육군사관학교 30년사》, 1978, pp.59~67).

51 맹호부대는 1948년 수도경비사령부라는 명칭으로 창설되었고 1950년에 수도사단으로 바뀌었다가 1953년에 맹호를 부대 표식으로 제정했다. 1965년 8월에 국방부로부터 파월 전투사단으로 지명되어 사단명칭을 맹호부대로 바꾸었다. 맹호부대는 베트남에 처음으로 파병된 전투부대로서 파병부대의 상징과도 같은 존재였으며 문화영화에도 많이 등장한다(국립영화제작소, 〈조국의 방패〉, 1965).

52 이승만, 〈일민주의란 무엇?: 헤치면 죽고, 뭉치면 산다〉, 공보처, 《週報》 3, 1949년 4월, p.5.

53 재건국민운동에서 지역 사회의 핵심적인 조직이 재건청년회와 재건부녀회였음은 1960년대 근대화의 주체가 청년과 '부녀' 였음을 보여준다(이지형, 〈국민운동요원의 일선강화에 부침〉, 《재건통신》, 1962년 1월호, p.7; 유덕천, 〈청년회, 부녀회 활동에 기대한다〉, 《재건통신》 1962년 1월호, pp.14~15). 이때 '청년' 이라는 것은 미혼과 기혼을 막론하고 젊은 남성을 뜻하는 것이다. '부녀' 라는 표현은 결혼한 여성婦과 미혼 여성女을 합친 것이지만 북한의 '여성동맹' 등의 표현처럼 '여성' 이 아니라 '부녀' 로 표기한 것은 당시 미혼 여성이 아직 완전한 인격체이자 노동의 주체로서 취급받지 못했음을 말해준다. 당시의 여성정책이 '부녀' 정책이었음을 지적한 연구로는 황정미, 〈발전국가와 모성: 1960~70년대 '부녀정책' 을 중심으로〉, 《모성의 담론과 현

실》, 나남출판, 1999 참조.

54 《흙》은 1932년《동아일보》에 연재되었고,《상록수》는 1935년《동아일보》의 현상공모에 당선된 작품으로 둘 다 민족주의 계열의 농촌소설이지만 주인공이 농촌을 대하는 태도에는 차이가 있다. 이광수와 심훈의 농촌운동에 대한 시각의 차이에 대해서는 김현, 〈위선과 패배의 인간상―'흙'과 '상록수'를 중심으로―〉,《세대》1964년 10월호, pp.146~153; 홍이섭, 〈30년대초의 농촌과 심훈문학―상록수를 중심으로〉,《창작과 비평》1972년 가을호, pp.581~595 참조.

55 당시의 기사들은 신상옥 감독이 감동과 계몽성을 동시에 만족시키고 있다고 평가했다. 〈원작에 충실한 문예영화〉,《조선일보》1961년 9월 20일자; 〈격조 높은 드라마 '상록수'〉,《경향신문》1961년 9월 26일자.

56 〈맞잡는 손에 자활의 뜻 새겨 번져가는 자매 결연―영화 '상록수'에 자극받아〉,《한국일보》1961년 12월 24일자.

57 〈본부와 지부 소식―박의장 본부 시찰 방문〉,《재건통신》1962년 1월호, p.73.

58 〈교묘한 엑스트라 처리―신상옥 감독 '상록수'〉,《한국일보》1961년 9월 23일자.

59 이 영화의 원작은 김희창 극본의 KBS 라디오 연속극 〈행복의 탄생〉으로 방송 당시 대단한 인기를 누렸다(〈KA 히트 프로 '또순이' 영화화〉,《경향신문》1962년 11월 26일자).

60 〈함경도 여자의 생활 감투기―도금봉 주연 '또순이'〉,《한국일보》1963년 2월 12일자.

61 새나라자동차는 일본 닛산자동차의 블루버드 1200cc를 수입한 것으로 1962년 5월 아시아영화제를 계기로 일반 택시로 둔갑해 당시 시발택시 소유주들이 큰 피해를 입었기 때문에, 빠찡꼬 도입, 증권파동, 워커힐 신축과 함께 새나라 자동차 허가가 국내 4대 의혹사건으로 논란이 되었다(〈4대 의혹사건에 대한 정부측의 해명〉(3),《조선일보》1963년 8월 2일자). 새나라자동차는 세련되고 멋진 것의 대명사가 되었다. 이는 "대부분의 국산영화가 '시발'을 탄 것 같은데 이 영화는 '새나라'를 탄 것 같은 경쾌한 맛이 난다"고 하는 용례에서도 알 수 있다(〈우선 재미있는 '날개부인'〉,《경향신문》1965년 8월 11일자).

62 변재란, 앞의 글, pp.88~89.

63 서울중앙방송KA에서는 전국여성수기를 모집해 라디오 드라마의 소재로 삼았는

데, 이 수기들은 대개 인내와 희생 등 전통적인 덕목을 강요하는 가정 내에서의 갈등과 노동 현장 속에서의 근대적 노동규율을 지키며 근대화의 주체로 설 것을 요구하는 사회적 갈등의 이중적 고통을 표현하고 있다(서울중앙방송국 편, 《HLKA 연속방송)전국여성수기》 1~3집, 1967).

64 재건국민운동이 한창이던 1963년 1월 신사임당과 율곡 이이가 태어난 오죽헌이 보물 제165호로 지정되면서 신사임당에 대한 칭송이 시작되었다. 천재화가로서보다는 현모양처로서의 신사임당 이미지의 부각은 1970년대에 최고조에 달해 〈율곡과 신사임당〉(1978, 정진우)이라는 영화로 만들어지기도 한다.

65 어린이가 등장한다고 해서 모두 아동용 영화라고 할 수는 없다. 일제강점기 〈집없는 천사〉(1941, 최인규) 같은 영화는 어린이가 주요 등장인물로 나오지만, 일제의 체제선전을 위한 어른 대상의 영화이다. 아동영화에 대한 필요성은 일제강점기부터 제기되어 왔지만 아동영화를 제작하기 위해서는 한국의 여건이 좋지 않다는 인식이 대부분이었다(송완순, 〈아동과 영화〉, 《영화연극》 1, 1939; 양미림, 〈나의 아동영화관〉, 《영화시대》, 1947년 5월호; 어약선, 〈아동영화―발전을 위한 나의 제언〉, 《영화세계》, 1955년 11월호).

66 애니메이션 문화영화로 대표적인 것은 〈개미와 베짱이〉(1962, 박영일)가 있으며, 교육영화로는 대표적으로 이문교육영화연구소 작품인 1955년작 〈산바람 강바람〉이 있다. 이 영화는 창수가 창수어머니의 욕심 많은 행동을 깨닫게 해준다는 내용이라고 한다(이문교육영화연구소, 〈아동영화 소개: '산바람 강바람'〉, 《영화세계》, 1955년 11월호).

67 어린이 개념이 생겨난 유래와 과정에 대해서는 필립 아리에스, 문지영 역, 《아동의 탄생》, 새물결, 2003 참조.

68 1960년대의 일부 자료에는 어린이를 '소국민小國民'이라고 부르고 있는데, 이는 1960년대 '인간개조'를 통해 새롭게 탄생한 국민상이 식민지의 유산에서 자유롭지 못함을 의미한다. 일제하의 '소국민', '국민학교'에서 보이는 '국민'은 '황국신민皇國臣民'의 줄임말이다. 일제강점기에 어린이를 소국민이라고 부른 용례는 西村綠也 編, 《朝鮮敎育大觀》, 朝鮮敎育大觀社, 1932, p.69; 武藤勝彦, 《地圖の話: 小國民のために》, 岩波書店, 1942 참조. 일제하 국민학교의 수신교육이 식민지 아동의 탄생과 육성에 미친 영향에 대해서는 이병담, 《한국 근대 아동의 탄생》, 제이앤씨, 2007

참조.

69 조선영화동맹에서는 이 영화에 대해 "어린 소년을 장정 7인이 무수히 때리는 것은 세계 영화사상 유례가 없는 몰상식하고 민족적 수치인 장면"이라 해 제작자에게 경고문을 보냈다. 이는 아직 한국영화에서 어린이가 특별히 보호받아야 하는 존재로 묘사되지 않고 있음을 말해준다(〈'똘똘이의 모험' 영맹에서 경고문〉, 《자유신문》 1946년 9월 11일자).

70 〈숲 폭등이 물가고 조장—밀수출 방지에 강력 대책 시급〉, 《조선일보》 1947년 2월 19일자; 〈속출하는 對중국 밀수단〉, 《조선일보》 1948년 10월 2일자; 〈사설: 밀수품 取締의 요체〉, 《조선일보》 1949년 9월 27일자.

71 한국시나리오 걸작선, 《저 하늘에도 슬픔이》, 커뮤니케이션북스, 2005. 이 영화는 일본 원작을 영화화한 〈구름은 흘러도〉(1959, 유현목)와 설정과 스토리가 유사하지만 대구 명덕초등학교 이윤복(당시 12세)이 쓴 수기를 바탕으로 한 실화이다(〈'저 하늘에도 슬픔이' 영화화, 25만 원에 정식 계약〉, 《동아일보》 1964년 12월 28일자).

72 이영일, 〈한국—그 소박한 이미지〉, 《영화예술》 1965년 5월호.

73 이 표어는 1960~70년대 학교 교실에서 흔히 볼 수 있는 급훈의 내용이다.

74 김승호가 1960년대 초반의 아버지상을 대표하고 있다면, 김진규는 1960년대 중후반의 아버지상을 대표하고 있다.

75 라틴어로 '기계의 신'이라는 뜻으로, 고대 그리스 연극에서 '기계 장치로 무대에 내려온 신'을 의미한다. 갈등을 해결하거나 결말을 짓기 위해 느닷없이 신적인 힘을 개입시키는 극작술을 말한다. 아리스토텔레스가 《시학》에서 극작은 인과론에 기반해야 하며 기계장치를 사용해서는 안 된다고 비판한 바 있다.

76 〈어른에의 절박한 힝의, 영화 '사격장의 아이들'이 풍긴 사회성〉, 《조선일보》 1967년 11월 30일자.

77 아이들을 유기하는 아버지와 그로 인한 지독한 가난과 굶주림은 1960년대 성장 소설의 보편적 설정이다. 차혜영, 〈성장 소설과 발전 이데올로기〉, 상허학회, 《1960년대 소설의 근대성과 주체》, 깊은샘, 2004, pp.136~141.

78 1959년 발표된 윤석중 작사, 손대업 작곡의 동요 〈무궁화행진곡〉이다.

79 1948년 발표된 김묘순 작사, 정세문 작곡의 동요 〈어린이행진곡〉이다.

80 〈팔도강산〉 시리즈에는 〈팔도강산〉(1967, 배석인)을 비롯해 〈속 팔도강산—세계를

간다〉(1968, 양종해), 〈내일의 팔도강산〉(1971, 강대철), 〈아름다운 팔도강산〉(1971, 강혁), 〈우리의 팔도강산〉(1972, 장일호), 〈꽃피는 팔도강산〉(1974~1975, 김수동)(KBS TV 일일연속극)이 있다. 1천 8백만 원의 제작비를 들인 〈팔도강산〉은 1967년 대선을 위해 공보부가 기획한 것으로서 국회에서는 〈팔도강산〉을 선거 전에 전국에 상영한 것이 불법 선거운동이라는 논란이 일었다(《조선일보》 1967년 4월 13일자). 결국 불법이 아니라는 판결이 내렸고 관객 32만 6천 명을 동원했다. 〈팔도강산〉 시리즈에 대한 분석은 김한상, 《조국근대화를 유람하기》, 한국영상자료원, 2008 참조.

[81] 김한상, 위의 책, p.30.

[82] 따라서 여기서의 '시민' 이라는 용어는 매우 편의적인 것이다. 여기서는 제3신분을 나타내는 계급적 용어였던 원래의 '시민citizen' 개념이 아니라 국민국가 단위로 편재되지 않는 또다른 감수성의 차원에서 제기되는 대안적 주체를 이른다.

[83] 조준형, 〈한국영화에 나타난 모더니즘적 경향〉, 차순하 외, 앞의 책, pp.398~405.

[84] 이것이 이 영화를 대종상 작품상에 빛나는 '우수영화'로 만든 이유였다. 이 영화의 미학적 논의에 대해서는 조혜정, 〈이만희 영화의 영상표현과 캐릭터 연구〉, 《영화교육연구》 7, 2005 참조.

[85] 영화 〈안개〉가 소설 〈무진기행〉보다 근대적 주체에 대해 더욱 비판적인 시각에 서 있음을 논한 연구로는 김소연, 〈문예영화 '안개'의 근대적 주체성 비판─소설에서 영화로의 매체 변환과 비판적 응시의 개입을 중심으로─〉, 《영화연구》 43, 2010.

[86] 기준이 제약회사에 근무한다는 설정 역시 흥미롭다. 제약회사는 건설회사와 함께 1960년대 영화의 주인공들이 가장 많이 근무하는 곳이다. 건설과 마찬가지로 의학(약학) 역시 근대화의 상징이기 때문이다.

[87] 이 영화는 2005년 발굴되어 그해 부산국제영화제 이만희 회고전에서 상영되었다.

[88] 한국영화데이터베이스의 〈휴일〉 영화해설 참조(www.kmdb.or.kr).

[89] 〈소외당한 인간의 우수와 고뇌 묘사, 이성구 감독 '장군의 수염'〉, 《대한일보》 1968년 9월 17일자.

[90] 〈안개〉가 13만 6천 명, 〈장군의 수염〉이 10만 2천 명의 흥행성적을 기록했다. 〈팔도강산〉이 32만 5천 명의 흥행 성적을 기록했으나 이것이 각급 학교의 단체 관람에 힘입은 결과라는 것을 고려한다면 서울 관객 10만 이상이 들었다는 것은 당시로서는 대단한 흥행 성공이라 할 수 있다.

91 "국민도의의 실천적 요강은 민족의식과 반공정신을 기반으로 공적인 것을 우선해 협동 단결하는 것이고, 사사로운 주관을 극복하고 국민의식을 자각해 국민의 책무를 완수함으로써 조국의 흥륭에 기여하는 것이다"(김두헌, 〈道義韓國再建論〉, 《학술계》 1, 1958년 7월호, p.240).

92 〈사설: 국민도의심에 訴한다〉, 《동아일보》 1954년 4월 14일자; 〈좌담회 : 국민도의심의 환기와 진작의 방안〉, 《동아일보》 1957년 1월 1일자.

93 〈좌담회: 우리 사회와 문화의 기본 문제를 해부한다〉, 《사상계》 1958년 4월호, 260~288쪽.

94 1950년대의 도의 개념에 대해서는 국민교육과 관련해 최근 몇가지 연구가 진척되고 있다. 이동헌, 〈1950년대 '道義 교육과 국민의 형성〉, 한양대학교 석사학위논문, 2004; 이유리, 〈1950년대 '도의교육'의 형성과정과 성격〉, 고려대학교 석사학위논문, 2007; 홍정완, 〈전후재건과 지식인층의 '道義' 담론〉, 《역사문제연구》 19, 2008.

95 김성근, 〈시민사회의 세계관〉, 《사상계》 1956년 7월호, 123~133쪽.

96 재건국민운동은 재건국민운동본부가 1961년 6월 12일 발족됨으로써 시작되었다. 재건국민운동이 쿠데타 직후부터 시작되었다는 것은 이 '운동'에 대한 구상이 이미 쿠데타 모의 단계에서 상당히 진행되었던 계획이라는 것을 알려준다. 그것이 가능했던 것은 일제의 농촌정책 모델과 이승만 정권, 민주당 정권기의 국토개발사업, 그리고 남한 정부수립 이전부터 진행되었던 국민신생활운동 등에서 상당한 아이디어를 빌려왔기 때문이다(〈국민생활재건―민관합작의 운동전개〉, 《조선일보》 1947년 11월 18일자).

97 유진오, 유달영, 이관구, 배민수, 김기석, 박종홍, 장준하 등 재건국민운동 중앙회 본부장 및 위원의 면모를 보면 이들의 지향이 정부의 그것과 일치했다고 볼 수 없다(허은, 〈5·16군정기 재건국민운동의 성격―분단국가국민운동 노선의 결합과 분화〉, 《역사문제연구》 11, 역사문제연구소, 2003). 더구나 이들이 관주도 운동을 비판함과 동시에 정부가 본부를 해체시킨 것을 보면, 재건국민운동이 초기에 민간운동 형식을 빌었다고 해도 그것은 어디까지나 '재건'이라는 국가 중심의 사고방식에 기초한 것이라 볼 수 있다.

98 1960년대 말 《사상계》에 투고한 어느 독자의 기대를 보면 그간 《사상계》가 인간성

의 근대화에 주력해 왔으며 앞으로도 이를 위해 노력해 줄 것을 당부하고 있다(이정, 〈사상계에 기대하는 것―인간성의 재건을 위해 분투해 주시기를〉, 《사상계》 200, 1969년 12월호).

[99] 차갑준, 〈민족과 인간개조운동의 방향〉, 《국가재건최고회의보》 13, 1962년 10월호.

[100] 박정희는 원조경제에 기반한 1950년대의 경제재건론을 조선시대와 같은 연장선상에서 비판했다(박정희, 《우리민족의 나아갈 길》, 1962).

[101] 1950년대 강조된 화랑도가 실존주의 등 서구사상에 경도된 젊은이들에 대한 민족정신의 일깨움이었다면, 1960년대에 논의된 화랑은 오늘날의 군인으로 해석되었다(문중섭, 〈화랑도정신과 국군의 위치〉, 《국가재건최고회의보》 10, 1962년 7월호; 김범부, 〈邦人의 국가관과 화랑정신〉, 《국가재건최고회의보》 2, 1961년 10월호).

[102] 박정희, 〈새 국사창조를 위해 국민에게 호소한다〉, 《국가재건최고회의보》 8, 1962년 5월호. 3·1정신을 계승해야 한다는 이러한 생각은 대한민국 정부의 제헌헌법에 "기미 삼일운동으로 대한민국을 건립해 세계에 선포한 위대한 독립정신을 계승해 이제 민주독립국가를 재건함에 있어서……"라고 명시하고 있는 것처럼 남한 정부의 법통을 계승하는 박정권의 정당성을 강조한 것이라고 볼 수 있다(황종갑, 〈3·1정신과 우리의 각오〉, 《국가재건최고회의보》 6, 1962년 3월호).

[103] 고재필, 〈미국의 국민성〉, 《국가재건최고회의보》 3, 1961년 12월호; 김형욱(최고위원), 〈구라파를 돌아보고〉, 《국가재건최고회의보》 13, 1962년 10월호.

[104] '대중의 국민화'라는 개념은 조지 L. 모스, 임지현, 김지혜 역, 《대중의 국민화: 독일 대중은 어떻게 히틀러의 국민이 되었는가?》, 소나무, 2008(Mosse, George L., *The Nationalization of the Masses: Political Symbolism and Mass Movements in Germany from the Napoleonic Wars through the Third Reich*)에서 빌려온 것이다.

[105] 1960년대의 문화영화에 대해서는 이하나, 〈1960년대 문화영화의 선전전략〉, 《한국근현대사연구》 52, 2010 참조.

[106] 군사정부 초기 내자 동원 중심의 경제개발이 실패로 판정되면서, 외자에 의존하는 방향으로 선회한 것이 결정적 계기였던 것으로 보인다. 이러한 경제개발정책의 변화에 대해서는 박태균, 앞의 책 참조. 이들은 정부의 독선적 정책 입안에 대해 비판하는 것을 넘어서서 이를 군사정부 자체의 한계로 인식했다(서동구, 〈군사정권과 근대화문제―신생독립국가의 뒤바뀐 정치체제〉, 《사상계》 147, 1965년 6월호).

[107] 대일 외교의 굴욕적 자세와 서민 생활의 궁핍함이 대비되면서 정권 자체에 대한 문제제기로 이어졌다(문형선, 〈인색한 양보, 아쉬운 갈증—2천만 불 차관, 日商課稅에 얽힌 저자세〉, 《사상계》 140, 1964년 11월호; 김영록, 〈서민의 월동—특혜와 부패 의혹을 간직한 채 궁핍에 떠는 서민경제〉, 《사상계》 140, 1964년 11월호).

[108] 부완혁, 〈한일협정은 비준·동의될 수 없다—어째서 우리는 그것을 매국조약이라고 부르는가〉, 《사상계》 150호, 1965년 8월호.

[109] 개발 독재가 역으로 민주화를 추동한다는 의도하지 않은 효과 Tocquevillean effect에 대해서는 뤼시마이어 외, 박명림 외 역, 《자본주의 발전과 민주주의—민주주의의 비교역사연구》, 나남출판, 1997(Dietrich Rueschemeyer, Evelyne Huber Stephens, and John D. Stephens, *Capitalist Development and Democracy*, University of Chicago Press, 1992), p.461 참조.

[110] 최동희, 〈진보에의 의지〉, 《사상계》 1968년 2월호.

[111] 민석홍, 〈시민저항권의 근거〉, 《사상계》 1962년 11월호.

글을 마치며: 감정의 구조와 네이션의 탄생

[1] 분단국가에서 시민권이 가지는 의미에 대해서는 김동춘, 〈한국의 분단국가 형성과 시민권—한국전쟁, 초기 안보국가 하에서 '국민됨' 과 시민권〉, 《경제와 사회》 2006 여름 참조.

[2] 〈극장에서 뉴스 상영 때 국기·원수 나오면 기립 박수하도록〉, 《중앙일보》 1966년 3월 28일자; 〈과불여불급—뉴스영화에 기립박수가 다 뭐냐〉, 《조선일보》 1966년 3월 29일자.

[3] 〈국기에 대한 기록영화 상영토록〉, 《조선일보》 1967년 10월 29일자.

참고문헌

1. 자료

(1) 정부간행 자료

건국기념사업회, 《대한민국 건국십년지》, 1956.
경제기획원 통계국, 《한국통계연감》, 1971.
국립영화제작소, 〈건설의 새소식〉, 1962.
국립영화제작소, 〈조국의 방패〉, 1965.
국방부 정훈국, 《구월산》, 1955.
국방부훈령 89호, 〈군사관계영화 제작지원 규정〉, 1965.11.3.
문교부, 《국어 2-2》, 1959.
서울중앙방송국 편, 《(HLKA 연속방송)전국여성수기》 1~3집, 1967.
영화진흥공사, 《한국영화자료편람》, 1977.
육군사관학교 편찬위원회, 《육군사관학교 30년사》, 1978.
한국경제기획원, 《인구센서스 속보, 1966년》, 1967.
《국무회의록》, 《국회보》, 《국회회의록》, 《대한민국 인사록》, 《주보》

(2) 연속간행물

《경향신문》, 《대동신문》, 《대학신문》, 《동아일보》, 《매일경제》, 《새한민보》, 《서울신문》, 《신아일보》, 《신한민보》, 《예술통신》, 《자유신문》, 《조선일보》, 《조선중앙》, 《중앙신문》, 《중앙일보》, 《한국일보》

《문예영화》, 《신영화》, 《신흥영화》, 《Silver Screen》, 《씨나리오문예》, 《씨네 21》, 《영화 TV 예술》, 《영화》, 《영화보》, 《영화세계》, 《영화순보》, 《영화시대》, 《영화연극》, 《영화예술》, 《영화잡지》, 《영화조선》, 《월간 방송》, 《코리아시네마》, 《현대영화》

《문예》,《문예공론》,《문예춘추》,《문학평론》,《문화세계》,《신문예》,《신문학》,《예술부락》,《인문평론》,《조선문예》,《현대문학예술》

《개벽》,《경제월보》,《교육》,《교육문화》,《구국》,《국가재건최고회의보》,《大潮》,《문교월보》,《문교공보》,《民聲》,《博文》,《백광》,《白民》,《백제》,《별건곤》,《사상》,《사상계》,《삼천리》,《새교육》,《새벽》,《새한민보》,《星鄕》,《세대》,《수도평론》,《시대공론》,《신경향》,《신생공론》,《신세계》,《신세대》,《신천지》,《신청년》,《신태양》,《여성계》,《인민》,《재건》,《재건통신》,《재건생활》,《전시과학》,《朝光》,《조선교육》,《주간희망》,《춘추》,《폐허》,《학술계》,《현대공론》,《협동》,《화랑의 혈맥》

(3) 색인/연감/사전
강만길 편,《한국사회주의운동인명사전》, 창작과 비평사, 1996.
국회도서관,《국내간행물 기사 색인 1945~57》, 1969.
_____,《제4대, 5대 국회회의록색인》.
_____,《제헌~제3대 국회회의록 발언자별 색인(1회~28회)》
_____,《제헌~제3대 국회회의록 주제명 색인, 안건명 색인(1회~28회)》
한국학연구소,《한국잡지개관 및 호별 목차집(해방15년)》, 1975.
《경제연감》,《방송연감》,《통계연감》
《여성영화인사전》, 소도, 2001.
《한국영화감독사전》, 국학자료원, 2004.
《한국영화촬영기사 극영화촬영작품 총목록》, 1986.
《한국인명사전》, 합동통신사, 1964.

(4) 자료집
대한민국수립 60주년기념 대토론회 자료집,《대한민국의 건국이념과 국민형성》, 2008.
정종화,《자료로 본 한국영화사 1: 1905~1954》, 열화당, 1997.
_____,《자료로 본 한국영화사 2: 1955~1997》, 열화당, 1997.
한국영상자료원,《신문기사로 본 한국영화 1945~1957》, 공간과 사람들, 2004.

_____, 《신문기사로 본 한국영화 1958~1961》, 공간과 사람들, 2005.
_____, 《신문기사로 본 한국영화 1962~1964》, 공간과 사람들, 2006.
_____, 《신문기사로 본 한국영화 1965》, 한국영상자료원, 2008.
_____, 《신문기사로 본 한국영화 1966》, 한국영상자료원, 2008.
_____, 《이만희감독 전작전―영화천재 이만희》, 2006.
_____, 《한국영화를 말한다―1950년대 한국영화》, 이채, 2004.
_____, 《한국영화를 말한다―한국영화의 르네상스 1》, 이채, 2005.
_____, 《한국영화를 말한다―한국영화의 르네상스 2》, 이채, 2006.
_____, 《한국영화를 말한다―한국영화의 르네상스 3》, 이채, 2007.

(5) 기타
김정옥, 《(이모님) 김활란》, 정우사, 1977.
박정희, 《우리민족의 나아갈 길》, 1962.
신상옥, 《난, 영화였다》, 랜덤하우스, 2007.
안호상, 《일민주의의 본바탕》, 일민주의연구원, 1950.
양우정, 《이대통령 건국정치이념: 일민주의의 이론적 전개》, 연합신문사, 1949.
유진오, 《憲法解義》, 명세당, 1949.
전영택, 《유관순전》, 숭문사, 1948.
최요안 편, 《마음의 샘터: 교양 명언집》, 삼중당, 1959.
최은희, 《최은희의 고백》, 랜덤하우스, 2007.
최태웅, 《청년 이승만: 사실소설》 성봉각, 1960.

2. 국내 연구서 및 논문

(1) 연구서
고석규, 《근대도시 목포의 역사 공간 문화》, 서울대학교출판부, 2004.
공제욱, 《1950년대 한국의 자본가 연구》, 백산서당, 1993.
권보드레 · 천정환, 《1960년을 묻다―박정희 시대의 문화정치와 지성》, 천년의 상상,

2012.

김귀옥,《월남민의 생활경험과 정체성》1·2, 서울대학교출판부, 1993.

김동노 외,《민족과 국민, 정체성의 재구성─분단체제하 남북한의 사회변동과 민족통일의 전망3》, 연세국학총서 104, 혜안, 2009.

김득중,《'빨갱이'의 탄생: 여순사건과 반공 국가의 형성》, 선인, 2009.

김소연 외,《매혹과 혼돈의 시대─50년대의 한국영화》, 소도, 2003.

김용섭,《한국근현대농업사연구─한말·일제하의 지주제와 농업문제》, 지식산업사, 2000.

김 원,《박정희 시대의 유령들─기억, 사건 그리고 정치》, 현실문화, 2011.

김진기 외,《반공주의와 한국 문학의 근대적 동학 1》, 한울아카데미, 2008.

─────,《반공주의와 한국문학의 근대적 동학 2》, 한울아카데미, 2009.

김진송,《서울에 딴스홀을 許하라》, 현실문화연구, 1999.

김한상,《조국근대화를 유람하기》, 한국영상자료원, 2008.

박명림,《한국전쟁의 발발과 기원 1. 결정과 발발》, 나남, 1996.

─────,《한국 1950: 전쟁과 평화》, 나남, 2002.

박찬표,《한국의 국가형성과 민주주의》, 후마니타스, 2007

박태균,《원형과 변용: 한국 경제개발계획의 기원》, 서울대학교 출판부, 2007.

방기중,《한국 근현대 사상사 연구: 1930,40년대 백남운의 학문과 정치 경제사상》, 역사비평사, 1992.

방기중,《한국근현대사상사연구》, 역사비평사, 1992.

백영철 편,《제2공화국과 한국 민주주의》, 나남, 1996.

비교역사문화연구소,《대중독재의 영웅 만들기》, 휴머니스트, 2005.

상허학회,《반공주의와 한국문학》, 깊은 샘, 2005.

서중석,《이승만의 정치이데올로기》, 역사비평사, 2005.

성공회대 동아시아연구소 편,《냉전 아시아의 문화풍경 1: 1940~50년대》, 현실문화, 2008.

──────────────,《냉전 아시아의 문화풍경 2: 1960~70년대》, 현실문화, 2009.

양종국,《백제 멸망의 진실》, 주류성, 2004.

오영숙,《1950년대, 한국영화와 문화담론》, 소명출판, 2007.

유봉춘(이구영 각색),《한국시나리오 걸작선: 유관순》, 커뮤니케이션북스, 2005.

유지형 대담,《24년간의 대화: 김기영 감독과의 대담집》, 선, 2006.

유지형,《영화감독 이만희》, 다빈치, 2005.

이대근,《한국의 공업화와 노동력》, 한국경제연구원, 1990.

＿＿＿＿,《해방 후~1950년대의 경제: 공업화의 사적 배경 연구》, 삼성경제연구소, 2002.

이병담,《한국 근대 아동의 탄생》, 제이앤씨, 2007.

이순진·이승희 외,《한국영화와 민주주의》, 선인, 2011.

이연호,《전설의 낙인, 영화감독 김기영》, 한국영상자료원, 2007.

이영미,《민족예술운동의 역사와 이론》, 한길사, 1991.

＿＿＿＿,《한국대중가요사》, 시공사, 1998.

이영일,《증보판 한국영화전사》, 소도, 2004.

이영재,《제국 일본의 조선영화》, 현실문화, 2008.

이윤복(신봉승 각색),《한국시나리오 걸작선: 저 하늘에도 슬픔이》, 커뮤니케이션북스, 2005.

이정은,《유관순—불꽃같은 삶, 영원한 빛》, 류관순열사기념사업회, 2004.

이화진,《조선영화—소리의 도입에서 친일영화까지》, 책세상, 2005.

이효인,《하녀들 봉기하다: 영화감독 김기영》, 하늘아래, 2002.

＿＿＿＿,《영화로 읽는 한국 사회문화사》, 개마고원, 2003.

장문석, 이상록 편,《근대의 경계에서 독재를 읽다: 대중독재와 박정희체제》, 그린비, 2006.

장원재,《김영수 라디오 극복 선집》2, 한양대학교 출판부, 2010.

장유정,《오빠는 풍각쟁이야: 대중가요로 본 근대의 풍경》, 황금가지, 2006.

정광익,《짠딱크와 유관순》, 풍국문화사, 1953(?).

주경철,《신데렐라 천년의 여행—신화에서 역사로》, 산처럼, 2005.

주유신 외,《한국영화와 근대성》, 소도, 2005.

천정환,《근대의 책읽기: 독자의 탄생과 한국 근대문학》, 푸른역사, 2003.

한국대중예술문화연구원,《한국대중가요사》1·2, 2003.

한국영상자료원 구술영상, 〈한우정 1부: 학창시절, '돌아오지 않는 해병'〉, 2005.
_____, 〈한우정 2부: 반공전쟁영화의 개척자, 가장 기억에 남는 '군번없는 용사'〉, 2005.
한국영상자료원, 《한국영화의 풍경 1945~1959》, 문학사상사, 2003.
_____, 《한형모—통속/장르의 연금술사》, 한국영상자료원, 2008.
한국영화진흥조합, 《한국영화총서》, 1972.
한국정신문화연구원 편, 《1960년대 사회변화연구: 1963~1970》, 백산서당, 1999.
허은, 《미국의 헤게모니와 한국 민족주의: 냉전시대(1945~1965) 문화적 경계의 구축과 균열의 동반》, 고대 민족문화연구소, 2008.
홍석창, 《애국소녀 유관순양과 매봉교회》, 한국감리교회사학회, 1996.

(2) 논문

강명구, 〈1960년대 도시발달의 유형과 특징〉, 한국정신문화연구원 편, 《1960년대 사회변화연구: 1963~1970》, 백산서당, 1999.
강정구, 〈해방후 월남동기와 계급성에 관한 연구〉, 한국사회학회 편, 《한국전쟁과 한국사회변동》, 풀빛, 1992.
곽현자, 〈미망인과 양공주: 최은희를 통해 본 한국 근대여성의 꿈과 짐〉, 주유신 외, 《한국영화와 근대성》, 소도, 2005.
권명아, 〈여성 수난사 이야기, 민족국가 만들기와 여성성의 동원〉, 《여성문학연구》 7, 한국여성문학학회, 2002.
김건우, 〈1964년의 담론 지형〉, 《대중서사연구》 22, 2009.
김광수, 〈1950년대 '오발탄' 방황과 일탈〉, 《역사비평》 여름, 1995.
김권호, 〈한국전쟁영화의 발전과 특징: 한국전쟁에서 베트남전쟁까지〉, 《지방사와 지방문화》 9-2, 2006.
김귀옥, 〈아래로부터 반공 이데올로기 허물기—정착촌 월남인의 구술사를 중심으로〉, 《경제와 사회》 43, 1999.
김기봉, 〈역사의 '매체적 전환': 매체로 보는 역사와 역사학〉, 《역사학보》 204, 2009.
김기창, 〈유관순 전기문(집)의 분석과 새로운 전기문 구상〉, 《유관순 연구》 제2호, 천안대학교 유관순연구소, 2003.

김동춘, 〈한국의 분단국가 형성과 시민권―한국전쟁, 초기 안보국가 하에서 '국민됨' 과 시민권〉, 《경제와 사회》 여름, 2006.
김문한, 〈고려장설화의 허구성에 관한 연구〉, 《한국사상과 문화》 5, 1999.
김미경, 〈고구려 전기의 대외관계 연구〉, 연세대학교 사학과 박사학위논문, 2007.
김미정, 〈1950, 60년대 한국전쟁 기념물―전쟁의 기억과 전후 대한민국 냉전이념의 형성〉, 동국대학교 한국문학연구소 편, 《전쟁의 기억, 역사와 문학》 상, 2005.
김미현, 〈현대드라마의 공간〉, 차순하 외, 《소품으로 본 한국영화사―근대의 풍경》, 소도, 2001.
김삼수, 〈1960년대 한국의 노동정책과 노사관계〉, 정신문화연구원 편, 《1960년대 한국의 공업화와 경제구조》, 1999.
김성근, 〈시민사회의 세계관〉, 《사상계》 7월호, 1956.
김성보, 〈남북국가 수립기 인민과 국민 개념의 착종과 분화〉, 《대한민국의 건국이념과 국민형성》, 대한민국수립 60주년 기념 대토론회 자료집, 2008.
김소연, 〈전후 한국의 영화담론에서 '리얼리즘'의 의미에 관하여―'피아골'의 메타비평을 통한 접근〉, 김소연 외, 《매혹과 혼돈의 시대―50년대의 한국영화》, 소도, 2003.
김승경, 〈1960년대 초 조선왕조 사극의 한 양상―무능한 왕과 그를 위협하는 여성 (160~1963)〉, 함충범 외, 《한국영화와 4·19》, 한국영상자료원, 2009.
김연철, 〈7·4남북공동성명의 재해석―데탕트와 유신체제의 관계〉, 《역사비평》 99, 2012.
김은경, 〈한국전쟁 후 재건 윤리로서의 '전통론'과 여성〉, 《아시아여성연구》 45-2, 숙명여자대학교 아시아여성연구소, 2006.
김의수, 〈한국 분단영화에 관한 연구〉, 서강대학교 석사학위논문, 1999.
김준현, 〈반공주의의 내면화와 1960년대 풍자소설의 한 경향―이호철·서기원의 단편을 중심으로〉, 《상허학보》 21, 2007.
김청강, 〈현대 한국의 영화 재건논리와 코미디 영화의 정치적 함의(1945~60)―명랑하고 유쾌한 '발전 대한민국' 만들기〉, 《진단학보》 112, 2011.
김현선, 〈1950년대 '직업여성'에 대한 사회 담론과 실제―전쟁 미망인의 일과 생애를 중심으로〉, 이종구 외, 《1950년대 한국 노동자의 생활세계》, 한울, 2010.

김현주, 〈신채호의 '역사' 이념과 서사적 재현 양식의 연관성에 대한 연구〉, 《상허학보》 14, 2005.
노중선, 〈남한 역대 정권의 통일문제 인식과 통일정책〉, 《내일을 여는 역사》 21, 서해문집, 2005.
노지승, 〈'자유부인'을 통해 본 1950년대 문화 수용과 젠더 그리고 계층〉, 《한국현대문학연구》 27, 2009.
_____, 〈영화, 정치와 시대성의 징후, 도시 중간계층의 욕망과 가족〉, 《역사문제연구》 25, 2011.
마이클 신, 〈미국의 한국사 연구─미국 내 한국학 계보〉, 《역사비평》 59, 역사비평사 2002.
문원립, 〈해방직후 한국의 미국영화의 시장규모에 관한 소고〉, 《영화연구》 18, 2002.
박길성, 〈1960년대 인구사회학적 변화와 도시화〉, 박길성 외, 《한국 현대사의 재인식 9: 1960년대 사회변화 연구: 1963~1970》, 백산서당, 1999.
박명림, 〈한국 민주주의와 제3의 길: 민주주의, 사회적 시장경제, 그리고 평화 통일의 결합─조봉암 사례 연구〉, 정태영 외 편, 《죽산 조봉암 전집》 6, 세명서관, 1999.
_____, 〈한국의 국가건설과 국민형성의 이론적 비교적 고찰〉, 대한민국 수립 60주년 기념 대토론회 자료집, 《대한민국의 건국이념과 국민형성》, 2009.
박유희, 〈'자유부인'에 나타난 1950년대 멜로드라마의 변화〉, 《문학과 영상》 가을·겨울호, 2005.
박희성, 〈한국영화의 세계 진출, 한─홍 합작영화〉, 김미현 외, 《한국영화사─開化期에서 開花期까지》, 커뮤니케이션북스, 2006.
방기중, 〈일제하 이훈구의 농업론과 경제자립사상〉, 《역사문제연구》 1, 1996.
_____, 〈농지개혁의 사상 전통과 농정 이념〉, 홍성찬 편, 《농지개혁연구》, 연세대 출판부, 2001.
백낙청·톰 네언 편, 〈민족주의의 양면성〉, 《민족주의란 무엇인가》 3, 창작과 비평사, 1981.
백문임, 〈1950년대 후반 '문예'로서의 시나리오의 의미〉, 김소연 외, 《매혹과 혼돈의 시대─50년대의 한국영화》, 소도, 2003.
변재란, 〈한국영화사에서 여성 관객의 영화 관람 경험 연구: 1950년대 중반에서 1960

년대 초반을 중심으로〉, 중앙대학교 박사학위논문, 2000.

_____, 〈남한영화에 나타난 북한에 대한 이해〉, 《영화연구》 16, 2001.

_____, 〈5,60년대 한국영화를 통해 본 근대 경험: 영화 안의 서울 읽기를 중심으로〉, 《영화연구》 23, 2004.

_____, 〈'노동'을 통한 근대적 여성주체의 구성: '쌀' 과 '또순이'를 중심으로〉, 주유신 외, 《한국영화와 근대성》, 소도, 2005.

서동구, 〈군사정권과 근대화문제―신생독립국가의 뒤바뀐 정치체제〉, 《사상계》 147, 1965.

서동훈, 〈군사영화에 이의 있다〉, 《영화예술》 2월호, 1966.

서중석, 〈한국전쟁 후 통일사상의 전개와 민족공동체의 모색〉, 《분단 50년과 통일시대의 과제》, 역사비평사, 1996.

성백용, 〈잔다르크―프랑스의 열정과 기억의 전투〉, 《역사비평》 66, 2004.

신광철, 〈영화를 통해 재현된 유관순의 삶〉, 《유관순 연구》 3, 2004.

신용옥, 〈제헌헌법의 사회·경제질서 구성 이념〉, 《한국사연구》 144, 2009.

안진수, 〈'돈', '로컬리즘'과 1950년대의 농촌경제〉, 김소연 외, 《매혹과 혼돈의 시대: 1950년대의 한국영화》, 소도, 2003.

_____, 〈서문〉, 김소연 외, 《매혹과 혼돈의 시대―50년대의 한국영화》, 소도, 2003.

염찬희, 〈1950년대 영화의 작동방식과 냉전문화의 형성과의 관계에 대한 연구〉, 《영화연구》 29, 2006.

_____, 〈1960년대 한국영화와 '근대적 국민' 형성과정―발전과 반공 논리의 접합 양상〉, 《영화연구》 33, 2007.

영화진흥위원회 영화정책센터, 〈연도별 한국 영화산업 주요 지표〉, 《2010 한국 영화산업 결산》, 2011.

오영숙, 〈코미디 영화의 세가지 존재 방식―50년대 코미디 영화를 중심으로〉, 《영화연구》 26, 2005.

오제연, 〈1960년대 초 박정희 정권과 학생들의 민족주의 분화―'민족적 민주주의'를 중심으로〉, 《기억과 전망》 16, 2007.

_____, 〈1960년대 전반 지식인들의 민족주의 모색―'민족혁명론'과 '민족적 민주주의' 사이에서〉, 《역사문제연구》 25, 2011.

유선영, 〈한국 대중문화의 근대적 구성과정에 대한 연구: 조선후기에서 일제시대까지를 중심으로〉, 고려대학교 박사학위논문, 1993.

유임하, 〈정체상의 우화: 반공 증언수기집과 냉전의 기억〉, 김진기 외, 《반공주의와 한국 문학의 근대적 동학 I》, 한울, 2008.

이길성, 〈사극과 역사인식의 문제〉, 차순하 외, 《근대의 풍경》, 소도, 2001.

이동헌, 〈1950년대 '道義' 교육과 국민의 형성〉, 한양대학교 석사학위논문, 2004.

이상철, 〈1950년대의 산업정책과 경제발전〉, 문정인 외 편, 《1950년대 한국사의 재조명》, 선인, 2004.

이수일, 〈일제하 박문규의 현실인식과 경제사상 연구〉, 《역사문제연구》 1, 1996.

이순진, 〈1950년대 공산주의자의재현과 냉전의식〉, 김소연 외, 《매혹과 혼돈의 시대―1950년대의 한국영화》, 소도, 2003.

＿＿＿, 〈식민지 경험과 해방직후의 영화 만들기― 최인규와 윤봉춘의 경우를 중심으로〉, 《대중서사연구》 14, 2005.

이시은, 〈전후 국가재건 윤리와 자유 문제: 정비석의 〈자유부인〉을 중심으로〉, 《현대문학의 연구》 26, 2005.

이신철, 〈대한민국 국민만들기와 역사인식〉, 대한민국 수립 60주년기념 대토론회 자료집 별지, 2008.

이영미, 〈정비석 소설의 세계전유방식〉, 《대중서사연구》 26, 2011.

이유리, 〈1950년대 '도의교육' 의 형성과정과 성격〉, 고려대학교 석사학위논문, 2007.

이준식, 〈일제 파시즘기 영화 정책과 영화계의 동향〉, 《한국민족운동사연구》 37, 2003.

＿＿＿, 〈일제 파시즘기 선전영화와 선생농원 이데올로기〉, 《동방학지》, 124, 2004.

＿＿＿, 〈일본제국주의와 동아시아 영화네트워크: 만주영화협회를 중심으로〉, 《동북아역사논총》 18, 2007.

이태훈, 〈민족 개념의 역사적 전개과정과 그것이 의미하는 것〉, 《역사비평》 98, 2012.

이하나, 〈정부수립기~1950년대 문화영화와 국가정체성〉, 《역사와 현실》 74, 한국역사연구회, 2009.

＿＿＿, 〈1950~60년대 재건 담론의 의미와 지향〉, 《동방학지》 151, 2010.

＿＿＿, 〈1960년대 문화영화의 선전전략〉, 《한국근현대사연구》 52, 한국근현대사학

회, 2010.

_____, 〈1950년대 민족문화 재건 담론과 '우수영화'〉, 《역사비평》 94, 2011.

_____, 〈1990년대 이후 한국사학계의 방법론적 모색—쟁점·좌표·가능성에 대한 비평적 검토〉, 《시대와 철학》 22-2, 2011.

_____, 〈1950~60년대 반공주의 담론과 감성 정치〉, 《사회와 역사》 95, 2012.

이해주, 〈원조경제하의 소비재공업 발전과 자본축적—1945~60년의 한국의 공업화〉, 《경제학연구》 30, 1982.

이호걸, 〈1950년대 사극영화와 과거재현의 의미〉, 김소연 외, 《매혹과 혼돈의 시대—50년대의 한국영화》, 소도, 2003.

이화진, 〈일제 말기 역사극과 그 의미〉, 《한국극예술연구》 18, 2003.

_____, 〈'극장국가' 로서 제1공화국과 기념의 균열〉, 《한국근대문학연구》 15, 2007.

이효인, 〈'고려장' 과 '나라야마 부시코'(1958, 1982)에 나타난 공동체 및 효孝에 대한 비교 분석〉, 《영화연구》 37, 2008.

임경석, 〈3·1운동을 보는 남과 북의 시각〉, 《통일시론》 2, 1999.

임대식, 〈1950년대 미국의 교육원조와 친미 엘리트의 형성〉, 《1950년대 남북한의 선택과 굴절》, 역사비평사, 1998.

임종명, 〈여순 '반란' 재현을 통한 대한민국의 형상화〉, 《역사비평》 64, 역사문제연구소, 2003.

_____, 〈一民主義와 대한민국의 근대민족국가화〉, 《한국민족운동사연구》 44, 2005.

장세진, 〈상상된 아메리카와 1950년대 한국 문학의 자기 표상〉, 연세대학교 박사학위논문, 2008.

장우진, 〈'비무장지대'(1965)의 장르 전환과 정책—1965~66년 신문기사를 중심으로〉, 《영화연구》 40, 2009.

전강수, 〈평등지권과 농지개혁, 그리고 조봉암〉, 《역사비평》 91, 2010.

전진성, 〈기억의 정치학을 넘어 기억의 문화사로—'기억' 연구의 방법론적 진전을 위한 제언〉, 《역사비평》 76, 2006.

정근식, 〈기념관·기념일에 나타나는 한국인의 8·15 기억〉, 아시아평화와 역사교육연대 편, 《한·중·일 3국의 8·15 기억》, 역사비평사, 2005.

정등운, 〈한국문화재건책〉, 《신천지》 5월호, 1954.

정민아, 〈한번도 분단체제 확립 시기에 나타난 남북한 전쟁영화의 가족 드라마―1966년 북한 '최학신의 일가'와 남한 '군번 없는 용사'를 중심으로〉,《현대영화연구》4, 2007.

정상우, 〈3·1운동의 표상 '유관순'의 발굴〉,《역사와 현실》74, 2009.

정수완, 〈1950~60년대 한일 청춘영화 비교연구: 청춘영화에 나타난 근대/국가를 중심으로〉,《영화연구》26, 2005.

정영권, 〈한국 반공영화의 제도화 연구: 1946~1968 전쟁영화의 접합 과정을 중심으로〉, 동국대학교 박사학위논문, 2010.

_____, 〈한국 반공영화 담론의 형성과 전쟁영화 장르의 기원 1949~1956〉,《현대영화연구》10, 2010.

_____, 〈1960년대 한국 전쟁 멜로드라마의 욕망과 좌절―'이 생명 다하도록'과 '귀로'를 중심으로〉,《영화연구》33, 2007.

정용욱, 〈5·16쿠데타 이후 지식인의 분화와 재편〉, 노영기 외,《1960년대 한국의 근대화와 지식인》, 선인, 2004.

정종현, 〈유관순 표상의 창출과 전승―해방 이후 제작된 유관순 영화의 내러티브를 중심으로〉,《한국문학연구》36, 2009.

정진아, 〈6·25전쟁 후 이승만 정권의 경제재건론〉,《한국근현대사연구》42, 한국근현대사학회, 2007.

_____, 〈이승만정권기 경제개발3개년계획의 내용과 성격〉,《한국학연구》31, 2009.

정창현, 〈5.16 군사쿠데타의 배경과 성격〉,《한국현대사》3, 풀빛, 1991.

_____, 〈1960년대 반공이데올로기의 정착과 지식인층의 대북인식 변화〉, 노영기 외,《1960년대 한국의 근대화와 지식인》, 선인, 2004.

정태수 외,《남북한 영화사 비교연구: 1945~2006》, 국학자료원, 2007.

조준형, 〈1960년대 초 정변기 한국영화 연구〉, 중앙대학교 박사학위논문, 2011.

_____, 〈한국 '반공영화'의 진화와 그 조건〉, 차순하 외,《소품으로 본 한국영화사―근대의 풍경》, 소도, 2001.

_____, 〈한국영화에 나타난 모더니즘적 경향〉, 차순하 외,《소품으로 본 한국영화사―근대의 풍경》, 소도, 2001.

조혜정, 〈미군정기 조선영화동맹 연구〉,《영화연구》13, 한국영화학회, 1997.

_____, 〈미군정기 극장산업 현황 연구〉, 《영화연구》 14, 한국영화학회, 1998.
_____, 〈이만희 영화의 영상표현과 캐릭터 연구〉, 《영화교육연구》 7, 2005.
주유신, 〈'자유부인'과 '지옥화' : 1950년대 근대성과 매혹의 기표로서의 여성 섹슈얼리티〉, 주유신 외, 《한국영화와 근대성》, 소도, 2005.
주창규, 〈탈식민국가의 민족과 젠더 (다시) 만들기: 신상옥의 '쌀'을 중심으로〉, 《영화연구》 15, 2000.
진영복, 〈네이션Nation의 서사학과 낭만성—이태준의 '왕자 호동'을 중심으로〉, 《대중서사연구》 15, 2006.
차혜영, 〈성장 소설과 발전 이데올로기〉, 상허학회, 《1960년대 소설의 근대성과 주체》, 깊은샘, 2004.
한도현, 〈1960년대 농촌사회의 구조와 변화〉, 한국정신문화연구원 편, 《1960년대 사회변화연구 1963~1970》, 백산서당, 1999.
한상도, 〈해방정국기 민족문화 재건 논의의 내용과 성격〉, 《사학연구》 89, 2008.
허동현, 〈한국 근대에서 단일민족 신화의 역사적 형성 과정〉, 《동북아역사논총》 23, 2009.
허 은, 〈5·16군정기 재건국민운동의 성격—분단국가국민운동 노선의 결합과 분화〉, 《역사문제연구》 11, 역사문제연구소, 2003.
홍석률, 〈1960년대 지성계의 동향—산업화와 근대화론의 대두와 지식인 사회의 변동〉, 정신문화연구원 편, 《1960년대 사회변화 연구》, 백산서당, 1999.
_____, 〈1960년대 한국 민족주의의 분화〉, 노영기 외, 《1960년대 한국의 근대화와 지식인》, 선인, 2004.
홍성찬, 〈한국 근현대 이순탁의 정치경제사상 연구〉, 《역사문제연구》 1, 1996.
홍용표, 〈현실주의 시각에서 본 이승만의 반공노선〉, 《세계정치 8》 가을·겨울호, 2007.
홍이섭, 〈30년대초의 농촌과 심훈문학—상록수를 중심으로〉, 《창작과 비평》 가을호, 1972.
홍정완, 〈전후재건과 지식인층의 '道義' 담론〉, 《역사문제연구》 19, 2008.
황병주, 〈박정희 체제의 지배담론〉, 한양대학교 사학과 박사학위논문, 2007.
황정미, 〈발전국가와 모성: 1960~70년대 '부녀정책'을 중심으로〉, 심영희 외, 《모성의

담론과 현실: 어머니의 성, 삶, 정체성》, 나남출판, 1999.

후지이 다케시, 〈'이승만'이라는 표상〉, 《역사문제연구》 19, 2008.

_____, 〈제1공화국의 지배 이데올로기―반공주의와 그 변용들〉, 《역사비평》 83, 2008.

_____, 〈4·19/5·16시기의 반공체제 재편과 그 논리―반공법의 등장과 그 담지자들〉, 《역사문제연구》 25, 2011.

3. 국외 연구서(번역본) 및 논문

니시카와 나가오, 윤해동 외 역, 《국민을 그만두는 방법: 국가 이데올로기로서의 민족과 문화》, 역사비평사, 2009(西川長夫, 《地球時代の民族=文化理論―脫國民文化のために》, 新曜社, 1995).

레이몬드 윌리암스, 성은애 역, 《기나긴 혁명》, 문학동네, 2007(Williams, Raymond, *The Long Revolution*, Colombia University Press, 1961).

_____, 박만준 역, 《마르크스주의와 문학》, 지만지, 2009(Williams, Raymond, *Maxism and Literature*, Oxford University Press, 1977).

로버트 A. 로젠스톤, 김지혜 역, 《영화, 역사―영화와 새로운 과거의 만남》, 소나무, 2002(Robert A. Rosenstone ed., *Revisioning History: Film and the Construction of a New Past*, Princeton University Press, 1995).

뤼시마이어 외, 박명림 외 역, 《자본주의 발전과 민주주의―민주주의의 비교역사연구》, 나남출판, 1997(Rueschemeyer, Dietrich, Evelyne Huber Stephens, and Stephens, John D., *Capitalist Development and Democracy*, University of Chicago Press, 1992).

린 헌트 편, 조한욱 역, 《문화로 본 새로운 역사―그 이론과 실제》, 소나무, 1996(Lynn Hunt ed., *The New Cultural History: Essays*, University of California Press, 1989).

마누엘 카스텔, 정병순 역, 《정체성 권력》, 한울, 2008(Manuel Castells, *Power of Identity*, Blackwell, 1997).

마르크 페로, 주경철 역, 《역사와 영화》, 까치, 1999(Marc Ferro, *Cinema et Historia*, Gallimard, 1993).

마셜 맥루언, 김성기 외 역, 《미디어의 이해》, 민음사, 2002(Marshall McLuhan, *Understanding Media: The Extentions of Man*, McGraw-Hill, 1964).

마틴 제이, 황재우 외 역, 《변증법적 상상력: 프랑크푸르트 학파의 역사와 사회조사 연구소(1923~50)》, 돌베개, 1979(Martin Jay, *The Dialectical Imagination: A History of the Frankfurt School and the Institute of Social Research, 1923~1950*, Little, Brown and Co, 1973)

모리스 아귈롱, 전수연 역, 《마리안느의 투쟁》, 한길사, 2001(Maurice Agulhon, *Marianne au combat: L' imagerie et la symbolique republicaines de 1789 a 1880*, Flammarion, 1979).

바네사 R. 슈와르, 노명우 외 역, 《구경꾼의 탄생: 세기말 파리, 시각문화의 폭발》, 마티, 2006(Schwartz Vanessa R., Spectacular *Realities: Early Mass Culture in fin-de-siecle Paris*, University of California Press, 1999).

발터 벤야민, 조형준 역, 《도시의 산책자―아케이드 프로젝트 3》, 새물결, 2008(Benjamin, Walter, *The Arcades Project*, translated by Howard Eiland and Kevin McLaughlin; prepared on the basis of the German volume edited by Rolf Tiedemann, Belknap Press, 1999).

베네딕트 앤더슨, 윤형숙 역, 《상상의 공동체: 민족주의의 기원과 전파에 대한 성찰》, 나남, 2002(Benedict Anderson, *Imagined Communities: Reflections on the Origin and Spread of Nationalism*, Rev. and extended ed. Verso, 1991).

벤 싱어, 이위정 역, 《멜로드라마와 모더니티》, 문학동네, 2009(Ben Singer, *Melodrama and Modernity: Early Sensational Cinema and its Contexts*, Colombia University Press, 2001).

브루스 커밍스, 김주환 역, 《한국전쟁의 기원: 해방과 단정의 수립: 1945~1947》 상·하, 청사, 1986(Bruce Cumings, *The Origins of the Korean War, Liberation and the Emergence of Separate Regimes, 1945~1947*, Princeton University Press, 1981).

슬라보예 지젝, 이현우 외 역, 《폭력이란 무엇인가》, 난장이, 2011(Slavoj Zizek, *Violence: Six Sideways Reflections*, Picador USA, 2008).

시모어 채트먼, 한용환 역, 《이야기와 담론―영화와 소설의 서사구조》, 푸른사상, 2003(Seymour Benjamin Chatman, *Story and Discourse-Narrative Structure in Fiction and Film*, Cornell Univ., 1980).

신기욱, 이진준 역, 《한국 민족주의의 계보와 정치》, 창비 2009(Gi-Wook Shin, *Ethnic Nationalism in Korea: Genealogy, Politics, and Legacy*, Stanford University Press, 2006).

아리스토텔레스, 이상섭 역, 《시학》, 문학과 지성사, 2005.

앙드레 슈미드, 정여울 역, 《제국, 그 사이의 한국》, 휴머니스트, 2007(Andre Schmid, *Korea between Empires, 1895~1919*, Columbia University Press, 2002).

에릭 홉스봄, 강성호 역, 《역사론》, 민음사, 2002(Hobsbawm, E. J., *On History*, New York: New Press, 1977).

_____, 박지향 외 역, 《만들어진 전통》, 휴머니스트, 2004(Hobsbawm, E. J. and Terence O. Ranger, *The Invention of Tradition*, Cambridge University Press, 1992).

에바 일루즈, 김정아 역, 《감정 자본주의》, 돌베개, 2010(Illouz, Eva, *Cold Intimacies: the Making of Emotional Capitalism*, Polity Press, 2007)

윤소영 외 역, 《일본잡지 모던일본과 조선 1939》, 어문학사(《モダン日本-朝鮮版》, 文藝春秋, 1939).

E.H.카, 김택현 역, 《역사란 무엇인가》, 까치, 2007(E. H. Carr, *What is History?*, Penguin Books, 1964).

자크 랑시에르, 〈민주주의에 맞서는 민주주의'들'〉, 조르조 아감벤 외, 김상운 외 역, 《민주주의는 죽었는가?—새로운 논쟁을 위하여》, 난장, 2010(Agamben, Giorgio, et al., *Démocratie, dans quel état?*, LA FABRIQUE, 2009).

자크 랑시에르, 오윤성 역, 《감성의 분할—미학과 정치》, 도서출판b, 2008(Jacque Ranciere, *Le Partage Du Sensible: esthetique et politique*, La Fabeique-Editions, 2000).

제프리 노엘 스미스 편저, 이순호 외 역, 《옥스퍼드 세계영화사》, 열린책들, 2006(Geoffrey Nowell-Smith ed., *The Oxford History of World Cinema*, Oxford University Press, 1996).

조지 모스, 서강여성문학연구회 역, 《내셔널리즘과 섹슈얼리티》, 소명출판, 2004(George L. Mosse, *Nationalism and Sexuality: Respectability and Abnormal Sexuality in Modern Europe*, Howard Fertig, 1985).

_____, 임지현, 김지혜 역, 《대중의 국민화: 독일 대중은 어떻게 히틀러의 국민이 되었는가?》, 소나무, 2008(Mosse, Georse L., *The Nationalization of the Masses: Political Symbolism and Mass Movements in Germany from the Napoleonic Wars through the Third Reich*, Howard Fertig, 2001).

크리스티앙 아말비, 성백용 역, 《영웅은 어떻게 만들어지는가—프랑스 역사에 나타난 영웅의 탄생과 몰락》, 아카넷, 2004(Christian Amalvi, *Les heros de l'histoire de France*, Privat, 2001).

크리스틴 톰슨 & 데이비드 보드웰, 주진숙, 이용관 외 역, 《세계영화사: 음향의 도입에서 새로운 물결들까지: 1926~1960s》, 시각과 언어, 2000(Thompson, Kristin and David Bordwell, *Film History: An Introduction*, McGraw-Hill, 1993).

키스 젠킨스, 최용찬 역, 《누구를 위한 역사인가》, 혜안, 1999(Jenkins, Keith, *Re-thinking History*, Routledge, 1991).

테리 이글튼, 이경덕 역, 《문학비평: 반영이론과 생산이론》, 까치, 1986(Eagleton, Terry, *Marxism and Literary Criticism*, Methuen, 1976).

토마스 샤츠, 한창호 외 역, 《할리우드 장르의 구조》, 한나래, 1995(Schatz, Thomas, *Hollywood Genres: Formulas, Filmmaking, and the Studio System*, McGraw-Hill, 1981).

팀 비워터, 토마스 소벅, 이용관 역, 《영화비평의 의해》, 예건사, 1994(Bywater, Tim and Thomas Sobchack, *An Introduction to Film Criticism: Major Critical Approaches to Narrative Film*, Longman, 1989).

팀 에덴서, 박성일 역, 《대중문화와 일상 그리고 민족정체성》, 이후, 2008(Tim Edensor, *National Identity, Popular Culture and Everyday Life*, Berg Publishers, 2002).

폴 비릴리오, 권혜원 역, 《전쟁과 영화: 지각의 병참학》, 한나래, 2004(Paul Virilio, *Guerre et Cinéma, 1: Logistique de la Perception*, Cahiers Du Cinema, 1984).

피터 버크, 박광식 역, 《이미지의 문화사: 역사는 미술과 어떻게 만나는가?》, 심산, 2005(Peter Burke, *Eyewitnessing: The Uses of Images as Historical Evidence*, Cornell University Press, 2001).

_____, 조한욱 역, 《문화사란 무엇인가》, 길, 2005(Peter Burke, *What is Cultural History?*, Cambridge, Polity Press, 2004).

필립 아리에스, 문지영 역, 《아동의 탄생》, 새물결, 2003(Ariès Philippe, *L'enfant et la vie familiale sous l'Ancien Régime*, Editions Du Seuil, 1973).

해리 해르투니언, 윤영실·서정은 역, 《역사의 요동—근대성, 문화, 그리고 일상생활》, 휴머니스트, 2006(Harry Harootunian, *History's Disquiet*, Columbia Univ Press, 2000).

헤이든 화이트, 천형균 역, 《19세기 유럽의 역사적 상상력—메타역사》, 문학과 지성사, 1991(Hayden White, *Metahistory: The Historical Imagination in Nineteenth-Century Europe*,

Johns Hopkins University Press, 1973).

호미 바바, 류승구 역, 《국민과 서사》, 후마니타스, 2011(Homi K. Bhabha ed., *Nation and Narration*, Routledge, 1990).

藤崎 康, 《戰爭の映畫史: 恐怖と快樂のフィルム學》, 朝日新聞出版, 2008.

西村綠也 編, 《朝鮮敎育大觀》, 朝鮮敎育大觀社, 1932, p.69; 武藤勝彦, 《地圖の話: 小國民のために》, 岩波書店, 1942.

Burke, Peter J. & Stets, Jan E., *Identity Theory*, Oxford University Press, 2009.

Chong-myong Im, "The Making of the Republic of Korea as a Modern Nation-State, August 1948~May 1950," Ph.D. diss. of the University of Chicago, 2004.

Fujitani Takashi, *Race for Empire*, University of California Press, 2011.

Jeanine Basinger, *The World War II Combat Film: Anatomy of a Genre*, Middletown: Wesleyan University Press, 2003.

Stuart Hall, "Introduction: Who Needs 'Identity'?," *Questions of Cultural Identity*, Stuart Hall & Paul Du Gay ed., SAGE Publications, 1996.

Uchida Jun, *Brikers of Empire*, Harvard University Press, 2011.

찾아보기

【ㄱ】

간첩영화 182, 187, 190, 250~252, 254~256, 258, 261~264, 267, 461
〈간첩작전〉 252, 254
감정의 구조 23, 459
강대진 241, 289, 289, 340, 350, 387, 389
강민호 189, 202
강범구 200, 201, 213, 252
강제규 52
강중환 144, 150
강춘 186
〈개벽〉 51
〈건국강령〉 361
〈검은 꽃잎이 질 때〉 252
〈검은 장갑〉 252
〈격퇴〉 188, 220
결말 34, 36, 37
경제개발 5개년계획 80, 362, 364, 410
계몽영화 104, 371, 114, 181, 182, 251, 325, 370, 428, 433
계용묵 314
〈고려장〉 305, 308, 311, 383

〈고발〉 199, 238, 239, 246, 249
고영남 252, 411
〈고종황제와 의사 안중근〉 110, 114, 131
고춘희 114
〈고향의 노래〉 372, 373
〈곰〉 407, 409
〈007 살인번호 Dr. No〉 190, 251
공동체재건 373, 384
공화주의 72, 90
과학적 실천적 역사학 18, 29
곽규석 218, 247, 330
곽낙원 137
곽영주 132
〈광복 20년과 백범 김구〉 111, 114
〈괴도의 검〉 144
〈구름은 흘러도〉 407~409
구봉서 330
〈구봉서의 벼락부자〉 329
구성주의 17
국가재건 92, 141, 156, 160, 166, 204, 238, 332, 371, 405, 406, 410, 411, 414, 425, 426, 434, 452, 455,

457, 463, 466, 470
국가재건최고회의 76, 422
〈국경 아닌 국경선〉 200
국기에 대한 맹세 467, 468
국민 18, 61, 64, 65, 68~70, 75, 79, 81, 82, 89, 90, 93, 94, 100, 102~104, 108, 127, 148, 153, 166, 169, 170, 173, 176, 187, 194, 195, 199, 202, 222, 223, 229, 232, 242, 243, 253, 263, 266, 269, 291, 298, 321, 357, 365, 366, 370, 379, 380, 396, 398, 405~410, 412, 413, 415~417, 422, 424, 425, 427, 432~442, 446, 451~460, 462~464, 467~470
국민교육헌장 467, 468
국산영화 면세조치 100
국산영화 제작장려 및 영화오락순화를 위한 보상특혜조치 100
〈국제간첩〉 252, 253
〈국제금괴사건〉 252, 254, 256, 257
〈군번없는 용사〉 200, 234~236
권영순 417
권혁진 252
〈귀로〉 296, 441~443
〈그 땅의 연인들〉 372, 384~386, 399
근대주의 83, 466
〈기수를 남쪽으로 돌려라〉 198
〈길 잃은 사람들〉 186, 199

김강윤 110, 131, 176, 410
김구 110, 111, 113, 114, 131, 135~141
김기덕 111, 114, 189, 199, 217, 224, 340, 343
김기영 286, 305, 308, 311, 352, 407, 408
김기풍 144, 228
김난영 214
김대희 252, 262
김동원 167, 247, 260, 399
김동혁 372, 386, 394
김묵 186, 201, 252
김석훈 144, 244
김성민 252
김성옥 260, 449
김소동 316
김수용 199, 238, 246, 252, 256, 258, 280, 299, 329, 333, 372, 394, 428, 433, 441, 445
김순철 300
김승옥 444, 449
김승호 132, 167, 217, 245, 286, 316, 319, 322, 325, 328, 338, 350, 388, 390, 392, 395, 407, 437, 449
김시현 252, 253
김신조 468
김영수 388, 395
김영순 109

김영식 427
김용연 429
김원봉 112
김일해 144
김정림 296
김종훈 252
김지미 299, 374, 395, 429, 433
김지운 60
김진규 114, 132, 149, 210, 240, 256, 281, 286, 299, 305, 308, 312, 316, 333, 335, 346, 353, 377, 388, 392, 397, 399, 417, 431
김창수 136
김한일 186, 199
김혜정 346, 355, 388
김홍 187, 197, 206
김화랑 252, 262
김희갑 339, 341, 390, 392, 436
〈꿈이여 다시 한 번〉 188

【ㄴ】

〈나교〉 198
〈나는 고발한다〉 186, 198
〈나는 속았다〉 252, 253
〈나도 인간이 되련다〉 191
〈나라를 위해〉 186
나봉한 131
나운규 96

〈날개부인〉 296, 299, 333, 335
〈남과 북〉 199, 200, 224, 226
남궁원 167, 225, 257, 286, 322, 355, 377, 380, 442
〈남북천리〉 198
남양일 218
남정임 245, 247
남홍일 110
《내 마음의 샘터》 411
〈내 여자의 남자친구〉 36
〈내가 넘은 삼팔선〉 186, 198
〈내가 설 땅은 어디냐〉 252
내러티브 28~30, 34, 216
〈너를 노리고 있다〉 252
네이션 15, 16, 20, 23, 25, 259, 466, 470~473
노경희 210, 296
노능걸 292
〈노다지〉 328
노재신 305
노필 110, 200, 252
농촌재건 371, 373, 380, 382, 385, 386, 398, 401, 402
〈니안짱〉 408

【ㄷ】

다니엘 비뉴 63
〈대석굴암〉 166, 168

〈대원군과 민비〉 131
대종상 103, 104, 191, 237, 246
〈대좌의 아들〉 200
대중 16, 20~22, 24, 25, 29, 33, 38~43, 51, 53~55, 79, 80, 84, 90, 91, 95, 96, 98, 102~105, 108, 109, 124, 127, 137, 145, 148, 154, 176, 177, 180, 186, 188, 192, 233, 256, 264~267, 273, 276~278, 283, 289~291, 295, 299, 303, 311, 313~315, 319, 321, 322, 332, 336, 337, 339, 340, 342, 344, 346, 348, 358, 359, 365~367, 370, 391, 393, 394, 398, 405, 417, 422, 425, 439, 440, 442, 451, 452, 455, 457~464, 466, 469, 470, 471
〈대탈출〉 198
대한민국 13~15, 18, 25, 70, 75~77, 79, 85, 86, 90, 92, 94, 103, 112, 125~127, 130, 131, 135, 136, 139, 140~142, 172, 173, 175, 176, 180, 187, 196, 199, 203, 208, 211, 217, 221, 232, 240, 242~243, 250, 253, 257, 258, 261, 265, 269, 272, 303, 321, 331, 332, 359, 360, 361, 366, 371, 372, 374, 396, 413, 414, 435, 436, 438, 439, 459, 460, 467, 468, 470~472
대한영화사 132

대한영화협회(배협) 100
〈댁의 부인은 어떠십니까〉 296, 299~302
데스몬드 모리스 52
도금봉 114, 118, 132, 145, 150, 281, 286, 324, 330, 333, 390, 392, 423
도의재건 371, 372, 406, 407, 409, 452~454
독고성 247
〈독립협회와 청년 이승만〉 110, 124, 131, 132, 135, 137
〈돈〉 316, 319, 322, 348, 384
〈돌무지〉 238, 239, 245
〈돌아오라 내 딸 금단아〉 228, 229
〈돌아오지 않는 해병〉 189, 190, 203, 218~221
〈동경특파원〉 252, 253, 256, 258~260
〈동굴 속의 애욕〉 201, 213, 215~217
〈돼지꿈〉 299, 325~327
〈두 아빠〉 311
〈땅〉 372, 386, 394
〈또순이〉 423, 425
〈똘똘이의 모험〉 427, 428

【ㄹ】
라디오 98, 204, 293, 374, 388, 482
〈라쇼몽〉 35

〈로맨스빠빠〉 286, 289, 290, 387, 388, 392
로스니 52
로스토우 87
로컬 칼라 284

【ㅁ】
〈마도로스 박〉 252
〈마르탱 게르의 귀향〉 63
〈마부〉 289, 350, 387, 389, 392
〈마패와 검〉 144
〈마포 사는 황부자〉 322, 325
말레이시아 68
〈맨발의 청춘〉 340, 343, 344
〈메멘토〉 31
멜로드라마 168, 181, 182, 187, 188, 194, 200, 204, 216, 267, 278, 280~282, 290, 300, 346, 371~373, 376, 417, 441
〈모정의 비밀〉 252, 254
〈무진기행〉 445
문여송 252
문예봉 291
문예영화 191, 284, 285, 314
문정숙 230, 235, 305, 326, 418, 441, 442
문지현 114
문화 16, 17, 19, 28, 65, 68, 83~85, 91~93, 100, 120, 170~173, 175, 176, 181, 244, 278, 279, 285, 297, 299, 343, 344, 438, 359, 460, 462, 468
문화공보부 111, 447, 468
문화사 17~19
문화연구 17, 19
문화영화 135, 141, 400, 426, 455, 467
문화재건 91~93, 99, 100, 102, 103, 109, 169, 172, 332, 339
문희 283, 345
〈미녀와 도적〉 144
〈미몽〉 291, 442, 444
민족 15~18, 25, 52, 64, 65, 73, 75, 77, 79, 81~85, 88, 90, 92, 93, 96, 100, 108~111, 117, 120, 124, 126~130, 132, 138, 139, 141, 153, 159, 160, 165, 172, 173, 175~177, 180, 191, 208, 223, 224, 227~229, 233, 234, 238, 242, 244, 245, 250, 257, 258, 265~269, 272, 273, 338, 361, 371, 373, 377, 412, 455~457, 460~462, 464, 473
민족문화 92, 93, 100, 111, 166, 169~173, 176, 331, 467
민족자주통일론 272
민족적 민주주의 268, 269, 466
민족주의 14~16, 19, 64, 65, 67, 71, 81~84, 88, 92, 93, 108, 130, 135,

165, 176, 221, 231, 233, 242, 268, 269, 462, 464, 466
민주공화국 360
민주주의 15, 77, 80, 85, 86, 88~90, 139, 148, 199, 226, 236, 268, 288~291, 343, 360, 361, 394, 440, 453, 458, 463~466
민중 21, 75, 87, 93, 130, 131, 133, 136, 142, 145~148, 229, 242, 358, 359, 436, 440, 461, 465, 469~471

【ㅂ】
박광현 50
박근태 252
박노식 150, 151, 167, 214, 218, 240, 244, 246, 283, 328, 436
박상호 423
〈박서방〉 289, 340, 387, 392, 395
박성호 204, 221
박시춘 339, 341
박암 114, 159, 295, 401, 418
박정희 15, 76, 79, 88, 111, 127, 135, 147, 148, 155, 169, 173, 189, 190, 220, 242, 251, 268, 269, 366, 382, 403, 405, 412, 415, 416, 422, 456, 466, 468, 469, 470, 741
박종호 372, 384, 410
반공 77, 79, 81~100, 104, 124, 132, 135, 138, 139, 164, 165, 166, 172, 173, 176~183, 186~192, 199~206, 209, 211, 216, 217, 219, 220~224, 228, 229, 231, 234, 235, 237~239, 241~243, 250, 255, 262, 263, 265, 266, 268, 269, 272, 273, 453, 460~462, 464, 465
반공법 138, 189, 229, 232, 233
반공영화 104, 177, 180~183, 186, 187, 189~193, 209, 211, 216, 217, 221, 223, 224, 226, 228, 232~234, 237~239, 241, 242, 245, 246, 249, 250, 255, 257, 261~268, 272, 273, 462, 498
반공영화각본상 191, 237
반공주의 81~83, 85, 88, 124, 135, 138, 165, 176, 180, 181, 188, 191~193, 199, 200, 205, 211, 221, 226, 227, 233, 238, 239, 242, 243, 250, 263, 264, 268, 272, 273, 315, 428, 466, 467,
반민특위 130
반북 84, 85, 191, 192, 238, 242, 243, 246, 263, 266, 272, 265
반일 134, 135, 137, 143, 169, 177
〈반칙왕〉 60
〈발몽〉 34
방수일 388, 390
방의석 127

〈방자전〉 36
방첩 187, 189, 190, 249, 252~254, 428
〈배뱅이굿〉 284
배석인 401, 435
《백범일지》 135
백석인 207
《백치 아다다》 314
〈백치 아다다〉 284, 286, 314
백호민 188
버거 86
베네딕트 앤더슨 17, 18, 64
복혜숙 339, 390
분단영화 182
〈불멸의 밀사〉 109
〈불사조의 언덕〉 187, 197, 208
〈불을 찾아서〉 52
〈붉은 장미는 지다〉 252, 253
〈비극은 없다〉 188
〈비무장지대〉 221
〈비밀첩보대〉 252
〈비밀통로를 찾아라〉 252
〈빨간 마후라〉 202

【ㅅ】
〈사격장의 아이들〉 433
〈사랑〉 417
〈사랑과 죽음의 해협〉 200, 252, 253

〈사랑방 손님과 어머니〉 280~282
〈사랑보다 아름다운 유혹〉 35
《사상계》 147, 210, 213, 440, 444, 456
4·19혁명 12, 20, 77, 90, 110, 122, 132, 135, 147, 148, 176, 177, 190, 268, 272, 286, 289, 290, 307, 343, 379, 382, 387, 389, 390, 391, 405, 410, 417, 422, 428, 440, 457, 466
사회민주주의 86, 272, 361, 363, 465
사회재건 371
〈산〉 414, 415, 425
〈살사리 몰랐지?(007 축소판)〉 252, 262
〈살아야 할 땅은 어디냐〉 252, 253, 256
《살아 있는 이중생 각하》 320
〈살인명령〉 254, 252
〈살인 부르스〉 252, 255
《삼국사기》 45, 155, 157, 163
《삼국유사》 157, 163
삼균주의 361, 363
〈삼등과장〉 289, 387, 390, 391, 392
〈3·1독립운동〉 110
3·1운동 72, 90, 110, 115, 117, 121~123, 125, 127, 130, 426, 148
〈삼일혁명기〉 109
〈삼천만의 꽃다발〉 204, 372, 373
《상록수》 385

〈상록수〉 372, 385, 417, 419, 420, 422
〈상해 임시정부와 김구 선생〉 111, 114, 135, 140
새마을운동 403
〈서부전선〉 195
서애자 305
〈서울로 가는 길〉 198
〈서울은 만원이다〉 356, 357
〈서울의 지붕 밑〉 387, 391~393
〈서울의 휴일〉 292, 295, 448
석일우 397
설봉 252, 256
설정 34
〈성난 대지〉 199
〈성난 송아지〉 429, 432
〈성벽을 뚫고〉 182, 186, 200
세계문화자유회의 233
《세대》 268
〈소령 강재구〉 411
손전 186
〈수색대〉 189, 203, 219
《순국처녀 유관순전》 126
〈순애보〉 417
스위스 67
〈스캔들―조선남녀상열지사〉 35
스크루볼 코미디 341
〈스타베리김〉 252
스토리 30, 31, 33, 34, 51, 145

〈스파니 제5전선〉 253, 252
승공 87, 187, 189, 190, 252
시민 89, 121, 122, 147, 169, 173, 178, 369, 412, 439, 440, 452~454, 456~458, 463, 464
〈시집가는 날〉 337
신경균 204, 252, 372, 373
신데렐라 41, 339
신상옥 110, 124, 131, 132, 188, 202, 204, 280, 282, 286, 348, 372, 380, 385, 387, 410, 414, 417, 422, 425, 441
신성일 140, 167, 234, 245, 258, 286, 300, 343, 345, 374, 393, 395, 411, 445, 446, 449
신영균 114, 151, 217, 225, 227, 235, 282, 350, 380, 392, 395, 414, 419
신파극 281
〈실락원의 별〉 417
〈실화극장〉 246
심우섭 252, 262
심훈 385, 417
〈십대의 반항〉 407, 408
〈싸리골의 신화〉 204, 238, 239, 243
〈싸우는 사자들〉 201
〈쌀〉 372, 380, 399
〈써머스비〉 63

【ㅇ】

〈아낌없이 주련다〉 280, 282
〈아리랑〉 96
아리스토텔레스 28
아시아영화제 222
〈아아 백범 김구 선생〉 110, 114, 135
아이아영화제 171
아프레-걸 295
〈안개〉 441, 445
안성기 353
안양촬영소 132
안종화 186
안중근 113, 114, 120, 121
〈안중근 사기〉 109, 114
〈안창남 비행사〉 110
안타고니스트 317
〈암살자〉 252, 254
〈암행어사 박문수〉 148
〈암행어사(쌍마패편)〉 144
〈암행어사와 흑두건〉 144
〈애국자의 아들〉 110
〈애정산맥〉 186, 199, 200
양미희 292, 296
양백명 114
양석천 340
양인은 252
양주남 291
양훈 339
〈어느 여교사의 수기〉 428

〈어느 여대생의 고백〉 348
어약선 251, 428
엄앵란 114, 132, 167, 225, 227, 286, 328, 343, 350, 353, 388, 395, 399
에드워드 사이드 17
에릭 홉스봄 17
〈여간첩 에리샤〉 252, 253
〈여사장〉 342
여수순천사건 180
〈여자가 고백할 때〉 441, 442
〈여정만리〉 252, 253
역사극 104, 109, 461
역사서술 33, 37, 38, 45
역사영화 51, 52
〈열녀문〉 282
〈오! 수정〉 35
〈5인의 해병〉 189, 217
〈오랑캐의 발자취〉 195
〈오발탄〉 49, 305, 308
오영일 283
오영진 320
〈오월생〉 372, 373, 394, 401, 415
5·16군사정변 20, 86, 87, 99, 148, 189, 190, 233, 268, 272, 307, 363, 364, 381, 382, 387, 390, 391, 403~405, 417, 427, 440, 453, 466
오지명 246
오천석 126
〈올드보이〉 32

〈왕자호동〉 157, 160
〈요절복통 007〉 252, 262
〈요절복통 일망타진〉 252, 262
용공 87, 138
우수반공영화상 191, 239
우수영화 99, 100, 102, 103, 192, 239, 407, 417
우수영화상 103, 104, 191
〈운명의 손〉 187, 253
〈원한의 성〉 199, 200
〈웰컴 투 동막골〉 51
《위험한 관계》 34
〈위험한 관계〉 34, 35
유관순 109, 110, 113~115, 119, 120, 124~131, 137, 138, 422
〈유관순(傳)〉 114
〈유관순〉 110, 111, 113~115, 118, 120, 122, 124, 126~130, 134, 135, 137,
유선옥 291
유심평 144
〈유정〉 280, 282
유중권 137
유진식 131
유진오 364
유치진 191
유현목 144, 191, 204, 233, 238, 239, 241, 280, 305, 319, 372, 394, 398, 407

6·3항쟁 169, 180, 268
〈육체는 슬프다〉 252
〈육체의 고백〉 346
〈육체의 문〉 355
윤봉길 111, 113, 114, 135, 136, 139, 141
〈윤봉길 의사〉 114, 109
윤봉춘 109, 110, 114, 127, 131, 195, 372, 373
윤인자 328, 390
윤일봉 344, 420
윤정희 151, 258, 445, 449
〈의사 안중근〉 114
〈의적 일지매〉 144
〈의적 홍길동〉 144
〈이 생명 다하도록〉 188, 204, 372, 377, 422, 441
이강천 144, 187, 188, 198, 200, 206, 252, 286, 314, 417
이경선 114
이구영 109, 114, 115
이규웅 144, 148, 151, 299, 333, 429
이규환 100, 427
이금룡 291
이낙훈 376, 399, 445
이대엽 423
〈이름 없는 별들〉 110, 131, 176, 410
이마무라 쇼헤이 408
이만흥 186, 199

이만희 36, 49, 189, 200~202, 204, 218, 229, 232, 234, 238, 243, 252, 441, 442, 446
이민 296
이병일 198, 280, 337, 342
이봉래 289, 322, 355, 387, 390
이빈화 339, 418
이성구 299, 441, 449
이승만 15, 85, 100, 110, 113, 124, 127, 131, 133~135, 137, 139, 277, 288, 308, 311, 315, 381, 416, 470
이승복어린이사건 468
이신명 252
이야기 29~31, 33~42, 44
이어령 449
이예춘 144, 149, 210, 326, 355
이용민 111, 114, 135, 187, 197, 208, 292, 448
이용호 252
이원초 252
이은심 353
이정선 132
이한욱 198, 252
이해랑 252
이형표 132, 387, 391
이호철 356
이희중 198
인간개조 166, 325, 372, 383, 409, 410, 452, 454, 455

〈인걸 홍길동〉 143
인물 32, 34, 35, 37, 41
인민공화국 61, 244, 360, 396
〈인생차압〉 319, 348
〈인천상륙작전〉 252, 254
일민주의 84, 86, 155, 165, 315, 416
일본 60, 66, 67, 71, 73, 74, 94, 95, 116, 122~124, 126, 128, 130, 134, 135, 142, 173, 195, 228, 232, 255, 260, 276, 277, 358, 359, 407
〈일본제국과 폭탄의사〉 111, 114, 135, 139
〈일지매 삼검객〉 144
〈일지매 필사의 검〉 144
〈잃어버린 사람들〉 282
임권택 51
임운학 195
임원식 111, 114, 131, 144
임원직 198, 252
임화수 132
임희재 132, 372, 377

【ㅈ】
자본주의 41, 73~75, 79, 81, 85~90, 93, 94, 99, 104, 261, 275~279, 290~293, 295, 297, 302, 303, 310, 314, 315, 318, 322, 325, 329, 334~336, 343, 348, 349, 357~361,

363~367, 396, 415, 426, 455, 456, 460, 462~464,
자본주의 근대화　79, 81, 82, 85~90, 93, 99, 104, 276, 279, 290, 325, 415, 426, 456, 460, 462
〈자유결혼〉 280, 342
〈자유만세〉 110
자유민주주의　87, 268, 298, 382, 455
《자유부인》 295
〈자유부인〉 100, 295, 299, 327, 376, 417
〈자유전선〉 187, 197, 206
잔다르크 125
장 자크 아노 52
〈장군의 수염〉 441, 449
장동휘 218, 328
〈장마루촌의 이발사〉 188, 204, 372, 374
장일호 144, 160, 252, 256
재개념화 62
재건　76, 77, 79~83, 86, 87, 89, 90~93, 99, 100, 102, 103, 141, 145, 149, 150, 152, 153, 170, 204, 240, 250, 261, 272, 285, 292, 303, 304, 311, 321, 322, 358, 359, 363, 370~374, 376~387, 389, 394, 397~406, 409, 410, 421, 425, 426, 432, 434, 435, 441, 442, 444, 445, 447~449, 452, 453, 455~460, 463,

465~469, 472
재건국민운동(재건운동)　76, 79, 89, 148, 385, 403, 410, 415, 422, 437, 454, 455
〈저 높은 곳을 향해〉 111, 114
〈저 하늘에도 슬픔이〉 428, 432
〈적선지대〉 252, 254
전계현 344
전기영화　104, 108~112, 114, 115, 121, 124, 129, 130, 142, 461
전범성 351, 372, 394
전영선 218, 234
전영택 126
〈전우〉 182, 186, 198
전우열 252
전쟁영화　104, 181, 182, 187~189, 191, 193~198, 202~206, 217, 218, 220, 238, 250~252, 254~257, 264, 461
전조명 282
전지연 446
전창근　110, 114, 131, 135, 136, 187, 197, 208
전후재건 371, 373
정민 114
정비석 295
〈정의의 진격〉 195
정진우 200, 345
정찬우 311

정창화 189, 203, 219, 238, 245, 252, 328
정체성 16, 59
제2차 한일협약 117
〈제76 포로수용소〉 198
〈제7의 사나이〉 252, 254
제주 4·3항쟁 180
제헌헌법 360, 465
〈젯트부인〉 299, 333
조긍하 111, 114, 135, 186, 252, 346, 407
조미령 312, 350, 388, 395
조선민주주의인민공화국 90
조선의용대 112
〈조선의용대〉 112
조소앙 361
조인복 195
조항 429
존아미엘 63
〈죄없는 죄인〉 109, 114
주기철 113
주동진 114
주선태 288, 350, 399
주증녀 207, 247, 260, 286, 433
주체재건 373, 406
〈죽은 자와 산 자〉 252, 254
중간파 79, 86, 277
중립화통일혼 272
중앙영화배급주식회사 100

〈지금은 죽을 때가 아니다〉 252, 254
지학자 339
〈진격만리〉 195

【ㅊ】

〈창수만세〉 428
《창작과 비평》 440
〈처녀의 조건〉 252
〈천하장사 임꺽정〉 144, 151
〈철조망〉 186, 198
〈청수만세〉 251
〈청일전쟁과 여걸 민비〉 131
〈청춘쌍곡선〉 339, 344
〈초우〉 345
〈총검은 살아있다〉 195
최경옥 144, 252
최남현 132, 235, 244, 283, 316, 397, 423
최무룡 201, 216, 217, 219, 252, 305, 356, 395
최성호 247
최시형 51
최은희 281~283, 286, 316, 333, 348, 377, 381, 392, 414, 419
최익현 199
최인규 109, 110, 114
최인현 111, 199, 372, 394, 401
최태응 132

최훈 188, 204, 372, 374, 428
〈추풍령〉 351, 372, 394, 397
〈춘원 이광수〉 111
〈춘향전〉 36, 100
〈출격명령〉 202
〈7인의 여포로(돌아온 여군)〉 201, 229, 234

【ㅋ】
〈카인의 후예〉 191, 238, 239
〈칼맑스의 제자들〉 200
《캔디 캔디》 41
〈콩쥐와 팥쥐〉 41

【ㅌ】
탈식민주의 17, 18
〈탈출 17시〉 252, 254
〈태극기 휘나리며〉 52
〈태양은 다시 뜬다〉 394, 398, 372
태현실 246, 346
텍스트성 43
트위스트김 344, 411
〈특전대〉 189, 203

【ㅍ】
파시즘 86, 195
〈팔도강산〉 401, 435
편거영 189, 203
평등 86, 89, 90, 288, 289, 342, 358, 361, 363~366, 416, 417, 463, 470
〈포리호의 반란〉 252
〈포화 속의 십자가〉 187, 197, 208
풍속극 104, 276, 278, 295, 296, 299, 326, 332, 342, 366, 387, 392, 393
플라톤 28
플로팅 32
플롯 30~39, 42, 70, 193, 194, 196~201, 205, 207, 208, 224, 226, 234, 236, 238, 246, 249~256, 263, 267, 273, 304, 305, 310, 337, 341, 370~372, 380, 407, 429, 441, 442, 444, 460, 472
플롯화 33, 34
〈피아골〉 187, 201, 206, 209, 211, 213, 215~217, 221, 227, 263
〈피어린 구월산〉 201, 216
피터 버크 50

【ㅎ】
〈하녀〉 286, 352
한국연예주식회사 132
한국영화인협회 233
한국적 민주주의 466
한국전쟁 45, 51, 52, 61, 67, 76, 77,

79, 84, 109, 181~183, 186, 187, 191, 197, 198, 206, 214, 224, 229, 243, 248, 254, 266, 276, 330, 373, 395, 396, 412, 413
〈한많은 대동강〉 199, 200
〈한말 풍운과 민충정공〉 110, 131
한은진 281, 383
한일기본조약 257, 456
한일협정 169
한일회담 169, 440
한형모 100, 157, 182, 186, 187, 195, 299, 325, 339, 342, 417
〈해병특공대〉 189, 202
허장강 210, 326, 328, 392, 420, 433
헤이든 화이트 17
〈혈맥〉 372, 394, 395
홍개명 182, 186, 198
홍성기 166, 188, 202, 417
화랑도 163, 165, 166, 413, 455
〈화랑도〉 160, 162, 166, 186
〈활빈당〉 144, 150
황순원 191
황용주 268
황재경 114
황정순 132, 234, 246, 256, 316, 319, 346, 349, 350, 390, 392, 395, 411

황토색 284
황해 132, 149, 217, 328, 339, 350, 388
〈황혼의 부르스〉 252
후기 구조주의 17
후기 마르크스주의 17
〈휴일〉 36, 49, 441, 446, 448
〈흑점(속 제3지대)〉 252
〈흙〉 417, 420, 422

【기타】

antagonist 35, 317
context 45
film history 54
history of cinema 54
media 45
mentalite 54
narrator 35
protagonist 35
reconceptualization 62
reconstruction 76
〈SOS 홍콩〉 252
TV 39, 99
〈YMS 504의 수병〉 202

'대한민국', 재건의 시대(1948~1968)

- 2013년 8월 31일 초판 1쇄 발행
- 2015년 3월 27일 초판 2쇄 발행
- 글쓴이   이하나
- 발행인   박혜숙
- 영업·제작   변재원
- 펴낸곳   도서출판 푸른역사
  우 110-040 서울시 종로구 통의동 82
  전화: 02)720-8921(편집부) 02)720-8920(영업부)
  팩스: 02)720-9887
  전자우편: 2013history@naver.com
  등록: 1997년 2월 14일 제13-483호
ⓒ 이하나, 2015

ISBN   978-89-94079-97-4   93900

· 잘못 만들어진 책은 교환해드립니다.

* 이 저서는 2008년 정부(교육과학기술부)의 재원으로 한국연구재단의 지원을 받아 수행된 연구임(NRF-2008-361-A00003).